修訂版

朝鮮時代 鑛業史研究

修訂版

朝鮮時代 鑛業史硏究

柳 承 宙 著

도서출판 흔샘

머 리 말*

　필자가 조선시대의 광업사 연구에 착수한 것이 1966년이므로 本書가 나오기까지 어느덧 만 27년이란 세월이 흘렀다. 당초 광업사에 관심을 갖게 된 것은 1966년 초에 恩師 申奭鎬 博士께서 주관하신 亞細亞問題硏 究所의 《舊韓國外交關係附屬文書》 정리 작업에 참여하면서부터였다. 이 文書는 舊韓末의 外務衙門과 소관부서인 交涉局에서 서울 주재 各國의 公館들과 주고받은 公文書들이다. 당시는 親露內閣이 집권한 1896~1900 년간으로서 제국주의 열강들이 우리의 鑛山 등 여러 利權을 쟁탈하던 시기였다. 본래 광산들은 어느 국가에서나 근대산업사회로 발전하는데 있어 필수적인 자원이며 광산업은 특히 모든 산업의 기초산업이었다. 따라서 열강들은 무력한 조선 정부를 협박, 회유하고 기존의 광산종사 자들을 축출하는 등 갖은 수법으로 채굴권을 奪取하고 있었다. 필자는 이 같은 열강의 침탈과정과 축출당한 광산종사자들의 저항운동을 소상 히 규명해야겠다는 생각에서 광업사 연구에 관심을 갖게 된 것이다. 그 러나 이 부문의 자료를 수집하는 과정에서, 필자는 열강의 광산침탈과 광산종사자들의 저항운동을 보다 체계적이고 종합적으로 규명하기 위 해서는 그것이 우리나라 광업발전의 어느 단계에서 일어난 사건인가를 확인해야 할 필요를 느꼈다. 곧 이보다 앞선 시기의 광업사 연구가 선행 되어야 한다고 여겼기 때문에 조선후기의 광업사에 관심을 돌리게 되었 던 것이다.

　당시의 필자가 조선후기의 광업사를 연구하는 데에는 주변의 여러 先學과 동료들의 도움이 컸다. 조선시대의 광업사 연구는 高承濟博士가 일찍부터 시도하였고 그간의 성과가 《近世韓國産業史硏究》(大東文化社,

* 修訂版 머리말 대신 卷末에 後記를 넣었다.

1959)에 수록되어 있었다. 학문의 연구가 어려운 시기였음에도 불구하고 각종 자료를 섭렵하여 조선시대 전시기의 광업사 연구를 시도한 노작이었다. 비록 논지 상에 문제가 있고 사실설명도 미흡하기는 하지만 미개척분야의 연구에 하나의 징검다리를 놓은 입문서적 가치를 지니고 있었다. 한편 1960년대의 조선후기사 연구자들은 일제어용학자들이 의도적으로 규정한 타율론이나 정체론을 극복하고 주체적이고 내재적인 발전과정을 규명하는데 정진하고 있었다. 그중 특히 동문선배 崔永禧, 姜萬吉교수로부터는 개인적으로나 학문적으로 격려와 자극을 받았으며 畏友 宋贊植교수와는 항시 절차탁마하는 교분을 가졌었다. 그리고 초창기의 高史會나 硏史會의 연구모임을 통해서도 학문적인 수련을 쌓을 수 있는 기회를 가졌던 것이다.

이 무렵부터 필자는 조선후기 광·공업사 연구에 치중하면서 무역사에도 관심을 기울인 나머지 조선후기의 사회경제체제가 내재적 요인과 외재적 요인에 의하여 변화, 발전되었음을 확인할 수 있었고 시간이 흐름에 따라 그 변화와 발전의 단계를 시기별로 정리할 필요를 느꼈다. 그러나 시기구분문제를 시도함에 있어서 우선 광업사 분야부터 착수키로 하였으며 그 연구대상의 시기 또한 조선초기까지 소급키로 하였다. 필자는 조선시대 광업사의 시기구분에 대한 논지의 바탕을 부역제에 기초한 國營鑛業의 해체와 임금제에 기초한 민영광업의 성립에 두었다. 그런데 조선시대의 광산업에 나타난 변화와 발전의 추세를 보면, 賦役制下의 國營鑛業에서 곧 바로 賃金制下의 순수 민영광업으로 이행되지는 않았다. 賦役制下의 國營鑛業이 해체되고 임금제하의 순수 민영광업으로 전환되기까지에는 여러 단계의 변화와 발전을 거듭해야 하였던 것이다.

조선시대 광업의 변화와 발전은 대체로 다음과 같은 다섯 단계로 시기를 구분할 수 있었다. 첫째, 15세기는 중앙정부가 鐵場官, 鐵場都會官 및 採訪使 등 현지의 守令이나 朝官을 파견하여 농민들을 징발 사역한, 賦役制下의 國營鑛業이 강행된 시기며, 둘째, 16세기도 중앙정부가 敬差

官을 파견하여 賦役制下의 國營鑛業만을 강행하려하였지만 광산종사자들의 끈질긴 노력으로 民營鑛業 또한 간헐적으로 실현되었던 시기며, 셋째, 17세기는 倭·胡兩亂으로 각 軍·營門들이 독자적으로 監官을 파견하여 군역의무자를 징발 사역한 賦役制下의 官營軍需鑛業이 강행된 시기며, 넷째, 18세기는 官廳들이 富商大賈들을 別將으로 파견, 設店收稅業務만을 代行케하고, 광산의 운영권을 광산종사자들에게 허가했던 임금제하의 官設民營鑛業이 실현된 시기며, 다섯째, 18세기말 19세기 전반기는 상업자본가인 物主들의 자금으로 穴主나 德大가 광산을 경영한 賃金制下의 순수 民營鑛業이 발전한 시기였다.

필자는 이상과 같이 조선시대 광업사의 시기구분을 시도하는 과정에서 그 변화와 발전을 가능케 한 내·외적 요인을 분석하는데 노력하였지만 특히 변화를 주도한 주체세력들의 존재를 부각시키는데 역점을 두었다. 15세기 賦役制下의 국영광산에 징발된 농민들은 끈질긴 피역저항을 통하여 부역일수를 단축시키거나 부역제도 자체를 폐지시켰던 것이며, 16세기에도 국영광산에 투입된 부역농민들이 피역저항을 통하여 國營鑛業을 지속시킬 수 없도록 만드는 한편 法禁을 무릅쓰고 潛探를 감행하였다. 따라서 이들 潛探者를 기반으로 富商大賈들은 정부의 허가를 따내어 민영광업을 간헐적으로 실현시킬 수 있었던 것이다. 그리고 17세기의 관영군수광산에 징발된 부역농민들 역시 관역에 복무하면서도 潛探를 감행하여 일종의 分益制的인 官民竝探制를 쟁취하였다. 18세기의 官設民營鑛山은 곧 官民竝探制를 기반으로 성립된 것이며, 민간자본이 미약한 단계에서 관청과 광산종사자들의 이해가 반영된 제도였다. 18세기 말 19세기 전반기 物主制下의 자본주의적 민영광업은 상업자본의 성숙기에, 광산종사자들이 富商大賈들과 결탁하여 이루어 낸 성과였다. 곧 부역농민들의 피역저항을 통하여 부역제가 해체되었고, 그들이 광산종사자로 전업하여 潛探를 감행하므로서 관청에서 이를 흡수키도 하였지만, 富商大賈들의 투자를 유발하여 賃金制下의 민영광업을 실현시킬 수 있었던 것이다.

　본서는 이상과 같은 연구내용을 담아 꾸며진 것이다. 그러나 본서가 오랜 기간에 걸쳐 발표된 논문들을 정리한 것이기 때문에 아직도 수정 보완할 부분이 많다. 그것을 일일이 지적할 수는 없으나 이를테면 각 章의 題名에 부각시킨 鐵場官, 鐵場都會官, 採訪使, 京差官, 監官, 別將, 物主만 하여도 그것이 각 시기의 성격을 표출하기에는 미흡하였다. 그런데도 필자는 이들이 모두가 그 시기마다 광산의 감독과 수납 등 관리임무를 띤 자들이란 공통점과, 또 그 칭호들이 각 시기 광업의 관행을 상징하는 역사성을 지니고 있다는 점에서 잠정적으로 취택하였다. 또 광업사의 시기구분에 대한 이론과 실증의 뒷받침이 미약하다는 점이다. 각 시기마다 나름대로의 광산경영형태를 규정함에 있어서는 생산관계와 아울러 생산력의 발전과정도 규명되어야 했다. 그러나 여기에서는 주로 생산관계의 변화에만 치중한 셈이며 생산력의 발전에 관한 문제들을 거의 다루지 못하였다. 그런데 조선시대의 관찬사료나 문집류에서는 광산노동의 생산력과 생산성을 밝힐만한 자료를 거의 찾아볼 수 없었다. 그리고 철광업에 관한 연구 또한 미진한 부분이다. 조선시대의 철광은 국·관영철광을 제외하고는 대개가 야철수공업의 원료생산공정에 불과하여 필자는 수공업분야의 연구대상으로 미루었다. 그러나 민간의 철광업 실태도 반드시 정리하여 본서에 보완되어야 할 과제임에 틀림없다.

　이처럼 미진한 부분이 많은 책이지만 본서를 출간하기까지에는 여러분들께 수고로움을 끼쳐야 했다. 이 자리를 빌어 그동안 원고의 정리, 교정 등을 맡아준 고려대와 홍익대의 대학원 박사과정 학생 여러분에게 고마움을 표하며, 또 본서를 출간토록 선정하고 아담한 책이 되게끔 애써주신 고려대 출판부의 동료교직원 여러분들에게도 감사드린다.

1993년 3월 15일

著　著

목 차

x

緒 論

　　조선왕조 성립 이후 開港期에 이르는 14세기 말에서 19세기 전반기까지 각종의 鑛山들이 개발되었고 그 중에서도 金·銀·鉛·銅·鐵 등 금속광물과 硫黃·珠玉 등 비금속광물이 주로 채굴되고 있었다. 銅·鐵은 농기구를 비롯한 생산도구와 생활용구를 제조하는 데 이용되었고, 金·銀·銅·珠玉 등은 귀금속 제품과 금속화폐를 주조하는데 쓰여졌으며 鉛·銅·鐵·硫黃 등은 무기생산의 원료로 공급되고 있었다. 이처럼 조선시대의 鑛産業은 그 시대의 생산, 유통경제와 군수산업 발전의 기초산업으로 성장하고 있었던 것이다.

　　그러나 조선왕조 정부는 王土思想에 근거하여 광산도 농토와 같이 왕토로 인식하였고 광산물도 농산물과 다름없이 토지의 생산물로 파악하였다. 따라서 광산도 농토와 마찬가지로 농민을 징발하여 官에서 直營하거나 광산 소재지의 농민에게 貢物로 부과하였으며, 나아가 民營을 허가하여 納税를 요구할 권리를 가진 것으로 인식하고 있었다. 하지만 정부는 농업과는 달리 광업을 末業으로 취급하였고 농업을 저해하는 산업으로 간주하였다. 그리고 정부는 광산물이 국외로 유출될 경우 중국에서 朝貢을 요구하거나 隣國의 무기생산에 이용될 것도 우려하였다. 이 때문에 정부는 광산을 直營하거나 貢納制를 적용하려 할 뿐 民營을 허가하려 하지 않았다. 이러한 조선왕조 정부의 광업정책하에서 광업의 발전이 실현될 수 있는 길은, 첫째, 정부의 부역노동에 기초한 直營制나 貢納制가 해체되어야 하였고, 둘째, 민간자본에 의한 광산의 민영화를 성취시켜야만 하였다. 이 때문에 조선시대의 鑛業史는 농민과 광산종사자들이 부역제를 해체하고 임금제를 쟁취하는 과정의 역사로 점철되었다. 따라서 필자는 광업사의 시기구분을 부역제의 해체과정과 임금제의 성립과정을 기초로 하여 다섯 단계로 설정하였으며 각 단계마다의 광산경영형태를 밝히는데 주력하였다.

제1장의 15세기는 정부가 농민들을 징발하여 鐵場官·鐵場都會官制 下의 鐵鑛業과 採訪使制下의 金·銀鑛業을 추진한 시기였다. 이때는 정부가 대대적으로 광산을 개발하고 농민들을 강제 사역함으로써 부역농민들의 피역저항이 극심했던 시기이기도 하였다. 개국 초부터 정부는 漢陽의 新都建設과 京·外의 武器製造에 사용할 鐵物을 공급하기 위하여, 그리고 明나라에 朝貢할 金·銀을 조달하기 위하여, 철광과 금·은광산을 개발하였으며 앞에서 목적한 사업들이 끝난 뒤에도 같은 세기 말까지 광산채굴을 강행하였다.

개국 초의 철물수취제도는 貢納制와 直營制로 이원화되어 있었다. 정부는 각 道 농민들의 경작면적에 따라 貢鐵을 부과 수취하는 斂鐵 法을 적용하는 한편, 産鐵地의 각 邑에는 守令과 유사한 '鐵場官'을 파견하여 광산을 경영하는 鐵場制를 적용하였다. 그러나 斂鐵法은 농민들이 철물을 쉽게 구입할 수 있는 여건이 갖추어져 있지 않았기 때문에 결국 농민들의 철제 농기구나 가재도구를 수탈하는 제도가 되고 말았으며, 철장제 역시 軍役의 명목으로 농민을 징발하여 상시 사역하였기 때문에 鑛役의 고됨은 물론 생업마저 위협하였다. 따라서 부역농민들의 불만과 저항이 거세지자 정부는 太宗 7년(1407)에 斂鐵法과 鐵場制를 모두 혁파하고 鐵場都會制를 채택하였다. 鐵場都會制는 鐵場의 직영제를 폐지하고 斂鐵法下에 貢鐵을 부담해 온 농민들을 각 鐵場에 투입하여 貢鐵을 공동으로 채납케 한 제도였다. 鐵場役은 춘·추의 농한기에 실시되었고 각 鐵場의 관리자는 鐵場 소재 邑의 수령인 '都會官'이었으며 현장에서 채굴제련 작업을 감독한 것은 정식관원이 아닌 監冶官들이었다. 鐵場 소재 邑과 인근의 각 邑에서 부역하던 농민들은 작업 기간 중의 식량을 자신이 부담할 뿐 아니라 대다수가 수 십리 또는 수 백리 길을 직접 지고 다녀야 했으며, 작업일수 또한 법정 요역일수의 2,3배가 되었다. 따라서 부역농민들의 피역저항이 시일이 갈수록 심각해졌고 그 때문에 世祖 7년(1462)에는 代納制를 실시해 보기도 하였고 成宗 1년(1470)에는 다시 鐵場都會制를 복구하기도 하였지만, 결국 成宗 18년(1487)에는 各邑採納制를 채택할 수밖에 없었다. 각읍채납제는 産鐵地의 소재 邑에 한해서만 일정량의 貢鐵을 부과, 수취한 제도였다.

한편, 15세기의 金銀鑛山은 정부가 朝官을 採訪使로 파견하여 탐사 채굴하였다. 採訪使는 광산에 대한 지식과 기술을 갖춘 자들이기도 하지만 鑛山開發에 비협조적인 수령들을 견제하기 위하여 파견되었다. 당시의 농민들은 앞의 鐵場役뿐 아니라 각종의 稅役에 시달리고 있었기 때문에 정부의 金銀鑛山開發을 기피하였으며, 그 때문에 수령이나 향리들도 관내의 金銀鑛山開發을 방해하였다. 그러나 정부가 금은산지를 보고하는 자에 대한 포상법과 그것을 방해하는 자들에 대한 처벌규정을 강화하는 등 重賞으로 회유하고 重罰로 위협함에 따라 농민들과 이해를 달리했던 수령과 閑良 및 鄕吏들에 의해서 금은산지가 제보되고 있었다. 採訪使들은 광산 소재지의 邑民과 주변 邑의 농민들을 징발하여 단기적인 시굴과정을 거친 뒤 장기적인 採取작업을 실시하였다. 그런데 금은광산의 부역노동은 정부가 철광과 같이 貢納制를 적용한 것도 아니었고 그렇다고 적법한 요역형태도 아니었다. 따라서 부역농민들의 심한 피역저항을 받게 되었고 정부는 이를 무마하기 위하여 雜役을 면제하거나 잡역과 요역을 함께 면제하기도 하였고 雜物歲貢을 모두 減免하기도 하였다. 그리고 정부는 농민을 징발하는 대신 그 지방의 軍卒을 사역하거나 宦官 및 鄕吏·日守·衙前·吏卒들을 투입하기도 하였다. 그러나 끝내는 농민들의 피역저항을 덜 받기 위하여 世祖 10년(1465)에 이르러 各邑採納制에 기초한 貢納制를 적용하였던 것이다.

따라서 본장에서는 우선 정부가 鑛山開發을 주도할 수밖에 없었던 국내외의 사정과 정부의 광산관리 및 수취제도의 본질을 파악하여 부역농민들에 의한 피역저항의 실태를 객관적으로 구명하려 하였다. 그리고 당시 농민들의 피역저항이 賦役制를 해체시켜 가는 데 어떠한 역할을 하였으며 나아가 정부가 주도한 鑛山開發事業이었지만 그것이 당시의 상공업 발전에 어떤 영향을 끼쳤는지도 살펴보려 하였다.

제2장의 16세기는 採銀敬差官制下의 國營 또는 民營鑛業이 실시된 시기였으며, 동시에 정부의 부역노동에 의한 광산의 直營制를 거부하고 民營制를 쟁취하려는 광산종사자들의 노력이 두드러진 시기이기도 하였다. 이 시기에 철광은 이미 정부의 규제를 벗어나 야철수공업자들에 의한 사적 생산의 터전이 되었고 珠玉類의 광산들도 개발되었다. 그러나 광산종사자들이 가장 채굴하기를 선호했던 鑛種은 銀鑛이었다. 銀은 당시 明·日과의 무역에 필수적인 고가의 상품이었고 동시에 무역상의 결제수단으로 이용되었기 때문이다. 하지만 조선 초기에 명나라에 대한 금은세공문제로 곤욕을 치른 정부가 명나라로 은을 밀수하는 자와 은광을 사채하는 자를 사형에 처하도록 규정하였기 때문에 銀鑛의 民營制를 쟁취하기란 쉽지 않았다.

그러나 銀의 사회적 수요가 급증하면서 정부의 입장뿐 아니라 明·日과의 무역에 직간접으로 가담했던 富商大賈들이나 朝·明 간의 公私貿易을 주도했던 通事들이 다 함께 국내의 은광개발이 절실함을 인식하게 되었다. 하지만 정부는 銀의 對明流出을 엄금하고 銀鑛의 私採를 불허하면서 농민들의 부역노동으로 정부가 필요한 양만을 그때그때 採取하는 '臨時官採'制나 銀鑛 소재지의 농민들에게 매년 춘추로 일정량을 채납하게 하는 '春秋官採'制만을 적용하려 하였다. 이에 반하여 富商大賈들은 通事들과 결탁할 뿐 아니라 産銀地의 주민들과도 연대하여 銀鑛을 潛採하고 銀流出을 감행하므로써 法網을 허물어 갔으며, 한편으로는 유사시에 정부의 재정을 지원하고 그 대가로 銀鑛

의 민채를 요구하였다. 富商大賈들은 재정이 빈약한 정부가 軍糧米나 賑恤米의 지원을 요청할 때마다 '民採納稅'制나 '民採納穀'制를 요구하였고 때로는 정부가 銀鑛을 채굴하고 富商大賈가 미곡으로 銀을 수매할 수 있도록 하는 '官採貿穀'制도 요구하여 간헐적으로 실현하고 있었다. 官採든 民採든 은광을 채굴할 때는 반드시 정부가 採銀敬差官을 현지에 파견하여 이를 관리하였다.

따라서 본장에서는 富商大賈와 通事들이 주도한 국내상업과 국외무역에서의 銀의 유통이 은광개발에 미친 영향을 파악하고, 동시에 갖가지 국영제 또는 민영제하의 광산관리 및 경영형태를 분석하여 부역제의 동요와 임금제 발생의 가능성을 추적해 보려 하였다.

제3장의 17세기는 서울의 軍門들과 지방의 營門들이 직영하던 軍需鑛業이 발달한 시기였지만 부역농민들이 피역저항을 통하여 官民並採制를 쟁취하였고 이를 기반으로 부상대고들이 官과 결탁하여 부역제를 해체하고 관청선대제적 민영광업을 출현시킨 시기이기도 하였다.

倭·胡 兩亂을 계기로 정부의 재정파탄과 軍門의 증설로 인하여 각관청에는 일종의 독립채산제가 적용되었다. 따라서 각 軍·營門에서는 鳥銃과 火藥 및 鉛丸을 주조하는 데 필요한 鐵·硫黃·鉛을 조달하기 위하여 각기 경쟁적으로 舊鑛을 흡수하거나 新鑛을 개발하였고 '監官'을 파견하여 이를 경영하였다. 광산의 노동인력은 軍役으로 징발된 '募軍'이었다. 募軍들은 軍役 대신 鑛役을 지고 있었기 때문에 광산노동에 상시로 복무할 수밖에 없었다. 軍營門 소관 軍需鑛山 중 특히 鉛鑛은 곧 銀鑛이었으므로 탐사 시굴과정에서뿐 아니라 경영방식 또한 倭亂中에 재개된 戶曹 소관 端川貢銀店의 영향을 크게 받고 있었다. 端川貢銀店의 부역농민들이 官民並採制를 쟁취함에 따라 軍營門의 鉛鑛에 부역하던 募軍들도 17세기 후반에는 관민병채제를 요구하고 이를 실현시켰다. 곧 鉛店이 銀店으로 변모하고 있었던 것이다.

그런데 이 시기에는 淸·日과의 군사적인 긴장이 점차 해소되어 정부의 관심이 군사문제보다 재정문제로 쏠리고 있었다. 이러한 상황변화에 편승한 서울의 富商大賈들은 戶曹와 결탁하여 軍營門 소관 鉛店들을 모두 흡수하게 하고 銀店의 收稅請負權을 획득하여 '別將'으로 등장하였던 것이다. 別將制下의 銀店들은 18세기에 발달한 일종의 관청선대제적 민영광산들이었다. 이후에 정부는 軍營門 소관 硫黃店에 대해서도 운영재원을 몰수하거나 募軍들을 良役으로 전환시켰으며 鐵店도 대부분이 사유화됨으로써 군수광업은 몰락해 갔다. 따라서 본장에서는 軍營門 소관 군수광업이 발달하게 된 군사적인 동기와 재정적인 문제, 그리고 광산의 경영형태와 아울러 관민병채제의 쟁취과정 및 別將制의 성립에 따른 군수광업의 몰락과정을 차례로 분석할 것이다.

제4장의 18세기는 別將制下의 銀鑛業이 가장 발달한 시기이며 戶曹와 軍營門 간에 鉛·銀店의 設店收稅權을 둘러싼 분쟁이 치열한 시기였다. 別將制下의 銀店은 戶曹 또는 감영이 別將을 현지에 파견하여 店所의 설치, 연료의 조달 및 인력의 수급 등 광산 경영에 필요한 제반조처를 강구하는 '設店'을 대행하게 하고 동시에 '收稅'의 책임을 지게 하는 '設店收稅'制가 적용된 광산이었다. 그러나 銀店의 실질적인 경영주는 '頭目'이었고 頭目은 銀軍들을 고용하여 광산을 경영한 소생산자들이었다.

앞서 서울의 富商大賈들이 戶曹와 결탁하여 軍營門의 鉛店들을 戶曹 소관 銀店으로 흡수하게 되자 戶曹와 軍營門 간에는 연·은점을 확보하기 위한 분쟁이 계속되었다. 軍門들은 鉛丸의 제조 원료를 조달한다는 구실로 戶曹 소관하의 은점을 奪取하거나 稅鉛의 收稅權을 요청하였고, 황해·평안감영에서는 管餉을 구실로 관내의 戶曹 소관 은점을 제외한 산은지의 設店收稅權을 따내었다. 따라서 이 지역에서는 戶曹 소속 別將·銀軍과 감영 소속 別將·銀軍 사이에 銀脈의 관할권을 둘러싸고 고문과 칼부림이 자행되었으며 監司가 파직되기도 하였다.

그리고 設店收稅權이 剝奪된 각 道의 營·邑에서도 戶曹 소관 은점에 각종의 雜稅를 부과 징수하거나 設店을 고의로 방해하였다.

이처럼 戶曹의 軍門·營·邑 간의 분쟁은 물론 銀軍의 증가와 소요를 우려한 정부는 英祖 16년(1740)에 '經稟設店'法을 제정하여 국왕의 허가없이 은점을 신설하는 官長들을 처벌하도록 규정하였다. 이후 은점의 신설은 거의 이루어지지 못하였고 반대로 潛採鑛業이 성장하면서 순수한 민간자본에 의한 광산경영 곧 '物主'制 발생의 토대가 마련되고 있었다. 따라서 본장에서는 別將制下 銀店의 경영형태를 분석하고 동시에 戶曹와 군문·영·읍 간에 전개된 鉛·銀店의 設店 및 收稅權을 둘러싼 분쟁의 본질을 밝히고 經稟設店法 이후의 은광개발 실태를 살펴 볼 것이다.

제5장의 18세기 말 19세기 전반기는 銀·鉛鑛과 銅鑛 및 金鑛業에 차례로 物主制가 적용되고 穴主나 德大 등 광산의 경영주들이 자본제적 경영방식으로 광산업을 영위한 시기였다.

英祖 16년에 經稟設店法이 반포된 뒤에는 戶曹에 의한 銀店의 신설이 부진하였고 더욱이 각 道의 營·邑에서는 設店을 시도하지도 못하였다. 그러나 광산 종사자들은 끈질기게 潛採를 도모하였고, 監司나 守令과 결탁할 수 있는 능력과 광산의 운영자금을 조달할 수 있는 재력을 지닌 자를 物主로 내세워 잠채광업을 실현하였으며, 英祖 51년(1775)에는 정부로 하여금 銀店의 別將制를 혁파하고 物主制에 기초한 守令收稅制를 채택토록 하였다. 銀店의 物主制를 쟁취한 광산 종사자들은 正祖 4년(1789)에는 銅店에, 순조 6년(1806)에는 金店에도 物主制를 적용토록 하는 데 성공하였다.

物主는 광산의 채굴허가를 받아내고 광산경영에 필요한 자금을 조달할 의무와 책임을 지고 있었으며 대부분이 서울과 지방의 富商大賈들이었다. 穴主는 銀·銅鑛山의 경영주였고 德大는 沙金鑛의 경영주였다. 穴主나 德大는 物主의 자금으로 광산을 운영하지만 그들은 광맥

을 발굴했거나 거기에 동참한 자들로서 직접 鑛軍을 고용하여 광산을
경영하였으며 광산의 채굴제련작업은 분업적 협업형태로 이뤄지고
있었다. 그런데 物主制下의 광산들도 19세기에 이르면 왕권이 약화되
어 戶曹가 經槀設店한 광산보다 서울과 지방의 관청들이 사적으로 허
가한 광산이 대부분이었고, 이러한 추세는 개항 후 정부가 개인에게
광산채굴권을 부여하는 제도가 성립될 때까지 지속되고 있었다. 따라
서 본장에서는 정부의 광업정책과 物主制의 성립과정 그리고 物主制
下의 광산 경영형태 등을 밝히려 한다.

제 1 장

15세기 鐵場官·都會官制와
採訪使制下의 國營鑛業實態

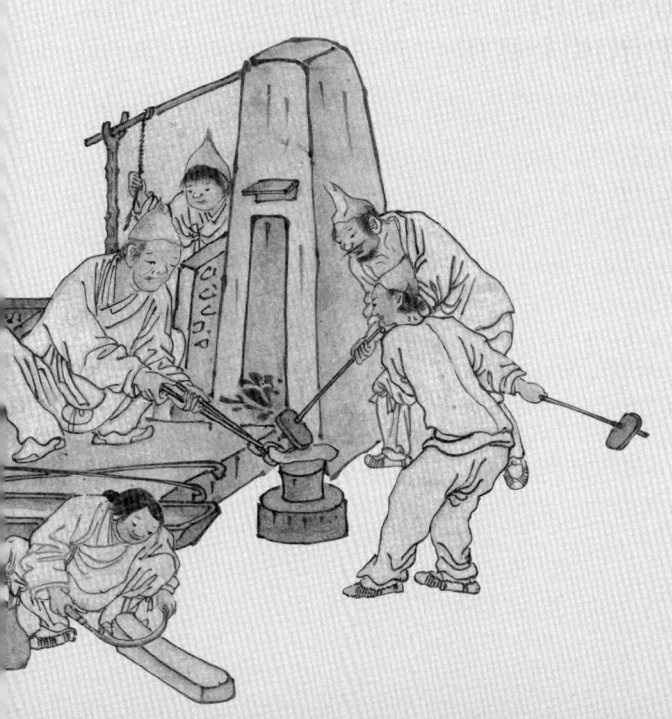

제1절 鐵場官·都會官制下의 鐵鑛業實態

1. 斂鐵法과 鐵場의 運營實態

조선왕조 정부는 國初부터 통치기반을 공고히 하고 외침에 대비하기 위하여 新都建設과 武器生産에 주력하였다. 그리고 왕조정부는 신도건설과 무기생산에 소요되는 철물을 조달하기 위하여 농민들로부터 貢鐵을 收取하였고, 또 직접 철광을 흡수, 경영하였다.

漢陽의 신도건설공사는 '都監'制下에서 추진되었다. 太祖 3년(1394)에 '新都宮闕造成都監'[1]을, 이듬해 閏9월에 '都城造築都監'[2]을 각각 설치하고 수십만 명의 농민과 工匠·僧徒·軍人들을 강제로 징발하였으며 동왕 7년(1398)까지 宗廟·社稷壇, 宮闕(景福宮)·官衙, 都城·宮城 등의 工役을 마친 뒤[3] 都監은 혁파하고 그 업무를 繕工監에 移管하였다.[4] 그러나 이 기간에도 여러 차례 천도하였고 그때마다 신축 또는 개축공사가 실시되었다. 정부는 太祖 3년에 漢陽으로 천도하였지만 王子亂을 겪고 정종 1년(1399)에 開城으로 還都하였다. 太宗은 왕자란을 겪은 景福宮을 기피하여 동왕 4년(1404)에 '漢京移宮造成都監'[5]을 개설, 昌德宮을 신축한 뒤 이듬해 10월에 다시 漢陽에 還都하여 정착한 것이다. 이 신도건설에 조달된 鐵物은 '斂鐵法'에 의한, 곧 정부가 농민

1) 《太祖實錄》6, 太祖 3년 9월 戊戌.
2) 《太祖實錄》8, 太祖 4년 閏9월 甲戌.
3) 衫山信三,〈麗末鮮初代의 造營工事와 그 監董者에 대하여〉《朝鮮學報》 2, 1951 ; 申榮勳,〈太祖廟漢陽城建設監役官考〉《鄕土서울》43, 1985 ; 元永煥,〈漢陽還都와 首都建設考－太宗代를 中心으로〉《鄕土서울》45, 1988.
4) 《太祖實錄》14, 太祖 7년 閏5월 丙戌. (9면) "上命下都堂 罷宮闕造成都監 以 其事務 歸于繕工監 放京外工匠"
5) 《太祖實錄》8, 太宗 4년 9월 己亥.

들로부터 수취한 貢鐵이었다.[6] 각 邑의 수령들은 貢鐵을 繕工監과 軍器監에 수납하였고, 土木과 營繕을 관장하던 繕工監이 이 貢鐵을 각 '都監'에 분송하였다.

한편 정부는 개국 초부터 明·日·女眞 등의 外侵에 대비하여 무기 생산에도 주력하였다. 중앙의 軍器監은 貢鐵로써 무기를 생산하고 있었지만[7] 각 道에서도 직접 '鐵場'을 개설하여 철물을 생산하는 한편 각종의 무기를 제조하고 있었다.[8] 그러나 점차 지방제도가 정비되면서 각 道의 무기생산은 界首官과 營·鎭에서 담당하였고 매월 일정량을 생산토록 규정한 '月課軍器法'이 적용되었다.[9] 각 道의 界首官은 太祖 2년(1394)에 확정되었다. 慶尙道의 鷄林·安東·尙州·晋州·金海·京山, 全羅道의 完山·羅州·光州, 楊廣道의 廣州·忠州·淸州·公州·水原, 交州江陵道의 原州·淮陽·春川·江陵·三陟, 西海道의 黃州·海州, 京畿左道의 漢陽·鐵原, 京畿右道의 延安·富平 등 25개 邑이었으며[10] 太宗 13년(1413)에 平安道의 平壤·安州, 永吉道의 永興·吉州가 추가되어 모두 29개 邑이었다.[11]

營과 鎭은 界首官보다 늦게 설정되었다. 고려말 이래 道를 단위로 都節制使의 營이 설치되어 있었지만, 太祖 6년(1397) 5월 都節制使를 혁파하고 '鎭'을 설치, 僉節制使를 배치하였다. 慶尙道의 合浦·江州·寧

---

6)《太宗實錄》13, 太宗 7년 6월 癸未. "今國家 以州縣之殘盛 定貢鐵之多寡 州縣以所耕多少 分賦于民"

7)《太祖實錄》1, 太祖 1년 7월 丁未;《太祖實錄》6, 太祖 3년 8월 甲寅;《太宗實錄》13, 太宗 7년 1월 甲戌;《太宗實錄》13, 太宗 7년 4월 壬辰.

8)《太祖實錄》2, 太祖 元年 9월 己亥. "大司憲南在等上言 … 一. 前朝之季 下令 各道鍊鐵作兵器久矣 聞西北面鍊鐵倍舊 而軍器之數不加多 願令都評議使司 移文都巡問使 每季月呈報 考其一月所鍊鐵物 所作軍器之數 申聞勸懲"

9)《太宗實錄》29, 太宗 15년 4월 丁亥. "月課軍器 … 節制營與界首各鎭 日常打造"

10)《太祖實錄》4, 太祖 2년 11월 癸丑.

11)《太宗實錄》26, 太宗 13년 10월 辛酉.

海·東萊, 全羅道의 木浦·兆陽·沃溝·興德, 忠淸道의 蕓城·藍浦·伊山, 豊海道의 豊川·甕津, 江原道의 三陟·杆城 등 15개 鎭이다.[12] 그러나 太宗 17년(1417)까지는 鎭이 더욱 늘어나 慶尙道의 蔚山鎭·泗川鎭·迎日鎭, 全羅道는 茂長鎭·扶安鎭, 豊海道의 長淵鎭 등 6개의 鎭이 추가되었는데,[13] 西北面과 東北面의 鎭에 관한 기록은 찾을 수 없었다.[14] '營'은 定宗 즉위년(1398) 9월에 다시 각 道에 설치된 것으로 짐작된다. 정부는 각 道에 節制使 '營'을 개설하고 受料人員으로 軍官件黨 15명, 從人 15명, 留營軍官 50명, 從人 50명 및 軍器造造工匠 37명 등 167명을 배정하였다.[15] 그러나 이때 營이 개설된 地名과 숫자는 사료상에 나타나 있지 않다. 다만 太宗 8년(1408)의 기록에 의하면 慶尙道의 鷄林·昌原, 全羅道의 羅州, 忠淸道의 洪州, 黃海道의 海州, 江原道의 江陵 등 여섯 곳에 都節制使 '營'이 확인되고,[16] 동왕 9년 10월에는 11道에 도절제사를 파견한 사실로 미루어 볼 때 전국 11개 지역에 모두 營이 설치되었을 것으로 여겨진다.[17]

결국 국초부터 '斂鐵法'에 따라 繕工監과 軍器監에 수납된 貢鐵은 각 '都監'의 신도건설공사와 軍器監의 무기제조에 사용되었고, '鐵場'制下에 생산된 철물은 각 道의 계수관과 영·진의 무기제조장에 공급

---

12) 《太祖實錄》 11, 太祖 6년 5월 壬申.

13) 吳宗祿, 〈朝鮮初期의 邊鎭防衛와 兵馬僉事·萬戶〉《歷史學報》 123, 1989, 97쪽 참조

14) 이때의 鎭은 倭賊의 侵入路를 봉쇄하기 위하여 주로 남방연안 지역의 거점을 중심으로 설치된 것이었고 동서북면의 경우에는 세종조에 翼軍體制가 확립되면서 설치되었다(吳宗祿, 앞의 논문, 95~103쪽).

15) 《太祖實錄》 15, 太祖 7년 9월 戊戌. "使司稟旨 定諸道節制使道受料之數 軍官件黨十五 從人十五 大小馬各十五匹 留營軍官五十 從人五十 大小馬各五十匹 軍器打造工匠三十七名"

16) 《太宗實錄》 16, 太宗 8년 7월 癸亥 및 己未.

17) 《太宗實錄》 18, 太宗 9년 10월 乙丑 ; 《太宗實錄》 26, 太宗 13년 10월 辛酉. 동왕 13년(1413)에는 平安道의 安州와 永安道의 吉州에도 營이 설치되어 지명이 확인되는 곳은 모두 8개가 된다.

된 셈이다. 이러한 '斂鐵法'과 '鐵場制'가 조선왕조 정부의 철물수취제
도로 성립된 것은 李成桂가 집권한 공양왕 3년(1391) 7월 경이었다.

고려말의 왕조정부는 斂鐵法에 의해서만 鐵物을 수취해 왔다. 고
려왕조는 민간인에 의한 철광의 私採를 금하지 않았기 때문에 사적인
철물생산이 이루어지고 있었다. 따라서 고려왕조정부는 농민들로부
터 일정액의 貢鐵을 부과, 수취하는 斂鐵法을 적용한 것이다. 그러나
이러한 고려왕조 정부의 철물수취제도는 李成桂의 집권과 더불어 착
수하게 된 신도건설과 무기생산에 필요한 철물을 조달하기에는 충분
하지 못하였다. 그것은 결국 정부가 斂鐵法에 의해 수취하게 될 貢鐵
量이란 전국의 야철수공업자들이 생산한 철물의 일부에 지나지 않기
때문이다.

이 때문에 공양왕 3년(1391) 7월에 조선왕조 정부는 당시 産鹽地에
적용하고 있던 榷鹽法을 産鐵地에도 援用하려 하였다.[18] 곧 정부가
민간의 철 생산지를 모두 흡수하고 그곳에 冶官과 鐵戶를 두어 철을
採取하는 동시에 생산한 대부분의 철을 국용에 충당하고 그 여분만을
민간에 판매할 계획이었다. 이 계획안은 일단 실행하기로 결정되었던
것이나 곧 이어 중지되고 말았다. 그 이유가 무엇인지는 밝혀져 있지
않으나 동년에 정부가 斂鐵法과 鐵場制를 동시에 실시한 점으로 미루
어 볼 때 전국의 産鐵地를 모두 直營할 경우 소요되는 자금과 인력을
감당할 수 없었기 때문일 것으로 여겨진다. 당시 전국에 개발된 철광
이 얼마나 있었는지는 자세히 알 수 없지만 《世宗實錄地理志》에 67개
邑으로 나타난 사실만을 미루어 보아도 그 많은 産鐵地를 정부가 모
두 冶官과 鐵戶를 두어 운영하기란 사실상 어려웠을 것이다. 따라서

---

18) 《高麗史》食貨志, 恭讓王 3년 7월, "都堂啓 鹽鐵國課之大者 本朝鐵 人皆私
   之 而官未立法 宜置冶官鐵戶一如鹽法 以資國用 上從之 事竟不行"
   高承濟,〈李朝鹽業史의 硏究〉《近世韓國産業史硏究》1959 ; 申芝鉉,〈鹽業〉
   《韓國史》10, 국사편찬위원회, 1981, 참조.

정부는 이때 철의 생산량이 풍부한 곳에만 鐵場制를 적용하고 나머지 철광들은 민간의 사적 생산을 허용하여 斂鐵法을 준용한 것으로 여겨진다.

　민간의 사적 철물생산을 기반으로 적용되었던 斂鐵法은 정부가 전국 각 읍의 邑勢에 따라 貢鐵量을 分定하면 守令이 관내 농민들의 경작면적에 따라 貢鐵을 부과, 징수하여 繕工監과 軍器監에 납부하는 형태였다.[19] 따라서 철의 사적 생산이 가능한 농민들은 자체 생산물을 공납할 수 있겠지만 그것이 불가능한 대부분의 농민들은 철물을 구입하여 바쳐야만 하였다.

　한편 鐵場은 각 界首官이나 營·鎭에 무기제조용 철물을 조달하기 위하여 개설되었지만 공양왕 3년(1391)에 설치된 鐵場이 몇 개소나 되었는지는 상고할 수 없다. 다만 《高麗史地理志》의 同年條에 정부가 砥平縣에 鐵場을 설치하고 監務를 두어 겸관하도록 했다는 기록이 있다.[20] 監務는 鐵場을 관리하기 위하여 파견한 것이 아니라 그 읍의 수령이었으며 鐵場도 관리케 한 것이다. 이 砥平縣의 鐵場은 太宗 13년(1413)에 이르러 산철량이 격감되자 혁파하고 監務도 縣監으로 바꾸었다고 한다.[21] 《高麗史》에 나타난 기록만으로는 동년에 砥平縣에만 鐵場이 설치된 듯하지만 太祖 3년(1394)에 편찬된 《朝鮮經國典》에 의하면 당시 정부가 産鐵地마다 鐵場官을 두고 丁夫를 모집하여 採取하였다[22]하고 또 太宗 원년(1401) 7월에는 정부가 東·西 兩界에도 他道와

---

19) 《太宗實錄》 13, 太宗 7년 6월 癸未. "今國家 以州縣之殘盛 定貢鐵之多寡 州縣以所耕多少 分賦于民"

20) 《高麗史》 56, 〈地理志〉 10, "砥平縣 … 恭讓王三年 置鐵場于縣境 設監務以兼之"

21) 《世宗實錄地理志》, 廣州牧 砥平縣. "本朝太宗癸巳 例改爲縣監 鐵場則以産鐵不多革去"

22) 《朝鮮經國典》 金銀珠玉銅鐵. "… 至於銅鐵 以釁以耕 尤切於民用 又鑄爲兵具 軍國之須 莫重於此 前朝有金銀所 官爲採之 國家凡産鐵之處 每置鐵場官 集丁夫鑄冶之 民所鑄冶 則不課焉 而採金銀之法 今皆廢矣 然金銀有見

같이 鐵場을 설치하여 採取하도록 결정한[23] 사실들로 미루어 볼 때 공양왕 3년부터 東·西 兩界를 제외한 지역에만 鐵場을 개설했다가 太宗 원년부터는 東·西北面의 産鐵地에도 鐵場을 설치하게 되었음을 알 수 있다.

이처럼 전국의 주요한 産鐵地에 鐵場制가 적용되었지만 黃海道의 海州·文化·松化 등 3개 읍의 경우는 예외였다. 3읍에는 고려시대의 鐵所에서 복무하던 鐵干(鐵所干)들이 남아 있어 口分田을 耕食하고 일체의 雜役이 면제된 채. 후술할 鐵場의 吹鍊軍들과 마찬가지로 鐵鑛役에 상시로 종사하고 있었기 때문에 이곳에는 鐵場을 개설하지 않았던 것으로 생각된다.[24]

당시 각 道 鐵場의 채굴, 제련작업과 각 界首官 및 營·鎭의 무기제조 작업을 총관한 것은 당해 道의 都節制使나 都巡問使였다. 공양왕 원년(1389)에 정부는 각 道에 都節制使를, 東·西北面에는 都巡問使를 각각 專任官으로 파견하여 軍務를 총괄하게 함으로써[25] 결국 무기제

數 事大之日無窮 則其採之之法 亦不可不講也 臣於此 取金銀所及鐵場 悉著于篇 以備參考焉"

23) 《太宗實錄》2, 太宗 元年 7月 庚戌. "議政府上疏 區處東西兩界事宜 疏曰 … 鹽鐵 亦依他道例置場 燔鹽鍊鐵 以裕國用"

24) 《世宗實錄》50, 世宗 12년 12月 丁卯. "戶曹啓 黃海道監司關內 前此鐵干 除雜役 給口分田 專委鍊鐵 故柴木茂盛之時 易以炒鍊上納 今以口分田 屬于軍資 所居之里 柴木殆盡 專事農業以生 依平民例 供雜役 而納鐵之時 則馱載鐵石 輸于有柴木處 炒鍊上納 或貿易以納 其弊不些 請以本道 三所鐵干 所貢五千五百三十斤 分定于産鐵各官 其鐵干定于軍役 今考本道貢鐵之數 軍器監納正鐵五千一百六十三斤四兩 則分定于各官 繕工監納正鐵五千五百二十斤 則分于海州文化松禾等官住鐵干 本道産鐵之邑頗多 而獨於海州文化松禾三邑鐵干 稱名定數納貢未便 且於産鐵之道 不置鐵場官 尤爲未便 請依他道例 置鐵場於有柴木處 其軍器繕工監貢鐵 及道內不得已所用鐵物 悉令鐵場炒鍊沙鐵 其鐵干等 定于軍役 從之"

25) 閔賢九, 〈近世朝鮮前期 軍事制度의 成立〉《韓國軍制史(朝鮮前期篇)》, 陸軍本部, 1968, 15쪽 및《朝鮮初期의 軍事制度와 政治》, 韓國硏究院. 1983, 178~181쪽 참조.

조와 거기에 소요되는 철물생산도 이들이 관장하게 된 것이다.

太祖 원년(1392) 9월에 정부는 철물생산이나 무기제조작업에 모두 月課制를 적용하였기 때문에 각 道의 도절제사나 동·서북면의 도순문사들은 春夏秋冬의 每 季月마다 月別 實績을 都評議使司에 보고하게 되었다.[26] 도절제사 또는 도순문사의 총관하에 月課制下의 철물생산이 이루어지고 있었지만 각 鐵場의 실질적인 관리자는 '鐵場官'들이었다. 전술한 砥平縣 鐵場처럼 監務가 겸관한 경우도 있었으나 국초부터 鐵場의 관리만을 전담하도록 하기 위하여 정부는 별도로 鐵場官을 임명 파견하였다. 鐵場官은 정부가 파견한 정식 관원이자 엄연한 하나의 지방관이었다. 따라서 각 읍의 守令이나 水陸軍官·萬戶·千戶·儒臣敎授·驛丞·鹽場官과 더불어 각 道의 都觀察使가 考課表를 작성하여 정부에 보고하였고[27] 관직의 이동이나 출척도 外方敎授官이나 驛丞·鹽鐵官들과 같이 守令例에 의거해서 都觀察使가 赴任日數와 勤慢與否를 尙瑞司에 보고, 처리하였다.[28]

鐵場官이 상주하여 관리하던 鐵場에서 月課制下의 채굴제련작업에 동원된 농민들을 '吹鍊軍'이라고 불렀다. 鐵場의 吹鍊軍은 각 계수관·영·진의 무기제조용 철물을 조달하는 임무를 띠고 있었기 때문에 軍役과 유사한 國役을 지고 있었다. 따라서 太宗 4년(1404)에 정부가 군역이나 국역을 지고 있던 자들에 대한 奉足支給數를 배정할 때에도 鎭屬軍·鐵所干과 함께 田 1·2 結 이하의 貧戶일 경우, 田 2·3 結 이하의 奉足 1戶를 정급하였던 것이다.[29] 여기에서 吹鍊軍이나 鐵所干은

26) 제1장 註 8) 참조.
27) 《太祖實錄》 8. 太祖 4년 11월 辛巳. "大小守令水陸軍官萬戶千戶儒臣敎授鹽鐵場譯官丞得失 備錄以聞"
28) 《定宗實錄》 5, 定宗 2년 7월 乙丑. "外方敎授官驛丞鹽鐵場官積年不遷者 仰都觀察使 考其赴官年月 所任勤慢 呈報尙瑞司 以憑黜陟 一如守令之例"
29) 《太宗實錄》 7, 太宗 4년 5월 癸丑. "鎭屬軍及吹鍊軍鐵所干 一二結以下一戶 三四結以上不給 凡諸奉足戶 皆用二三結以下者"

모두가 國用의 철물생산에 복무하던 本邑의 농민들이었고 口分田을 耕
食하던 鐵所干과 마찬가지로 吹鍊軍도 상당수는 田 1·2結 이하의 貧戶
들이었을 것이다. 그리고 吹鍊軍도 鐵所干과 같이 일체의 雜役이 면제
된 채, 오직 鐵場役에만 상시 복무하였고 雜物歲貢만은 면제되었다.[30]

그런데 공양왕 3년(1391) 이래 鐵場制가 폐지되는 太宗 7년(1407)까
지의 시기에 전국의 鐵場數가 얼마이며 또 각 鐵場에 종사한 吹鍊軍
數가 어느 정도였던가에 관해서는 자세히 알 수 없다. 이 무렵의 鐵場
數는 후술할 鐵場都會數와 큰 차이가 없을 것이므로 20여 개소 가량
되었을 것으로 생각된다. 吹鍊軍數에 관해서도 확실한 연대는 밝혀져
있지 않지만 내용상 太宗 7년 이전의 鐵場吹鍊軍制임을 짐작하게 하
는 기록이 있다. 그것은 世祖 7년(1462)에 軍籍從事官 尹孝孫이 "全羅
道 昌平縣의 軍案을 점검했을 때 다른 邑의 軍案에서는 찾아볼 수 없
었던 鐵場 吹鍊軍 200餘名이 모두 他役을 지지 않고 오직 吹鍊役만 지
고 있어 이를 모두 혁파하고 軍額에 충당하였다."는 기사다.[31] 이는 곧
조선 초기에 役制가 완비되지 못하여 黃海道의 鐵所干制가 世宗 12년

---

30) 《成宗實錄》195, 成宗 17년 9월 辛未. "羅州牧使尹孝孫上疏略曰 臣伏覩傳旨
鐵場都會廢置便否 言者不一 苟有能言者 各陳所懷 臣以臆見敢陳之 都會官
鍊鐵之時 他邑之民 嬴糧往來 其弊不些 且不慣其事 卒難自備 民敢苦之 此
所以議者之欲革鐵場也 臣則以爲不可革也 臣於壬午年爲軍籍從事官 點檢
昌平軍案 其鐵場吹鍊軍二百餘人 皆無他役 只供其事 考他官軍案則無之 故
其時革此昌平吹鐵人 皆充軍額 臣意以謂 鐵場所在之民 男女父子 世以吹鍊
爲業 而各有身役 請依昌平産法 以鐵場所在官良民及公賤 一除其身役身貢
量定吹鍊軍 以爲恒式 則無他邑之民 嬴糧之弊 而便於公私矣 命議于大臣與
戶曹 韓明會尹壕議 鐵場都會官之役 無害於公私 仍舊爲便 沈澮尹弼商李克
培盧思愼議 抄軍吹鍊與民備納 皆有弊焉 尹孝孫之言 在所可取 令該司商議
洪應議 大抵有軍則有保 若別設吹鍊軍 則當有保人 鐵場所在官 閑丁不足
則必以他官居民充之 又有弊焉 當依舊法行之 何可紛更耶 李德良金升卿韓
堰議 臣等前日獻議 鐵場所在官及附近諸邑 抄軍丁 號爲吹鍊軍 蠲免雜役
俾專其事 今孝孫之言 與臣等之議略同 宜可施行 命留政院"
31) 제1장 註 30) 참조.

(1430)까지 남아 있었듯이[32] 昌平縣의 鐵場 吹鍊軍制도 世祖 7년(1462)
까지 남아 있었던 것이라 하겠다. 어떻든 昌平縣의 鐵場 吹鍊軍制로
미루어 볼 때 전국의 각 鐵場에도 대체로 200여 명 가량의 현지 농민
들이 吹鍊役에 투입된 것으로 여겨진다.

2. 鐵場都會制의 成立과 運營實態

　정부는 공양왕 3년(1391) 이래 太宗 7년(1407)에 이르기까지 16년 간
斂鐵法과 鐵場制를 통해서 철물을 수취해 왔다. 太宗 5년(1405)의 還都
로 신도건설공사가 어느 정도 마무리되었고 무기제조작업도 상당히
진척되었다. 그러나 16년간 실시된 斂鐵法과 鐵場制는 시행과정에서
많은 문제점이 드러났다. 鐵場制와 斂鐵法이 지닌 폐단으로 농민들에
의한 避役抵抗이 심화되었고 이 때문에 정부는 새로운 철물수취제도
를 모색하지 않을 수 없게 되었다. 철물수취제도가 지닌 폐단의 심각
성은 斂鐵法이나 鐵場制가 다를 바 없지만, 鐵場制는 일부 지역의 吹
鍊軍에 국한된 문제였던 데 반해, 斂鐵法은 전국 농민들의 대다수가
부담한 貢鐵制였기 때문에 자연히 농민들의 불만도 鐵場制보다 斂鐵
法에 더 뚜렷이 표출되었다.

　太宗 7년(1407) 6월에 右司諫大夫吳陞 등이 올린 訴狀에는 斂鐵法
에 대한 농민들의 불만이 구체적으로 반영되고 있었다. 첫째, 농민들
이 貢鐵을 납부하기 위해 布帛과 穀粟으로 鐵物을 구입하는데 구입하
기가 용이하지 않다는 것이었고, 둘째는 貢鐵의 부과량이 과중한데
가 부과기준 또한 일정하지 않다는 것이며, 셋째는 本邑에서 징수할
때 守令이 손수 監考하지 않고 品官·鄕吏들로 하여금 監考하게 함으
로써 더욱 폐단이 크다는 것이다. 곧 愚民들은 枰目을 알지 못하므로

---

32) 제1장 註 24) 참조.

品官·鄕吏들이 갖가지 방법으로 기만할 뿐만 아니라 조금이라도 마음에 맞지 않으면 매질을 가했기 때문에 愚民들은 받아주기만 바랄 뿐감히 항의할 생각을 못한다는 것이었다. 吳陞 등은 이러한 斂鐵法의폐단을 지적한 뒤에 그것에 대한 개선책으로 두 가지 방안을 제시하고 있다. 하나는 斂鐵法을 혁파하고 각 道의 産鐵地에 鐵場을 더 개설하되 '募民吹鍊'하게 하라는 것이고, 다른 하나는 斂鐵法을 계속 실시할 경우 貢鐵의 부과량을 줄일 뿐 아니라 수취절차도 상세히 규정해야 한다는 것이다.[33]

정부는 이러한 吳陞 등의 건의안을 각 道에 移文하여 시행상의 便否를 推考한 뒤 다시 의논하기로 결정하였다. 그 결과에 대해서는 사료상에 나타나 있지 않지만 이때 정부는 斂鐵法을 혁파하고 鐵場을加設하여 '募民吹鍊'할 것을 요구한 제1안을 수락했던 것 같다. 그것은 정부가 제2안을 받아들인다면 貢鐵量을 삭감해야 하는 재정상의불이익을 감수해야 하는 데다 수취절차를 개선한다 해도 貢鐵을 사서바치는 한 斂鐵法이 지닌 폐단이 제거될 수 없다는 사실 때문이었다. 그리고 鐵場制도 정부로서는 鐵場官을 별도로 파견해야 하고 수많은吹鍊軍들에게 他種의 貢物과 雜役을 면제하고 奉足을 지급해야 하는등[34] 정부의 재력과 인력의 소모가 컸으며 吹鍊軍인 부역농민들의 입장에서도 상시로 鐵場役에 동원됨으로써 작업의 고됨은 물론 농사의

---

33) 《太宗實錄》13, 太宗 7년 6월 癸未. "刑曹判書金喜善司憲府大司憲成石因司諫院右司諫大夫吳陞等上疎 諫院疏曰 … 一, 鐵之爲物 切於民生之用者也然必以布帛穀粟之類 易之然後乃得 今國家以州縣之殘盛 定貢鐵之多寡 州縣以所耕多少 分賦于民 賦民之際 或輕重不倫 至收鐵之時 守令不親監考令品官鄕吏輩監考 愚民不識枰目 奸點之徒 多方以欺之 愚者易瞞也 弱者易制也 一有不副則鞭撻隨之 愚民惟以准納爲幸耳 敢復有言於其間乎 鐵本難得 收之又重 諸道之民 均受此弊 臣等願殿下 於諸道産鐵之地 加置鐵場 募民吹鍊 以備國用 其斂鐵之法 且令停罷 以紓民生 若以爲國用所須必不得已而取之 亦望輕其貢額 而詳加條式"
34) 제1장 註 24) 참조.

피해도 심각하였다. 이러한 이유로 정부는 太宗 7년(1407)에 斂鐵法과 鐵場制를 모두 혁파하고 鐵場을 증설, 春秋의 농한기에 농민들을 鐵場에 동원하여 繕工監과 軍器監의 貢鐵을 채납하도록 하는 이른바 '鐵場都會'制를 채택한 것이다.[35]

　정부가 斂鐵法을 폐지하고 전국의 鐵場을 흡수하여 鐵場都會制를 적용함으로써 繕工監과 軍器監의 貢鐵은 가감 없이 채납될 수 있었지만, 鐵場制가 혁파됨에 따라 각 界首官·營·鎭의 무기제조용 철물공급은 중단되게 되었다. 그러나 이 무렵에 諸道 各 浦의 水軍들이 沙鐵吹鍊役에 투입되기 시작하였으며, 분명한 것은 아니지만 이 사실은 각 계수관·영·진의 무기생산에 필요한 철물을 조달하기 위한 조치라고 여겨진다. 各 浦의 水軍을 沙鐵吹鍊役에 투입하기 시작한 것은 鐵場都會制가 성립된 太宗 7년(1407)이며 처음에는 慶尙道와 全羅道에만 실시되었으나,[36] 忠淸[37]·黃海[38] 江原道[39]에도 확대 실시되고 있었다.

　그리고 이때부터는 各 浦 水軍들의 沙鐵吹鍊役도 鐵場都會와 함께

35) 拙稿,〈朝鮮前期의 軍需鐵鑛業硏究〉《韓國史論》7, 1982, 316~320쪽 참조.
36)《太宗實錄》14, 太宗 7년 7월 戊寅. "慶尙道都兵馬節制使姜思德 以各浦事宜 上書 … 一, 各浦船軍軍器衣甲 並不整齊 乞令萬戶 收其掩心頭具 一樣堅實 監造 若箭鏃 則利鈍不齊 或未得冶工 難於自備 乞量收軍戶之鐵 每浦給冶 工一名 使之鍛鍊精利 分授軍丁 其打造之間 給冶工粮料"
《太宗實錄》16, 太宗 8년 12월 丁酉. "全羅道水軍都節制使 上事宜數條 … 一. 造船鐵物 觀察使 或時停滯出納 以致廢事 其海島鐵物 元係水軍吹鍊 乞 令節度使收貯支費 … 上皆從之"
37)《世祖實錄》27, 世祖 8년 2월 乙未. "戶曹啓 … 造船條件 具陳于後, 一. 釘鐵 用 忠淸道會計付正鐵 隨所入支用 … 從之"
38)《端宗實錄》3, 卽位年 閏9월 辛未. "先是 黃海道觀察使啓曰 … 諸浦 今秋等 及來年春等 京中諸司所納貢物 及兵船所需正鐵採鍊等事 停罷 … 從之"
39)《世宗實錄》28, 世宗 7년 4월 乙丑. "戶曹啓 江原道嶺東各浦鉛軍 不供他役 且無營田 雙城浦三陟浦産鐵之地 可令船軍淘沙冶鐵 其他産鐵各浦 亦依此 例 其軍人日課 監司差官試驗 量定額數 移關本曹 會計施行 自三月至八月 冶鐵 自九月至翌年二月煮鹽 以爲恒式 從之"

당해 道의 觀察使가 총관하였다. 관찰사는 먼저 관원을 産鐵地에 파
견하여 수일 동안 시굴케 하였고 수군들이 매일 의무적으로 採取해야
할 定額인 '日課量'을 결정한 뒤에 水軍을 沙鐵吹鍊役에 투입하였는데
대개는 3월부터 8월까지 6개월간 사역토록 하였다. 각 浦 水軍들이 매
년 採取한 철은 觀察使가 장악하여 관내 각 관청의 수용에 충당하였
지만 대부분은 兵馬節度使나 水軍節度使의 요청으로 兵船이나 箭鏃
類 등 무기제조용으로 공급되었으며 觀察使는 철의 생산량과 소비량
을 일일이 戶曹에 보고하였다.

이처럼 太宗 7년(1407) 6월에 右司諫大夫 吳陞 등의 상소가 있을 무
렵부터, 관찰사의 총관하에 각 포 수군들의 沙鐵吹鍊役이 실시되었고
그들이 採取한 철물이 兵馬節制使나 水軍節制使의 요구에 따라 무기
제조용으로 공급되었다. 이러한 사실은 곧 道內의 각 계수관·영·진 등
의 무기제조장에 필요한 철물도 조달된 것임을 입증한다.[40] 그리고
예외적인 사례지만 世宗 연간에는 정부가 각 道로 하여금 철물사용이
불가피한 경우 鐵場都會에서 採取하도록 허용한 것이나,[41] 全羅道 茂
朱郡의 鐵場都會가 매년 914斤을 全州에 납부한 사실들도 모두 鐵場
制가 혁파된 뒤에 각 浦 水軍들의 沙鐵生産이 여의치 못한 데서 연유
한 것이라 하겠다.[42]

그런데 太宗 7년에 鐵場制가 鐵場都會制로 바뀐 지 불과 8년 만인
동왕 15년(1415)에는 각 계수관과 영·진 등의 月課制 무기생산도 감축
되고 있었다. 정부는 동년 3월에 이르러 각 道의 軍丁들로 하여금 앞

---

40) 《世祖實錄》20, 世祖 6년 4월 甲寅. "論江原道觀察使任孝仁曰 道內諸邑培養
    箭竹十萬個 嶺東諸邑諸浦正鐵一千斤 船輪咸鏡道安邊 又箭竹培養之法 已
    曾下諭 其禁伐禁焚 宜益糾檢 論咸吉道觀察使鄭賦曰 江原道輸送箭竹十萬
    個 正鐵一千斤 載諸浦兵船 次次輪 送都節制使營"
41) 《世宗實錄》50, 世宗 12년 12월 丁卯. "請依他道例 置鐵場於有柴木處 其軍器
    繕工監貢鐵及道內不得已所用鐵物 悉令鐵場炒鍊沙鐵"
42) 《世宗實錄地理志》全羅道 茂朱縣條 참조.

으로는 개인의 휴대무기를 각자 구비하도록 지시하는 한편, 종래 각
界首官·營·鎭에 부가한 月課軍器의 수량을 삭감하였고[43] 이어 다음달
에는 月課匠人들의 상시 근무제를 폐지하고 농번기인 3월부터 7월까
지 歸農하도록 조처하였던 것이다.[44] 太宗 7년에 鐵場制가 鐵場都會
制로 바뀌고 동왕 15년에 각 계수관·영·진 등의 무기제조작업이 7개월
로 단축되었다는 사실은 농민들의 노동조건을 크게 개선시킨 셈이다.
이러한 조처는 물론 鐵場制가 혁파된 뒤 철물조달이 원활하지 못한 데
도 원인이 있었겠지만 그보다는 다음과 같은 두 가지 이유가 직접적인
원인이었던 것 같다. 첫째는 공양왕 3년(1392) 이래 太宗 15년(1415)까지
무려 24년간에 걸쳐 매일 무기를 생산해 왔으므로 각 營·邑·鎭의 官需
用의 무기나 각 軍丁들의 휴대용 무기가 충분히 갖추어지게 되었고
동시에 외침에 대한 위기의식도 거의 사라졌기 때문일 것이며, 둘째
는 각 계수관·영·진에서 月課軍器를 생산하던 工匠들도 역시 鐵場制
下의 吹鍊軍과 마찬가지로 농업을 생업으로 하는 농민들이었으므로
이제는 더 이상 농번기의 歸農을 막을 수 없었기 때문일 것이다.

　한편 鐵場都會制下에 운영된 鐵場의 관리실태는 《經國大典》工典
鐵場條에 비교적 자세히 수록되어 있다. "각 읍의 産鐵地에 冶場을 설
치한 뒤에 場籍을 만들어 工曹와 本道·本邑에 비치하고 농한기마다
吹鍊, 上納하게 한다. 관찰사는 각 場의 부근 諸邑에 부과된 貢鐵量의

---

43) 《太宗實錄》29, 太宗 15년 3월 丙午. "議政府六曹議啓 和人心條目 … 一. 令
　各道軍丁 皆備私軍器 各道節制使營 及各鎭前例月課 界首官月課數目 推考
　減省 上皆從之"

44) 《太宗實錄》29, 太宗 15년 4월 丁亥. "江原道都觀察使李安愚上書 下議政府
　六曹擬議 … 一. 月課軍器 國家禦侮之備 誠不可一日廢其修造也 然近因條
　令 自郡縣至于庶民 皆有其備 而節制營與界首各鎭 日常打造其爲冶匠者 日
　夜在官 其生理未免妻子啼飢之嘆 亦可憫也 願自今三月至七月 則放還歸農
　自八月至明年二月 驅而赴役 則庶乎國不廢備 而匠亦遂其生矣 議得右條 自
　四月至七月歸農 教日 月課匠人 自三月至七月歸農"

다소에 따라 人夫 數를 量定하고 本邑 및 諸邑 중 有職廉謹者 1人을
택하여 監冶官을 삼아 오로지 鑛役을 감독하게 하고 守令이 이를 고
찰한다”고 하였다.

鐵場은 冶場이라고도 하고 炒鐵所[45]라고도 하였다. 鐵場은 물론 産
鐵地를 보유한 해당 읍에 설치되기 마련이지만 鑛石을 운반하기보다
는 燃料材를 조달하기에 더 많은 노동력이 필요했기 때문에 대개 柴
木이 풍부한 곳에 설치되었다.[46] 정부는 鐵場이 설치된 읍을 '都會'로
삼고 本邑과 鐵場이 없는 인근 각 읍의 농민에게 부과된 貢鐵을 都會
의 鐵場에서 공동 채납하도록 조치한 것이다. 이때 鐵場이 소재한 읍
을 '鐵場都會' 또는 '鐵場都會所'라 불렀고 이러한 貢鐵의 생산 형태를
필자는 편의상 '鐵場都會'制라고 지칭하였다.

그 한 사례로 慶尙道 寧海府의 경우를 예시하면, 일찍이 銅鑛이 개
발되어 정부가 本府의 貢物을 탕감하고 貢銅만 채납하도록 규정한 곳
인데 文宗 원년(1451)에 이르러 本府의 농민들이 그곳이 石鑛인데다
貢銅量도 과중하다는 이유를 들어 종전의 貢物을 다시 부과하고 銅場
都會制를 적용해 줄 것을 요구하였다. 곧 鐵場制와 같은 銅場制를 혁
파하고 鐵場都會制와 같은 銅場都會制를 적용해 줄 것을 요구한 것이
다. 이에 정부가 寧海府에 인근한 盈德·靑松·眞寶·淸河·興海 등 5개
邑民을 寧海銅場都會에 부역하도록 결정함으로써 기존의 盈德鐵場都
會도 폐쇄되었다. 따라서 정부는 盈德鐵場에 부과하였던 本邑과 인근
5개 읍의 貢鐵을 慶尙道 내의 鐵場都會들인 慶州·安東·蔚山·陜川·龍
宮·山陰 등 각 읍의 鐵場에 分定하게 되었던 것이다.[47] 그러나 文宗~

---

45) 《世宗實錄》 86, 世宗 21년 9월 戊辰條 참조. 그런데 《世宗實錄》 48, 12년 5월
   甲寅條에 보면 당시 〈炒鐵所〉가 流配所로도 指定되고 있었다.
46) 제1장 註 24) 참조.
47) 《文宗實錄》 8, 文宗 元年 6월 癸未. "議政府據戶曹呈啓 銅鐵多産於慶尙道
   寧海府 故曾減本邑貢物 使專掌吹鍊 以爲常貢今本邑人民等狀告 銅鐵雜於
   巖石 掘取甚艱 且吹鍊諸事 本邑獨辦 力役太重難堪 請還所減貢物 令附近

端宗 연간에 寧海銅鑛은 폐쇄되었는지 端宗 2년(1454)에 완성된《世宗實錄地理志》에는 盈德縣의 沙鐵産地에 鐵場이 다시 개설되어 매년 1,724斤의 正鐵을 공납한 것으로 나타난다. 따라서 이때는 이미 銅鑛이 폐쇄되었으므로 寧海府民도 다른 5개 邑民과 같이 盈德鐵場都會에 부역했을 것으로 생각된다.

이처럼 鐵場都會는 置廢가 무상하였고 또한 貢鐵量의 변동도 심했기 때문에 전국에 몇 개소나 鐵場都會가 설치되어 있었고 또 전국의 鐵場都會에서 매년 繕工監과 軍器監에 납부한 貢鐵量이 얼마나 되었는지를 구체적으로 밝힐 자료는 없다. 다만《世宗實錄地理志》에서 개략적인 윤곽을 더듬어 볼 수 있을 뿐이다 .《世宗實錄地理志》에 게재된 전국의 鐵鑛數는 다음의 〈표 1〉에서 볼 수 있듯이 67개 읍에 달하고 있으며 이들 각 철광은 官採이든 民採이든 당시에 철물생산이 이루어지고 있던 곳임에 틀림없다.

〈표 1〉《世宗實錄地理志》 중의 各邑産鐵狀況表

道·邑名	土貢 및 土産	産鐵地·鐵場所在地名 및 貢鐵量
〈京畿道〉		
永平縣	土産: 水鐵	産縣北金洞山鍊沙成鐵
〈忠淸道〉		
忠州牧	土産	鐵場在州南末訖金(中品)
淸風郡	土産: 沙鐵	産縣西三里許旀吾之
懷仁縣	土産: 石鐵	産縣南老聖山
恩津縣	土産: 沙鐵	産縣南七里鵲旨·熊田·吐串等處皆品下
懷德縣	土産: 石鐵	産縣北二十里稷洞(下品)
石城縣	土産: 沙鐵	産縣南三山里(下品)
瑞山郡	土産	鐵場在郡西都飛山南

盈德靑松眞寶淸河興海等官 同力吹鍊以貢 其盈德都會吹鍊上納正鐵令其道監司 量定鐵場都會慶州安東蔚山陜川龍宮山陰等各官 吹鍊以貢 從之"

〈慶尚道〉		
慶州府	土産: 沙鐵	産府東感恩浦(有鐵場歲貢正鐵 6,533斤)
密陽都護府	土産: 石鐵	産府東松谷山
蔚山郡	土産	鐵場在郡北達川里,産白銅鐵·水鐵·生鐵(歲貢生鐵 12,500斤)
彦陽郡	土産: 沙鐵	産縣西石南洞
安東大都護府	土産: 沙鐵	産臨河縣北沙等羅里·本谷里等處(有鐵場歲貢正鐵 9,950斤)
醴泉郡	土産: 沙鐵	産多人縣東大谷灘(錬正鐵以貢)
盈德縣	土産: 沙鐵	産縣南烏浦項及南驛浦汀等處(有鐵場歲貢正鐵 1,724斤)
尙州牧	土産: 沙鐵	産州北松羅灘
陜川郡	土産: 沙鐵	産冶爐縣南心妙里(有鐵場歲貢正鐵 9,500斤)
龍宮縣	土産: 沙鐵	産縣南無訖灘·鵲灘修·正灘明柳(有鐵場歲貢正鐵 8,878斤)
金海都護府	土産: 沙鐵	産府東甘勿也村
昌原都護府	土産: 沙鐵	産府南岳山里夫乙無山
山陰縣	土産: 沙鐵	産縣北馬淵洞山(歲貢正鐵 7,794斤)
三嘉縣	土産: 沙鐵	産三岐縣北毛台亦里檻頂山
〈全羅道〉		
咸平縣	土産: 沙鐵	
務安縣	土産	鐵場二,一在縣東南柴口洞一在縣南炭洞(品皆上)(錬鐵 1,586斤納于軍器監)
茂朱縣	土産	鐵場在縣東十里蓬村(錬鐵 2,200斤 納于繕工監, 914斤 納于全州)
昌平郡	土産	鐵場在縣南深谷里洞
和順縣	土産	鐵場在縣北水冷川里(品中)
同福縣	土産	鐵場在縣西靈神寺洞(品中)
〈黃海道〉		
遂安郡	土産: 正鐵	
新恩縣	土産: 正鐵	石鐵産縣南二十五里草田里(下品)
海州牧	土産: 正鐵	産州北五十五里青山里(下品)

載寧郡	土貢	石鐵産郡東五里大棗毛老(鍊正鐵以貢又貢生鐵) 石鐵産郡北十五里泥洞
牛峯縣	土貢	石鐵産縣西十里仇時山及十三里觀音岾(鍊正鐵 以貢)
文化縣	土貢: 正鐵	
松禾縣	土貢: 正鐵	
殷栗縣	土貢	石鐵産縣北十九里金山里(中品)(鍊正鐵以貢)
長淵縣	土貢	石鐵産縣西道里剛(下品)(鍊正鐵以貢)
〈江原道〉		
江陵大都護府	土貢: 正鐵	
襄陽都護府	土貢: 正鐵	石鐵産府西十里鐵掘山
旌善郡	土貢: 正鐵	石鐵産郡南五十里許能箭山東
原州牧	土貢: 正鐵	
寧越郡	土貢: 正鐵	
橫城郡	土貢: 正鐵	
洪川郡	土貢: 正鐵	
淮陽都護府	土貢: 正鐵	
金城縣	土貢: 正鐵	石鐵産岐城東四十五里釜嵒也音浦小川
金化縣	土貢: 正鐵	石鐵産縣東二十里方洞川
平康縣	土貢: 正鐵	
伊川縣	土貢: 正鐵	
三陟都護府	土貢: 正鐵	沙鐵産府東六里浦汀
蔚珍縣	土貢: 鐵	
春川都護府	土貢: 鐵	
狼川縣	土貢: 鐵	
楊口縣	土貢: 正鐵	
麟蹄縣	土貢: 正鐵	
杆城郡	土貢: 正鐵	
高城郡	土貢: 正鐵	
通川郡	土貢: 正鐵	
歙谷縣	土貢: 正鐵	

〈平安道〉		
順安縣	土貢	鐵冶在縣北公田里
价川郡	土貢	鐵場在郡東卯結山腰(品好, 又産水鐵)
雲山郡	土貢	水鐵場在郡東和斤岩
〈咸吉道〉		
北靑都護府	土産: 石鐵	産府東六十里多甫和西山
文川郡	土産: 沙鐵	産郡西十五里豆衣山(下品)
吉州牧	土産: 沙鐵	産州東南四十里多信浦項海汀
端川郡	土産: 石鐵	産郡西六十里龍林峴西大山
鏡城郡	土産: 沙鐵	産處二, 一在郡東五村里 一在郡南朱乙溫里
産鐵地 計 67個邑		

　　그러나 각 道나 각 읍에서 工曹에 조사 보고한 書式이 일정하지 않
아서 경기·충청·경상·전라·함길도는 모두 土産條에 기재하였고, 황
해·강원·평안도는 모두 土貢條에 기재하는 등 土産物인지 土貢品인지
가 구분되지 않았고 동시에 土産條에 기재한 道에서는 京畿道와 같이
철광을 기재한 경우도 있지만 모두가 石鐵鑛·沙鐵鑛 등 철광석의 종
류를 밝힌 반면 土貢條에 기재한 道에서는 正鐵 또는 鐵이라고만 기
재하여 鐵의 종류를 밝히고 있었다. 그리고 鐵場이 명시된 곳이 있는
가 하면 貢鐵의 歲納邑임을 밝힌 곳이 있고 대부분의 경우는 鐵場이
나 歲貢의 有無를 전혀 명시하지 않고 있다. 歲貢인지를 밝히지 않고
그것이 土産條에 실려 있다고 해서 歲貢하지 않는 곳이라 단정하기
어려우며 또한 그것이 土貢條에 기재되었다고 하여 반드시 貢鐵을 세
납한 곳으로 여길 수도 없는 것이다.
　　따라서 《世宗實錄地理志》의 기록만으로는 당시 전국에 몇 개소의
鐵場都會가 개설되었는지를 파악하기는 어렵다. 그러나 우선 《世宗實
錄地理志》에서 鐵場都會가 설치되었던 곳으로 여겨지는 읍들은 土産
條나 土貢條를 막론하고 鐵場 또는 鐵冶·水鐵場으로도 표시된 忠州·

瑞山·慶州·蔚山·安東·盈德·陜川·龍宮·務安(鐵場 2개소)·茂朱·昌平·和順·同福·順安·价川·雲山 등 16개 邑의 17개 鐵場과 貢鐵의 歲納邑으로 기재되어 있는 醴泉·山陰·載寧·牛峰·殷栗·長淵 등 6개 邑이었다. 이 6개 邑에는 비록 鐵場이 명시되지는 않았지만, 일례로 山陰의 경우, 世宗 7년(1425)에 완성된 《慶尙道地理志》에 鐵場이 기재되어 있고 전술한 文宗 원년 6월의 기록에도 鐵場都會라고 한 것으로 미루어 보아 모두가 鐵場都會였음을 확인할 수 있다. 따라서 《世宗實錄地理志》에만 의존할 때 손쉽게 찾아볼 수 있는 전국의 鐵場都會는 22개 邑 23개소인 셈이다.

그러나 鐵場이나 貢鐵의 납부사실을 명시하지 않은 邑들 중에도 상당수가 鐵場都會였음을 입증하는 사료들이 있다. 우선 忠淸道의 경우 世宗 10년(1428) 현재 5개소의 鐵場都會가 있었는데[48] 다음해에 世宗이 "철생산의 이로움도 크고 무기도 많이 제조하면 좋겠지만 지금은 국방상에 문제가 없으니 농민들을 괴롭히는 일은 중지함이 옳다"고 하고 그 중 1개소를 폐쇄시켰다.[49] 그렇다면 역시 〈표 1〉에서 볼 수 있듯이 鐵場은 4개소라야 하는데도 2개소만 남아 있는 것은 작성시의 착오일 것이며 아마도 鐵의 품질이 '下品'이라고 명시하지 않은 淸風·懷仁에 鐵場都會가 있었을 것으로 추측된다. 그리고 黃海道의 경우에도 전술한 海州·文化·松化 등 3읍은 繕工監納正鐵 5,520斤을 鐵所干들로부터 수납해 오다가 世宗 12년에 鐵所干制를 혁파하여 軍役에 충당하고 柴木이 풍부한 곳을 택해서 鐵場을 설치하였다.[50] 그러나 역시 鐵場이나 貢鐵의 납부여부를 명시하지 않고 있는데 이 3읍 중에서 海

---

48) 《世宗實錄》 39, 世宗 10년 正月 辛亥. "戶曹據忠淸監司關啓 去歲自春至秋 久旱失農 炒鐵軍乃爐冶匠 動經一朔 贏粮實難 一年貢鐵 只二萬八百八十五斤 而五鐵場所在正鐵十萬七百九十五斤 請依丁未年秋等例 除今春炒鐵 從之"

49) 《世宗實錄》 45, 世宗 11년 7월 己酉. "上謂左代言許誠曰 鐵之用 其利無窮 若造兵器 雖多不厭 然今國家無虞 停罷勞民之事 不亦可乎 其減忠淸道鐵場一所"

50) 제1장 註 24) 참조.

州는 '下品'으로 밝혀져 있어 鐵場都會가 그 후 폐쇄되었을지 모르지만
文化나 松化는 설치되어 있었던 것으로 여겨진다. 그리고 咸鏡道의 경
우도 《世宗實錄地理志》가 완성된 端宗 2년(1454) 현재 洪原·北青·利城·
端川·吉州·鏡城 등 6개 읍에 鐵場이 있었음에도 불구하고[51] 《世宗實錄
地理志》에는 오히려 洪原과 利城邑을 빼고 '下品'인 文川邑을 등재했
을 뿐 아니라 鐵場을 기재하지도 않고 있다. 역시 咸鏡道에도 이때 상
기한 6개읍에 鐵場都會가 개설된 것임은 의심할 여지가 없다.

이와 같은 추론이 확실하다면 전국의 鐵場都會는 32개 읍, 33개소
가 되는 셈이다. 그러나 忠淸道의 淸風·懷仁은 불확실하고 黃海道의
文化·松化도 뒤에 鐵場을 폐쇄했을지도 모르기 때문에 가장 확실한
곳은 忠淸道의 忠州·瑞山과 慶尙道의 慶州·蔚山·安東·醴泉·盈德·陜
川·龍宮·山陰, 全羅道의 務安(2개소)·茂朱·昌平·和順·同福, 黃海道의
載寧·牛峰·殷栗·長淵, 平安道의 順安·价川·雲山, 咸吉道의 洪原·北青·
利城·端川·吉州·鏡城 등 28개 읍, 29개 鐵場都會였다고 하겠다.

이밖에도 《世宗實錄地理志》에서 철광을 보유한 39개 읍(함길도의
洪原·利城은 불포함)은 어떤 연유에서 鐵場을 명기하지 않았는지 또
는 鐵場을 설치하지 않았는지를 일일이 상고할 수 없다. 그러나 그중
永平·淸風·懷仁·密陽·彦陽·尙州·金海·昌原·三嘉·咸平등 경기·충청·경
상·전라도의 10개 읍은 土産條에 실려 있지만 黃海道의 遂安·文化·松
化 등 3개 읍과 江原道의 22개 읍은 모두 土貢條에 실려 있다. 물론 각
道나 각 읍에서 土産條와 土貢條를 혼용하여 보고한 것이긴 하지만
그것과 관계없이 《世宗實錄地理志》에는 土貢關係를 위주로 조사 수
록한 점으로 미루어 볼 때 각 産鐵邑에서는 鐵場都會가 있든 없든 간

---

51) 《端宗實錄》12, 端宗 2년 8월 己丑. "先是咸鏡道觀察使啓曰 道內諸邑 連歲
   失農 今年尤甚 謹條陳救荒事宜以啓 … 一. 洪原北靑利城端川吉州鏡城等諸
   邑鐵場吹鍊 限明年秋停罷 … 至是 戶曹啓 諸五條吹鍊事 … 依啓本停寢 …
   從之"

에 어떤 형태로든지 일정량의 철물을 세납한 것이라 하겠다. 따라서 鐵場都會가 설치되지 않았을 '下品'의 철광이나 그 밖의 내륙에 위치한 각 읍의 産鐵地에는 당시에 성장하고 있었던 야철수공업자들이 納稅自營하던 民營鑛山이 있었던 듯하며, 반대로 해안지역에 위치한, 특히 沙鐵産地에는 太宗 7년부터 실시된 각 浦 水軍들의 吹鍊役이 이루어졌을 것으로 여겨진다.[52]

정부가 太宗 7년에 鐵場都會制를 채택한 이후 世宗 연간에는 鐵場의 치폐가 잦았던 것과 같이 각 읍에 부과된 貢鐵도 때로는 타읍에 移定되기도 하였고 때로는 繕工監과 軍器監에 납부되지 않고 他道에서 전용하기도 하였다. 他邑으로 移定되는 경우는 두 가지다. 첫째는 당해 읍에서 貢鐵보다 정부가 더 필요로 하는 철물이 채굴될 경우였다. 黃海道 瑞興은 世宗 6년(1424) 정월에 정부가 濟用監의 造粉 및 黃丹을 제조하는 데 필요한 鉛鐵 250斤을 세납하도록 하면서 本邑이 軍器監에 공납하던 正鐵 584斤을 本道의 각 읍에 移定하였고[53] 역시 本道의 平山府도 정부가 世宗 24년(1442) 9월부터 鉛鐵 3,000斤을 常貢으로 정하면서 正鐵 1,727斤을 減免하였으며[54] 전술한 慶尙道 寧海府는 文宗 원년 6월에 정부가 銅場都會를 개설하면서 盈德鐵場都會에 부과된 貢鐵을 道內의 다른 鐵場都會에 分定하였다.[55] 둘째는 道內의 鐵場都會에서 멀리 떨어진 읍의 貢鐵을 他邑에 이정하는 경우이다. 世宗 16년(1434)에 忠淸道 竹山縣이 京畿道에 편속됨으로써 全羅道 礪山郡이 세종 18년에 충청도에 편입된 뒤 竹山縣에 부과되었던 공철 280斤 8兩 4

---

52) 제1장 註 39), 40) 참조.

53) 《世宗實錄》23, 世宗 6년 正月 辛巳. "戶曹據濟用監牒啓 造粉及黃丹所需鉛鐵二百五十斤 請令産鉛黃海道瑞興官 每年採取依式上納 其官所貢軍器監上納正鐵五百八十四斤 移定本道各官 從之"

54) 《世宗實錄》97, 世宗 24년 9월 乙亥. "戶曹啓 黃海道平山府所産鉛鐵 旣充國用 請減本府所貢正鐵一千七百二十七斤 以鉛鐵三千斤 定爲常貢 從之"

55) 제1장 註 47) 참조.

錢을 부담하게 되었다. 그러나 세종 26년에 礪山郡이 다시 全羅道에 귀속되면서는 貢鐵을 채납할 여건이 되지 않아 정부는 全羅道 觀察使로 하여금 礪山郡의 貢鐵을 道內의 鐵場이 있는 諸邑에 移定하도록 하였던 것이다.[56]

다음, 他道의 貢鐵을 전용하는 사례는 대개 국방상의 문제가 자주 발생하던 동·서북면에서 찾아볼 수 있다. 世宗 17년(1435)에 정부는 平安道가 국방상의 문제로 鐵場을 개설할 수 없게 되자 築城에 소요되는 철물을 他道에 分定하였다.[57] 世宗 23년(1435)에도 咸鏡道의 축성용 철물 조달이 어렵게 되자 忠淸道의 繕工監 貢鐵을 5년간 咸興府에 轉輸하도록 하였고,[58] 世祖 6년(1461)에도 江原道 각 읍 浦의 正鐵 1,000斤을 咸鏡道의 安邊으로 船輸하였던 것이다.[59] 이처럼 繕工監과 軍器監에 납부하던 각 읍의 貢鐵이 때로는 移定되기도 하고 때로는 他邑에 전용되기도 하였지만 그렇다고 하여 그 道에 부과된 貢鐵量에 가감이 있지도 않았고, 역시 繕工監과 軍器監에 바치는 貢鐵의 정량에 변동이 생기는 것도 아니었다.

이처럼 繕工監과 軍器監에 납부하는 貢鐵量이 매년 일정하였음에도 불구하고 그 액수를 정확히 명기한 자료는 없으므로 부득이 몇몇 사료와 《世宗實錄地理志》의 기록으로 추산할 수밖에 없다. 정부는 각 道마다 繕工監과 軍器監의 貢鐵을 대체로 分半하여 부과하였지만 각

---

56) 《端宗實錄》 4, 端宗 卽位年 12월 庚戌. "議政府據戶曹呈啓 全羅道礪山郡 曾屬忠淸道時 移竹山縣貢鐵二百八十斤八兩四錢于本郡 今旣還屬全羅道 而貢鐵猶存 礪山郡無鐵場 故收斂民間 請令本道觀察使 移定道內有鐵場諸邑 從之"

57) 《世宗實錄》 68, 世宗 17년 4월 甲寅. "初 左議政崔閏德啓 備邊事宜 一. 平安道 近因防禦 不得採鐵 其築城所需之鐵 量定於他道"

58) 《世宗實錄》 92, 世宗 23년 5월 癸丑. "議政府啓 咸吉道鐵不多産 而築城所需鐵器 悉令各官及役夫自辦 弊莫甚焉 自今五年爲限 以忠淸道繕工監納鐵 轉輸咸興府 以資其用 從之"

59) 제1장 註 40) 참조.

道에서는 관내의 각 읍에 兩監의 貢鐵을 함께 부과하지 않고 繕工監 貢鐵만을, 또는 軍器監 貢鐵만을 각각 부과하고 있었다.

忠淸道는 5개 읍에 鐵場都會가 개설되어 있었던 世宗 10년(1428) 현재 兩監에 납부하는 貢鐵量이 모두 20,885斤이었고[60] 黃海道는 世宗 12년 현재 繕工監 正鐵 5,520斤, 軍器監 正鐵 5,163斤 4兩으로 모두 10,683斤 4兩이었다.[61] 全羅道와 慶尙道의 貢鐵量은 《世宗實錄地理志》에만 나타나 있는데 全羅道는 鐵場都會邑 5개처 중 務安은 2개소의 鐵場에서 1,586斤을 軍器監에 세납하였고 茂朱는 2,200斤을 繕工監에, 914斤을 全州監營에 각각 납부하였으며 昌平·和順·同福 등 3개소의 鐵場都會에는 貢鐵量이 기재되어 있지 않다. 慶尙道는 醴泉을 제외한 각 鐵場都會마다 貢鐵量이 명시되어 있다. 慶州의 歲貢正鐵 6,533斤, 安東 9,950斤, 盈德 1,724斤, 陜川 9,500斤, 龍宮 8,878斤, 山陰 7,794斤과 蔚山 歲貢正鐵 12,500斤 등 도합 56,879斤이었다.

이상의 忠淸道와 黃海道 및 慶尙道는 약간의 시기상 차이는 있지만 대체로 貢鐵의 총량이 드러나 있고 全羅道도 절반 가까이 밝혀진 셈이지만 그외 다른 道의 貢鐵量은 상고할 수 없다. 우선 상기한 4개 道에 명시된 兩監의 貢鐵量을 간추려 보면 忠淸道 20,885斤, 黃海道 10,683斤 4兩, 慶尙道 56,879斤, 全羅道 務安·茂朱 3,786斤(全羅監營內 914斤 不計) 등 모두 92,233斤 4兩이다. 이밖에 평안·함경·강원도 및 전라도의 3개 鐵場都會 등에서 생산된 貢鐵을 모두 합친다면 이보다 훨씬 많은 액수에 달했을 것이다.

諸道의 각 鐵場都會는 앞서 지적했듯이 당해 道의 觀察使가 총관한 셈이지만 개개의 鐵場都會는 都會邑의 守令인 '都會官'의 관장하에 운영되었고 鐵場의 채굴 제련작업은 '監冶官'이 지시, 감독하였다. 監冶官은 觀察使가 本邑이나 인근 諸邑에서 '有職廉謹'한 자를 선임하도

---

60) 《世宗實錄》 39, 世宗 10년 正月 辛亥.
61) 제1장 註 24) 참조.

록 되어 있었다. '有職'의 성격이 어떤 것인지는 알 수 없으나 監冶官의 鐵場役을 都會官으로 하여금 고찰하도록 규정한 사실로 보아 그 지방의 '品官'들일 것으로 여겨진다. 그리고 監冶官의 임무가 철광의 採取作業을 감독하는 일이므로 반드시 鑛役에 대해서도 일정한 경험이나 지식을 갖춘 자였을 것이다.[62] 그러나 이들은 관료들에게 하찮은 존재로 여겨졌고 흔히 "監冶官은 모두가 무식한 무리들이다"[63]라고 괄시하였다. 이처럼 鐵場都會의 監冶官은 鐵場制下의 鐵場官들과는 달리 정부가 파견한 관리가 아니었고 鐵場役이 있을 때만 觀察使가 선정하여 임시적인 소임을 맡았던 자들에 불과하였다.

이들 監冶官의 감독하에 鐵場役에 동원된 人夫들은 本邑과 인근의 諸邑에서 징발한 농민들이었다. 부역농민의 동원절차는 전술하였듯이 觀察使가 鐵場이 所在한 邑과 주변 읍에 부과된 貢鐵量에 따라 각 읍에 인부수를 算定하면 각 읍 守令들이 당해 읍에 分定된 인원수를 뽑아서 보냈다. 이들 부역농민을 흔히 人夫라 불렀고 때로는 炒鍊軍·爐冶匠[64]·吹鍊軍人[65]·吹鍊人[66]이라고도 불렀다.

鐵場都會의 철물생산은 《經國大典》에도 "농한기마다 吹鍊 상납하게 한다"[67]고 하였듯이 매년 春秋의 농한기에 실시되었고 이를 흔히 '春秋兩等', '春等·秋等'으로 표시하였다. 그러나 春秋兩等의 각 작업기간이 정확히 언제 시작되어 언제 끝나는지는 밝혀져 있지 않고 '或二十日 或三十日'이라고 한 것을 보아 춘·추 각 20~30일 간이었던 것

62)《太宗實錄》32, 太宗 16년 8월 甲子. "命種桑于各道 判通禮門事李迹上書曰 … 願於各道桑柘茂盛之地 各置一室 以近處居接各司及革寺奴婢 三丁爲一戶 屬役養蠶 所在守令 依鹽鐵之例掌之 差曉事人 敎而養之"
63)《成宗實錄》203, 成宗 18년 5월 戊午. "監冶之官 率皆無識之徒"
64) 제1장 註 48) 참조.
65)《成宗實錄》191, 成宗 17년 5월 丙午.
66)《成宗實錄》195, 成宗 17년 9월 辛未.
67)《經國大典》工典. 鐵場조.

같다.[68] 춘·추 각 20~30일, 곧 연간 40~60일 간의 작업일수는 世宗 14년 (1432)에 규정된 徭役日數에 비하면 두 배가 되는 기간이었다. 동년의 요역규정에는 봄철에 농민을 사역하지 못하도록 하였고 가을에만 사역하게 하되 추수가 끝난 10월부터 20일 간으로 한정하였으며, 단 풍년에는 10일간을 연장할 수 있고 흉년에는 10일을 감하도록 하였다. 이처럼 농민에게 유리한 요역일수가 규정되자 동년 4월에 慶尙監司가 鐵場役도 동일하게 실시할 것을 요청하였지만 실현되지 못하였다.[69] 그리고 후술하겠지만 鐵場都會의 부역농민들은 작업기간에 먹을 식량을 자신이 준비해야 하였다. 춘·추 각 20~30일 간 먹을 양곡을 자신이 마련하여 직접 지고 다녀야 했기 때문에 '賚糧往返', '嬴糧往來'하는 문제가 鐵場都會制의 가장 큰 폐단으로 지적되고 있다.

조선 전기에 개발된 철광은 山野의 岩石 중에서 채굴하는 石鐵鑛보다 江河의 沙土 중에서 採取하는 沙鐵鑛이 더 많았다. 앞의 〈표 1〉에 명시된 곳만 헤아려 보아도 沙鐵鑛山이 21개 읍인 데 비하여 石鐵鑛山은 15개 읍에 불과하였다. 沙鐵鑛山은 우선 채굴이 용이하기 때문에 전술한 각 浦 水軍들도 沙鐵鑛山에 투입된 것과 같이 鐵場都會도 대부분은 沙鐵鑛山에 개설되었던 것이다.[70] 이리하여 鐵場都會의 부

---

68) 《世宗實錄》17, 世宗 4년 8월 乙酉 ; 《世宗實錄》23, 世宗 6년 正月 丁亥 ; 《世宗實錄》39, 世宗 10년 正月 辛亥 ; 《世宗實錄》56, 世宗 14년 4월 乙巳條 등 참조.

69) 《世宗實錄》56, 世宗 14년 4월 乙巳. "慶尙道監司啓 民間弊瘼條件 … 一. 曾降便民條劃內 十月始役限二十日 豊年加十日 下年減十日 春節毋得役民 然因春秋兩等貢鐵炒鍊 方春農務最緊之時 役於鐵場 或二十日 或三十日 裏粮往來 失時廢事 誠爲未便 幸今新都完備 營繕稍減 乞但於秋節一度炒鐵 以副民望 … 下戶曹磨勘以啓"

70) 한두 事例를 들어본다면 黃海道는 《世宗實錄地理志》에 載寧·牛峰·殷栗 등 鐵場所在地가 모두 '石鑛'産地인데도, 《世宗實錄》50, 世宗 12년 12월 丁卯條에 "請依他道例 置鐵場於有柴木處 其軍器繕工監貢鐵及道內不得已所用鐵物 悉令鐵場炒鐵沙鐵"이라 하였고, 忠淸道의 경우는 《世宗實錄地理志》

역농민은 石鑛에도 투입되지만 대부분은 江이나 河川의 沙鐵鑛山에
서 沙鐵을 採取하는 작업에 종사하였다. 당시 鐵場都會의 부역농민들
에게도 각 浦 水軍들과 다름없이 '日課制'를 적용했는지는 상고할 수
없으나 世宗 26년(1444)에 前咸鏡道觀察使金宗瑞가 鐵場都會인 鏡城의
沙鐵鑛山에서 "한 사람이 하루에 6斗 가량 淘沙한다"고[71] 한 것을 보
면 沙鐵鑛山의 鐵場都會에도 日課制가 적용되었을 것이라 여겨진다.
한 사람이 하루에 얼마만큼 채굴할 수 있는가는 곧 日課量을 책정하
는 기준이며 동시에 鐵場에 부과된 貢鐵量을 채납하는 데 필요한 人
夫數를 책정하는 근거자료가 되었을 것이다.[72]

石鐵鑛山이든 沙鐵鑛山이든 각 鐵場都會에서 매년 繕工監과 軍器
監에 채납하던 貢鐵은 대부분이 正鐵이었고 蔚山과 載寧·雲山 등 읍
에서 生鐵, 곧 水鐵을 공납하고 있었다. 조선시대 鐵의 종류는 크게
生鐵과 熟鐵로 구분되었다. 生鐵은 곧 水鐵인 '무쇠'였고, 熟鐵은 '시
우쇠'로서 正鐵도 시우쇠에 속했다.[73] 生鐵은 주로 釜鼎이나 農器具를
제조하는 데 사용되었고 正鐵은 槍劍이나 箭鏃 등 무기류나 堅精을
요하는 각종 도구를 제작하는 데 사용되었다. 따라서 貢鐵 중에서도
生鐵은 正鐵과 함께 주로 繕工監에, 그리고 軍器監에는 正鐵만이 납
부된 것으로 여겨진다.

당시의 각 鐵場都會에 春秋로 동원된 부역농민의 수는 얼마나 되
었고 또 그들의 鐵鑛役은 어떤 형태로 이루어지고 있었는지가 궁금하

에 明示되지 않았지만《文宗實錄》5, 文宗 卽位年 12월 己亥條에 "軍器監
所納沙鐵",《世宗實錄》2, 世祖 元年 8월 己酉條에도 "沙鐵採鍊"이라 하였
으며, 咸鏡道는《世宗實錄地理志》에 5개소 중 3개소가 沙鐵産地였다.

71)《世宗實錄》105, 世宗 26년 7월 辛酉. "禮曹判書金宗瑞 … 曰臣曾爲咸吉道觀
   察節制使 … 本國産鐵不可用 鏡城等處 一人一日所淘幾六斗 (世祖)諱曰 鐵
   如是其多也 而用不贍何也 豈爲之少 而用之多耶 宗瑞曰 若使多探以爲農器
   而輕價賣之 民樂買之"

72) 제1장 註 39) 참조.

73) 李圭景,《五洲衍文長箋散稿》卷60,〈鍊鐵辨證設〉.

지만 이를 상고할 만한 자료는 없다. 그러나 전술한 鐵場制下의 吹鍊軍이 鐵場所在邑의 농민들이었고 鐵場에 상주하여 月課制下의 생산에 종사하였는데도 그 수가 200여 명에 달하였다. 하지만 鐵場都會制下의 부역농민들은 鐵場所在邑은 물론 주변의 5~6개 읍민이 동원되었고[74] 春等이나 秋等의 작업일수가 불과 20~30일 밖에 되지 않았던 사실로 미루어 그때그때의 부역농민 수는 종래 鐵場에 상시 근무하던 吹鍊軍數보다 훨씬 많았을 것으로 짐작된다.

그리고 鐵場制나 鐵場都會制를 막론하고 柴木이 풍부한 지역에 鐵場을 개설하면 거기에는 風廂(풀무)과 冶爐(용광로)를 갖춘 제련장과 吹鍊軍이나 부역농민들이 거처할 幕舍 등 부대시설이 갖추어지게 마련이다. 여기에서 吹鍊軍이나 부역농민들은 광석을 採取 운반하거나 柴木을 조달하거나 生鐵과 正鐵을 제련하는 일에 종사하였다. 그런데 이처럼 각기 다른 형태의 採鑛·運搬·伐木·製鍊作業이 단계적으로 진행된 것인지 아니면 각각 분리되어 동시적으로 이루어졌던 것인지는 알 수 없다. 하지만 부역농민에게는 貢鐵生産量에 맞추어 할당된 개개인 몫의 日課制 採鑛作業이 선행되었을 것이며 제련작업의 기술적인 부문은 冶匠들이 주로 담당하였을 것이다. 그러나 그것이 어떤 형태로 진행되었든지 간에 鐵場都會制가 춘·추 각 20~30일 간의 짧은 기간에 많은 노동력을 동원하여 日課制下의 생산을 강요한 점을 고려하면 결국 부역의 강제가 얼마나 심했던가를 짐작하게 한다.

3. 民間冶鐵手工業의 成長과 代納制의 적용

太宗 7년(1407)에 정부는 斂鐵法과 鐵場制에 대한 농민들의 불만을 해소하기 위하여 鐵場都會制를 적용하게 된 것이지만 鐵場都會制의

---
74) 제1장 註 47) 참조.

성립은 한편 농민층에 의한 사적 철물생산을 자극하게 되었다. 鐵場의 吹鍊軍으로 얽매여 있었던 농민들이 鐵場制가 혁파됨으로써 점차 여가를 틈타 철광의 私採를 도모할 수 있게 된 것이다. 당시에 정부가 민간의 鐵鑛採取를 금하지 않음으로써 '鐵匠' 곧 '正鐵匠'들에 의한 철광의 사사로운 採取가 이루어졌다. '鐵匠'은 철제품을 제조하는 匠人이 아니라 철제품의 원료철만을 생산하던 일종의 철광업자였다. 조선초기에 정부는 이들 鐵匠들에 의한 철광개발을 장려하기 위하여 鐵匠稅를 부과하지 않았다.[75] 太宗 5년 (1405)의 천도 이후 동왕 7년에 鐵場都會制가 성립되고 鐵匠들에 의한 鐵鑛採取가 활기를 띨 무렵에는, 신도건설공사나 軍器監의 무기제조 등으로 각종의 '都監'과 繕工監 및 軍器監에 얽매였던 서울의 각 工匠들에게도 사적 생산의 겨를이 생기게 되었다. 따라서 서울의 工匠들에 의한 원료철의 수요가 증가하자 철물상인들은 직접 産鐵地의 鐵匠들로부터 철물을 구매하게 되었는데, 이들은 선박을 이용하여 멀리 忠淸道 등지에서 구입하기도 하지만[76] 대개는 産鐵地가 많고 서울에서 가까운 黃海道를 중심으로 활동하였다. 黃海道는 전술한 鐵所干 등 많은 鐵匠들이 철물생산에 종사하고 있어서 철물상인들은 각종 상품을 싣고 이곳으로 몰려들었다.[77] 그렇다고 해서 鐵匠들이 생산한 원료철의 판로가 서울의 工匠들에게

---

75) 鐵匠에 대해서는 제1장 註 22)에서도 밝힌 바 있지만《成宗實錄》27, 成宗 4년 2월 壬申條에도 "前此 傳于承政院曰 國幣行用綿布踏印 鐵匠收稅便否 令院相擬議以啓 … 正鐵匠 非鑄鐵水鐵匠之比 大典不載收稅法 新立稅法未便 … 且鑄鐵直鎔而成器 正鐵鎔者 成器者 各異 不宜有稅 仍舊勿稅"라 하여 鐵物을 製鍊하여 器具를 제작하는 鑄鐵匠과는 달리 正鐵을 제련키만 하였던 鐵匠에게는 課稅하지 않았던 것이다.

76)《成宗實錄》28, 太宗 14년 閏9月 戊申. "收忠淸道水軍都萬戶玄仁亮告身杖之 初鐵物興利人金祿等 敗船於忠淸道所斤梁 仁亮私用船中餘物故也"

77)《端宗實錄》3, 端宗 卽位年 閏9월 辛未. "先是黃海道觀察使啓曰 本道因大風雨 年穀不登 民生可慮 謹條救荒之策以聞 … 一.商賈等多賫玩好之物 誘奪民食 不可不禁 請將米換鐵人外 一皆 禁斷"

만 국한된 것은 아니었고 太宗 6년(1406)부터는 鏡城·慶源의 貿易所를 통한 女眞과의 水鐵貿易도 공인되었으며[78] 日本으로도 正鐵을 수출하고 있었다.[79]

太宗 7년 이후 鐵匠들에 의한 철광채취가 활기를 띠고 서울의 工匠들이 사적 생산에 종사하게 되자 太宗 10년(1410)경에는 정부가 이들을 다른 工匠들과 함께 당시의 京工匠案이었을 課稅臺帳에 올리고 매월 楮貨 1張씩을 匠稅로 부과하였다. 그러나 京工匠들이 영업을 중단하고 납세를 거부하였기 때문에 한때 徵稅를 중지하기도 하였지만[80] 계속 실시되었고 太宗 12년(1412) '行廊造成都監'을 설치, 착수한 鐘樓 일대의 行廊工事가 끝난[81] 太宗 14년(1414)에는 오히려 楮貨 4張씩으로 증세하였다.[82]

하지만 일률적인 課稅는 중소규모의 생산장을 갖추고 있었던 工匠들의 저항을 받았던지 이듬해에는 각 工匠들의 收益額에 따른 分等收稅法을 적용하여 上等工匠에게는 매월 楮貨 3張, 中等에게는 2張, 下等에게는 1張씩을 각각 부과하고 있었다.[83]

---

78) 《太宗實錄》11, 太宗 6년 5월 己亥. "命置貿易所於鏡城慶源 東北面都巡問使 朴信上書 鏡城慶源地面 不禁出入 則或有闌出之患 一於禁絶 則野人以不得 鹽鐵 或生邊隙 乞於二郡置貿易所 令彼人得來互市 從之 唯鐵則只通水鐵"

79) 《世宗實錄》61, 世宗 15년 閏3월 甲寅. "兵曹據慶尙左道處置使牒啓 以堪作 軍器之鐵 放賣於倭者 嚴加禁斷 從之"

80) 《太宗實錄》21, 太宗 11년 正月 甲子·癸酉. "先是 令漢城府 凡大小工匠商賈 記名成籍 每至月季 徵稅楮貨各一張 以爲恒規 閭里巷市 皆輟業逃遁 窮困 已甚 至是乃停此法"

81) 제1장 註 3) 참조.

82) 《太宗實錄》28, 太宗 14년 12월 辛卯. "增諸色匠人納稅之法 戶曹啓 諸色匠 人稅楮貨 每月納一張例也 凡工作之價 潛以米布收之 乞自今每月收納四張 以興楮貨之用 從之"

83) 《太宗實錄》29, 太宗 15년 4월 己巳. "戶曹 上納稅法 曹與二品以上同議以啓 工匠商賈人之稅 因取利多少爲三等 上等每月納楮貨三張 中等二張 下等一 張 行商之稅 每月二張 坐賈稅一張 巷市不在此限 長廊稅每一間春秋兩等各"

이처럼 太宗 5년의 천도와 동왕 7년의 鐵場制 혁파로 서울의 신도
건설에 종사해 온 工匠들이 점차 公役에서 벗어나 사적 생산에 종사
하게 되고, 각 鐵場에 상시 부역하던 吹鍊軍들도 鐵匠으로 활동할 수
있게 되었거니와 한편으로는 각 界首官·營·鎭의 무기제조장에 상시로
얽매였던 '月課匠人'들, 곧 冶匠들에게도 사적 생산에 종사할 수 있는
여건이 마련되고 있었다. 정부는 동왕 15년(1415)에 月課匠人들에게 3
월부터 7월까지 歸農하도록 조처한 데 이어 이듬해에 다시 大司憲金
汝知의 상소로 軍器監과 함께 계수관·영·진의 月課軍器役을 모두 정
지시켰던 것이다.[84] 月課匠人들에 대한 이러한 조처는 조선 전기 야
철수공업의 성장에 또 하나의 중요한 계기가 되었던 셈이었다.

당시 각 界首官과 營·鎭의 月課匠人은 兵船·火砲·弓矢·槍劍·衣甲
등 각종 무기를 제작해 왔던 匠人들이었다.[85] 이처럼 다양한 무기제
조과정에서 기술을 연마해 왔던 月課匠人들이 公役에서 벗어나 사적
생산을 도모하게 됨에 따라 太宗 15년 이후에는 점차 각종의 철물제
조업이 발달하기 시작하였다. 그런데 이 시기에는 각종의 철물제조업
가운데에서도 역시 '鐵匠'들의 鐵鑛採取業을 통하여 널리 생산되던 正
鐵과 水鐵을 소재로 한 제품생산이 주종을 이루고 있었다. 곧 당시의
철물제조업은 일반농민들의 수요에 응하여 正鐵로서 刀鎌類를 주조
하던 '鑄鐵匠'과 水鐵로서 釜鼎類를 주조하던 '水鐵匠'들에 의한 야철
수공업이 발달한 것이다. 하지만 당시 지방의 鐵匠이나 鑄鐵匠·水鐵
匠들은 그곳 守令들의 새로운 착취대상이 되었다. 수령들은 이들로부
터 현품을 착취하기도 하지만 수령이 직접 철물제조장을 설치하고 匠

一張 從之 蓋以要行楮貨也"
84) 《太宗實錄》31, 太宗 16년 5월 甲寅. "司憲府大司憲金汝知等上疏 疏曰 … 一
我朝安不忘危 務爲兵備 已有年矣 京外公處軍器之數 不爲不多 且令各戶
皆自私備 無時點考 不爲不實 伏望中外月課 限年停罷"
《太宗實錄》31, 太宗 16년 5월 戊午. "命停中外月課軍器"
85) 제1장 註 36)·37) 참조).

人들을 모취하여 제품을 생산판매하기도 하였다. 太宗 18년(1418)에 사헌부가 啓請한 내용에서 보면 "判晋州牧使柳琰이 3개소에 '冶爐'를 설치하고 선물용의 칼(刀子)을 생산했을 뿐 아니라 낫(鎌)을 제조 판매해 왔다"는 것이다.[86]

　　그러나 이처럼 특수한 예를 제외하면 대부분의 철물제조업자들은 독립된 자영수공업장을 가지고 있었고 그 중에도 水鐵匠들은 10여 명 이상의 인부를 거느리고 있었다. 각 지방의 鑄鐵匠이나 水鐵匠들에 의한 철물제조업이 성장하게 되자 정부는 이들도 과세대상으로 지목하여 外工匠案에 등록하였던 것 같고 그 중 생산규모가 비교적 컸던 水鐵匠들로부터 匠稅를 부과하기 시작하였다. 世宗 7년(1425)에는 각 道 각 邑의 水鐵匠들을 고용인 수에 따라 20명 이상을 大爐冶, 15명 이상을 中爐冶, 14명 이하를 小爐冶로 分等하고 稅鐵이나 稅米·錢을 부과하였다.[87] 그리고 이 시기를 전후하여 지방의 철물제조업분야에는 鍮器製造業도 성장하고 있었다. 그것은 아마도 世宗 5년(1423)에 정부가 銅錢을 주조할 무렵 鑄錢所나 銅鑛에 종사한 匠人들 중 많은 수가 鍮鐵匠으로 전화된 듯하다. 鍮鐵匠들에 의한 鍮器製造業이 점차 기반을 갖추게 되자 정부는 鑄鐵匠과 함께 鍮鐵匠에게도 匠稅를 부과하였다.[88] 이처럼 諸道 각 읍의 鐵匠과 水鐵匠·鑄鐵匠·鍮鐵匠 등은 각기

---

86) 《太宗實錄》35, 太宗 18년 3월 辛未. "司憲府請判晋州牧使柳琰罪 命勿論 啓日琰在晋州 … 置爐冶三所 做贈送刀子 造鎌和賣 公然費用 … 校書校理梁權爲晋州判官 通同柳琰 斂民軍糧及皮物馬蹄鐵等物 公然作弊"

87) 《世宗實錄》29, 太宗 7년 9월 戊戌. "戶曹啓 各道各官水鐵匠大中小爐冶 分別爲難 請以奉居二十名以上爲大爐冶 十五名以上爲中爐冶 十四名以下爲小爐冶 其收稅 則慶尚全羅道小爐冶 春等錢六百六十文 秋等米四石六斗 平安道減半 一年米四石六斗 京畿忠清黃海江原道稅鐵八十斤 其小爐冶之稅 已曾定數 大中爐冶之稅 乞以慶尚道 大爐冶春等錢九百八十文 秋等米六石八斗 中爐冶春等錢九百二十文 秋等米六石二斗 平安道減半 一年大爐冶米六石八斗 中爐冶米六石二斗 京畿江原黃海道 一年大爐冶稅鐵一百斤 中爐冶九十斤 以爲定額 每年收稅上納 從之"

크고 작은 작업장을 갖추었고, 鐵匠을 제외한 각 匠人들은 戶曹에 定
額의 匠稅를 납부하면서, 각기 광산을 채굴하거나 제품을 생산하는
등의 독립된 자영수공업자로 성장하고 있었다.

太宗 15년을 전후하여 鐵匠·水鐵匠·鑄鐵匠들에 의한 철광채취업과
철물제조업이 성장할 무렵에는 鐵場都會制에 대한 농민들의 불만도
고조되고 있었다. 당시 농민들의 鐵場都會制에 대한 불만의 요인을
일일이 상고할 수는 없지만 우선 다음과 같은 두 가지 사실을 지적할
수 있겠다. 첫째는 정부가 농민들에게 계속 鐵場役을 강요해야 할 만
큼 관청의 철물수요가 긴박한 상황에 놓여 있지 않았던 것이다. 그간
정부가 강력히 추진해 왔던 신도건설공사도 世宗 4년(1422)에는 이미
都城의 石築工事마저 끝난 상태였고[89] 무기제조작업도 太宗 16년(1416)
에 京·外의 月課軍器를 중지할 단계에 이르렀기 때문에 世宗 자신도
동왕 11년(1429)에 말했듯이 '國家無虞'한 형편이었다.[90] 둘째는 鐵場都
會制 자체가 지닌 갖가지 폐단들이었다. 鐵場都會制下에서는 鐵場이
소재한 읍의 경우에도 鐵場에서 멀리 떨어져 사는 농민들이 있기 마
련이지만 인근 諸邑의 경우에는 수 십리 또는 백여 리가 넘는 곳을 왕
래해야 하였다. 더구나 작업기간의 식량을 직접 지고 다녀야 하는 고
통은 물론, 貧農들에게는 식량을 마련하기도 어려웠던 것이다.[91] 거기
에다 鐵鑛役 자체도 고역이었으며 특히 貢鐵量을 충당하기 위해 工期
를 지연시킴으로써 생업에 대한 피해도 적지 않았다.[92]

이처럼 정부의 무절제한 착취와 鐵場都會制가 지닌 운영상의 갖가
지 결함으로 말미암아 世宗 대에는 鐵場役에 대한 농민들의 불만이

---

88) 《經國大典》 戶典 雜稅. "外方冶匠鍮鐵匠每一冶 春正布一匹 秋米十斗 鑄鐵
    匠 春綿布一匹 秋米十五斗"
89) 《世宗實錄》 15 世家 4년 2월 庚戌. "都城之役畢 城皆以石築"
90) 제1장 註 49) 참조.
91) 제1장 註 30)·48)·69) 참조.
92) 제1장 註 48) 참조.

표출되었다. 농민들의 鐵場役에 대한 이런 불만은 觀察使들에 의해 정부에 반영되고는 있었지만 鐵場都會制의 폐지를 주장하는 데까지는 미치지 못하였고 春等이나 秋等 또는 春秋兩等의 鐵場役을 일시 중단하도록 요구할 정도였다. 그러나 鐵場役을 일시 중지할 것을 요청하는 觀察使들의 상소는 빈번하였고 鐵場役이 중지되는 횟수도 늘어났다.

世宗 즉위년(1418)에는 '旱荒'을 이유로 慶尙道의 그 해 貢鐵이 減免되었고[93] 世宗 원년 10월에는 '東征'으로 이듬해의 각 道 貢鐵을 減免하였으며[94] 世宗 4년에는 '都城役'이 끝남으로써 쓰고 남는 철물로 그 해의 貢鐵에 충당하도록 결정하였다.[95] 다시 世宗 6년에는 '年儉'을 이유로 忠淸道의 春等貢鐵을 半減하였고[96] 世宗 9년과 10년에는 '久旱失農'으로 忠淸道의 兩年 秋等의 貢鐵을 減免하였으며[97] 이어 世宗 11년에는 忠淸道의 鐵場都會 1개소를 폐쇄하였다.[98] 世宗 14년 4월에는 '新都完備'를 이유로 慶尙道의 秋等貢鐵이 減免되었고[99] 世宗 21년에는 '歲斂'으로 忠淸道의 그 해 秋等과 이듬해의 春等貢鐵이 減免되었다.[100]

이처럼 世宗대에는 鐵場役의 중지를 요구하는 忠淸道와 慶尙道 각 觀察使들의 상소내용이 都城役이 끝났다든지 新都가 완비되었다거나

---

93) 《世宗實錄》 1, 卽位年 8월 辛巳. "慶尙道觀察使啓 道內郡民旱荒 請免今年 貢鐵 從之"

94) 《世宗實錄》 5, 世宗 元年 12월 丙申. "上曰 今年因東征 人民困瘁 免明年貢鐵"

95) 《世宗實錄》 15, 世宗 4년 2월 庚戌. "都城之役畢 … 所用鐵十萬六千一百九十九斤 … 收其用餘殘鐵 以充各道歲貢"

96) 《世宗實錄》 23, 世宗 6년 正月 丁亥. "戶曹據忠淸道監司關啓 年儉道內各鐵場 今甲辰年春等貢鐵 減半吹鍊上納 從之"

97) 제1장 註 48) 참조.

98) 제1장 註 49) 참조.

99) 제1장 註 69) 참조.

100) 《世宗實錄》 86, 世宗 21년 9월 戊辰. "議政府據戶曹呈啓 忠淸道歲歉 各官炒鐵之弊不少 請限明年春停斷 從之"

때로는 旱荒·年儉·久旱·歲斂 등을 이유로 제기함으로써 그때그때 鐵場役이 중지되었다. 관찰사들이 鐵場役의 중지를 요구한 이유가 '新都完備'든 '久旱失農'이든 간에 그것은 대체로 觀察使들이 농민들의 요구를 정부가 받아들일 수 있도록 하기 위한 명분에 지나지 않았고, 정부는 觀察使들이 제시한 명분을 무시하지 못하여 농민들의 피역저항을 무마시켜 온 것이다. 이 때문에 文宗은 동왕 2년(1452)에 承旨들에게 지시하기를 "요즘 정부가 철물을 사용할 곳이 많아 鐵場役이 고된 줄 알면서도 해마다 농민들에게 鐵場役을 지게 하여 매우 괴로웠다. 戶曹로 하여금 서울과 지방관아의 鐵物實數와 매년의 所納·所用數를 헤아려 조정하고 수년 또는 1~2년간 鐵場役을 중지하도록 하되 불가능하면 농민에게 피해가 큰 春等을 폐지하도록 하라"고[101] 하였다. 그러나 端宗 이후에도 春秋兩等의 鐵場都會役이 계속되어 觀察使들에 의한 鐵場役의 중지를 요구하는 상소가 끊이지 않았다. 그리하여 端宗 2년(1454)에는 '連歲失農'을 이유로 咸鏡道의 그 해 秋等과 이듬해 春秋兩等의 貢鐵을 모두 減免하였고[102] 世祖 원년(1456)에는 '久旱'을 이유로 咸鏡道를 제외한 각 道의 秋等貢納이 減免되었다.[103] 동왕 6년에는 丹陽 등 10개 읍만 '失農'을 이유로 그 해의 春秋貢鐵을 減免하였다.[104]

---

101) 《文宗實錄》12, 文宗 2년 2월 丁丑. "上謂承旨等曰 鐵物吹鍊重事也 近年以來 京外用度浩繁 民之措辦 每歲不停 予甚慮焉 其令戶曹 考中外鐵物實數 及每歲所納所用之數 計勘量度 或數年或一二年停吹鍊 如未得以年停之 或春或秋 停一次亦可 春節則妨農害民 尤可停之"

102) 제1장 註 51) 참조.

103) 《世祖實錄》2. 世祖 元年 8월 己酉. "忠淸道觀察使啓 當道今年方農月久旱 禾稼不登 沿海諸邑 傷農尤甚 其備荒之物 已令預備 除弊條件 逐一具錄以聞 … 一.營鎭月課軍器造作 諸邑所藏舊軍器修補 及船軍圓牌成籍 諸邑軍士草案成籍 沙鐵探鍊等項事 竝限來年秋成停罷 竝依啓本施行 軍器只修舊物 月課造作 竝他道悉停 沙鐵則咸鏡道外 皆停止 代納物價 可於來年秋成 收斂餘勿舉行"

104) 《世祖實錄》20. 世祖 6년 4월 丁未. "戶曹據忠淸道觀察使關啓 丹陽等十邑失農 請停今春等貢鐵 從之"

이처럼 世宗 즉위년(1417) 이래 世祖 6년(1461)에 이르기까지 44년
간 사료 상에 나타난 貢鐵의 減免件數만도 11件이 넘었다. 각 道 단위
로 減免되기도 하고 각 道의 貢鐵이 모두 減免되기도 하였으며, 春等
이나 秋等貢鐵이 또는 春秋兩等의 貢鐵이 減免되기도 하였다. 이와
같이 정부가 각 道 觀察使로부터 貢鐵의 減免 요청을 받고 농민의 피
역저항을 무마하기 위하여 鐵場役을 자주 중지시키기는 하였지만 그
렇다고 鐵場都會制가 지닌 폐단이 없어지는 것은 아니었다. 결국 鐵
場都會制를 완전히 혁파해 버리거나 아니면 농민들의 이해가 충분히
반영된 새로운 수취제도를 모색해야만 하였다. 그런데 世宗·世祖 연
간에 鐵場役을 지속시킬 수 없을 만큼 농민들의 피역저항이 심화된
이면에는 鐵場都會制가 지닌 폐단뿐만이 아니라 鐵場都會制를 폐지
하더라도 貢鐵을 수취할 수 있을 만큼 야철수공업자들에 의한 사적
생산이 증대되고 있었기 때문이었다. 太宗 연간에 鐵場役에서 벗어난
吹鍊軍이나 사적 생산의 기회를 얻은 각 界首官·營·鎭의 月課匠人 중
에서 鐵匠이나 水鐵匠·鑄鐵匠으로 성장한 자들이 公役日을 제외하고
는 야철수공업에 종사할 수 있었기 때문이다. 따라서 일반 농민들 중
다소 부유한 농민들은 야철수공업자나 철물상인들로부터 자기 몫의
貢鐵을 손쉽게 사서 바칠 수가 있었다. 곧 야철수공업의 성장과 부민
층의 매납요구는 철물의 사회적 수요를 증대시킴과 동시에 守令이나
富商들의 代納行爲를 조장하였다.

일찍이 守令들은 직접 '冶爐'를 管內에 설치하고 제품을 생산·판매
할 뿐 아니라[105] 官鐵을 훔쳐 쓰거나[106] 농민들로부터 철물을 수탈하

---

105) 제1장 註 86) 참조.
106)《太宗實錄》30, 太宗 15년 7월 癸卯. "吏曹又啓 竊見判內贍寺事許權 嘗殺
官賤 前海珍郡事朴礎 曾盜官鐵 其罪皆坐杖一百已上 而減其施行 此二人
從原罪 則當赦 從減等 則當敍用 未審何從 … 上曰 然 可從減等判付 而
今後不輕易減等可也"

고 있었으며,[107] 마침내는 鐵場都會의 貢鐵마저 대납하는 자들까지 나타나고 있었다. 世宗 21년(1439)에는 鐵場都會인 山陰·陜川에서 납품할 鐵器를 僧 惠會가 자원하여 正鐵로 대납하려 하자 世宗이 이를 허락했다고 하여 司憲府와 司諫院에서 번갈아 論駁한 사실이 드러난다.[108] 그리고 文宗 즉위년(1450)에는 鐵場都會官인 忠州牧使任孝忠과 判官 任繼中이 軍器監에 납부할 貢鐵을 鄕吏·日守로 하여금 '除役代納'하게 하였고[109] 端宗 2년(1454)에도 역시 鐵場都會官인 龍宮縣監李遇陽이 貢鐵을 官費로 대납하고 농민들로부터 鐵價를 수취하여 파면당한 사실이 있었다.[110]

이러한 守令들의 대납행위가 그들 자신의 사리사욕을 채우기 위한 것이긴 하지만 한편으로는 鐵場都會에 부역하는 일부 부민들의 이해도 일정하게 반영된 것이었다. 이 때문에 정부가 世祖 7년(1462)에 '刊經都監'을 설치한 뒤[111] '田稅'와 '貢物'에 대한 代納制를 실시하면서 鐵場都會의 貢鐵도 米穀으로 대납할 수 있게 하였다. 곧 代納制는 代

---

107) 《世宗實錄》32, 世宗 8년 6월 戊辰. "慶尙道監司啓 寧海府使朴敦義 抑賣魚藿取利 又托造成 科斂民間之鐵 又官庫蕎麥五石 分給人吏日守 上項收支文書 燒火沒跡 照律杖一百刺字 蕎麥置官 命敦義原從功 臣職牒收取 外方付處 濫支之物置官"

108) 《世宗實錄》85, 世宗 21년 4월 乙亥. "司憲府司諫院交章曰 … 分土作貢 國有典則 山陰陜川二郡所納鐵器 從僧惠會自願 代以正鐵 臣等慮恐收直之際 姦僧憑籍天威 貽弊不尠矣"

109) 《文宗實錄》5, 文宗 卽位年 12월 乙亥. "忠淸道敬差官朴元亨回啓 忠州牧使任孝忠判官林繼中 托以曳碑石 重斂熟麻於民 軍器監所納沙鐵 令人吏日守 除役代納 又定各面勸農方別監里正長 幷一百八十五名 每於衙日不到者 必徵雉鷄 至奪衣服"

110) 《端宗實錄》11, 端宗 2년 7월 辛未. "司憲府啓 龍宮縣監李遇陽 貢鐵及席官備代納 收價民間 又盜用國庫米朽 貪黷莫甚 若以赦前不治 無以懲惡 請追奪告身 永不敍用 傳曰 只收告身"

111) 《世祖實錄》24, 世祖 7년 6월 乙酉. "初設刊經都監 置都提調提調使副使判官"

納人으로 하여금 貢鐵價의 倍에 상당한 米穀을 부역농민들로부터 수
취하도록 한 것이기 때문에 모든 부역농민들에게 강요할 수는 없는
제도였다. 따라서 정부는 '從民情願'의 원칙하에 貢鐵의 현물납부도
허용하였고, 대납을 원하는 자에 한해서만 米穀으로 대납하게 한 것
이었다.[112]

　田稅와 貢物의 代納權은 '刊經都監'이 조종하고 있었다. '刊經都監'
은 '納分'制를 적용하여 代納人으로 하여금 代納價의 1/3을 都監에 豫
納하도록 한 뒤 대납을 허가하였고 대납인이 공물을 모두 납부한 연
후에 '納貢文牒'을 발급하였다. 이때 貢鐵의 대납은 각 읍 단위로 이루
어졌으며 각 읍은 貢鐵의 代納米를 수렴하여 官庫에 쌓아 두었다가
代納人이 오면 '納貢文牒'을 확인한 후 代納米를 지불하였다. 이때 정
부가 詳定한 貢鐵(正鐵)의 代納米價는 豊年에는 貢鐵 1兩에 價米 3升,
儉年에는 2升으로 책정되었다. 그러나 다른 貢物價에 비하여 높게 책
정되었던지 世祖 10년(1465) 12월에는[113] 代納價米를 豊年에는 貢鐵 1
兩에 1升5合, 儉年에는 1升으로 감가 책정하였고 이듬해부터 실시하기

---

112)《睿宗實錄》3, 睿宗 元年 正月 壬午. "初世祖 凡民間田稅貢物 許令人先納
　　京中 而倍徵其價于民間 謂之代納 又令刊經都監 操代納之權 先受人貨 方
　　許代納 謂之納分 於是豪家巨室多好之者 富商大賈及僧徒 或托勢家 或依
　　僧信眉學悅學祖 爭先趨附 然代納之法 當從民情願 故代納之徒 必先依勢
　　家 請於其邑守令 仍厚賄之 守令畏威懷利 勒令代納 民莫敢違 旣已代納 則
　　守令發吏徵納 若貢稅 則旣倍徵於民 而還散米於民間 約以秋來 償以綿布
　　貧民爭受之 及期限已至 則連群引類 直至民家索之 若不及償 劫奪衣服雜
　　物 其直之高下 隨意以定 然商賈之徵督 不如僧人恣行不法 故老商大賈 必
　　先厚誘僧人 使之助惡 僧人之徵督於民也 必稱大君代身 信眉學悅學祖弟子
　　少不如意 便加捶撻 民莫敢仰視 搖手相戒曰 不如飽其欲而遠之 由是所求
　　無不獲 所欲無不遂 如是者 歲復不已 閭閻苦之 民不聊生而在上 則以爲從
　　民情願 不知其害之至此"
113)《世祖實錄》34, 世祖 10년 12월 丙戌. "戶曹啓 戶曹謄錄 正鐵代納價米 豊
　　年一兩三升 儉年二升 比他貢物之價 過乎高重 民弊不些 自今正鐵代納之
　　價 豊年則一兩一升五合 儉年則一升 以爲定限 從之"

로 하였다. 그런데 貢鐵의 代納米價가 반감되었던 世祖 10년(1464)에는
諸道 각 邑의 貢鐵量도 반감되었다.[114] 貢鐵量이 이때 半減된 이유를
상고할 수는 없으나 정부의 代納制 실시는 사실상 부역농민들에게 貢
鐵의 부담을 두 배로 늘린 셈이기 때문에 貢鐵을 대신 반감했을 것으
로 여겨진다. 그리고 貢鐵量중에 감액된 總量이 얼마였는지도 사료상
에 밝혀져 있지 않다. 다만 慶尙道의 경우를 살펴볼 때 앞의 〈표 1〉과
다음의 〈표 2〉에 나타나 있듯이, 端宗 2년(1454)의 《世宗實錄地理志》에
명시된 공철량이 56,879斤인 데 비하여 예종 원년(1469)의 《慶尙道續撰
地理志》에는 21,132斤인 점으로 미루어 他道의 경우도 이와 비슷했을
것이다.

〈표 2〉《慶尙道續撰地理志》의 慶尙道各官貢鐵額

各邑名	歲貢正鐵量	備 考	各邑名	歲貢正鐵量	備 考
〈慶州道〉			〈安東道〉		
慶州府	920斤	府東史等伊川産沙鐵	寧海都護府	430斤	
密陽都護府	570斤		醴泉郡	360斤	
大邱都護府	409斤		永川郡	360斤	
淸道縣	409斤		豊基郡	360斤	
梁山郡	409斤		義城縣	290斤	
興海郡	409斤		盈德縣	339斤	
蔚山郡	479斤	郡北達川山産水鐵	眞寶縣	290斤	
迎日縣	409斤		軍威縣	339斤	
長鬐縣	360斤		義興縣	339斤	
機張縣	290斤		仁同縣	339斤	
東萊縣	360斤		河陽縣	339斤	
彦陽縣	409斤	沙鐵産縣西石南山	比安縣	339斤	

114) 田川孝三, 《李朝貢納制の研究》, 1964, 303쪽.

慶山縣	339斤		新寧縣	339斤	
玄風縣	339斤		〈尙州道〉		
昌寧縣	353斤		尙州牧	50斤	*五百五十斤인 듯
靈山縣	339斤		星州牧	500斤	
淸河縣	339斤		善山府	479斤	
陜川郡	500斤	冶爐縣心妙里産沙鐵	昆陽縣	409斤	
金山郡	409斤		宜寧郡	339斤	
龍宮縣	360斤		三嘉縣	360斤	縣西黃山産沙鐵
聞慶縣	339斤		河東縣	339斤	
知禮縣	360斤		南海縣	290斤	
開寧縣	339斤		泗川縣	360斤	
〈晋州道〉			居昌郡	409斤	
晋州牧	550斤		安陰縣	369斤	*360斤인 듯
金海都護府	479斤	沙鐵産府東甘勿也	固城縣	339斤	
昌原都護府	479斤	府南吹無山産沙鐵	鎭海縣	209斤	
咸陽郡	479斤		漆原縣	339斤	
歲貢正鐵 合 計	20,632斤 (安陰縣을 360斤으로, 尙州牧을 550斤으로 加算하면 21,132斤)				

　　이처럼 世祖 7년에는 정부가 부역농민들의 이해를 일정하게나마 반영하여 鐵場都會制를 혁파하고 '從民情願'의 원칙하에 현물을 바치거나 米穀을 대납하도록 허용하였다. 그러나 결국은 官·商이 결탁하여 부역농민들에게 대납을 강요하고 갖가지 형태로 농민들을 착취하였다.[115] 이처럼 世祖 때에 代納制의 실시로 말미암아 야기된 갖가지 폐단을 당시의 한 史官은 다음과 같이 기록하고 있었다.

115) 《世祖實錄》 37, 世祖 11년 11월 己未. "大司憲梁誠之 上軍國便宜十條 … 一. 守令之弊 猶有未盡去者 近年徵代納之價者 或陵轢守令 或恣行 賂遺 侵 漁百姓 無所不至 乞今後貢物之民 不能自納者 從其願 轉報戶曹 令富商納 稅而代納 其代納文案 一件送監司 一件給納者 於是守令一依大典斂之於民 而納者 持文憑 入受州倉 …"

이때 豪家居室 중에도 대납행위를 좋아한 자들이 많아 富商大賈와 僧徒들은 勢家나 僧 信眉·學悅·學祖에게 청탁하려고 다투어 붙좇았다. 그러나 代納法이 농민의 情願에 따르도록 되어 있기 때문에 대납하는 무리들은 반드시 먼저 勢家에 요청하여 그 읍의 守令에게 부탁하도록 하는 한편, 많은 뇌물을 갖다 바쳤다. 守令은 勢家의 威勢도 두렵고 또 私利를 탐내어 대납을 강요하였고 농민들은 감히 그 명령을 어기지 못하였다. 이미 대납하게 되면 수령은 吏卒들을 풀어 徵納하였고 貢稅일 경우에는 농민들로부터 倍徵한 뒤 다시 민간에 대여하고 가을에 綿布로서 갚도록 약속하는데 빈민들은 이를 다투어 받았다. 기한이 되면 무리들을 이끌고 곧바로 민가에 들어가 토색하였고 만일 제때에 갚지 못하면 의복이나 잡물을 겁탈하였으며 값의 高下를 임의로 결정하였다. 그러나 상인들은 악독하게 징수하려 해도 僧徒들처럼 비행을 저지를 수가 없기 때문에 老商大賈들은 항상 승도들을 먼저 뇌물로 유인하여 그들로 하여금 비행을 조장하도록 하였다. 승도들은 농민들에게 항시 '大君을 대신하여 왔다'고 하거나 '信眉·學悅·學祖의 제자'라고 하였고 조금이라도 뜻대로 안되면 사정없이 매질을 가했으므로 농민들은 감히 처다도 보지 못하고 손을 내저으며 서로 경계하기를 '욕심대로 가져가게 내버려 두라'고들 하였다. 이로 말미암아 그들은 갖고 싶은 대로 다 갖고, 하고 싶은 대로 다했다. 이런 일이 해마다 계속되어 농촌은 고통스럽고 농민은 살 수가 없는데도 위에서는 그것이 농민들의 情願에 따른 것으로만 여겼을 뿐 그 피해가 이 지경에 이른 것은 알지 못하였다.[116)]

권력층과 결탁한 富商大賈나 僧徒들은 守令들을 협박하고 회유하여 농민들의 의사를 무시한 채 대납을 강요하였으며 심지어 代納米로 고리대적 착취도 감행하였다. 이처럼 官·商간의 결탁으로 빚어졌던

---

116) 제1장 註 112) 참조.

대납의 폐단은 貢鐵과 더불어 다른 모든 貢物에도 발생하여 世祖 12년(1467)에 大司憲 梁誠之는 당시의 대납공물 중 가장 농민들에게 피해가 컸던 품목으로 紙芚·油蜜·白楮·正鐵·竹木·貢布·貢炭·燒木·吐木·不等方木·豹皮·船隻 등을 들고 있었으며 靑草는 어디서나 採取할 수 있었는데도 농민들이 현물납부를 두려워할 정도였고 田稅마저도 代納人이 있었다는 것이다.[117] 이상과 같이 世祖 7년(1462) 이후 世祖 13년(1468)에 이르기까지 6·7년 간, 전세 공물에 대한 代納制의 폐단으로 말미암아 대다수 농민들의 저항을 받게 되자 睿宗은 즉위년 10월에 承政院과 六曹에 傳旨하기를 "앞으로 대납하는 자는 功臣·宗室을 막론하고 極刑에 처하고 家産을 몰수하며 비록 公事로 인한 犯法者라도 마땅히 논죄할 것이다"라고 하였다.

이 睿宗의 전지는 都承旨權瑊의 건의로 "비록 公事로 인한 犯法者라도 마땅히 論罪한다"는 내용을 "公私 간 모두 禁한다"로 수정되었고[118] 이듬해 정월에 戶曹의 건의에 따라 3월부터 시행하기로 결정하였다.[119]

---

117) 《世祖實錄》 40, 世祖 12년 11월 庚午. "大司憲梁誠之上疏曰 … 其代納之物 最爲民害者 曰紙芚 曰油蜜 曰白楮 曰正鐵 曰竹木 曰貢布 曰貢炭 曰燒木 吐木 不等方木 曰豹皮 曰船隻 以至 靑草 生於處處 而民不肯自納 田稅國家大貢 而間或有代納者 代納之害 至此極矣"

118) 《睿宗實錄》 1, 睿宗 卽位年 10월 壬寅. "御書傳旨承政院戶曹曰 代納 甚有害於民 自今代納者 勿論功臣宗宰 卽置極刑 家産沒官 雖因公犯法 亦當論罪 都承旨權瑊曰 代納之害於民 公私無異 請竝禁公家代納從之 命收傳旨 削雖因公犯法 亦當論罪八字 改以公私 皆禁"

119) 《睿宗實錄》 3, 睿宗 元年 正月 壬午. "戶曹啓 曾降傳旨 自今代納者 勿論宗宰功臣 卽置極刑 家産沒官 然戊子年以前代納悉從民願受敎而爲之 況民間托人代納 其田稅貢物 不曾備辦 今若移文督納 必貽弊於民 自本年十月十七日 傳旨以前受敎代納之物 請限閏二月晦日 許令人畢代納 官收其直給之 若限內未納一物者 雖已畢納 而濫收價民間者 沒入代納之物及其價于官 從之"

4. 鐵場都會制의 革罷와 各邑採納制의 成立

睿宗 원년(1469) 3월부터 田稅·貢物의 代納制가 혁파됨으로써 貢鐵의 代納制도 동시에 혁파되었다. 貢鐵의 경우 代納制를 혁파한다면 결국 斂鐵法이나 鐵場都會制[120)를 적용할 수밖에 없는 일이었다. 그러나 斂鐵法과 鐵場都會制는 당시 농민들의 빈부격차가 심화됨에 따라 각기 나름대로의 이해가 상반된 수취제도였다. 斂鐵法을 적용하고 代納制를 혁파한다면 농민들이 貢鐵을 사서 바칠 수 밖에 없으므로 각 읍의 부유한 농민들은 반대하지 않겠지만 빈농들은 원치 않을 것이며 반대로 鐵場都會制를 택한다면 빈농들은 代納價에 시달리기보다는 고통스럽지만 鐵場役을 원할 것이었다. 이 때문에 成宗은 농민들의 의사를 직접 타진해 보기 위하여 즉위 초에 入直軍士들에게 斂鐵法과 鐵場都會制의 편부를 물었다. 이때 斂鐵法을 원했던 入直軍士는 300명인 데 비하여 鐵場都會制를 원한 入直軍士는 1,300명에 달하여 成宗은 원년(1470) 3월에 戶曹로 하여금 鐵場都會制를 다시 적용하도록 지시하였다.

이리하여 다시금 鐵場都會制가 복구된 것이지만 그 자체가 지닌 모순과 폐단은 갈수록 심화되었기 때문에 成宗 17년(1486)에는 또 다시 鐵場都會制를 혁파하고 斂鐵法을 복구하려는 움직임이 일어나고 있었다. 그러나 이때 斂鐵法을 주장하게 된 배경과 그 주체가 뚜렷하게 밝혀져 있지는 않다. 하지만 우선 상정할 수 있는 것은 중소부농층의 입장이다. 成宗 원년에 入直軍士 중 貧農들을 대변한 1,300여명의 요구로 鐵場都會制가 채택됨으로써 중소부농층을 대변한 300여명의 斂鐵法 주장은 배제되었다.

---

120) 《成宗實錄》4, 成宗 元年 3월 戊戌. "傳旨戶曹復立鐵場都會 前此命以復立便否 問入直軍士 願復立者 一千三百餘人 欲以鐵物賦民納官者 三百餘人 至是有是命"

따라서 이들 중소부농층의 불만과 요구가 수령들의 이해와 맞물려 斂鐵法을 주장케 하는 계기가 되었을 것이다. 그러나 반드시 중소부 농층의 요구에만 기인한 것은 아니었다. 당시 부역농민의 대다수를 점했던 빈농층도 중소부농층과 함께 鐵場都會制의 모순과 폐단이 가 중되는 상황에서 수취제도의 개선을 요구했을 것이기 때문이다. 그것 은 大司憲李德崇 등이 지적한 부역농민들의 처지에서도 짐작할 수 있 다. 그는 "국가가 각 道에 冶場을 설치하고 각 邑民을 사역하여 吹鍊 하고 있다. 농민들이 식량을 지고 왕래하는 데만도 열흘이나 달포가 걸리는데 기한을 조금만 어겨도 매질을 당했으며 그들은 다투어 價物 을 긁어모아 자진해서 방납하였다. 監冶官은 모두가 무식한 자들로서 貢鐵을 방납했을 때면 財利를 착취하는데 털끝만한 것도 쪼개고 나누 어 糧價니 炭價니 人力價니 갖가지 명목을 붙여 수탈하므로 농민들은 재정적인 파탄과 육체적인 고통으로 인해 원성이 자자했다."[121] 는 것 이다. 곧 鐵場都會制 자체가 지닌 제도상의 결함뿐 아니라 세월이 갈 수록 守令이나 監冶官들에 의한 부역농민의 착취가 극심해지고 있었 으므로 앞서 鐵場都會制를 원했던 대다수 농민들도 이제는 斂鐵法을 선택하지 않을 수 없었을 것이었다.

이 때문에 成宗은 동왕 17년(1486)에 鐵場都會制를 혁파하고 斂鐵法 을 복구하는 문제를 각 道의 觀察使에게 문의하였던 것인데, 이때 戶 曹에서는 鐵場都會制를 혁파하고 斂鐵法을 적용할 경우 국내의 철물 생산은 중단되고, 동시에 農民들은 鐵을 생산하지 못하므로 자연 농

---

121)《成宗實錄》203, 成宗 18년 5월 戊午. "司諫院大司諫李德崇等上疏曰 … 國家於諸道置冶場 役諸邑之民而吹鍊之 蠃糧往來動經旬月 少失期限 鞭撻隨之 爭聚價物 自相防納 監冶之官 率皆無識之徒 其於防納之際 捃撫財利 剖折秋毫 曰糧價 曰炭價 曰人力之價 曰鐵物之價 徵斂甚急 財殫力痛 怨讐興焉 傷和召災 未必不由於此也 臣等竊以爲 自今權罷鐵場都會 許令諸邑 各自採鐵之納 則民不爲病 而公私兩便矣 命議于領敦寧以上 韓明澮沈澮尹弼商洪應李克培盧思愼尹壕議 若用疏議 則壞大典之事甚多"

기구를 바치게 될 것이므로 官·民의 철물이 탕갈할 것이라고 하여 이
를 거부했던 것이다. 따라서 동왕 2월에 成宗은 각 道의 觀察使들에게
지시하여 民意를 수렴하도록 하고 의정부는 이를 상론하여 보고하라
고 명령하였다.[122]

　이에 成宗 17년 5월, 戶曹判書 李德良·參判 金升卿·參議 林壽昌 등
은 前年에 반포한 《經國大典》(乙巳大典) 貢鐵條의 규정을 준수해야
한다는 주장이었고, 다만 그 규정 중 "관찰사가 貢鐵量의 다소에 따라
인근 각 읍의 人夫數를 分定한다"고만 하고 定數가 없기 때문에 守令
들이 많은 人夫를 뽑아 보냄으로써 '贏糧往來'하는 폐단이 생겼다고
하면서 "정부가 유능한 朝官을 현지에 파견하고 京匠으로 하여금 吹
鍊하도록 하되 正鐵 몇 斤을 吹鍊하는데 人夫가 얼마나 필요한지를
시험한 뒤 本邑과 부근 邑民을 뽑아 吹鍊軍을 삼고 雜役을 면제하여
吹鍊役을 전담하게 하면 부역농민들이 식량을 지고 왕래하는 괴로움
도 없애고 국용의 철물도 풍부하게 될 수 있다"[123] 고 제안하였다. 이
는 곧 守令들에 의한 농민의 과다한 징발과 식량을 지고 왕래하는 폐
단을 막고 철광채굴을 지속시키려는 의도에서 강구된 것이다. 그러나
인근의 邑民들까지 吹鍊軍에 충당한다거나 雜役만을 면제하고 상시
로 鐵場役에 복무하도록 할 생각이었으므로 개국 초의 鐵場制와 다를
것이 없었다.

---

122) 《成宗實錄》188, 成宗 17년 2월 丁酉. "下書諸道觀察使曰 前者下書問罷鐵
　　場 分定每戶 以祛民弊 然該司以爲不可 鐵是公私緊用 若罷鐵場 民間私自
　　吹鍊爲難 盡破農器 不過一二年 公私之鐵盡罄 其更問情願商議以啓"
123) 《成宗實錄》191, 成宗 17년 5월 丙午. "… 判書李德良參判金升卿參議林壽
　　昌來啓曰 大典諸邑産鐵處 置冶場 觀察使 以附近諸邑 隨貢鐵多少 量定人
　　夫 而未有定額 故守令多數抄送 果有贏糧往來之弊議者之 欲罷鐵場以此也
　　臣等以謂遣諳鍊朝官 令京匠吹鍊以試之 如鍊銅鐵幾斤 用人夫幾許 鍊正鐵
　　幾斤 用人夫幾許 抄本邑及附近邑民 定爲吹鍊軍 蠲免雜徭 俾專此役 則無
　　贏糧往來之苦 而國用亦裕 況鹽鐵之利 歷代所不廢 而祖宗行之亦久 不可
　　遽革也"

이보다는 동년 9월에 羅州牧使尹孝孫이 제시한 방안이 더 현실적이고 합리적이었다. "鐵場所在邑에 거주하는 주민들 가운데는 男女父子가 대대로 吹鍊業에 종사하면서도 각기 身役을 지고 있다. 이러한 鐵場 소재읍의 良民과 公賤들에게 한결같이 身役과 身貢을 면제하고 적정 인원을 吹鍊軍으로 삼되 이를 법령으로 제정한다면 다른 읍의 농민이 식량을 지고 왕래하는 폐단도 없어질 것이므로 公私間에 편할 것이라"[124]고 하였다. 尹孝孫은 당시 産鐵地에서 전업적으로 철광업에 종사하던 良·賤民들, 곧 '鐵匠'들을 吹鍊軍으로 삼고 身役이나 身貢을 면제하고 貢鐵의 생산을 전담하도록 하자는 주장이었다. 이 尹孝孫의 건의안을 成宗은 대신들과 戶曹 堂上官들의 연석회의에 부쳤다.

韓明澮·尹壕·洪應 등은 《經國大典》상에 명시된 鐵場都會制를 준수해야 한다는 주장이었고 洪應은 '吹鍊軍'을 두면 '保人'을 두어야 하고 鐵場所在邑에 閑丁이 없으면 他邑民으로 충당해야 하는 폐단이 생긴다고 반대하였지만 沈澮·尹弼商·李克培·盧思慎과 戶曹判書 李德良·參判 金升卿·參議 韓堰은 尹孝孫의 건의안을 시행하도록 주장하고 있었다. 이처럼 尹孝孫의 건의안을 찬성한 대신들이 많았고 특히 주무 관서인 戶曹의 당상관들이 모두 이를 지지하였으나 《經國大典》상의 규정을 지키고, 吹鍊軍制를 비판한 대신들의 명분도 뚜렷했기 때문에 결국 成宗은 결말을 짓지 못한 채 尹孝孫의 건의안을 承政院에 유치하도록 지시하고 있었다.

尹孝孫의 건의안이 鐵場都會制를 고수하고 吹鍊軍制를 거부하는 大臣들에 의하여 승정원에 유치되자 이듬해인 成宗 18년(1487) 5월에는 大司諫李德崇 등이 다시금 민의를 수렴하여 앞서 지적한 鐵場都會制의 결함과 監冶官들의 착취 행위를 거론한 뒤 "鐵場都會制를 혁파하고 각 邑으로 하여금 貢鐵을 채납하도록 할 것"을 주장하게 되었

---

124) 제1장 註 30) 참조.

다.[125] 이 '各邑採納'制에 대해 成宗은 領敦寧 이상의 大臣들로 하여금 논의하도록 하였는데, 앞서 鐵場都會制를 지지하였던 韓明澮·尹壕·洪應 등은 물론 尹孝孫의 건의안에 찬성했던 沈澮·尹弼商·李克培·盧思愼마저도 李德崇 등의 疏議가《經國大典》의 규정과 어긋난다는 이유로 거부하였다. 李德崇 등의 소의가 거부되자 正言朴喜孫이 "鐵場都會가 비록《經國大典》에 기재되어 있지만 농민들이 식량을 가져가 부역할 뿐 아니라 원거리를 왕래해야 하는 등 폐단이 막심하므로 鹽室例에 의거 이를 혁파하고 각 읍으로 하여금 스스로 마련하여 바치도록 허락하라"는 '各邑採納'制를 역시 주장하였다. 그러나 成宗은 鐵場都會制가 일찍이 대신들의 의논을 거쳤을 뿐 아니라 농민들의 청원에 의하여 실시한 것이기 때문에 변경할 수 없다고 결론지었다.[126]

이리하여 成宗 17년(1486) 2월부터 만 1년 3개월간 끌어왔던 鐵場都會의 치폐에 관한 논의는 大臣들의 주장대로《經國大典》鐵場條에 규정한 鐵場都會制를 그대로 준수하기로 결정된 셈이다. 그러나 이후의 사료상에서는 鐵場都會에 관한 기록을 찾아볼 수 없다. 鐵場都會에 관한 기사가 사료상에 나타나지 않는 것은 곧 鐵場都會制가 물의를 일으키지 않고 준수되었기 때문이라고 여길 수도 있겠으나 사실은 成宗 18년 5월경에 이미 鐵場都會制가 혁파되었음을 시사해주고 있다. 그것은 大臣들이 비록 鐵場都會制를 고수하려 했지만 戶曹와 司諫院 및 각 道의 監司나 守令들이 반대하였고 특히 鐵場役을 지고 있는 부역농민들이 이를 모두 싫어하였기 때문인 것이다. 그런데 鐵場都會制가 혁파된 기록을 사료에서 찾아볼 수 없었던 것과 마찬가지로 鐵場

---

125) 제1장 註 121) 참조.
126)《成宗實錄》203, 成宗 18년 5월 辛酉. "司諫院正言朴喜孫來啓曰 鐵場都會 雖載大典 所管之民 贏糧入役 往來勞頓 其弊不些 請依鹽室例罷之 令郡縣 各自備納 則國有定賦 而民安其業 矣 … 傳曰 鐵場 曾與大臣議之 且聽民情願 不可更變也"

都會制가 혁파된 이후 정부가 어떤 형태의 공철수취제도를 채택하였는지에 관해서도 구체적으로 설명한 자료는 없다. 하지만 이에 대해서는 成宗 17년 2월 이후에 제기되었던 갖가지의 개선방안 중에서만 찾아야 할 것 같다.

鐵場都會의 치폐 문제가 거론되는 동안에 鐵場都會制나 斂鐵法이 모두 농민들의 실정에 맞지 않는 제도로서 재인식되었고 이에 대한 개선안으로 제기된 戶曹와 羅州牧使 尹孝孫의 鐵場制와 유사한 '吹鍊軍'制도 保人制의 폐단으로 시행될 수 없었다. 이처럼 鐵場都會制나 斂鐵法 및 吹鍊軍制가 모두 나름대로 제도상의 결함을 지니고 있었기 때문에 다시금 民意를 수렴한 司諫院에서는 결국 각 읍으로 하여금 貢鐵을 채납하도록 하는, '各邑採納'制를 건의한 것이다. 이 司諫院이 제안한 '各邑採納'制도 대신들이 《經國大典》의 규정에 어긋난다는 이유로 반대하여 거부되었다. 그러나 이때 大臣들의 반대는 그 제도가 가진 공철수취제도로서의 결함 때문에서가 아니므로 鐵場都會制를 혁파하는 한 정부는 '각읍채납'제를 채택할 수밖에 없었다. 그리고 정부는 이 무렵에 '任土作貢'을 원칙으로 한 貢納制를 확립하기 위하여 《東國輿地勝覽》의 편찬에 착수하였고 각 읍의 土産物을 재조사하고 있었다. 따라서 '각읍채납'제도 이를 토대로 하여 적용되었을 것이다.

당시 '各邑採納'制가 적용되었던 사례로는 忠淸道 泰安과 慶尙道 固城을 예로 들 수 있겠다. 成宗 21년(1490)에 侍講官趙之瑞가 泰安郡守宋傑이 농민들로부터 철을 사취한 죄상을 열거한 가운데 '郡有鐵場'이라고 하였다.[127] 그러나 泰安郡은 端宗 2년(1454)의 《世宗實錄地理志》에 鐵場이 명시된 곳도 아닐 뿐 아니라 産鐵地도 없던 곳이었다. 다만 中宗 25년(1530)에 증보한 《東國輿地勝覽》의 土産條에 '鐵出多修山串'이라고 한 사실로 미루어 볼 때 《東國輿地勝覽》을 편찬할 무렵

127)《成宗實錄》236, 成宗 21년 正月 丁巳.

에는 鐵場이 있었고 또 '各邑採納'制도 적용되었던 것으로 여겨진
다.[128] 固城邑의 경우도《世宗實錄地理志》에는 鐵場은 물론 産鐵地도
명시되지 않은 곳이었고 다만 睿宗 원년(1469)에 완성된《慶尙道續撰
地理志》의 貢鐵條에 産鐵地는 명기되지 않은 채 당해 읍의 할당량인
歲貢正鐵 339斤이 기재되어 있었으며《東國輿地勝覽》에도 産鐵地는
명시되지 않고 있다. 그러나 固城邑에도 이 무렵에는 '各邑採納'制가
적용되었던 것이다. 결국 成宗 18년경에는 '任土作貢'의 원칙하에 철
광을 보유한 읍에만 부과하는 '各邑採納制'가 적용되었고, 매년 春秋
의 농한기에 本邑民이 鐵場에 부역한 것이다.[129] 그런데 당시 '各邑採
納制'가 적용된 邑이 전국에 몇 개소나 되었는지는 상고할 수 없다 .
《新增東國輿地勝覽》에 명기된 産鐵地가 정부의 토산물 조사시에 각
읍에서 보고한 곳이라고 할 때 정부가 '任土作貢'의 원칙을 준수하였
다면 中宗 25년(1530) 현재의 '各邑採納制'의 적용 읍은 다음의 〈표 3〉
에 나타난 83개 읍에 달했을 것이다

〈표 3〉《新增東國輿地勝覽》 중의 諸道各邑産鐵地一覧表

各邑名	土産	産地名	各邑名	土産	産地名
〈京畿道〉			彦陽縣	鐵	石南山
永平縣	水鐵	縣北倉洞	安東大都護府	鐵	
〈忠清道〉			醴泉郡	鐵	多仁縣東大谷灘
忠州牧	鐵	周連里	盈德縣	鐵	無芚山
清風郡	水鐵	郡東平登山	禮安縣	鐵	縣東上里
堤川縣	鐵	縣北末古介	龍宮縣	鐵	修正灘

128)《成宗實錄》236, 成宗 21년 正月 丁巳. "郡有鐵場 冶鍊有課 豈無羨餘 雖不
　　橫取於民 用鐵有裕"
129)《中宗實錄》98, 中宗 37년 閏5月 乙卯. "戶曹啓曰 任弼亨所啓 固城綠礬鐵
　　物 古産而今絕 民弊不些云 但已付貢案 不可輕易改之 且胡椒貿易 本以東
　　萊官上納 今若改定 隣邑亦反有弊 大抵前例之事 不可輕改 傳曰知道"

沃川郡	水鐵	安邑縣枝內洞	尙州牧	鐵	松羅灘
木川縣	鐵	山方川	陜川郡	鐵	冶爐縣深妙里
懷仁縣	水鐵	老城山	三嘉縣	鐵	黃山
報恩縣	水鐵	熊峙及車衣縣	山陰縣	鐵	尺旨山
公州牧	水鐵	馬峴	丹城縣	鐵	尺旨山
全義縣	鐵	縣東西房里	金海都護府	鐵	府東甘物也村
定山縣	鐵	縣南五里水閑里（有鐵冶）	昌原都護府	鐵	佛母山
			〈全羅道〉		
恩津縣	鐵	縣南鵲旨熊田吐串等地	金山郡	鐵	橫川
懷德縣	石鐵	縣北稷洞	珍山郡	鐵	郡西月外里
尼山縣	鐵	縣南泉洞	光山縣	鐵	無等山長佛洞
石城縣	鐵	縣南三山里	咸平縣	水鐵	水鐵出縣西海際里
洪州牧	鐵	生天浦			兩班橋海岸, 鐵出縣
瑞山郡	鐵	郡南馬山里			西沙乃浦瓮岩浦
泰安郡	鐵	多修山串	務安縣	鐵	縣東鐵所里
海美縣	鐵	生天浦	昌平縣	鐵	無等山
〈慶尙道〉			茂朱縣	鐵	大德山
慶州府	沙鐵	府東八助浦	光陽縣	鐵	縣東十一里木谷
蔚山郡	水鐵	達川山	同福縣	鐵	無等山下
梁山郡	鐵	火者浦	和順縣	鐵	冷川
永川郡	鐵	郡東乾川			
〈黃海道〉			寧越郡	石鐵	郡北加乙峴
黃州牧	鐵	鐵和縣	橫城縣	鐵	縣西金掘伊
平山都護府	鐵		洪川縣	石鐵	縣東末訖洞
瑞興都護府	鐵	食岾	金城縣	石鐵	歧城里也浦坪
鳳山郡	鐵	白邊	金化縣	石鐵	方洞川
安岳郡	鐵	郡北慈光洞	安峽縣	石鐵	縣東奴隱洞
載寧郡	石鐵	大棗毛老山	〈咸鏡道〉		
遂安郡	鐵	見造山	永興大都護府	鐵	山倉洞

新溪縣	鐵	縣東杻田里	文川郡	鐵	頭里山
牛峯縣	鐵	觀音山	北靑都護府	鐵	聖代山
長連縣	石鐵	小金山	端川郡	鐵	吐羅山
海州牧	鐵	鐵出沙串	利城縣	鐵	羅下洞
	石鐵	石鐵出黃谷里	鏡城都護府	沙鐵	
豊川都護府	鐵	府東六十餘里殷栗縣	吉城縣	鐵	鐵出多信浦
		境金山		沙鐵	〈新增〉沙鐵出西齋洞
松化縣	鐵	殷栗縣境金伊山	會寧都護府	鐵	府東六十里闊洞
殷栗縣	石鐵	金山浦	鐘城都護府	鐵	府東海汀
長淵縣	鐵	冬羅串吉串兩處	慶興都護府	鐵	鹿屯島海汀穿串
〈江原道〉			富寧都護府	鐵	多曷洞
三陟都護府	鐵	府西稷岾	〈平安道〉		
襄陽都護府	鐵	西禪寺東峯下	价川郡	水鐵	
旌善郡	石鐵	熊前山		石鐵	皆出巾之山

總産鐵地：83個 邑

이처럼 정부가 鐵場都會制를 혁파하고 '各邑採納制'를 적용한 成宗
18년(1487)경부터《大典續錄》을 완성한 동왕 23년(1492)간에는 '各邑採
納制'를 채택한 사실 외에도 정부는 철물 수취제도 전반에 걸쳐 과감
한 시책을 단행하고 있었다. 첫째는 각 道의 무기제조에 필요한 철물
의 수취규정이었다. 太宗 7년에 鐵場都會制가 성립되면서 각 界首官·
營·鎭의 月課軍器에 필요한 철물이 일부는 鐵場都會에서 분납되었지
만 주로 각 浦 水軍이 採取하는 沙鐵에 의존한 것인데, 이때 各 道別
로 철물 수취규정이 확정되었다. 곧 충청·경상·전라·황해·평안·영안
도는 각각 그 道에서 採取하도록 하고, 강원도는 水軍으로 하여금 採
取하도록 하였으며 京畿道는 각 浦의 月課鹽으로 철을 구입해서 사용
하도록 하였다. 그리고 각 道에서는 철물의 출납량을 會計하여 연말

에 啓聞하도록 하였다.[130] 이에 따라 忠淸道 등과 같이 철물채취를 그
道에 일임한 경우는 결국 철물이 필요할 때마다 道內의 군사들이나
군역의무자들을 사역하여 조달한다는 것이며 京畿道와 같이 각 浦의
月課鹽으로 구입하도록 한 경우는 鐵匠이나 水鐵匠들에 의한 철광업
성장을 촉진시켰을 것이다.

둘째는 成宗 16년(1485)의《經國大典》(乙巳大典)에서도 과세대상에
서 제외하였던 鐵匠들에게 정부가 匠稅를 부과하기 시작했다는 사실
이다. 成宗은 동왕 2년에《經國大典》(辛卯大典)을 반포한 뒤인 동왕 4
년(1473)에 院相들로 하여금 鐵匠들에 대한 匠稅의 징수문제를 논의하
도록 하자 院相들이 鐵匠은 鑄鐵匠·鍮鐵匠과 같이 철제품을 생산 판
매하는 자들이 아니고 원료철을 생산하는 자들이란 이유로《經國大
典》(辛卯大典)에도 수세규정을 두지 않았다고 함으로써 成宗도 鐵匠
을 과세대상에서 제외하기로 했던 것이다.[131] 그러나 정부는 成宗 23
년(1492)의《大典續錄》에는 歸厚署에 필요한 철물을 조달하기 위하여
黃海道 각 읍의 鐵匠들에게 大冶 50斤·中冶 40斤·小冶 25斤씩 분등과
세하였던 것이다.[132] 鐵匠들에게도 水鐵匠들과 같이 分等收稅法이 적
용되었다는 사실은 그간 世宗代의 빈번한 貢鐵의 감면조처나 世祖代
의 代納制 실시로 인하여 크게 성장하고 또 그들 상호간에 생산규모
의 大小差等이 표면화된 것이라 하겠다. 하지만 水鐵匠의 경우는 人
夫數가 20명 이상을 大爐冶, 15명 이상을 中爐冶, 14명 이상을 小爐冶
로 분등하고 大爐冶 100斤, 中爐冶 90斤, 小爐冶 80斤씩을 부과한 데
비하면 거의 절반에도 미치지 못하고 있었다. 그러나 당시 지방의 철
물생산업계에서 鐵匠들의 철광업은 水鐵匠보다는 못하지만 鑄鐵匠이
나 鍮鐵匠보다는 생산규모가 훨씬 컸던 것으로 여겨진다.[133]

---

130)《大典續錄》戶典 支供條.
131) 제1장 註 75) 참조.
132)《大典續錄》戶典 支供條.

이상과 같이 成宗 18~23년간에 걸쳐 정부가 단행한 일련의 철물 수취체제 정비과정에서 貢鐵에도 '任土作貢'을 원칙으로 한 '各邑採納制'가 적용되었다. 그리고 '各邑採納制'는 이후의 조선 전기 후반에 걸쳐서도 계속 유지되고 있었는데 '各邑採納制' 자체도 産鐵地를 보유한 각 읍의 守令이 농민들에게 貢鐵을 분정하고 현물을 채납하게 하는 제도였기 때문에 그 나름대로의 폐단을 지니고 있었다. 첫째는 흉년을 맞는 등 농민들의 철광채취가 불가능했던 때에도 정액의 貢鐵을 바쳐야 했던 점이다. 이 때문에 中宗 8년(1513)에 侍講官 韓效元은 "咸鏡道는 철물도 희귀한 데다 요즘은 흉년을 만나 吹鍊하지 못했기 때문에 농민들이 농기구나 문짝에 붙은 철물까지 官衙에 바치는 등 고통이 막심하다. 만약 각 읍에 저장된 철물이 수년간 조달할 수 있으면 이를 減免해 주는 것이 옳겠다"[134]고 하여 鐵場都會制下에서와 같이 貢鐵 減免을 정부에 요청하지 않을 수 없었던 것이다. 둘째는 각 읍이 貢鐵을 부과했을 때는 鐵이 생산되었다가 뒤에 광맥이 단절되는 경우가 있었다. 일례로 전술한 固城의 경우에는 中宗 37년(1542)에 戶曹가 "任弼亨의 啓文에 '固城은 綠礬과 철물이 옛날에는 산출되었으나 요즘에는 나지 않아 민폐가 크다'고 하였다. 그러나 이미 貢案에 올려져 있어 가볍게 고칠 수 없다"[135]며 貢案을 수정하지 않았다.

위와 같이 '任土作貢'을 원칙으로 한 '各邑採納'制도 불가피한 사정으로 농민들이 철광을 採取하지 못하거나 당해 읍의 産鐵地가 광맥의 단절로 폐쇄되는 등 貢鐵의 현물납부를 실현할 수 없게 하는 갖가지 여건들이 날이 갈수록 조장되어 갔다.

---

133)《經國大典》戶典 雜稅條.
134)《中宗實錄》18, 中宗 8년 8월 癸卯. "侍講官韓效元曰 臣往見咸鏡道各官 … 且其道鐵物稀貴 故近因凶荒 未能吹鍊 而其農器及窓戶莊鐵 盡納于官 亦甚苦之 若各官所儲之鐵 可支數年 則減之可也"
135) 제1장 註 129) 참조.

이리하여 16세기 후반에는 '各邑採納制'도 점차로 무너져 갔고 鐵匠·水鐵匠 등 철물수공업의 성장을 기반으로 代納制가 보편화되었으며[136] 정부도 철물이 필요하면 鐵商들로부터 米·布로써 구입, 사용하였던 것이다.[137]

제2절 採訪使制下의 金銀鑛業實態

1. 金銀의 免貢과 流通規制

조선왕조 정부가 15세기 전반기에 걸쳐 추진한 金銀鑛業政策은 明나라에 대한 金銀의 歲貢 문제와 밀접하게 연관되어 있었다. 정부는 歲貢金銀을 조달하기 위하여 국내의 官廳이나 민간에 소장된 金과 銀의 사용을 억제하고 국외유출을 방지한 뒤, 이를 無償收取하거나 有償收買할 계획이었다. 그러나 정부의 이러한 시책과 노력은 일시적인 미봉책에 불과하였기 때문에 결국 15세기 초부터는 국내 금은광산의 개발에 착수한 것이다. 하지만 금은광산의 개발 역시 전술한 鐵場都會制하의 부역노동과 병행되었기 때문에 농민들의 避役抵抗이 심각하였다. 따라서 정부는 歲貢金銀을 減免받기 위하여 수차에 걸쳐 使節을 파견하는 등 외교적인 교섭을 동시에 추진하였다.

明에 대한 歲貢金銀은 金 150兩과 銀 700兩이었다.[138] 金은 10品의

---

136) 《火器都監儀軌》光海君 7년 7월 26일조. "凡設外貢 盖爲國用 軍器寺一年
正鐵外貢之數 僅一萬斤 我國之瓷 旣曰外貢 則雖産鐵之邑 皆不以本色上
納 例以米布輸送"
137) 《明宗實錄》18, 明宗 10년 5월 乙卯. "國無儲鐵 分貿市上"
《明宗實錄》21, 明宗 11년 12월 丙午. "今所貿之鐵已滿六萬斤 而費米之數
不過七千餘石矣"
138) 《太宗實錄》34, 太宗 17년 8월 戊申 ; 《太宗實錄》34, 太宗 17년 10월 甲辰.

葉子金이며[139] 銀은 단순한 銀塊가 아니라 은제품의 그릇이었다.[140]
정부는 歲貢金銀을 減免하고 土産物로 대납할 수 있도록 요청하기 위
해 太宗 9년(1409)과 世宗 2년(1420), 世宗11년(1429) 등 3차에 걸쳐 使臣
을 明나라에 파견하였다. 金銀을 減免토록 요청한 근거는 한결같이
"국내에 金銀이 산출되지 않는다"는 것이었다. 그리고 "그동안 조달한
歲貢金銀도 高麗 때 元商들과의 무역거래를 통해 수입되었던 것이며
지금에는 그것마저도 탕진하여 土産物로 代納할 수밖에 없다"[141]는
사실을 강조하였다.

　　太宗 9년에는 聖節使楔眉壽가 金銀免貢을 요청하였지만 明의 禮部
尙書 趙羾이 "국내에 金銀이 산출되지 않는다고 해서 別物로 代貢하
고자 하나 이는 洪武年間의 舊制에 어긋난다"[142]고 거절하였으며 世
宗 2년에는 進賀兼奏請使로 禮曹參判河演과 光祿寺少卿韓確 등이 파
견되었으나 永樂帝가 '進紙奏本에 日字가 기입되지 않았다'고 화를 내
어 歲貢金銀의 請免奏本은 내밀지도 못한 채 돌아 왔다.[143] 결국 世宗
宗 11년(1429)에 計稟使李裀, 副使元閔生, 書狀官安崇善 등이 明宣帝로
부터 土物代納의 허가를 받아 내었다.[144] 개국 후 37년간 고통받던 金
銀의 세공문제가 해결되자 世宗은 李裀 등 三使臣과 通事들에게도 토
지를 하사하고 공로를 치하해 마지않았다.[145] 이때 金銀免貢으로 대

139)《世宗實錄》26, 世宗 6년 10월 丙午.
140)《太宗實錄》13, 太宗 7년 3월 辛酉.
141)《太宗實錄》17, 太宗 9년 正月 甲子. "任土作貢 古今令典 本國每遇進賀節
　　期 年例備辦金銀器皿 … 爲因金銀本國自來不産前元客商往來興販到些少
　　金銀 不數十年間 用度罄盡 今後凡愚上項節期 本土不産金銀器皿 將似難
　　備 乞將土産物件代備"
142)《太宗實錄》17, 太宗 9년 4월 庚午.
143)《世宗實錄》7, 世宗 2년 正月 甲子 ;《世宗實錄》8, 世宗 2년 5월 己巳.
144)《世宗實錄》46, 世宗 11년 12월 乙酉. "每年正朝節日千秋進獻方物 金銀代
　　用物件"
145) 이때 世宗은 計稟使李裀·副使元閔生·書狀官安崇善·通事金乙玄·押物官李

납하게 된 土産品의 종류와 그 액수는 다음 〈표 4〉와 같다.[146]

〈표 4〉 金銀免貢 前後의 歲貢額 比較表

方物名	金·銀 외의 歲貢 方物額				金·銀 免貢에 의한 代納方物額			
	正朝	節日	千秋	計	正朝	節日	千秋	計
黃苧布(匹)	10	10		20				
紅苧布(匹)	20	20		40				
白苧布(匹)	75	60	16	151			4	4
麻布(匹)	35	20	16	71	80	130	44	254
苧麻兼織布(匹)		10		10				
滿花席(張)	38	14	10	62	12	6	5	23
簾席(張)	2	2		4				
滿花方席(張)	15	10	10	35	15	10	5	30
黃花席(張)	20	30		50	30	10		40
彩花席(張)	40	30	10	80	10	10	5	25
人蔘(斤)	70	50	20	140	20		20	40
豹皮(張)	16	10	6	32				
獺皮(張)		20	10	30				
螺鈿梳函(事)	2			2				
黃毛筆(枝)		20		20				
馬(匹)					34	40	10	84
紬(匹)					50	40	10	100

이처럼 정부는 歲貢金銀을 減免받기 위해 외교적 교섭을 강구해 왔던 한편 "朝鮮에는 金銀이 산출되지 않는다"는 사실을 明나라 정부에 인식시키기 위하여, 그리고 元商들과의 무역으로 남겨진 金銀이든,

---

競 등에게 각각 田土를 下賜하여 그들의 功勞를 褒賞하였다(《世宗實錄》 46, 世宗 11년 12월 乙酉).

146) 《世宗實錄》 47, 世宗 12년 2월 丁酉.

아니면 高麗 때의 金銀所에서 생산되었던 것이든 국내의 官·民간에 소장된 金銀을 수취해서 歲貢에 충당하기 위하여 국초부터 金銀의 국외유출을 철저히 봉쇄하였다.

歲貢金銀이 減免될 때까지 정부가 金銀의 국외유출방지에 가장 관심을 쏟았던 것은 역시 朝·明간에 이루어졌던 公私貿易의 기회였다. 朝·明간의 公私貿易은 양국사절의 왕래를 통해 이루어졌기 때문에 국내 金銀의 유출을 방지하기 위해서는 우선 對明使行을 철저히 단속해야 하였다. 明의 北京을 왕래하던 朝鮮使行은 대개 三使臣과 通事 및 護送軍으로 구성되어 있고 使臣의 子弟들이 軍官으로 참여하였으며, 때에 따라 遼東에는 通事를 單使로 파견하고 있었다. 使臣과 通事 등 使行員役들에게는 '隨身行李'란 명목으로 소량의 物貨를 싣고 들어가 무역할 수 있도록 공인되어 있었다. 따라서 使行員役들은 무역의 차액을 노려 가능한 한 많은 물화를 싣고 가려 하였고 특히 金銀이나 人蔘·苧麻布 등 값비싸고 운반하기에 편리한 물건을 가져가려 하였다.[147]

당시 對明使節을 수행하면서 私貿易을 조장하고 실리를 도모했던 자들은 주로 서울의 富商大賈들이었다. 이들은 使臣에게 청탁하여 使行에 참여하기도 하였고 護送軍들을 꾀어 호송군으로 가장해서 참여하기도 하였다.[148] 明에 대한 金銀의 유출행위도 이들 상인에 의해 자행되고 있었기 때문에 金銀流出에 대한 최초의 禁令도 역시 이들 상인의 밀무역을 규제토록 제정되었다. 곧 太祖 3년(1394) 6월에 정부는 "몰래 明나라에 건너가 무역하는 자는 錢物의 다소에 관계없이 首犯과 從犯을 모두 誅殺한다"[149]고 규정하였다. 이 법령의 반포로 상인들

---

147) 《太宗實錄》10, 太宗 5년 10월 甲申 ; 《太宗實錄》11, 太宗 6년 正月 己未 ; 《世宗實錄》106, 世宗 26년 10월 癸酉 ; 《燕山君日記》9, 燕山君 元年 9월 丙戌.

148) 《太宗實錄》11, 太宗 6년 正月 己未 ; 《世宗實錄》106, 世宗 26년 10월 癸酉 ; 《成宗實錄》270, 成宗 23년 10월 戊午.

149) 《太祖實錄》6, 太祖 3년 6월 己巳. "潛行越境興利者 勿論錢物多少 首從皆

이 使行에 참여하거나 밀무역을 하는 행위가 줄어들었다. 그러나 使行員役들에 의한 私貿易이 확대되고 金銀의 유출이 날로 증가됨에 따라 정부는 太宗 5년(1405) 2월에 '入朝使臣駄載法'을 제정하게 되었다. 同法에서 정부는 使臣들의 卜駄를 100斤으로 제한하고 金銀을 휴대하지 못하게 하였으며, 이를 西北面都巡問使가 책임지고 단속하도록 하였다. 만약 使臣들이 法을 어겼거나 西北面都巡問使가 법을 집행하지 못했을 때는 司憲府가 이를 국왕에게 보고하여 논죄하되 범인이 소지한 禁物을 관에서 몰수하고 법에 따라 처벌한 뒤 水軍에 충당한다는 내용이었다.[150] 그러나 이 法은 使臣들에 의한 金銀의 유출을 방지하는 데 치중하여 使臣들의 범법행위에 대한 처벌규정은 엄격하였지만 감독권을 지닌 西北面都巡問使에 대한 처벌규정이 모호하고 미약하였다. 따라서 이듬해 1월에는 "使臣과 西北面都巡問使의 범법행위가 드러나면 司憲府로 하여금 철저히 조사하도록 하여 범인의 재산을 적몰한 뒤 水軍에 충당하도록 한다"고 개정하였다.[151] 그런데 金銀의 對明流出은 서울에 들어온 明 사신들의 使臣館貿易에서도 이루어지고 있었다. 이 때문에 정부는 世宗 7년(1425) 2월에 禁令을 제정하여 金銀과 함께 皮物이나 13升 이상의 苧麻布마저 매매를 금지하였다.[152]

誅"

150) 《太宗實錄》9, 太宗 5년 2월 丙戌. "使臣每一駄 不過百斤 土物外金銀禁物 賷持者 西北面都巡問使 考察禁止 如有犯令及奉行不至者 司憲府申請論罪 犯人將帶禁物沒官 依律論罪 身充水軍"

151) 《太宗實錄》11, 太宗 6년 正月 己未. "議政府上言 請禁入朝使臣賣買 從之 啓曰 金銀不産本國 年例別例進獻 亦難備辦入朝使臣從行人等 不顧大體 潛挾金銀 且多賷苧麻布 又京中商賈 潛至鴨綠江 說誘護送軍 冒名代行 至遼東賣買 貽笑中國 今後使臣行次 嚴加考察 毋得如前 其進獻物色及隨身行李 依前定斤數外 不得剩數重載 如有犯令現露者 使臣及西北面都巡問使 令憲司痛行糾理 將犯人籍沒家産 身充水軍"

152) 《世宗實錄》27, 世宗 7년 2월 丙辰. "使臣館賣買時 金銀皮物 及十三升以上 苧麻布外 餘物勿禁"

정부는 明나라로의 금은유출을 봉쇄했을 뿐만 아니라 日本으로의 금은유출도 엄금하고 있었다. 倭人들에게 金銀을 潛賣하는 행위는 서울의 倭館과 三浦에서 이루어졌다. 일본으로의 金銀 유출을 방지하기 위하여 禁令이 내려진 시기는 알 수 없다. 다만 太宗 11년(1411) 12월에 礪良君 宋居信이 倭館에서 金銀을 사사로이 판매한 사건이 발생하였고[153] 이어 太宗 14년(1414) 5월에는 判議政南在, 府院君柳亮·鄭擢, 前經歷許盤石 등이 사람을 시켜 은과 인삼을 왜인에게 판매한 사실이 드러났을 때[154] 太宗은 관련된 고관들의 처벌은 불문에 부쳤으면서도 尹仁富 등 서민들에 한해서는 금은을 왜인에게 사사로이 판매한 罪目으로 杖一百에 재산을 몰수하였다.[155] 더구나 그로부터 15년 만인 世宗 11년(1429) 7월에 金悟·高龍奉 등이 왜인들에게 금은을 주고 銅·鑞鐵을 구입한 사실이 드러났을 때에는 정부가 범인의 재물을 몰수한 뒤 모두 斬首刑에 처하였다.[156] 결국 일본에 금은을 유출한 행위에 대해 정부는 특히 서민들에게만 가혹한 처벌규정을 적용하고 있었던 셈이다.

정부가 외국인과의 金銀賣買를 엄금하고 국외유출을 철저히 봉쇄함으로써, 明나라로 하여금 金銀이 국내에서 산출되지 않음을 인식시키기에 충분하였고 동시에 官民間에 소장된 금은을 국내에 유치시킬 수가 있게 되었다. 그러나 국내에 유치된 官과 民의 金銀도 용도를 제한하지 않는 한 사회적 수요를 충당하기가 어려워 정부의 無償收取는 물론 有償收買도 불가능한 것이었다. 따라서 정부는 당시 국왕으로부터 일반 서민에 이르기까지 服飾와 器皿의 제조원료로서 널리 이용되고 있던 金과 銀의 사용범위을 지배층의 일부에 국한시키려 하였다.

---

153) 《世宗實錄》22, 世宗 11년 12월 己巳. "司憲府請礪良君宋居信罪 居信用禁物金銀 貿易倭館事覺 憲司請之 命勿論"
154) 《太宗實錄》27, 太宗 14년 5월 辛巳.
155) 《太宗實錄》27, 太宗 14년 5월 辛卯.
156) 《世宗實錄》45, 世宗 11년 7월 甲戌.

정부의 이러한 조치가 처음으로 구체화된 것은 太祖 3년(1394) 6월
이었다. 이때 禮曹에서 詳定한 뒤 都評議使司가 왕에게 보고하여 결
정한 규정에 의하면, 첫째, 왕실에 진상하는 儀物 이외에는 누구도 금
을 사용할 수 없게 하였고, 둘째, 嘉善이하 6品 이상의 官員만이 銀을
사용할 수 있게 하였으며 그밖에 각 관원의 品帶와 臺省員의 頂子에
은을 사용할 수 있게 하였으며 婚姻에도 職品에 맞게 사용하도록 하
였다. 셋째, 庶人이나 工商賤隷는 비록 職品이 있다 하더라도 銀을 사
용하지 못하도록 하였다.[157] 그러나 갈수록 歲貢金銀을 충당하기가
어려워지자 太宗 때에는 다시금 金銀 사용의 제한범위를 대폭 축소하
는 개정안이 시달되었다. 곧 太宗 7년(1407) 9월에는 宴亨·齋會에도 金
銀珠玉類의 器皿들을 사용치 못하도록 엄금한 데[158] 이어 동년 11월에
는 관원들의 品帶와 兩府 이상의 胡瓶·鐥杯·匙箸, 4품 이상의 鐥杯·匙
箸, 士大夫家 命婦와 宮女의 首飾 및 外方各官의 鐥杯만 銀製品을 사
용할 수 있도록 제한하였다.[159] 이처럼 太祖 3년(1394) 이래 금은의 사
용 범위를 축소하도록 강요되어 왔던 제한 규정은 世宗 때에 이르러
다시 축소 조정되었을 뿐만 아니라 처벌규정까지 명시한 법령으로 성
립되었다. 世宗 1년(1419) 정월에 국왕은 "金銀이 본국에서 생산되지
않기 때문에 歲貢하기가 어려운데 銀食器·銀酒器를 상하간에 통용하
고 있어 더욱 어렵게 만든다"고 하고 進上服用器皿·闕內酒器·明使節

---

157) 《太祖實錄》6, 太祖 3년 6월 甲午. "進上儀物外 臣下毋得用金 兩府外 毋得
　　服紗羅綾綺玉纓子環子 嘉善以下六品以上酒器外 毋得用銀 七品以下酒器
　　亦不許用銀 品帶及臺省員頂子 不在此限 庶人及工商賤隷 雖有職者 毋得
　　用銀絹斜皮 婚姻者 亦依職品 毋得僣用 從之"
158) 《太祖實錄》15, 太祖 7년 9월 甲申.
159) 《太宗實錄》14, 太宗 7년 11월 甲辰. "自今各品品帶 及兩府以上 銀胡瓶鐥
　　杯匙箸 四品以上銀鐥杯匙箸 士大夫家命婦首飾外方各官銀鐥杯外 毋得私
　　用金銀器皿 則人皆知其不切於用 貿易之際 皆納於公 且令俗尙淳儉矣 宮
　　女首飾 不在此限"

支應器皿·朝官品帶·命婦首飾·士大夫子孫耳環에만 금은제품의 사용을
국한시켰으며 범법자에 대해서는 制書有違律로 다스리도록 명령하였
다.[160] 이 법령은 뒤에 부분적으로 수정이 되기는 하였으나 금은사용
제한법의 골간이 되었고《經國大典》禮典 儀章條에 수록되었다.

정부가 金과 銀의 대외유출을 방지하여 판로를 봉쇄함과 동시에
금은 사용자의 범위를 지배층의 일부에 국한시킴으로써 결국 그들이
당초에 의도했던 데로 "사람들이 모두 금은으로 만든 그릇을 불필요
한 물건으로 알게 되고 마침내 팔고자 할 때에는 모두 관청에 납품할
것"[161]이라는 예측이 현실화되었다. 정부는 이러한 객관적 여건하에서
金銀을 無償收取하거나 有償收買하게 된 것이다. 정부의 無償收取制
는 官員이나 官衙를 대상으로 적용하였고 죄인들에게 收贖銀制도 적
용하고 있었다.

정부가 관원이나 官衙에서 금은을 無償收取한 기록은 太宗 6년
(1406) 윤7월에 처음으로 나타난다. 이때 工曹가 歲貢銀器를 주조하기
위해 은의 有償收買를 실시하였으나 여의치 못하여 결국 정부가 경외
의 관원들에게 '品銀'制를 적용한 것이다. 1品은 銀 5兩, 2品은 4兩, 3品
은 3兩, 留守·大都護府는 50兩, 牧官·單府官은 30兩씩을 각각 납부하도
록 하였다.[162] 그리고 太宗 17년(1417) 8월에는 工曹가 '金銀收斂法'을
제안하여 각 道의 監司로 하여금 관내 각 읍의 金銀製品인 食器·酒器
와 神祠祭器를 수집하여 바치도록 하였는데,[163] 동년 10월에는 명령을

---

160)《世宗實錄》3, 世宗 元年 正月 辛亥. "今後 進上服用器皿 闕內酒器 及朝廷
　　使臣支應器皿 朝官品帶 命婦首飾 士大夫子孫耳環外 一皆禁用 銷金泥金
　　亦皆禁斷 犯者 論以制書有違"
161) 제1장 註 159) 참조.
162)《太宗實錄》12, 太宗 6년 閏7월 乙亥. "命京外納品銀 時進獻金銀將盡 工曹
　　募人納之 竟無有納者 議政府建議 一品納白銀五兩 二品四兩 三品三兩 留
　　守官至大都護府五十兩 牧官單府官三十兩 以此爲差督令進納 以造進獻器
　　皿 從之"
163)《太宗實錄》34, 太宗 17년 8월 戊申.

바꾸어 무기검열차 각 道에 파견한 敬差官들로 하여금 각 읍의 '重記'
를 조사하여 은제품의 그릇을 모두 수집·상납하도록 하였다.[164] 정부
의 無償收取가 이처럼 官員과 官衙를 대상으로 한 것은 이해가 가지
만 때로는 富民이나 寺刹을 괴롭히는 사례도 없지 않았다. 이를테면
太宗 11년(1411) 2월에 開城留後司가 정부의 收布命令을 이행하는 과
정에서 부민들이 소장한 金銀玉器를 몰수하여, 太宗이 이를 환급토록
조처한 경우라든가[165] 동년 6월에 鷄林府尹 尹向이 廢寺의 金銀佛像
을 정부에 수납하는 등,[166] 功을 세우기에 급급한 지방관들의 수탈행
위도 자행되고 있었다. 贖銀制에 관한 정부의 논의는 太宗 15년(1415)
9월에 시작되었다. 太宗은 知申事 柳思訥을 시켜 河崙·李叔蕃·柳廷顯
등과 收贖時의 徵銀問題를 논의하도록 지시하였다. 이때 柳思訥과 河
崙·柳廷顯 등은 銀·銅並收制를 주장하였으나 李叔蕃의 주장에 따라
銀·銅·楮貨를 모두 받기로 결정하였다.[167] 이처럼 정부는 《大明律》상
의 贖錢法을 贖銀法으로 바꾸어 銀을 수취하고 있었으나[168] 반대로
《大明律》상의 褒賞銀制는 銀의 지출을 줄이기 위해 綿布로 지급하고
있었다.[169]

정부에 의한 品銀制나 金銀收斂法 및 贖銀制 등의 無償收取 방법

164) 《太宗實錄》34, 太宗 17년 10월 戊戌.
165) 《太宗實錄》21, 太宗 11년 2월 壬辰.
166) 《太宗實錄》21, 太宗 11년 6월 甲寅.
167) 《太宗實錄》29, 太宗 15년 5월 己酉. "召河崙李叔蕃柳廷顯命就職 三人俱詣
闕 乃命知申事柳思訥 議於崙等曰 國家不産金銀 而每年進獻朝廷 當收贖
之時 徵銀若何 思訥且援引宮刑贖金 及皇朝律徵燒埋銀 前朝徵銅之例 力
主其議 又欲兼徵納銅 崙以爲宜 廷顯默然 叔蕃獨謂銀非本土所産 散在民
間 亦不多有 若當犯罪侳傯之時 盡皆徵銀 人民失所爲甚 若楮貨則 雖造於
官 多布於民 若以物貿 一朝多得 不若銀之難覓也 當收贖之際 銀銅楮貨 一
切並收爲便"
168) 《世宗實錄》56, 世宗 14년 5월 甲戌 ;《世宗實錄》76, 世宗 19년 3월 丁酉.
169) 《經國大典》刑典 捕盜條.印信條 ;《成宗實錄》27, 成宗 4년 2월 戊辰.

은 부득이한 경우의 일시적인 방편일 뿐 실효를 기대하기 어려운 조치임에 틀림없다. 따라서 정부는 서민층을 대상으로 한 有償收買制를 통하여 歲貢金銀을 충당하는 데 치중하였다. 정부에 의한 有償收買制는 앞서 지적하였듯이 太宗 6년(1406)에 이미 工曹에서 실시한 기록이 있고[170] 이듬해 11월에 議政府가 제출한 時務策에 "金銀은 본국에서 생산되지 않는 물건이라 매번 貢獻할 때면 정부가 倍價로 수매하는데도 납품하는 자가 드물기 때문에 金銀을 內用과 國用外에 일체 사용하지 못하도록 禁令을 내렸던 것이다."[171]라고 한 사실로 미루어 볼 때 금은 사용의 제한 규정을 처음 반포한 太祖 3년(1394)경부터 정부가 이미 歲貢金銀을 충당하기 위하여 때때로 有償收買해 왔음을 알 수 있다.

정부는 金銀收買를 원활히 하기 위해 金銀 사용의 제한 규정을 마련함과 동시에 時價의 두 배에 달하는 收買價를 책정해 놓았다. 따라서 서민들에 의한 자진납부도 없지 않았다. 이를테면 太宗 8년(1408) 7월에는 公州民 宋夫介가 강변에서 습득한 것이라며 銀 19兩을 헌납하여 정부가 값에 맞추어 賞給하였고[172] 世宗 6년(1424) 7월에는 咸陽人 姜松이 銀 4斤을 監司를 통해 헌납하자 國庫米로써 이를 보상하고 있었다.[173]

하지만 정부는 이들 자진 헌납자에게만 의존한 것이 아니었고 금은의 소장처를 널리 탐문하는 등 적극적인 구매활동을 펴고 있었다. 일례로 太宗 17년(1417) 8월에 濟州民들이 금은을 많이 소장하고 있다는 제보에 따라 工曹가 全羅道의 米布로써 수매하도록 건의하였고[174]

---

170) 《太宗實錄》 12, 太宗 6년 閏7月 乙亥.
171) 《太宗實錄》 14, 太宗 7년 11월 甲辰. "議政府進時務數條 啓曰 金銀本國不産之物 國家每當貢獻之時 倍價收買 鮮有納之者 是以除內用國用外 一切禁止 已有著令"
172) 《太宗實錄》 16, 太宗 8년 7월 己未.
173) 《世宗實錄》 25, 世宗 6년 7월 癸巳.

이듬해 5월에 이를 수매하였다.[175] 世宗 6년(1424) 10월에는 世宗이 軍資監의 米豆와 濟用監의 正布 중 납품자가 원하는 대로 값을 지불하도록 지시하였고[176] 동왕 7년(1425) 12월에는 新鑄錢文이 부족하다 하여 錢文 10貫 이내로 金銀珠玉을 구입하도록 지시하고 위반자를 의법 처단하도록 하고 있었다.[177]

상기한 제반 시책은 개국 이래 世宗 11년(1429) 12월에 이르기까지 37년간 정부가 歲貢金銀 문제를 해결하기 위해 취한 일련의 조처였다. 명나라가 歲貢金銀을 減免한 이후 정부가 종래 추진해왔던 歲貢金銀政策 중 시급한 시정이 요구된 것은 금은의 收買問題였다. 비록 歲貢金銀은 減免되었지만 세공품목이 변경된 것일 뿐 그 값어치의 土産品을 대납해야 하였으므로 정부의 재정적인 부담이 줄어든 것은 아니었다. 전술한 太宗 7년(1407)의 기록에도 정부는 金銀을 두 배나 비싼 값으로 收買하였고 다음의 〈표 5〉에서 볼 수 있듯이 世宗 14년(1432)의 收買價는 世宗 19년(1437)의 수매가에 비해 무려 세 배나 되었다. 정부가 만약 土産品을 대납하면서도 金銀을 계속 收買한다면 엄청난 재정적 부담을 지게 될 것이다.

이제 정부는 국용에 필요한 金銀은 收買해야겠지만 歲貢할 때와 같은 많은 양의 금은을 더 이상 수매할 수 없었다. 그럼에도 불구하고 객관적인 여건은 여전히 정부로 하여금 金銀收買를 중단할 수 없게 하였다. 그것은 우선 정부의 입장에서는 국용에 필요한 量만큼의 금은을 수매해야 하였지만, 민간의 金銀 소장자들은 정부가 금은의 수매를 중단할 경우 法禁을 무릅쓰고 국외로 유출할 수밖에 없었기 때문이다.

174) 《太宗實錄》 34, 太宗 17년 8월 戊申.
175) 《太宗實錄》 35, 太宗 18년 5월 丙子.
176) 《世宗實錄》 26, 世宗 6년 10월 丙午.
177) 《世宗實錄》 30, 世宗 7년 12월 丙子.

〈표 5〉 金銀價差減對比表

金銀品量 差減價	十品金 1錢	九品金 1錢	八品金 1錢	七品金 1錢	十品銀 1兩	九品銀 1兩	八品銀 1兩	七品銀 1兩
世宗 14年	正布 10匹	正布 9匹	正布 8匹	正布 7匹	正布 9匹	正布 8匹	正布 7匹	正布 6匹
世宗 16年 2月 丁丑	正布 10匹	正布 9匹	正布 8匹	正布 7匹	正布 7匹	正布 6匹	正布 5匹	正布 4匹
世宗 16年 12月 戊申	正布 8匹	正布 7匹	正布 6匹	正布 5匹	正布 7匹	正布 6匹	正布 5匹	正布 4匹
世宗 19年 8月 己未	正布 3匹	正布 2匹 17尺 5寸	正布 1匹 17尺 5寸	正布 1匹	正布 4匹	正布 3匹	正布 2匹	正布 1匹 17尺 5寸

이러한 이유로 歲貢金銀이 減免된 뒤인 世宗 15년(1433) 2월에 工曹
는 司贍署에 소장된 錢 10,000貫으로 국용에 필요한 금은의 수매를 계
획하였고[178] 동년 11월에는 世宗도 국용조달과 국외유출방지를 위해
全羅道의 義倉穀으로 수매할 의사가 있었으나 大臣들이 "국외로 유출
될 위험도 없을 뿐 아니라 흉년에 救荒穀을 풀어 급급하게 수매할 이
유가 없다"고 반대하여 이를 중지하고 말았다.[179] 그 결과 정부의 적
극적인 수매활동은 중지되었지만 수매규정이 폐지된 것은 아니었기
때문에 시가보다 몇 배나 비싼 정부의 수매가를 노리는 납품업자들이

---

178) 《世宗實錄》59, 世宗 15년 2월 丁酉. "前所頒錢文數少 民間買賣 及犯罪收
    贖 各司奴婢之貢 不能周足 乞以司贍署所儲錢文一萬貫 和賣金銀布帛 可
    充國用之物 從之"

179) 《世宗實錄》62, 世宗 15년 11월 庚申. "都承旨安崇善啓曰 國庫布貨殆盡 姑
    停金銀貿易 以待布貨周足何如 上令崇善 議于議政府六曹曰 國家布貨之數
    不多 宜停金銀貿易 然更思之 若白銀多在民間 則恐有愚民潛賣於使臣館
    以干邦憲 且白銀之在本國者殆盡 予聞全羅所儲義倉之積甚多 給此貿易何
    如 孟思誠趙啓生鄭欽之崔士康曰 使臣館貿易 則禁防至嚴 中朝往來 則搜
    檢至精 非昔時貿易之例 今年不稔 民生甚艱 散救荒之重物 以買不急之寶
    臣等以謂不可只買金 姑停買銀 黃喜許稠議曰 金銀之買 一皆停寢"

여전히 몰려들었으며 정부는 수매가대로 값을 치를 수가 없어 임의로 값을 떨어뜨려 지불하게 되었다. 이에 상인들 중에는 몰래 외국으로 유출하는 자가 생겨났지만 한편으로는 정부의 높은 수매가를 노리고 시세대로 값을 치르면서 국내의 금은을 대량으로 수매하는 자도 있었다. 이처럼 금은의 매매가 원활해지자 심지어 '內府'의 金銀을 훔쳐내 팔려다 처벌받은 자 또한 속출하였다. 世宗 16년(1434) 2월에 국왕은 이러한 사태의 발생원인이 정부의 金銀收買價가 높게 책정된 점과 금은의 사사로운 매매행위를 금하는 법이 없기 때문인 것으로 파악하고 이에 대한 개선책으로서 수매가를 감가책정하고 사적판매를 엄금하라고 명령하였다.[180]

　따라서 앞의 〈표 5〉에서와 같이 世宗 14년(1432)에 정부는 수매가중 銀價를 2匹씩 減價 策定하고 민간인의 상호매매행위를 금지하였지만 사실상 정부에의 납품행위도 중단되고 말았다. 결국 富商大賈등 金銀의 소장자는 이제 정부에 납품할 수도 사적으로 판매할 수도 없는 상태에 놓였던 것이다. 그런데 다행히 동왕 16년(1434) 6월에 발생한 知中樞府事 柳殷之의 買金事件이 金銀의 사적 판로를 열었다. 이때 義禁府提調 許稠 등이 柳殷之의 買金罪를 들어 재물을 몰수하도록 요청하자 世宗은 불문에 부치려 하였다. 그러자 許稠 등은 "정부가 金

---

180) 《世宗實錄》63, 世宗 16년 2월 甲戌. "命安崇善往議政府議事 … 其三日 凡所尙之物 其價必騰 … 但金銀則歲有豊歉 價無輕重之異 本以不産奏朝廷獲免其貢 凡有私藏 悉令納之於國 禁用之法 箸在令甲 金則本是珍貴之物 未聞有所私藏者也 銀則納之者衆 而國家之價 反有不敷 姑停其納 近聞無識之徒 潛隱挾持 賣於他邦者有之 富商大賈 爭相貿得 以售其價者 亦有之 以至竊盜內府 事覺伏罪者 相繼而起 此無他國家優給其價 以資其利 且無賣買禁防之法 故謀利者 得以逞欲 而爲之至此耳 自今除各品品帶外 私相賣買 立法禁防 以救其弊何如 且各人所納銀價 不拘元定之數 差減以給何如 領議政黃喜等曰 立法貴於必行 金銀賣買 乃自家潛隱事也 禁防之法 似難行之 姑以所納銀價 差減以給可也 左議政孟思誠曰 銀價差減 又禁私相賣買 … 仍敎曰 … 減其銀價 又禁私貿易 令戶曹立法以啓"

銀의 納品을 중단시키고 사적 매매마저 금지하였으니 모리배들은 반
드시 外國에 팔 수 밖에 없다. 그리고 金銀品帶를 띠는 관원들은 商人
들로부터 금은을 구입하게 마련이다. 그러나 士大夫는 品帶를 제조하
기 위해 구입했다는 이유로 사면하고 상인만 私相放賣罪로 처벌하는
것은 있을 수 없는 일이다"라고 하면서 금은의 사적 매매를 허용토록
요청하였던 것이다. 곧 전술한 금은 사용의 제한규정 중 궐내의 服用
器皿과 明使接待用器皿 등은 進上品이거나 정부수매품이었지만 朝官
의 品帶나 命婦의 首飾 및 士大夫子孫의 耳環 등은 모두 사사로이 구
입할 수밖에 없는 것이었다. 따라서 정부는 사적 매매를 금할 수 없었
기 때문에 4개월 만에 또다시 민간의 金銀賣買를 허용하게 되었고 정
부에 納品할 수 있도록 허락하였던 것이다.[181]

　　정부의 금은수매가 재개되고 민간의 사적 매매가 허용되자 정부는
수매가의 지불문제에 고심하게 되었다. 특히 金價는 高額이어서 재정
적인 타격이 컸기 때문에 동년 12월에 〈표 5〉에서와 같이 종래의 수매

181)《世宗實錄》64, 世宗 16년 6월 己未. "義禁府提調許稠等啓曰 知中樞院事柳
股之 犯買金之令 本府啓請沒官 上曰 姑且勿取 臣等思之 國家既停金銀捧
納之令 又立私相賣買之禁 金銀雖曰 珍貴之物 無將所用謀利之輩 必不顧
禁令 潛相挾持 買於他邦矣 且本朝 帶金銀者 不得已買於商賈 有司按法推
劾 商賈則以私相放賣科罪 士大夫則以欲造品帶原免 一金銀賣買 或罪或赦
誠爲未便 臣等願別立一法 以通金銀賣買之路 上曰 果如卿等之言 予於立
法之初 非不知弊之至此 姑欲驗之耳 今者有妨於民如此 立法亦未久 何難
更改 僉議以啓 崔士康曰 與外國人潛商賣買者痛禁 本國人賣買 乞依前例
勿令禁止 刑曹判書鄭欽之曰 人之寶金銀者 以其利用也 國家禁用之法嚴密
使爲無用之物 民其有不買於他邦者乎 本國金銀 勢將盡輸於外國 乞依前例
許令賣買 僉議亦同 上曰 近日改法前犯令者 何以處之 僉曰 改法之前 已受
其罪則已矣 幸今未斷其罪 而改法之命乃降 豈可以令前所犯而罪之取之乎
上然之 傳旨戶曹 往者本曹所啓 金銀除闕內服用 朝廷使臣支待器皿 朝官
品帶 命婦首飾 士大夫子孫耳環外 民間私相賣買 一皆禁斷 然各品品帶 命
婦首飾 士大夫子孫耳環 是不得已通用之物也 民間私相賣買 一皆禁斷 誠
爲未便 自今依前例勿禁"

가에서 2필씩을 감가 책정하는 한편 그간 금은의 수매로 豊儲倉과 軍資倉의 재화가 탕진되었다는 이유를 들어 금의 정부수매만을 중단하였다. 그리고 이미 납품된 금의 대가도 12월 5일 이전에 納品한 것만 定價대로 지불되었는데 정가의 1/3은 米穀으로, 2/3은 각 司의 7,8升綿布나 6·7升麻布로 지급되었다.[182]

정부는 歲貢金銀이 減免된 이후 世宗 14년(1432)에 상정한 收買價를 불과 2년만에 감가 책정하였지만 그것도 시가에 비해서는 월등히 높았기 때문에 富商大賈 등 金銀의 소장자는 다투어 정부에 납품하였고 심지어는 寺刹의 金字經까지 절취하는 사례도 허다하였다. 일례로 世宗 19년(1437) 4월에 太祖의 原從功臣인 黃招의 妾子 黃日流가 密陽 湧泉寺의 金字經을 강탈한 사건이 발생한데 대한 史官의 논평을 들어 보면, "당시 정부가 金銀을 귀중하게 여겨 금은을 헌납한 자에게 후한 보상을 했기 때문에 상인들이 金字經을 절취하였다. 혹자는 喪服으로 齋僧을 가장하여 훔쳐낸 뒤 녹여서 바치기도 하였으므로 이로 인해 誅殺된 자들이 허다하였다"[183]는 것이다. 이처럼 정부의 금은수매가 높게 책정된 데 따른 정부의 재정적 부담은 물론 사회적 병폐도 컸기 때문에 동년 8월에는 수매가를 현실화하기 위해 앞의 〈표 5〉와 같이 시가에 맞추어 감가책정하고 영원히 이를 준수하도록 규정하였다.[184]

한편 정부는 世宗 11년(1420) 12월에 歲貢金銀이 減免된 이후에도

---

182) 《世宗實錄》66, 世宗 16년 12월 戊申. "戶曹啓 金銀之價 比前加重 故謀利之徒 盜竊不已 相繼犯罪 銀價則已曾減數 金價亦依此例 每一錢十品價 正布十匹 九品九匹 八品八匹 七品七匹 各減二匹 且如今豊儲倉軍資監 儲備殆盡 深可畏也 姑停買金 今月初五日以前納金未受價者 依前例給之三分之一 以米給 其二分 以各司七八升綿布 六七升麻布 相准以給 從之"

183) 《世宗實錄》77, 世宗 19년 4월 癸亥.

184) 《世宗實錄》78, 世宗 19년 8월 己未. "議政府啓 金銀價隨時加減 旣無所據 而又公私之價 輕重懸絶 今以公私之價參酌 金一錢十品直正布三匹 九品二匹十七尺五寸 八品一匹十七尺五寸 七品一匹 銀一兩十品四匹 九品三匹 八品二匹 七品一匹十七尺五寸 以此 永爲恒式 從之"

언제 또다시 금은의 세공이 부활될지 모른다는 우려를 떨쳐 버리지 못하였다.[185] 따라서 "金銀이 국내에 산출되지 않는다"는 免貢의 이유를 계속 정당화하기 위하여 금은의 대외유출을 방지하는 데 세심한 주의를 기울였다. 정부는 免貢 前에 제정한 국내 金銀使用의 제한 규정을 준수토록 하였고 정부수매와 사적 매매를 허용하면서도 明과 日本, 그리고 女眞과의 금은거래를 봉쇄하고 있었다. 그러나 免貢 이후 금은유출은 정부가 비싼 값으로 수매하였던 世宗 16년(1434)~世宗19년(1437)간에만 중지되었을 뿐 면면히 지속되고 있었다.

우선 明과의 관계에서 使行員役의 경우 使臣과 西北面都巡問使가 감독하고 司憲府에서 이를 감시하였으며 위반시에는 재산을 몰수하고 水軍에 충당토록 되어 있었다. 世宗 12년(1430) 2월에는 사헌부의 監察 대신 해당 道의 監司에게 일임하였고[186] 이후 使行員役들에 의한 금은유출행위는 드러나지 않고 있었다. 그러나 이때 遼東護送軍과 京外商人들과의 무역을 공인해 왔던 義州互市에서 金銀珠玉 등 禁物의 매매가 성행하였기 때문에 世宗 15년(1433)에는 서울과 각처 상인들의 무역을 엄금하고 義州邑民들에게만 互市를 허락하게 되었다.[187] 상인들의 참여를 금지하고 있었지만 시간이 지남에 따라 상인들은 互市에 파고들었고 禁物의 거래량도 증가하였다. 따라서 世宗 23년(1441)에는 정부가 禁物의 매매만을 막기 위하여《續刑典謄錄》상의 '客館에서 금은을 潛用한 자'에 대한 처벌 규정을 義州互市에도 적용하게 되었다.[188] 그러나 상인들에 의한 금물매매가 계속되자 世宗 26년(1444)

---

185)《世祖實錄》12, 世祖 4년 4월 辛酉.
186)《世宗實錄》47, 世宗 12년 2월 辛巳.
187)《世宗實錄》59, 世宗 15년 3월 甲戌.
188)《世宗實錄》122, 世宗 30년 12월 甲戌. "正統六年受敎 遼東護送軍義州貿易之時 以本國不産金銀珠玉璃石等物 放賣出境者 依續刑典謄錄客館潛用金銀者大懲 而咸吉道無禁防 故潛以上項等物賣於野人者 或有之 自今監司守令 嚴加檢察 如有犯禁者 依平安道例大懲 不能檢察守令依律論罪 從之"

10월에는 平安監司의 差人(都事)과 義州牧使로 하여금《續刑典膽錄》
상의 법규를 준수하여 철저히 수검하게 하였고 이때 처음으로 人蔘도
禁物品目에 포함시켰다.[189]

　정부는 使行員役과 義州互市에 대한 규제를 강화하는 동시에 서울
의 使臣館貿易에 대해서도 주의를 게을리하지 않았다. 종래에도 使臣
館貿易에서 金·銀·皮物·苧麻布類의 매매를 금했지만 금물매매자에
대한 처벌규정이 마련된 것은 아니었다. 金銀免貢 이후 금물매매가
날로 성해지자 世宗 13년(1431) 8월에는 범법자에 대한 처벌규정문제
가 제기되었고[190] 마침내 정부는 "使臣館에서 금은을 사사로이 매매
한 자는 관련된 通事와 함께 制書有違律로 논죄하고 貿易한 물건은
몰수하며 죄인을 水軍에 충당한다"고[191] 규정하였다. 그러나 使臣館에
서의 금은매매는 근절되지 않았고 이듬해 12월에 상인들의 금은매매
사건이 발각되었다. 따라서 정부는 迎接都監官員들의 관리가 소홀했
던 탓이라고 지적하고 副使·判官·錄事·禁亂色·貿易色官員들에게 杖
80에서 90度의 체형을 가하였고 각각 減 2等의 刑에 처하였다.[192] 그런
데 使臣館貿易은 明使에 따라 다르기는 하지만 대개가 엄청난 貨物을
싣고 왔기 때문에 때로는 정부가 이를 수매할 수 없어 서울과 開城의
富商大賈를 불러 매매하도록 하였고 때로는 경기·충청·황해·강원·전
라·경상도의 상인들까지 불러서 무역하게 하였다. 이 때문에 使臣館
貿易에서는 金銀 등 禁物의 매매가 쉽게 이루어질 수 있었고 정부도
항상 감시를 소홀히 하지 않았다.[193]

189)《世宗實錄》106, 世宗 26년 10월 癸酉. "議政府據戶曹呈啓 本國人與遼東護
　　送軍互市 其防禁已立 而商賈之徒 潛持禁物 暗行貿易 請自今申明其法 監
　　司差人與義州牧使 嚴加禁斷 人蔘乃進獻最緊之物 亦禁爲便 從之"
190)《世宗實錄》53, 世宗 13년 8월 戊戌.
191)《世宗實錄》53, 世宗 13년 8월 乙巳. "金銀等物 就使臣館私相貿易者 并其
　　知情通事 請依前受敎 以制書有違論罪 身充水軍 貿易之物沒官 從之"
192)《世宗實錄》58, 世宗 14년 12월 辛亥.

　　정부는 당시 明과의 관계에 관심을 기울여왔던 만큼이나 日本과의
관계에서도 철저한 규제조치를 취하고 있었다. 倭人들에게 금은을 밀
매한 자는 범법한 재물을 몰수할 뿐 아니라 범인을 斬首하였다. 이 법
규는 金銀이 免貢된 뒤에도 준수되어 世宗 21년(1439) 12월에는 銀을
倭人에게 직접 전달한 銀工 李德中의 父 李知가 斬首되었다.[194] 정부
는 倭人과의 접촉을 방지하기 위해 世祖 1년(1455)에는 三浦의 왜인거
류지에 城을 쌓고 關門을 설치하기도 하였다.[195] 그러나 왜인과의 금
은매매행위는 계속되었고 睿宗 원년(1469) 3월에는 商人 李吉生과 通
事 金致中의 목을 베어 전시하는 한편 "법을 어기고 매매한 자는 死刑
에 처하고 소재지의 守令·萬戶가 검거하지 못하면 制書有違律로 다스
리겠다"는 禁令을 三浦에 게시하였다.[196]

　　정부는 明과 日本에 이어 女眞과의 금은무역도 규제하기 위하여
世宗 30년(1448)에는 금물매매자에게 義州互市罪를 적용하였으며,[197]
한편 외국인과의 금물매매를 사전에 봉쇄하기 위하여 世祖 11년(1465)
에는 각 道의 營·鎭간에 왕래하는 선박과 漕運船·商船·漁船까지도 모
두 당해 守令과 萬戶로 하여금 수색하도록 하였고 범인을 棄毀制書律
로, 검거하지 못한 수령·만호는 制書有違律로 다스린다는 금령을 하
달하였다.[198] 이상에서 볼 때 정부는 金銀免貢 이후에도 金銀의 국외

---

193) 《世宗實錄》95, 世宗 24년 正月 丁卯, 戊辰, 庚午,癸未 ; 《文宗實錄》3, 文宗
　　 即位年 8월 戊戌.
194) 《世宗實錄》87, 世宗 21년 12월 辛巳.
195) 《世宗實錄》1, 世祖 元年 7월 乙未.
196) 《睿宗實錄》4, 睿宗 元年 3월 癸巳. "如冒法賣買者 論以重律 所在守令萬戶
　　 不能檢擧者 竝論以違制律"
197) 제1장 註 188) 참조.
198) 《世祖實錄》36, 世祖 11년 8월 辛卯. "凡乘船人所持物件 本無禁防 故金銀
　　 珠玉及諸文書 潛挾入海者頗多 今後營鎭往來人及轉漕商販採捕魚物 一應
　　 入海人 各其船到泊處守令萬戶 一一窮搜 方許過海 萬一潛挾後現 則請本
　　 身以棄毀制書律論 守令萬戶以制書有違律論 從之"

유출을 봉쇄했을 뿐 아니라 오히려 그전보다 규제조처를 더욱 강화시
켜 갔던 것이다.

2. 金銀鑛山의 開發政策

정부는 歲貢金銀을 토산물로 대납하기 위한 외교적인 교섭을 서두
르는 한편 국내에 소장된 금은을 收買하기 위하여 국외유출을 봉쇄하
고 사용자의 범위를 극도로 제한하였다. 그러나 시가보다 훨씬 비싼
값으로 수매해야 하였고, 해마다 금은을 수매함으로써 國庫는 고갈되
어갔다. 이에 정부는 재정적인 부담을 덜고 歲貢金銀을 충당하기 위
하여 金銀鑛의 개발에 착수하였다. 정부가 금은광 개발을 처음 시도
한 것은 太祖 7년(1398)이었다.[199] 이 무렵은 斂鐵法과 鐵場制에 대한
농민들의 불만이 고조된 때였고, 정부에 의한 금은광산의 개발은 농
민들에게 또 다른 부역노동을 강요하게 되었다. 금은광산이 개발되면
농민들은 이 생소한 鑛役에 징발되기 마련이었고, 관리들의 감독하에
혹사당해야 했기 때문에 농민들은 정부의 금은광산 개발을 기피하였
다. 그런데 정부의 금은광산 개발은 농민들의 적극적인 참여 없이는
불가능하였다. 왜냐하면 농민들은 광산채굴의 노동력일 뿐만 아니라
정부차원에서 고려시대의 금은광산에 대한 소재파악이 제대로 되어
있지 않았기 때문에 매장량이 풍부한 금은광산을 찾기 위해서는 그
탐사과정에 농민들의 적극적인 참여가 절실히 요구되었기 때문이
다.[200] 정부의 금은광산 개발은 농민들의 이해와 상반되는 조건하에

---

199) 《太祖實錄》 14, 太祖 7년 5월 壬申. "田希吉 往東北面端川 以軍人八十名
    探金九日 得四錢以獻"
200) 《朝鮮經國典》 (金銀珠玉銅鐵)에 "前朝有金銀所 官爲探之 … 探金銀之法
    今皆廢矣 然金銀有見數 事大之日無窮 則其探之之法 亦不可不講也 臣於
    此 取金銀所及鐵場 悉著于篇 以備參考焉"라고 하였으나 金銀所의 소재지
    는 수록되어 있지 않았다.

서 추진될 수밖에 없었으며 각 邑의 守令과 鄕吏들까지도 금은광산 개발을 싫어하고 있었다. 수령이나 향리는 관내의 금은광산이 개발되면 정부로부터 달갑지 않은 책무를 져야 하였고 동시에 鑛役을 기피하는 부역농민들의 피역저항을 받아야 했기 때문이다. 곧 "각 邑의 守令과 鄕吏들은 비록 金銀鑛脈이 있는 곳을 알더라도 감추고 보고하지 않을 뿐만 아니라 혹 보고하는 자가 있으면 협박해서 저지하며 심지어는 매질도 서슴지 않았다"[201]는 것이다.

결국 정부가 금은광산을 개발하기 위해서는 수령과 향리들의 방해행위와 농민들의 저항을 일면 협박하고 일면 회유하면서 추진할 수밖에 없었다. 이 때문에 정부는 금은광산 개발을 각 읍의 수령에게 일임할 수 없었고 오히려 각 읍 수령을 견제하기 위하여, 그리고 광맥의 탐사와 시굴작업을 감당하도록 하기 위하여 중앙의 관리들 중 광산에 관한 식견을 갖춘 자를 '探訪使'로 뽑아 파견할 수밖에 없었다.

금은광산을 탐사하기 위하여 探訪使를 파견하기 시작한 것은 太宗 1년(1401)이었고[202] 太宗 6년(1406)부터는 계속 파견되고 있었다.[203] 그러나 探訪使에 의한 적극적인 탐광활동에도 불구하고 현지의 수령과 향리 또는 농민들이 金銀産地를 제보하지 않기 때문에 성과가 있을리 없었다. 이에 정부는 太宗 13년(1413) 12월에 이르러 '採金銀法'을 제정하였는데 그것은 "각 道의 監司로 하여금 首領官을 파견하여 探訪使와 함께 금은산지를 탐사하게 하고 만약 守令과 鄕吏들이 보고하지 않았다가 뒤에 발각되면 敎旨不從罪로 다스리는 한편 자진해서 보

---

201) 《太宗實錄》26, 太宗 13년 12월 甲子. "議政府啓 採金銀法 啓曰 各官守令 鄕吏等 雖知金銀石在處 匿不以告 或有告者脅沮之 甚至搥撻 宜令各道監 司遣首領官 同探訪使求之 如有不告而後覺者 以敎旨不從論自告者 重賞勸 後 從之"
202) 《太宗實錄》2, 太宗 元年 10월 庚辰. "召前典書尹珦還 珦爲安東探訪使 採 銀于春陽縣"
203) 《太宗實錄》12, 太宗 6년 10월 戊子. "遣前典書尹珦 採金銀于慶尙全羅道"

고하는 자에게는 '重賞'을 내려 뒷사람을 권장하도록 한다"[204]는 내용
이었다. 이것은 정부가 각 道의 都事로 하여금 探訪使를 안내하게 함
으로써 관내 수령들의 협조를 유도하는 동시에 수령과 향리를 重罪로
위협하고, 重賞으로 회유한 것이다. 이 '探金銀法'이 반포된 뒤 慶尙·
全羅道 등지에 탐광차 내려가 있던 探訪使張有信이 이듬해인 太宗 14
년(1414) 2월에 보고한 바에 의하면 重賞을 노리고 제보한 자가 5,6명
이나 되었다고 한다.[205]

　　그리고 정부는 太宗 17년(1417) 10월에 다시 '探金銀法'에 규정된 重
賞의 한계를 분명히 하는 '備金銀之術'을 마련하여 "금은산지를 제보
할 경우 閑良人에게는 官職을 除授하고 鄕吏와 驛吏는 免役하며 公私
賤人은 財物로서 褒賞한다"[206]고 하였다. 이 '備金銀之術'에 명시한 重
賞規定은 당시의 閑良人이나 鄕·驛吏들의 邀賞心을 자극하기에 충분
했던 것 같다. 동년 11월에는 忠淸道의 海美縣 戶長金鍊이 瑞山郡의
地谷縣銀鑛을 신고하여 면역되었고,[207] 이듬해 4월 江原道의 採訪副
使尹興義는 "淮陽戶長朴玄龍이 春川金鑛을, 狼川縣人 前郞將金龍儉이
狼川金鑛을, 金城縣令高襲과 平康縣監朴曙는 각각 관내에 있는 産金
地를 제보하였다"고 보고하면서 이들의 褒賞을 요청하였다. 이때 정
부는 朴玄龍은 身役을 면제하고 金龍儉에게는 官職을 除授하였는데

204) 제1장 註 201) 참조.
205) 《太宗實錄》 27, 太宗 14년 2월 乙巳. "採訪使張有信復命啓曰 臣至慶尙全羅
　　　令曰 若告金銀産處者重賞 告者有五六人 當吹鍊時無樂而鍊者 鉛三斤得銀
　　　如麻子大者一丸 用藥則得如粟大者一丸 諸州所出槪如此 上曰 不可失信
　　　須賞告者以米"
206) 《太宗實錄》 34, 太宗 17년 10월 甲辰. "工曹上備金銀之術 啓曰 國家歲貢白
　　　銀七百兩 黃金一百五十兩 而本朝所儲 不支五六年 曩下令各道 訪其所産
　　　而未得 以我朝輿地之廣 山川之秀 豈無所産之地哉 然擇取之時 勞費甚重
　　　恐爲州郡所怨 故莫有明言其所者 自今知國家大計者 若指示其所 則閑良人
　　　授之以職 鄕驛吏免其本役 公私賤口賞之以財 以示奬勸 從之"
207) 《太宗實錄》 34, 太宗 17년 11월 戊午.

현직 守令이던 高襲과 朴曙는 광석을 시험해 본 연후에 加資하기로 결정하였다.[208] 이들 금은산지의 제보자는 수령이나 閑良人 및 鄕吏들이었다. 전술한 太宗 14년(1414) 2월에 探訪使 張有信이 보고한 5,6명의 제보자에 관해서는 신분을 알 길이 없지만 太宗 17년 11월의 海美縣戶長이나 앞의 春川戶長, 狼川의 前郎將 및 金城縣令 平康縣監 등은 모두가 현지의 농민들과 이해를 달리하는 수령이거나 한량인 및 향리들이었으며 농민은 한 사람도 끼어 있지 않았다.

이처럼 금은광산의 제보자를 유치하는 길이 邀賞心을 충분히 자극할 수 있는 賞典을 미끼로 삼아야 함을 간파한 정부는 世宗 3년(1421) 3월에 다시 賞典의 비중을 높여 "금은산지를 보고하는 자에게는 사실을 확인한 뒤 吏曹로 하여금 관직을 제수하여 이를 포상하도록 한다"[209]고 규정하였다. 곧 금은광맥이 풍부한 곳을 제보한 자에게는 良賤을 구별하지 않고 누구에게나 관직을 제수하겠다는 뜻이었다. 그러나 이 賞典이 제정된 뒤 포상받은 기록은 없지만 世宗 6년(1424) 9월에 成川·海州·昌原·大邱 등지의 銀鑛이 개발되고 있었다.[210] 이처럼 정부는 世宗 11년(1424)의 金銀免貢 이전의 금은광산을 개발하기 위해 褒賞制를 강화시켰던 것이며 그간의 성과를 일일이 상고할 수는 없지만 다음의 〈표 6〉과 〈표 7〉에 나타나 있듯이 대부분의 금은광산은 이 시기에 개발되었다.

---

208) 《太宗實錄》35, 太宗 18년 4월 辛巳. "朴曙와 高襲이 그뒤 吹鍊試驗하여 加資褒賞되었는지에 대하여 상고할 수는 없으나 朴曙의 경우는 《世宗實錄》116, 世宗 29년 4월 癸亥條에 "昔朴序(=曙·필자)爲平康縣監時 縣之朽斤田水洞試採金 一日役二十八人 所得可二兩二錢 如此則我國産金之數多 無如此縣之多"라고 한 사실로 미루어 보아 加資되었을 것으로 여겨진다"

209) 《世宗實錄》11, 世宗 3년 3월 丁丑. "命告金銀産處者 其言若實 則令吏曹除職以賞之"

210) 《世宗實錄》25, 世宗 6년 9월 辛巳.

〈표 6〉 朝鮮前期(太祖初~成宗末) 道別産金地開發年表

産金地名		開發年度	備　　考
平安道	泰川	太宗 7年	太宗 14. 7년 10월 己亥
咸鏡道	端川	太祖 7年	太祖 14. 7년 5월 壬申·世宗實錄地理志: 土貢金, 土産金(産郡北一百里於把洞)
	安邊	太宗 11年	太宗 22. 11년 10월 乙巳·世宗實錄地理志: 土産金(産福令縣南十五里深川)
	永興	太宗 12·13年	太宗 25. 13년 3월 辛卯·世宗實錄地理志: 土産金(産府北二十五里文解嶺之東五里許大洞)
	定平	世宗 2年	世宗 9. 2년 8월 乙巳
	鏡城	世宗代	世宗實錄地理志: 土貢金
京畿道	漢江	世祖 9年	世祖 30. 9년 5월 丁未
	楊根	世祖 9年	世祖 30. 9년 6월 己卯
江原道	淮陽	太宗 14年	太宗 27. 14년 正月 甲午·世宗實錄地理志: 土産金(産府東三十里菩堤津川邊及府北五里臨溪寺下川邊)
	旌善	太宗 14年	太宗 27. 14년 正月 甲午·世宗實錄地理志: 土産金(産郡東三十里馬周川及米川)
	春川	太宗 18年	太宗 35. 18년 4월 辛巳·世宗實錄地理志: 土産金(産府西四十二里許所串里)
	狼川	太宗 18年	太宗 35. 18년 4월 辛巳
	金城	太宗 18年	太宗 35. 18년 4월 辛巳·世宗實錄地理志: 土産金(産任內歧城北四十五里菩堤津邊)
	平康	太宗 18年	太宗 35. 18년 4월 辛巳
忠淸道	忠州	世宗~世祖代	世祖 30. 9년 6월 己卯
	丹陽	世宗~世祖代	成宗 11. 2년 9월 乙亥
	淸州	世宗~世祖代	成宗 48. 5년 10월 丁未
全羅道	錦山	世宗 22年	世宗 88. 22년 正月 戊午
	龍潭	世宗 22年	世宗 88. 22년 正月 戊午
	鎭安	世宗~世祖代	睿宗 2. 卽位年 11월 己巳
	任實	世宗~世祖代	睿宗 2. 卽位年 11월 己巳
	淳昌	世宗~世祖代	睿宗 2. 卽位年 11월 己巳
	玉果	世宗~世祖代	睿宗 2. 卽位年 11월 己巳

	谷城	世宗~世祖代	睿宗 2. 卽位年 11월 己巳
	順天	世宗~世祖代	睿宗 2. 卽位年 11월 己巳
	光陽	世宗~世祖代	睿宗 2. 卽位年 11월 己巳
	求禮	世宗~世祖代	睿宗 2. 卽位年 11월 己巳
慶尙道	安東	世宗~世祖代	慶尙道續撰地理志(府東勿也灘蔘村灘産黃金歲貢六兩五錢)
	奉化	世宗~世祖代	慶尙道續撰地理志(買吐部曲南川産黃金歲貢七兩)
	禮安	世宗~世祖代	慶尙道續撰地理志(縣東損良川産黃金歲貢五兩)
	陜川	世宗~世祖代	慶尙道續撰地理志(郡北加祚川産黃金歲貢四兩品下)
	山陰	世宗~世祖代	慶尙道續撰地理志(縣南長善灘産黃金歲貢二兩)
	咸陽	世祖 9年	世祖 31. 9년 閏7月 庚申

〈표 7〉 朝鮮前期(太祖初~成宗末) 道別産銀地開發年表

産金地名		開發年度	備　　考
平安道	泰川	太宗 7년	太宗 14. 7년 10월 己亥, 成宗 62. 6년 12월 庚寅 (郡北金城山産鉛鐵)
	殷山	太宗 18년	太宗 35. 18년 正月 己未
	嘉山	太宗 18년	世宗 1. 卽位年 9월 壬申·世宗實錄地理志: 土産銀石(産郡北安信驛山間)
	成川	世宗 6년	世宗 25. 6년 9월 辛巳
咸鏡道	北靑	太宗 12년	太宗 24. 12년 8월 戊午
黃海道	端興	太宗 7년	太宗 14. 7년 11월 丙午·世宗實錄地理志:土貢鉛鐵(産府南五十里食岾)
	遂安	太宗 11년	太宗 22. 11년 12월 乙未
	谷山	太宗 18년	太宗 35. 18년 正月 己未·世宗實錄地理志: 土貢銀石(産郡北三十五里銀金洞大嶺石璧)
	信川	世宗 元年	世宗 3. 元年 2월 戊子
	鳳山	世宗 2년	世宗 9. 2년 8월 乙巳·世宗實錄地理志: 土貢鉛鐵(産郡東今音浦)
	海州	世宗 6년	世宗 25. 6년 9월 辛巳
	平山	世宗 21년	世宗 87. 21년 11월 癸丑

江原道	金城	太宗 17년	世宗 33. 17년 3월 丙申·世宗實錄地理志: 土産鉛鐵 (産縣北五十里端正洞會陽洞及歧城西二十七里金也洞內小川)
京畿道	衿州	太宗 11년	太宗 21. 11년 5월 辛酉
忠淸道	瑞山	太宗 17년	太宗 34. 17년 11월 戊午(任內地谷縣)
	鎭川	世宗 22년	世宗 88. 22년 正月 戊午
	永春	世宗代	世宗實錄地理志: 土産銀石
	報恩	世宗代	世宗實錄地理志: 土産銀石(産縣東板隱伊)
	淸州		世宗實錄地理志: 所二. 椒子(古作椒子銀所) 背陰(古作拜音銀所)
全羅道	錦山	世宗 22년	世宗 88. 22년 正月 戊午
	龍潭	世宗 22년	世宗 88. 22년 正月 戊午
慶尙道	安東任內春陽	太宗 元年	太宗 2. 元年 10월 庚辰
	金海	太宗 6년	太宗 12. 6년 10월 戊子·慶尙道地理志：土産貢物銀鐵, 世宗實錄地理志: 土産銀石(産府北沙邑梯山)
	淸道	太宗 6년	太宗 12. 6년 30월 戊子
	慶州	太宗 18년	太宗 35. 18년 正月 己未
	昌原	世宗 6년	慶尙道地理志: 土産貢物鉛. 世宗 25. 6년 9월 辛巳, 世宗實錄地理志:土産鉛銅石(産府東北背寺洞)慶尙道續撰地理志:貢鐵銅鉛鐵
	大邱	世宗 6年	世宗 25. 6년 9월 辛巳
	仁同	世宗代	世宗實錄地理志:土産銀石(産縣東小也洞)
	晋州	世祖 12년	太宗 38. 12년 3월 戊戌(晋州加作伊洞)
	寧海	世祖代	慶尙道續撰地理志 (鉛鐵産廣山)
	新寧		世宗實錄地理志(屬縣一,　梨旨銀所本屬永州高麗末陞爲梨旨縣)

歲貢金銀이 減免된 뒤 정부는 금은광산의 채굴을 10여 년간 중단하였으며 世宗 20년대에 들어서서야 이를 재개하였다. 그러나 이때부터는 歲貢金銀을 충당하기 위해서가 아니라 국용의 금은을 수취하기 위하여 주로 금광개발에 치중하였고 은광에는 크게 관심을 기울이지

않았다. 은광개발을 소홀히 한 이유가 드러나 있지는 않았지만 우선
앞에서 밝혔듯이 이 무렵 국내에는 銀의 보유량이 풍부하여 정부가
얼마든지 수매할 수 있었다는 사실과 무관하지 않을 것이며, 한편 金
鑛은 거의가 沙金鑛이었지만 銀鑛은 石鑛이었기 때문에 부역농민의
피역저항이 더 컸을 것이란 사실도 중요한 이유였을 것이다.

정부는 世宗 22년(1440) 11월에 이르러 다시금 金鑛을 개발하기 위
해 採訪別監들을 전라·충청·경상·강원도에 파견하였다.[211] 그러나 농
민들이 기피하고 수령과 향리들이 외면함으로써 기대한 성과를 얻을
수가 없었다. 이리하여 採訪別監들은 이듬해(1441) 1월에 다음과 같은
賞罰規定의 試案을 정부에 제출하고 이를 채택하도록 요청하였다. 곧
산금지를 보고하는 자에게는 관직을 제수하거나 綿布를 하사하되 그
들이 원하는 대로 들어줄 것이며 鄕吏와 驛子는 免役하고 僧徒와 公
私賤口는 綿布를 賞賜하는 한편, 만약 숨기거나 속일 경우 수령은 制
書有違律로 다스리고 향리는 邊郡으로 유배해야 한다"[212]는 내용이었
다. 그러나 이때의 상벌규정시안은 그해에 흉년이 들어 금광의 채굴
작업이 모두 중단됨으로써 법제화되지 못했다가 世宗 24년(1442) 1월
에 綿布의 賞賜額을 20필로 확정한 뒤에 반포되었다.[213] 정부는 수령
과 향리를 규제함과 동시에 이들을 포함하여 驛子와 僧徒 및 公私賤
人 등 부역농민들의 이해와 상반되는 여러 계층을 대상으로 산금지의
제보를 유도하려 한 것이다.

한편 이 시기에 정부가 그처럼 금광개발에 치중한 데 비해 산금지

---

211) 《世宗實錄》 91, 世宗 22년 11월 戊辰.
212) 《世宗實錄》 92, 世宗 23년 正月 辛丑. "採金別監等言 停罷採金 今已數年
人情應必厭憚 其告産金之地者 除官賜布 聽其自願 鄕吏驛子則免其役 僧
徒公私賤口則賞以綿布 若隱諱者 守令論以制書 有鄕吏徒諸邊郡 下政府議
之 政府議以謂 各道失農者頗多 宜令産金郡縣 役人吏採取試之 不過五六
日 明白置簿 待豊年更採 從之"
213) 《世宗實錄》 95, 世宗 24년 正月 乙酉.

의 제보가 부진한 이유는 물론 농민들의 피역저항 때문이었다. 농민
들의 피역저항은 단순히 금광개발을 기피하는 소극적인 방법에 그친
것이 아니었다. 농민들은 採訪使나 金工들을 직접 매수하여 때로는
산금지를 산금지가 아닌 곳으로, 때로는 광맥이 풍부한데도 풍부하지
않은 곳으로 보고하게 하여 금광개발을 저지하였다. 이 때문에 世宗
23년(1441) 8월에는 정부가 採訪使와 金工들의 비행을 규제하기 위하
여 새로운 법령을 제정하였다. 곧 "금광의 채굴자가 공무를 집행한다
는 구실로 위세를 부리고 몰래 뇌물을 받고는 금이 나는 곳을 나지 않
는 곳으로, 많이 나는 곳을 적게 나는 곳으로 거짓말하거나 혹은 채굴
한 금을 훔쳐서 사적 용도에 충당하니 이러한 범법행위를 누구나 신
고하도록 하되 守令은 監司에게 보고하고 監司는 법에 따라 처벌할
것이며 臟物은 신고한 자에 대한 보상액에 충당한다. 이런 사실을 알
면서 신고하지 않은 자와 뇌물을 준 사람은 首領官 및 守令에게 맡겨
고찰하게 하며 금의 산출 여부를 속여 보고한 자도 모두 처벌하되 산
금지를 보고하는 자는 褒賞하도록 한다"[214]는 것이다. 이것이 정부가
금은광산 개발을 위해 제정한 법령 중의 마지막 법령이었다.

이처럼 정부는 歲貢金銀이 減免된 뒤에도 농민들의 저항을 무릅쓰
면서 守令과 鄕吏, 驛子와 僧徒 및 公私賤民을, 그리고 採訪使와 金工
들까지도 禁令으로 위협하고 褒賞制로 유혹하면서 금광 개발에 주력
하였다. 그러나 이후 成宗대에 이르기까지는 금은산지를 제보하여 포
상받는 사례를 찾아볼 수 없었다. 하지만 앞의 〈표 6〉·〈표 7〉에 나타
나 있듯이 世宗 23년(1441) 이후에 개발된 金銀産地는 金鑛이 18개 읍,
銀鑛이 7개 읍에 달하고 있는 점으로 미루어 볼 때 그간에도 결국 賞

---

214)《世宗實錄》93, 世宗 23년 8월 丙戌. "採金者 因公作威 暗受贈賄 冒指産金
處爲不産 多産處爲少産 或私竊用金 一應犯法者 許人陳告 守令報監司 監
司照律斷罪 以臟物充償告者 知情不告及贈與人者 委首領官及守令等考察
其産金有無 顚倒施行者 竝皆推罪 見告産處者 亦宜褒賞 從之"

典을 탐낸 수령이나 향리들의 제보가 있었던 것이라 여겨진다. 어떻
든 이와 같이하여 〈표 6〉과 〈표 7〉에서 보듯이 개국 후 成宗 대에 이
르기까지 33개 邑의 산금지와 29개 邑의 산은지가 개발되었다.[215]

3. 金銀鑛山의 管理 및 採取實態

정부에 의한 금은광산의 개발정책이 강력히 추진되고 있던 太宗
연간에는 주로 採訪使들에 의한 광맥의 탐사와 단기적인 試掘作業이
이루어졌으며, 혹 광맥이 풍성한 곳에서는 歲貢金銀을 충당하기 위한
장기적인 採取作業도 진행되었다.

금은광산의 採訪使는 工曹의 추천을 받아 왕명으로 파견된 중앙정
부의 '朝官'들이었다. 그러나 採訪使도 품계에 따라 採訪使, 採訪別監,
採訪副使, 採訪判官 등으로 구분되었고 또 광산의 종류를 명시한 採
金別監도 있었다. 採訪使는 대개 정·종 3품의 전·현직관원이었고 採
訪別監·採訪副使·採金別監은 정·종 4품 내지 정·종 6品官이었으며 採
訪判官은 종 6품 관원이었다. 이 중 採訪使나 採訪別監의 칭호는 조선
초기에 일반적으로 통용되고 있었지만 採訪副使·採訪判官은 太宗 18
년(1418)에만, 그리고 採金別監은 世宗 22년(1440) 이후 금광개발에 치
중했을 때 나타난 호칭이었다.[216] 그러나 사료상에는 '採訪'이란 칭호
를 붙이지 않고 前·現職 官名만 붙인 경우도 많았다.

이를테면 世宗 1년(1419)에 谷山·信川銀鑛으로 파견된 工曹參判李
蕆[217]을 위시하여 前主簿宋成立[218]과 金鑛에 파견된 內侍府事李存·工

---

215) 本表 6), 7)에 제시한 典據는 金銀産地名이 처음 나타난 資料들이지만《世
   宗實錄地理志》에 關係記錄이 실렸을 때는 빠짐없이 典據로 제시하였다.
   그런데 간혹 開發年代와 典據上의 年代間에 차이가 있는 것들은 일일이
   典據를 제시하기가 복잡하여 省略하였고 확실한 年代를 모르는 곳은 推
   定年代를 記入하였다.
216) 拙稿, 〈朝鮮前期의 金銀鑛業研究〉《韓國史研究》27, 1979, 123~125쪽.

曹佐郎權佀[219] 등의 경우가 모두 '探訪'의 업무를 띠었으나 관직만 명
시한 경우이다.

　이처럼 官品의 高下에 따른 칭호의 차이나 '探訪'이란 호칭의 유무
가 採訪使의 자격요건을 규제하는 것은 아니었다. 採訪使의 임무는
일차적으로 금은산지의 탐사와 시굴작업을 담당하는 일이기 때문에
採訪使의 자격요건은 무엇보다도 금은광산에 대한 어느 정도의 지식
과 기술을 갖추는 데 있었다. 採訪使尹璜은 太宗 1년(1401)과 6년(1406)
두 차례에 걸쳐 慶尙道 安東 관내의 春陽과 金海·淸道 등지의 은광을
개발하였으나 성과가 없었음에도 불구하고 다시 동왕 7년(1407)에 黃
海道의 은광개발을 자청하자 司諫院에서 "尹璜은 성품이 간악하고 어
리석으며 採銀術을 알지도 못하면서 功을 세울 욕심만 가득찬 자"라
고 비난하고 은광을 개발하려면 "物理에 밝은 자"를 뽑아 파견하도록
요청하였다.[220] 그리고 知司譯院事張有信은 唐藥으로 鉛을 제련, 銀을
생산해 내는 기술을 지녔다 해서 河崙의 추천으로 採訪使가 되었고[221]
金允河는 太宗 11년(1411)부터 東北面과 江原道의 금광개발에 성과가
컸지만 동왕 18년(1418)에 瑞山의 산은지로 파견될 때는 司宰主簿 金

217)《世宗實錄》3, 世宗 元年 2월 戊子 ;《世宗實錄》3, 世宗 元年 3월 乙丑.
218)《世宗實錄》25, 世宗 6년 9월 癸巳.
219)《世祖實錄》30, 世祖 9년 6월 己卯.
220)《太宗實錄》13, 太宗 7년 3월 辛酉. "初朝廷進獻銀器 歲貢七百餘兩 而工曹
　　未能支其用 有前典書尹璜者上言 慶尙道安東北面 有坑可採 乃遣試之 璜
　　役丁夫三百 數月纔得三錢 且多營私利 觀察使按其事以聞罷其役 旣而璜又
　　獻議採銀于豊海道 司諫院上言 璜性本頑懿 不知採銀之術 而貪於樹功 辛
　　巳之秋 行遍慶尙道 聚民掘山 竟不得一錢 丙戌之冬 又歸金海淸道 聚軍掘
　　地 亦無所得 安東所得 亦不過三四錢 其勞民傷財甚矣 若以璜所費之廩 以
　　買銀兩 則其所得 奚止三四錢哉 況今春事方興 非役民之日 而璜又欲作弊
　　於豊海道 伏望召還尹璜 勿奪農時 以遂民生 若曰採銀 所以事大 所不可廢
　　則更擇明於物理者 當農隙以使之 庶乎民生遂而所需得矣 疏上留中 然遂罷
　　其役"
221)《太宗實錄》26, 太宗 13년 9월 壬申.

貴龍에게서 채은술을 배운 뒤에야 떠났던 것이다.[222] 그 밖에도 과학 기기의 제작기술이 탁월했던 李蕆과 蔣英實 등이 銅鑛에 파견된 것도 이 때문이었다.[223]

太宗 연간 金銀産地에 파견된 採訪使들의 활동은 광맥의 부존상태를 점검하는 단기적 시굴작업과 시굴과정을 통해 광맥이 풍부한 것을 확인한 뒤의 장기적 채취작업으로 구분되었다.

단기적인 시굴작업인 경우 採訪使는 언제나 중앙에서 金工이나 銀工을 차출 대동하였고[224] 농한기인 1·2월이나 8·9월경에 현지로 파견되었다. 採訪使는 수령으로 하여금 시굴작업에 사역할 人夫를 징발하도록 하였는데 대부분이 현지의 농민들이었다. 〈표 8〉과 〈표 9〉의 太宗 연간에 나타나 있듯이 寧朔軍·州軍·實軍 등 관내의 지방군을 동원할 때도 있지만 대개가 軍人·軍·徒·丁夫 등으로 불렸던 현지의 농민들이었다.[225] 시굴작업에 참여하는 인부의 수는 일정치 않았다. 金鑛은 하천이나 그 연변에 매장된 沙金鑛으로 鑛床이 넓기 때문에 많은 인원을 투입하고 있었고 〈표 8〉에서도 볼 수 있듯이 泰州금광은 31명이지만 端川·安邊의 沙金鑛에는 적을 때가 70여 명이고 많을 때는 600명 내지 800명에 달하였다. 반대로 銀鑛은 산속에서 채굴되던 石鑛들로 광맥이 국한되었기 때문에 〈표 9〉에서 볼 수 있듯이 安東의 300명

---

222) 《太宗實錄》35, 太宗 18년 正月 己未.

223) 《世宗實錄》3, 世宗 元年 2월 戊子. 元年 3월 乙丑 ; 《世宗實錄》82, 世宗 20년 9월 丙辰.

224) 《世宗實錄》25, 世宗 6년 9월 癸巳 ; 《世宗實錄》46, 世宗 11년 12월 乙未 ; 《世宗實錄》93, 世宗 23년 8월 丙戌.

225) 이에 대해서는 《太宗實錄》13, 太宗 7년 3월 辛酉 ; 《太宗實錄》23, 太宗 12년 3월 庚寅 ; 《太宗實錄》29, 太宗 15년 4월 丁亥 ; 《世宗實錄》7, 世宗 2년 3월 戊寅 ; 《世宗實錄》121, 世宗 30년 8월 庚申條에서도 해명이 되지만 朝鮮後期에도 金軍·鉛軍·銀軍 등 鑛山의 노동자를 鑛種에 붙여 〈軍〉字를 사용하는 것이 보편화되고 있었다. 이를 미루어 보아 〈軍〉은 〈일꾼〉 등의 〈꾼〉자를 漢字로 표기한 것으로 여겨진다.

이 가장 많은 셈이고 泰州의 30명, 金海 150명 등이었다. 그리고 시굴 작업 기간도 일정하지 않아 짧게는 3~7일이지만 길게는 한두 달이 걸리기도 하였다. 시굴작업의 결과는 3,4월이나 9,10월에 探訪使가 직접 보고하였는데, 작업에 동원한 인원수와 작업기간 및 산출량 등을 소상히 적고 시굴한 광물도 함께 올려 보냈다. 이때 金은 沙土 중에서 採取한 金粒 그대로의 '淘金'을 납부할 경우도 있지만 주로 현장에서 제련한 '所鍊金'을 올려 보냈으며, 銀은 순도에 따라 10品, 9品, 8品, 7品으로 구분하였고 鉛:銀의 비율도 함께 보고하고 있다.

　이같은 절차와 형식을 갖추고 진행되었던 시굴작업 과정에서 현장의 부역농민들이 겪는 고통은 적지 않았다. 강제로 징발된 농민들에게는 노동의 대가는 막론하고 徭役도 雜役도 貢賦도 일체 減免되지 않았고 功을 세우기에만 급급한 探訪使들에 의해[226] "주야로 독촉받기 때문에 작업을 성취하기 전에 농민들이 쓰러졌다"[227]고 할 정도였다. 하천이나 그 연변에서 採取하는 沙金은 농번기를 피해 1,2월이나 8,9월에 물속에 들어가 작업하기 때문에 손발에 동상이 걸리기 마련이었고[228] 더욱이 식량은 물론 간단한 채취도구에 이르기까지 부역농민들이 손수 마련해야 했다.[229] 그리고 銀鑛은 石鑛이었기 때문에 암석의 착굴작업이 불가피하여[230] 채굴하기도 힘들었지만 제련작업도 용이하지 않았다.[231] 또한 당시로서는 坑內의 안전시설도 미비하여 壓死하거나 骨折傷을 입는 경우도 흔히 있는 일이었다.[232]

---

226) 제1장 註 220) 참조.

227) 《太宗實錄》29, 太宗 15년 4월 丁亥. "日夜督之 事未就而民反瘁"

228) 《世宗實錄》32, 世宗 8년 6월 戊子. "入水採金 手足凍傷 其苦尤甚"

229) 《太宗實錄》太宗 15년 4월 丁亥. "以不習之民 令修器械"

230) 《太宗實錄》34, 太宗 17년 11월 戊午. "他道銀石所在處 皆岩石間"

231) 《太宗實錄》24, 太宗 12년 11월 乙酉. "掘土鑿石 鎔鐵鍛鍊 民不堪苦"

232) 《太宗實錄》23, 太宗 12년 1월 己亥. "探銀坑坎陷壓死者五人 傷折者四人"

〈표 8〉 産金地試掘內譯表

典據	産金地	採訪使	採金軍	試掘期間	産金量
太宗 14. 7년 10월 己亥	泰州	泰州知事 李深 鍊金匠 徐寶	寧朔軍 31名	7日	生金 2分
太宗 22. 11년10월 乙丑	端川 安邊	前郞將 金允河	軍 70餘名	20餘日	1兩
太宗 23. 12년 3월 丙子	端川 安邊	採訪別監 朴允忠	軍 600名	3日	金 3兩
太宗 23. 12년 3월 甲辰	端川 安邊	採訪別監 朴允忠	軍 800名	30餘日	鍊進金 1斤 2兩
太宗 25. 13년 3월 辛卯	端川	採訪使 朴允忠	徒 998名	正月初1日 至30日	所鍊金 30兩 5錢
太宗 25. 13년 3월 辛卯	安邊	採訪別使 朴允忠	徒 1,344名	正月 28日 ~2月 30日	所鍊金 83兩
太宗 25. 13년 3월 辛卯	永興	採訪別使 朴允忠	徒 926名	正月 27日 ~2月 20日	所鍊金 30兩 5錢
太宗 27. 14년 4월 癸卯	端川 安邊 永興	採訪別使 朴允忠			所鍊金 138兩
太宗 34. 17년10월 壬午	端川 安邊 永興	咸吉道都巡問 使 柳思訥			採金 190兩
太宗 35. 18년 3월 庚申	江原道 淮陽等處	採訪別使 尹興義			獻金 137兩 4錢
太宗 35. 18년 3월 庚申	平安道	採訪副使 白環			獻金 1斤8兩5錢 地滓鉛117斤
太宗 35. 18년 3월 庚申	黃海道	採訪判官 金貴龍			獻金 7兩 5錢
世宗 7. 2년 3월 戊寅	咸鏡道	採訪使 權卓	軍 1,029名	閏正月 29日~2月 30日	端川 42兩·安邊 50兩·和州 29兩 5錢
世宗 92. 23년 3월 戊午	忠淸道 江原道	採金別監 趙兼之			淘金 5兩
世宗 92. 23년 4월 己巳	全羅道 慶尙道	採金別監 權自弘			淘金 2兩

太宗 35. 18년 4월 辛巳 世宗 116. 29년 4월 癸亥	平康	縣監 朴曙	28人	1日	金 2兩 2錢
世宗 117. 29년 7월 己未	平康	濟用監錄事 吳欽老	10人	30日	試出金多少
世宗 121. 30년 8월 庚申	諸道各 產金州縣	朝官	防牌 10人	每 1所限 2月 採取	
世祖 33. 10년 7월 丁丑 世祖 34. 10년 9월 庚申	京畿道 忠淸道 全羅道 慶尙道	採金別監	邑民	限役 10日	務要多得
成宗 11. 2년 9월 乙亥	丹陽	1) 前者採金 試驗時 2) 觀察使	軍 300名 軍 10名	10餘日 終日	金 4兩 細屑 10粒

<표 9> 產銀地試掘內譯表

典據	產金地	探訪使	採金軍	試掘期間	產銀量
太宗 13. 7년 3월 辛酉	安東 北面	探訪使 尹琠	丁夫 300名	數 月	銀3兩
太宗 14. 7년 10월 己亥	泰州	知事 李澟 吹鍊匠金守萬	州軍 30名	8月 21日 ~9月 每日	十分銀 4兩 5錢
太宗 21. 11년 5월 辛酉	衿川	前司正 鄭安國			以銀石二斗,鍊得 鉛十兩. 以鉛一 兩六分, 鍊得銀 一錢四分
太宗 23. 12년 正月 己亥	金海	探訪使 司空 濟	實軍 150名	去年 閏12月 23日 ~今年 正月 4日	採得鉛五十斤六 兩, 鍊取十品銀 一兩一錢五分· 七品 銀 二錢五 分·鉛五斤
世宗 95. 24년 2월 壬寅	平山		丁夫 250名	28日間	十品銀 二百二 兩·正鉛鐵五百 三十斤

探訪使들에 의한 단기적 시굴작업을 통해 광맥이 풍부하고 광질의
우수성이 확인되면 장기적 채취작업을 실시하게 된다. 太宗 연간에
장기적인 채취작업을 처음 실시한 곳은 泰州銀鑛이었다. 泰州銀鑛은
유독 探訪使에 의하여 개발되지 않았고 그곳의 수령에 의하여 개발된
곳이다. 太宗 7년(1407)에 鍊金匠 徐寶와 吹鍊匠 金守萬이 이곳에서 금
광과 은광을 시굴한 결과 금광맥은 보잘 것 없었고 은광은 광맥과 광
질이 양호하였다. 州軍 30명으로 40여 일간 작업한 결과 10品 銀 4兩
5錢을 생산하였는데 이때 鍊金匠 徐寶가 "探銀軍 30명이면 매월 30兩
씩, 1년이면 100兩을 충분히 探取할 것이니 정부가 장기채굴한다면 보
탬이 클 것이다"[233] 라고 건의함에 따라 다시 10월 1일부터 12일까지
시굴한 결과 13일 동안에 正銀 6兩을 探取하였다. 이에 따라 太宗은
吏曹로 하여금 泰州知事李霖을 加資하게 하고 吹鍊匠 金守萬에게는
紬布·綿布 각 1匹과 綿子 1斤을 하사하였다. 또 太宗은 泰州銀鑛에 吹
鍊軍 100명을 배정하고 이들에게 雜役을 면제하여 鑛役에 전력하도록
하였으며 瑞興縣에서 생산한 知子鉛 1斤과 鉛匠을 泰州에 보내도록
지시하였다.[234] 곧 泰州知事는 100명의 농민을 징발하여 吹鍊軍을 삼
고 이들에게 雜役을 減免하는 동시에 吹鍊匠·鉛匠의 지시에 따라 鑛
役에 종사하도록 한 것이다. 부역농민들의 探取작업은 앞의 鐵場都會
制와 같이 매년 춘추농한기에 실시되었지만 정액의 銀을 채납하는 貢
銀制가 적용된 것은 아니었다. 그것은 이듬해(1408) 2월에 西北面都巡
問使 李龜鐵이 泰州銀鑛에서 採取한 銀 53兩을 정부에 수납한 사실이
그것으로,[235] 결국 작업기간에 생산한 수량대로 수납한 것이다.

泰州銀鑛과는 달리 探訪使 司空濟가 太宗 12년(1412)에 개발한 金海
府의 銀鑛에도 장기적인 채취작업이 실시되었다. 司空濟는 實軍 150

233)《太宗實錄》14, 太宗 7년 10월 己亥.
234)《太宗實錄》14, 太宗 7년 10월 丙午.
235)《太宗實錄》15, 太宗 8년 2월 丁未.

명을 거느리고 지난해 12월 23일부터 동년 정월 4일까지 12일간에 採取한 鉛 50斤 6兩으로 10品銀 1兩 1錢 5分과 7品銀 2錢을 제련, 상납하였고 동년 3월에는 또 銀 20兩을 제납하였다. 이곳 역시 泰州銀鑛과 같이 2차에 걸친 시굴작업 끝에 장기적인 채취작업이 실시되었으나 泰州의 探銀民에게는 雜役만 면제했던 대신 金海의 探銀民에게는 이제 雜役과 동시에 徭役마저 면제하는 復戶制를 적용하고 있었다.[236]

이처럼 太宗 연간에 장기적인 채취작업이 太宗 7년의 泰州銀鑛에 이어 太宗 12년(1412)의 金海銀鑛에도 실시됨에 반하여 金鑛의 장기적 채취작업은 太宗 13년(1413)에 이르러 咸鏡道 安邊, 永興, 端川의 沙金地에 실시되고 있었다. 이 지역의 金鑛은 앞의 〈표 6〉에서 볼 수 있듯이 太宗 11년(1411) 10월에 探訪使金允河가 개발하였고 두 차례에 걸친 시굴작업 끝에 동년 정월부터 장기적인 採取作業이 실시된 곳이다. 금광의 채취작업도 역시 春秋의 농한기에 농민들의 부역노동으로 이루어졌으며 동년 1·2월에 부역한 농민의 수만도 安邊 1,344명, 永興 926명, 端川 998명에 달하고 그 기간에 생산된 금도 총 144兩이나 되었다. 銀鑛에서와 같이 이곳의 金鑛에서도 정액생산이 강요되는 貢金制는 적용되지 않아서 太宗 14년(1414) 4월에는 138兩, 太宗 17년(1417)에는 190兩을 납부하는 등 채납량이 일정하지 않았다.

太宗 연간에 실시된 探訪使의 단기적 시굴작업이나 장기적 채취작업은 世宗대에도 계속되었지만 그중 장기적인 채취형태는 나름대로의 제도적인 변화가 일어나고 있었다. 그간 단기적인 시굴작업은 물론이고 장기적인 채취작업도 농민들의 피역저항을 심하게 받고 있었다. 이 때문에 太宗 7년에는 雜役만을 면제하였다가 太宗 12년에는 雜役과 동시에 徭役도 減免하였다. 농민들은 언제나 악조건하의 부역노동에서 벗어나려 하였고 정부는 歲貢金銀을 충당하기 위해 농민들

---

236)《太宗實錄》23, 太宗 12년 1월 己亥 ;《太宗實錄》23, 太宗 12년 3월 乙酉.

의 불만을 무마시킬 방안을 계속 강구하지 않을 수 없었다. 이 때문에
太宗 15년(1415) 4월에 이르러 江原道觀察使 李安愚는 지난해부터 개
발된 관내의 淮陽과 旌善의 沙金地에서 드러난 探訪使들의 폐단을 목
격하고 농민들의 요구를 수렴하여 다음과 같은 개선방안을 제기하였
다. 첫째, 江原道의 淮陽·旌善과 咸鏡道의 安邊·永興·端川의 산금지를
산금량에 따라 常貢額을 결정하고 금광이 소재한 邑의 民戶數에 따라
한 邑의 民戶를 한 곳의 광산에 배정하거나 두 邑의 민호를 합쳐 한
곳에 배정할 것이며 둘째, 채금하는 민호에는 경작지의 조세만 수취
하고 기타의 요역과 貢賦를 모두 減免할 것이며 셋째, 鄕內에서 剛紀
있고 廉幹한 자를 뽑아 ‘監考’로 삼아 潛採를 엄금하게 하고 매년 春秋
에 서울에서 匠人들을 파견하면 監司와 守令이 충분히 살펴 제련 상
납하게 하되 만일에 수량을 채우지 못한 자가 있으면 이를 고찰하고
착실하지 못해 遺失한 자가 있으면 법률에 의거 처벌해야 한다는 내
용이었다.[237]

李安愚의 이 제안은 우선 歲貢에 충당할 金을 확보하도록 하기 위
해 常貢制를 건의한 것이지만 한편으로 探訪使의 파견을 배제하면서
‘監考’를 두게 하고 또 부역농민에게 徭役과 貢賦를 減免하도록 요구

---

237) 《太宗實錄》29, 太宗 15년 4월 丁亥. "江原道都觀察使李安愚上書 下議政府
六曹擬議 一, 採金一事 誠國家事大之用 而今道內淮陽旌善 採金二百餘兩
此則地不愛寶 應時而出 非偶然而致 然探訪之際 有未便者 不敢不告 差遣
探訪 正月旣晦下界 督令州縣緊民 其遐在邊邑之民 或旬日乃有至者 以不
習之民 令修器械 日夜督之 事未就而民反瘁 纔至二旬而罷役 臣愚竊聞 此
界産金之地有二 而永吉道 亦有二三處焉 宜於所産之縣 計民戶多少 或全
一州屬一所 或并一二郡縣屬一所 只取所耕租稅 其他徭役貢賦 一皆蠲免
擇鄕中有綱紀廉幹者 定爲監考 以時勵禁 隨産金多寡 以定常貢之數 假令
一所於一節貢二十兩 則五所 爲一百兩 而春秋爲二百兩矣 每當春秋 分遣
匠人 監司守令 詳可考察 採揀貢獻 如有不滿數者考察 有不精遺失者 依律
論罪 則無擧道擾動之弊 而事可就矣 右條議得 以國用多少 量宜定數 春秋
仲月 聚會還放 不必爲年例"

한 것은 鐵場都會制가 보편화된 당시의 민의를 수렴한 결과라 하겠다. 정부가 이 제안을 받아들이려면 우선 산금지의 각 邑에 부과된 貢賦를 완전히 삭감하거나 他邑으로 移定하여야만 하였다. 貢賦를 삭감하면 그만큼 재정수입이 줄어들 것이었고 또 他邑으로 移定한다면 貢物이 증가된 해당 邑의 불만을 사게 마련이었다. 이러한 여러 여건을 고려해서인지 議政府나 六曹의 堂上들은 李安愚의 제안을 숙의한 끝에 "國用에 필요한 量만큼만 春·秋의 仲月에 농민들로 하여금 채납하도록 하면 되므로 반드시 年例로 삼을 필요는 없다"고[238] 했다.

그러나 의정부와 육조의 결정에도 불구하고 採訪使 파견에 대한 수령이나 농민들의 불만은 만연해 갔고 과중한 稅役 부담에 대한 부역농민들의 피역저항도 갈수록 심화되었다. 이 때문에 太宗은 17년 (1417) 5월에 이르러 각 道의 觀察使에게 각기 관내에서 銀石과 鉛銀鑛物이 생산되는 곳을 조사·보고하도록 하고 산은지의 농민들에게는 徭役과 貢賦를 면제하여 채은작업에 전념하게 하도록 지시하였으며,[239] 이어 동년 8월에는 安東·金海·泰州·遂安의 銀鑛과 安邊·旌善의 金鑛이 소재한 각 읍에는 기존의 土貢을 모두 없애고 금이나 은만으로 歲貢額을 산정하라고 지시하였다.[240]

太宗의 지시에 따라 貢額을 책정하는 작업이 진행되어 이듬해 정월부터 採訪使를 泰州와 金海 등지에 파견하고 있었지만 世宗 2년(1420)

---

238) 제1장 註 237) 참조.
239) 《太宗實錄》33, 太宗 17년 5월 丁亥. "以鍊銀事 傳旨于各道都觀察使 旨曰 每歲進獻 用銀無窮 若一朝盡用則難繼也 各其道內銀石及鍊銀鐵物産處 備細訪問 以實啓聞 其産處近地居民 蠲除徭賦 專屬吹鍊 來秋爲始鍛鍊 如有隱匿不報者 以違旨論"
240) 《太宗實錄》34, 太宗 17년 8월 戊申. "工曹上收金銀之策 每歲貢獻黃金一百五十兩 白銀七百兩 採取則勞民費財 而所獲甚少 以有限之物 供無窮之費 難矣 收斂之法 採取之方 略陳于後 一,安東金海泰川遂安安邊旌善 減其他貢 歲定其額"

현재까지 常貢制는 실현되지 않았다.[241] 그 이유가 무엇이었는지는
밝혀져 있지 않지만 그간에 太宗이 上王이 되고 世宗이 즉위하면서
常貢制 실시에 대한 견해차가 생겼을 가능성도 배제할 수 없다. 만일
太宗의 지시대로 전국 金銀産地의 각 읍에 부과되었던 貢物을 모두
없앤다면 정부의 재정적인 타격이 컸을 것이기 때문이다. 世宗은 전
국 금은산지의 常貢制 적용은 원치 않았고 일부의 광맥이 풍부한 곳
에만 常貢制를 적용하되 기존의 貢物을 삭감하는 대신 他道에 배정할
의도였다. 그것은 동왕 3년(1421) 정월에 정부가 오직 安邊·永興·端川
의 산금지에만 常貢制를 적용한 사실로도 짐작할 수 있다. 이 지역은
앞서도 지적하였듯이 太宗 13년(1413)부터 장기적인 採取作業을 실시
해도 될 만큼 매장량이 풍부한 沙金産地였다. 정부는 이곳 3邑의 貢物
을 다른 道에 배정하였고 邑民들로 하여금 춘추농한기에 각각 40여
일간 취역하게 하였으며 安邊은 春·秋 각 33兩, 永興은 40兩, 端川은 27
兩을 채납하도록 배정하였다.[242] 이에 정부는 3邑으로부터 매년 200兩
의 貢金을 수취할 수 있게 된 셈이다.

  그러나 춘추 각 40일간씩 채금작업에 징발되었던 3邑의 농민들은
비록 요역과 공물이 減免되기는 하였지만 연간 80일 간 採金役에 투
입됨으로써 鑛役의 고됨은 말할 것도 없고 농사마저 폐농할 처지에
놓였다. 이 때문에 常貢制가 적용된지 만 4년 만인 동왕 7년(1425) 7월
에 함길도의 '採金察訪'으로 파견되었던 議政府舍人 辛引孫[243]이 다음
달에 보고하기를, "부역농민들이 1년간 採金하는 고통은 10년 貢物을
납부하는 것보다 몇 배나 더하니 차라리 雜物歲貢을 되돌려 받고 그

---

241) 《太宗實錄》35, 太宗 18년 正月 己未 ;《世宗實錄》1, 世宗 卽位年 9월 壬
    申 ;《世宗實錄》9, 世宗 2년 8월 乙巳.
242) 《世宗實錄》11, 世宗 3년 正月 壬午. "戶曹啓 國用黃金幾盡 乞於咸鏡道和
    州端川安邊 每歲春秋發丁夫 各役四十日採取其三郡貢物 量移他道 從之
    安邊每春秋各貢黃金三十三兩 和州四十兩 端川二十七兩"
243) 《世宗實錄》29, 世宗 7년 7월 丁酉. "遣各道察訪 … 咸吉道舍人辛引孫"

대신 採金作業을 줄여달라"고 한다는 농민들의 요구를 밝히면서 3邑
民의 채금작업을 줄여 줄 수 있는 개선방안도 제시하였다. 곧 安邊의
春等採金은 安邊·龍津邑民이, 秋等採金은 宣川·文川·高原邑民이 각각
담당하도록 하고, 永興의 春等採金은 永興·定平邑民이, 秋等採金은 咸
興·預原邑民이, 그리고 端川의 春等採金은 端川邑民이, 秋等採金은 北
靑邑民이 각각 담당하도록 건의하였다.[244] 이때 정부는 採金察訪의
건의를 받아들인 뒤에 1개 邑을 더 추가시켰던 것 같다. 그것은 이듬
해 4월 知司諫高若海가 "咸鏡道의 邑이 15개인데 그중 3개 邑은 방어
임무만을 띠고 있어 나머지 12개 邑에서 채금작업을 담당하고 있
다"[245] 고 했기 때문이다. 추가된 1개 邑이 어딘지는 밝혀져 있지 않지
만 吉州牧과 鏡城·慶源都護府가 군사임무를 담당한 듯이 보이므로 甲
山郡이 추가되었을 것 같다. 그것은 甲山郡이 端川에 인접해 있어서
필경 端川 金鑛役에 추가 배정되었을 것으로 여겨진다.[246]

　이리하여 정부가 安邊·永興·端川 등 3邑에 常貢制를 적용한 지 불
과 4년 만에 雜物歲貢이 복구되었고 사실상 咸鏡道의 12개 邑民들은
모두 잡물세공과 공금채취의 이중적인 부담을 지게 된 셈이었다. 그
리고 3邑의 산금지에는 이제 本邑의 농민들 뿐만 아니라 12개 邑民이
춘·추에 교대로 부역하여 전술한 鐵場都會制와 같은 형태의 채금작업
이 진행되었다. 결국 咸鏡道 沙金鑛의 작업형태도 굳이 鐵場都會制와

244)《世宗實錄》29, 世宗 7년 8월 甲午. "咸鏡道採金察訪啓 前此本道産金和州
　　安邊端川等官 蠲民貢物 專爲採金 每年春秋 各四十日赴役 一年和州八十
　　兩 安邊六十六兩 端川五十四兩 定爲常額 然其採取 力艱苦而所得甚少 一
　　邑之民 每年八十日赴役 以致廢農 民甚苦之日 一年採金之苦 倍於十年貢
　　物之備 寧還雜物之貢 願歇採金之役 請自今和州安邊端川等官 各司納貢物
　　依舊還定 其採金之役 均定他官 分番相遞採取 和州春等採金本州及定平共
　　之 秋等咸興及預原共之 安邊春等採金本府及龍津共之 秋等宜川及文川高
　　原共之 端川春等採金本官 秋等北青 自丙午年爲始 依前定額數採納 從之"
245)《世宗實錄》32, 世宗 8년 4월 壬申.
246)《世宗實錄地理志》咸吉道.

같은 호칭을 쓴다면 '金場都會制'라고 불러야 할 것이다. 鐵場都會制
下의 부역농민들이 자기 몫의 식량을 지고 수십 리 또는 수백리 길을
왕래하거나 貢鐵量을 채우기 위해 작업일수를 연장하여 농사를 망치
게 하는 등의 여러 폐단들이 이때의 12개 邑民들에게도 예외일 수 없
었다. 따라서 世宗 연간에 鐵場都會制下의 부역농민들에 의한 피역저
항이 심각했던 것처럼 이곳 咸鏡道 沙金鑛의 부역농민들에 의한 피역
저항도 날로 심각해 갔던 것이다. 이 때문에 世宗 8년(1426) 4월에는
知司諫高若海가 "金은 明나라에 대한 歲貢品이어서 지금은 삭감할 수
없지만 앞으로 歲貢이 減免되면 咸鏡道의 貢金도 경감해서 농민들의
생활을 안정시켜야 한다"[247]고 주청했는가 하면 右司諫朴安臣 등도
"貢金은 進獻額數에 맞추어 채납하게 하고 나머지는 減免하여 농민들
의 생활을 돌보아야 한다"[248] 고 요청하였는데 이때 刑曹參判鄭招가
貢金額을 반감하도록 요구하였으므로 世宗도 마침내 禮曹로 하여금
의논해 보고하도록 지시하게 되었다.[249]

　이러한 정부의 논의는 咸鏡監司에게 전달되었고 2개월 뒤인 동년
6월에 함경감사는 "安邊·永興·端川의 채금작업은 매년 봄·가을에 각
각 40일 간만 농민을 사역하도록 되어 있지만 貢金 액수를 채우기 위
해 50일 내지 60일 간을 사역함으로써 春耕期와 秋收期를 놓치게 된
다. 거기에다 도내의 기후가 봄에는 3월 중순이 지나야 얼음이 풀리고
가을에는 8월 중순이 되기 전에 서리가 내리는데 물 속에 들어가 採金
하기 때문에 손발에 동상이 걸리는 등 그 괴로움을 이루 다 말할 수
없다"[250]고 하고 貢金額 중 1/3을 감할 것을 요청하였고 왕이 이를 허

---

247) 《世宗實錄》 32, 世宗 8년 4월 壬申.
248) 《世宗實錄》 32, 世宗 8년 4월 乙亥.
249) 《世宗實錄》 32, 世宗 8년 4월 辛卯. "鄭招陳言 一. 咸吉道安邊和州端川貢
　　金 一年春秋兩等二百兩 乞減其半 永爲定額 … 命下禮曹 擬議以聞"
250) 《世宗實錄》 32, 世宗 8년 6월 戊子. "咸吉道監司啓 道內安邊永興端川採金
　　每年春秋役民 各限四十日 然貢數不准 或役至五六十日 春耕秋收 每年失

락하였다. 咸鏡道의 貢金額이 200兩인데 1/3을 감해서 135兩으로 줄어들었다. 이것은 당시 明나라에 대한 歲貢金 150兩에 비해 15兩이 부족한 셈이었다. 그러나 정부는 우선 농민들의 불만을 무마하기 위하여 감액책정할 수밖에 없었던 처지이며 한편으로는 세공금을 충당할 길이 있었기 때문이기도 하였다.

그것은 다른 道의 금광은 차치하고라도 咸鏡道 내의 船軍들에 의한 沙金의 채취작업이 별도로 이루어지고 있었기 때문이다. 咸鏡道의 船軍들에 의한 採金作業은 世宗 6년(1424)부터 실시되고 있었다. 이들의 채금작업은 歲貢額數와 作業日數가 한정되어 있지 않았으므로 채금실적이 적을 때는 7,8兩, 많을 때에도 17兩에 불과하였고 採金日數도 20일 또는 40일 만에 끝나기도 하였다. 이 때문에 世宗 11년(1429) 2월에 이르러 정부는 船軍數와 役日數 및 斤兩數를 산정하여 매년 일정량을 採取하도록 할 계획이었다.[251]

이때 정부가 세운 계획안의 구체적인 내용은 알 수 없으나 동년 9월에 함경감사는 船軍들의 처지가 일반 농민들과는 달리 兵船과 機械를 수리하는 작업에도 시달리고 있기 때문에 春等·秋等에 각각 20일간씩 사역하도록 하고 한 사람당 1일의 채굴량을 1釐로 정할 것을 요청하고 있었다. 그러나 世宗이 이때 船軍들의 채금작업을 모두 폐지하도록 지시함으로써 정부의 계획이 중단되고 말았다.[252] 그리고 동년 8월에는 安邊·永興·端川邑의 秋等採金役도 旱田의 병충해가 극심하여 이미 중지되었었다.[253]

이처럼 정부가 농민들로부터 심한 피역저항을 받으면서도 歲貢金銀을 충당하기에 급급한 상황 속에 동년 12월, 通信使로 日本을 다녀

時 又況道內節氣 春則三月望後氷解 秋則八月望前降霜 入水採金 手足凍傷 其苦尤甚 請減歲貢三分之一 以弛民弊 從之"
251)《世宗實錄》43, 世宗 11년 2월 乙未.
252)《世宗實錄》45, 世宗 11년 9월 甲子.
253)《世宗實錄》45, 世宗 11년 8월 己卯.

온 朴瑞生은 일본의 광업정책을 예시하면서 金銀銅鐵鑛山의 民採制를 주장하였다. 곧 "일본에서는 金銀銅鐵鑛山을 개방하여 그곳 주민들로 하여금 대대로 채굴하게 허가하는 한편 일정한 액수를 매년 국가에 납부하도록 할 뿐이며 달리 國役을 부과하지 않기 때문에 채광업자들은 태만함이 없어 보물의 생산이 무궁하므로 官民이 모두 그 혜택을 입고 있다"고 하고 우리나라도 이처럼 寶物産地를 개방하여 그곳의 編戶로 하여금 採鑛業을 영위하도록 허락하고 貢納法을 제정하되 國役을 減免하여 영구히 경영할 수 있도록 해야 한다고 주장하였다.[254] 그러나 朴瑞生의 제안에 대한 정부의 견해는 표명된 바 없는데 그것은 이 달에 明에 대한 歲貢金銀이 면제된 사실과 무관하지 않은 듯하다. 곧 歲貢金銀이 減免되자 정부는 전국의 金銀鑛山에 대한 채취작업을 중단해 버렸고 이후 10여 년간 金銀鑛山을 폐쇄하였기 때문이다.[255]

金銀免貢 이후 금은광산 개발이 재개된 것은 앞서도 지적하였듯이 世宗 22년(1440) 11월에 정부가 採訪別監들을 전라·경상·강원도에 파견하면서부터였고 이때부터는 國用金을 수취할 목적으로 金鑛開發에만 치중하였다. 그러나 정부가 金銀이 免貢된 상태에서 금광개발을 서두르게 되자 농민들의 불만은 더 한층 커졌으며 새로운 산금지에 대한 제보자도 없었다. 이 때문에 앞서 언급하였듯이 이듬해 정월에는 守令 및 鄕吏와 驛子·僧徒와 公私賤民에게, 그리고 동년 8월에는 採訪使와 金工들까지 重罪로 협박하고 重賞으로 회유하였던 것이다.

---

254) 《世宗實錄》 46, 世宗 11년 12월 乙亥.

255) 이에 대해서는 확실한 관계기록을 찾지 못했으나 첫째. 이 이후 世宗 末頃에 이르기까지 三邑의 採金記錄이 전혀 나타나지 않았다는 점이며, 둘째는 咸鏡道 12個 邑民의 부역노동으로 이루어졌던 採金役이 廢農을 초래할 정도였기 때문에 이미 世宗 8년부터 司諫院에서 對明歲貢이 면제되면 採金을 중단하도록 촉구한 바 있었다는 사실들로 미루어 보아 世宗 11年末로서 廢鑛되었음이 확실하다고 여겨진다.

그런데 정부는 이처럼 새로운 산금지 개발에 힘을 기울이면서도 한편
으로는 鑛脈이 발견된 전국의 산금지에 '常貢'制를 적용하기 위한 시
굴작업도 추진하고 있었다.

정부가 전국의 금은산지에 常貢制를 적용하기 위해 단기적인 시굴
작업을 시작한 것은 世宗 23년(1441)의 일이었다. 그러나 동년 정월에
議政府가 '각 道에 失農한 농민들이 많다'는 이유로 採金別監들로 하
여금 농민들을 징발하지 말고 산금지 각 읍의 향리들을 5,6일간씩 사
역하여 시굴한 실적을 기록해 두었다가 풍년에 다시 농민들을 사역하
도록 제안하였다.[256] 이러한 의정부의 제의가 받아들여져서 이 해에
는 각 邑의 향리들을 沙金鑛에 투입하였던지 동년 3월에는 忠淸道와
江原道에 시굴작업차 파견되었던 探金別監 趙兼之가 淘金 5兩을 채납
하였고 이어 4월에는 전라·경상도에 파견되었던 探金別監權自弘이 淘
金 2兩을 채납하였는데, 世宗은 工曹로 하여금 常貢을 의정하도록 지
시하였다.[257] 그 결과 동년 8월에 이르러 의정부가 작성보고한 常貢制
의 적용대책은 다음과 같았다.

첫째, 採訪使의 파견은 농민들의 피해가 크므로 내년부터 중지하
고 대신 金工을 파견하여 현지 주민에게 採金術을 충분히 傳習하도록
할 것이며 둘째, 산금지의 각 읍 수령이 채금술을 익힌 자들을 사역하
여 채금하도록 하되 수령이 직접 감독하고 首領官이 巡行하여 考覈하
도록하고, 셋째는 5년 동안에 각 採金軍들이 採取한 수량과 인력 및
작업일수를 참작하여 常貢制를 적용하고 본래의 공물은 적당량을 헤
아려 산금지가 없는 다른 읍에 移定하도록 해야 한다는 것이다.[258] 이

---

256) 제1장 註 212) 참조.

257) 《世宗實錄》 92, 世宗 23년 3월 戊午. "忠淸江原採金別監趙兼之 進淘金五
兩"; 《世宗實錄》 92, 世宗 23년 4월 己巳. "全羅慶尙道採金別監權自弘 進
淘金二兩 … 其令工曹議定常貢"

258) 《世宗實錄》 93, 世宗 23년 8월 丙戌. "議政府啓 今民生多苦 而分遣採金敬
差 其弊甚多 乞自明年 除敬差 遣金工于諸道傳習採金之術 傳習旣熟 然後

러한 의정부의 常貢制 실시방안은 곧 시행하기로 결정되었다. 따라서
世宗 24년(1442)부터는 探訪使의 파견을 중지하고 산금지가 소재한 각
읍의 수령들이 採金術을 익힌 자와 부역농민들을 이끌고 향후 5년간
의 시굴작업에 착수하였다.

　이처럼 산금지의 각 읍에서 常貢制를 적용하기 위한 시굴작업이
착수되었던 동왕 24년에는 이외에도 黃海道 平山府의 銀鑛에 먼저 常
貢制가 적용되고 있었다. 平山銀鑛은 이미 동왕 21년(1439) 11월에 개
발된 곳이었다.[259] 동년 2월에는 250명의 부역농민들이 28일 간 작업한
결과 10品 銀 20兩과 正鉛鐵 530斤을 採取하였고 이를 근거로 정부는
貢銀制를 적용하여 매년 銀 200兩씩을 채납하도록 하였다.[260] 그리고
동년 9월에는 정부가 그 동안 平山府에서 공납하던 正鐵 1,727斤을 삭
감하고 그 대신 鉛鐵 300斤을 공납하게 하였다.[261]

　銀鑛에 常貢制가 적용된 것과는 달리 金鑛의 常貢制는 시굴작업마
저 지지부진하였다. 동왕 26년(1444) 가을에는 旱災로 인해 충청·전라·
경상도의 채금작업이 중단되었고[262] 동왕 29년(1447) 봄에는 각 道의
채금작업을 모두 중지하였다.[263] 이처럼 재해로 인한 시굴작업의 중
단은 불가피한 일이지만 동왕 24년부터 만 5년 동안에 걸친 시굴작업
의 성과가 미진했던 이유는 반드시 재해 탓만은 아니었다. 오히려 시
굴작업에 대한 부역농민들의 피역저항이 심화됨으로써 수령들도 작
업을 더 이상 진척시킬 수 없었던 것이다. 이러한 당시의 실정은 동왕
30년(1448) 7월에 世宗이 "각 邑으로 하여금 산금지를 試探하도록 한

　　乃還 令産金各官守令 以傳習者採之 親自董役 首領官 巡行考覈 限以五年
　　憑校各軍所採數及人力日數 定爲常貢 其本定貢物 量移無金各 官 … 從之"
259)《世宗實錄》87, 世宗 21년 11월 癸丑.
260)《世宗實錄》95, 世宗 24년 2월 壬寅.
261)《世宗實錄》97, 世宗 24년 9월 乙亥.
262)《世宗實錄》105, 世宗 26년 7월 辛酉.
263)《世宗實錄》115, 世宗 29년 正月 丙戌.

것은 常賦를 결정하기 위한 것인데 각 邑에서는 힘써서 일하려 하지 않는다."[264]라고 한 말이나 동년 8월에 의정부가 "각 도의 채금실태를 살펴보면 해마다 각 읍의 농민들을 징발하여 採取하기 때문에 간혹 소요사태가 발생하기도 하였다"[265]는 말들이 모두 이를 뒷받침해준다.

이처럼 부역농민들의 피역저항으로 수령 책임하의 시굴작업도 부진하게 되자 世宗은 30년(1448) 가을부터 京軍 10인을 朝官(=採訪使)이 인솔해 가서 1년간씩 시굴한 뒤 常貢을 결정하도록 지시하였는데[266] 의정부에서는 이 방안을 보완해서 보고하였다. 곧 "朝官을 뽑아 파견하되 防牌 10人을 데리고 산금지 각읍 중 광맥이 풍부한 곳을 시굴하도록 하고 1개소마다 2개월간씩 採取하여 日課를 帳簿에 기록하였다가 採金量의 多少에 따라 防牌들에게 차등을 두어 休暇를 주되 휴가일수도 實到로 계산해 주게 한다"[267]는 내용이다. 결국 정부는 시굴작업을 수령 책임하의 농민들에게 일임할 수 없었기 때문에 수령 대신 採訪使를 파견하고 농민들 대신 防牌를 사역하게 된 것이다. 世宗 30년 가을부터 採訪使와 防牌들에 의한 시굴작업이 시작되었지만 全羅道와 慶尙道는 田品分等 作業으로 동년에는 실시하지 못하였다.[268]

---

264) 《世宗實錄》 121, 世宗 30년 7월 戊戌. "召政府議啓 … 上曰 田品分等 當先 全羅 遣一大臣治之 … 又曰 採金已令州縣試驗 欲定常賦 然州縣不肯盡力 爲之 將以京軍十人 差官押去 盡一年之役 以定其數何如 河演金宗瑞曰 自 今秋始 至明年夏爲之 鄭苯鄭甲孫曰 明年自春至冬爲之 上從演等之議 仍 曰 全羅田品分等 則其採金築城 一皆罷之"

265) 《世宗實錄》 121, 世宗 30년 8월 庚申. "議政府據工曹呈申 竊觀諸道採金之 狀 每歲抄州縣人民採取 故或有騷擾之弊 且止役於農隙不數月之間 由是試 驗無際 貢額難定 自今擇遣朝官 率防牌十人 於産金州縣就多産處 採取試 驗 每一所限二月採取 日課置簿 以得金多少 差等給暇 其給暇之日 并以實 到計給 從之"

266) 제1장 註 264) 참조.

267) 제1장 註 265) 참조.

268) 《世宗實錄》 121, 世宗 30년 7월 戊戌(제1장 註 264) 및 《世宗實錄》 122, 世 宗 30년 10월 乙巳條 참조.

이후에 금광의 시굴작업은 계속 추진되었던 것이나 端宗 원년(1453) 2월에 이르러서는 정부가 "해마다 경상·전라·충청·강원도 등지에 朝官을 파견하여 채금하였지만 力役만 많고 소득은 적었다"[269]는 이유로 이를 모두 중지하고 말았던 것이다.

　이처럼 世宗 24년(1442)부터 실시된 산금지의 시굴작업은 수령과 농민들에 의하여 世宗 29년(1447)까지 6년간 실시되었고, 世宗 30년(1448) 가을부터는 採訪使와 防牌들에 의하여 端宗 1년(1453)까지 6년간 계속된 셈이었다. 따라서 이 기간 중에 貢金額이 결정된 邑이 상당수에 달할 것이지만 상고할 수 없었다. 그러나《世宗實錄地理志》나 그 밖의 단편적인 기록 등을 통해 어느 정도의 윤곽은 더듬어 볼 수 있다.《世宗實錄地理志》에는 咸鏡道의 端川과 鏡城의 土貢條에 金이 기재되고 또 端川·安邊·永興 및 江原道의 淮陽·旌善·春川·金城의 土産條에도 金이 기재되어 있다. 상기한 8개 邑 중 鏡城과 春川·金城을 제외한 5개 邑은 太宗 연간부터 이름난 산금지들이었다. 결국《世宗實錄地理志》에도 당시 산금량이 풍부했던 8개 읍만 기록하고 충청·전라·경상도 등지의 보잘것없던 산금지는 기재하지 않았던 듯하다. 그것은 全羅道의 경우만 하여도 鎭安·任實·淳昌·玉果·谷城·順天·光陽·求禮 등 8개 邑에 부과된 貢金額이 총 4兩에 불과하였던 사실에서도 충분히 짐작할 수 있다.[270] 그리고 이때 정부가 추진한 常貢制의 기본방침도 明나라

269)《端宗實錄》5, 端宗 元年 2월 壬寅. "議政府據工曹呈 每年遣朝官于慶尙全羅忠淸江原等道採金 力役多而所得甚少 請姑停罷 從之"

270)《睿宗實錄》2, 睿宗 卽位年 11월 己巳. "訓練院副正尹孝孫上書曰 … 今貢案亦聖人作貢之美意 而貢金有說焉 以臣所居全羅一道言之 鎭安任實淳昌玉果谷城順天光陽求禮八邑 沿於産金大川 隨其殘盛 昔皆有貢行之無弊 甚良法也 曾以敬差官 一時臆見 專減七邑之金 獨於求禮一小縣加定 至於四兩之多 臣竊惑焉 産金之水 八邑皆有焉 八邑之中 求禮最殘 民戶僅百有三十餘矣 昔日三錢之金 尙未能支 況四兩之多乎 雖使七八歲採之 恐未充一歲之貢 民之愁歎困苦不可勝言 臣請仍舊分定所産諸邑 以便民生 以盡地利 …"

에 금은을 공납하던 때와는 달랐다. 곧 정부는 국용에 충당할 만큼 산 금지의 각 邑에 극소량을 부과하고 雜物歲貢을 減免치 않은 채 수령책 임하에 채납하도록 하는 '各邑採納'制를 적용하는 데 있었던 것이다.

端宗 원년(1453)에 채금작업이 모두 중단된 뒤에는 한동안 채금문 제에 관한 논의가 없었고 7년 만인 世祖 4년(1459)에 이르러 재개되었 다. 동년 4월에 工曹가 국용의 금을 조달하기 위하여 각 道의 금광채 굴을 요청하였고 世祖는 "이미 면공되어 쓰일 곳은 없으나 明나라의 세공요구가 부활되지 않으리라는 보장이 없다"고 우려하면서 이를 허 락하였던 것이다.[271] 그러나 이때도 농민들의 피역저항은 심각하기 마련이어서 世祖는 9년(1464) 5월 漢江에서 사금을 채굴할 때에는 궐 내의 각종 供役者들을 투입하고 있었고,[272] 동년 6월에는 內侍府事李 存을 忠州로, 工曹佐郎權俒을 楊根에 파견하였는데[273] 이듬해 4월에 는 각 道의 관찰사에게 지시하여 新·舊金銀産地를 모두 조사·보고하 도록 하였다.[274] 6월에는 江原道觀察使에게 관내 각 邑의 鉛鑛을 鄕吏 와 日守를 시켜 대량 採納하도록 지시하였으며[275] 7월에는 採金別監 柳自漢을 忠淸道에, 李壽稚를 全羅道에, 그리고 鄭忻 과 柳壤을 慶尙 道에 파견하기로 하였는데[276] 8월에 이르러 그 중 柳自漢을 京畿道로 바꾸고 申渙을 忠淸道로 파견하였다.[277] 이것이 15세기에 걸쳐 금은산 지에 採訪使를 파견한 마지막 기록이다.[278] 앞서 世祖가 각 道 관찰사

---

271) 《世祖實錄》 12, 世祖 4년 4월 辛酉. "工曹啓 本曹所儲黃金甚少 請採於諸道 傳曰 旣已免貢 無所可用 然復貢亦未可必其令採之"
272) 《世祖實錄》 30, 世祖 9년 5월 丁未.
273) 《世祖實錄》 30, 世祖 9년 6월 己卯.
274) 《世祖實錄》 33, 世祖 10년 4월 戊戌.
275) 《世祖實錄》 33, 世祖 10년 6월 壬辰.
276) 《世祖實錄》 33, 世祖 10년 7월 戊寅.
277) 《世祖實錄》 34, 世祖 10년 8월 己酉. "又馳書于京畿敬差官柳自漢忠淸道申 渙黃海道申粲慶尙道鄭活全羅道李淑珹平安咸吉道探訪別監 令審諸邑機穽 以聞 時自漢等 各以事奉使于諸道"

들에게 新·舊金銀鑛山을 조사 보고하도록 한 뒤 이때 採金別監들을
파견한 것은 '常貢'制를 적용하기 위한 최종적인 시굴작업을 실시할
목적이었다.

그러나 世祖는 경기·충청·전라·경상도의 관찰사들에게 지시하기
를 "농민들에게 이번의 채금작업은 산금량의 다소를 알려고 하는 것
일 뿐 그것에 의거해서 貢金額을 결정하려는 것이 아님을 알려주고
인부를 충분히 동원하여 산금지마다 10일간씩 採取하되 힘써 많이 채
납하도록 하라."[279]고 당부하였다. 하지만 10일간의 채취기간이 훨씬
지난 9월 10일에 世祖는 각 道의 採金別監들에게 다시 지시하기를 "너
희들을 파견한 목적이 산금지를 찾는 데 있고 많이 채납하도록 하려
는 데 있지 않으니 속히 올라오라"[280]고 독촉하고 있었다. 앞뒤가 맞
지 않는 世祖의 이같은 처사는 결국 부역농민들의 강한 반발을 무마
하기 위한 기만책에 불과한 것이었고 사실상 이 기간을 통하여 정부
는 이미 貢案의 개정에 필요한 자료를 모두 수집하였던 것이다. 그것
은 世宗 때의 '詳定貢案'에 대한 개정작업이 동년 10월에 착수되어 20
여 일만에 '新貢案'을 완성한 사실로도 충분히 짐작되는 일이다.[281]

따라서 世祖10년(1465)의 '新貢案'에는 貢金이 부과된 邑과 징수하
는 중앙의 관청은 물론 그 수량 또한 상세히 기재되었을 것이 분명하
지만 新貢案이 현존하지 않기 때문에 상고할 도리는 없다. 그렇지만
몇몇 단편적인 기록들을 통해 당시의 실상을 어느 정도 추정할 수는

278) 《世祖實錄》 35, 世祖 11년 正月 丙辰. "初咸吉道採訪別監金東時 承命過安
邊"
279) 《世祖實錄》 33, 世祖 10년 7월 丁丑. "承政院奉旨 馳書于京畿忠清全羅慶尙
道觀察使日 近者 遣人採金於近地 産金之水 無處無之 而日不得採者 人力
有未至耳 卿其善爲布置 令道內諸邑 限役十日 各自採金 務要多得 或恐成
後例 掩有爲無者有之 然此特試其産之多少 非據此定貢 卿並諭此意於民"
280) 《世祖實錄》 34, 世祖 10년 9월 庚申. "承政院奉旨 馳書于諸道採金別監日
遣汝採金 只求産地 非務欲多採也 其速上來"
281) 田川孝三, 《李朝貢納制の硏究》, 1964, 302~304쪽.

있다. 新貢案이 작성된 지 5년 만인 睿宗 즉위년(1469) 11월에 訓練院
副正尹孝孫은 "明에 金銀의 면공을 요구한 이유가 우리나라에 金銀이
산출되지 않는다는 것이었는데 지금 각 道의 貢金額數를 貢案에 기재
하여 각처에 널리 알리고 있으니 免貢을 요구한 이유에 크게 어긋난
다. 貢金을 수납하는 서울의 官衙와 산금지의 각 읍을 각각 별도로 수
록하여 보관함이 옳다"[282]고 지적하였고 成宗 1년(1470) 2월에 大司憲
李克墩 등은 "貢金額이 新貢案에 기재되어 있으나 각 읍의 産出量에
따라 정했기 때문에 그 액수가 일정하지 않다"[283]고 하였으며 行副司
勇柳陽春도 "국가가 산금지의 각 邑을 貢案에 등재하였다"[284]고 하였
다. 곧 貢案에는 貢金을 수납한 중앙의 관청과 貢金을 채납하는 산금
지의 각 읍명, 그리고 각 읍의 공급액수가 명시되었고 그러한 공안을
정부는 산금지의 각 읍에도 비치해 두고 있었던 것이다.

　그러나 貢金이 부과된 읍은 전국에 몇 개소나 되었고 또 각 읍마다
부과된 공급액수는 얼마나 되었는지를 알 수는 없다. 다만 睿宗 1년
(1469)에 완성된 《慶尙道續撰地理志》에는 奉化에 歲貢金 7兩, 安東에 6
兩5錢, 禮安에 5兩, 陜川에 4兩, 山陰에 2兩씩이 기재되어 있었고, 전술
한 全羅道의 鎭安·任實·淳昌·玉果·光陽·求禮 등 8개 읍에 부과되었던
貢金 4兩은 新貢案에서는 모두 求禮邑에다 부과하고 있으며[285] 成宗

---

282) 《睿宗實錄》2, 睿宗 卽位年 11월 己巳. "且聞請免金銀 屢陳于策者 以非土
　　 産也 今也諸道黃金之貢 載之貢案 昭示八方 於義何如 請於中外該官別錄
　　 藏之何如 上覽之 傳于承政院曰 求言所以欲聞予過失也 孝孫書 非先王之
　　 法 拿來鞠問 召都承旨權瑊 令逐條問曰 汝之上言 善則善矣 然以予之事 爲
　　 非則可也 何以非先王之法乎 孝孫對曰 聖人任土作貢等語 則全羅道淳昌等
　　 八邑産金同 而求禮獨貢故及之 求禮最殘不可勝言等語 則臣嘗守墳求禮近
　　 地 細聞此事民甚苦之 故陳焉 諸道貢金別錄藏之等語 則若頒行廣布 恐傳
　　 聞上國 臣願只於京中所納諸司 外方所産諸邑 別錄收藏"
283) 《成宗實錄》3, 成宗 元年 2월 辛未.
284) 《成宗實錄》45, 成宗 5년 7월 丁丑.
285) 제1장 註 270) 참조.

2년(1471)의 기록에 의하면 丹陽의 貢金이 2錢이었다.[286] 그리고 成宗 5년(1474)의 기록에서도 忠淸道의 淸州·忠州와 江原道의 淮陽·旌善에서도 貢金을 採納하고 있음을 확인할 수 있다.[287]

이처럼 新貢案에 등재된 貢金賦課邑을 일일이 파악할 수는 없었지만 전술한 《世宗實錄地理志》와 《慶尙道續撰地理志》 및 단편적인 몇몇 자료에 나타난 읍들을 간추려 본다면 咸鏡道의 鏡城·端川·永興·安邊과 江原道의 淮陽·旌善·春川·金城과 忠淸道의 淸州·忠州·丹陽과 慶尙道의 奉化·安東·禮安·陜川·山陰 및 全羅道 求禮邑이 貢金을 채납한 곳이었고 全羅道의 鎭安·任實·淳昌·玉果·谷城·順天·光陽은 新貢案 작성시 貢金이 삭감된 읍들이었다. 이상의 각 읍에 적용한 常貢制도 世宗 때와 다를 것이 없다. 그것은 世祖 때의 新貢案이 世宗 때의 詳定貢案을 개정한 것이므로 산금지의 각 읍에 적용한 常貢制도 역시 피차간에 다를 것이 없기 때문일 것이다. 기록상에 나타난 사실만 보아도 金의 산출량이 많은 읍에는 6,7兩이 부과되기도 하였지만 적은 곳은 2,3兩, 심지어는 2錢도 부과하고 있었다. 貢金額이 많은 읍은 雜物歲貢의 일부를 他邑에 이정하였으나 대개가 극소량이어서 雜物歲貢의 일부로 포함시켰고 수령책임하에 채납하는 '各邑採納'制가 확대 적용되었을 뿐이다.

그런데 世祖는 산금지의 각 읍에 常貢制를 적용하여 매년 정기적으로 일정량의 金을 수취할 수 있는 稅源을 확보해 두는 한편 서울에 근접한 광산으로서 常貢制를 적용하기가 용이하지 않았거나 산출량이 풍부하여 일시에 많은 양을 채굴할 수 있을 경우에는 관청의 吏隸

---

286) 《成宗實錄》11, 成宗 2년 9월 乙亥. "詳定廳啓 戶曹受敎 丹陽郡貢金 移定他官 前者採金試驗時 丹陽郡軍人三百名 役十餘日 採金僅四錢 其後觀察使 又役軍人十名 終日所得 只細屑十粒 然他官所貢亦多 不可全數移定 其貢金二錢 請仍定本郡 特命全除"

287) 《成宗實錄》48, 成宗 2년 9월 乙亥. "戶曹啓 忠淸道淸州忠州 江原道春川旌善 今失農 請減甲午年貢金 從之"

등을 채굴작업에 투입하고 있었다. 이미 전술한 바와 같이 世祖 9년 5월에 국왕은 궐내의 각종 供役者를 동원하여 漢江의 沙金을 探取한 바 있었고 또 동년 10월에는 江原道 관찰사를 시켜 鄕吏와 日守들로 하여금 관내 각 읍의 鉛鐵을 채납하도록 하였던 것이지만 世祖 14년 (1469) 3월에는 宦官李重斤과 李淸을 京畿道에 파견하여 도내 각 읍의 衙前·吏卒 400명을 두 패로 나눠 採金하도록 하고 있었다.[288] 世祖가 이들을 채굴작업에 투입한 것은 물론 농민들의 피역저항을 모면하려 한 조처지만 官衙의 吏屬들을 동원할 경우는 농사철에 관계없이 채굴 작업이 가능하고 또 장기간 사역할 수 있었기 때문일 것이다.

어떻든 世祖 10년에 常貢制가 정착되면서 정부는 정기적인 수입원 을 확보한 것이지만 농민들에게는 또 다른 稅役의 부담이 가중된 것이 었다. 따라서 求禮邑의 경우는 鎭安 등 8개 邑에 배정했던 貢金을 모두 殘邑인 求禮에 移定한 데 대한 불만이었고 丹陽邑의 경우는 기존의 雜 物歲貢이 과중한 데다 貢金을 부과한 데 대한 불만을 가지고 있었다. 이처럼 농민들은 貢金制의 실시로 세역부담이 가중됨에 따라 불만이 클수밖에 없으므로 睿宗은 즉위초에 貢金採納을 중지하였는데, 成宗이 즉위한 뒤 재개하자 成宗 원년(1470) 2월에 大司憲李克墩 등은 貢金制 를 혁파하고 倭金을 구입해 쓸 것을 요청하였던 것이다.[289]

그러나 貢金制를 완전히 폐지하거나 또는 倭金의 수입에만 의존한 다는 것은 정부가 재정적인 손실을 감수해야 함을 의미하였다. 이 때 문에 동년 4월에 院相具致寬은 정부가 金銀을 비롯한 銅·鑞·鉛·鐵 등 모든 광산물을 손쉽게 수용하기 위해서는 私採를 허용해야 한다고 주 장하였다. 그에 의하면 각종 광물이 국내에서 산출되고 있지만 농민 들의 세역부담이 과중하여 정부가 마음대로 채굴해 쓸 수 없는 실정 이고 또 私採마저 허용하지 않고 있기 때문에 국내에 광산물이 풍부

288) 《世祖實錄》 45, 世祖 14년 3월 丙子·乙酉·戊寅條.
289) 《成宗實錄》 3, 成宗 元年 2월 辛未.

할 수가 없다는 것이다. 따라서 私採를 허용하여 국내에 광물생산이
증가되면 정부도 언제나 손쉽게 수취, 수매할 수가 있다는 주장이었
다. 이때 成宗은 具致寬의 民採議를 긍정적으로 받아들였는데[290] 결
국 명나라로 유출될 것을 우려해서인지 실현되지 못하고 논의로만 끝
나고 말았다.

한편 이 무렵에는 前節에서 지적한 鐵場都會制의 부활로 농민들의
광산노동이 더없이 가중되었고 부역농민들의 피역저항도 심화되고
있었다. 그런데 다음 章에서 서술하겠지만 때마침 成宗 초부터 유입
되기 시작하던 倭金이 成宗 15년(1484)경부터는 상당한 量에 달했으므
로 정부는 동년 12월에 宰相會議를 두 번이나 열어 貢金制의 존폐문
제를 숙의한 끝에 倭金을 수입해 쓰기로 하였고, 수입이 중단될 경우
에 다시 採取하기로 결정하였다.[291] 이와 함께 정부는 산금지의 潛採
를 금하고 광산을 보존하기 위하여 "각 읍의 寶物産地는 臺帳을 만들
어 工曹에 비치하고 해당 道와 邑에서는 이 보물산지를 간수하도록
한다"는 규정을 동왕 16년에 완성한《經國大典》工典 寶物條에 명시하
였던 것이다.

---

290) 《成宗實錄》4, 成宗 元年 4월 丁卯. "院相具致寬等啓曰 … 又啓曰 金銀銅
鑛鉛鐵等物 我國亦産 而國家重用民力 不得以時採取 又不許民採之 用常
不足 其在民間者若多 則國家取用無難 請勿禁 傳曰 可"

291) 《成宗實錄》173, 成宗 15년 12월 己巳. "命議採金事于昨日會議 宰相鄭昌孫
韓明澮孫舜孝李克增鄭文炯李崇元李淑瑊議 倭金貿易 已有前例 每年隨其
貿易多少 減貢金何如 沈澮議 國家雖不緊用 黃金採取 不可廢也 且恃他國
之寶 棄我國所産 非長計也 雖貿倭金 依舊貢金爲便 但欲除民弊則 計年權
除何如 許琮韓致禮議 與倭人永相交通未可保也 不可以一時小弊除其採金
依舊何如 魚有沼李克均議 採金之役 民弊甚重 但遺在金數少 國用不可不
備 若專倚貿易 則金價至重 國弊有數 酌量金布會計數 布少則採金 金多則
不必採 要令適用爾 魚世謙魚世恭李德良河叔溥成貴達議 倭金貿易 不匱於
用 無弊於民 然國用若乏 則量定採用何如 傳曰 金宜貿易用之 若倭人不來
未得貿易 而有緊用處 則或臨時採用爲可 其以此意 曉諭民間"

제 2 장

16세기 敬差官制下의 國營·民營 鑛業實態

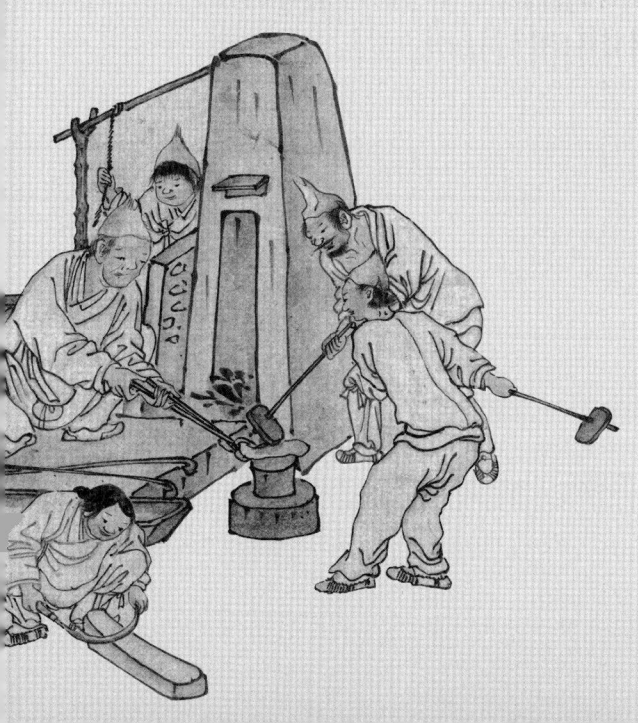

제1절 金銀의 流通과 鍊銀法의 開發

1. 成宗代 明·日과의 金銀貿易

15세기 말 16세기 초의 상업과 무역상에 나타난 두드러진 현상은 일본인과의 상거래가 활기를 띤 점일 것이다. 日本과의 公私貿易은 일찍부터 이루어졌다. 조선 초기에 倭寇를 방지할 목적으로 通交한 뒤, 幕府와 對馬島主 및 日本 西海岸의 大小豪族들은 해마다 使船을 보내왔고, 동시에 倭商들의 興利船도 빈번히 왕래하였다. 정부는 날로 증가하는 倭商들의 출입을 통제하기 위하여 太宗 초에는 東萊의 富山浦와 熊川의 乃而浦를, 그리고 世宗 초에는 蔚山의 鹽浦를 개방하였고 각각 倭館을 설치하여 交易과 往來의 편의를 제공하였다. 幕府와 對馬島主 및 大小豪族들이 파견한 使船도 三浦로 들어왔지만 興利船과는 달리 규정된 人員과 物貨를 서울로 운송하여 東平館에 수용하였고, 이들은 進獻·回賜形態의 公貿易과 館內에서의 私貿易을 행할 수가 있었다.

전술한 倭金의 유입과 거래 또한 이들 使船의 進獻과 조선 정부의 回賜 과정을 통하여 이루어졌다. 15세기 전기간에 걸쳐 일본에서는 여러 곳에 金鑛이 개발되었다.[1] 금의 산출량이 증가하게 되자[2] 成宗대에 들어와서는 조선에 進獻品으로 반출하기 시작하였으며[3] 成宗 15년(1484)을 전후해서는 進獻量이 급증하였다. 倭金의 進獻量이 증가되자, 조선정

---

1) 小葉田淳, 〈中世後半期に於ける日鮮金銀貿易の硏究〉(2) 《史學雜誌》 43-7, 1932, 877쪽.
2) 《世宗實錄》 41, 世宗 10년 6월 丁未 ; 《世宗實錄》 41, 世宗 10년 7월 辛亥 ; 《世宗實錄》 89, 世宗 22년 5월 丙寅.
3) 《成宗實錄》 7, 成宗 元年 8월 己巳 ; 《成宗實錄》 62, 成宗 6년 12월 己亥.

부는 앞서 언급하였듯이 동년 12월에 말썽 많은 貢金制를 혁파하고 倭金을 수입하기로 결정하였던 것이다. 倭金의 進獻回賜貿易에 재미를 보게 된 幕府나 大小豪族들은 점차 前例를 깨고 私進物量을 증가시켜 갔다. 종래 幕府, 大小豪族들이 '書契'와 書契에 첨부한 약간의 '土宜'를 바치면 조선국왕이 土宜의 값어치에 관계없이 충분한 別賜品을 下賜하는 것이 通例로 되어 있었다. 그러나 이 시기에 이르면 土宜보다 私進物量이 엄청나게 불어나,[4] 土宜는 극히 형식적인 禮物에 불과하게 되고 다량의 黃金이 朱紅·銅 등과 함께 私進되고 있었다.[5]

이를테면 成宗 15년(1484) 정월에 對馬島主가 金 45挺을 私進한데[6] 이어 이듬해 7월에는 다시 金 60挺을,[7] 그리고 成宗 18년(1487) 5월[8]과 6월[9]에는 幕府와 大內政弘이 각각 金을 私進하였고, 成宗 19년(1488) 閏正月에는 다시 對馬島主가 金 62挺을[10], 또 成宗 20년(1489) 정월에도 금 70挺을[11] 각각 進獻하였으며, 9월에는 派送處가 밝혀지지 않은 倭使가 금 2斤8兩을 私進하고 있었다.[12] 그리고 成宗 21년(1490) 정월에는 對馬島主가 금 82挺을 私進한데[13] 이어 동년 12월에는 금 100挺을 私進하였으며[14] 成宗 23년(1492) 3월에도 금 150挺을 進獻하고 있었다.[15] 뿐만 아니라 成宗 25년(1494) 4월에도 幕府에서 通信使 僧 元頌

4) 《成宗實錄》288, 成宗 25년 3월 己酉. "戶曹判書盧公弼禮曹判書成俔啓曰 倭人之物 不切於國用 稱爲進上而獻焉 倭人之來無窮 而回賜之物有限 國家終必難支矣"

5) 小葉田淳, 앞의 논문, 893쪽.

6) 《成宗實錄》162, 成宗 15년 正月 甲辰.

7) 《成宗實錄》181, 成宗 16년 7월 己酉.

8) 《成宗實錄》203, 成宗 18년 5월 甲子.

9) 《成宗實錄》204, 成宗 18년 6월 丁丑.

10) 《成宗實錄》212, 成宗 19년 閏正月 壬辰.

11) 《成宗實錄》224, 成宗 20년 正月 丙子 ; 《成宗實錄》225, 成宗 20년 2월 乙卯.

12) 《成宗實錄》232, 成宗 20년 9월 庚辰.

13) 《成宗實錄》236, 成宗 21년 正月 己巳.

14) 《成宗實錄》248, 成宗 21년 12월 甲戌.

을 파견하여 황금을 進獻하는 등[16] 거의 매년 황금을 私進品으로 진상하고 있었다.

이들은 私進品에 대하여 많은 別賜品을 요구하였고, 그것에 대한 代價로 綿布를 지급해 줄 것을 요청하였다. 정부는 대개 成宗 15~18년 간에는 黃金 1兩 당 綿布 30필로 환산하여 別賜하였지만, 그들의 私進行爲가 商利를 목적으로 하였고 또 그 액수도 증가되었기 때문에 정부는 成宗 19년(1488) 정월에 이르러 金 1兩 당 綿布 25匹로 金價를 절하하였다.[17] 그리고 점차 別賜品도 綿布로만 지급하기가 어렵게 되어 成宗 21년 3월부터는 綿紬·正布와 함께 3종의 布物로 지불하게 되었다.[18]

이처럼 15세기 말에 접어들면서 倭金은 日本의 幕府나 對馬島主 및 大小豪族들이 보낸 使船을 통해서 대량으로 유입되고 있었지만 이 시기에 이르면 倭商들의 興利船에 의해서도 倭金이 몰래 유입되고 있었다.

15세기 초에 정부가 三浦를 개방한 목적이 倭商들에게 互市와 釣魚의 장소를 한정하여 출입을 통제하려는 데 있었고 그들의 거주를 허락한 것은 아니었다. 그러나 使船과 興利船의 빈번한 왕래에 따라 연간 수천 명의 倭人이 출입하게 되었고, 그 중에는 三浦에 상주하기를 원하는 자들이 늘어나 成宗 6년(1475) 12월에 600戶 1,600명으로 증

---

15) 《成宗實錄》 263, 成宗 23년 3월 辛巳 ; 《成宗實錄》 265, 成宗 23년 5월 癸未 ; 《成宗實錄》 266, 成宗 23년 6월 庚申 ; 《成宗實錄》 267 成宗 23년 7월 甲戌.

16) 《成宗實錄》 289, 成宗 25년 4월 戊辰 ; 《成宗實錄》 291 成宗 25년 6월 辛未 ; 《成宗實錄》 291, 成宗 25년 6월 壬申.

17) 小葉田淳, 앞의 논문, 893쪽.

18) 《成宗實錄》 238, 成宗 21년 3월 乙丑. "戶曹判書盧公弼參判宋瑛來啓曰 今者 宗貞國 特送職宜所賓黃金及朱紅 公貿易價綿布 共一萬七百五十四二十二 尺 前此公貿之價 以綿紬正布綿布等物 准計給之 今者 皆以綿布從願給之 則國家綿布有數 一朝盡用 則不可卒備 今後 請以綿紬正布綿布等三物 准計 給之何如 且倭人資來朱紅公貿之價 優於私貿易之價 今宜減價給之 況黃金 價本一兩綿布三十匹 近者以太多 只定二十五匹 今後請依此例施行 從之"

가되고, 다시 동왕 25년(1494)에는 釜山浦에 127戶 446명, 鹽浦에 51戶 152명, 薺浦에 347戶 2,460명으로 모두 525戶 3,058명에 달했으며, 그 밖에도 三浦에는 14개소의 社寺가 설립되고 47명의 승려가 거주하고 있었다.[19] 이처럼 三浦에 불법으로 거주하는 倭人들의 수가 증가해감에 따라서 양국 상인간의 私貿易도 활기를 띠고 있었다. 양국 상인간의 私貿易이 활발해짐에 따라 거래상에 갖가지 분쟁이 야기되었을 뿐만 아니라 禁物의 매매도 성행하게 되었다. 이 때문에 이미 睿宗 원년(1469)에는 三浦의 '貿易事目'을 제정하여 金銀의 매매는 물론 倭人의 銅鐵·蘇木 등의 私貿易도 일체 금하고 서울로 운송하여 공무역만 실시하게 하였으며, 다만 生必品에 한해서만 私貿易을 허락하였다. 그러나 三浦에는 生必品 거래를 미끼로 한 私貿易이 점차 성행하게 되었고 또 三浦의 화물을 서울로 운송하는 폐단이 컸기 때문에 成宗 3년(1472)에는 星州의 花園縣에 移送해서 공무역하는 제도를 택하게 되었다. 이때 정부는 왜인들의 물화를 모두 國費로 매입한 뒤 국용을 제외한 物貨만을 상인들에게 전매하였다.[20]

그러나 상인들이 매입하지 않은 物種이 쌓이게 되면서 재정적인 소모가 컸기 때문에 成宗 16년(1485)에는 정부가 국내의 상인들로 하여금 物貨를 미리 납부하게 하고 그것으로 왜인들의 물건을 구매하는 방법을 취하게 되었다.[21] 정부는 이처럼 양국 상인간의 직접적인 매매행위를 금하여 상호간의 분쟁을 막고 또 禁物의 매매를 방지할 목적으로 '花園縣貿易'制를 실시하고 있었지만 양국 상인간의 밀무역행위는 여전히 근절되지 않고 있었다. 倭商들은 황금을 비롯한 銅·朱紅·石硫黃 등을 밀매하였고 조선 상인들은 銀이나 火藥까지도 倭商들에게 팔고 있었던 것이다. 그러나 成宗 16년(1485)에 花園縣貿易法을 수

19)《成宗實錄》62, 成宗 6년 12월 辛巳 ;《成宗實錄》295, 成宗 25년 10월 戊寅.
20) 李鉉宗,《朝鮮前期 對日交涉史研究》, 韓國研究院, 1964, 160~170쪽.
21)《成宗實錄》175, 成宗 16년 2월 丁卯.

정할 때의 논의를 살펴보면 두 가지의 주목할 만한 주장이 나타난다. 첫째는 朝·日 兩國 상인에게 三浦貿易을 허가하자는 주장이었고, 둘째는 조선 상인의 銀이나 火藥의 밀매행위만 엄금할 뿐 倭金 등의 매입을 금할 필요가 없다는 주장이었다. 전자는 정부가 왜인의 화물을 三浦에서 花園縣까지 수송하는 과정에서 재정적인 손실이 컸기 때문이었고, 후자의 경우는 倭金 등의 매입 행위를 금지할 만한 현실적인 이유가 없다는 입장이었다. 조선 초기에 황금의 매매를 엄금한 것은 국내 황금의 대외유출을 막기 위한 것이지만 지금은 도리어 倭金을 매입하고 있기 때문에 엄금할 이유가 없다는 것이었고, 그밖의 銅鐵이나 石硫黃 등도 국용에 긴요한 광산물들이므로 수입을 억제할 필요가 없다는 입장이었다. 이러한 정부 내의 지배적인 여론에도 불구하고 禁物의 매매와 양국 상인간의 분쟁을 방지해야 한다는 취지를 고집한 戶曹의 花園縣貿易案이 폐기되지 않았다. 하지만 당시 여러 날을 끌었던 논의를 통하여 정부가 金銀 등의 사적 매매를 금하기 위해 재정을 소모하면서까지 花園縣貿易을 강행해야만 할 이유가 없다는 사실을 인식한 셈이다.[22] 따라서 成宗 18년(1487)에는 왜인의 물화 중 가장 수량이 많고 수송하기가 어려웠던 銅鐵만은 국용을 제하고는 모두 三浦에 유치하고 京商으로 하여금 무역하게 함으로써 비로소 三浦의 私貿易이 실현되기 시작하였다.[23]

한편 전술한 바와 같이 成宗 15년(1484) 이후부터는 幕府의 通信使나 對馬島主의 專使 등이 다량의 黃金과 朱紅·銀 등을 私進物로 납부하였기 때문에 정부는 別賜品을 마련하기에 어려움을 겪고 있었다. 곧 成宗 19년(1488)에는 金 1兩 당 綿布를 30匹에서 25匹로 金價를 절하하였고, 成宗 21년(1490)부터는 綿布와 아울러 綿紬·正布로써 지불할

---

22) 《成宗實錄》175, 成宗 16년 2월 丁卯 ; 《成宗實錄》175, 成宗 16년 2월 戊寅 ; 《成宗實錄》176, 成宗 16년 3월 壬午.
23) 小葉田淳, 앞의 논문, 895쪽.

수 밖에 없었다. 그러나 그것은 미봉책에 불과하였고 증가되기만 했
던 私進物의 別賜品을 조달하기에는 재정적인 능력이 없었던 것이다.
따라서 동왕 23년(1492) 3월에는 黃金·朱紅 등 서울로 운반하기가 쉽고
국가에 긴요한 것만 私進하도록 허락하고 그밖의 私進物은 모두 상인
들에게 판매하도록 규정하였으며,[24] 나아가 동년 6월에는 黃金과 朱
紅마저도 私貿易을 허락하였다.[25] 이러한 對日貿易 관계는 中宗 5년
(1510)의 三浦倭亂 등으로 일시 위축되기도 하였지만 壬辰倭亂 이전까
지 대체로 유지되었고 특히 日本으로부터 黃金이 유입됨으로써 16세
기 간에 걸쳐 국내의 금광개발이 더욱 자극을 받지 못한 것으로 여겨
진다.

일본과의 公私貿易이 활발하게 전개되고 또 倭金이 대량으로 유입
되던 成宗 대에는 朝·明 간에도 使行員役들에 의한 私貿易이 성행하
였으며 그것을 통해 倭金과 국내 銀이 계속 明으로 유출되고 있었다.
使行員役들에게는 전술한 것처럼 職品의 高下에 따른 규정량의 '品布'
에 한해 私貿易이 허용되었고 通事들은 尙衣院·濟用監·醫司 등 관청
의 私貿易도 담당하고 있었다.[26] 이 시기 使行員役들은 규정된 私貿易
의 한계를 무시하고 다량의 물화를 수입하였으며 金銀 등의 禁物을
밀매하고 있었다.

成宗 22년(1491)에 사신들의 불법적인 私貿易行爲를 지적한 司譯院
正康繼純 등의 상소에 의하면, 사신들이 大行次일 경우에는 '品布'외

---

24)《成宗實錄》263, 成宗 23년 3월 癸巳.
　《成宗實錄》265, 成宗 23년 5월 癸未. "李克培議 黃金朱紅 國家緊用之物 當
　依情願貿易 其他私貿易 前議已定 從克培議"
25)《成宗實錄》291, 成宗 25년 6월 壬申. "答曰 銅鐵價 前以綿布而金三分 朱紅
　黃金 前則公貿 而金乃私貿"
26)《燕山君日記》36, 燕山君 6년 2월 丙申. "在行通事等諸官 公貿易品布外 私
　賫物貨 多至七八千餘匹 … 且年前尙衣院濟用監及醫司貿易布 摠四千八百
　三十餘匹"

의 布子가 100여 同에 달하고 小行次에도 8,90同이나 된다고 하였으며, 또한 사신들은 市井의 商賈들로부터 뇌물을 받고 親子弟·軍官과 奴子 대신 그들을 공공연히 데리고 간다고 하였다.[27] 이처럼 모범을 보여야 할 사신들 자신이 職品에 따른 私貿易의 한계를 위반하였고 商賈들을 子弟·軍官 또는 奴子의 이름으로 데리고 가는 실정이므로 여타의 使 行員役들이 규정을 지켰을 리 없었다. 그로부터 9년 뒤인 燕山君 6년 (1500) 2월에는 반대로 議政府가 赴京通事들의 私貿易 행위를 규탄하 기를 "通事들은 관청의 公貿易에 필요한 '品布'외에 사사로이 싣고 가 는 布子가 7,8千餘匹에 달하며 그 밖의 金銀과 雜物도 헤아릴 수 없이 가져간다"고 하였다.[28] 이처럼 당시의 使行員役들이 규정을 어기고 많 은 布物과 金銀 및 雜物 등을 明나라로 반출하였고 국내나 日本 商人 들에게 매매가 유리한 상품을 구입하고 있었다. 한때는 그 곳에서 수 입하기가 용이하고 값이 쌌던 鉛鐵이나 綠礬 등을 대량으로 수입하 여[29] 그 무게 때문에 運送役을 지고 있던 護送軍들을 괴롭히기도 하 였지만[30] 당시의 使行員役들이 가장 수입하기를 원했던 품목은 값비 싼 絲羅綾段이었다.[31] 絲羅綾段은 가격이 비쌌기 때문에 布物로서 구 입하기에는 수지가 맞지 않았다. 金銀 등은 가져가기도 쉬웠지만 값

---

27) 《成宗實錄》251, 成宗 22년 3월 乙巳. "司譯院正康繼祖等上疏 其略曰 … 大 行次 則品外布子 幾至百餘同 而他物稱是 小行次則不下八九十同 以如此之 布 易中華之物 紗羅綾段則已矣 … 使之稱子弟稱軍官者 非眞子弟與軍官也 奉皆市井商賈之徒 甘心賄賂 決意誣上 而莫之憚也 … 至於帶奴子 亦如是至 以興利之人 以爲己奴 受其賄賂 冒名率行"

28) 《燕山君日記》36, 燕山君 6년 2월 丙申. "又有一年三次赴京之行 送迎騎馱 勞費莫甚 而在行通事等 諸官公貿易品布外 私資物貨 多至七八千餘匹 至如 金銀 我國所不産 載在禁章 而亦多潛持 其他濫資雜物 不可勝數"

29) 《成宗實錄》251, 成宗 22년 3월 乙巳. "至於白鐵綠礬 最爲易求 故綠礬則一 端布子之換 幾至五十斤 以此算之 則一同布之換 可至於千萬斤"

30) 《成宗實錄》257, 成宗 22년 9월 癸卯. "領事沈澮對曰 若紗羅綾段 易以輸轉 如鉛鐵綠礬 至重而得利多 故爭貿輸轉 以致人馬疲困"

31) 《成宗實錄》251, 成宗 22년 3월 乙巳.

이 높았기 때문에 絲羅綾段 등 값비싼 物貨를 수입하기 위해서는 필수적인 상품이기도 하였다.[32] 따라서 15세기 말 이후 絲羅綾段이 수입품의 大宗을 이루었던 것과 비례하여 金銀의 流出도 성행하였다. 成宗 15년(1484) 이후 한동안은 주로 國內銀의 유출 문제가 거론되고 있었는데[33] 成宗 말년에 이르러 朝·日간의 私貿易이 확대되고 倭金의 수입이 증대되면서 銀과 더불어 倭金의 유출문제도 표면화되었다.[34]

이처럼 金銀의 流出 문제가 심각해지자 정부에서는 이를 방지하기 위한 방책들을 강구하기 시작하였다. 成宗은 23년(1492) 4월에 使·副使로 하여금 員役들에 의한 禁物의 밀수를 철저히 금하도록 지시하였고[35] 이듬해 5월에는 또한 使行에 파견되던 사헌부의 監察로 하여금 밀수자를 색출하도록 당부하고 있었다.[36] 그러나 정부의 이러한 고식적인 조처만으로는 金銀의 유출을 방지할 수 없었다. 따라서 燕山君 6년(1500) 2월에는 다시금 議政府가 舊例를 쫓아 赴京使行에 臺官을 파견하여 규정 밖의 物貨를 가져가는 자를 수색, 治罪하게 하는 동시에 官에서 이를 몰수하도록 요구하였다.[37] 정부의 강력한 조치로 搜檢

---

32) 《成宗實錄》 276, 成宗 24년 4월 丁未. "且銀價重利倍 故冒禁賫去 售重貨而來 請申明禁止 上日 旣有法矣 使副使若不禁之則改法何益"

33) 《成宗實錄》 175, 成宗 16년 2월 壬寅. "赴京之行 禁物之令雖嚴 然或以銀 或以他禁物 挾歸潛賣者有之 但無現發者 故未之罪耳"

34) 《成宗實錄》 276, 成宗 24년 4월 辛酉. "國家禁令雖嚴 猶有以金銀爭相賣買者"

35) 제2장 註 32) 참조.

36) 《成宗實錄》 290, 成宗 25년 5월 甲辰. "上曰左右曰 … 銀乃禁物 而猶有持往者 監察不能檢擧 歸罪於國可乎 領事尹弼商啓曰 賜與在於恩數 不可復論 但在監察 能檢察耳 … 赴京諸人 到遼東 監察能考檢之 則誰有冒濫者乎 特進官李鐵堅啓曰 赴京時興利人 必先期而往 潛渡鴨江 無由糾察 須於越江前禁斷可矣"

37) 《燕山君日記》 36, 燕山君 6년 2월 丙申. "且義州官奴軍民等 多受京中及開城府富賈布物 每於赴京之行 數外牽連 潛往遼東 換易唐物者相屬 若此不已 則謀利之徒 紛紜往來 欺詐爭鬪 生事於上國者 必有之矣 豈細故哉 今後似前冒"

이 얼마나 철저하였는지는 상고할 수 없지만, 동년 8월에 이르러 金礩의 아들인 金誠童이 사행길에 金銀을 지니고 갔다가 체포된 사건이 발생하였다. 관료들 중에는 誠童이 功臣 金礩의 아들이었기 때문에 減刑하기를 원했던 자들이 있었지만, 金銀의 流出을 방지하기 위해 一罰百戒를 강력히 주장한 韓致亨 등의 의사대로 絞刑에 처하였다.[38]

2. 燕山君代의 鑛工業과 鉛銀分離法의 개발

燕山君 때에는 왕이 사치와 淫逸에 빠져 왕실의 金銀需要가 급증하고 있었다. 왕비 愼氏를 위해 金鼎을 주조할 정도였고, 張綠水·田非와 같은 內寵이 많은 데다 각 道의 美女들을 징발하여, 興淸·運平·繼平·續紅이라 이름한 宮女들이 수천명에 달하였다.[39] 따라서 宮中의 服飾과 器皿 및 각종 賞賜物에 충당할 金銀의 수요량은 증대하였고 그밖에 珠玉類나 絲羅綾段과 각종 '戲琓之具'의 수요도 방대하였다.[40] 燕山君은 이러한 물품들을 제조하기 위하여 서울과 지방의 각 匠人들을 궐내에 불러 모았다. 당시 궐내에 모집된 匠人의 名目은 尙衣院 소속의 銀工[41]·玉工[42]·鏡匠[43]·燔珠匠[44]과 일부의 弓矢匠[45]들을 비롯하

行而不能檢察 義州官吏及領去團練使書狀官等 率皆科罪 以杜冒濫之弊"
38) 《燕山君日記》 38, 燕山君 6년 8월 乙酉 ; 《燕山君日記》 39, 燕山君 6년 9월 戊辰.
39) 申奭鎬, 〈朝鮮中宗時代の金銀問題〉《稻葉博士還曆記念滿鮮史論叢》, 1938, 411쪽.
40) 《燕山君日記》 45, 燕山君 8년 8월 癸卯 ; 《燕山君日記》 53, 燕山君 10년 5월 己亥 ; 《燕山君日記》 55, 燕山君 10년 8월 己卯.
41) 《燕山君日記》 45, 燕山君 8년 8월 癸卯 ; 《燕山君日記》 48, 燕山君 9월 正月 庚午.
42) 《燕山君日記》 45, 燕山君 8년 7월 丙戌 ; 《燕山君日記》 53, 燕山君 10년 5월 壬寅.
43) 《燕山君日記》 53, 燕山君 10년 5월 壬寅.
44) 《燕山君日記》 54, 燕山君 10년 6월 癸酉.

여 綾羅匠[46]·花匠[47]·木工[48]·熟皮匠·毛衣匠·靴匠 및 針線婢·合絲婢[49]
등이었다. 이상과 같은 각 匠人의 名目에 해당한 官匠들은 서울과 지
방을 막론하고 거의 동원되었으며,[50] 그 중 작업량이 많았던 銀工이나
鏡匠들을 비롯하여 官匠이 부족한 분야에는 私匠도 징발되었다.[51]

 燕山君이 이처럼 많은 匠人들을 궐내에서 사역한 이유가 작업을
지휘 감독하거나 제품을 신속하고 정교하게 제조하기 위함이라고 하
지만,[52] 실은 왕이 奇技와 淫巧를 즐겨 각종의 '戲玩之物'들을 외부에
서 모르게 제조할 목적에서였다. 그 때문에 燕山君은 궐내의 장인들
로 하여금 외부에 이런 사실을 누설하지 못하도록 하기 위하여 燕山
君 10년(1504) 8월에는 누설한 자에 대한 '治罪節目'을 제정하였던 것이
고,[53] 11년(1505) 5월에는 엄격한 賞罰規定까지 마련하여 장인들을 단
속하였다.[54]

45)《燕山君日記》58, 燕山君 11년 5월 庚戌;《燕山君日記》58, 燕山君 11년 6월
   庚辰.
46)《燕山君日記》50, 燕山君 10년 5월 甲辰.
47)《燕山君日記》50, 燕山君 9년 9월 辛未.
48)《燕山君日記》54, 燕山君 10년 6월 癸酉.
49)《燕山君日記》52, 燕山君 10년 2월 庚辰.
50)《燕山君日記》45, 燕山君 8년 8월 癸卯;《燕山君日記》48, 燕山君 9월 正月
   庚午;《燕山君日記》50, 燕山君 9년 9월 辛未;《燕山君日記》52, 燕山君 10
   년 2월 庚辰;《燕山君日記》52, 燕山君 10년 5월 己亥;《燕山君日記》54,
   燕山君 10년 6월 癸酉;《燕山君日記》58, 燕山君 11년 5월 己亥.
51)《燕山君日記》45, 燕山君 8년 8월 癸卯;《燕山君日記》53, 燕山君 10년 5월
   己亥;《燕山君日記》53, 燕山君 10년 5월 癸卯.
52)《燕山君日記》45, 燕山君 8년 8월 癸卯."傳曰 欲服藥 速造銀匙以入 若付有
   司 則緩不及期 此不能精造 故爲此等事 置匠于內 以便指揮 非爲戲玩之具
   也"
53)《燕山君日記》55, 燕山君 10년 8월 己卯."傳曰內役匠 凡闕內所造物 不得漏
   洩於外 犯者治罪節目議啓 時王酷好奇技淫巧之事 宮中役匠 常數百人 恐外
   人詳知 故有是傳"
54)《燕山君日記》58, 燕山君 11년 5월 己亥."傳曰 京外各邑匠人 不可無勸懲
   其才技異衆 勤於趨事者 授職給俸 外方居人 本家來往時 粥飯題給 其奸巧

당시 궐내에서 수백명의 장인들을 모아 항시적으로 사역함에 따라 작업을 지시 감독하는 문제나 물품 제조에 필요한 자재를 공급하는 문제가 쉽지 않았다. 궐내의 工役을 전담한 부서는 尙衣院이었지만 工曹나 濟用監 및 軍器寺·掌樂院 등에서도 役務를 주선하는 데 골몰하였다.[55] 尙衣院의 업무가 확대됨에 따라 본원의 관원도 날로 증가되고 있었다. 동왕 11년(1505) 5월에 本院의 提調具壽永이 '事繁員小'함을 이유로 증원을 요청하여 別坐 2員을 추가한 데[56] 이어 傳旨로 4명의 관원이 다시 추가되었고,[57] 6월에는 判官과 主簿를 증원하였으며[58] 12월에는 10명의 관원을 일시에 증원하였다.[59] 尙衣院 관원이 한해 동안에 18명이나 증원된 셈이었다. 이 밖에도 이 무렵에는 燕山君이 즐겼던 射候나 騎射, 佃獵用의 弓矢를 제조하기 위하여 軍器寺의 관원도 12명이나 증원되었다.[60]

당시 尙衣院의 주관하에 궐내에서 진행되었던 匠人들의 工役은 주로 金銀·珠玉 등 귀금속의 세공작업이 주축을 이루고 있었다. 궐내 공역이 확대될수록 금은·주옥 등의 제품원료를 조달하는 문제도 날로 심각해져 갔던 것이다. 이 때문에 燕山君은 일찍부터 금은·주옥류의 국내광산을 개발하는 데 적극성을 띠었다. 燕山君이 동왕 7,8년경부터

懶慢者 決杖一百 水軍充定"

55)《燕山君日記》53, 燕山君 10년 5월 己亥. "王多內寵 日以造供御器服賞賜之物爲事 如工曹尙衣院濟用監等司 疲於工役 官吏監督 猶不能及 至被刑杖 工人不足 盡括私匠 日役官門 不得謀衣食 民間騷然 怨咨盈路又聚工匠于闕內 百役俱興 料給之費 不可勝數 府庫一空"

56)《燕山君日記》58, 燕山君 11년 5월 己亥.

57)《燕山君日記》58, 燕山君 11년 5월 庚戌.

58)《燕山君日記》58, 燕山君 11년 6월 庚辰.

59)《燕山君日記》60, 燕山君 11년 12월 甲申.

60)《燕山君日記》58, 燕山君 11년 5월 庚戌 ;《燕山君日記》58, 燕山君 11년 6월 庚辰 ;《燕山君日記》59, 燕山君 11년 8월 辛酉 ;《燕山君日記》62, 燕山君 12년 6월 辛酉.

채굴하기 시작한 珠玉類의 鑛石은 白水晶[61]·紫水晶[62]·白玉[63]·靑玉[64]·
白瑪瑙·火瑪瑙[65] 및 天二靑石[66] 등으로서 楊州 檜巖寺의 紫水晶[67]과
慶州의 白水晶·火瑪瑙·白瑪瑙,[68] 端川의 靑玉,[69] 楊州 光陵山麓의 白
玉鑛山[70] 등이 유명하였다. 당시 珠玉類의 광산을 개발하고 채납하는
업무는 각 道의 監司에게 위임하고 있었으나[71] 채굴시의 기술적인 부
문과 채굴한 광석으로 물품을 제조하는 작업은 尙衣院에서 담당하기
때문에 채광 현장에는 반드시 尙衣院의 玉工이 파견되고 있었다.[72]
현지의 守令은 潛採를 엄금하고 인부를 동원할 뿐 아니라 채굴한 광

---

61) 《燕山君日記》41, 燕山君 7년 8월 壬子；《燕山君日記》44, 燕山君 8년 6월
   己酉；《燕山君日記》49, 燕山君 9월 3일 癸巳；《燕山君日記》50, 燕山君 9
   년 6월 庚申.

62) 《燕山君日記》41, 燕山君 7년 8월 壬子；《燕山君日記》44, 燕山君 8년 6월
   己酉；《燕山君日記》45, 燕山君 8년 7월 己酉；《燕山君日記》50, 燕山君 9
   년 6월 庚申.

63) 《燕山君日記》50, 燕山君 9년 7월 癸巳；《燕山君日記》51, 燕山君 9년 12월
   丁亥.

64) 《燕山君日記》45, 燕山君 8년 7월 丙戌；《燕山君日記》51, 燕山君 9년 12월
   丁亥；《燕山君日記》53, 燕山君 10년 5월 庚子；《燕山君日記》53, 燕山君
   10년 5월 壬寅；《燕山君日記》54, 燕山君 10년 6월 辛巳；《燕山君日記》57,
   燕山君 11년 4월 癸未.

65) 《燕山君日記》49, 燕山君 9년 3월 癸巳；《燕山君日記》54, 燕山君 10년 7월
   辛巳.

66) 《燕山君日記》53, 燕山君 10년 5월 乙巳.

67) 《燕山君日記》45, 燕山君 8년 7월 己卯.

68) 《燕山君日記》49, 燕山君 9년 3월 癸巳.

69) 《燕山君日記》45, 燕山君 8년 7월 丙戌；《燕山君日記》57, 燕山君 11년 4월
   癸未.

70) 《燕山君日記》50, 燕山君 9년 7월 癸巳.

71) 《燕山君日記》45, 燕山君 8년 7월 己卯；《燕山君日記》49, 燕山君 9년 3월
   癸巳；《燕山君日記》54, 燕山君 10년 6월 辛巳.

72) 《燕山君日記》45, 燕山君 8년 7월 己卯；《燕山君日記》45, 燕山君 8년 7월
   丙戌；《燕山君日記》50, 燕山君 9년 7월 癸巳；《燕山君日記》53, 燕山君 10
   년 5월 癸卯；《燕山君日記》54, 燕山君 10년 7월 辛丑.

석을 운반하기 위해 농민을 징발하였다.[73] 珠玉鑛山의 채광과 운반은
모두 농민들의 부역노동에 의하여 이루어졌다. 그러나 동왕 9년(1503)
7월에 高安都正李精이 光陵山麓에서 白玉 3塊를 채납한 경우처럼 포
상을 노리는 자들이 사사로이 채납하는 사례도 없지 않았다.[74] 그밖
에도 燕山君은 明으로부터 수입하는 상품의 대종을 이루었던 絲羅綾
段마저 국내에서 생산할 목적으로 동왕 10년(1504) 5월에는 '通織司'를
설치하고 '監織官'을 두어 織造匠·引紋匠·執經匠·執緯匠·染匠들로 하
여금 織造하게 하는 등 宮中의 수요품을 자체 생산하기도 하였다.[75]

이러한 燕山君의 의욕은 金·銀 문제에 대해서도 다를 바가 없었다.
金은 成宗 15년(1484)경부터 日本의 각 使節들에 의한 私進品이 증가
하면서, 정부는 오히려 재정적인 부담 때문에 成宗 23년(1492)에 이르
러 私進行爲를 금하고 私商貿易에 일임했을 정도였다. 이후 한동안
정부는 倭金을 구입하지 않다가 燕山君 3년(1497) 정월에 처음으로 많
은 양의 倭金을 매입하였고,[76] 다시 8년 만인 燕山君 10년(1504) 6월에
대량으로 구입하였다.[77] 곧 燕山君 3년부터 10년까지 8년 간은 燕山君
3년에 수입한 倭金으로 宮中의 需用에 충당한 셈이다. 이 기간에 燕山
君은 수차에 걸쳐 金의 궐내 납입을 요구하고 있었다. 戊午士禍를 일
으킨 뒤인 이듬해 5년(1499) 정월, 燕山君은 葉兒金 10斤을 궐내에 반

73) 《燕山君日記》45, 燕山君 8년 7월 己卯 ; 《燕山君日記》45, 燕山君 8년 7월
   丙戌.
74) 《燕山君日記》50, 燕山君 9년 7월 癸巳.
75) 《燕山君日記》53, 燕山君 10년 5월 戊申. "先是傳曰 私織紵絲帶束紙書印之
   例 一依中朝例 承旨孫澍啓 私織紵絲等束腰紙面書紗羅綾段 非我國所産 宰
   相罕有服之者 特設某司 聽人私織 與國共之 又書某司監織官織造匠引紋匠
   執經匠執緯匠染匠姓名 書年月日 而名其司爲通織何如 傳曰可"
76) 《燕山君日記》21, 燕山君 3년 正月 甲寅. "今者倭黃金及銅鐵貿易 經費不些"
77) 《燕山君日記》54, 燕山君 10년 6월 辛巳. "戶曹啓 黃金貿易價 正布二萬九千
   餘匹 濟用監所藏 則正布只有一萬匹 國用不足 請以司贍寺布給之何如 傳曰
   可"

입하도록 명령한 데[78] 이어 이튿날에 다시 金 13兩을,[79] 동년 9월에는 5斤 내지 10斤의 倭生金을 반입하도록 하였고,[80] 6년 정월에는 生金 10斤,[81] 3월에는 泥金 1兩[82]을, 8년(1502) 정월에는 10品金 10斤,[83] 7월에는 倭生金 3斤을 각각 반입하도록 요구하였다.[84] 이처럼 燕山君은 동왕 5년부터 8년까지 4년여에 걸쳐 金의 반입을 일곱 차례나 요구하였고 그 양이 총 40여 斤에 달하였다.

여기에서 燕山君이 마지막으로 금의 궐내 반입을 요구하였던 동왕 8년(1502) 7월에는 이미 尙衣院이나 工曹에 소장된 金이 모두 탕진되었던 것으로 여겨진다. 그것은 동년 정월에 燕山君이 10品金 10斤을 반입하도록 요구했을 때, 承旨李坫이 尙衣院에 소장된 금이 3斤도 못 된다고 하여 工曹에 소장된 금으로 代納했던 것인데, 다시 동년 7월에 倭生金 3斤을 반입하게 한 것은 尙衣院에 소장된 금 3斤을 마저 반입하게 한 처사로써 결국 이때에는 尙衣院은 물론 공조에 소장된 금도 탕진되었음을 알 수 있다.[85] 尙衣院과 工曹의 金이 탕진되자, 燕山君은 倭金을 매입하도록 재촉하는[86] 한편 "국내에도 금광이 있다"는 사실을 강조하면서[87] 채굴해 바치도록 협박까지 하였다.[88] 앞서 成宗 15년(1484)에 貢金制를 중지했을 때, 成宗은 倭金을 구입하여 사용하기

78)《燕山君日記》32, 燕山君 5년 正月 丙子.
79)《燕山君日記》32, 燕山君 5년 正月 丁丑.
80)《燕山君日記》35, 燕山君 5년 9월 庚辰.
81)《燕山君日記》36, 燕山君 6년 正月 乙亥.
82)《燕山君日記》37, 燕山君 6년 3월 庚午.
83)《燕山君日記》42, 燕山君 8년 正月 庚辰.
84)《燕山君日記》45, 燕山君 8년 7월 丙戌.
85)《燕山君日記》51, 燕山君 9년 10월 庚戌.
86)《燕山君日記》51, 燕山君 9년 11월 己巳 ;《燕山君日記》51, 燕山君 9년 12월 甲辰.
87)《燕山君日記》32, 燕山君 5년 正月 丁丑 ;《燕山君日記》36, 燕山君 6년 正月 乙亥 ;《燕山君日記》51, 燕山君 9년 12월 甲辰.
88)《燕山君日記》51, 燕山君 9년 10월 庚戌. "傳曰 銀則貿入 金則吹鍊而入"

로 하되 여의치 못할 경우 그때에 가서 다시 채굴하기로 결정한 것이
므로 燕山君도 이때 珠玉類의 광산처럼 採取할 의도였던 것이다. 정
부는 이러한 燕山君의 생각을 일찍부터 간파했기 때문에 여러 번 금
의 남용을 諫하였고,[89] 또 그것이 국내에서 생산되지 않음을 강조하였
으며[90] 전술한 바와 같이 燕山君 6년(1500)에는 金誠童을 처형하는 등
백방으로 견제해 왔다. 그러나 지금은 왕이 국내의 金을 채굴하도록
까지 명령한 상황이므로 정부로서는 결코 倭金의 매입마저 반대할 수
가 없게 되었다. 그 때문에 동왕 10년(1504) 6월에는 司贍寺의 正布
29,000여 匹을 지출하여 倭金을 수입하였다.[91] 이때 정부가 만약 倭金
을 수입하지 않았다면 어떤 형태로든 燕山君은 국내의 沙金鑛을 재개
했을 것이다. 그리고 沙金鑛을 재개했을 것이라는 또 하나의 반증은
倭金을 수입한 직후부터 燕山君이 취한 행동을 미루어 보아도 짐작할
수 있다. 倭金이 수입되자 燕山君은 같은 달에 生金 100兩과 金 50兩
을,[92] 그리고 이어 葉兒金 100兩을 궐내에 반입하도록 하였고[93] 12월
에는 金 100兩을,[94] 12년(1506) 정월에는 10品金 200兩을[95] 각각 궐내에
반입하도록 하는 등 금에 대한 욕구가 절실했던 것이다.

　이처럼 금은 정부가 燕山君 3년(1497) 정월에 倭金을 수입했기 때문
에 燕山君 5년(1499) 정월부터 燕山君의 반입 요구에 응할 수 있었던
것이지만, 銀의 경우는 그렇지가 못하였다. 銀은 외국에서 수입되지도
않았을 뿐아니라 국내에서도 채굴되지 않았다. 成宗 말 燕山君 초에

89)《燕山君日記》32, 燕山君 5년 正月 丙子 ;《燕山君日記》35, 燕山君 5년 9월
　　庚辰 ;《燕山君日記》36, 燕山君 6년 正月 乙亥.
90)《燕山君日記》36, 燕山君 6년 正月 乙亥 ;《燕山君日記》36, 燕山君 6년 2월
　　丙申 ;《燕山君日記》44, 燕山君 8월 6월 戊辰.
91) 제2장 註 77) 참조.
92)《燕山君日記》54, 燕山君 10년 6월 甲申.
93)《燕山君日記》54, 燕山君 10년 6월 丁亥.
94)《燕山君日記》60, 燕山君 11년 12월 癸亥.
95)《燕山君日記》61, 燕山君 12년 正月 丙申.

明이나 日本으로 유출되던 銀도 通事나 富商大賈들이 민간에서 수매
한 것들이었다. 정부는 世宗 말 이후 재정적인 이유로 銀의 수매를 실
시하지 않았다. 따라서 燕山君 5,6년경이면 민간에 소장된 銀도 희귀
해졌을 뿐 아니라, 尙衣院이나 工曹에 소장된 은도 거의 탕진된 상태
였다.[96] 이처럼 公私間에 銀을 구하기가 어려운 처지였으므로 燕山君
은 金의 납입을 요구하면서도 銀을 납부하도록 명령하지는 않았다.
그런데 燕山君 7년(1501) 윤7월에 이르러 帶方府夫人 宋氏가 花銀을
진상하여 정부가 綿布 2,100匹을 銀價로 題給하였고, 顯淑公主가 銀을
진상하여 綿布 750匹을 題給하였으며,[97] 다시 같은 달에 齊安大君이
花銀 2錠을 진상하므로 燕山君은 戶曹로 하여금 市價에 맞춰 지급하
도록 하였다.[98]

이 때 銀의 市價가 어떠했는지는 상고할 수 없으나 燕山君 원년
(1495)의 기록에 의하면 銀 1兩은 綿布 3匹 정도였다.[99] 이로써 환산한
다면 帶方府夫人이 바친 銀은 700兩이었고 顯淑公主가 바친 銀은 250
兩이며 齊安大君이 2錠, 약 20~30兩을[100] 바친 셈이므로 모두 합치면
1,000餘兩에 달하였다. 그런데 여기에서 한 가지 부언해 둘 것은 공교
롭게도 이 1,000餘兩의 銀이 진상된 이후 6개월만인 燕山君 8년(1502)

---

96) 《燕山君日記》33, 燕山君 5년 4월 乙巳.

97) 《燕山君日記》40, 燕山君 7년 閏7월 庚子. "傳曰 帶方府夫人宋氏所進花銀
    價 綿布二千一百匹 顯淑公主所進銀價 綿布七百五十匹 題給"

98) 《燕山君日記》40, 燕山君 7년 閏7월 辛丑 ;《燕山君日記》40 燕山君 7년 閏
    7月 癸卯.

99) 《燕山君日記》5, 燕山君 元年 5월 丙戌. "以銀二兩與節度使 … 銀價木綿六
    匹"

100) 錠은 單位가 일정하지 않은 銀덩어리로서 때로는 16兩을 1錠으로 삼기도
    하였고(《太宗實錄》2, 太宗 元年 10월 庚辰), 때로는 10兩을 1錠으로 삼기
    도 하였다(《中宗實錄》64, 中宗 23년 閏10월 戊子). 곧 前者는 1斤을 1錠으
    로 삼았고 後者는 十進法에 의해 10兩을 1錠으로 삼은 것으로 모두가 셈
    하기에 편하도록 만들어진 것이다.

정월에 對馬島主가 特使를 파견하여 전례 없이 花銀 千兩을 요구했던
점이다.[101] 정부는 銀이 우리나라에서 나지 않는다고 하고 그 대신 綿
紬 200匹을 지급하고 말았지만 일찍부터 對馬島主가 銀을 요구한 예
가 없었으며 또 정확하게 1,000兩을 요청하였다는 사실로 미루어 볼
때 당시에도 양국 상인 간에는 상업정보가 밀통되고 있었음을 짐작하
게 한다.[102]

어떻든 燕山君 7년(1501)에 1,000餘兩의 銀이 한꺼번에 진상되자, 燕
山君은 즉시 이듬해부터 궐내에 銀工을 모집하여 여러 가지 물품을
제조하기 시작하였다. 곧 燕山君 8년(1502) 8월에 燕山君은 표면상 服
藥用의 銀匙를 속히 제조할 목적에서라고 하였지만, 실상은 각종 '戲
玩之具'들을 제작하게 하기 위하여 官·私의 銀工들을 궐내로 끌어들
였던 것이고[103] 이듬해 정월에도 銀盒을 제조한다는 이유로 銀工들을
불러들였으며,[104] 같은 해 5월에는 銀盤 3面과 銀 80兩을 궐내에 납입
하도록 명령하였다.[105]

이상과 같이 燕山君 8년(1502) 8월부터 또 官·私의 銀工들이 궐내에
들어가 銀器를 제조하기 시작하면서 銀의 제련 기술도 발달하였다.
우리나라의 銀은 원래 鉛鑛石에서 추출한 것이기 때문에 純銀 곧 10
品銀이 아닌 9品·8品·7品銀 등은 鉛의 함유량이 1/10~3/10이란 표시며

---

101) 《燕山君日記》 42, 燕山君 8년 正月 壬辰 ; 《燕山君日記》 49, 燕山君 9년 4
   월 癸亥.
102) 成宗 16년 2월에 戸曹가 제의한 星州花園縣貿易案을 논의할 때 同副承旨
   李朝陽이 私商賣買를 허가하면 機事漏洩의 폐단이 지적한 사실도 이를
   反證하는 한 例라고 하겠다(《成宗實錄》 175, 成宗 16년 2월 丁卯).
103) 《燕山君日記》 45, 燕山君 8년 8월 癸卯. "傳日 欲服藥 速造銀匙以入 若付
   有司 則緩不及期 此不能精造 故爲此等事 置匠于內 以便指揮 非爲戲玩之
   具也 政丞未得詳知 故言役私匠之弊 若侑不得已之事 則豈暇區別公私乎
   是則政丞不無聽私匠本主之言也"
104) 《燕山君日記》 48, 燕山君 9년 正月 庚午. "命聚銀工於闕內 造銀盒"
105) 《燕山君日記》 49, 燕山君 9년 5월 壬申.

따라서 銀工들이 純銀製品을 만들기 위해서는 銀에 함유된 鉛을 분리해 낼 수밖에 없었다. 이러한 鉛銀分離法이 이듬해인 동왕 9년(1503) 5월에 良人金甘佛과 掌隷院奴金儉同에 의하여 처음으로 시도되었다.[106] 鉛銀分解術은 조선 초기에 銀鑛을 채굴했을 때에도 이미 적용되었지만, 世宗 말에 은광개발이 중지되었고 또 이후에 국가가 銀器皿의 제조에 힘쓰지 않았으므로 결국 그러한 기술이 銀工들에게 제대로 전습되지 못했던 상황이었다. 그리고 鉛銀分離法이 그간에 전수되었다 하더라도 그것이 銀製品의 대량 생산이나 銀鑛의 개발에 적용되지 않은 이상 별다른 의미가 없기 때문에, 이 시기 金甘佛과 金儉同에 의한 鉛銀分離法의 적용은 더욱 큰 의의를 지닌다.

제2절 銀流出의 增大와 銀鑛政策의 變遷

1. 民採納稅制와 民採納穀制의 成立

鉛銀分離法이 개발된 燕山君 9년(1503)에는 왕의 사치와 방탕이 극심하여 珠玉類의 광산을 곳곳에 개발하고 金鑛의 채굴을 강요하던 때였다. 이때에는 燕山君 7년(1501)에 진상된 銀 1,000餘兩도 거의 소모되었고 尙衣院이나 工曹에 소장된 銀도 모두 탕진된 상태였다. 따라서 燕山君이 尙衣院으로 하여금 동년 6월에 銀 30兩을, 그리고 7월에 銀 20兩을 각각 납입하도록 하였지만 本院에는 소장한 은이 없어 상인들로부터 매입하였으며,[107] 동년 10월에는 工曹에 지시하여 銀 20兩을

---

106) 《燕山君日記》 49, 燕山君 9년 5월 癸未. "良人金甘佛掌隷院奴金儉同 以鉛鐵鍊銀以進曰 鉛一斤鍊得銀二錢 鉛是我國所産 銀可足用 其造之法 於水鐵爐鍋內 用猛灰作圈 片截鉛鐵塡其中 因以破陶器 四圍覆之熾炭上下以之傳曰 其試之"

납입하게 하였으나 역시 本曹에도 소장된 銀이 없어 상인들로부터 매
입하였던 것이다.[108]

　이와 같은 상황에서 鉛銀分離法이 개발되자 燕山君은 즉시 端川鉛
鑛의 私採를 엄금하고 試鍊하도록 하였으며[109] 銀의 함유량이 풍부한
것을 확인하게 되었다. 따라서 정부는 工曹判書鄭眉壽의 제안을 받아
들여 민간인의 納稅採鑛, 곧 ‘民採納稅’를 허가하여 咸鏡道 각 驛站의
財源을 확보하기로 하였다. 銀鑛業主들에게는 採銀許可證인 ‘行狀’을
발급하였으며 監司와 守令으로 하여금 이를 검찰하도록 하였고 한편
민간인의 비합법적인 채굴과 銀의 유출을 막기 위해서 私採하는 자에
게는 楮貨를 위조한 자와 마찬가지로 絞刑에 처하기로 규정하였다.[110]
이리하여 世宗 말 이후 처음으로 銀鑛이 개발되었고 민간의 이해와
부합된 ‘民採納稅’制가 처음으로 端川銀鑛 개발에 적용되었던 것이다.

　그러나 이때의 鑛業主가 ‘聽民採用’ 또는 ‘欲吹鍊者’로만 표현되고
있어 어떤 부류의 사람들인지는 상고할 수 없다. 하지만 적어도 그들
은 정부로부터 ‘行狀’을 따낼 수 있고, 많은 匠人과 인부를 고용할 수
있을 만한, 정치적 배경과 경제적 능력을 갖춘 자들임에는 틀림없다.
그리고 그들은 국내상업과 국외무역에 직접 또는 간접으로 참여함으
로써 銀의 수용이 절실한 자들이었을 것이다. 당시 이러한 자격과 요

---

107) 《燕山君日記》50, 燕山君 9년 6월 辛亥 ; 《燕山君日記》50, 燕山君 9년 7월
　　 乙亥.
108) 《燕山君日記》51, 燕山君 9년 10월 庚戌. “工曹啓 命入銀二十兩 生金十兩
　　 本曹無儲 敢稟 傳曰 銀則貿入 金則吹鍊而入”
109) 《燕山君日記》49, 燕山君 9년 5월 戊子. “承旨姜參啓 端川産出鉛鐵性剛 可
　　 吹鍊造銀 令該曹禁人私採 從之”
110) 《燕山君日記》51, 燕山君 9년 11월 丁丑. “戶曹判書李諿參判安潤德工曹判
　　 書鄭眉壽 書鉛鐵吹鍊銀數以啓曰 端川鉛二斤 出十分銀四錢 永興鉛二斤
　　 出十分銀二錢 鄭眉壽仍啓 咸鏡道驛路殘弊 聽民採用 納稅於官欲吹鍊者
　　 令給行狀 使監司及守令檢察採鉛 輸京爲難 請私採者與楮貨僞造者同罪何
　　 如 傳曰 與戶曹同議 令公私兩便”

건에 합당한 계층은 赴京通事거나 富商大賈들 뿐이었다. 그러나 赴京通事들은 비록 明과의 公私貿易을 주도하고 있었지만 엄연히 정부의 정식 官員들이었기 때문에 국내의 상업적 활동에 공공연히 참여할 수가 없었다. 하지만 富商大賈들은 일찍부터 민간에 소장된 銀을 수매하여 赴京通事들에게 轉賣하거나 倭商들과의 사적매매를 통하여 일본에도 수출하였다. 뿐만 아니라 富商大賈들은 宮中과 府中의 要路와 결탁하여 각종의 商利를 도모하고 있었다. 전술한 바와 같이 成宗 말에는 富商大賈가 赴京使臣을 金品으로 매수하여 子弟·軍官의 이름으로 對明貿易에 직접 참여하기도 하였고 後宮들과도 결탁하여 다량의 물화를 官에 납품하고 厚利를 취하기도 하였다.[111] 富商大賈들의 이러한 활동은 燕山君 말기에 접어들면서 더욱 두드러지게 나타나고 있었다. 尙衣院과 工曹의 金銀이 탕진되면서는 富商大賈가 정부에 이를 납품해 왔으며[112] 興淸들과도 결탁하여 珠玉類를 왕실에 납품하고 엄청난 이익을 취하기도 하였다.[113] 이처럼 富商大賈들이 宮中과 府中의 要路에 접하면서 金銀珠玉의 수매와 납품을 전담하고 있었던 시기에 端川銀鑛의 '民採納稅'制가 적용될 수 있었다면 그들이 採銀業에 참여하지 않을 이유가 없었다. 오히려 富商大賈들의 요구로 '民採納

---

111) 《燕山君日記》21, 燕山君 3년 正月 甲寅. "先是 昭儀金氏上言 請入粟永安道 受價京倉 下戶曹令從願 至是判書李世佐等啓 歲在甲寅 金氏母鄭氏上言 請入粟一千石於永安道受價京倉 成宗特命從願 其時但納二百石 今金氏又請納粟 臣意以謂 此必富商大賈 依附金氏 多賚綿布 或貿粟民間而納之 或納布於守令 守令以其道綿布價貴 受之不辭 不卽貿粟 年月漸入 必致耗損 勿許何如 傳日 此乃先王後宮 雖知其弊 豈可不許"

112) 《燕山君日記》50, 燕山君 9년 6월 辛亥 ; 《燕山君日記》50, 燕山君 9년 7월 乙亥 ; 《燕山君日記》51, 燕山君 9년 10월 庚戌 ; 《燕山君日記》52, 燕山君 10년 正月 丙寅 ; 《燕山君日記》54, 燕山君 10년 6월 甲申.

113) 《燕山君日記》59, 燕山君 11년 8월 甲子. "傳日 少老所納眞珠三千二百箇 夢民所納眞珠四千八百箇 令戶曹給價 富商大賈 厚賂興淸 納珠玉 受價百倍 由是府庫虛竭"

稅制가 채택된 것이었고 당시의 '欲吹鍊者'는 곧 宮中과 府中의 要路와 결탁한 富商大賈들임에 틀림없다. 이처럼 端川銀鑛에 富商大賈들의 採銀業이 실현되자 燕山君의 後宮과 公主 및 大君들까지도 採銀하기를 요구하여 이듬해 정월에는 張淑容에게,[114] 2월에는 徽順公主와 月山大君에게도 각각 奴子의 名儀로 시한부의 채굴을 허가하였으며 동시에 모두 면세의 특전까지 부여하였다.[115] 이리하여 端川銀鑛에는 納稅採銀하는 富商大賈들과 免稅採銀하는 後宮·公主·大君들의 채굴 작업이 이루어지고 있었던 것이다.

그러나 '民採納稅'制는 오래 지속되지 못하였고 실시된 지 불과 8개월 만인 동왕 10년(1504) 7월에 前咸鏡監司인 漢城判尹閔孝曾의 요청으로 정부는 이를 혁파하였으며 매년 春秋農閑期에 守令이 吹鍊上納하도록 결정하였다.[116] 따라서 앞서 정부로부터 '行狀'을 받고 채굴해 왔던 富商大賈들은 端川의 산은지에서 모두 축출되었고 銀鑛은 封置되었으며, 春秋의 농한기에만 守令이 농민을 동원하여 採取하는 '春秋官採制'가 적용된 것이다.

燕山君이 閔孝曾의 건의를 받아들여 春秋官採制를 실시한 것은 民採納稅制에 의한 稅銀의 수입액보다 進上銀數가 더 많았기 때문이겠지만, 이러한 조처는 富商大賈들이나 銀鑛에 투신하였던 농민들의 이해를 외면한 처사였다. 따라서 中宗이 즉위하면서 燕山君의 폐정을 개혁하는 일환으로 동왕 원년(1506) 9월에 春秋官採制를 혁파하기로 결정하고[117] 이듬해 4월에 채굴을 중단하였다.[118] 이처럼 정부가 富商

---

114)《燕山君日記》52, 燕山君 10년 正月 戊寅. "傳曰 張淑容奴子十人 限十五朔 許於端川鍊銀鐵爲銀"
115)《燕山君日記》52, 燕山君 10년 2월 丙戌. "傳曰 端川鉛鐵 許令徽順公主家 奴十人 限十五朔 月山大君家奴七人 限十朔採鍊 竝勿收稅"
116)《燕山君日記》54, 燕山君 10년 7월 辛亥. "漢城判尹閔孝曾 … 臣遞監司上來時 咸鏡節度使高荊山 囑臣啓之 又啓曰 端川所産鉛 勿許私採收稅 每年春秋農隙 官鍊上納 … 上悅之"

大賈들의 民採納稅制를 혁파하고 春秋官採制를 실시한 지 불과 2년만
에 다시 端川銀鑛이 封置되자, 이제는 端川邑民들에 의한 비합법적인
채굴이 감행되기 시작하였다. 16세기에 걸쳐 私採,[119] 私自採取,[120] 私自
採用,[121] 盜採,[122] 偸採[123] 및 潛隱堀採[124] 등으로 표현되었던 비합법적
인 채굴은 주로 端川의 産銀地에서 이루어졌다. 民採納稅制下에서 그
리고 春秋官採制下에서 오랫동안 광산의 채굴 경험을 쌓아왔던 端川
民들은 春秋官採制가 중단되자 즉시 私採를 감행하였고, 채굴한 銀을
赴京通事들에게 轉賣함으로써 銀은 계속 明나라로 유출되었다.[125]

  이 무렵 정부의 당면과제는 六鎭野人들의 반란에 대비할 咸鏡道의
군량미를 비축하는 문제였다. 정부가 군량미를 보충하기 위해서는 富
商大賈들로부터 米穀을 수매하는 길밖에 없었다. 中宗 3년(1508) 11월
에 領事朴元宗은 端川銀鑛의 私採와 銀의 유출을 방지하고, 富商大賈
들로부터 미곡을 수매하여 咸鏡道의 군량미를 보충할 방안을 제기하
였다. 정부가 剛明한 관원을 端川에 파견하여 채굴하되 그 은을 京商
(市人)에게 판매하여 價布로서 咸鏡道 군사들의 月俸을 지급하는 동

---

117)《中宗實錄》總書 1, 中宗 元年 9월 癸未. "傳曰 咸鏡道採銀事 何以爲之 其
    間于政丞 僉啓曰 不係經費 不須採也 傳曰可"
118)《中宗實錄》2, 中宗 2년 4월 癸未. "侍讀官金寬啓曰 鉛鐵吹鍊事 於國用不
    緊 而其弊甚大 請停之 命議于該曹"
119)《燕山君日記》49, 燕山君 9년 5월 戊子 ;《燕山君日記》51, 燕山君 9년 11월
    丁丑 ;《中宗實錄》26, 中宗 11년 9월 己卯.
120)《中宗實錄》7, 中宗 4년 正月 辛酉.
121)《中宗實錄》75, 中宗 28년 6월 乙未.
122)《中宗實錄》21, 中宗 10년 2월 己亥 ;《中宗實錄》40, 中宗 15년 9월 辛未.
123)《中宗實錄》75, 中宗 28년 6월 乙未.
124)《中宗實錄》98, 中宗 37년 6월 戊子.
125)《中宗實錄》7, 中宗 3년 11월 庚子. "領事朴元宗曰 端川郡多産銀 群民竊取
    轉賣通事 通事以此多賚赴京 今可遣剛明官監掌吹鍊 令市人貿易 以其價布
    給而內軍士月俸 其餘分付各官貿穀 以補軍資爲便 上曰 吹鍊事 前者 左議
    政 亦言之 當與朝廷議之 … 傳于政院曰 我國之事 中原無不聞之 銀若廣布
    國中 而中朝令我國入貢 則恐或有弊 其令大臣議之"

시에 나머지는 각 읍에 分級하여 곡물을 구입, 軍糧米에 보충하도록
할 것을 건의하였다.[126] 이 朴元宗의 제안은 銀鑛을 정부가 채굴하여
군량미를 비축하려 한 것이므로 필자는 편의상 '官採貿穀'制라고 이름
하였다. '官採貿穀'制의 실시가 私採와 은 유출을 막는 데도 도움이 되
겠지만 특히 정부가 銀을 필요로 하는 富商大賈들로부터 손쉽게 米布
를 매입할 수 있는 최선의 방책이었다. 따라서 그것이 비록 領事朴元
宗에 의하여 제안되었을지라도 이면에는 富商大賈들의 이해가 어느
정도 반영된 조처였다. 어떻든 朴元宗이 '官採貿穀'制를 제안하자 中
宗은 정부가 의논하도록 하였고 결국 議政府와 府院君 및 六曹判書
이상이 논의한 결과 朴元宗이 제안한 대로 '節目'을 마련하여 시행하
도록 합의하였다. 그러나 中宗은 富商大賈들에 의하여 銀이 널리 유
통되면 通事들에 의한 은의 유출이 증대될 것이며, 결국에는 明에서
이를 알고 貢銀을 요청하게 될 것이라는 이유를 들어 이를 거부하였
다.[127] 따라서 정부가 강구하던 咸鏡道의 군량미 補充策은 해결하지
못했지만, 한편 정부는 端川民의 私採를 계속 방지할 수 없는 일이었
고 또 國用銀도 採取할 필요가 있었기 때문에 동왕 4년(1509)에는 工曹
로 하여금 명망 있는 文官을 현지에 파견하여 일 년간의 國用銀만을
채굴하게 하는, 이를테면 정부가 그때그때의 필요한 은을 採取하는
'臨時官採'制를 실시하였던 것이다.[128]

---

126) 제2장 註 125) 참조.

127) 《中宗實錄》 7, 中宗 3년 11월 壬寅. "政府府院君六曹判書以上同議啓曰 一.
銀吹鍊事 慮或弊生 但咸鏡道軍儲甚少 別無可裕之策 令該司吹鍊補軍資
節目磨鍊施行 傳曰 銀吹鍊事僉議 豈不詳悉 但予意以爲銀若廣行 通事輩
必多賫去 雖曲爲禁防 無摘發之時 我國之事 中原無不聞之 若復金銀之貢
則得無有弊乎 咸鏡道補軍資事 其更思之 回啓曰 上敎至當 但臣等補軍資
無策 謀議如此 當更思他策以啓 傳曰 知道"

128) 《中宗實錄》 7, 中宗 4년 正月 辛酉. "傳于政院曰 端川採銀之弊 非偶然 私
自採取 賫入中國 罪雖重而利亦重 故禁之不止 此深可慮 其擇文官最有名
望者此遣 其令工曹 計一年國用之數採取 勿令加數濫採"

'臨時官採'制는 본래의 취지대로 國用의 器皿이나 服飾에 필요한 銀을 조달하고 私採를 일시 방지하는 데는 도움이 되겠지만, 정부가 당면한 咸鏡道의 군자미를 보충하는 문제를 해결하는데는 도움이 되지 못하였다. 이 때문에 中宗 6년(1511) 9월에 이르러 文城府院君柳洵 등은 결국 富商大賈들의 納穀策을 강구하게 되었다. 그러나 이때 富商大賈들이 納穀에 응하느냐의 여부는 정부가 그 대가를 얼마만큼 어떤 형태로 보상하느냐에 따라 결정되게 마련이어서 정부는 부득이 富商大賈들이 요구한 조건에 응하지 않을 수 없었다. 따라서 柳洵 등은 富商大賈들의 納穀價를 보상하는 최선의 방법으로 端川銀鑛의 채굴을 허가하도록 왕에게 요청하였으며, 그 밖에도 각 道의 漁箭을 획급하거나, 황해·충청·전라·경상도의 곡식으로 상환하는 방안을 차선책으로 제시하였다.[129] 앞서 中宗 3년(1508)에 領事朴元宗은 端川銀鑛을 官에서 채굴하여 富商大賈들로부터 米穀을 수매하는 '官採貿穀'制를 건의했던 바이지만, 지금 柳洵 등은 富商大賈들에게 民採를 허용하고 米穀을 官에 납부하도록 하는 '民採納穀'制를 제의한 것이었다. 그러나 柳洵 등이 건의한 民採納穀制도 이유는 알 수 없지만 결국 실현되지 못하였고, 이듬해에는 정부가 군량미의 보충책으로 各道의 分配人들로 하여금 罪의 경중에 따라 納穀贖罪하거나 納穀免罪하는 방안을 강구하였는데 그것도 명분과 실리에 어긋나 취소하고 말았다.[130]

이처럼 정부는 군량미의 보충문제가 절실하면서도 끝내 해결하지 못하고 있었는데 中宗 10년(1515) 정월에 이르러 會寧城 밖의 野人酋長 莽哈과 흔단이 발생하게 되었다. 莽哈은 六鎭城 밖의 野人들 중 가장 傑傲한 자로서, 겉으로는 柔順한 척하였지만 내면에는 異心을 품

129) 《中宗實錄》14, 中宗 6년 9월 甲辰. "文城府院君柳洵等 詣賓廳議 咸鏡北道 納粟補軍資事啓曰 納粟人 許於端川採銀 或給各道漁箭 或換給黃海忠淸全 羅慶尙道穀食 此數事外 他無措置之方 傳曰 其令該曹磨鍊以啓"
130) 《中宗實錄》16, 中宗 7년 7월 丁巳, 庚辰, 辛卯.

고 있었기 때문에, 조선정부는 이를 회유하기 위하여 中宗 초부터 여러 가지 방책을 강구해 왔던 터였다. 이 해 정월 그가 서울에 와서 그의 아들 阿叱豆之를 堂上官에 올려 달라고 청했지만 거절당하였고, 또 왕의 下賜品이 그의 뜻에 맞지 않았다는 이유로 불순한 말을 함부로 할 뿐만 아니라 通事를 구타한 일까지 있었다. 이에 정부는 그 父子를 잡아다 문초하고 마침내 珍島에 유배시켰다.[131] 酋長父子를 유배한 사실은 野人들의 亂을 유발하게 할 충분한 이유가 되었기 때문에 정부는 咸鏡道의 군량미를 충실히 하여 유사시에 대비해야 하였다. 이 때문에 동년 2월에 領事 鄭光弼등은 전술한 柳洵 등이 제의한 바 있는 端川銀鑛의 '民採納穀'制를 다시금 간청하게 되었다. 그러나 中宗은 明나라에 의한 貢銀의 요구와 銀의 유출을 염려하여 이를 거부하고 각 道의 漁箭을 획급하는 방법과 '公賤納穀'制를 강구해 보라고 지시하였다. 하지만 정부는 사태의 심각성이 전과 같지 않았기 때문에 民採納穀制를 강력히 추진하였다. 鄭光弼이 거듭 요청한 데 이어 知事 金詮과 侍讀官閔壽千이 이를 지지하였고, 나아가 戶曹判書를 지냈던 左參贊張順孫과 戶曹判書高荊山·參判韓亨允·參議李陌 등이 咸鏡道 군량미의 부족한 실상과 보충의 불가피함을 구체적으로 지적함에 따라 비로소 中宗도 端川銀鑛의 民採納穀制를 허락하였던 것이다.[132]

民採納穀制에 대한 세부규정은 당시의 '事目'이 남아 있지 않아 자세히 알 수는 없으나 몇몇 자료에서 볼 때, 정부는 端川 이남의 咸鏡南道民에 국한하여 民採納穀을 허락하기로 하였고[133] 곡물을 수납하

---

131) 申奭鎬, 앞의 논문, 413~414쪽.
132) 《中宗實錄》 21, 中宗 10년 2월 丙申, 己亥 ,辛丑, 壬寅.
133) 《中宗實錄》 21, 中宗 10년 2월 丙申. "光弼等更啓曰 北道軍糧不敷 他無儲備之策 納粟採銀 雖在前日 皆以爲不可行也 今則令端川以南之人 納粟採銀何如"
   《中宗實錄》 75, 中宗 28년 7월 壬寅. "戶曹啓曰 乙亥年受敎稅銀之事 已有前規 … 須非咸鏡道人 欲納穀而採銀者 許期採之 使納穀於其道何如"

는 지역도 六鎭野人과의 접촉을 막기 위하여 咸鏡中部까지로 한정하며,[134] 咸鏡道의 각 邑에 납부하는 곡물은 반드시 咸鏡道를 제외한 평안·황해·강원 등 인근의 道에서 수매하게끔 규정하였다.[135] 그러나 民採納穀하는 자가 사실상 端川 이남의 사람으로 국한되지도 않았고[136] 더욱이 銀의 채굴량이 증대하면서 납곡할 자를 더 많이 유치하기 위하여 정부가 오히려 각 道의 富商大賈들로 하여금 곡물을 가져가 銀과 바꾸도록 권장했던 것이다.[137] 이리하여 초기에 곡물을 납부하고 採掘許可를 받았던 富商大賈들은 採銀貿穀하는 '採銀商賈'로, 그리고 곡물을 싣고 가서 銀을 매입한 富商大賈들은 納穀貿銀하기 때문에 '貿穀商賈'로 구분하여 지칭하게 되었다. 어쨌든 정부는 端川銀鑛의 民採納穀制를 허가함으로써 재력을 소모하지 않고도 採銀商賈와 貿銀商賈 간의 거래를 통하여 咸鏡道의 군량미를 보충할 수 있었다.[138] 그리고 정부는 당시 端川의 産銀地에만 民採納穀制를 적용한 것이 아니라 咸鏡道 내의 각 産銀地는 물론 慶尙道의 靑松[139] 등 각처의 산은

---

134) 《中宗實錄》21, 中宗 10년 2월 辛丑. "知事金詮曰 … 若令深入納粟 則恐或有弊矣 咸鏡中道 亦多産銀 須於中道納粟 而勿令深入 則不得與北人交通 而軍需亦可多積矣"
    《中宗實錄》25, 中宗 11년 6월 辛亥. "光弼曰臣意磨天嶺磨雲嶺 最爲高截 貿銀商人 使不得踰越此嶺 只納粟於端川以南次次輸入於北道可也"

135) 《中宗實錄》21, 中宗 10년 3월 癸酉. "採銀使 觀其事目 則於傍近平安道黃海道江原道貿穀以納事 著在法令 而今採銀者 皆持布而進 貿本道穀食以納之 殊無立法本意 禁防節目 請令戶曹更議 磨鍊施行"

136) 제2장 註 133) 및 《中宗實錄》21, 中宗 10년 3월 壬申·癸酉 ; 《中宗實錄》40, 中宗 15년 9월 辛未 ; 《中宗實錄》41, 中宗 15년 11월 辛巳.

137) 《中宗實錄》24, 中宗 11년 2월 己巳. "領相鄭光弼曰 又聞有採銀敬差官 將歸慶尙道 此納穀於咸鏡道 而未受其價者 欲給其價 故下送耳(以靑松府所出銀給其價也)其納穀者 雖當給價 然推刷敬差官 畢上來後七月間 遣採銀敬差官何如 上曰 外方使命之多 果爲有弊 採銀敬差官 待推刷敬差官 畢上來後遣之可也"

138) 《中宗實錄》25, 中宗 11년 5월 己酉. "領事申用漑曰 採銀貿穀以補軍資 不獲已也"

지를 모두 개방하였으며,[140] 동시에 貿銀商賈들이 불어남에 따라 銀을 매입하기 위한 곡물의 수매지역도 전국으로 확대시켰다.[141] 그러나 民採納穀制가 처음 적용되었던 端川邑을 위시한 咸鏡道 내 각 읍에서의 採銀商賈와 貿銀商賈의 활동이 가장 활기를 띠었으며, 그 중 貿銀商賈의 대부분은 서울의 富商大賈들이었다.[142]

한편 民採納穀制가 장기화됨에 따라 당초의 정부방침에 어긋나는 갖가지 폐단들이 발생하였다. 첫째, 정부에서는 民採納穀制를 허가할 때도 咸鏡道 외의 다른 道의 穀物을 사서 바치게 하였고, 그 뒤 貿銀商賈들에게도 이 점을 강조했으나 貿銀商賈들은 곡물의 원거리 수송을 꺼려하여 綿布 등 가볍고 값비싼 상품을 咸鏡道로 가져가 道民들의 米穀을 사서 바쳤다. 이 때문에 군량미는 비록 보충되고 있었지만 道民들이 소장했던 곡물이 탕진되는 결과를 초래하여 유사시에 정부가 미곡을 현지에서 수렴할 수 있는 기반을 잃게 하였다.[143] 둘째, 정부는 商賈들의 곡물을 수납할 지역도 咸鏡中道로 국한시켜 野人과의 접촉을 방지하려 하였으나 점차 貿銀商賈들이 곡물을 수매하기 위하여 磨天嶺·磨雲嶺을 넘어 北道에 침투하였으며 때로는 北道民을 서울에 유치, 農牛를 매수하는가 하면 때로는 五鎭에 잠입하여 野人들에게 철물 등 禁輸品을 밀매하는 사태가 발생하였다.[144] 셋째, 赴京通事

---

139) 제2장 註 137) 참조.
140) 《中宗實錄》 26, 中宗 11년 8월 丙子. "柳灌曰 持金銀赴京者 自有法令 然其法不行 故前日論啓禁防之事 我國産銀處多 而市價踊貴者 以其全販於中原耳 … 上曰 予意亦以齎金銀 貿販中原 恐終有弊 但咸鏡道軍資不足 故乃令納粟採銀 咸鏡道産銀之地 非獨端川 他亦有焉 若其興産無窮則已 如其産盡而中朝永索 則其弊大矣"
141) 제2장 註 137) 참조.
142) 《中宗實錄》 25, 中宗 11년 6월 辛亥. "若使商人深入北道 則京商皆奸黠之徒陰誘其民 率來于京"
143) 《中宗實錄》 25, 中宗 11년 5월 己酉;《中宗實錄》 25, 中宗 11년 6월 辛亥.
144) 《中宗實錄》 25, 中宗 11년 6월 辛亥. "鄭光弼曰 … 且咸鏡之民 本皆愚直 國

와 결탁한 貿銀商賈들은 明에서 수입한 상품을 義州에서 端川으로 수
송하여 銀과 매매하였고 銀은 다시 赴京通事에게 전매되어 明에 유출
되었다. 이 때문에 端川에는 明의 상품이 범람하여 北京과 다를 바가
없게 되었고, 端川과 使行路가 있는 平安道 간에는 大路가 형성되었
다.[145] 그리고 端川銀의 유출량이 점증함에 따라 明나라 사람들은 端
川銀을 모르는 자가 없었고, 품질이 좋은 銀만 보면 그들은 매양 '端川
銀'이라 했을 정도였다.[146]

　이상과 같은 폐단들 중에서도 특히 銀流出의 확대로 인한 貢銀制
의 부활을 우려한 나머지 中宗 11년(1516) 5월부터 正言朴檉과 表憑 및
掌令柳灌 등이 계속 民採納穀制의 폐지를 주장하였다.[147] 이에 中宗
은 동년 8월에 이르러 이미 미곡을 납부한 자에게만 채굴하게 하고 더
이상 허가하지 말도록 지시하였으며,[148] 이어 9월에는 戶曹에 傳旨하

家以採銀貿穀之故 許遣商賈 然商賈以綿布貿民穀 其地之民 貪於綿布 罄
盡所儲之穀以易之 以此商賈 深入五鎭 禁物多入於彼地矣 上曰 咸鏡道採
銀 初欲補軍資 然所貿之穀 皆民之穀 雖採銀無益矣 光弼曰 臣意磨天嶺磨
雲嶺 最爲高載 貿銀商人 使不得踰越此嶺 只納粟於端川以南 次次輸入於
北道 可也 若使商人深入北道 則京商皆奸黠之徒 陰誘其民 率來于京 又多
貿農牛以來 亦甚不可 表憑曰 勿令採銀 上教至當 商賈之貿銀者 誰能載穀
而歸乎 皆持有色之衣 往貿其地之穀 罄民穀而補軍資 尙安有所益哉"

145)《中宗實錄》26, 中宗 11년 8월 丙子. "灌曰持金銀赴京者 自有法令 然其法
　　不行 故前日論啓禁防之事 我國産銀處多而市價踴貴者 以其全販於中原耳
　　故中朝之人 亦知我國端川産銀 貿販者 由端川以達平安故遂成大路 而唐物
　　之歸於端川 與京無異 凡赴京人 其往也皆輕囊 其還也所齎甚多"
146)《中宗實錄》25, 中宗 11년 5월 己酉. "朴檉又曰 端川採銀 爲補軍資也 然其貿
　　銀者 必駄載綿布而歸 民出官糧 以貿其布 若然則寧以綿布 輸入於其地 以貿
　　穀也 不必採銀 今赴京之人 多齎銀兩 中原人 每稱銀之品好者曰 端川銀"
147) 제2장 註 144), 145), 146) 참조.
148)《中宗實錄》26, 中宗 11년 8월 丙子. "上曰 予意 亦以齎金銀 貿販中原 恐終
　　有弊 但咸鏡道軍資不足 故乃令納粟採銀 咸鏡道産銀之地 非獨端川 他亦
　　有焉 若其興産無窮則已 如其産盡而中朝永索 則其弊大矣 納粟採銀 亦不
　　可爲 其已納粟者 許令採取 而今後更勿可也 挾金銀入中原者 不必更立科

여 咸鏡道와 他道의 산은지를 철저히 禁防하도록 하는 동시에 私採를
철저히 방지하도록 명령하였다.[149] 이리하여 中宗 10년(1515) 2월부터
실시되었던 民採納穀制는 약 1년 반 만에 중지되고 말았다.

정부는 民採納穀制를 혁파하는 즉시 각처의 銀鑛들을 封置하고 私
採를 엄금하는 동시에 銀의 유출을 막기 위한 방책도 강구하였다. 中
宗 12년(1517) 8월에 정부는 使行員役들이 가져간 물화와 수입한 물화
를 비교하여 수입한 물량이 초과할 경우, 수입품을 모두 官에서 몰수
하도록 하였고 書狀官을 엄선 파견하여 卜駄를 철저히 검색하도록 하
였으며,[150] 이듬해 4월에는 弓角, 書册, 藥材 등 긴요한 물품을 제외한
儀章品目들을 대폭 삭감하여 관청의 수입물량부터 감축시켰다.[151] 곧
정부는 使行員役의 定額貿易을 강조하고 公貿易도 제한하여 은을 비
롯한 禁輸品의 유출을 방지하려 한 것이다.

그러나 赴京通事들에 의한 은의 유출은 계속되었고[152] 정부가 비
록 은광들을 封置하였으나 私採도 그치지 않았다.[153] 이처럼 은광의

<hr/>

條也"
149) 《中宗實錄》26, 中宗 11년 9월 己卯. "傳于戶曹曰 咸鏡道軍需不敷 許民納
粟採銀矣 自今咸鏡及他道産銀處 嚴立禁防 毋得私採"
150) 《中宗實錄》29, 中宗 12년 8월 辛酉. "申用漑曰 … 計其所持之物 而算其所
貿之物 若有餘於所持之物 皆屬公 則於其人爲無利 必不潛挾金銀 以圖利
也 … 同知事南袞曰 近來五六年 必以秩高文臣遣之 其後二三年間 又以監
察遣之 爲監察者 率皆不更事新進人員也 不無不任職事之患矣 上曰書狀質
正爲二人 故不能精擇矣 雖一人兼二事 務要精擇可也 銓曹尤當擇遣也"
151) 《中宗實錄》32, 中宗 13년 3월 壬寅. "憲府又啓 近者國人之往來上國也 挾
金銀以貿者 國家禁之以重典 亦不得禁也 然自上亦有貿販之物焉 如是而雖
欲禁下得乎 若國用所不得已者 如弓角書册藥材等物 則不可不無也 其餘則
當用土物 不必求諸異國也 上曰 … 唐物貿易事 近者果多濫矣 朝廷已議定
法 不必加立法也 且國用公貿 則尙衣院與濟用監 計其國用 使貿其所不得
廢用之物耳"
152) 《中宗實錄》42, 中宗 16년 8월 丙午. "特進官高荊山曰 交易金銀者 非止金
亨錫而已 本國端川産鉛鐵 吹鍊作銀 故銀價甚賤 今則愈貴於前時 是必赴
京通事 多齎持興販于中朝也"

私採와 對明 銀流出이 계속되었기 때문에 정부는 동왕 15년(1520) 2월
에 다시금 '臨時官採'制를 실시하여 工曹와 尙衣院의 公用銀을 採取하
였으며 이때도 '奸僞人'의 접근을 막기 위하여 현지의 수령에게 採銀
管理를 맡기지 않고 工曹 正郞을 현장에 파견하였다.[154]

당시 富商大賈들과 赴京通事 또는 私採자들은 中宗 10년(1515)에
'民採納穀'制가 실시되었을 때에 유례없는 호황을 누렸기 때문에 은광
의 民採制에 대한 욕구가 더욱 절실했던 것이 사실이다. 따라서 그들
의 능력이 미치는 한 民採納穀制를 실현시키려 노력할 것이 당연하였
다. 이러한 그들의 욕구와 노력으로 머침내 中宗 15년(1520) 9월 民採
納穀制가 적용되었던 시기에 端川郡守로 재직한 바 있는 鐘城府使金
世準이 咸鏡道 군량미의 보충문제가 절실함을 지적하고 富商大賈들
에게 民採納穀制를 허가하도록 요청하였으나 정부는 民採納穀制가
실시되었을 때 야기된 폐단들, 특히 銀의 유출문제가 심각했던 사실
을 익히 알고 있었기 때문에 金世準의 제안을 거부하였던 것이다.[155]

2. 春秋官採制의 强行과 倭銀의 流入

정부가 은광을 封置해도 私採는 계속되었고 國用에는 전혀 보탬이
되지 않았기 때문에 中宗 15년(1520) 9월, 領議政金詮과 左議政南袞, 右
議政李惟淸 등은 公賤들에게 身布를 감하고 은을 채납하게 하는 '公
賤採銀'制를 실시할 것을 요청하였다. 이에 대하여 中宗은 정부가 은
광을 封置하고 私採를 엄금하는데도 私採와 은 유출을 방지할 수 없
는데 만약 公賤採銀制를 허가한다면 그 폐단은 더욱 클 것이라고 보

---

153) 《中宗實錄》 40, 中宗 15년 9월 辛未. "但此銀雖封而見盜 無益於國"
154) 《中宗實錄》 38, 中宗 15년 2월 丁亥 ;《中宗實錄》 41, 中宗 15년 11월 辛巳.
155) 《中宗實錄》 40, 中宗 15년 9월 辛未. "探銀事 許令商賈採之 則盡入中原矣
金世準以備軍資無計 故其啓如此 若令商賈 採取而納穀 則是毁禁防也"

았다.[156] 그러나 三政丞이 제안한 公賤採銀制는 비록 왕의 허락을 받지는 못했지만 정부가 지향하는 은광채굴의 한 방안으로 굳혀졌다. 그 때문에 이듬해인 동왕 16년(1521) 8월에 特進官高荊山이 재차 端川 은광에 대한 公賤採銀制를 허가하도록 요청하게 되었고 中宗도 이를 허락하였던 것이다.[157]

中宗 16년 8월부터 실시된 端川 은광의 '公賤採銀'制는 곧 端川民의 '春秋官採'制로 바뀌어 동왕 37년 6월까지 20여 년간 지속되었다. 정부가 公賤採銀制를 실시한 의도는 公賤들로 하여금 대대로 産銀地를 자신들의 소유물처럼 간수하여 私採를 엄금하고 國用의 銀을 채납하도록 하기 위함이었다. 그리고 정부는 端川과 그 주변의 각 읍에 거주하는 公賤들도 매년 春秋의 농한기에 동원하여 身布 대신 身銀을 채납하게 하려던 것이었다. 그러나 公賤들은 은광의 채굴 제련 경험이 전혀 없었기 때문에 결국은 端川民을 동원하지 않을 수 없었다.[158] 곧 端川 은광이 비록 公賤採銀制를 기반으로 재개되기는 하였지만, 동시에 端川民의 '春秋官採'制로 변모한 것이다. 그 때문에 이후의 기록상에도 公賤採銀에 관한 문제가 별도로 거론되지 않고 주로 端川民의 '年例採銀'[159] '採銀進上'[160] 또는 '端川採銀例'[161]·'咸鏡道進上銀'[162]·'端

---

156) 《中宗實錄》40, 中宗 15년 9월 辛未. "領議政金詮左議政南袞右議政李惟淸 等議 金世準上疏事以啓曰 … 臣等以爲 令公賤減其貢 而採此爲貢 則庶至 子孫 如守己物 而有益於國矣 … 上曰 採銀使 雖有禁防 民之盜採 而入上 國者 不可禁 若又許民採取 則恐有後弊"

157) 《中宗實錄》42, 中宗 16년 8월 丙午. "特進官高荊山曰 臣意令産銀各處 公 賤採貢 以爲不時之需何如 傳曰 今日經筵 大臣等言 端川産銀之利 當使其 處公賤人採納 令該曹議爲之"

158) 《中宗實錄》49, 中宗 18년 9월 己卯. "持平李熙騫曰 臣前以咸鏡道都事 觀 端川採銀之事 … 今者令各官居公賤 代其身役而採之 似無民弊 而其採之 非人人所能 故必償人代之 端川之民 獨受其苦 彼地居民 無恒産 只以山田 資生 貧窮倍於他道 若春秋採銀 則民力殫盡 必將流離矣 臣意或間一二年 採取 以休民力可也 上曰 當問于該司"

159) 《中宗實錄》64, 中宗 23년 閏10월 戊子.

川公採'[163]·'端川採銀'[164] 등으로 표현되어 端川民의 부역노동에 의한 채굴형태를 나타내고 있었다. 그리고 그것은 民採가 아닌 官採였기 때문에 本考에서는 편의상 '春秋官採'制로 약칭하였다.

端川銀鑛에 春秋官採制가 적용된 뒤에도 私採는 여전하였고 私採한 銀은 通事들에 의하여 明나라로 유출되었다. 中宗 14년(1519)의 己卯士禍 이후 南袞·沈貞 등의 집권기에도 은광의 私採와 은의 유출문제에 대해서는 철저한 防禁策을 실시하여[165] 동왕 17년(1522) 정월에는 明使陳浩에게 은을 밀매한 通事金亨錫을 처형하였으며[166] 이듬해 8월에 臺諫에서는 赴京通事들이 端川銀을 대량 유출하여 明나라 사람들 간에도 端川銀이 아니면 거래가 안될 정도의 실정을 지적하고 歲貢銀의 부활을 우려하면서 《經國大典》의 규정을 엄수하도록 주장하였다.[167] 그리고 中宗 21년(1526) 4월에도 執義韓承貞이 은의 유출문제가 심각함을 지적하였고,[168] 中宗 24년(1529) 9월에는 使行員役의 정액 외 물화를 엄금하였으며,[169] 이듬해 9월에는 채단의 수입을 정지하는 등[170] 은의 유출을 방지하기 위하여 갖가지 防禁策을 강구하였다.

이처럼 정부에 의하여 은 유출에 대한 防禁策이 날로 강화되고 또 은광의 民採가 철저히 봉쇄된 상태하에서도 赴京通事들에 의한 은의

160)《中宗實錄》82, 中宗 31년 7월 戊辰.
161)《中宗實錄》87, 中宗 33년 5월 癸巳.
162)《中宗實錄》93, 中宗 35년 9월 戊戌.
163)《中宗實錄》95, 中宗 37년 6월 丁巳.
164)《中宗實錄》98, 中宗 37년 6월 戊子.
165) 申奭鎬, 앞의 논문, 437쪽.
166)《中宗實錄》43, 中宗 17년 正月 戊辰.
167)《中宗實錄》49, 中宗 18년 8월 戊申. "臺諫合司啓前事 … 又啓曰 … 但通事輩 端川銀兩 冒禁挾去 故中國人皆云 非端川銀不可 萬一責貢 弊及生民 私挾金銀珠玉 自有其法 今更申明 若有犯者 請竝治使臣"
168)《中宗實錄》56, 中宗 21년 4월 乙巳.
169)《中宗實錄》66, 中宗 24년 9월 庚子.
170)《中宗實錄》69, 中宗 25년 9월 壬子.

유출이 지속될 수 있었던 것은 곧 전 시기와 다름없이 赴京通事들이
富商大賈들과 밀착되어있었기 때문이다. 일례로 中宗 23년(1528)에 서
울의 甲士李世孫의 밀고로 드러난 일부 富商大賈와 通事들과의 관계
는 이러한 실상을 잘 보여주고 있다. 먼저 金仲良·金有光·朱義孫·李
守福·安孝孫 등은 각각 木綿 500同씩을 出資하여 '同務'를 만들고, 때
로는 倭通事와 결탁하여 禁物을 수입하고, 또 赴京通事에게 금 39兩과
銀 74兩 9錢을 付送하고 있었으며, 한편 朴繼孫·王豆應知·安世良·張世
昌 등은 黃允光家에서 7~8일 간 倭鉛鐵로 은을 제련하고 있었다.[171]
곧 정부가 은광의 民採를 엄금하자 서울의 富商大賈들이 서로 자금을
추렴하여 일종의 동업조합형태인 '同務'를 조직하고, 금은을 수매하여
赴京通事에게 付送하거나 倭鉛을 수입, 제련한 은을 명나라와의 무역
에 투입함으로써 赴京通事들에 의한 은의 유출이 지속되었던 것이다.
그러나 정부가 은광의 民採를 철저히 엄금하였기 때문에, 富商大賈들
이 동왕 19년(1524)부터 23년(1528)까지 兩界에 미곡을 납품했을 때도
常平倉의 綿布나 米穀 및 倭銅鐵, 漁箭 등을 획급했을 뿐이었다.[172] 그
리고 南袞, 沈貞의 집정기에는 端川民의 春秋官採制가 지속되는 가운
데 私採와 銀의 流出이 철저히 규제되었고 兩界의 納穀問題가 심각했
음에도 民採納穀制가 거론되지 않았다.

　　그러나 동왕 26년(1531)에 金安老가 집권하면서부터 禁令이 점차

---

171) 《中宗實錄》 60, 中宗 23년 2월 壬子. "刑曹啓 甲士李世孫告訴于中部曰 金
　　仲良金有光朱義孫李守福安孝孫等 各出木綿五百同 作同務 或與倭通事潛
　　貿禁物 或於赴京通事處 黃金三十九兩 銀七十四兩九錢付送 而朴繼孫王豆
　　應知安世良張世昌等 以倭鉛鐵 作銀於黃允光家 至于七八日云 中部據此告
　　狀 牒報于本曹 以牒辭見之 此事出於相鬪 不當受理 然此乃重大之事 不可
　　不推 故他餘人 則皆已捉囚矣 但李繼詮則通事 而李世孫 亦已行禦侮 不得
　　已啓下後可囚 故敢啓 其中四人 未得捉現矣 時方督現矣 傳曰 此事雖出於相
　　鬪 事甚驚愕 其下禁府而推之"
172) 《中宗實錄》 51, 中宗 19년 9월 乙丑 ; 《中宗實錄》 54, 中宗 20년 7월 乙酉 ;
　　《中宗實錄》 56, 中宗 21년 正月 庚子 ; 《中宗實錄》 61, 中宗 23년 5월 庚寅.

해이해져서 銀鑛의 私採와 銀의 流出도 감행되기 시작하였다. 우선
金安老 자신이 法禁을 무시하고 赴京使行에 金銀을 付送하고 唐貨를
수입하였기 때문에 使臣과 書狀官의 員役들에 대한 규찰도 소홀해졌
다.[173] 使行員役에 대한 규찰이 소홀해졌기 때문에 은의 유출은 확대
되었고 정부의 기강이 해이해짐으로써, 銀鑛의 私採도 감행되었다. 특
히 産銀地가 많은 咸鏡道에는 사채자로부터 은을 수매하거나 또는 사
채자를 흡수하여 銀鑛을 개발할 목적으로 富商大賈들이 숨어들고 있
었다.[174]

이처럼 銀의 流出과 私採가 활기를 되찾고 있는 가운데 동왕 27년
(1532)에는 凶荒으로 飢民의 賑恤問題가 심각하게 되었다. 이듬해 정
월에 戶曹에서는 '救荒事目'을 작성하였고 政府는 미곡을 납부한 자에
게 銅鐵과 鹽稅 중 원하는 데 따라 題給하기로 결정하였다.[175] 그러나
富商大賈들이 銅鐵이나 鹽稅를 원하지 않았고 銀鑛의 採取를 요구하
였기 때문에 동왕 28년(1533) 6월에 領議政張順孫, 左議政韓效元, 右議
政金謹思 등은 정부의 재정이 궁핍한 데다가 穀價가 등귀한 사정을
들어 富商大賈들의 요구대로 '民採納稅'制를 허가하도록 요청하였다.
이에 대하여 中宗은 民採納稅制를 허가하면 使行員役들의 은유출을
더욱 조장하게 된다는 이유로 이를 거절하였다.[176] 三政丞이 제안한

---

173) 申奭鎬, 앞의 논문, 437쪽.
174)《中宗實錄》75, 中宗 28년 6월 乙未. "領議政張順孫又啓曰 國禁雖緊 赴京
之行 無不賷銀 富商大賈入咸鏡道者 皆以採銀爲事"
175)《中宗實錄》75, 中宗 28년 正月 辛亥. "且各官發民私蓄而賑救飢民者 必以
官租例捧給 似非其願 請以銅鐵鹽稅 從自願題給何如"
176)《中宗實錄》75, 中宗 28년 6월 乙未. "領議政張順孫左議政韓效元右議政金
謹思啓曰 … 前者欲採銀納稅 而今用於上國 故止而不行 然天之所生 不宜
廢而不用 今許採銀納稅 以補不足何如 若以爲不能禁於赴京則使書狀官歷
歷搜覓 禁止可也 … 傳曰 … 採銀事 一開弊源 則勢不可支 且聞採取之時聚
軍堀鉛 堀土深入 時或壓死 出銀之處 雖曰多矣 唯一端川而已 赴京使者亦
云 銀不得禁之者 不計生死以潛賷 故禁之尤難云 今若納稅而無禁 則其弊

民採納稅制가 거부되자, 다음달에 戶曹에서는 民採納穀制를 건의하게 되었다. 동왕 10년에 이미 실시된 바 있는 民採納穀制의 여러 폐단은 中宗이 익히 기억하고 있기 때문에 즉시 거부하였고 오히려 앞서 三政丞이 건의했던 民採納稅制를 시한부로 실시하도록 허락하였다.[177] 燕山君 9년(1503)에 실시되었던 民採納稅制는 채굴한 銀으로 납세하였으나 지금은 정부가 진휼미를 수렴할 목적으로 허가한 것이므로 곡물로써 납부해야 할 것이다. 稅制는 어쨌든 시한부의 民採納稅制가 허락되자 4일 후 司憲府에서는 만약 정부가 富商大賈들에게 채굴을 허가하고 곡물을 세납하게 한다면 "明나라로 銀의 유출이 확대될 것이고, 商賈들은 상품을 싣고 들어가 咸鏡道民의 米穀을 사서 바칠 것"이라는 점을 지적하고 民採納稅制를 폐지하도록 강력히 주장하였기 때문에 결국 民採納稅制도 중지되고 말았다.[178]

이리하여 정부가 진휼미를 수취하기 위하여 시도하였던 民採納稅制 또는 民採納穀制가 모두 臺諫의 반대로 실현되지 못함으로써 정부의 재정적인 타격도 컸겠지만, 富商大賈와 사채자들 및 赴京通事들의 실망이 더욱 컸다. 그러나 銀鑛의 民採가 거부되었다고 하여 富商大賈나 赴京通事들이 당장 경제적인 타격을 받는 것은 아니었다. 그것은 오히려 民採를 절실히 요구한 계층, 곧 春秋官採制下의 부역노동에 시달려 왔던 端川民들이었다. 전술한 바와 같이 이들은 富商大賈

終不得遏矣"
177) 《中宗實錄》 75, 中宗 28년 7월 壬寅.
178) 《中宗實錄》 75, 中宗 28년 7월 丙午. "府啓曰 … 且採銀納穀事 今已判下 臣等之意 恐無大補於國 利先歸於富商大賈之家 所採之銀 盡入於上國 則後日之害 何可勝言 況商賈等 雖大富之人 豈得自京之穀而去 必貿於咸鏡之穀 愚民悅商賈所持之物 傾其儲而盡賣於商賈而納官 則雖豊年 豈無暗飢之弊 利源一開 末流之弊 將不可救 請停之 … 答府曰 採銀之事 予亦如臺諫之意 前者大臣言之 予意以爲無補而有害 故不允 其後戶曹啓之 以謂公論如是 今聞臺論 至爲有理 已令勿採 而戶曹更啓 其意未可知也"

들과 제휴하여 銀鑛의 私採를 도모하여 왔고 富商大賈들에게 民採納稅制 또는 民採納穀制가 허가되기를 바랐던 것이다. 따라서 民採가 성립되지 않자 곧 端川民의 '春秋官採制에 대한 불만이 여러 형태로 반영되고 있었다. 채굴작업의 고통과 壓死者가 속출하는 문제가 국왕이나 대신들에게 널리 알려졌고,[179] 端川民의 偏苦가 누차 거론되었으며[180] 심지어 銀工들이 進上銀의 '錠'을 지을 때 錠 속에 雜鐵을 넣는 폐단이 생기는 등은[181] 모두가 端川民의 春秋官採制에 대한 불만의 소극적인 표현이라 하겠다.

　정부는 이러한 端川民의 불만을 어느 정도나마 해소하기 위하여 각지의 銀鑛開發을 서두르게 되었고 동왕 31년(1536) 7월에 中宗의 지시를 받은 工曹에서는 '寶物案'에 기재된 洪川 등 각처의 産銀地에 銀工을 파견하여 試採하기로 결정하였다.[182] 그러나 春秋官採制 자체를 농민들이 싫어하였으므로 守令들도 꺼려서 감추었기 때문에 이튿날 中宗은 앞서 지시한 말을 바꾸어 産銀地의 각 읍으로 하여금 鉛鐵을 조금씩 採納하게 하고, 이를 工曹에서 제련하여 銀의 함량이 풍부한 곳만 이듬해부터 번갈아 分定하기로 하였다.[183] 따라서 洪川 등 寶物

---

179) 제2장 註 176) 참조.
180) 《中宗實錄》82, 中宗 31년 7월 戊辰 ; 《中宗實錄》82, 中宗 31년 7월 己巳.
181) 《中宗實錄》82, 中宗 31년 7월 戊辰. "傳于政院曰 端川産出鉛鐵 年年吹鍊作銀進上而用之 今觀尙衣院所用 非正銀矣 官員則必以正銀吹送 而匠人等作銀錠時 內以雜鐵入之 外則以銀被之 而未得一一剖視 故敢用奸術如此 痛治之可也 未知誰之所爲 故不加其罪 自今以後 吹銀勿令作錠 而以棄兒(銀薄片也)打造可也"
182) 《中宗實錄》82, 中宗 31년 7월 己巳. "工曹啓曰 採銀事 獨於端川吹鍊 端川一郡 偏受其弊 故周取於他郡而試之可矣 今抄寶物案啓達 雖名爲産銀處 採之則有不爲銀者 又有不爲鉛者 送匠人 採試與否取稟 … 傳曰 … 且有産銀處有産鉛處 若於郡縣 皆採試之 則弊甚不貲 於端川郡依前採之 又抄其郡縣中産銀多處 俟秋成遣匠人採試之 但洪川則前已産銀 亦俟秋成遣匠採之也"
183) 《中宗實錄》82, 中宗 31년 7월 庚午. "傳于政院曰 前敎鉛鐵所産郡 遣匠人

案에 기재된 몇 개소의 産銀地가 試探되었을 것이지만 그것의 성과는 알 수 없다. 그러나 동왕 35년(1540) 9월 咸鏡道의 進上銀數가 동왕 23년(1528) 윤10월의 630餘兩[184]보다 370餘兩이나 많은 1,000餘兩에 달하였고, 또 이것을 咸鏡道의 '各所鉛鐵採取之數'라고 한 사실로 미루어 볼 때, 이 무렵에 洪川 등 다른 도의 銀鑛은 개발되지 못했다 하더라도 咸鏡道의 端川과 그 밖의 각 읍에 있었던 産銀地가 상당수 개발되었던 것으로 여겨진다.[185]

동왕 32년(1537) 10월에 金安老가 유배되어 죽고 己卯士禍로 삭직, 유배되었던 士類들이 還朝하면서부터 또 다시 禁銀問題가 강조되기 시작하였다.[186] 정부의 禁銀政策이 강화됨에 따라 이 시기의 富商大賈들은 納穀補償策을 빌미로 한 銀鑛의 民採制를 요구하지도 못하였으며,[187] 동시에 産銀地의 주민들과 더불어 私採를 도모하는 모습도 볼 수 없었다. 그런데 전술한 바와 같이 富商大賈들은 倭通事를 통해서 손쉽게 구할 수 있었던 倭鉛鐵을 대량 수입하여 직접 銀을 제련해 내고 있었거니와, 이처럼 倭鉛을 수입 제련하는 경향이 보편화됨에 따라 中宗 30년(1535)을 전후한 시기에는 우리의 鉛銀分離法이 日本으로 전해져서 그곳에서도 銀이 생산되기 시작하였다.[188]

採取矣 今更思之 遣匠人則各郡不無其弊 且有守令厭憚隱諱之弊 令其郡所産鉛鐵 計量上送 又令該曹吹鍊試驗 以知其處所貢 成銀最多 自明年爲始 輪次分定 則公私可以俱不困矣"

184) 《中宗實錄》64, 中宗 23년 閏10월 戊子. "下咸鏡道監司採銀書狀于政院曰 今此咸鏡道採送銀六十三錠內 三十錠則入內 而三十三錠則下于尙衣院可矣 … 其書狀曰 年例採銀 正銀六百三十兩六錢三分 作六十二錠分入二樻"

185) 《中宗實錄》93, 中宗 35년 9월 戊戌. "傳于政院曰 今觀咸鏡監司啓本云 進上銀數 每以千餘兩爲率 今年則各所鉛鐵採取之數 視前例 未准五分之一 定限一朔之事 而未得充數 端川採銀處 鉛脈已絶云 若依前數採取 則民弊不些 不拘前數 以時所採之數 吹鍊上送事 言于工曹"

186) 申奭鎬, 앞의 논문, 438쪽.

187) 《中宗實錄》91, 中宗 34년 7월 壬申.

188) 《中宗實錄》91, 中宗 34년 8월 甲戌. "憲府啓曰 柳緖宗作亨蒜山 京商人洪

日本이 鉛銀分離法을 傳習하여 銀의 생산에 착수하면서 중종 33년 (1538)부터는 公私貿易船을 통하여 銀을 우리나라에 수출하기 시작하였다. 같은 해 10월에 처음으로 小二殿使送이 싣고 온 銀은 375斤(6,000 兩)이었다. 정부는 倭銀을 수매할 필요가 없었지만 교린정책상 불가피하여 그 중 1/3을 매입하였다. 당시의 정부로서는 端川民으로부터 매년 1,000餘兩 銀을 수취함으로써 國用에 부족함이 없어 倭銀을 수입할 필요가 없었으며, 만약 倭銀이 계속 유입된다면 赴京通事나 富商大賈들에 의하여 明나라로 유출될 위험만 컸을 뿐이었다. 이 때문에 정부는 小二殿使送의 銀을 매입하면서도 다시는 銀을 가져오지 못하게 하였고, 또 諸島의 倭人들에게도 이를 통유하게 하였다. 그리고 정부는 국내의 商賈들이 倭銀을 매입할 경우 '絞刑'에 처할 것도 규정하고 서울에서는 義禁府와 東平館의 官員에게, 薺浦와 釜山浦에서는 僉使들에게 이를 규찰하도록 하였다.[189]

이처럼 정부가 倭銀의 유입을 금하고 商賈들의 밀수입을 방지하려 하였지만 倭銀은 계속 유입되었으며 商賈들의 사사로운 거래가 끊이지 않았다. 서울의 富商大賈들은 東平館의 書吏, 庫者, 庫直 등과 결탁하고 禁亂羅將을 매수하여 주야로 禁物을 매매하였고,[190] 또 房守들과도 결탁하여 禁物을 매매했기 때문에, 정부는 동왕 34년(1539) 6월에 종래 각 司의 奴子 중에서 房守를 뽑아 10일 간격으로 교대시켰던 것을 아예 商賈들과 면식이 없는 上番軍士로 바꾸고 3일 간격으로 交替

業同等接主 商人物貨 現捉於敬差官 … 緖宗所犯不至於此 與倭私通 多買 鉛鐵 私於其家 吹鍊作銀 使倭奴傳習其術 其罪尤重 請窮推依律定罪"

189) 小葉田淳, 앞의 논문, 904쪽 ; 申奭鎬, 앞의 논문, 423쪽.

190) 《中宗實錄》93, 中宗 35년 6월 丁亥. "諫院啓曰 我國人與倭潛相賣買之禁 非不嚴也 而冒禁抵罪者 相繼不絶 倭館書吏庫子等 時方現捉被訊 固當窮 推痛治矣 常時書吏庫子庫直等 交通商賈之人 潛持禁物 夜則設機械 踰墻 賣買 晝則洞開大門 公然出入 至使倭奴 亦出門外 與市人爭利 拔劍相詰 雖 有禁亂羅將 甘心賄賂 反與同心 其爲縱恣無禁"

하였다.[191] 한편 각 浦所의 경우도 예외가 아니어서 中宗 34년(1539) 10월에는 서울의 市廛人 朴守榮이 彩段과 白絲를 薺浦로 가져가 內需司의 書題로 사칭하고 吉禮에 필요한 銀을 구입하라는 內旨를 받든 양속여서 倭銀을 매입한 사실이 있었고,[192] 中宗 36년(1541)에는 熊川의 官奴 波回蘭孫 등이 薺浦의 貿館倭人에게 官木 90同으로 銀 90斤을 매입하기로 약속하고 銀을 가져간 뒤에 官木을 주지 않자 倭人들이 밤에 浦所의 담을 넘어 찾아가다가 우리 守直軍士와 충돌하여 軍士 3명을 살해한 사건도 있었다.[193] 또 동년 11월에는 熊川人 朱相孫과 서울의 河有孫(何伊孫) 등 70여 명이 倭人과 약조하고 銀 81斤과 山獺皮 80領을 미리 가져간 뒤에 값을 치르지 않자 倭人이 禮曹에 呈訴함에 따라 義禁府의 都事를 熊川에 밀파하여 체포한 사실도 있었다.[194]

　이처럼 정부의 가혹한 罰則과 감시에도 불구하고 富商大賈들은 東平館이나 각 浦所의 倭人들로부터 계속 銀을 밀수입하였기 때문에 中宗 35년(1540) 7월에는 臺諫에서 지적하였듯이 "倭銀의 流布로 市廛에 唐貨가 충만하다"[195]고 하기에 이르렀으며 한편 富商大賈들에 의한 倭銀의 밀수입이 성행했던 만큼이나 官에 저발되는 자들도 늘어나 "법을 어겨 처벌되는 자가 한없이 많았다"[196]는 것이다. 사태가 이에

---

191) 《中宗實錄》91, 中宗 34년 6월 辛丑. "又以三公及禮曹判書李龜齡參判潘碩枰議入啓 其議曰 … 且倭館房守 例以各司奴子抄定 每十日相遞 雖不久於其任 各司有數之奴 更秩出入 與倭人相知甚熟 交通富商 潛賣禁物 勢所難防 依該曹所啓 以番上軍士 每三日相遞 則庶無猥濫之弊 但軍士代立者 切勿定送爲當 傳曰 大臣等所議 皆奉承傳施行"

192) 《中宗實錄》92, 中宗 34년 10월 戊子.

193) 《中宗實錄》95, 中宗 36년 6월 丙子;《中宗實錄》95, 中宗 36년 7월 辛亥.

194) 《中宗實錄》96, 中宗 36년 11월 乙巳.

195) 《中宗實錄》93, 中宗 35년 7월 甲寅. "臺諫啓曰 … 近來 奢侈日甚 利源日開 至於婚事 非異土之物 擬不成禮 卿士大夫爭尙奢華 廝隸下賤 亦用唐物 加以倭銀流布 充物市廛 赴京之人 公然駄載 一人所賫 不下三千兩 至於公貿布物 付之商賈 換持銀兩 商賈之人 坐待後行次 以其布物 換納于官放恣無忌 至於此極"

이르자 정부는 종래의 '絞刑'규정을 수정하지 않을 수 없게 되었다. 그
것은 첫째, 수많은 범법자들을 모두 絞刑에 처할 수 없었고, 둘째, 中
宗 33년(1538)에 絞刑을 규정한 근거가《經國大典》상의 규정은 金銀
의 국외유출을 방지하기 위한 것이며, 지금은 倭銀을 매입하는 처지
인데 絞刑을 적용함은 사리에도 맞지 않았기 때문이다. 결국 정부는
동왕 35년(1540) 7월에 이르러 倭銀을 밀수한 자에 대한 처벌 규정을
완화하여 '減死罪一等'律을 적용하기로 하였다.[197]

한편 富商大賈들에 의한 倭銀의 밀수가 성행하고 使行員役들이 銀
을 수매하기가 용이해지자 明으로의 銀流出도 전례 없이 확대되고 있
었다. 中宗 35년(1540) 7월에 臺諫에서 지적한 바로는 使行員役들이 가
져가는 銀兩이 한 사람당 자그만치 3,000餘兩에 달했으며, 특히 赴京
通事들은 章服, 藥材, 弓角과 絲羅綾段 및 珠翠寶具 등의 公貿易을 미
끼로 더욱 많은 私貿易을 감행했다고 한다. 그리고 은의 유출이 증가
됨에 따라 수입량도 불어나서 평안·황해·경기의 驛路는 물론 明의 驛
路까지도 그 피해를 입게 되어 明나라 사람들은 우리 使臣을 '朝鮮賈
胡'라고 불렀다는 것이다. 이 때문에 臺諫은 合司하여 '禁防節目'을 마
련하도록 건의하였던 것이고, 中宗도 이를 작성하도록 지시하였다.[198]
의정부와 예조에서 마련한 8개조의 "禁防節目"[199]은 臺諫과의 논란과

---

196)《中宗實錄》93, 中宗 35년 6월 丁亥.

197) 小葉田淳, 앞의 논문, 90쪽.

198)《中宗實錄》93, 中宗 35년 7월 甲寅. "臺諫啓曰 … 爲使書狀者 恬不爲怪 無
意糾檢 人指檢察官曰 寧去檢察之號 以通事卜馱押物官稱之可也 一人之卜
多至數十餘馱 一路察訪 非徒不自廉謹 通事等 多以貴族家貿物 捧簡請之
察訪拘迫人情 濫給馱數 使羸馬飢卒 僵仆相望 中原驛路 調發車輛 多至三
四十 郵卒難於充數 以至傾産鬻子 怨苦日甚 每遇使臣之至 指而言曰 朝鮮
賈胡來 及至京師 有識者譏之曰 朝鮮假托禮義 謀利中朝 絶之可也 辱國至
此 … 答曰中朝禁物貿易之弊 臺諫所啓 正中時病 其弊已極 禁防不可不密
如章服藥材弓角及例事貿易外 他物勿貿之事 奉承傳節目磨鍊"

199)《中宗實錄》93, 中宗 35년 7월 丙辰.

수정을 거쳐 다음 달에 완성되었고, 그 전문은 신규의 법령으로 동왕 38년(1543)에 편간한《大典後續錄》에 등재되었다.[200] '禁防節目'의 대략적인 내용은 첫째, 商賈들이 使行員役에게 물화의 수입을 의탁하는 행위와 赴京員役이 禁物을 義州人에게 맡겨 놓았다가 몰래 가져가는 행위를 엄금하고, 둘째, 使·書狀官으로 하여금 왕래하는 도중에 員役들의 卜駄를 점검하여 정액 외의 物貨를 수입하지 못하게끔 단속하라는 것이며, 셋째, 冬至 聖節使行에만 公貿易을 허락하되 藥材, 弓角, 章服, 儀物 및 深染彩具 외의 공무역은 일체 금하고, 絲羅綾段도 堂上官과 客使를 접대할 때만 착용하도록 제한한 것 등이었다.[201] 이 '禁防節目'은 전례 없이 치밀하게 작성되었을 뿐만 아니라 각 條目마다 엄중한 처벌규정이 자세하게 덧붙여져 있다. '禁防節目'은 공포된 후 철저하게 준수되어 동년 9월에 子弟軍官이던 張孝禮가 체포된데 이어 朴養民이 수금되었는데 이들은 '已越江, 未越江, 潛齎, 潛賣'를 막론하고 모두 처형되었다. 이듬해에는 梁同이 압록강을 건널 때 체포되었으며, 千秋·冬至使行에도 많은 범법자들이 적발되었다.[202]

그리고 이 무렵에는 朝·明 간의 무역형태에도 많은 변화가 일어나고 있었다. 그것은 종래 使行員役들만이 수입할 수 있었던 絲羅綾段 등의 南京物貨를 이제는 遼東까지 파견되는 團練使나 解送譯官의 일행마저도 구입할 수 있게 되었다. 곧 使行員役들만이 北京에 가서 구입하던 南京物貨를 遼東商賈들이 朝鮮花銀과 교역하기 위하여 遼東으로 운반함에 따라 遼東市場의 번창함이 北京과 다를 것이 없게 되었고, 赴京使行을 迎送하기 위해 遼東을 왕래하던 團練使 일행이나, 明나라의 표류자와 도망자를 遼寧까지 刷還하던 解送譯官의 일행까지도 이제는 南京物貨를 수입할 수 있게 된 것이다.[203] 그리고 국내의

---

200) 申奭鎬, 앞의 논문, 438~442쪽.
201)《大典後續錄》刑典, 禁制條.
202) 申奭鎬, 앞의 논문, 442~445쪽.

富商大賈들과 明나라 商賈들이 압록강 중의 '挾江唐人'을 통해서 상호
간에 밀무역을 감행하고 있었다. 搜檢이 강화된 使行便을 피하여 唐
貨를 구입하고자 하였던 국내 富商大賈들의 의도와 朝鮮花銀을 탐내
던 明나라 商賈들의 商魂으로 당시 압록강의 威化島와 黔同島에 와서
농사짓고 살던 挾江唐人들을 사이에 두고 상호간의 밀무역이 이루어
지고 있었던 것이다.[204]

　이처럼 명나라와의 貿易路가 확장되고 밀수자가 증가함에 따라 은
의 유출도 확대되기 마련이어서 동왕 36년(1541) 5월 諫院에서는 지난
해의 '禁防節目'을 다시 수정 보완하도록 요청하였다. 이때 대신들은
'已越江, 未越江, 已賣, 未賣'를 막론하고 범법자를 모두 絞刑에 처할
경우 처형될 자가 너무 많기 때문에 '好生之德'에 어긋난다는 점을 강
조하고 '已賣者'에 한해서만 絞刑에 처하도록 결정하였는데[205] 다음
달에 작성 제출된 법안의 내용은 다음과 같았다. 첫째, 赴京人員 중
銀을 지니고 갔다가 매매현장에서 포착된 자는 絞刑에 처하고, 매매
이전에 포착된 자는 그곳이 우리나라에서건 명나라에서건, 그리고 功
議가 있건 없건 관계 없이 모두 決杖一百 全家徙邊하며, 둘째, 赴京人
員에게 銀兩을 판매한 자와 기탁한 자 및 赴京人員의 銀을 맡아가지
고 있었던 자와 전달해 준 자는 범인과 같은 죄로 처벌하도록 하였다.
셋째, 使·書狀官으로서 엄하게 이를 搜檢하게 하되 뒤에 만약 범법자

203) 《中宗實錄》 95, 中宗 36년 5월 庚子. "諫院啓曰 … 近來似聞遼東等處 富商
　　大賈 輸運南京貨物 以換朝鮮花銀 以此物貨之多 無異北京 異日中朝之徵
　　索 豈可必其無是理耶 今者大臣議得內 賫銀赴京 非賣買所被捉 減死罪一
　　等之法 至爲未便 故本院三度越署 且解送譯官 及團練使之行 不別立搜推
　　禁銀之法 故賫銀通行 恣肆無忌 請別加禁斷 答曰如啓"

204) 《中宗實錄》 95, 中宗 36년 6월 乙丑. "三公左右贊成六曹判書漢城判尹等議
　　… 雖非赴京行次時賫銀兩指歸上國近境者 自義州賫唐物來京貿銀持去者
　　三道察訪 亦常定盜直連續搜檢捉報 常時義州人 及他處人等 相爲締結潛賫
　　銀兩貿賣於夾江唐人者 令義州牧使判官 常加嚴禁 摘發報啓"

205) 《中宗實錄》 95, 中宗 36년 5월 庚子.

가 드러나면 使·書狀官을 罷黜하며, 넷째, 迎曙·金郊·大同道의 察訪들
로 하여금 역시 이를 수검하게 하되 또 항상 盜直을 두어 赴京行次가
아니더라도 銀을 지니고 국경으로 가는 자 및 義州 방면에서 唐物을
지니고 오는 자를 포착, 보고하도록 한다. 다섯째, 義州人이 他處人과
서로 체결하여 몰래 銀을 挾江唐人에게 판매하는 자가 있으므로 義州
牧使 判官으로 하여금 이를 엄금하고 적발, 보고하게 하되 성심껏 수
색하지 않았다가 뒤에 범행자가 나타나면 파출한다. 赴京行次의 護送
軍은 4 隊를 보냈기 때문에 그 인원 수가 너무 많아 西北民의 고통이
클 뿐 아니라 銀을 가져가는 길 또한 넓으므로 특별한 지시가 없을 때
에는 1 隊를 감해야 한다. 그리고 체포하여 보고하는 자는 범인의 銀
으로 이를 褒賞한다는 내용이었다.[206]

이상과 같이 정부가 中宗 33년(1538) 이후 倭銀의 수입과 明나라로
의 銀의 유출을 막기 위하여 禁令을 강화해 왔지만, 富商大賈들에 의
한 倭銀의 밀매가 계속되었고 使行員役과 團練使, 解送譯官 일행 및
商賈들에 의한 銀의 유출은 확대되기만 하였다. 그런데 倭銀의 유입
으로 국내에도 銀이 풍부해짐에 따라 端川民의 채굴실적은 급격히 저
하되었다. 端川民들은 동왕 28년(1533)에 富商大賈들이 요구한 民採制
가 실현되지 못한 이래 소극적이나마 여러 가지 형태로 '春秋官採'制
에 대한 그들의 불만을 정부에 토로해 왔던 터인데 동왕 33년(1538)에
는 정부가 倭銀 2,000兩을 매입하였고 또 富商大賈들이 倭銀을 수입하
여 국내에 銀이 풍부해진 이상, 그들만이 進上銀의 채굴에 혹사되어
야 할 이유가 없었기 때문이다.

이러한 端川民의 불만은 怠業으로 나타나고 있었다. 中宗 35년(1540)
9월에 咸鏡監司가 올린 狀啓에 의하면 이 해에는 産銀地 各所의 채굴
량이 전해에 비해 1/5도 못된다는 것이었고 또 端川의 採銀處에도 鉛

---

206) 《中宗實錄》 95, 中宗 26년 6월 乙丑 ; 《大典後續錄》, 刑典 禁制條.

脈이 모두 끊어졌다는 것이며, 進上銀의 수량이 과다하여 民弊가 크
므로 기한 내에 定額을 채납하게 하지 말고 그때그때 채굴된 것을 進
上하게 해야 한다고 요청하였다.[207] 이에 中宗은 정액의 進上銀制를
강요하지 말고 한달 동안 채굴한 銀만 진상하도록 하였으며, 이듬해
6월에는 富商大賈들에 의한 倭銀의 밀매를 방지하고 말썽 많은 春秋
官探制를 폐지할 목적에서 정부가 倭銀을 모두 사들이는 방안을 강구
하도록 지시하였다.[208] 이처럼 端川民의 고통과 불만이 조정에 반영
되고 倭銀을 수입하여 春秋官探制를 폐지할 움직임이 일어나고 있었
는데 동왕 37년(1542) 4월 幕府의 使僧 安心東堂이 銀 80,000兩을 가져
와 정부가 이중 15,000兩을 綿布 12,000同으로 구입하였다.[209] 종래 정
부가 端川에서 진상한 1,000餘兩으로도 매년 國用에 충당해 왔던 점을
감안하면 15,000兩은 무려 15년 간의 國用에 해당되는 액수였다. 따라
서 中宗은 동년 6월에 端川民의 고통과 불만을 일시나마 해소할 목적
으로 앞으로 5년간의 春秋官探를 정지시켰고, 私探를 엄금하도록 지
시하였다.[210] 그러나 5년 후에도 端川銀鑛에 春秋官探制가 재개되지
않았으므로 사실상 春秋官探制는 中宗 16년 8월에 성립되어 21년 만에
혁파된 셈이다.

3. 民採納稅制와 官採貿穀制의 實施

中宗 말부터 明宗 20년(1565)까지는 文定王后와 尹元衡 일당의 전
횡기로서 이때에도 倭銀의 유입이 계속되는 가운데 明나라로의 은 유

---

207) 제2장 註 185) 참조.
208) 《中宗實錄》 95, 中宗 36년 6월 丁巳, 己未.
209) 小葉田淳, 앞의 논문, 904~906쪽 ; 申奭鎬, 앞의 논문, 426~429쪽.
210) 《中宗實錄》 98, 中宗 37년 6월 戊子. "傳日 近因倭人相繼賫銀以來 國家許
貿亦多 故國用非不足也 端川採銀 民弊不些云 宜限五年勿採 民間若潛隱
掘採 則國法反爲不重 嚴加防禁"

출은 더욱 확대되고 있었다. 中宗 33년(1538)에 倭銀이 대량으로 수입
되었을 때의 倭銀價는 1兩당 綿布 4匹이었으나 동왕 37년(1542)에는 1
兩당 半匹에 불과했기 때문에[211] 倭商들은 점차 明의 商賈에게 밀수
출하기 시작하였고,[212] 동왕 39년(1544)의 蛇梁倭變으로 明宗2년(1547)
에 丁未約條가 성립되기까지 3년동안은 對馬倭人과의 거래가 중단되
고 倭銀의 유입도 격감하였다.[213] 그러나 日本의 幕府나 大內二氏와
의 관계는 蛇梁倭變 때나 明宗 10년(1555)의 乙卯倭變時에도 지속되었
고 明宗 11년(1556)에는 幕府의 使僧 天富東堂이 가져온 銀 2,000兩을
정부가 수매하기도 하였다.[214]

　이처럼 倭銀의 유입이 계속되는 가운데 文定王后와 尹元衡의 전횡
기에는 宮中과 府中에 의한 銀流出과 密貿易이 성행하고 있었다. 中
宗 36년(1541) 9월에 副提學宋應昌 등의 상소에 의하면 宮中에서 몰래
赴京通事들로 하여금 唐物을 수입하게 하고 수입한 唐物을 便門 밖에
쌓아놓고 흥정하는 모습이 場市를 방불하게 하였다고 하며, 이 때문
에 通事들도 "宮中의 私貿가 이처럼 많기 때문에 銀을 가져가지 않으
려 해도 어쩔수가 없다"고 한다는 것이다.[215] 그리고 中宗 38년(1543)에
는 聖節使尹元衡과 千秋使金萬鈞, 冬至使韓淑, 金舜皋등 三行次의 員
役들이 모두 銀을 많이 가져가 唐貨를 수입한 사실이 使·書狀官을 막
론하고 비밀에 부쳐졌는데 이듬해 6월에 명나라의 禮部主事宋維元이
三行次에 의한 銀貿易의 폐단을 왕에게 진술함으로써 모든 사실이 폭

---

211) 小葉田淳, 앞의 논문, 903~906쪽.
212)《中宗實錄》96, 中宗 36년 11월 丙午.
213) 申奭鎬, 앞의 논문, 431쪽.
214) 小葉田淳, 앞의 논문, 906~907쪽.
215)《中宗實錄》96, 中宗 36년 9월 辛卯. "弘文館副提學權應昌等上箚曰 … 寶悅
　　遠物 公貿濫觴 已爲不美 至於密招譯官 責貿奇邪 便門之外 物貨狼籍 折算
　　價値 有同闤闠 譯官或於于外曰 宮中私貿 如此其多 欲不賚銀 勢不得已 此
　　言流布 取羞非細"

로되었다.[216) 史臣의 기록에 의하면 "이때 尹元衡은 京商朴貞元을 子弟軍官으로 데려가 마음껏 매매하게 하였고 압록강을 건너올 때는 卜馱가 산더미 같았으며 卜馱마다 '內卜'牌를 부쳐 中殿의 貿易品으로 가장했기 때문에 나약하고 겁많은 書狀官閔荃이 감히 누구 물건인가를 묻지도 못했을 뿐 아니라, 보고도 못 본 체하였다."는 것이다.[217) 이처럼 文定王后와 尹元衡 일파의 공공연한 밀수 행위로 中宗 35년(1540)과 36년에 제정된 '禁銀節目'이 사실상 사문화되었고 은의 유출과 밀수행위는 갈수록 성행하였다. 明宗 5년(1550) 10월에 사헌부가 지적한 바에 의하면 使行員役 중 銀을 많이 가져가는 자는 10,000兩에 달했고 적어도 수천 兩씩 가져가기 때문에 唐貨를 실은 수레의 수가 헤아릴 수 없이 많다는 것이고, 使行員役의 唐貨輸送으로 우리나라 뿐만 아니라 명나라 驛路까지 피폐하게 되어 명나라 사람들이 使行員役을 '商賈'들이라고 욕했다는 것이다.[218) 그리고 종래 挾江唐人들을 통해서 가능했던 富商大賈의 밀수행위도 일보진전하여 이제는 明나라 商賈들이 義州의 건너편에까지 몰려와 거주하였기 때문에 銀을 가져가 밤낮없이 서로 매매하였다.[219) 이처럼 使行員役이나 富商大賈들에 의한 密貿易과 銀流出이 극심해지자 臺諫이나 국왕은 '禁斷節目'을 강조하였지만 文定王后와 尹元衡의 전횡기에 효과가 있을 리 없었다.[220)

이상과 같이 宮中과 府中의 要路에서 赴京通事나 富商大賈들과 결탁하여 唐貨의 밀수를 감행하고 있었기 때문에 銀의 수용문제는 항상 절실하였다. 전술한 바와 같이 中宗 말에 倭銀의 값이 폭락하고 蛇梁

216) 申奭鎬, 앞의 논문, 448~449쪽.
217) 《中宗實錄》 102, 中宗 39년 2월 庚辰.
218) 《明宗實錄》 10, 明宗 5년 10월 丁亥.
219) 《明宗實錄》 12, 明宗 6년 8월 丁丑. "平安道觀察使金明胤啓曰 今者義州越邊 唐人等多來居住 故富商大賈 賫持銀兩 晝夜交通賣買 誠非細故 請令朝廷預議處置 傳曰 富商大賈 持銀鐵賣買事 令該曹爲禁斷節目"
220) 《明宗實錄》 10, 明宗 5년 10월 丁亥 ;《明宗實錄》 12, 明宗 6년 8월 丁丑.

倭變으로 倭銀의 유입이 격감하자 明宗 즉위년(1545) 11월에는 領議政
尹仁鏡과 左議政李芑 등이 公用銀의 조달을 구실로 삼아 '民採納稅'制
를 허가하도록 요청하였다. 곧 그들은 江原道의 洪川, 淮陽, 金化, 金
城 등지를 비롯한 전국의 많은 産銀地를 민간으로 하여금 채굴하게
하고 稅銀을 납부하도록 할 것을 요청한 것이다. 이때 明宗은 옛날에
도 民採를 쉽게 허용치 않았던 데는 그만한 이유 가 있었을 것이라며
뒤로 미루었고 끝내 실현되지 못했다.[221]

 그러나 이처럼 계속 民採를 지향해 왔던 富商大賈와 赴京通事 및
私採者들의 노력과 民採를 통해서만 부역농민들의 피역저항을 받지
않고 부족한 국가재정을 충당할 수 있다고 확신한 집권층의 욕구가
이로부터 14, 15년이 경과한 明宗 16년(1561)에야 비로소 성취되었다.
이보다 앞서 明宗 14년(1559)에는 端川郡民의 절반이 流亡할 정도로
엄청난 水災가 발생하였다.[222] 정부는 진휼미를 마련하기 위하여 富商
大賈들에게 銀과 綿布로써 보상하기로 약속하고 많은 곡식을 빌려 사
용하였다. 그러나 정부의 재력으로 상환할 능력이 없었고 또한 富商
大賈들이 民採를 원하고 있었기 때문에 결국 明宗 16년(1561)의 東·西
班 2品以上 회의에서 '民採納稅'制를 허가하게 된 것이다. 정부는 미
곡을 납품한 자가 채굴할 경우에는 보상이 끝날 때까지 稅銀을 징수
하지 않기로 결정하였다.[223] 이리하여 그해부터 端川에는 富商大賈들

221) 《明宗實錄》 2, 明宗 卽位年 11월 丙子.
222) 《明宗實錄》 28, 明宗 17년 11월 甲申. "傳于政院日 今見咸鏡監司書狀(端川
 郡人民等狀訴 去己未年水災 人民流死者居半 遺存人民 無田無宅 携其妻
 子 將盡流散之際) … 昌城府使李彦臣爲端川郡守 政簡刑淸 撫恤民生 頗有
 善治 至爲可嘉 特加一資仍任(時李樑專恣 以貨賂爵人 彦信厚賂郡 産白金
 故也 方伯兪絳蹟郡民之譽而奏之 時議以爲內外相應也)"
223) 《明宗實錄》 32, 明宗 21년 4월 丙戌. "戶曹啓日 近因經席所啓(成世章啓)端
 川郡銀鐵 一切勿許採取事 奉承傳矣 但前日私儲穀價(頃遭凶變 借富民之
 穀以救荒)以銀鐵綿布等物價之 而比因國儲不裕 酬答無策 往在辛酉年 東
 西班二品以上會議 以銀鐵之稅(産銀處聽民採取 征其什一爲稅)還償自願採

에 의한 採銀業이 활기를 띠게 되었고 채굴한 銀은 대부분이 明나라로 유출되지만 정부의 公用銀도 이곳에서 구입하였다.[224]

端川邑에 채은업이 번창해지고 각종 상품거래가 활발해지면서 탐욕스러운 守令에게는 가장 풍성한 착취기반이 조성되었던 셈이다. 동왕15년(1560)에 端川郡守로 부임한 李彦臣은 당시의 실권자인 李樑에게 아부하여 端川銀을 뇌물로 바쳐온 자였다. 동왕 17년(1562)에 그가 昌城府使로 遞職되자 곧 監司를 움직여서 郡民들이 留任을 간청하는 양 訴狀을 꾸며 올렸으며 李樑은 이를 왕에게 추천하였고 오히려 품계를 높여 연임토록 하였다.[225] 이 때문에 李彦臣은 동왕 18년(1563) 8월에 李樑이 謫死됨과 동시에 파직당하였다.[226] 民採納稅制가 端川銀鑛에 적용된 뒤에는 他道의 産銀處에도 확대 적용된 듯하다. 그 일례로 明宗 16년(1561)에 工曹參判尹玉이 吉禮用의 銀을 구입하기 위해 慶尙道의 산은지에 商人 崔福潤을 파견하였는데, 地名을 확인할 수는 없으나 그곳이 民採銀鑛이었을 것이 분명하기 때문이다.[227]

明宗 20년(1565) 4월에 文定王后가 죽고 尹元衡도 削職, 放還되었다가 11월에 죽자 이듬해 4월부터는 領議政李浚慶 등이 그간에 폐단이 많았던 '新立科條'들을 개폐하기 시작하였다. 곧 새로 제정할 법규 중의 하나였던 民採納稅制에 관한 '事目'도 改定의 대상이 되었지만 大臣會議에서는 계속 준수하기로 결정하였다.[228] 그러나 參判成世章이 經筵에서 "端川民이 은광채굴로 말미암아 유망한다"고 말하여 明宗은

取者 則准償間勿令收稅 産銀之處 並令民人自願採取 至爲事目啓下 近日 大臣會議新立科條斤正時 亦於此條 付標以啓 事涉關重 請更議于大臣定奪 傳曰如啓"
224)《明宗實錄》28, 明宗 17년 4월 癸丑.
225)《明宗實錄》28, 明宗 17년 11월 甲申.
226)《端川郡誌》官案〈庚申來癸亥罷職〉.
227)《明宗實錄》28, 明宗 17년 3월 癸丑.
228)《明宗實錄》32, 明宗 21년 4월 丙戌.

民採納稅制를 폐지하라고 지시하였다.[229] 大臣會議에서 이미 결정한 사실을 成世章이 주장하여 번복되자 戶曹에서는 왕에게 이 문제를 大臣들에게 다시 의논하게 한 뒤에 결정하도록 요청하였다.[230] 이리하여 동년 5월에 領議政李浚慶, 領中樞府事沈通源, 左議政李蓂, 右議政權轍 등은 대신회의에서 民採納稅制의 '事目'을 준수하기로 한 이유로서 古代 中國의 帝王들이 金銀을 채굴하여 빈민을 구제한 여러 사례를 든 뒤에 民採納稅制의 현실적이고 합리적인 측면을 다음과 같이 주장하였다. 첫째, 근래 계속된 흉년으로 정부와 백성이 모두 궁핍하여 진휼할 방책이 없는 데다 군량미마저 조달할 길이 없다는 것이었고 둘째, 동 '事目'이 明宗 16년(1561)의 大臣會議에서 事理를 詳考하고 중론이 일치하여 작성된 것이라 전혀 하자가 없다는 것이며 셋째, 端川民의 採銀으로 인한 流亡이 採銀作業 자체에 원인이 있는 것이 아니라 守令(전술한 李彦臣을 지칭함)이 法을 준수치 않고 公務를 빙자하여 폐단을 짓기 때문이라는 것이다.[231]

이러한 대신들의 주장에 따라 明宗은 다시금 결심을 번복하여 전처럼 시행하도록 허락함으로써 富商大賈들의 채은업이 지속될 수 있었고 이는 동시에 民採納稅制가 현실적으로 합당한 制度임이 재확인된 셈이다. 그러나 民採納稅制가 그후 언제까지 계속되었는지는 알 수 없다. 다만 宣祖 3년(1570) 4월에 戶曹가 진휼책을 보고한 가운데

---

229) 《明宗實錄》 32, 明宗 21년 5월 戊子.

230) 제2장 註 223) 참조.

231) 《明宗實錄》 32, 明宗 21년 5월 戊子. "領議政李浚慶領中樞府事沈通源左議政李蓂右議政權轍議 天生五材 資以利用 故成湯遭飢 採商山之金 以濟其民 宋仁宗令民採銀 救萊登之饑 自古聖帝明王 其於活民之策 靡不贍盡 豈嫌其開利源 而獨於銀鐵 閉藏勿用 而莫之救民乎 近年歲運不登 公私俱困 賑救無策 至於軍國之需 亦不能辦出 辛酉會議時 詳究事理 衆意同然 故爲事目啓下 端川之民 採銀流亡者 乃守令不謹奉法 憑公作弊故也 臣等於新立科條斤正時 玆以付標 恐不可輕改也 傳曰 依舊施行"

"지난 흉년에 민간의 곡식을 빌려쓰고 갚지 못해 漁箭을 지급하기도 하고 採銀을 허락하기도 하였다"[232]고 지적하였는데, 이는 곧 明宗 때의 救荒事例이자 民採納稅制의 성립 경위로서 이때의 民採納稅制가 明宗 말까지만 존속되었던 것으로 여겨진다.

결국 明宗 16년(1561)에 채택한 民採納稅制도 明宗 말년(1567)경까지 불과 6,7년 만에 중단된 셈이었고 宣祖 초부터는 다시 산은지가 봉쇄된 것이다. 宣祖대에 들어와 銀鑛을 채굴한 기록은 宣祖 16년(1583)에 이르러 처음으로 나타난다. 女眞의 세력이 확장되고 남침의 위험이 고조되자 비변사가 군량미를 비축하기 위하여 産銀地의 개발을 요청했기 때문이다. 그러나 이때의 '採銀事目'이 어떤 내용으로 작성되었는지는 확인할 수 없고 다만 동년 2월에 宣祖가 비변사에 지시하여 "採銀禁令을 풀어 軍糧을 늘리되 六鎭과 甲山 지역만 採銀을 허락하고 다른 곳은 철저히 금해야 하지 않겠느냐"[233]고 문의하였던 적이 있다. 이에 대한 備邊司의 보고가 없으므로 속단하기는 어렵지만 비변사의 의도는 적어도 咸鏡道 내의 각 산은지를 채굴하도록 허가하여 군량을 보충하자는 것이며 宣祖는 六鎭과 甲山만 허가하는 것이 좋겠다는 뜻이었다. 그러나 採銀禁令의 해제가 곧 民採를 허가한다는 뜻인지 官採를 실시하겠다는 뜻인지를 확인할 수 없고 또 육진과 갑산만 채굴하게 된 것인지 咸鏡道 내의 각 산은지가 모두 채굴된 것인지도 알 수 없다. 그런데 동년 4월에 정부는 忠州判官崔德峋이 銀鑛에 대한 지식과 기술이 있다는 이유로 京職에 임명한 뒤 敬差官을 삼아 咸鏡道에 파견하고 그로 하여금 銀鑛을 채굴하여 미곡을 구입하도록

---

232) 《宣祖實錄》 4, 宣祖 3년 4월 辛酉. "戶曹 因經筵官鄭宗榮等啓辭 … 往在凶年 多用私儲 一不還償 其後或給魚箭 或計採銀 而十無一二 失信於民 冤悶不小 至爲未便"
233) 《宣祖實錄》 17, 宣祖 16년 2월 癸巳. "傳于備邊司日 … 弛採銀之法 以裕兵食 然只許六鎭及甲山 其他處 痛禁何如"

한 사실을 보면, 앞서 中宗 3년(1508)에 시도된 바 있었던 官採貿穀制를 실시한 것으로 여겨진다.[234] 그리고 당시에 端川郡守로 재직한 李渾이 宣祖 16년에서 19년 사이에[235] 銀을 많이 수탈한 죄목으로 宣祖 22년(1589)에 濟州牧使로 있던 중 파직당한 사실은 官採貿穀制가 端川銀鑛에도 적용되었음을 시사하고 있다.[236] 곧 宣祖 16년(1583)에는 정부가 군량미를 조달할 목적으로 직접 咸鏡道의 각 은광을 채굴하여 富商大賈들로부터 미곡을 수매한 것으로 여겨진다.

제3절 敬差官制下 銀鑛의 管理經營實態

1. 採銀敬差官의 性格

정부는 銀을 조선 초기부터 귀금속 제품의 원료로서 파악하고 있었기 때문에 은제품의 생산과 아울러 銀鑛의 채굴문제도 工曹에서 관장하도록 하였다. 따라서 工曹에서는 정부에서 필요한 각종의 은제품을 생산하는[237] 동시에 宮中의 수요품 제조를 담당한 尙衣院의 소요 은도 공급해야 했다.[238] 工曹에서는 각도의 산은지를 '寶物案'에 수록

---

234) 《宣祖實錄》 17, 宣祖 16년 4월 戊午. "又以忠州判官崔德峋 有巧性 遞付京職 敬差官稱號 送于咸鏡道 使之探銀 吹鍊和賣"
235) 《端川郡誌》 官案條.
236) 《宣祖實錄》 23, 宣祖 22년 8월 辛卯. "府啓 濟州牧使李渾 人物泛濫 前爲端川郡守時 多取白金 聞者唾鄙 請罷改"
237) 《經國大典》〈工典〉雜令. "銀錫鍮銅器皿 竝刻斤兩及造作年月日"
238) 《中宗實錄》 64, 中宗 23년 閏10월 戊子.
   그러나 때때로 왕이 직접 收稅銀이나 進上銀을 尙衣院에 지급하는 경우도 있었다.
   (《燕山君日記》 54, 燕山君 10년 7월 辛巳 ; 《中宗實錄》 41, 中宗 15년 11월 辛巳 ; 《中宗實錄》 64, 中宗 23년 閏10월 戊子).

보관하고 있었고 私採를 금하기 위하여 각 도와 각 읍으로 하여금 은
광을 看守하도록 하였다.[239]

그러나 工曹가 비록 産銀地를 관장하고 宮中과 府中에서 필요한
銀을 조달하는 임무를 띠고 있었지만, 工曹 단독의 의사로 銀鑛을 채
굴할 수는 없었다. 銀鑛을 채굴할 이유가 宮中·府中의 服飾·器皿을 제
조하기 위한 것이든, 또는 진휼미나 군량미를 보충하기 위한 것이든
간에 모두가 정부의 財政과 직결되었기 때문에 工曹는 반드시 戶曹와
사전에 의논해야 하였고, 議政府가 이에 동의한 후 왕의 재가를 받아
야만 하였다.[240] 그리고 특히 富商大賈들에게 銀鑛의 채굴이나 銀의
수매를 허가하는 문제일 경우에는 工曹와 戶曹 및 議政府의 동의로서
도 불가능하였고, 議政府를 비롯하여 府院君 六曹判書 이상이 동의하
여 왕의 허가를 받아야만 하였다.[241]

이처럼 大臣과 重臣들의 회의를 거쳐 官採나 民採를 왕이 허가하
면 工曹는 戶曹와 더불어 채광과 수세문제 등에 관한 적절한 절차와
규정을 상의하여 '節目' 또는 '事目'을 작성하였고 다시 大臣會議를 거
쳐 왕의 裁可를 받음으로써 비로소 실시할 수 있었다.[242] 이와 같이
까다로운 절차를 밟으면서도 16세기 간에는 여러 곳의 産銀地가 개발

---

239) 《經國大典》(工典) 寶物. "諸邑寶物産處成籍 藏於本曹 本道本邑看守"
240) 《燕山君日記》51, 燕山君 9년 11월 丁巳 ; 《中宗實錄》7, 中宗 3년 11월 壬
    寅 ; 《中宗實錄》21, 中宗 10년 2월 壬寅 ; 《中宗實錄》49, 中宗 18년 9월
    己卯 ; 《明宗實錄》32, 明宗 21년 4월 丙戌 ; 《宣祖實錄》17, 宣祖 16년 2월
    壬辰.
241) 제2장 註 127) 및 《中宗實錄》49, 中宗 18년 9월 己卯. "工曹判書安潤德戶
    曹判書金克愊參判李自堅啓曰 端川採銀使 戶曹工曹同議 與大臣建白施行
    不可輕改 傳曰知道"
242) 《燕山君日記》51, 燕山君 9년 11월 丁丑 ; 《中宗實錄》7, 中宗 3년 11월 壬
    寅 ; 《中宗實錄》21, 中宗 10년 3월 壬申·癸酉 ; 《中宗實錄》40, 中宗 15년9
    월 辛未 ; 《中宗實錄》42, 中宗 16년 8월 丙午 ; 《明宗實錄》32, 明宗 21년
    4월 丙戌 ; 《明宗實錄》32, 明宗 21년 5월 戊子 ; 《宣祖實錄》17, 宣祖 16년
    2월 壬辰.

되었다.[243] 咸鏡道의 端川을 비롯하여 永興·北靑[244)·文川의 産銀地[245)
와 江原道의 洪川[246)·淮陽·金化·金城[247) 및 慶尙道 靑松의 産銀地가
개발되었고,[248) 明宗 2년(1547)에는 全羅道 綾州記官曹良傑이 '鉛鐵以
進'하여 정부가 綿布로서 보상한 경우나,[249) 동왕 17년에 工曹參判尹
玉이 吉禮用의 銀을 구입하기 위하여 상인을 파견한 慶尙道의 産銀
處,[250) 그리고 宣祖 16년(1583)에 官採貿穀制가 적용된 咸鏡道 六鎭과
甲山[251) 등지도 모두 産銀地였음에 틀림없지만, 채광의 실시 여부나
산은지의 邑名에 대해서는 자세히 알 수 없다.

그러나 이들 産銀地 중에서 銀品이 양호하고 광맥이 풍부하였던
곳은 端川産銀地였다. 燕山君 9년(1503)에 시굴한 결과 端川은 鉛 2斤
에 十分銀 4錢이 생산된 데 비하여 永興鉛은 銀이 2錢밖에 생산되지
않았다.[252) 그리고 中宗 23년(1528) 윤10월에 咸鏡監司가 보고한 시험
결과에 의하면, 永興은 石鐵 6升에 銀이 7分밖에 생산되지 않았는데
北靑은 1錢 8分이 생산되었고 文川은 石鐵 2升에도 1錢8分이 산출되고
있었다.[253) 이 중 文川鉛鑛에는 銀의 함유량이 많았던 것이지만 어느

243) 제2장 註 182) 참조.
244)《燕山君日記》51, 燕山君 9년 11월 丁丑 ;《中宗實錄》64, 中宗 23년 閏10월
戊子.
245)《中宗實錄》64, 中宗 23년 閏10월 戊子.
246)《中宗實錄》82, 中宗 31년 7월 己巳 ;《明宗實錄》2, 明宗 卽位年 11월 丙
子.
247)《明宗實錄》2, 明宗 卽位年 11월 丙子.
248)《中宗實錄》24, 中宗 11년 2월 己巳.
249)《明宗實錄》5, 明宗 2년 正月 己未.
250)《明宗實錄》28, 明宗 17년 3월 癸丑.
251)《宣祖實錄》17, 宣祖 16년 2월 壬辰.
252)《燕山君日記》51, 燕山君 9년 11월 丁丑.
253)《中宗實錄》64, 中宗 23년 閏10월 戊子. "且北靑等處新産見樣銀 則下于工
曹 其以此意 幷奉甘結可也 其書狀曰 年例採銀 正銀六百三十兩六錢三分
作六十二錠 分入二櫃 及北靑地新産出石鐵六升試驗造銀一錢八分 永興府
地産出石鐵六升造銀七分 文川郡地産出石鐵二升造銀一錢八分等 入櫃封

정도 채굴되었는지를 자세히 알 수 없다. 16세기에는 주로 端川銀鑛이 채굴되었으며 품질은 물론 銀脈이 풍부하여 "端川邑은 주위의 5,6息地가 모두 産銀地"[254]라 하였고 또 "端川의 産鉛地는 官에서 封置한 곳뿐만 아니라 어느 곳에나 다 있다"[255]라고 할 정도였다.

官採나 民採를 막론하고 節目이나 事目이 완성되면 반드시 공조판서의 추천으로 왕이 임명하는 '採銀敬差官'을 현지에 파견하였다.[256] 採銀敬差官이란 칭호는 이 시기 하나의 임시 官職이었지만,[257] 때로는 採銀使[258] 또는 剛明官[259] 文官最有名望者[260] 京官[261] 및 遣官以採[262] 遣官監探[263]로도 표현되고 있었다. 당시 採銀敬差官들의 직위와 품계를 일일이 확인할 수는 없지만, 기록에 나타난 것을 보면 僉正(종4품)[264] 正郎(정5품)[265] 判官(종5품)[266] 등으로서 대개 종4품에서 종5품에 이르는 관원들이었다. 그리고 採銀敬差官은 剛明하고[267] 名望있는 文官을[268] 주로 택했으며 때로는 광산에 대한 식견도 겸비한 자를 선

不動上送云"
254) 《中宗實錄》40, 中宗 15년 9월 辛未. "端川一邑 周回五六息之地 鑿地皆銀"
255) 《中宗實錄》42, 中宗 16년 8월 丙午. "端川産鉛 非止官封之地 而處處皆有之"
256) 《中宗實錄》9, 中宗 4년 9월 乙卯 ; 《中宗實錄》41, 中宗 15년 11월 辛巳 ; 《燕山君日記》61, 燕山君 12년 正月 丁未.
257) 《中宗實錄》24, 中宗 11년 2월 己巳 ; 《中宗實錄》38, 中宗 15년 2월 丁亥 ; 《宣祖實錄》17, 宣祖 16년 4월 戊午.
258) 《燕山君日記》54, 燕山君 10년 7월 甲午.
259) 《中宗實錄》7, 中宗 3년 11월 庚子.
260) 《中宗實錄》7, 中宗 4년 正月 辛酉.
261) 《中宗實錄》38, 中宗 15년 2월 丁亥.
262) 《中宗實錄》41, 中宗 15년 11월 辛巳.
263) 《中宗實錄》42, 中宗 16년 8월 丙午.
264) 《燕山君日記》61, 燕山君 12년 正月 丁未.
265) 《中宗實錄》41, 中宗 15년 11월 辛巳.
266) 《宣祖實錄》17, 宣祖 16년 4월 戊午.
267) 《中宗實錄》7, 中宗 3년 11월 庚子.
268) 《中宗實錄》7, 中宗 4년 正月 辛酉.

정하기도 하였다.[269)]

정부가 이처럼 剛明하고 名望있는, 그리고 銀鑛에 대한 식견을 겸비한 文官들을 파견한 것은 물론 제반 사무를 공정하게 처리하고 채은작업을 효율적으로 지도할 수 있도록 하기 위한 것이지만, 다른 한편으로는 守令들의 작폐를 배제하고 富商大賈들과 결탁하는 폐단을 방지하기 위한 것이었다. 官採든 民採든 銀鑛이 채굴되면 당해 읍의 수령들에 의한 부정과 착취가 있게 마련이어서 수령에게 管理를 일임할 수 없다는 것이 일반적인 견해이기도 하였고, 사실상 守令들의 작폐가 컸던 것도 부인할 수 없었다. 燕山君 9년(1503) 11월에 民採를 허가하고 수령으로 하여금 檢察하도록 했을 때도 점차 稅額이 줄어들어 왕은 守令의 작폐로 파악하고 이듬해 7월에 校理沈貞을 파견하여 이를 국문하게 한 사실이 있고[270)] 中宗 13년(1518)에 北靑判官權景詳이 銀商賈와 결탁 모리하기 위하여 '北靑이 端川銀鑛과 가깝다'는 이유만으로 흉년의 진휼시에 銀을 납부하는 농민에게만 곡식을 지급하여 굶어 죽은 자가 속출하였다는 것이며[271)] 明宗 때의 端川郡守李彦臣이 端川의 銀으로 李樑을 매수하여 端川郡守職을 連任하는 경우라든가, 宣祖대의 端川郡守李渾이 '多取白金'한 사례 등은 모두 당시 産銀地의 守令이면 흔히 저질렀던 폐단이었다.

정부는 이러한 이유 때문에 16세기에는 현지의 守令에게 銀鑛의 管理를 맡기지 않았고 官採나 民採를 막론하고 採銀敬差官을 현지에 파견하였다. 그러나 採銀敬差官制를 반대하는 여론이 전혀 없었던 것은 아니다. 銀鑛 개발을 한갓 사치나 조장하는 귀금속의 채굴에 불과

---

269) 《中宗實錄》41, 中宗 15년 11월 辛巳 ; 《宣祖實錄》17, 宣祖 16년 4월 戊午.

270) 《燕山君日記》51, 燕山君 9년 11월 丁巳 ; 《燕山君日記》52, 燕山君 10년 4월 乙卯 ; 《燕山君日記》54, 燕山君 10년 7월 乙未.

271) 《中宗實錄》34, 中宗 13년 11월 戊申. "憲府又啓曰 都摠都事權景祥 前爲北靑判官時 適値凶歉 當發倉賑民 而北靑境連端川 民之持銀來者給穀 否則不給 貧未得銀者 飢死甚多 至可驚也 且昇銀商賈 與爲謀利 請勿齒仕版"

한 것으로 여겼던 당시에, 정부가 이를 관장하도록 하기 위해서 文官
을 선정하고 왕명을 띤 敬差官의 칭호까지 붙여 파견한다는 것은 후
세에 오명만 남기는 일로 인식되었다. 따라서 中宗 15년(1520) 2월에
正言李弘幹은 産銀地가 소재한 道의 守令 중에서 적격자를 뽑아 관리
하도록 하라고 주장하였으며, 中宗도 관찰사로 하여금 差使員을 선정
하여 맡기는 것이 좋겠다고 하였다. 그러나 이때 領事李惟淸이 京官
을 파견해야 한다고 고집함으로써 결국 왕도 "銀이 중요해서가 아니
라 奸僞人을 防禁해야 하기 때문이라"고 하면서 이를 허락하였던 것
이다.[272]

2. 國·民營鑛業의 實態

16세기 간에는 官·民採를 막론하고 반드시 정부가 採銀敬差官을
현지에 파견하여 일체의 採銀業務를 관장하도록 하였지만, 그것이 官
採인지 民採인지 그리고 관채인 경우에도 '臨時官採'나 '春秋官採' 및
'官採貿穀'制인지, 또 민채인 경우에도 그것이 '民採納穀'制인지 '民採
納稅'制인지에 따라 각기 '節目' 또는 '事目'의 성격이 달랐다.

'臨時官採'制는 대개 工曹나 尙衣院의 所藏銀이 탕갈했을 때 필요
한 公用銀만을 採取하기 위하여 적용되었다. 이를테면 은광 개발이
중단된 상태에 있었던 中宗 4년(1509) 정월에 工曹에서 필요한 은을 採
取하기 위하여 정부가 명망 있는 文官을 採銀敬差官으로 파견하여 8
개월 간 端川銀鑛을 採取한 경우나[273] 동왕 15년(1520)에 工曹와 尙衣

---

272) 《中宗實錄》 38, 中宗 15년 2월 丁亥. "弘幹又啓曰 今以採銀事 遣敬差官于
　　端川 臣獨啓以謂銀固可採 然至以遣官 且以採銀名其官 恐採銀之名 流汚
　　後世也 雖擇其道守令 使之監採可也 上曰 令其道觀察使擇定差使員採之
　　亦不妨 領事李惟淸曰 前此見在銀 盡用尙衣院 工曹亦告無 故採之也 發遣
　　京官可也 上曰 非重銀也 以其防禁奸僞人也"
273) 제2장 註 128) 참조.

院의 公用銀이 탕진되어 工曹正郎許確을 採銀敬差官으로 파견하여
端川銀鑛을 9개월 간 採取한 경우[274] 또는 春秋官採制가 실시되고 있
던 시기였지만, 中宗 20년(1525)에 端敬王后愼氏의 遜位에 따른 中宮殿
의 銀器를 개조할 十品銀이 工曹나 尙衣院에 없어 이듬해 추수 후에
尙衣院의 '公事'로 端川銀鑛을 採取하기로 결정한 경우 등이 모두 臨
時官採制에 해당하는 경우다.[275] 이처럼 工曹나 尙衣院의 공용은이
탕진되었을 때만 採取했던 臨時官採制에는 工曹正郎 등이 採銀敬差
官으로 파견되었다. 採銀敬差官은 銀工을 데리고 가서 채굴한 銀을
전액 수납하였으며[276] 採銀役에는 현지의 농민들을 요역형태로 징발
사역하였다.[277]

　'春秋官採'制는 燕山君 10년(1504) 7월부터 中宗 2년(1507) 4월경까지,
그리고 中宗 16년(1521) 8월부터 동왕 37년(1542) 6월까지 각각 실시되
었다. 春秋官採制도 주로 端川銀鑛에 적용되었는데 燕山君 12년(1506)
정월에는 僉正奇褚가 採銀敬差官으로 파견되었으며,[278] 다음의 中宗
16년(1521) 8월에도 '遣官監探'[279]하는 등 端川銀鑛에는 春秋로 採銀敬
差官이 감독관으로 파견되고 있었다. 春秋의 농한기에 採銀敬差官이
파견되어 銀鑛을 채굴하는 형태는 同 세기의 전·후기가 다를 것이 없
지만 採銀役에 동원된 役軍들의 성격은 다소 달랐다. 앞의 시기에는
순수한 端川民의 요역노동인 데 반하여 뒤 시기에는 端川民의 요역과

---

274) 제2장 註 272) 및 《中宗實錄》 41, 中宗 15년 11월 辛巳 참조).
275) 《中宗實錄》 54, 中宗 20년 7월 己卯 甲申 ; 《中宗實錄》 55, 中宗 20년 11월
　　己巳.
276) 《中宗實錄》 41, 中宗 15년 11월 辛巳. "工曹正郎許確 採端川銀及靑花石以
　　獻 傳曰 銀十丁及靑花石二斗入內 子欲看品 其餘竝藏于尙衣院(前此 使富
　　商 納銀價得 自採以爲利 除民採鑄之弊 遣官以採 此其始也)"
277) 《中宗實錄》 55, 中宗 20년 11월 己巳. "右承旨柳溥 以尙衣院意啓曰 咸鏡道
　　今雖稍稔 不可其採銀之役 其於明年秋成後 採于端川事 尙衣院爲公事啓之"
278) 《燕山君日記》 61, 燕山君 12년 正月 丁未.
279) 《中宗實錄》 42, 中宗 16년 8월 丙午.

公賤들의 身役이 결합되어 있었다. 그리고 채굴한 銀을 수납하는 방법상에도 두 시기 간에는 약간의 차이가 있었다. 燕山君 12년(1506)에 端川銀鑛에서 수납한 것은 銀이 아니라 鉛 6,900斤이었다. 燕山君은 이것으로 銀을 제련하게 하는 동시에 滓鉛으로서는 靑瓦를 굽는 데 사용하도록 지시하고 있었다.[280] 정부가 현지에서 銀을 제조 상납하게 하지 않고 鉛을 모두 進上하도록 한 것은 곧 滓鉛으로 靑瓦를 燔造할 목적에서였다. 中宗 16년(1521) 이후의 春秋官採制하에서는 현지에서 銀을 제련 상납하였다. 동왕 31년(1536) 7월까지는 10兩 단위의 '錠'을 제조해서 바치게 하였지만, 銀工들이 錠 속에 雜鐵을 섞는 폐단이 생겨 그 해부터는 銀을 薄片으로 打造한 '葉兒銀'을 상납하도록 하였다.[281] 그런데 이 시기의 進上銀制는 15세기의 貢銀制와는 달랐다. 동왕 23년(1528) 윤10월에 咸鏡監司가 올린 採銀書狀에는 "年例대로 은광을 채굴한 것이 正銀 630兩 6錢 3分"[282]이라고 하였는데, 동왕 35년(1540) 9월의 咸鏡監司啓本에는 "進上銀數는 매년 1,000餘兩을 기준으로 삼았다"[283]라고 한 사실로 미루어 볼 때, 中宗 20년대에는 그때그때 채굴한 量을 모두 진상한 것이었고 동왕 30년대에는 일정한 額數를 정해서 채굴, 진상한 셈이다. 이러한 春秋官採制는 이 시기의 다른 鑛種의 광산에도 적용되고 있었다. 이를테면 中宗 33년(1538) 5월에 黃海道 鳳山郡의 石墨을 정부가 工曹로 하여금 '端川採銀例'에 따라 매년 춘추농한기에 적당량을 채납하게 하였으며[284] 동왕 34년(1539) 10월에

---

280) 《燕山君日記》 63, 燕山君 12년 8월 庚戌. "命端川所進鉛六千九百斤 鍊銀後 以滓鉛燔造靑瓦"
281) 제2장 註 181) 참조.
282) 《中宗實錄》 64, 中宗 23년 閏10월 戊子. "年例採銀 正銀六百三十兩六錢三分"
283) 《中宗實錄》 93, 中宗 35년 9월 戊戌. "進上銀數 每以千餘兩爲率"
284) 《中宗實錄》 87, 中宗 33년 5월 癸巳. "傳曰 黃海道鳳山郡所出石墨 每年農隙 依端川採銀例 量數採取上納 則可爲國用 然不須依樣作丁 隨其所造以爲國用事 言于工曹"

는 慶尙道 聞慶 관내의 加恩縣에서 나는 水晶을 工曹가 採納量을 미리 정해서 농민에게 분담시키자, 도망자가 속출했기 때문에 掌令權纘이 端川의 '鉛鐵例'에 의거 당해 邑으로 하여금 水晶鑛山을 封閉하도록 하고 농한기에만 採取할 것을 요청하고 있었다.[285] 이처럼 15세기 貢納制에 기초한 '各邑採納'制와 유사한 進上制下의 春秋官採制는 정부가 지향한 수취형태였기 때문에 널리 적용되고 있었다.

'官採貿穀'制는 정부가 군량미를 비축하기 위하여 中宗 3년(1508)에 시도한 바 있었으나 국왕의 반대로 실시되지 못하고 결국 宣祖 16년(1583)에 실현된 제도였다. 정부가 富商大賈들이 요구한 納穀補償策에 부응하고, 私採의 폐단을 막기 위하여 채택한 것이다.[286] 정부는 剛明한 官員을 探銀敬差官으로 파견하거나, 광산에 식견을 지닌 京官을 探銀敬差官으로 임명하였다. 官採貿穀制下의 探銀敬差官도 다른 官採 때와 다름없이 농민들을 징발하여 銀鑛을 채굴하였고 생산된 은으로 富商大賈들로부터 미곡을 구입하는 데 사용하였다.[287]

다음 '民採納稅'制는 燕山君 9년(1533) 11월부터 이듬해 7월까지 실시되었고, 그 뒤 中宗 28년(1533) 6월에 領議政張順孫, 左議政韓效元, 右議政金謹思 등이 건의하여 왕의 허가를 받았으나 7월에 사헌부가 논박하여 실시되지 못하였으며, 다시 明宗 즉위년(1545)에 領議政尹仁鏡, 左議政李芑 등도 전국의 산은지에 대한 民採納稅制를 건의한 바 있지만 실현되지 않았다가 明宗 16년(1561)에야 실시되어 明宗 22년(1567)경까지 지속되었다. 燕山君 9년(1503) 11월에 工曹判書鄭眉壽가

285) 《中宗實錄》92, 中宗 34년 10월 辛巳. "掌令權纘啓曰 聞慶任內加恩縣産水晶事 工人知之 而言于工曹 故工曹定其簡數 分定民間 前者二度爲之 而民之逃散頗多云 請依鉛鐵例 自本官封閉 臨時採用 而勿定於民間 則弊亦少祛矣"

286) 제2장 註 125), 127) 참조.

287) 《宣祖實錄》17, 宣祖 16년 4월 戊午. "又以忠州判官崔德峋 有巧性 遞赴京職 敬差官稱號 送于咸鏡道 使之採銀 吹鍊和賣"

咸鏡道의 驛路가 잔폐한 것을 고려하여 民採納稅制를 건의했을 때는 監司와 守令으로 하여금 검찰하도록 하였으나, 守令의 모리행위로 세 납액이 줄어들자 이듬해는 '採銀使'를 현지에 파견하였다.[288] 이때의 採銀使 파견은 端川銀鑛을 개발한 이후에 처음 실시된 일로서, 당시 의 採銀使奇褚는 곧 동왕 12년(1506)의 春秋官採 때에 採銀敬差官으로 파견된 자였다.[289] 그러나 明宗 16년(1561)부터 실시한 民採納稅制는 당초에 정부가 富商大賈들로부터 차용한 진휼미를 償還하기 위하여 채택했기 때문에 미곡을 납품한 자 중에서 採銀하기를 자청한 富商大 賈들에게는 償還이 끝날 때까지 稅銀을 징수하지 않기로 조처하고 있 었다. 하지만 상환이 끝나고도 채광업을 계속할 경우에는 역시 民採 納稅制가 적용되기 마련이었다.

다음 '民採納穀'制는, 中宗 6년(1511)에 文城府院君柳洵 등이 건의한 뒤 동왕 10년(1515) 2월에 領事鄭光弼 등이 재차 건의하여 실시되었고, 동왕 11년(1516) 9월까지 약 1년 반 동안 지속되었다. 그 뒤에도 동왕 15년(1520) 9월에는 前端川郡守金世準이, 그리고 中宗 28년(1533) 7월에 는 戶曹에서 각각 民採納穀制를 요청하였지만 허가되지 않았었다. 民 採納穀制는 端川産銀地만이 아니라 慶尙道의 靑松 등 전국의 각 산은 지에 적용되었고, 각처의 산은지에는 富商大賈들이 '採銀商賈' 또는 '貿銀商賈'로 참여하였다. 採銀商賈들은 종래 합법적 또는 비합법적으 로 은광의 채굴에 종사한 노동력을 기반으로 은광을 경영할 수 있었 으며, 貿銀商賈들은 곡물로서 採銀商賈의 은을 매입하였다. 정부는 이 들 採銀商賈와 貿銀商賈간의 생산판매 과정을 통해서 재력을 소모하 지 않고 군량미를 조달할 수 있었고 제반 사무를 처리하기 위하여 採

---

288)《燕山君日記》54, 燕山君 10년 7월 甲午. "以奇褚爲採銀使"
　　《燕山君日記》54, 燕山君 10년 7月 乙未. "傳曰 端川産銀事 初云多出而後 則不如 無乃守令有所私乎 其遣沈貞鞫之 竝書産處"
289)《燕山君日記》61, 燕山君 12년 正月 丁未.

銀敬差官을 현지에 파견하였다.[290] 이처럼 民採納穀制는 採銀敬差官의 감독하에 採銀商賈가 인부를 모집하여 은광을 경영하였지만 採銀商賈와 인부들과의 관계에 관해서는 자세히 알 수 없다. 그러나 採銀商賈 아래서 광역에 종사한 자들은 정부가 동원한 부역농민들이 아니므로 반드시 일정한 보수를 받고 참여했을 것으로 짐작된다.[291]

燕山君 때나 中宗 때를 막론하고 民採納稅制下에서 富商大賈들이 은광을 경영할 경우 그들은 정부에 정액의 稅銀을 납부하였지만 納稅品과 稅額의 책정기준은 차이가 있었다. 燕山君 10년(1504) 7월에 燕山君이 咸鏡道의 稅銀 1斤 12兩을 尚衣院에 지급한 기록에 이어, 史官은 당시 端川의 鉛鑛에 민채를 허가하고 稅銀으로 매 1인이 2일에 2兩씩을 납부하였다고 했다.[292] 그런데 1인당 2일간의 稅銀이 2兩이라고 하였지만 그것은 銀이 아니라 鉛이었던 것으로 여겨진다.[293] 곧 이때의 채은업자들은 鉛을 세납하였으며, 세액도 鉛軍數를 기준으로 징수하고 있었다. 그러나 明宗 16년(1561) 이후의 民採納稅制하에서의 채은업자들은 '征其什一爲稅'[294]라 하여 정부가 鉛이 아닌 銀을 수취하였고 생산량의 1/10세를 징수하였던 것이다. 民採納稅制하에서도 전술한 民採納穀制하의 '採銀商賈'와 같이 富商大賈들은 官·民營 銀鑛業에 종사했던 인부들을 모집하여 銀鑛을 채굴하였고 인부들에게는 어떤 형태로든 보수를 지급했던 것으로 여겨진다.

한편 民採制로서는 이상의 '民採納穀'制나 '民採納稅'制 외에도 전

---

290) 제2장 주 137) 참조.

291) 《中宗實錄》21, 中宗 10년 2월 辛丑. "但令納粟採銀 則利之所在 人必百計營爲 而納粟必裕矣"

292) 《燕山君日記》54, 燕山君 10년 7월 辛丑. "時端川郡産鉛 許人吹鍊造銀 每一人二日 稅銀二兩"

293) 그것은 同王 12년 8월의 春秋官採時 進上品이 鉛이었던 사실과도 일치한다(《燕山君日記》63, 燕山君 12년 8월 庚戌).

294) 《明宗實錄》32, 明宗 21년 4월 丙戌.

술한 민간인의 비합법적인 私採가 면면이 지속되고 있었다. 私採者들의 대부분은 端川의 産銀地 또는 그 인근 邑에 거주한 농민들로서 官採에 징발되기도 하고 민채에 흡수되기도 하면서 採銀技術을 익혀 왔기 때문에 정부가 産銀地를 봉쇄하거나 관채나 민채를 중지하면 언제나 私採를 도모하였고 때로는 赴京通事들과 密通하여 銀을 전매하였으며 때로는 富商大賈들과 결탁하여 私採를 감행하기도 하였다.

이상과 같이 16세기에 걸쳐 정부는 官採를 고수하여 明나라에의 銀流出을 막고 公用銀을 조달하려 하였지만, 富商大賈나 赴京通事 및 私採者들이 민채를 끈질기게 추구했기 때문에 일관된 정책을 펼 수가 없었다. 정부는 臨時官採制나 春秋官採制를 고수하고자 하였으나 富商大賈들의 요구에 부응하기 위하여 官採貿穀制를 채택하기도 하였고, 나아가서는 赴京通事나 사채자들의 이해마저 반영된 民採納穀制나 民採納稅制까지도 허가하게 되었으며 비합법적인 私採도 완전히 금하지 못했다.

그 중 왕의 허가를 받은 官採나 民採는 어느 경우에도 採銀敬差官이 현지에 파견되었고 이들의 관장하에서만 銀鑛이 채굴되고 있었다. 그러나 작업현장에서 직접 채굴제련 과정을 지시감독한 것은 採銀敬差官이었을 가능성은 적다. 오히려 官採일 경우에는 그를 수행하는 吏屬들[295] 官匠[296]들이 농민들을 징발하여 採掘했을 것이고, 民採일 경우에는 富商大賈의 주관하에 고용된 私匠들이 작업을 주도했을 것이라 여겨진다.[297] 그리고 官採에 동원되거나 民採에 참여하거나 또는 私採를 감행했던 자들은 대개 端川을 위시한 산은지 및 그 주변 읍

---

295) 《中宗實錄》88, 中宗 33년 8월 癸亥. "各司公賤及良民之役 不待十五歲而徑定 非徒違法 其弊亦豈少哉 凡百工各有其役而不務傳習 爲官員者 以丘史帶行 廢其所業 故當國家之事 無一公匠 而所役者 皆私匠 其弊亦豈細哉"

296) 《中宗實錄》82, 中宗 31년 7월 己巳. 庚午 ; 《明宗實錄》30, 明宗 19년 10월 乙亥.

297) 제2장 註 171), 188), 295) 참조.

에 거주한 농민들이었다. 中宗 18년(1523) 9월에 持平李熙騫은 그가 咸鏡道의 都事로 재직 중 春秋官制下의 端川民에 대하여 聞見한 바로서 "그곳에 사는 사람들은 恒産이 없고 다만 山田을 일구어 살아가는데 다른 道民에 비해 훨씬 빈궁하였다"[298]라고 한 것을 보면 당시 은광의 채굴작업에 참여한 농민들은 山田을 경작하고 恒産이 없을 정도의 빈민들이 대부분이었을 것으로 보이며 또 그 때문에 그들은 銀鑛의 私採도 도모했을 것이다. 그리고 당시에는 채굴작업에 필요한 모든 시설과 장비가 유치한 단계에 있었기 때문에 役軍들의 고충도 크기 마련이었다. 端川에 春秋官採制가 실시되고 있던 "官封之地"[299]에 관해서 전술한 持平李熙騫이 "당시 채굴하고 있던 銀穴은 그 깊이를 측량할 수 없을 정도였고, 坑道의 폭도 매우 협소하여 겨우 서너 사람이 출입할 수 있었으며 채굴할 때 役軍들은 웃옷을 벗고 코와 입을 막은 채 햇불을 밝혀 坑內로 들어가는데 오래 머물 수 없어 잠시 후 나오게 되며 형색은 완전히 변하여 산 사람의 모습을 찾아볼 수 없었다"는 말에서 위 사실을 짐작할 수 있다.[300] 뿐만 아니라 때때로 坑道가 무너져 압사하는 경우도 발생하고 있었다.[301]

이처럼 장비와 시설이 부족한 상태에서 채굴된 銀鑛石이 1차의 제련과정을 거쳐 鉛이 생산되었고 이것을 통칭 "生鉛"[302]이라 하였다. 生鉛에서 비로소 銀을 분리하게 되는데, 燕山君 9년(1503)의 良人金甘佛과 掌隷院奴金儉同 등의 鉛銀分離法에 의하면, "水鐵爐의 내부에 猛

298) 제2장 註 158) 참조.
299)《中宗實錄》42, 中宗 16년 8월 丙午.
300)《中宗實錄》49, 中宗 18년 9월 己卯. "持平李熙騫曰 臣前以咸鏡道都事 觀端川採銀之事 採銀之穴 深不知其幾 且其穴甚窄 纔容三人出入 方其採銀也 亦脫衣服 填鼻塞喉 明炬火而入 不得久入穴內 須臾復出 形色盡變 絶無生色 其苦不可勝言"
301)《中宗實錄》75, 中宗 28년 6월 乙未.
302)《中宗實錄》40, 中宗 15년 9월 辛未.

灰를 둘러 바르고 鉛을 조각조각 잘라 그 속에 채운 뒤 이어 陶器를
부수어 四圍를 덮은 다음 熾炭으로 이를 녹여 만들었다"고 한다.[303]
銀을 분리한 뒤에 남는 滓鉛은 靑瓦를 燔造하는 데 이용되었다.[304] 이
처럼 조악한 시설과 환경조건하에서 銀鑛이 채굴되었지만, 당시로서
는 생산기술이 중국보다 나았던지 明나라 사람들이 우리나라에서 생
산된 銀을 '朝鮮花銀'이라 美稱할 만큼 그 품질은 매우 양호하였다.[305]

---

303) 제2장 註 106) 참조.
304)《燕山君日記》63, 燕山君 12년 8월 庚戌 ;《中宗實錄》40, 中宗 15년 9월 辛
    未.
305) 제2장 註 203) 참조.

제3장

17세기 監官制下의 官營軍需鑛業實態

제1절 軍需工業의 成長

1. 倭亂 중 都監制와 都會制下의 軍需鑛工業 實態

17세기에 軍需産業이 성장하게 된 계기는 壬辰倭亂 때부터 鳥銃을 휴대용의 小火器로 사용하게 되고 中央과 地方의 軍制에 鳥銃兵을 근간으로 한 束伍三手制를 적용한 데 있었다.

壬辰倭亂 중에 明나라의 南方兵과 倭兵들이 휴대한 鳥銃은 곧 西洋의 火繩銃이었다. 16세기 초 서양에서 개인 휴대용 小銃으로 사용되던 火繩銃이 東洋의 三國에 전래되기 시작한 것은 中宗 38년(1543), 일본 種子島에 표류했던 포르투갈 商人들에 의해서였다. 중국에서는 浙江省에 침입한 倭寇를 통해 明宗 18년(1563)부터 鳥銃을 사용하게 되었고, 朝鮮에는 宣祖 22년(1589)에 對馬島主宗義智가 선물로 바쳤으나 이를 중시하지 않고 軍器寺의 倉庫에 사장된 채 倭亂을 맞았다.[1]

당시 鳥銃은 三連發이 가능하였고 致死率뿐만 아니라,[2] 命中率에 있어서도 우리 군사의 常用武器였던 弓矢에 비해 5배였고 快鎗에 비해서는 10배나 되었다고 한다.[3] 이처럼 높은 命中率 때문에, "나는 새도 능히 맞힐 수 있다"[4]는 뜻에서 鳥銃이란 이름이 붙여졌으며, 宣祖는 이를 "天下의 神器"[5]라고 경탄하였다. 조선 정부가 鳥銃의 제조 및 사용법을 전습한 것은 倭亂 이듬해인 宣祖 26년(1593) 2월이었다.[6] 宣

---

1) 坪井九馬三, 〈鐵砲傳來考〉《史學雜誌》29, 1895 및 柳成龍, 《懲毖錄》1 참조.
2) 《宣祖實錄》34, 宣祖 26년 正月 壬戌. "倭奴所恃 唯鳥銃 然三連發之後 卽難繼矣"
3) 韓孝純, 《神器秘訣》(全), 宣祖 36年條.
4) 《宣祖實錄》71, 宣祖 29년 正月 丁酉. "能中飛鳥 故日鳥銃"
5) 《宣祖實錄》44, 宣祖 26년 11월 壬戌."上敎柳成龍日 鳥銃者 天下之神器也"
6) 《宣祖實錄》35, 宣祖 26년 2월 乙未. "上日 子今日偶令內官 率火砲匠試放鳥

祖는 중앙과 지방의 군사들로 하여금 鳥銃을 學習하도록 명령하였고,
鳥銃의 射擊術을 科舉의 試取科目에 넣도록 지시하였다.[7]

　　鳥銃을 主武器로 사용하게 되면서 그것에 적합한 군사의 편제와
전법이 채택되었다. 정부는 明의 군사 중 鳥銃兵을 주축으로 한 南方
兵의 편제와 전술의 교과서였던 《紀效新書》를 새로운 군사편제와 戰
法의 지침서로 채택한 것이다 ;《紀效新書》는 明末의 이름난 장수였
던 戚繼光이 南方의 倭寇를 소탕하는 과정에서 창안한 禦倭의 要法으
로서[8] 그 요지는 束伍分軍法과 三手技法이었다.[9] 束伍分軍法에서는
'營將' 통솔하의 '營'을 분군 편제상 최상의 단위부대로 삼았고, 營에
는 5개 司를 두고, 1司에는 5개 哨, 1哨는 3旗, 1旗는 3隊, 1隊는 火兵
1명과 합쳐 11명의 병사로 조직되어 있으며, 司에는 把摠, 哨에는 哨
官, 旗에는 旗摠, 隊에는 隊摠을 각각 지휘관으로 두었다.[10] 따라서 한
개의 營에는 營將 1명과 把摠 5명, 哨官 25명, 旗摠 75명, 隊摠 225명 및
2,475명의 병사로 편성된 셈이다. 三手技法에는 鳥銃兵인 砲手와 弓兵
인 射手 및 槍劍兵인 殺手의 技藝를 수록하고 있다. 이처럼 束伍分軍
法에 의해 편성되고 三手技法으로 훈련된 군사제도를[11] 필자는 편의

　　　銃 以聽其聲 放畢 內官來言 有一天朝人 偶然來觀 敎其放砲之法云 子曰 凡
　　　天下事 有偶然而成功者 … 其人乃百摠姓周者 造銃之制放砲之法 一一敎之
　　　少無隱諱 其法非難成 且自言如得善匠 我當觀監造成云 …"
　　　《宣祖實錄》36, 宣祖 26년 3월 丙寅. "上敎曰 鳥銃之制 則已爲傳習矣"
　7)《宣祖修正實錄》27, 宣祖 26년 2월 丙戌. "命中外軍兵學習鳥銃 科舉亦取其
　　　技 廣議煮硝之法"
　8)《宣祖修正實錄》28, 宣祖 27년 2월 庚戌. "初平議之復也 上詣謝都督李如松
　　　問天兵前後勝敗之異 都督曰 前來北方之將 恒習防胡戰法 故戰不利 今來所
　　　用 乃戚將軍紀效新書 乃防倭之法 所以全勝也 … 乃上還都 命設訓練都監
　　　成龍爲都提調 募飢民爲兵 應者頗集 … 旬日得數千人 敎以戚氏三手練技
　　　之法 置把摠哨官 部分演習 實如戚制 數月而成軍容 …"
　9) 戚繼光,《紀效新書》.
　10)《懲毖錄》15,〈軍門謄錄〉宣祖 28년 12월 18일.
　11)《仁祖實錄》19, 仁祖 6년 12월 辛卯. "軍籍廳堂上李曙曰 兵家所謂束伍二字

상 '束伍三手'制라고 하였다. 정부는 宣祖 26년(1593) 4월에 倭兵이 서
울에서 철수하자, 동년 10월에 환도하는 즉시 중앙군과 지방군을 束伍
三手制로 편성·훈련하기 위해 우선 訓練都監을 설치하였고, 동시에
이들 군사에게 武器와 軍糧도 조달할 수 있게끔 조직하였다. 당시 訓
練都監의 조직편제는 都提調의 총관하에 訓練大將 1명, 中軍 1명, 千
摠 1명, 把摠 2명, 哨官 6명 및 射手인 馬兵 2哨, 砲 殺手인 步軍 25哨로
구성된 訓練部署와[12] 有司堂上 1명, 都廳 1명, 郎廳 5명으로 구성된 軍
需部署로 나누어져 있었다.[13]

訓練部署의 주관하에 束伍三手制에 의한 군사의 편성과 훈련이 실
시되었고, 훈련된 병사들을 기반으로 이듬해에는 지방에도 束伍三手
軍 곧 '束伍軍'을 양성하기 시작하였다. 정부는 15歲 이상 50歲 이하의
남자로 良·賤의 구별 없이 병약자가 아니면 모두 뽑았고, 50세 이상이
라도 건장한 남자면 징발하여 束伍軍의 조직을 확대해 갔으며[14] 宣祖
28년(1595)에는 각 道의 대소에 따라 '營' 단위의 束伍軍 편성도 착수하
였다. '營'이 처음 실시된 지역은 서울과 京畿道였다. 서울의 訓練都監
을 中營으로 하고 京畿道를 左·右·前·後營으로 분할하였으며 江華·喬
洞의 束伍軍은 水營에 편속시켰다.[15] 각 道 束伍軍의 '營' 단위 편성이

以其團束隊伍之意 雖是正軍 作束則 此亦束伍 …"

12)《萬機要覽》軍政篇 2, 訓練都監 軍摠條.

13)《宣祖修正實錄》28, 宣祖 27년 2월 庚戌 ;《宣祖實錄》50, 宣祖 27년 4월 癸
亥 ;《增補文獻備考》226, 職官考 13, 訓練都監條 ;《萬機要覽》軍政篇 2, 訓
練都監條.

14)《宣祖修正實錄》28, 宣祖 27년 12월 甲辰. "置哨軍時 京城設訓練都監 募兵
訓練 而外方亦置哨軍或束伍軍 毋論良民公私賤人 選壯充額 束以戚書之制
教練三手 …"
《懲毖錄》15, 軍門謄錄. "且年五十歲以下 十五歲以上 不至殘病者 則雖不解
操弓者 皆可編入行伍 且又雖過五十歲 而勇力絶倫者 則亦不當以年歲爲拘
要之 男丁則盡令爲兵 …"

15)《懲毖錄》15, 軍門謄錄 編伍事目.

완료된 시기는 정확히 알 수 없다. 그러나, 당시 束伍軍의 편성을 주 관했던 柳成龍의《平安道鎭管官兵編伍冊》중 남아 있는 2冊만 보더라 도 宣祖 29년(1596) 4월 현재 永柔·肅川·安州·寧邊·熙川·博川·泰川·雲 山·龜城·宣川·龍川·彌串·鐵山·義州·麟山·乾川·水口·玉江·方山·淸城· 靑水 등지의 편성이 완료되고 있어,[16] 늦어도 동왕 30년대에는 완료되 었을 것으로 여겨진다.

한편 訓練都監의 軍需部署에 관해서는 직제나 기능이 정확하게 밝 혀진 기록을 찾을 수 없지만 宣祖 27년(1594) 4월에 정부가 訓練都監을 설치한 이래 공로가 있는 자들에게 포상한 기록을 통해서 대체적인 윤곽을 살펴볼 수 있다. 軍需部署의 책임자인 有司堂上은 현직 兵曹 判書였던 李德馨이 겸하였고 都廳辛慶晋이 각 郎廳들을 통솔하였다. 郎廳韓喬는《紀效新書》의 解讀을 담당했고, 郎廳申睍은 殺手軍色을 맡았으며, 郎廳崔德峋은 槍刀의 제조작업을, 郎廳李自海는 砲手軍色 으로 鳥銃의 제조작업을, 郎廳鄭士榮은 火藥의 제조작업을 각각 담당 했다.[17] 곧 訓練都監 설치 초의 제반 업무가《紀效新書》를 지침으로 삼고 있었기 때문에 별도로《紀效新書》의 解讀을 전담한 郎廳을 두었 고 그 밖에 受賞者의 名單에는 오르지 못했지만 殺手色과 弓矢의 제 조작업을 담당한 郎廳들도 있었을 것이다. 따라서 당시 訓練都監의 軍需部署에서는 각 郎廳들이 각기 담당한 兵種의 군사들에 대한 식량 과 의복 및 무기 제조비를 조달하였으며, 또 鳥銃과 火藥, 槍劍과 弓 矢 등의 제조작업을 전담하거나 겸관하였다.

정부는 이들 각 郎廳들이 軍需品을 조달할 수 있도록 여러 가지 財 源도 마련하였다.[18] 宣祖 26년(1593) 12월에 서울 근교의 황무지를 屯

---

16)《朝鮮史料叢刊》第10, 鎭管軍兵編伍冊 殘卷 1, 2,

17)《宣祖修正實錄》28, 宣祖 27년 2월 庚戌 ;《宣祖實錄》50, 宣祖 27년 4월 癸 亥 ;《增補文獻備考》226, 職官考 13, 訓練都監 ;《萬機要覽》軍政篇 2, 訓練 都監.

田으로 折給하고 訓練都監 소속 농민군으로 하여금 경작하게 하였으며,[19] 이듬해 3월에는 忠淸道에 있는 40여 개소의 寺社位田도 屯田에 귀속시켜 해당 郞廳이 收稅하도록 하였다.[20] 그리고 동왕 28년(1595) 12월에는 黃海道의 甕津, 忠淸道의 泰安, 全羅道의 茂長에 있는 鹽田들을 折給하고 그곳의 守令으로 하여금 米·布와 교환 상납하도록 하였으며[21] 동왕 35년(1602)에는 충청, 전라, 강원, 황해, 경기 등 5道의 水旱田에 한해 1結當 大小米 1斗씩의 '三手米'를 수취하도록 하였던 것이다.[22] 한편 鳥銃·火藥·槍劍·弓矢 등의 제조작업을 담당한 郞廳들은 각각 제조장을 訓練都監 내에 설치하고 각종 工匠들을 모집하여 제조작업을 독려하였다. 訓練都監의 工匠들 중에는 鳥銃이나 火藥의 제조법에 익숙한 倭兵捕虜도 많았다. 倭亂初에 宣祖는 倭兵捕虜를 鳥銃·火藥製造場에 투입할 필요성을 절감하고[23] 동왕 27년(1594) 2월에

---

18) 車文燮, 《朝鮮時代軍制研究》, 檀國大出版部, 1973, 171~178쪽.

19) 《宣祖實錄》40, 宣祖 26년 12월 壬子. "戶曹啓曰 京城十里之內 多有負郭良田 無人耕墾 此則亦當有以處之 訓練都監應募之軍 已五百餘名 此皆京畿近邑之民 試問所願 皆欲於鍊習之暇 耕墾荒田 自爲軍粮 此亦當聽其所願 於耕種之節 量給種子 每以一部爲一運 通力合作 則甚爲便益 上從之"

20) 《宣祖實錄》49, 宣祖 27년 3월 己卯. "忠淸道寺社位田 限數年鍊兵間 盡屬於訓練都監 給民耕作 秋成之後 別遣郞廳 嫡奸災實 計數收入 以爲軍食"

21) 《宣祖實錄》70, 宣祖 28년 12월 丙辰. "若黃海道甕津 忠淸道泰安 全羅道茂長 此三官 除戶曹稅納 及本道營煮 而只責守令 各設方便煮取 將一年所煮之數 或貿米布 或將本道 陸續上送 以補軍餉 而計其所輸多少 以爲之賞罰 則允爲利益 依此移文何如 上從之"

22) 《宣祖實錄》203, 宣祖 39년 9월 戊子. "戶曹啓曰 各道應納田稅 猶爲不足於一年經費 訓練都監 三手軍兵支放粮料 自壬寅年爲始 全羅忠淸江原黃海京畿等道 通共水旱田 勿論大小米 每一結一斗式 收捧補用 已成近例 今年依上年例捧上 除加升作紙田稅 一時上送 各道觀察使處 行移何如啓 傳曰 擧行安徐"

23) 《宣祖實錄》40, 宣祖 26년 7월 辛酉. "宣祖는 포로가 된 倭人들을 鳥銃製造와 焰硝生産에 使役할 목적으로 調干汝文 등이 "倭가 朝鮮을 먼저 陷落하여 入據한 뒤, 이어서 中國을 침범

는 "왜인 포로들 중 흉폭하고 교활하여 다스리기 어려운 자를 제외하고는 모두 鳥銃·焰硝製造場에 투입하라[24] 고 지시함으로써 상당수의 倭兵捕虜가 투입되었다. 이들에게도 조선의 工匠들과 같이 매월 料米를 지급하였고 때때로 靑藍布 등을 옷감으로 주거나 司猛 등의 告身을 제수하여 독려하였다.[25]

이처럼 訓練都監의 각 무기제조장은 運營費를 염출할 각종 財源을 확보하고 郎廳들의 감독하에 각종의 工匠들과 倭兵捕虜들에 의한 작업이 진행되었지만 무기제조에 필요한 원료를 조달하는 문제는 쉽지 않았다. 무기제조에 필요한 원료 중 가장 필수적인 것은 역시 鐵이었다. 鳥銃과 槍劍 및 箭鏃 등 鐵製品의 原料鐵을 공급하기 위하여 정부는 宣祖 27년(1594)에 黃海道 載寧의 産鐵地에 '鐵峴屯'을 설치하고 매년 11,750斤을 수취하도록 하였다.[26] 그러나 무기생산의 원료 조달에 가장 곤란을 겪었던 것은 火藥의 原料였다. 당시 火藥은 焰硝와 柳灰 및 硫黃을 배합하여 제조하였는데 配合比率은 焰硝 16兩, 柳灰 3兩, 硫黃 1兩 4錢이었다.[27] 이 중 硫黃은 국내의 硫黃鑛山이 개발되지 않았기 때문에 明에서 수입하였고 柳灰는 국내의 어디에서나 손쉽게 제조

하려 하였지만 中國兵이 朝鮮에 들어와 倭兵을 많이 죽였기 때문에 關白이 저희들을 回來하라고 시켰다."고 하는 情報를 누설했을 때 備邊司에서는 이를 明의 經略에게 알려야 한다고 주장하였으나 宣祖는 만약 알리면 이들 두 왜인을 잡아가 버릴 것이니 머물러 두고 鳥銃과 焰硝의 製造法을 傳習하게 하도록 해야 한다면서 중국측에 보고 하는 것을 반대하였다."

24)《宣祖實錄》48, 宣祖 27년 2월 丙寅. "又傳曰 中國之將則不殺生擒之倭 而我國之人則擒輒殺之 以絕其投降之路 非但度量狹隘 緣此他國之技不得傳習 前在永柔偶得生擒倭二人 適皆迷下者 有司請殺之 予力止之 其一教煮焰硝 其一教造鳥銃 鳥銃者病死 焰硝者今在寧邊矣 此其一驗也 今因言端偶及之 此意義更議 今後生擒倭兇狡難制者外 其餘機送京師 或誘致納降"

25)《宣祖實錄》49, 宣祖 27년 2월 戊寅;《宣祖實錄》49, 宣祖 27년 3월 己亥;《宣祖實錄》53, 宣祖 27년 7월 己丑.

26)《萬機要覽》軍政篇 2 財用;《訓局謄錄》戊戌 11월 22일.

27)《新傳煮硝方》得硝法始末.

할 수 있었다. 결국 화약 제조에 가장 많은 양을 필요로 하고 또 고도
의 제조기술을 요했던 焰硝를 자체 생산하는 일이 가장 큰 문제였다.

壬辰倭亂 중에 정부는 明·日의 焰硝製造術을 傳習하려고 노력하였
다.[28] 따라서 宣祖 26년(1593) 3월에는 譯官 表憲이 明의 焰硝製造法을
입수하였고,[29] 같은 달에는 焰硝의 제조기술을 지닌 왜병 포로를 찾아
6월부터는 일본식의 제조법을 실험하였다.[30] 이에 宣祖는 평안·황해·
충청·전라도 등 收復地의 각 道에 '都會'를 설치하고 焰硝를 대량 생
산하도록 지시하였으며[31] 정부는 焰硝生産과 더불어 弓矢製造도 都會
制下에 추진할 목적으로 다음과 같은 방안을 제시하고 있다. 곧 각 道
의 監司와 兵使 및 水使의 책임하에 우선 監營·兵營·水營에다 '都會'
를 설치하도록 하고 또 道內의 大邑들 중에서 監司가 선정하여 '都護'
를 설치하되 반드시 武將이 守令으로 있는 읍을 택한다는 것이다. 그
런데 정부는 이때 都護를 설치할 만한 읍으로서 平安道의 義州·成川·
江界·龜城, 咸鏡道의 吉州·端川·永興·會寧, 黃海道의 海州·安岳, 江原
道의 江陵·春川·原州·三陟, 忠淸道의 洪州·公州·林川·舒川, 慶尙道의
慶州·安東·晋州 등지를 예시하였다.[32] 이리하여 각 道의 監·兵·水營

---

28) 《宣祖實錄》 34, 宣祖 26년 正月 癸未. "備忘記曰 … 敵之長技 唯在於火砲 我
軍遇輒驚潰 只在於此 今宜移咨都司張三畏 或李提督前 須習煮取焰硝之法
作銃放丸之制 一邊下令能習其制者 陞堂上如何 此意 前日面論於左相 而未
見擧行矣 大槪近觀時習 雖經變故 少無革私奉公之意"

29) 《宣祖實錄》 36, 宣祖 26년 3월 壬午. "備忘記 今此焰硝之法 乃譯官表憲之學
得而來者 憲可加資"

30) 《宣祖實錄》 36, 宣祖 26년 3월 丙寅 ; 《宣祖實錄》 39, 宣祖 26년 6월 己亥 ;
《宣祖實錄》 48, 宣祖 27년 2월 丙寅.

31) 《宣祖實錄》 39, 宣祖 26년 6월 壬子. " … 賊之全勝 只在於火砲 天兵之震疊
亦在於火砲 我國之所短 亦在於此 今宜於平安黃海忠淸全羅等道 各設都會
多煮火藥 一邊敎人放砲 敎一而敎十 敎十而敎百 敎百而敎千萬 如此則不出
數年 皆化爲砲手"

32) 《宣祖實錄》 39, 宣祖 26년 6월 壬子. "至於器械 則禦敵之用 莫要於弓矢 而
若其聲威震疊 一擧鏖滅 則各樣火砲乃其上也 此等器物打造之役 則令各道

에는 '都會'가, 또 大邑들에는 '都護'가 설치되어 訓練都監의 武器製造場을 방불하게 하는 焰硝製造場과 弓矢製造場들이 개설되었다.[33] 그리고 동년 10월에는 柳成龍이 江華의 監牧官으로 하여금 牧子들을 사역하여 焰硝를 생산하도록 건의하였고, 完城君李憲國은 서울의 民戶로 하여금 집집마다 焰硝를 제조하도록 할 것을 주장하였다.[34] 이처럼 宣祖 26년(1593) 6월부터 각 道에 '都會'와 '都護'를 개설하거나, 江華牧子와 서울의 民戶까지 焰硝生産에 투입함으로써 訓練都監의 火藥製造原料를 공급할 수 있었다.

그리고 동왕 26년(1593) 8월에는 정부가 端川銀鑛을 개발함에 따라 鳥銃의 彈丸인 鉛丸의 제조원료인 鉛鐵도 충분히 공급되고 있었다.[35] 이어 宣祖 27년(1594) 5월에는 鉛·銀産地인 端川銀鑛에도 일종의 都會制를 적용해 端川民과 吉州民의 貢物을 일부 감액하는 대신 兩邑民을 鑛役에 동원하기 시작하였고,[36] 이듬해에는 訓練都監에서 직접 소속

兵水使次知 先於基本營爲都會 亦令道內各官 大處則設都護 如黃海道則海州安岳 忠淸道則洪州公州林川舒川 平安道則義州成川江界龜城 慶尙道則慶州安東晋州 江原道則江陵春川原州三陟 咸鏡道則吉州端川永興會寧等邑 皆可設也 然此則只以道內巨鎭爲言 其便宜取舍 專在於方伯 大槪須於武將爲守宰處爲之 然後可知功役 而終爲其適用之物 此其施爲間大略 而臣等只仰答聖敎而已"

33)《宣祖實錄》46, 宣祖 26년 12월 辛亥. "備邊司啓日 制敵之要 莫急於器械 而我國器械 本不精利 經變之後 擧皆板蕩 弓箭焰硝造備事 則前者已爲知委各道"

34)《宣祖實錄》43, 宣祖 26년 10월 壬寅. "且江華多有牧子 而別無所幹 令監牧官率領煮取爲當 完城君李憲國日 中宗朝有焰硝防納 且給價募聚矣 今則國儲已竭 貿易極難 令城中之人 家家煮取可也 且科擧 亦以鳥銃試取爲當 上日 子已思之矣 木箭不緊 以鳥銃代試如何 成龍等日 上敎允當"

35)《宣祖實錄》42, 宣祖 26년 8월 甲申;《宣祖實錄》56, 宣祖 27년 10월 甲寅;《宣祖實錄》71, 宣祖 29년 正月 己未.

36)《宣祖實錄》51, 宣祖 27년 5월 壬寅. "備邊司啓日 臣等聞端川等處産銀無窮而方探之鑛 岌掘已深 不知幾丈 以此功巨而得抄云 欲大集民力 以開新鑛則本邑之民 積困於採銀 怨咨徒興 而取銀不多 且端川近甚疲弊 而吉州則上年稍稔 頗得蘇定云 兩邑貢物 除尤甚緊要者外 其餘令該司斟酌 一切蠲減

인원을 파견하여 靑山과 報恩의 鉛鑛을 개발하기도 하였다.[37] 鉛鑛開發이 진척되자 이듬해인 동왕 29년(1596)에 鉛丸을 조달하기 위해 咸鏡·忠淸監司에게 咸興·安邊·端川 및 忠州의 鉛鐵을 다수 채납하도록 지시하였다.[38]

결국 倭亂 중 訓練都監의 鳥銃·火藥·槍劍·弓矢製造場 등은 정부에서 折給한 屯田·鹽田을 재원으로 하여 운영될 수 있었고 역시 정부에서 折給한 産鐵地에서 鐵을 수취하였으며, 중앙과 각 읍에서 都會制下에 생산된 焰硝를 수용하고 端川銀鑛 등지에서 鉛鐵을 수렴함으로써 '都監'制下의 각종 무기생산이 가능하였다. 따라서 宣祖 26년(1593) 10월에 訓練都監이 설치되고 都監制下의 무기제조작업이 실시된 지 불과 6개월 만인 이듬해 4월에는 이미 각 제조장의 운영을 맡아왔던 郎廳들을 포상할 만큼 생산체제가 정비되었다.

이처럼 訓練都監의 무기생산 체제가 정비됨에 따라 지방의 무기 제조작업을 추진할 수 있게 되었으며, 이는 동시에 지방군의 束伍三手制 적용을 가능하게 하였다. 訓練都監의 각종 工匠들은 그간 국내에서 가장 숙련된 무기제조 기술자로 성장하였고 정부는 이들의 지식과 기술을 지방으로 확산시켜 갔다.

領議政 柳成龍의 건의로[39] 宣祖 27년(1594) 3월에는 정부가 砲手를 양성하기 위해 제정한 '訓練事目'을 각 道의 監·兵·水營 및 각 邑에 반포하였다. 정부는 지방에도 砲手를 양성하여 束伍軍을 편성할 계획이

使之專力於採銀 而令本邑郡守爲差使員 與曾差採銀官金繼先 一同監採 從
優採得 以濟國用宜當"
37) 《宣祖實錄》 59, 宣祖 28년 正月 乙未. "領事柳成龍曰 … 我國靑山報恩之間
大山皆銀 頃日都監人 於李德聲所見處鑄之 乃好銀也 若能採鍊 則可山東中
江和賣 以爲軍糧矣"
38) 《宣祖實錄》 71, 宣祖 29년 正月 己未. "備邊司啓曰 … 咸興安邊端川鉛鐵及
忠淸道忠州鉛鐵所産處 下書各道監司 多數採取上送 以備急用爲當"
39) 《宣祖實錄》 48, 宣祖 27년 2월 辛酉.

었고, 砲手를 양성하기 위해서는 지방에서도 鳥銃을 생산하여 자체
조달하도록 '訓練事目'에 명시하였다. 訓練事目의 내용은, 첫째, 訓練
都監은 서울에 거주하는 숙련된 鐵匠 중 5,6명을 뽑아 鳥銃의 제조기
술을 연마시킨 뒤에 黃海道와 忠淸道의 연해 각 읍 중 鐵과 炭이 풍부
한 곳으로 파견하고 그 읍을 都會로 지정하여 鳥銃을 정교하게 제조
하도록 하며, 둘째, 都會의 수령은 근면 성실하고 鳥銃에 대한 지식과
기술을 갖춘 자를 임명하여 鳥銃의 제조작업을 관장하게 하되 실적을
쌓도록 책무를 지운다는 것이다.[40] 앞서 宣祖 26년(1593) 6월에 정부가
각 道의 監·兵·水營 및 大邑들에 都會 또는 都護를 개설하여 焰硝와
弓矢 생산을 강요한 데 이어 지금은 黃海道와 忠淸道의 鐵과 炭이 풍
부한 읍에 都會를 설치하고 鳥銃生産에 착수하도록 지시한 것이다.

이처럼 倭亂 중에 중앙에서는 訓練都監의 '都監'制下의 鳥銃과 火藥
및 鉛丸 등이 주로 생산되었고 각 道의 監·兵·水營과 産鐵地의 각 읍
에는 '都會'制下의 鳥銃·焰硝·弓矢·鉛鐵 등이 생산되고 있었던 것이다.

2. 各邑月課銃藥丸法의 制定

倭亂이 종식된 이후 무기 생산체제에도 많은 변화가 있었다. 倭亂
이 끝나기는 하였지만 再侵의 위험을 불식할 수 없었고, 滿洲서 흥기

---

40) 《宣祖實錄》49, 宣祖 27년 3월 己卯. "… 且外方監兵使水營及各官 各以人衆
多寡 隨便招集 願爲砲手之人 敎習放砲 一依近日訓練都監勸獎之規 其有成
材者 分其優等 或爲禁軍 或免賤免役 使人樂屬其間 監司守令兵水使 如有
盡心訓誨 灼有成效者 朝廷別加褒賞 不動奉行而成材數少者 輒加譴罰 則四
方聞風 不多日內 砲手成群矣 且交戰之際 鳥銃最爲利器 近日都監所用鳥銃
皆收拾倭物 其數不多 而往往破毁 日至耗少 雖欲分敎四方之人 若無利器
何以成效 若擇取京中善手鐵匠五六人 來習於都監 藝成之後 分送於黃海忠
淸沿海各官炭鐵有裕處 設爲都會 連續打造 因使精巧 勤幹曉解鳥銃之人爲
守令 專掌其事 責其成效 則鳥銃之用 其路日廣 而人無不習 此等條件 皆係
今日急務 請別爲事目 廣布中外 刻日施行 上從之"

한 女眞族의 세력도 우려되었기 때문이다. 이에 정부는 잠시도 방어
태세를 소홀히 할 수 없었고 군비증강에 진력하지 않을 수 없었다. 그
러나 전쟁이 끝남에 따라 흩어졌던 농민들이 생업을 되찾게 되면서
종래의 '都監'制나 '都會'制下에 실시되던 무기제조와 광산채굴도 점
차 새로운 체제를 모색할 수 있는 여지를 갖게 되었다.

왜란 중에는 訓練都監이 자체적으로 군사를 조련하고 무기를 공급
하는 일뿐만 아니라 각 道 束伍軍의 養成을 주관하였고, 동시에 각처
의 무기제조와 鑛山開發도 주도해 왔던 셈이다. 그러나 왜란 중에 權
設衙門으로 설치된 訓練都監이 亂後에는 본래의 都監的 性格에서 벗
어나 중앙의 유일한 常設軍門으로 자리를 굳혀 무기제조나 鑛山開發
도 오직 자체 내의 수용을 위해서 추진하게 되었다. 따라서 왜란중에
는 유명무실했던 軍器寺가 본래의 업무를 되찾게 되었고 동시에 束伍
軍의 무기조달도 관장하게 되었다.

軍器寺는 조선 초기부터 무기제조 업무를 담당한 官署로서 무기제
조에 필요한 각종 원료를 貢納形態로 수취하였으며, 이 무렵 貢鐵만
도 10,000여 斤을 징수하고 있었다.[41] 이처럼 軍器寺는 각 읍으로부터
공물로서 수취한 생산원료로 각종의 무기를 제조하였고 이를 각 읍으
로 分送하였다. 그러나 火藥의 원료인 焰硝의 生産은 당시 軍器寺 뿐
만 아니라 전반적으로 생산이 부족했기 때문에 정부는 '納硝免役法'[42]
을 반포하는 한편, 明의 焰硝를 수입하였다.[43] 이 때문에 宣祖 36년
(1603) 3월에는 軍器寺의 副正李止孝가 각 읍이 사용할 焰硝를 자체 생

---

41) 《火器都監儀軌》光海君 7년 26日條.
42) 《宣祖實錄》134, 宣祖 34년 2월 丁丑. "平安道觀察使徐渚馳啓曰 … 臣等苟職
　　頗久 風聞於人 則頃以操鍊一事 急求焰硝火藥等物 至於懸賞購募 而遼陽地
　　方 焰硝價廉 二十斤直銀一兩 而納硝六十斤則免役 或有夤緣 請囑於各司
　　圖得三兩銀子 因之免役 甚者 守令又將其所納焰硝 以濟己私者有之 納硝免
　　役 移屬公事 一切革罷 俾絶奸濫之弊云"
43) 《宣祖實錄》134, 宣祖 34년 2월 癸巳 ;《宣祖實錄》135, 宣祖 34년 3월 丙辰.

산하도록 하는 이른바 '各邑月課煮硝法'을 건의하였던 것이다.[44] 이 各邑月課煮硝法이 규정된 각 읍의 매월 生産額은 大邑 40斤, 中邑 30斤, 小邑 15斤이었다.[45] 이때의 月課法은 각 鎭의 弓箭生産에도 적용되어 '各鎭月課弓箭法'이 실시되었다.[46]

이처럼 宣祖 36년(1603)에 '各邑月課煮硝法'과 '各鎭月課弓箭法' 등이 실시되면서 종래 왜란중에 실시되었던 都會制下의 생산형태는 무너져 갔다. 정부가 처음에 各邑月課煮硝法을 택한 이유는 軍器寺의 무기생산 부담을 줄일 수 있는 방안, 곧 정부의 재정적 부담을 덜 수 있는 대안을 찾는 데 있었다. 결국 各邑月課煮硝法의 실시를 통해서 정부는 중앙의 재정적인 부담을 각 읍으로 전가하였으며, 동시에 각 道의 監·兵·水營도 都會制를 통한 자체부담을 각 읍으로 전가할 수 있었다.

정부가 각 읍으로 하여금 焰硝를 자체 생산하도록 한 것은 왜란 후 5·6년이 경과하여 농민들이 비로소 옛 터전을 되찾았기 때문이기도 하지만, 한편 각 읍이 焰硝를 자체 생산하지 않더라도 明의 遼東에서 저렴한 가격으로 얼마든지 수입할 수 있었던 사정을 고려한 조처였다고 할 수 있겠다. 그것은 '各邑月課煮硝法'이 실시되기 전인 宣祖 34년(1601)에 이미 咸鏡道가 焰硝生産 실적이 부진하다는 이유로 明의 염초를 은으로 구입할 정도였고,[47] 平安道에서는 納硝免役制에 편승하

---

44) 《宣祖實錄》160, 宣祖 36년 3월 丁卯. "臣本庸劣一武夫 添居本寺爲日久矣 辦出火藥極難 而領送各道之數亦不少 勢難應副竊聞中朝之法 許令處處煮出 故人人皆知煮法 是以長於用銃 乞依中朝例 使各道各邑自煮用之"

45) 《宣祖實錄》164, 宣祖 36년 7월 丁丑. "臣自西路還來時 聞各官焰硝之弊 大邑則例奉四十斤 中邑則三十斤 小邑則十五斤 逐月措備 皆以綿布貿換 一斤之價多至二疋"

46) 제3장 註 45) 참조.

47) 《宣祖實錄》135, 宣祖 34년 3월 丙辰. "咸鏡監司申礏馳啓曰 臣到界之後 審察列邑砲手敎訓之事 與平安道頗異 火藥焰硝亦無措備之路 極爲可慮 臣添備邊司堂上時 尹承勳果送銀子百五十兩 貿易焰硝 已經歲月尙無貿送之期 今則承勳 已爲上京 方在本兵之地 使之專掌照管 急速貿送 啓下備邊司"

여 銀 1兩 當 焰硝 20斤씩의 싼 값으로 遼東에서 수입해 왔었다는 사
실에서도 확인할 수 있다.[48]

이처럼 遼東의 焰硝를 수입하는 행위는 '各邑月課煮硝法'이 실시된
뒤에도 여전하였고, 특히 平安·黃海道 등 遼東과의 거래가 용이한 지
역의 각 읍에서는 焰硝의 자체 생산을 중지하고 수입품에 의존하였기
때문에 焰硝 1斤價가 綿布 2匹에 달했었다.[49] 결국 '各邑月課煮硝法'은
각 읍에서 자체 생산하도록 규정하였지만, 정부로서는 그것을 각 읍
에서 자체 생산하든 외부에서 구입하든, 정부가 재정적 부담을 지는
것이 아니었기 때문에 제재를 가할 필요가 없었다. 이처럼 各邑月課
制는 정부의 재정적 부담을 각 읍에 전가한 조처에 불과한 것이어서,
전술한 바와 같이 동년에는 弓箭도 각 鎭으로 하여금 月課制下에 생
산하도록 강요한 것이다.

各邑月課煮硝法과 各鎭月課弓箭法이 실시된 뒤 光海君 때에는[50] 鳥
銃과 火藥 및 鉛丸마저 각 읍에서 자체 조달하도록 하기 위한 '各邑月
課軍器法'이 제정되었다. 月課軍器의 各邑配定은 그 기준을 읍의 大小
에 두지 않고 大府·都護府·府·郡·縣 등 관위의 차등에 두고 있었다.[51]

〈표 1〉 各邑의 年間 銃藥丸 配定 定額表

種別 邑等	鳥 銃(柄)	火 藥(斤)	鉛 丸(箇)	年總價米(石)
大府·都護府	24	96	4,800	160
府	18	72	3,600	120
郡	12	48	2,400	80
縣	6	24	1,200	40

---

48) 제3장 註 42) 참조.
49) 제3장 註 45) 참조.
50) 宣祖 36년경에 各邑月課煮硝法이 실시된 이후의 宣祖 연간과 光海君 연간
    의 《朝鮮王朝實錄》에는 各邑月課軍器法에 관한 기록이 없으나 下記한 註
    53·54·55)의 내용으로 미루어 볼 때 光海君 연간에 실시된 것으로 여겨진다.
51) 柳馨遠, 《磻溪隧錄》 21, 兵制.

　정부는 각 읍에 銃·藥·丸의 月別 생산정액을 배정하는 동시에 銃藥丸의 法定價도 일일이 규정하였다. 鳥銃은 1柄에 米 5斛(1斛=10斗), 火藥은 1斤에 米 1斛, 鉛丸은 100箇에 米 5斗였다. 이러한 銃藥丸의 法定價는 당시 국내의 市價를 기준으로 한 듯하다.

　그것은 각 읍에서 銃藥丸을 생산할 수 있는 조건이 갖추어져 있지 않다는 점에서도 확인된다. 鳥銃의 경우 중앙의 訓練都監과 軍器寺, 그리고 왜란 중 都會制下의 鳥銃生産이 실시된 黃海·忠淸道의 炭鐵産地를 제외한다면 당시로서는 고도의 기술을 요했던 鳥銃을 각 읍에서 자체 생산할 수는 없었으며, 火藥의 경우 焰硝는 생산이 가능하지만 硫黃은 구입할 수밖에 없었고, 鉛丸도 鉛鑛이 관내에 없는 한 구입 제작할 수밖에 없는 제품들이었다. 결국 銃藥丸의 法定價는 정부가 당시의 市價를 기준으로 책정한 것이었다.

　이때 정부가 각 읍을 位差에 따라 差等 配定한 銃藥丸數나 法定價米의 年間 總額이 얼마나 되었는지는 알 수 없다. 다만 참고로 中宗 25년(1530)에 증보한 《東國輿地勝覽》 중의 각 읍을 기준으로 환산해 보면, 鳥銃이 3,510柄에 法定價米는 11,700石이며, 火藥은 14,040斤에 9,360石, 鉛丸은 70,200箇에 2,340石으로 年總月課米는 23,400石에 달하였다.[52] '各邑月課軍器法'상의 銃藥丸法定價가 전국적으로 年間 23,400石에 달하지만, 邑別로는 大府 都護府가 160石, 府가 120石, 郡이 80石, 縣이 40石이었다. 이 法定價는 銃藥丸을 구입할 때 소요되는 法定價額일 뿐이며, 자체생산 시에 소요되는 자금액수는 아니었다. 만약 각 읍에서 銃藥丸을 자체 생산한다면 工匠의 給料나 原料 구입비로서의 자금은 필요하지만, 그 밖의 연료조달이나 원료의 운반 및 제조과정의 잡역은 농민들의 부역노동에 의존함으로써 法定價額의 일부만이 소

---

52) 《磻溪隧錄》 중 大府·都護府는 大府·大都護府로 파악하였고, 牧의 경우는 大都護府使와 牧使가 다 같이 正三品이기 때문에 大府·都護府의 기준치로 환산하였다.

요되기 때문이다. 거기에다 정부가 銃藥丸의 購入費이든 製造費이든 그것에 필요한 자금 부담을 농민에게 부과하지 않고 각 읍의 守令으로 하여금 자체 경비에서 마련하도록 한 것은[53] 銃藥丸을 구입하면 守令의 부담이 클 것이므로 자연히 자체 생산을 도모할 것이기 때문이다. 곧 '各邑月課軍器法'의 일차적인 목적은 각 읍의 자체생산을 의무화하려는 데 있었다. 그러나 焰硝 외에는 硫黃이나 鉛鐵 또는 지역에 따라서는 鳥銃까지도 구입하여 충당할 수밖에 없었다. 하지만 이때 '各邑月課軍器法'의 시행은 鐵鑛·硫黃鑛·鉛鑛의 開發을 촉진하였고, 銃·藥·丸의 상품화를 불가피하게 하였으므로 조선 후기 광공업 발전사상 중대한 의미를 지녔다고 하겠다.

그런데 '各邑月課軍器法'이 실시된 이후 光海君 末年에는 이미 각 읍의 守令들이 銃藥丸의 마련에 필요한 비용을 관내의 농민들에게 전가하고 있었다. 수령들은 농민들의 田結數에 따라 일정량을 징수하여 그것에 충당한 것이다.[54] 이에 각 읍의 농민들은 焰硝 등의 제조작업뿐 아니라, 제조비 또는 구입비까지도 부담해야 하는 이중적인 稅役을 지게 된 셈이었다. 따라서 부역농민들의 세역을 거부하는 피역저항이 심화되었고 정부로서도 이를 강행할 경우 민심을 수습하기가 어려울 지경이 되었다. 이 때문에 仁祖가 즉위한 뒤에 정부는 각 읍의 月課軍器役을 4년 간 중지하기로 하였고, 또 인조 4년(1626)에 재개하려 하였으나, 司憲府에서 民力이 회복되지 않았다는 이유로 5년간 더 정지하도록 요청함에 따라 다시 3년간을 정지시키지 않을 수 없었다.[55] 곧 仁祖 초의 7년 동안은 각 읍의 月課軍器法을 실시하지 못한

---

53) 《承政院日記》1, 仁祖 元年 4월 13일. "李适曰 … 且如各官月課軍器 當初之意 欲其不費民力 自宮中措備 而今則皆責出民間 以田結收布 苟充備納 前日所備 亦不修治 而每造新件 徒煩民力 而終無實用 …"

54) 《備邊司謄錄》13, 仁祖 27년 3월 20일. "承旨柳景緝啓曰 月課軍器 當初事目 雖令各官 隨便措備 而經亂之後 各官各廳所納些少 勅使支待 亦難繼用 不得已或用民結措備矣 上年冬更爲勿用民結 隨便私備之令 …"

것이다. 그리고 仁祖 5년(1627)의 丁卯胡亂과 인조 14년(1636)의 丙子胡
亂 등 전란의 와중에서는 더욱 月課軍器法을 시행하기가 어려웠으며,
丙子胡亂 이후에야 겨우 재개될 수 있었다.[56]

어쨌든 전술한 바와 같이 光海君代에 各邑月課軍器法이 제정되면
서 각 읍에서는 月課軍器價를 守令이 자체 경비로 마련하거나 농민들
로부터 布를 징수하여 月定量의 軍器를 충당하여 왔다. 各邑月課軍器
法의 銃藥丸 法定價가 당시의 市價를 기준으로 하여 책정되었지만, 실
제의 생산가에 비하여 얼마나 높게 책정된 것인지는 확인할 수 없다.

그러나 17세기 중엽의 경우 대략 생산가의 2,3배에 달했을 것으로
보아, 17세기에 처음 책정했을 때에도 2배 가까이 되었을 것이라 여겨
진다. 결국 당시의 月課鳥銃이나 火藥 및 鉛丸價는 상당한 이윤이 보
장되는 상품이었고, 전국 각 읍을 상대로 하는 넓은 판로를 지닌 物種
이었다. 이 때문에 各邑月課軍器法이 제정 실시된 후 서울의 富商大
賈들은 점차 銃藥丸의 製造場을 개설하여 운영하게 되었다. 이처럼
서울에서 富商大賈들에 의한 무기제조업이 성장함에 따라 지방에도
무기제조에 필요한 원료를 생산 판매하는 수공업이 발달하였고 동시
에 서울과 지방으로 왕래하면서 제품이나 원료를 매매하는 商人들도
있었다.[57] 곧 각 읍의 守令들은 서울의 富商大賈들이 생산한 銃藥丸을

---

55) 《仁祖實錄》14, 仁祖 4년 11월 甲午. "命各邑月課軍器 限三年故罷 壬辰亂後
各官軍器蕩然 不得已權己設法 使各官逐月措備 反正後 特診民弊 限四年權
罷 至是當復設 而民力未蘇 憲府請限五年勿復 故有是命"

56) 《備邊司謄錄》31, 肅宗 元年 11월 19일 ;《備邊司謄錄》40, 肅宗 14년 4월 4
일.

57) 《承政院日記》302, 肅宗 10년 2월 13일 ;《備邊司謄錄》38, 肅宗 10년 2월 14
일. "知事申汝哲所啓 火藥之猛不猛 專由於焰硝之好不好 而京外鹹土已盡
故焰硝之性 甚爲麤劣 軍門貿得者 三鍊而且十分精搗然後 其造火藥精猛 可
用於軍器 而近來都下富民等 貿得嶺南私商之焰硝 不爲再鍊 亦不熟搗 專以
省功爲務 至於鳥銃 閭巷間處處私造 以爲渠輩防納於衙門之資 事之驚駭 莫
此爲甚 曾昔外方各邑 月課鳥銃火藥之不精 實由於此 故孝廟朝痛革此弊 各

구입하여 月課軍器에 충당하고 있었던 것이다.[58]

결국 '各邑月課軍器法'은 제정초의 '守令負擔' '自體生産'이란 본래의 立法 취지에서 벗어나기 시작하였다. 특히 丙子胡亂 이후에는 각 읍의 守令들이 月課軍器價를 전적으로 농민에게 부과하였으며 자체 생산을 기피하고 서울의 민간제조업자들로부터 구입·충당하는 실정이었다.[59] 이처럼 '各邑月課軍器法'은 비록 月課軍器價가 大同米에 포함되지 않았다 하더라도 守令들이 民結에서 염출하였고, 민간제조업자들이 月課軍器價를 받고 정기적으로 銃藥丸을 제조·납품하는 등 사실상 貢物의 防納形態를 취하고 있었다.

이러한 객관적인 조건하에서 정부는 효종 3년(1652)에 이르러 忠淸道에 大同法을 적용하면서부터 관내 각 읍의 月課軍器價를 大同米에 산입하는 이른바 '各邑月課銃藥丸法'을 제정·실시하였다. 정부가 이때 '各邑月課銃藥丸法'을 제정한 이유는 밝혀져 있지 않지만, 다음과 같은 두 가지 사실을 상정할 수 있다. 첫째는 종래의 '各邑月課軍器法'이 각 읍의 守令으로 하여금 月課軍器價를 부담하도록 규정하였지만, 점차 民結에 부과함으로써 농민들로부터 강한 저항을 받아왔기 때문에,[60] 정부가 守令들이 비합법적으로 月課軍器價를 民結에 부과했던 행위를 합법화시킬 명분을 마련하기 위한 한 조처로서 취해졌으리라 여겨진다. 둘째, '各邑月課軍器法'은 각 읍의 月課軍器數를 官位의 差

邑之月課 特令兩局 精造以給後 自宣惠廳劃給價本者 實非偶然之意也 月課軍器 何等重物 而豈可使富民輩 處處私造 以爲防納取利之資乎 嚴加痛禁 俾無軍器不精之患何如 上曰 一切痛禁可也"

58) 《備邊司謄錄》13,仁祖 27년 3월 20일. "… 月課規例 大邑則通一年 鳥銃二十四柄 火藥九十六斤 鉛丸二千四百箇 中邑小邑 有差 此等之物 自官不得造作 給價貿備"

59) 제3장 註 57) 참조.

60) 《備邊司謄錄》13, 仁祖 27년 3월 20일. "(李時昉)啓曰 月課軍器 當初事目 雖令自官隨便措備 而經亂之後 各官各廳所納些少勅使支持 亦難繼用 不得已 或用民結措備矣 上年冬更爲勿用民結 隨便私備之令"

等에 기준하여 일률적으로 배정했기 때문에 民戶와 田結이 부족한 읍
의 농민부담은 상대적으로 가중되었을 것이다. 또 守令이 月課價를 田
結에 부과했다고 하지만, 당시의 守令으로서는 양반이나 토호의 전결
에 균등히 부과했을 리가 없을 것이므로 그에 따라 빚어졌을 농민들의
불만도 함께 해소하는 방안으로 모색되었을 가능성이 컸던 것이다.

17세기 중엽인 孝宗·顯宗·肅宗 초에 걸쳐 大同法이 실시된 道는 忠
淸道와 全羅道 및 慶尙道 등이었다. 효종 3년(1652) 忠淸道에, 효종 8년
(1657) 全羅道의 沿海邑에, 그리고 현종 3년(1622)에는 全羅道의 山郡
에, 숙종 3년(1677)에는 慶尙道에 각각 大同法이 적용되었다.[61] 그러나
大同法이 적용된 시기와 各邑月課銃藥丸價가 大同米에 計上된 시기
는 일치하지 않았다. 그것은 各邑月課銃藥丸價를 大同米에 포함시켰
어도 그것을 지출하는 데 필요한 시행세칙인 '事目'이 완성되기까지
시일이 걸렸기 때문이다. 따라서 효종 3년에 大同法이 적용된 忠淸道
의 事目은 동왕 5년(1654) 3월에 裁可되었고,[62] 효종 8년 沿海邑과 현종
3년 山郡에 大同法이 적용된 全羅道의 事目은 현종 4년(1633)에 裁可
되었으며,[63] 숙종 3년에 大同法이 적용된 慶尙道의 事目은 동왕 7년

---

61) 《新補受敎輯錄》 吏典 京官職 宣惠廳.

62) 《湖西大同事目》(順治 11년 3월, 孝宗 5년 甲午). "各邑月課軍糧米 依京畿宣
惠廳例停罷 軍器修補所入雜物 各官例爲隨便措備 此非民結出定之役 許多
舊軍器 若爲一時修補 則各官物力 誠有所不逮 各自官中別樣料理 以其餘力
漸次修補 各邑月課軍器 在前雖有不煩民力之事目 各邑或有責出其價於民
結者 故并入於大同磨鍊之中 而自甲午正月 當爲復舊鳥銃藥丸之價 依前例
大邑四官 每朔各鳥銃二柄式火藥八斤式鉛丸四百介式 中邑七官 每一朔各
鳥銃一柄式火藥四斤式鉛丸二百介式 小邑三十三官 每二朔各鳥銃一柄式火
藥四斤式鉛丸二百介式 殘邑十官 每六朔各鳥銃一柄式火藥四斤式鉛丸二百
介式措備 而鳥銃一柄價米三石五斗 火藥一斤價米十斗鉛丸百箇價米五斗式
都計價米二千六百五十三石五斗"

63) 《全南道大同事目》(康熙 2년 3월, 顯宗 4년 癸卯 啓下). "一, 全南道大同 合
設於宣惠廳 凡干節目 一依湖西之例 而四道所捧 當各用於其道之役 不可那
移用下 異其庫間 別其文書 俾無混淆之弊. 一, 各官月課軍糧米 湖西則依京

(1681)에 재가를 받았다.[64]

이때 각 읍의 月課銃藥丸價를 大同米에 포함시킨 三南의 경우 各邑月課銃藥丸法은 종래의 各邑月課軍器法과는 각 邑의 分等基準부터 확연히 달랐다. '各邑月課軍器法'에서는 分等基準을 大府·都護府·府·郡·縣 등 官位의 차등에 두고 있었지만, 三南의 '各邑月課銃藥丸法'에서는 田結數를 기준으로 大·中·小·中小·小·殘邑 등으로 나누어 충청·전라도는 大·中·小·殘邑으로 分等하였고, 慶尙道는 大·中·中小·小·殘邑으로 분등하였다.[65] 이처럼 田結數를 기준으로 月課銃藥丸을 배정함으로써 各邑月課軍器法에서의 불합리한 배정 비율을 크게 개선하였다. 그리고 다음 〈표 2〉에 나타난 충청·전라도의 각 邑에 배정된 年總 月課銃藥丸數를 〈표 1〉의 各邑月課軍器數에 비교해 보아도 이미 어느 정도 실정에 맞도록 감액 책정되어 있음을 볼 수 있다. 그것은 일일이 예시하지 않더라도 〈표 1〉의 最小邑인 縣에 배정한 月課軍器數가 〈표 2〉에서는 小邑의 그것과 일치하고 〈표 2〉에는 다시 殘邑을 설정하여 극소량을 부과하고 있다는 점에서 알 수 있다.

곧 縣 중에서도 民戶나 民結이 적은 縣은 殘邑으로 分等하고 月課

畿例停罷 今此湖南各邑 則隨其大中小殘邑 以大同收米 依舊例計給 以爲逐月會錄之地 軍器所入雜物 工匠糧料 及容入物力浩多處 報知監司 各其邑餘米會減. 一, 月課軍器 大邑則每朔各鳥銃二柄火藥八斤鉛丸四百箇 中邑則每朔鳥銃一柄火藥四斤鉛丸二百箇 小邑則每二朔鳥銃一柄火藥四斤鉛丸二百箇 殘邑則每六朔鳥銃一柄火藥四斤鉛丸二百箇 措備會錄 鳥銃一柄價米三石五斗 火藥一斤價米十斗 鉛丸一百箇價米五斗"

64) 《嶺南廳事例目錄》(外官會減, 各邑月課外邑措置 今廢). "各邑月課鳥銃每柄價米三石五斗 鉛丸一百介價米五斗 火藥每斤價米十斗 價米隨其大中小殘邑 以大同收米計給 以爲逐月會錄措備矣 康熙辛酉 勿爲劃給事 自本廳別單啓下定式 大邑則每朔各鳥銃二柄火藥八斤鉛丸四百介 間三朔鳥銃四柄火藥十五斤鉛丸七百五十介 中邑則每朔鳥銃一柄火藥四斤鉛丸二百介 中小邑則三朔鳥銃二柄火藥七斤半鉛丸四百五十介 小邑則 每二朔鳥銃一柄火藥四斤鉛丸二百介 殘邑則每六朔鳥銃一柄火藥四斤鉛丸二百介"

65) 제3장 註 (62), (63), (64) 참조.

銃藥丸數를 보다 적게 配定한 것이니 종래 縣이면 일률적으로 月課軍
器數를 배정한 데 비해 훨씬 합리적인 것이다.

〈표 2〉 忠淸·全羅道의 年總月課銃藥丸數

邑等 \ 種別	鳥 銃 (柄)	火 藥 (斤)	鉛 丸 (箇)
大 邑	24	96	4,800
中 邑	12	48	2,400
小 邑	6	24	1,200
殘 邑	2	8	400

　忠淸·全羅道보다 늦게 大同法이 적용된 慶尙道의 경우에는 각 읍
의 大小分等과 月課額의 差等 配定이 더욱 세분화되고 있었다. 각 읍
을 大·中·中小·小·殘邑으로 분등하여, 大邑은 每月 鳥銃 2柄, 火藥 8
斤, 鉛丸 400箇를, 또 每 三朔마다 鳥銃 4柄, 火藥 15斤, 鉛丸 750箇를
각각 마련하도록 배정하였으며, 中邑은 매월 鳥銃 1柄, 火藥 4斤, 鉛丸
200箇를, 中小邑은 每 3朔에 鳥銃 3柄, 火藥 2斤半, 鉛丸 450箇를, 小邑
은 每 2朔에 殘邑은 4朔마다 각각 鳥銃 1柄, 火藥 4斤, 鉛丸 200箇를 마
련하도록 규정하였다.[66]

　이처럼 三南의 '各邑月課銃藥丸法'이 제정되어 田結數에 기준한 月課
額이 책정됨으로써 비로소 각 읍의 邑勢에 준하는 稅役賦課가 이루어졌
고 또 종래의 各邑月課軍器法에 비하면 配定額도 전반적으로 差減策定
되었다.[67] 그러나 銃藥丸의 法定價는 종래와 다름없이 鳥銃은 1柄에 米
3石5斗였고, 火藥은 1斤에 米 10斗, 鉛丸은 100箇에 米 5斗였다. 이 중 鉛
丸價는 숙종 7년(1681)에 忠淸兵使의 건의로 100箇에 5斗를 4斗로 引下하

---

66) 제 3장 註 64) 참조.
67) 일례로 忠淸道의 月課鳥銃量만 비교해 보아도 종전에는 年間 468柄(米 1,560
　　石)이 할당된 데 비하여 大同法 실시 이후에는 불과 398柄(米 1,326石 10斗)
　　에 지나지 않았다.

고 1斗를 감한 대신 鉛丸의 配定量을 늘렸다.[68] 따라서 각 邑은 鉛丸의
경우, 매년 大邑은 1,344개, 中邑은 672개, 小邑은 332개, 殘邑은 112개가
각각 증가 배정된 셈이다.[69] 이상에서 숙종 7년(1681) 현재 三南月課銃藥
丸의 配定額과 그것의 價米數를 적시하면 다음 〈표 3〉과 같다.[70]

〈표 3〉 三南月課銃藥丸數 및 價米量

種別\道名		忠 淸 道	全 羅 道	慶 尙 道	計
鳥銃	鳥銃數	398柄	504柄	623柄	1,525柄
	月課米	1,326石 10斗	1,680石	2,076石 10斗	5,083石 5斗
火藥	火藥量	1,592斤	2,016斤	2,436斤	6,044斤
	月課米	1,061石 5斗	1,344石	1,624石	4,029石 5斗

68)《嶺南廳事例目錄》"鉛丸每百箇價米五斗矣 康熙辛酉 因忠淸兵使所報 各道
　　鉛丸每百箇價米四斗定數 一斗則不足鉛丸加備事定奪"
69)《湖南廳事例》月課銃藥丸條. "鉛丸則康熙辛酉爲始加備 每年大邑一千三百
　　四十四箇 中邑六百七十二箇 小邑三百三十二箇 殘邑一百十二箇"
70) 제3장 註 62), 63), 64) 참조.
　　"筆者가 작성한 表의 통계가 전적으로 上記한 各大同事目에 의거한 것이
　　나 湖西와 湖南의 藥丸價가 일부의 다른 기록과 약간의 차이가 있어 附言
　　해두려 한다. 湖西銃藥丸價는 忠淸道大同事目의 기록과《備邊司謄錄》18,
　　孝宗 7년 4월 13日條의 기록이 일치한다. 그런데도 火藥과 鉛丸의 合計가
　　《萬機要覽》賑恤廳事例에는 1,346石 9斗 8升이라 기록되어 있고,《六典條
　　例》戶典 宣惠廳條에 또한 1,346石으로 기재되어 있어 本表의 1,326石 10斗
　　와는 약 20石의 차이가 있다. 그리고 湖南藥丸價도《備邊司謄錄》28, 顯宗
　　10년 正月 3日條에 1,680石이라 기록되어 全南道事目과 일치하지만《賑恤
　　廳事例》나《六典條例》戶典 宣惠廳條에는 1,688石으로 기재되어 있어 8石
　　의 차이가 난다 ;《賑恤廳事例》나《六典條例》는 훨씬 뒤에 쓰여진 기록이
　　고 그간에 月課額의 변동이 있었는지, 아니면 기록상의 차이가 발생한 것
　　인지는 알 길이 없다. 그러나 필자가 集計하는 과정에서 느낀 바인데 湖南
　　과 湖西의 경우 鳥銃價가 반드시 藥丸價의 合計와 일치되고 있었다. 이것
　　은 當初 月課價를 책정할 때 計算上의 편의를 얻기 위한 조치가 아니었나
　　싶다. 이것이 사실이라면 上表는 정확한 것이다."

鉛丸	鉛丸數	99,500箇	126,000箇	231,750箇	457,250箇
	月課米	265石 5斗	366石	618石	1,219石 5斗
道別月課米		2,653石 5斗	3,360石	4,318石 10斗	10,332石

三南의 각 읍에 매년 배정한 月課鳥銃은 1,525柄에 月課米가 5,083
石 5斗였고, 火藥은 6,044斤에 4,029石 5斗며, 鉛丸은 457,250箇에 1,219石
5斗로서 總月課米는 10,332石에 달하였다. 이처럼 정부가 三南 각 읍의
月課米를 효종 5년(1654)에는 忠淸道, 현종 4년(1663)에는 全羅道, 숙종
7년(1681)에는 慶尙道의 大同米에 각각 포함시켜 鳥銃·火藥·鉛丸이 새
로운 物種의 貢物로 확정되었다. 충청·전라·경상도를 제외한 다른 道
의 경우, 京畿道는 일찍이 정부가 인조 2년(1624)에 摠戎廳을, 동왕 4년
(1626)에 守禦廳을 설치하면서 관내 각 읍의 束伍軍을 兩廳에 분속시
킴에 따라 자연히 各邑月課軍器法은 혁파되고 소속 軍門에서 제조·분
급하게 되었으며,[71] 그 밖의 황해·강원·평안·함경도 등은 확인할 수
없으나 종래의 '各邑月課軍器法'이 준용되었던 것 같다. 그러나 종래
의 各邑月課軍器法에서는 月課價의 부담이 守令에게 지워져 있었고
농민들의 田結에 기초한 收布行爲를 불법으로 간주하였지만, 三南의
'各邑月課銃藥丸法'이 제정·실시된 뒤부터는 그것이 정당화되었을 것
이다. 그것은 三南의 各邑月課銃藥丸法과는 月課價의 수취형태가 달
랐지만 일종의 貢物로서의 성격을 띤 것이기 때문에[72] 정부는 숙종 34년

---

71) 《備邊司謄錄》 31, 肅宗 元年 11월 19일.
　　《備邊司謄錄》 40, 肅宗 12년 9월 20일. "(廣州留守尹趾善) 又所啓 … 圻內之
　　邑 本無軍器月課之規 旣無出處"
　　《備邊司謄錄》 42, 肅宗 14년 4월 4일. "(知敦寧具鎰) 所啓 摠戎廳所屬 楊州
　　牙兵 … 環刀鳥銃 合一千九百餘柄 方欲造給 而所造鐵物及糧子 … 則臣僅自
　　拮据 而木布無路得用 三十同木 分付某處 以爲濟用之地何如 … 上曰 摠戎
　　廳軍器打造之役 不可遲緩 先以江都所儲銀六百九十兩移送"
72) 《備邊司謄錄》 45, 肅宗 17년 12월 19일. "… 西路各邑 每年月課之價頗優 一
　　年之價 足以備兩年軍器 故監營 利其價優 各邑月課 皆自營門防納 …"

(1708)에 黃海道, 江原道의 月課價도 詳定價에 포함시켰다.[73] 黃海道의
各邑月課銃藥丸價는 大·小米 각 420石 13斗 9升 8合 2勺이었고[74] 江原道
의 各邑月課銃藥丸價는 大米 24石, 田米 8石, 錢 982兩 6分이었다.[75]

3. 軍·營門의 武器製造와 月課銃藥丸의 防納

光海君 때에 '各邑月課軍器法'이 시행된 뒤 각 읍이 자체적으로 무
기를 비축하고 관내 束伍軍의 銃藥丸을 조달함으로써 각 道의 監·兵·
水營에서는 '都會制'下의 생산체제에서 벗어나 營內의 비축 무기와 군
사의 상용 무기만을 자체 조달하는 소규모의 제조장을 운영하게 되었
고,[76] 또 지방군의 무기조달에 상당한 부담을 지고 있던 軍器寺에는
대량생산이 요구되지 않았다.[77] 軍器寺의 무기제조 기능은 倭亂中 訓

---

73) 《備邊司謄錄》18, 孝宗 7년 4월 15일 ; 《備邊司謄錄》45, 肅宗 17년 12월 19일 ;
《六典條例》8, 兵典 軍器寺條.

74) 《江原廳事例》(附海西公剩)《海西廳事例目錄》"肅宗三十四年戊子創設 初
付於湖西廳矣 英廟三十四年戊寅移屬江原廳) 收租中移劃銃藥丸價米 移劃
常平廳 當初銃藥丸價 劃給各邑 使之措備矣 肅宗辛卯 以湖西大小米各四百
二十石 造納摠廳 而自該廳分送事定式 大米本色(延安) 小米代錢(瑞興) 并船
價劃送 貢物水鐵契(進排十二種釜鼎)詳定 每結詳定十二斗 別收三斗收捧
而田則小米 畓則大米"

75) 《江原廳事例》詳定恒式會減 (有逐年會減者 有間年上下者). "軍器寺四等月
課銃藥丸價 大米二十四石 田米八石 錢九百八十二兩九錢六分內 五百四十
二兩三錢六分事目會減 一百二十兩火田所出 三十四兩七錢民戶所捧 二百八
十九兩九錢本邑自備 故不爲會減 原州大米二十四石田米八石 寧越五十六
兩(自備) 平昌十兩四錢 春川一百五十六兩 狼川二十五兩(自備) 淮陽四十四
兩八錢 金城四十八兩四錢 金化四十九兩八錢(自備) 鐵原四十八兩八錢 伊
川五十兩八錢 安峽十七兩九錢六分 平康三十兩 蔚珍六十一兩四錢(折半自
備 折半民戶所捧) 平海七十二兩四錢(自備) 通川 四十八兩 歙谷三十一兩二
錢 襄陽五十六兩(自備) 杆城五十六兩 江陵一百二十兩(火田所出)"

76) 제3장 註 72) 참조.

77) 제3장 註 44) 참조.

練都監의 都監制 생산체제에 흡수되었었고, 光海君 연간에는 다시 서
울에 개설되었던 각종 都監의 종속적 기능을 수행할 따름이었다. 이
당시에 정부는 황폐된 首都를 복구하기 위하여 '宗廟宮闕營造都監'
'書籍校印都監' '繕修都監' '欽敬閣建設都監' '祭樂器製造都監' 등을 개
설하는 한편, 무기를 대량 생산하기 위해 '火器都監' '軍器都監' 등도
개설·운영하였다. 곧 軍器寺의 무기제조는 각 읍으로부터 貢物로 수
취하던 철물에 의존해 왔었는데 火器都監 등이 개설되면서부터 그것
이 모두 都監으로 흡수되었고,[78] 이어 경기·경상·평안·함경도로부터
수취하던 貢物價마저 모두 삭감되었으므로[79] 이후 軍器寺의 기능은
유사시에 대비할 비축무기를 보관하는 업무와 매년 정기적으로 王室
과 淸에 封進하는 무기 등 극소수의 정교한 제품을 생산하는 한산한
官署로 전락하였다.[80]

한편, 인조가 즉위한 뒤에는 내란의 공포와 외침의 위협이 증가하

---

78) 《火器都監儀軌》光海君 7년 7월 26일. "凡設外貢 盖爲國用 軍器寺一年正鐵
外貢之數 僅一萬斤 我國之習 旣曰外貢 則雖産鐵之邑 皆不以本色上納 例
以米布輸送 中間盡爲花消 畢竟入于公家者 不過一萬斤正鐵 豈不甚可惜也
今宜令戶曹別樣措備 軍器寺一年外貢正鐵之數 以足公家之用 黃海全羅公
洪等道軍器寺外貢正鐵之價 使之輸送于戶曹 上來之後 令戶曹輸納于都監
則工匠料食 銅鐵正鐵 亦可推移貿用"

79) 《承政院日記》414, 肅宗 29년 10월 15일. "判府事尹趾善箚曰 伏以國之大事
在戎 而軍器寺 實爲武庫根本之所 本寺藏戎器之外 從前所以支堪者 盖賴於
貢物之有裕 以外方月課鳥銃 自本寺打造下送 而受價於宣惠廳 故得以取贏
能免蕩敗之患矣 自中年以來 嶺南京圻平安咸鏡四道貢物價 永爲減除 所謂
外方 又從以見失之後 已有難支之勢 而近年以連歲凶荒 若干所餘貢物 減之
又減 尙不得復舊 計一年(6字缺) 一年之需用 不得不傾出舊儲之秒餘者以繼
之 今又罄(9字缺) 豈非可優之甚者乎"

80) 《承政院日記》564, 景宗 4년 正月 21일. "權詹 又以軍器寺官員 以都提調意
啓曰 本寺以武庫 專管一國武備 年例備上戎器外大小封進之物 種種打造進
排等事 及外方許多請得 皆自本寺 擔當策應 而本寺無他歲入之物 只以貢物
作紙收稅補用矣 中年以來 若干元貢 旣多減縮 月課鳥銃又爲停止 減之又減
所餘無幾"

여, 정부는 訓練都監에만 의존할 수 없었으므로 서울의 외곽 수비를 강화할 목적으로 인조 2년(1624)에는 摠戎廳을, 동왕 4년(1626)에는 守禦廳을 설립하였다. 摠戎廳은 水原·南陽·通津·坡州·長湍 등 5개 營의 束伍軍을, 守禦廳은 廣州·楊州·竹山·原州 등 4개 營의 束伍軍을 각각 統括하도록 하였다.[81] 그러나 인조 14년(1636)에 일어난 丙子胡亂은 왜란 중에 편성된 束伍軍 체제가 지닌 전략·전술상의 한계를 드러내고 말았다. 倭亂은 장기적인 全面戰이었으나, 丙子胡亂은 불과 10여 일만에 서울이 함락된 단기적인 局地戰이었다. 전면전에 대비하여 편성한 束伍軍의 동원체제가 단기간에 서울을 급습했던 국지전에는 별반 효과가 없었던 것이다.

결국 정부는 서울의 수비를 강화시켜야만 하였고, 동시에 北伐政策을 추진하기 위해서도 정예부대를 서울에 배치시켜야만 하였다. 효종 3년(1652)에는 御營廳의 正軍을, 현종 12년(1671)에는 訓練別隊를, 숙종 8년(1682) 禁衛營의 正軍을 각각 편성하였다. 이들 正軍은 모두 각 읍의 束伍軍 중에서 富實하고 强健한 자들을 차출한 것이며 番次에 따라 교대로 서울에 올라가 복무하던 番上 正軍들이었다. 訓練都監의 군사들에 이어 이들 正軍에게도 資裝과 粮餉을 조달하기 위해 '給保法'이 실시되었다.[82] 따라서 軍門의 戶 保數인 正軍과 保人數는 엄청나게 불어났다. 곧 訓練都監은 馬·步兵 5,200여 명에 馬兵 714名이었고 평안·함경도를 제외한 6道의 砲保 餉保가 4,400여 명이었으며, 御營廳은 標下軍 別破陣이 1,800여 명에 鄕正軍이 16,700여 명이었고, 六道의 米布保人數는 50,000여 명이었다.[83] 禁衛營도 標下馬兵 726명에 鄕正軍

81) 《顯宗改修實錄》 10, 顯宗 4년 11월 戊寅. "摠戎廳 仁祖甲子始置 以代京畿兵 使將畿兵 其後廣州竹山楊州三營 移屬於守禦廳 本廳所屬水原南陽通津坡州長湍等五營 … 守禦廳 仁祖時 完豊府院君李曙 以虜釁日深 都城單弱難守 且以江都無應援 廣州近治南漢山城 … 廣州楊州竹山原州等四營屬焉"
82) 《顯宗改修實錄》 10, 顯宗 4년 11월 戊寅 ; 《萬機要覽》 軍政篇 3, 禁衛營條.
83) 《星湖僿設》 上, 軍兵保條 ; 《增補文獻備考》 121, 兵考 13, 總論軍制.

이 16,300여 명이었고, 鄕正軍의 保人이 49,000여 명[84]이었는데, 이들 三軍門의 총 正軍은 40,726명이며, 保人은 143,000여 명이었던 셈이다. 그 중 御營廳과 禁衛營의 正軍數는 訓練都監의 正軍數에 비하면 거의 3배에 달하였다.

訓練都監을 위시하여 17세기 초 중엽에 설치된 이들 摠戎廳이나, 守禦廳·御營廳·禁衛營 등도 정부 예산상의 재정적 기반을 갖추지 못한 채 正軍과 保人만을 확보하였으므로 각 軍門에서는 이들에게 지급할 각종 무기를 자체 생산할 수밖에 없었다. 이러한 처지는 각 道의 監·兵·水營도 마찬가지였지만 이들 각 營은 나름대로 관내에 수탈대상으로서의 농민과 토지를 파악하고 있었다는 사실에서 서울의 각 軍門과는 사정이 달랐다. 그런데 서울의 五軍門 중에서도 摠戎廳과 守禦廳은 京畿道 내 각 읍의 束伍軍을 장악함으로써, 監·兵·水營과 유사한 기반을 확보하고 있었다.[85] 따라서 자체 군사의 무기조달에 급급했던 軍門은 역시 訓練都監과 御營廳 및 禁衛營이었다.

효종 숙종 연간에 訓練都監의 軍士數보다 각기 3배씩에 달하는 御營廳과 禁衛營을 설치하면서도 정부가 무기제조비를 별도로 책정하지 않았던 것은 三南의 各邑月課銃藥丸價를 大同米에 포함시킨 사실과 전혀 무관하지는 않았던 것 같다. 그것은 효종 3년(1652)에 御營廳의 설립과 동시에 忠淸道에 大同法이 실시되었고, 효종 5년(1654)에 忠淸道의 各邑月課銃藥丸價가 大同米에 산입되는 즉시 御營廳은 訓練都監과 더불어 忠淸道의 各邑月課銃藥丸을 防納하기 시작했다는 사실에서도 알 수 있다. 이 당시 各邑月課銃藥丸의 貢價는 生産費에 비해 2배 이상에 달하는 액수였으므로[86] 효종 5년에 訓·御 兩局이 忠淸

---

84) 《續大典》 4, 兵典 番上條.
85) 《增補文獻備考》 121, 兵考 13, 總論軍制.
86) 《承政院日記》 309, 肅宗 11년 6월 3일 ; 《備邊司謄錄》 39, 肅宗 11년 6월 4일 ;
　　《備邊司謄錄》 45, 肅宗 17년 12월 19일 ; 《承政院日記》 497, 肅宗 42년 8월

道의 各邑月課銃藥丸價 2,653石 5斗를 반씩 나누어 갖더라도 최소한
각기 700餘石 이상의 餘分米를 갖게 된 셈이었고, 이 餘分米로써 자체
내에 필요한 무기생산비를 충당할 수 있었을 것이기 때문이다. 그리
고 訓練都監과 御營廳은 다시 현종 7년(1666)에 全羅道의 월과총약환
까지 방납하게 되었다.[87] 이처럼 訓練都監과 御營廳이 충청·전라도의
各邑月課銃藥丸의 防納을 통하여 엄청난 소득을 얻게 되자, 다른 軍
衙門에서도 이를 탐내게 되었다. 현종 11년(1670)에 정부는 충청·전라
의 各邑月課鳥銃價를 軍器寺와 守禦廳에도 일부를 분배하고 있었다.
兩道의 月課鳥銃 908柄(價米 3,026石) 중에서 訓練都監에 300柄(1,000
石), 御營廳에 300柄(1,000石), 軍器寺에 200柄(666石 10斗), 守禦廳에 108
柄(360石)을 각각 分給한 것이다.[88]

한편, 숙종 7년(1681)에는 慶尙道의 各邑月課銃藥丸價가 大同米에
포함되었고,[89] 동왕 8년(1682)에는 禁衛營이 설치되었다. 禁衛營이 설
치되면서 三南의 各邑月課銃藥丸은 訓·御·禁 三軍門에서 방납하게 되
었다.[90] 그러나 동왕 10년(1684)에는 三南의 各邑月課銃藥丸을 江華府

2일 ; 《備邊司謄錄》69, 肅宗 42년 8월 3일 ; 《承政院日記》552, 景宗 3년 3월
6일 ; 《備邊司謄錄》83, 英祖 4년 2월 9일 ; 《備邊司謄錄》127, 英祖 30년 12
월 10일.

87) 《湖南廳事例》 "月課銃藥丸各邑措備之法革罷 自京軍門製造下送 … 劃給各
邑措備會錄矣 各邑不能着實備上 故康熙丙午 始自京軍門造送矣"

88) 《備邊司謄錄》29, 顯宗 11년 4월 17일. "全羅道庚戌條 月課鳥銃五百四柄價
米一千六百八十石 忠淸道庚戌條月課鳥銃四百四柄價米一千三百四十六石
十斗 合鳥銃九百八柄價米三千二十六石十斗 訓練都監一千石三百柄 御營
廳一千石三百柄 軍器寺六百六十石二百柄 守禦廳三百六十石一百八柄"

89) 《嶺南廳事例》. "月課軍器 乃是備禦不虞 而各邑只有會錄措備之名 不能着實
備上. 康熙辛酉 外邑措備革罷 …"

90) 《備邊司謄錄》39, 肅宗 11년 3월 22일. "判中樞府事閔鼎重請對入侍時 … 又
所啓 三南月課軍器 分授三軍門 使之造作事 曾爲啓下矣 本營物力 最爲罷
弊 而又有此倉庫經營之擧 實有難辦之慮 三南月課 限數年 本營獨當 使之
取用其價米 似爲便當 令廟堂稟處何如 上曰 分付廟堂"

가 관내 4,000명 군사의 무기를 마련할 목적으로 전액 방납하게 되었고, 이듬해에는 禁衛營도 江華府例에 따라 三南의 各邑月課銃藥丸을 수 년간 독점 방납하도록 요청하였다. 그러나 정부에서 논란을 거듭한 끝에 동왕 12년(1685)부터 三軍門이 均分防納하도록 결정되었다.[91]

이처럼 三軍門은 종래 '各邑月課軍器法'下에서 서울의 富商大賈들이 방납해 왔던 전국 각 읍의 月課軍器 중 三南의 各邑月課銃藥丸 防納權을 모두 빼앗은 셈이었다. 그런데 이 무렵에는 大同法이 적용되지 않았던 다른 道에서도 月課軍器價와 生産價 간의 엄청난 차액을 수취할 목적으로 당해 道의 監營에서 관내 각 읍의 月課軍器를 防納하기 시작하였다. 일례로 黃海道와 平安道의 경우만 하더라도 각 읍의 연간 月課價가 매우 높이 책정되어 있어 1년분의 月課價로도 2년분의 月課軍器를 충분히 마련할 수 있었다. 이 때문에 監營에서는 값이 후한 것을 탐내어 각 읍의 月課軍器를 모두 독점하여 방납하였다.[92] 이처럼 서울의 三軍門과 각 道의 監營들은 종래 민간제조업자들이 장악했던 各邑月課軍器나 各邑月課銃藥丸의 防納權을 奪取함으로써 營內 군사들의 무기를 자체 조달할 수 있는 충분한 여건을 마련한 셈이지만, 한편으로는 각 읍의 月課軍器를 생산할 수 있을 만큼 장인들은 물론 시설과 원료나 연료 등을 구비해야 하는 부담도 컸다. 우

---

91) 《備邊司謄錄》39, 肅宗 11년 3월 28일.
"領議政金壽恒所啓 … 又所啓 頃日判府事閔鼎重所啓 三南月課軍器 自禁衛營獨當爲之事 有令廟堂稟處之命矣 軍門物力 皆患不足 故今年三南月課三軍門均分備送取用其價米事 上年旣已定奪 而因年姑停月課 故不果爲之矣 明年 當依前定奪擧行 而至於限數年 只令禁衛營獨當爲之 則他軍門必有不均之難 自明年爲始 三軍門各一年月課 輪回備送 或以數年爲限 每年月課 三軍門均分其數 一體造送似當矣 上曰 三軍門均分 乃是前春所定奪 而才有經營之事 故欲令限數年獨當 有此啓請矣 事體如此 似難專許 自明年 三南月課軍器 三軍門均分爲之可也"
92) 《備邊司謄錄》45 肅宗 17년 12월 19일. "… 西路各邑 每年月課之價頗優 一年之價 足以備兩年軍器 故監營利其價優 各邑月課 皆自營門防納 …"

선 당시 서울의 三軍門에서 均分防納한 三南의 各邑月課銃藥丸도 상당량에 달하기 때문이다. 앞의 〈표 3〉에서 볼 수 있듯이 鳥銃이 1,525柄(5,083石 5斗), 火藥이 6,044斤(4,029石 5斗), 鉛丸이 457,250箇(1,219石 5斗)였다. 그러나 이 중 鉛丸은 숙종 12년(1686)부터 常平廳에 이관되었으므로 鳥銃과 火藥만으로 보면 각 軍門은 대략 鳥銃 508柄(1,675石), 火藥 2,015斤(1,343石)을 매년 생산해야 하는 셈이었고, 거기에다 軍門 소속 군사의 銃·藥·丸도 제조해야 하였다.

三軍門 중 가장 正軍의 수가 적었던 訓練都監의 경우만 하여도 鳥銃과 環刀를 매년 각각 300柄씩 제조 또는 개조하여 군사들에게 지급하도록 되어 있었다.[93] 火藥과 鉛丸數는 기록되지 않았으나 앞의 〈표 1〉의 銃·藥·丸 비율이 1柄:4斤:200箇란 사실을 고려할 때 매년 鳥銃 300柄을 新造한다면 火藥 1,200斤과 鉛丸 60,000箇를 제조해야 하였다. 따라서 三南의 各邑月課銃·藥과 합치면 연간 鳥銃 808柄과 火藥 3,215斤을 제조하고 그 밖에 자체 조달을 위한 鉛丸 60,000箇와 環刀 300柄을 생산해야 하는 셈이었다.

이상과 같이 17세기의 각 軍營門에서는 자체 내의 수용 무기뿐 아니라 각 읍의 月課銃藥丸까지 방납함으로써 매년 상당량의 무기를 정기적으로 제조하게 되었다. 따라서 營內에는 대규모의 제조장을 설치하였고, 수백명의 工匠과 助役軍을 모취하였으며 단기간에 우수한 제품을 대량 생산하기 위하여 工程을 세분화한 분업적 협업형태의 생산체제를 갖추고 있었다.[94] 軍營門의 무기생산 규모가 커짐에 따라 그것의 제조원료였던 鐵·硫黃·鉛 등의 鑛物 수요가 급증하게 되었으며 이 때문에 각 軍營門에서는 자체 소유의 鑛山을 확보하기 위해 노력하게 되었다.

93) 《萬機要覽》 軍政篇 2, 訓練都監 財用 鳥銃色.
94) 拙稿, 〈朝鮮後期軍需鑛工業의 發展〉 《史學志》 3, 1969, 21~22쪽.

제2절 軍需鑛山의 經營實態

1. 軍需鑛山의 開發

17세기에 軍需鑛業이 활기를 띠기 시작한 것은 효종 때를 전후한 시기였다. 인조 14년(1636)에 丙子胡亂을 겪은 뒤 위정자들은 새삼 各邑月課軍器法을 실시하였는데 각 읍은 自邑에 부과된 月課軍器數를 충당하기 위하여 軍器를 자체 생산하거나 아니면 구입해야 하였다. 銃藥丸의 제조원료인 鐵·硫黃·鉛鐵이 각 읍마다 생산될 리 없고, 또 제조기술이 미숙한 각 읍의 工匠들이 모두 鳥銃을 자체 생산할 능력이 없었기 때문이었다. 따라서 銃藥丸의 제품 또는 제조원료를 생산하여 각 읍에 판매하려는 수공업자나 상인들이 출현하기 마련이고, 전술한 서울의 富商大賈들이 무기제조장을 개설하게 된 것도 이 때문이었다.

이에 효종이 北伐政策을 표방하고, 군비증강에 진력하자 서울의 각 군문과 지방의 監·兵·水營에서도 군사훈련과 무기생산에 박차를 가하지 않을 수 없었다. 鳥銃과 火藥·鉛丸의 수요는 증가되고 그것의 생산이 활발해지면서 제조원료인 鐵·硫黃·鉛鐵의 수요도 급증하였다. 자연히 軍需鑛物의 가격은 등귀하고 또 高價로도 구입하기가 용이하지 않게 되었다.

이에 따라 軍營門에서는 '重賞'을 미끼로 '給價買入'하거나 鑛山開發을 서두르지 않을 수 없었다. 重賞의 規定은 신분과 공적에 따라 일정하지 않았다. 官人들은 陞敍·加資하고[95] 양민들에게는 給帖하며,[96]

---

95) 《光海君日記》143, 光海君 11년 8월 戊辰. "火器都監啓日 都監事目內 東西班正職六品以上者 納銅鐵二百斤 納正鐵七百斤 陞堂上事啓下矣"
《顯宗改修實錄》10, 顯宗 5년 3월 乙丑. "上問元斗杓日 訓練都監硫黃貿來人 將何以賞之 斗杓日 前者洪喜男 硫黃貿來時 其子加資 喜南除拜同知 今此李應祥 則宜以加設僉知當之也 上然之"

賤人은 免賤하였다.[97] 그러나 광산을 개발한 자는 반드시 監官에 임
명하였고,[98] 광산의 경영성과에 따라 堂上·嘉善帖文을 주고 있었다.[99]
軍營門의 給價買入의 형태는 두 가지가 있었다. 하나는 軍營門이 직
접 상인에게 給價買入하는 경우이며, 다른 하나는 軍營門이 特定人에
게 값을 주면 특정인은 그 자금으로 생산자들로부터 구입하여 軍營門
에 바쳤다. 전자의 경우 商人들은 주로 서울의 富商大賈들이었고, 후
자의 특정인들은 서울의 상인들이 아닌 '出身' 등 軍營門과 유관한 자
들이었다. 전자는 주로 값비싼 일본의 硫黃을 수입 판매하였고, 후자
는 국내산의 鑛物을 구입·납품하였다.

서울의 상인들은 효종말 현종초에 걸친 10여 년간에 정부의 지원
을 받으면서 日本의 유황을 수입 판매하고 있었다. 이 시기에 국내 생
산이 없던 硫黃의 수입 판매는 '重賞'과 '厚利'를 도모할 수 있는 최선
의 길이었다. 정부나 軍門의 책임자가 通信使를 수행하는 倭語譯官을
통해서 對馬島主 또는 倭商과 硫黃輸入을 약정하도록 하고 서울의 富
商大賈들로 하여금 釜山에 내려가 수매반입하는 형태로 무역이 추진

---

96) 《顯宗實錄》 8, 顯宗 5년 閏6월 癸酉 ; 《備邊司謄錄》 40, 肅宗 12년 9월 8일 ;
《承政院日記》 320, 肅宗 13년 3월 25일 ; 《承政院日記》 329, 肅宗 14년 6월
13일.
97) 《顯宗實錄》 10, 顯宗 6년 7월 癸丑. "(鄭)太和曰 政府奴欲爲免賤計 潛貿以
來"
98) 《備邊司謄錄》 36, 肅宗 8년 7월 4일. "右議政金(錫冑)所啓 曾在甲寅年間 辛
景輝稱名者 呈于備局 以爲昌原地産硫黃 自願採取 以爲激賞之計 自備局差
定監官下送矣"
《備邊司謄錄》 41, 肅宗 13년 4월 23일. "兵曹判書李師命所啓 頃見江界府使
李孝源報禁衛營文狀別以爲 本府新土石硫黃 品亦頗好 若得沿邊穀數百石
則可以募軍多數掘取云 當初發告人 定爲監官 着實句管何如 上曰依爲之"
99) 《備邊司謄錄》 20, 顯宗 元年 8월 24일. "李浣曰 當初李義立稱名者 來告於臣
募得二百餘戶 掘吹水鐵 前後收捧稅木 其數甚多 今又以釜鼎各二百坐 自爲
領來 … 合有酬勞之典矣 元斗杓曰 此輩職帖 非如正職之比 如老職納銀堂上
帖文 可以激勤矣 上曰 堂上帖文給之可也"

되었다. 硫黃貿易에 참여한 서울의 商人들로서는 富商大賈였던 李應祥
을 위시하여 任茂盛·方以恭·金德生·任之竹·皮起門 등이 유명하였다.
이들은 軍門의 관계 大臣에게 요청하여 堂上·嘉善帖文 등 重賞을 받기
도 하였고, 硫黃의 국내판매를 통해서 厚利를 취할 수가 있었다.[100]

한편 軍營門이 특정인에게 給價買入하는 형태는 당시의 軍營門이
鐵物을 조달하는 방법으로 널리 이용되었다. 그런데 給價買入이라고
하지만 사실상 軍營門은 鐵物을 無償收取하고 있었다. 그것은 특정인
들 자신이 堂上·嘉善帖文 등의 賞典을 바라거나, 官權에 의부하여 관
직에 진출하고자 한 자들이기 때문이었다. 따라서 이들은 軍營門에서
지급한 자금의 한도 내에서 鐵物을 사서 바치는 데 그치지 않고, 자신
의 私財로 충당하거나 또는 官務를 빙자하고 생산자를 협박하여 싼값
으로 구입하는 등 갖가지 방법을 동원한 끝에 軍營門에서 받았던 元
金을 반납할 뿐 아니라, 주어진 자금 몫의 鐵物 및 과외의 鐵物도 마
련해 바쳤던 것이다.[101] 이를테면 숙종 13년(1687)에 李旭은 江都의 해
묵은 쌀 3,000石으로 만 1년 만에 본래 받았던 쌀 3,000石을 돌려받고
도, 그 利息米로 薪鐵 40,000斤과 炭 6,000石을 사서 바쳤고 동시에 江
都에다 倉基 640餘間을 구입하여 직접 廳舍 庫舍 등 모두 35間을 감독
조성하였다. 李忠伯은 禁衛營의 銀 5,000兩으로 滿 1년 만에 本銀을 반
납했을 뿐 아니라, 그 利息銀으로 熟銅爐口 1,000坐를 만들어 바쳤
다.[102] 그리고 出身 金南潤도 역시 禁衛營에서 값을 받은 뒤 本色을
반납하고도 鐵 10,000斤을 납부하였다. 이처럼 軍營門의 給價買入制에
편승하여 重賞을 노렸던 자들은 이 시기에 헤아릴 수 없이 많아서 정

<hr/>

100) 姜萬吉,《朝鮮後期 商業資本의 發達》高麗大出版部, 1973, 121~122쪽.
101)《備邊司謄錄》40, 肅宗 12년 9월 8일. "前則出若干價物 使勤幹者 貿販以納
　　後 啓聞論賞 故自募者爭集矣 … 募得自願者 其中數人 添備己物 貿納五萬
　　斤鐵物 而狀啓褒獎之後 該曹尙不擧行 故臣欲造長銃 炭鐵等物 募人給價
　　貿販 而皆以爲徒勞無益 一不應募 此路一閉 則以本府形勢 決無措手之處"
102)《承政院日記》320, 肅宗 13년 3월 25일.

부는 이들에게 일일이 論賞할 겨를이 없을 정도였다. 결국 特定人들
의 '給價買入'을 자원한 의도가 重賞만을 노린데서 나왔고, 또한 생산
자를 수탈하여 民怨의 대상으로 되었기 때문에 더 이상 重賞을 미끼
로 한 給價買入制를 지속할 명분이 없어지게 되었다. 이에 정부는 숙
종 14년(1688) 6월에 給價買入한 자에 대한 정부의 論賞制度를 폐지하
고 당해 軍門으로 하여금 자체적으로 論賞하게 하는 이른바 '軍門論
賞制'로 격하시켰던 것이다.[103]

한편 軍營門의 '重賞'을 미끼로 한 鑛山 開發政策도 나름대로의 성
과를 거두고 있었다. 重賞規定은 광산을 발견, 보고한 자를 監官에 임
명하고 또 성과에 따라 給帖한다는 것이었다. 이러한 重賞規定은 일
반인의 邀賞心을 자극하기에 충분했던 것 같다. 새로운 광산지가 개
발되면 軍營門은 주변의 民戶로부터 人夫들을 모취하였다. 그러나 서
울의 軍門에 의한 鑛山開發과 인력동원에는 당해 지방 守令들의 반발
이 컸다. 광산지의 守令들은 후술하겠지만, 屯稅·店稅·匠稅 및 軍役
烟戶雜役·還上 등 각종의 수취대상을 대부분 상실하였으므로 軍門의
鑛山開發을 좋아하지 않았기 때문이다.

이 때문에 軍門의 大臣들은 監司·兵使와 守令들이 광산 개발을 방
해하거나 또는 기존 광산을 침해하는 것을 엄징하도록 .요구하였다.
현종 4년(1663) 6월에는 硫黃鑛의 개발을 방해한 守令을,[104] 숙종 원년
(1675) 정월에는 鉛鑛의 개발을 방해하는 監司·兵使를,[105] 또 동년 5월
에는 기존 鐵鑛을 침해하는 監司를 엄징하는 규정을 하달하였다.[106]

---

103) 《承政院日記》329, 肅宗 14년 6월 13일.
104) 《備邊司謄錄》23, 顯宗 4년 6월 17일. "領議政鄭太和所啓 煉取硫黃之人 旣
　　已論賞 則禁斷掘取硫黃之守令 亦當施罰矣"
105) 《備邊司謄錄》31, 肅宗 元年 正月 20일. "領議政許(積)日 我國鉛鐵何地不
　　産 而各道處有弊瘼 朝家分付之事 廢閣不行 此無非國網解弛之致 各道監
　　兵使中 終不回報者 査出推考 以振廣採之意 更爲申飭何如 上日 依爲之"
106) 《備邊司謄錄》31, 肅宗 元年 5월 27일. "知事柳赫然所啓 訓練都監設立之初

이처럼 위에서는 重賞으로 유혹하고, 아래에서는 營·邑의 監司나 守令들의 방해가 심했던 풍토에서 광산 개발은 계속 추진되었다. 이 당시의 광산 개발은 주로 각 지방의 의욕적인 자들에 의해서 이루어지고 있었다. 이들은 지방에 거주하기 때문에 주민들로부터 광산지에 대한 정보를 얻기 쉬웠고, 또 주변의 광산을 현지 답사하여 식견을 넓힐 기회를 가졌기 때문이다. 17세기 중엽에 개발된 광산의 대개가 현지의 거주자들에 의해 발견 보고된 것인데 이를 일일이 확인할 수는 없지만, 광산을 개발한 자들의 이름이 기록에 밝혀진 것만 적시하면 다음의 〈표 4〉와 같다. 그러나 당시의 광산 개발이 반드시 현지의 거주자들에 의해서 이루어졌던 것은 아니다.

〈표 4〉 地方民에 의한 鑛山開發 內譯

開發者名	店　名	所管軍營門	典　據
李義立	蔚山達川鐵店	訓練都監	李義立,《求忠堂先生文集》 (孝宗 8년 開發)
李源 (前司評)	坡州銀店	戶曹	《孝宗實錄》7, 2년 7월 乙酉
李義 (出身)	江界 (閭延·茂昌) 鉛鐵店	訓練都監	《孝宗實錄》7, 2년 7월 乙巳.
辛景輝	昌原黃店	備邊司	《備邊司謄錄》36, 肅宗 8년 7월 4일 (顯宗 15년 開發)
宋汝信	昌原黃店	備邊司	《備邊司謄錄》33, 肅宗 3년 11월 14일

設店於載寧鐵峴地 募軍數百戶 定爲鎭軍 以其身役 懲其鐵物 軍門前後器械之打造 皆以此鐵取用 非他閑漫設屯之比 而且在長水山城之下 故脫有事變 別將領率屯民 入守本城 已有定式矣 今因黃海監司狀啓 各處屯民抄出作隊之時 本屯居民 渾被抄定 或有被侵於保人者 勢將渙散 極爲可慮 且旣沒數入屬於長水山城 則今此抄定別役 移入於首陽之計 事甚不當 分付本道 拔去新抄之案 依前施行 而此後地方官 如有意外橫侵之事 重則守令論罪 輕則推治其監色 以爲保存之地 何如 上曰 依爲之"

張信立	晉州黃店	守禦廳	宋挺濂《存養齋集》(上)辭獻納兼言事疏 (肅宗 3년)
張秋立	三嘉鉛店	守禦廳	上同
金南澄	長淵鐵店	禁衛營	《承政院日記》426, 肅宗31년 9월 13일 (肅宗 19년 開發)
李克敬	原州銅店	禁衛營	《承政院日記》470, 肅宗 38년 8월 3일

蔚山人 李義立의 경우, 23세의 弱冠으로 광산에 대한 보잘것없는
知識을 갖고 광맥을 탐사하기 위하여 伽倻山·金剛山·三角山·妙香山·
俗離山·太白山 등 전국의 이름난 山을 16년간 편력하던 중, 효종 8년
(1657)에 蔚山의 達川 鐵鑛을 발견하고 또 동년에는 慶州 盤石谷에서
砒霜脈을 찾았으며, 현종 10년(1669)에는 月城郡의 瓔湖峰硫黃脈을 발
견하였다.[107] 그리고 그의 아들 李克敬도 李義立의 硫黃燔造法을 전
수하고, 수차에 걸쳐 각 軍門의 硫黃監官으로 있었는데, 肅宗 38년
(1712)에는 禁衛營의 硫黃監官으로서 原州, 堤川의 접경지에서 硫黃을
채굴하던 중 銅鐵脈을 발견하기도 하였다.[108] 이처럼 地方民들에 의

---

107) 李義立,《求忠堂先生文集》(三寶創得日記). "果得水鐵於蔚州達川之東 又
　　得砒礵於慶州盤石之谷 … 有瓔瑚峰來脈留氣處 以君眼同一見 而黃石可判
　　… 乃卷耳云者也 … 黃滿其中 … 役丁則代以家僮 役糧則引用留營之穀 日
　　事煮黃 而于壺于缸 加於炭火 迅雷襲人 烈焰漲天 千變萬化 奇妙入神造法
　　矣 以此試武 則無異外國之産也 壬子春 始爲稟告 納上於備局 則自是東國
　　之兵器 可謂神矣 顯廟大嘉之 親問營事顚末 特除肅川府使 … 敎旨又賜牌
　　鐵山 以創鐵勞動 … 令郡邑鑄鐵店 釜鼎則每坐五錢 鎈基則每箇一錢 準節
　　目留置於鐵店 世世收捧焉 硫黃則 自朝廷爬定役軍一百八十名 逐年煮納
　　轅門需用爲多 而前所未有之物 遍滿一國 散在萬家 時人稱之以博物"
108)《承政院日記》470, 肅宗 38년 8월 3일. "藥房入診時 都提調李頤命所啓 古
　　者山澤之利 雖與民共之 如周禮禹人之屬 皆有其掌 卽今工曹之山澤司亦此
　　類也 而今則雖有其名 而先虞人之職 山澤之産 無人知之者 我國銀貨 則雖
　　有採用之處 至於銅鐵 人不知採法 故必資他國而有用 苟簡甚矣 近有李克
　　敬者 卽嶺南人 世以燔造硫黃爲業 近日禁衛營 使燔硫黃於原州提川之境
　　其採黃之際 偶得銅鐵之脈 入冶成銅而來納 使營中匠人 入含錫鍛鍊 則又

하여 17세기에는 많은 軍需鑛山들이 발견되었다. 이들이 개발하여 軍
營門의 소관 광산으로 등록된 鐵·硫黃·鉛店을 일일이 확인할 수는 없
으나 수집된 자료에 의하면 대략 다음과 같다. 鐵店의 경우 訓練都監
은 宣祖 27년(1594)에 이미 黃海道 載寧의 産鐵地에 鐵峴屯을 折受한
바 있지만,[109] 효종 8년(1673)에는 蔚山의 達川鐵店을 설치하였고,[110]
숙종 연간에는 忠淸道의 藍浦에도 鐵店을 설치하였다.[111] 御營廳은
현종 즉위년(1659)에 黃海道 長淵의 産鐵地에 汪濟屯을 설치하였으
며,[112] 현종 14년(1673)에는 摠戎廳도 역시 長淵에 吹鐵牙兵을 두어 身
鐵을 收取하였다.[113] 守禦廳은 숙종 29년에 寧越鐵鑛을 개발하였고,[114]
숙종 42년에는 砥平縣에 鐵店을 설치하였다.[115] 禁衛營도 숙종 19년
(1693)에 長淵에 鐵店을 설치한 바 있고[116], 숙종 41년(1715)에는 載寧의
産鐵地에 葛山屯을 折受하였다.[117] 곧 서울의 軍門들은 당시 産鐵地

成豆錫矣 盖我國本不知燔黃之法 前日或貿於燕京而多生弊 或貿於倭人多
不售 李克敬之父義立 自覺燔出硫黃 先朝賞以嘉善 用此拔身 克敬又能繼
之 各軍門輪此硫黃監官 燔納甚多 頗有功勞矣 至於銅鐵 則銃劍可飾大砲
佛狼機可鑄 軍門尤爲緊切 克敬採銅之法 速宜廣行 而但非私力加辦 渠所
率來嶺南募軍十餘名 若得募軍十數人 則可以取銅云 依此使之自募 而若自
本邑 侵以軍役戶役 則亦難爲役 新舊募軍之數不多 分付本道 使之各別完
護勿侵 自本營參酌 給其物力 以責其效 極爲便益 分付舉行何如 上曰 銅鐵
誠爲軍需之緊用 若能成出則好矣 依所達爲之"

109)《備邊司謄錄》31, 肅宗 9년 5월 27일. "知事柳赫然所啓 訓練都監設立之初
　　設店於載寧鐵峴地 募軍數百戶 定爲鎭軍 以其身役 懲其鐵物"
110)《備邊司謄錄》30, 顯宗 元年 8월 24일 ;《肅宗實錄》10, 肅宗 6년 12월 甲寅.
111)《各營釐整廳謄錄》甲申 (肅宗 30년).
112)《萬機要覽》軍政篇 3, 御營廳 諸屯.
113)《萬機要覽》軍政篇 3, 摠戎廳 募民養兵.
114)《承政院日記》409, 肅宗 29년 正月 10일.
115)《承政院日記》426, 肅宗 31년 9월 13일.
116)《承政院日記》488, 肅宗 41년 3월 3일.
117)《備邊司謄錄》71, 肅宗 44년 10월 6일. "提調兵曹判書趙道彬所啓 … 故去乙
　　未年間 判府事李 爲都提調時 陳達楊前 依訓局鐵峴例 設屯於載寧也 而上
　　年以銀子一千兩 買得明善公主房免稅田畓 以其所出穀物 或貿鐵或吹鐵 以

로 유명했던 黃海道의 載寧·長淵 등지의 鐵鑛을 주로 흡수했던 것이
다. 그리고 각 道의 監·兵·水營에서는 관내에 鐵店匠人들을 匠人으로
서 또는 吹鐵牙兵으로 편입하여 현물 또는 價布를 수취 충당하였으므
로 별도의 鐵店을 설치 운영할 필요가 없었다.[118]

　　硫黃店의 경우, 현종 2년(1661)에 守禦廳이 처음으로 珍山硫黃店을
개설함과 동시에 정부가 硫黃産地의 보고자에 대한 重賞法을 하달하
였고,[119] 이어 동왕 4년(1663)에는 광산 개발을 방해하는 守令에게 제
재를 가하여 광산 개발을 촉진하였다.[120] 곧 현종·숙종 연간에는 무려
23개소가 개발되었는데 이를 적시하면 다음의 〈표 5〉와 같다.[121]

　　鉛店의 경우, 鉛鑛은 곧 銀鑛으로서 鉛·銀은 동일한 鑛石에서 생산
되었다. 조선시대 鉛鑛중 銀의 함유량이 가장 많았던 곳은 端川銀鑛
이었지만 이곳의 鉛:銀 비율도 약 80:1에 불과할 만큼 전국 鉛鑛의 銀

　　爲補用之地 …"
118)《承政院日記》499, 肅宗 42년 12월 1일. "提調閔鎭厚所啓 外方銀店 皆屬戶
　　曹 而鉛則分送於各軍門矣 近來鉛軍漸縮 遂廢分送之規 軍門鉛丸 無以繼
　　用 誠甚切悶 洪州所在守禦廳屯田之內 適得銀鉛之脈 此與他處有異 自本
　　廳句管似好 且砥平屯內 亦有鐵脈兩處 俱已設店 幷屬本廳屯田之內 則仍
　　屬本廳無妨矣"
119)《顯宗改修實錄》5, 顯宗 2년 6월 庚寅. "御營大將柳赫然曰 我國亦不無産
　　出硫黃之處 而不知産穴 只買於他國 非徒難繼 亦多貽辱之事 … 守禦使 今
　　方送人于湖南珍山郡採取 此外亦多産出處 而郡邑慮其有弊百般掩諱 此後
　　則指告産穴者 宜令廟堂施賞激勤 以廣採取之路也 … 上竝從之"
120) 제3장 註 104) 참조.
121)《顯宗改修實錄》5, 顯宗 2년 6월 庚寅 ;《顯宗改修實錄》9, 顯宗 4년 8월
　　癸卯 ;《備邊司謄錄》23, 顯宗 4년 6월 17일 ;《備邊司謄錄》27, 顯宗 9년
　　4월 19일 ;《備邊司謄錄》36, 肅宗 8년 5월 3일.《備邊司謄錄》36, 肅宗 8년
　　7월 4일 ;《備邊司謄錄》41, 肅宗 13년 4월 23일 ;《備邊司謄錄》86, 英祖
　　5년 7월 29일 ;《備邊司謄錄》90, 英祖 7년 12월 10일 ;《顯宗實錄》8, 顯宗
　　5년 2월 壬戌 ;《顯宗實錄》18, 顯宗 11년 正月 辛卯 ;《守禦廳謄錄》肅宗
　　12년 10월 4일 狀啓 ;《承政院日記》470, 肅宗 38년 8월 3일 ;《英祖實錄》
　　43, 英祖 13년 2월 壬申 ; 李義立,《求忠堂先生文集》三寶創得日記.

함유량은 보잘 것 없었다.[122] 하지만, 왜란 이후 銀이 국내외의 공사거
래에 일종의 화폐로서 통용되었고, 또 鉛鐵이 鳥銃의 鉛丸에 이용됨
으로써 戶曹와 軍營門은 경쟁적으로 鉛·銀鑛山開發을 서둘렀다.

〈表 5〉 軍營門所管 硫黃産地 및 開發年代

設店衙門	硫黃産地 및 開發年代
訓練都監	求禮(顯宗代) 慶州(顯宗代) 忠原寶連山(肅宗26년) 安陰(肅宗代)
摠戎廳	三陟(肅宗 8년)
守禦廳	珍山(顯宗 2년) 晋州智異山(顯宗 11년) 慶州·淸道接境地(肅宗 8년)
御營廳	尙州(肅宗 4년) 咸昌(顯宗 4년)
禁衛營	江界(肅宗 13년) 原州·堤川接境地(肅宗 38년)
忠淸監營	沃川(顯宗 4년) 西原(顯宗 4년) 地名未詳三處(顯宗 4년)
慶尙左兵營	密陽(顯宗 9년)
備邊司	昌原(肅宗 8년) 璟湖峯下卷耳(現慶北月城郡甘浦面權伊里)
顯宗年間에 알려진 곳으로 채굴여부 미상	京中昭格署洞(現三淸洞) 端川·淸州

그런데 壬亂 이후 효종대에 이르기까지의 60여년간에 걸쳐 30~40여
곳의 광산이 개발되었지만 戶曹의 端川貢銀店을 제외하면, 장기간 채
굴된 곳도, 생산량이 풍부한 곳도 없었다. 그것은 광산 자체의 탓만은
아니었다. 우선 官採일 경우 농민들의 부역노동에 의존하였고 民採인
경우 賦稅가 과중하였다. 그리고 어느 경우이든 광산을 개발한 자의
욕구를 충족시킬 만한 褒賞規定이 없었고 또 지방의 守令들이 이를 저
지하였기 때문이다. 이에 효종 2년(1651)에는 設店收稅法을 반포하여
富商大賈를 유치하려 하였지만 실패하였다. 광산 개발은 오히려 軍門
에서 '監官'制를 적용하고, 監司·兵使들의 방해를 제재함으로써 촉진되

---

122) ≪燕山君日記≫ 51, 燕山君 9년 11월 丁丑. "戶曹判書李� … 書鉛鐵吹鍊銀
數以啓曰 端川鉛二斤 出十分銀四錢 永興鉛二斤 出十分銀二錢"

었다.[123] 여기에서 17세기에 걸쳐 軍營門에 의해 개발된 鉛鑛의 數나 각 鉛店이 설치된 年度와 邑名들을 일일이 상고할 수는 없다. 하지만, 《萬機要覽》에 의하면 숙종 13년(1687)에 戶曹가 銀店을 專管收稅하게 된 뒤부터 銀店이 전국에 확대·설치되어 그 수가 68개 읍에 달했다고 한다.[124] 이에 대한 문제는 제4장에서 상론하겠지만, 숙종 13년에 戶曹가 軍營門 소관 鉛店의 專管收稅權을 요구하고 정부가 이를 받아들였지만, 軍營門에서도 鉛鐵을 수취하기 위하여 戶曹에 빼앗겼던 鉛店의 일부를 되찾거나 新店을 개설하였다. 이 때문에 숙종 13년 이후에는 戶曹와 軍營門간에 設店收稅權을 둘러싼 분쟁이 거듭되는 가운데 鉛·銀 鑛山이 개발되고 있었다. 그런데 숙종 26년(1700)에 戶曹判書였던 金構가 "각 道의 60,70개소에 달한 銀店 중에서 成川·盈德銀店 등 鑛脈이 풍부한 곳 약간만을 남기고 모두 혁파하였다."[125]고 한 것을 미루어 볼 때 《萬機要覽》의 68개 읍은 곧 이때의 戶曹 소관 銀店이었다고 여겨진다. 그리고 이들 銀店은 대개가 軍營門에서 개발한 鉛店들임에 틀림없으므로 17세기에 걸쳐 軍營門에서 개발한 鉛店의 수도 60여 개소에 달했던 것이라 여겨진다. 여기에서 《萬機要覽》 중의 68개 읍과 조선후기에 걸쳐 개발된 연·은산지를 도표로 적시하면 다음 〈圖 1〉과 같다.[126]

123) 拙稿, 〈朝鮮後期 鑛業의 經營形態에 관한 一研究-17·18世紀 別將制下의 銀店을 中心으로-〉《歷史教育》 28, 1980, 73~76쪽.

124) 《萬機要覽》 財用篇 4, 金銀銅鉛條. "肅宗丁卯 令戶曹專管銀店 差送別將 看儉收稅 自是以後 銀店遍於諸道 前後所設凡六十八邑 成川.定州.泰川.寧邊.价川.江界.雲山.楚山.渭原.熙川.寧遠.平壤.祥原.高原.文川.定平.咸興.安邊.谷山.遂安.長淵.平山.新溪.瑞興.黃州.鳳山.盈德.青松.英陽.密陽.安東.寧海.蔚山.新寧.長鬐.迎日.奉化.星州.慶州.彦陽.伊川.金城.平康.江陵.三陟.旌善.平昌.淮陽.洪川.寧越.平海.春川.古阜.綾州.寶城.羅州.忠州.丹陽.清風.永春.木川.延豊.公州.青山.楊州.坡州.交河.朔寧"

125) 《備邊司謄錄》 52, 肅宗 28년 2월 13일. "各道銀店無慮六七十處 其中設店累年 而不納一錢者亦多 手持帖文 圖免軍役 橫行村閭而作弊者 遍滿諸道 臣待罪戶曹時 盡爲革罷 只存成川盈德等稍實者若干處也"

126) 제3장 註 121) 및 拙稿, 앞의 논문, 82~85쪽 참조.

〈圖 1〉 朝鮮後期 鉛銀鑛山 所在地 分布圖

凡例

▲는《萬機要覽》에 수록된 곳

○는《朝鮮王朝實錄》《備邊司謄錄》《承政院日記》《日省錄》《度支志》《增補文獻備考》에서 찾아 보완한 곳들임.

2. 店所의 運營財源

店所의 運營費는 軍營門이 折受한 각종의 財源에서 염출되었다.
당시 軍營門에서 折受했던 財源의 형태와 규모는 店所의 입지적 조건
이나 店勢에 따라 상이하였다. 그러나 대개 軍營門에서는 토지를 折
受하는 것이 통례였고, 그 밖에도 각종 財源들을 折受하고 있었다. 店
所의 運營費를 충당하기 위하여 토지를 折受한 최초의 사례는 訓練都
監 소속 鐵峴屯의 경우를 들 수 있다.[127] 倭亂 중 정부는 訓練都監의
경비를 마련하기 위해 宣祖 26년(1593)에 서울 근교의 閑荒地와 忠淸
道 내 40여 곳의 寺社位田을 모두 屯田으로 折給하고,[128] 이듬해에는
訓練都監의 경비는 물론 특히 무기제조에 필요한 철을 생산하도록 하
기 위하여 黃海道 載寧의 産鐵地인 鐵峴에도 屯田을 折給한 것이
다.[129] 이때 訓練都監의 각 屯田은 郎廳이 직접 관장하도록 하였지만,
각 처의 수많은 屯田들을 郎廳이 모두 관장할 수 없었기 때문에 결국
곳곳마다 '監官'들을 임명·파견하고 있었다.[130]

鐵峴屯은 屯民을 단속하여 長壽山城을 수비해야 하는 군사적 임무
도 맡고 있었기 때문에 監官을 '別將', 屯民 중의 丁男을 '鎭軍'으로 불
렀고, 따라서 鐵峴屯도 흔히 '鐵峴鎭'이라 불렀다. 鐵峴鎭은 載寧郡에
속했지만, 그 경계는 海州 平山과 연접하였고, 鎭의 定界는 門岩·彌勒
山·大水磨嶺·白樂山을 잇는 둘레의 길이가 120리에 달하였다.[131] 처음
折受한 屯田은 21結 37負 7束에 불과하였으나, 점차로 개간지가 불어

---

127) 《鐵峴鎭事例》 訓練都監篇(純祖 8년).
128) 제3장 註 19), 20) 참조.
129) 《鐵峴鎭事例》 訓練都監篇(純祖 8년) ; 《萬機要覽》 軍政篇 2, 訓練都監 諸
　　鎭 ; 《承政院日記》 1152, 英祖 34년 正月 13일.
130) 《宣祖實錄》 127, 宣祖 33년 7월 丙寅. "訓練都監 急於軍餉 廣設屯田於各官
　　而郎廳勢不能親管其事 派遣庸鄙之類 稱爲監官"
131) 《鐵峴鎭事例》 訓練都監篇(純祖 8년).

나 英祖 33년(1757) 현재의 기록에는 총 52結 38負 13束에 달하였다.[132] 그리고 鎭內에는 本鎭과 冠岩·孤山·白樂·水磨·旱粟·沙器·鷲峰·獅峴·靑羅·內蒜山·外蒜山·鹽水·南石 등 14개 마을이 들어 있었다.[133] 곧 이 屯民들로부터 수취하는 地稅가 店所의 運營費에 충당된 것이다.

鐵峴屯例는 이후 각 鐵店에도 적용되었다. 숙종 19년(1693)에 禁衛營이 설치한 黃海道 長淵의 佛陀山 鐵店에도 정부가 店所의 둘레 30리 이내의 산야를 折給하고 있었다.[134] 다시 禁衛營에서는 숙종 41년에 黃海道 載寧에 鐵店을 개설한 뒤 동왕 43년에 銀子 1,000兩으로 明善公主房의 免稅田畓 60結을 매입하여, 葛山屯을 설치하고 그곳의 屯稅穀으로 吹鐵 및 貿鐵費에 충당하였다.[135]

이러한 鐵店의 예와 같이 店所의 운영비를 염출하도록 하기 위한 토지의 折受 형태는 硫黃店에도 일부 적용되고 있었다. 일례로 현종 11년(1670)에 守禦廳에서 설치한 晋州 智異山 硫黃店의 경우 店所로부터 50리 이내에 위치한 三壯·矢川·雲谷·加西 등 4개의 面에 걸친 火田을 折受하였고,[136] 동해안에 정박하는 船隻의 稅를 慶尙監營에서 받아 정기적으로 이곳의 硫黃監官에게 이송하였으며, 또 智異山 硫黃店의 硫黃監官은 당시 嶺南의 중요한 水運路였던 낙동강에 貰船을 운행하여 운영비를 보충할 수 있었다.[137] 그리고 訓練都監의 忠原 寶連山

132)《承政院日記》1151, 英祖 33년 12월 17일.
133)《鐵峴鎭事例》訓練都監篇(純祖 8년).
134)《承政院日記》426, 肅宗 31년 9월 13일.
135) 제3장 註 117) 참조.
136)《守禦廳謄錄》己巳 4월 12일. "備邊司 爲相考事 曾因本府狀啓 軍門硫黃所關非細 旣貶糧布 無以煮取 則其勢可慮 同屯田定給若干募軍 依前耕作 俾補煮黃時糧料之資 其弊亦不至之於前日設店之時 査問其便否於慶尙監司處 回牒內 所謂屯田設置於山谷不毛之地 年年開墾 得以成屯云者 未免失實 同屯田 乃是智異山腰以上高峰峻嶺 山田火栗 自黃店稱以折受 智異山店五十里內 三壯矢川雲谷 沒數置薄 一從結數收稅"
137)《承政院日記》323, 肅宗 13년 8월 17일. "備邊司啓曰 守禦廳所屬晋州硫黃

硫黃店도 火田을 折受하여 운영비를 염출하였고,[138] 비변사 소관 昌原
硫黃店은 인근의 臨海淵 捉漁所에서 漁稅를 징수하고 있었다.[139]

　이 밖에도 軍營門에서는 광산의 인부를 필요 이상으로 모집 등록
하고 身役의 대가로 稅木이나[140] 保米[141] 등을 수취 충당하였다. 특히
각 道의 監·兵·水營에서는 관내의 大同米·木이나[142] 강제로 수괄 등록
시킨 工匠·奉足들로부터 布를 징수하여 이에 충당하였으며,[143] 심지
어는 赴番軍을 吹鐵役에 투입하였다.[144]

　그런데 鉛店의 경우는 별도였다. 이 경우 실시되지는 못했지만, 효
종 2년(1651)에 訓練都監이 出身 李義의 요청을 받고, 閭延·茂昌 등지
에 屯田을 설치하고 그곳의 鉛·鐵鑛山을 채굴하려 한 것도 역시 운영

店減損節目 更爲磨鍊啓下 分付本廳及該道以爲 其禁斷亂雜之地事 啓達於
榻前蒙允矣 當初自本廳始役硫黃店也 國中曾無硫黃煮出之處 而初得於此
故朝家欲其必成其事 至於折給東海下碇之收稅 造給洛江運穀之舡隻 環山
割地 許其收稅 寺刹店匠 列邑募軍 任其所占 有土有民 儼成郡邑貌樣 而卽
今則硫黃之産出於國內者 在在有之 各軍門隨便探取 亦皆足用 則不必於守
禦廳如是長大侵冒之弊 固有紀極 且東海下碇之稅 自今本道監營 備送木同
於硫黃監官 私相借貸而取用者 其在事體 亦涉無據"
138) 《備邊司謄錄》90, 英祖 7년 12월 10일. "訓練都監啓曰 … 寶連山設店 在於
庚辰年間 黃脈極好 故折受火田 補其役粮 且得募軍 以爲探取之地 而不爲
赴役者 則收其身布 移給工匠 年年煮納 極其夥多矣"
139) 《備邊司謄錄》33, 肅宗 3년 11월 14일. "領議政許積所啓 頃者備局因慶尙監
司鄭樸狀啓 昌原地臨海淵捉漁所 許令宋汝信收其稅 以爲煮取硫黃之資矣
今因判付 取見內司公事 始知有此事 汝信則實涉無罪 且煮黃之時 器具措備
役軍雇立之價 本司不曾題給 只令收捧漁探稅用之矣 所收稅租 今爲監營之
屬公 若不還給 則已役之民 必多稱冤之弊 上年漁稅則令本道出給汝信 以爲
分給雇立之民宜當矣 上曰 上年漁稅則仍給立役之民 今年爲始 還給宜當"
140) 《備邊司謄錄》20, 顯宗 元年 8월 24일 ; 《備邊司謄錄》63, 肅宗 37년 12월
26일 ; 《備邊司謄錄》90, 英祖 7년 12월 10일.
141) 《承政院日記》426, 肅宗 31년 9월 13일.
142) 《備邊司謄錄》32, 肅宗 2년 2월 3일.
143) 《備邊司謄錄》36, 肅宗 8년 9월 25일.
144) 《備邊司謄錄》85, 英祖 5년 6월 22일.

비의 염출을 위한 토지 折受의 한 형태라고 할 수 있다.[145] 그러나 일
반적으로 鉛店에 대해서는 정부가 별도의 財源을 折給한 기사는 발견
되지 않지만 주로 '保人收布'制에 의존한 것으로 보인다. 그것은 이미
軍營門의 鉛店들이 戶曹에 흡수된 후인 숙종 39년(1713)의 '良役査定別
單'을 살펴보면, 訓練都監에는 願留軍·龍津鎭軍·採鉛軍·卜馬軍·武藝
別監 등의 보인이 3,433명이나 남아 있던 것에서 알 수 있다.[146] 이 중
採鉛軍의 保人 수가 얼마인지는 알 수 없으나 軍門의 鉛軍에게는 軍
役 대신 物役을 지는 保人制가 적용되었던 것임을 짐작하게 한다.

　요컨대 軍營門 '監官'制下의 모든 광산은 정부가 운영비를 별도로
마련해 주지 않았다 하더라도 실은 광산의 소재지를 절급한 셈이었고,
나아가 店所 주변의 임야를 획급한 셈이었다. 軍營門에서는 광산의
소재지를 매입한 적이 없이 店所 주변의 임야를 임의로 이용하고 있
었다. 각 店의 監官들은 그곳에서 店所의 시설이나 갱내의 동발 및 수
없이 소모되는 연료용 목재들을 무상으로 채벌해 쓸 수가 있었다.[147]
그리고 冶爐(용광로)와 風廂(풀무) 및 각종의 채굴 제련용의 도구들을
마련함에 있어서도 鐵店인 경우는 자체 생산이 가능하였고, 또 대부

---

145) 《孝宗實錄》7, 孝宗 2년 7월 乙巳. "訓練都監啓曰 江界甲山之間 古有閭延
　　茂昌等縣 土地饒沃 宜於五穀 而其地近於波猪野人 故廢爲丘墟 將至百餘
　　年 誠極可惜 今則波猪部落撤去已久 往年府民田舜民等 上疏請復舊縣 而
　　備局以沿革難之 不敢輕議 近有出身李羲者 曾爲江界府使偏裨 慣習其地之
　　事 呈書于都監 以爲若許募民設屯 則可得百餘人戶 開墾其地 歲可收數千
　　石之穀 又有吹鐵採鉛之利 願爲屯田別將 專董其事 此與復設縣邑有異 作
　　農吹鐵於空閑之地 以補都監之用 必有利益 此人誠實根幹 請成給公文 與
　　本府相議設屯 責其成效 答曰 祖宗朝廢棄之意 必非偶然 不可因一時射利
　　之輩甘誘之言 有所輕動矣"
146) 《備邊司謄錄》66, 肅宗 39년 7월 8일.
147) 《備邊司謄錄》41, 肅宗 13년 8월 13일. "領議政南(九萬)所啓 … 且臣(南九
　　萬)曾自海南謫所 蒙恩放還時 經過智異山下 本山是國中第一巨嶽 千峰萬
　　壑 樹木殆盡 有若牛馬之剝皮 不勝驚心"

분의 店所에서는 운영비로 제작하거나 구입했을 것이지만 硫黃店의
경우에는 店所 주변의 철물점이나 瓶缸店에서 현물수세하여 사용하
도록 조처하고 있었다.[148] 결국 어떠한 형태로든 軍營門의 광산은 정
부가 각종 財源을 折給함으로써 자체 운영이 가능하였다.

3. 監官·工匠·募軍의 性格

倭亂 중 訓練都監의 屯田에 監官制가 처음으로 적용된 뒤, 모든 軍
營門의 산업 부문에 확대 적용되었다. 鐵峴屯의 監官도 처음에는 屯
田의 관리책임자로서 임명된 것이었고, 당시로서는 鐵店을 위한 監官
은 아니었다. 광산만을 관장하도록 監官이 임명된 사례는 기록상 光
海君 9년(1617)에 戶曹에서 出身李瀛을 淸風銀店에 파견한 것이 최초
였다.[149] 淸風銀店에 監官制를 적용한 뒤 戶曹에서는 端川銀店에도
종래의 採銀官制를 폐지하고 監官制를 적용하였다.[150] 17세기 軍營門
소관 광산의 監官들은 전술한 바와 같이 대개가 광산에 대한 식견을
갖춘 의욕적인 地方民들로서 광맥을 찾은 보상으로 監官에 임명되었

---

148)《承政院日記》323, 肅宗 13년 8월 17일. "監官亦不必使之長留其處 以曾募
 軍等採黃外供饋責應之弊 煮黃時鐵物瓶缸 雖是不可無之物 卽今所捧鐵物
 則不限其數 通計一年 瓶則七千餘坐 缸則八千餘坐捧用云者 濫徵之狀 尤
 極痛駭 鐵物匠一店 瓶缸匠一店 亦爲劃給"
149)《光海君日記3》111, 光海君 9년 正月 戊寅. "戶曹啓曰 … 似此淸風多産銀鑛
 而端川採銀匠人 適因訓練都監分付上來 出身李瀛監官定體 題給刷馬 帶同
 匠人下去 使之試爲吹鍊 仍蠲本郡可減之役 便宜採取事 移文該道之意 敢
 啓 傳曰 依啓"
150)《增補文獻備考》160, 財用考 7 附金銀銅. "咸鏡監司閔鼎重狀啓 … 近年以
 來 銀脈忽盡 更無可採之路 不得已採一鉛脈 鑄鉛之後 用法再鑄成銀 百斤
 之鉛 難成十兩之銀 每年所鑄不滿千兩 其所不足之數 旣不可賦民 又不可
 退年 乃創抄出富實品官九人 差定監官 使之監採監鑄 而一人監役 以四十
 日爲限 四十日所納 以一百十兩零爲限 若於監役日限之內 不滿其數 則使
 之私自備納 一經監官 盡破家業"

다. 그들의 임무는 직명 그대로 店役을 감독하는 곧 광산을 관리 운영
하는 일이었으며, 따라서 店所에 상주하고 있었다.[151] 그러나 監官은
王命을 받은 정식 관원이 아니었고 각 軍營門에서 파견한 임시직의
관원들이었다.[152]

監官들의 사회적 지위가 일일이 밝혀진 바 없으나 出身[153]이나 品
官[154]들이 간혹 있을 뿐 모두가 일반 양민들이었다. 따라서 당시의 監
官들은 정부의 重賞規定을 통해 자신들의 사회적 지위를 높이려고 노
력하고 있었다. 물론 그 중에는 自號를 '求忠堂'이라고 한 李義立과 같
은 사람도 있었다. 그는 두 번의 胡亂을 겪으면서 민족과 국가에 대한
애착과 구국의 일념으로 효종의 北伐政策에 호응하여 軍需鑛山의 개
발에 헌신적으로 참여한 자였다. 그는 蔚山의 達川鐵鑛과 慶州의 砒
霜鑛 및 瑛湖峰硫黃鑛 등을 개발했을 뿐만 아니라 많은 수의 군수물
품을 헌납하여 堂上帖 등 影職도 받았고,[155] 현종 14년(1673)에는 肅川
府使를 제수하였으나 이를 고사하고 대신 達川鐵鑛을 하사받은 인물
이었다.[156]

정부의 重賞令은 李義立과 같은 경우에서 볼 때 당시의 많은 사람
들로 하여금 鑛山開發에 투신하게 하였을 것이고 동시에 監官들에게
는 신분상승욕을 자극하는 큰 계기로도 되었을 것이다. 그래서인지

---

151) 《守禦廳謄錄》戊辰 10월 13일. "監官亦不必長留 則許多煮取之役 誰果董
役"

152) 南九萬, 《藥泉集》4, 疏箚, 五十度呈辭後乞免兼論採銀事箚. "且前日監官
雖有弊端 猶不敢大段縱恣者 以其不出朝命 尙有所顧忌也 今此別將則乃是
朝家之所差送 而掌印之官"

153) 제3장 註 149) 참조.

154) 제3장 註 150) 참조.

155) 제3장 註 99) 참조.

156) 제3장 註 107) 및 李義立, 《求忠堂先生文集》三寶創得日記. "顯廟大嘉之
親問營事顚末 特除肅川府使 乃癸丑七月二十六日也 伏辭不受 敎旨又賜牌
鐵山 以創鐵勞動"

사료상에도 당시의 監官들에 대해서는 財利에 대한 탐학행위보다는 신분상승을 위한 비행을 지탄하는 경우가 많았다.[157] 그것은 智異山 硫黃店만 하더라고 監官들이 과외의 증산을 꾀하기 위하여 정원 외의 匠人이나 硫黃軍을 증모한다든가, 운영비를 남용하고 인근 주민들의 蜂桶까지 수세하여 많은 別備品을 상납함으로써, 그곳의 監官으로 있었던 자들이 모두 堂上帖이나 嘉善帖 등을 취득했다는 것이다.[158] 결국 당시의 監官들은 수공업자 出身은 아니지만 광산에 대한 지식과 경험을 갖춘 자들로서 店所에 상주하여 광산의 채굴 제련작업을 감독했던 일종의 기술직 임시관원이었으며, 또한 영리에 대한 관심보다는 사회적 지위를 높이는 데 더 큰 관심을 가졌던 사람들이었다.[159]

　각종 광산의 채굴 제련과정에서 기술부분을 담당했던 匠人은 鑛種에 따라 鐵店은 冶匠, 鉛·銀店은 鉛·銀匠, 硫黃店은 黃匠으로 통칭하였지만 그 밖에도 각 店所에는 광맥을 굴착하는 石工이나 동발 등을 제작하는 木手 등 여러 장인들이 참여하였다. 그런데 鐵店과 같이 숙련공을 손쉽게 구할 수 있었던 경우는 다르지만 鉛·銀店이나 硫黃店 등 채굴·제련기술이 생소했던 광산들은 전문적인 인력을 구하기가 쉽지 않았다. 17세기 전반기의 鉛·銀鑛山 개발시에는 반드시 端川銀鑛의 銀匠들을 초치하여 시굴하였는데,[160] 17세기 중엽에 개발되기 시작한 硫黃店에서는 우선 店所 주변의 紙匠이나 각종 店의 匠人들을 징발하

---

157) 南九萬, 《藥泉集》 4, 疏箚, 五十度呈辭後乞免兼論採銀事箚.

158) 《備邊司謄錄》 41, 肅宗 13년 8월 13일. "且臣(南九萬)曾自海南謫所 蒙恩放還時 經過智異山下 本山是國中第一据鉅嶽 千峰萬壑 樹木殆盡 有若牛馬之剝皮 不勝驚心 問於居民 則皆曰 硫黃監官 專据一山 不但煮取硫黃而已 侵虐居民 鏉銖之利 無不占奪 至於民間蜂桶 沒數置薄收稅 故以黃蠟別備 或千斤或萬斤 前後監官 無不爲堂上嘉善矣"

159) 제3장 註 107), 108) 참조.

160) 《光海君일기》 111, 光海君 9년 正月 戊寅. "淸風多産銀鑛 而端川採銀匠人 適因訓練都監分付上來 出身李瀛監官定體 題給刷馬帶同匠人下去 使之試爲吹鍊"

였고,[161] 煮黃法에 익숙한 監官들로부터 기술이 전습되어 갔다.[162] 각 店所에 소속된 匠人의 수는 광산의 종류나 그 규모에 따라 다르게 마련이지만, 대체로 10여 명 내지 20~30명에 달했던 것 같다. 그것은 鉛店에 관한 기록에 '監官들은 20~30명을 거느리거나 혹은 10여 명을 거느리고 있다'하였고[163] 硫黃店인 경우도 監官李克敬은 10명을 대동하고 있었다.[164] 그리고 각 店所의 匠人數는 募軍 數의 약 1/10정도였던 것 같다. 그것은 智異山 硫黃店의 募軍 數를 정부가 100명으로 줄이려 했을 때 守禦廳이 黃匠을 10명 정원으로 할 것을 요구한 사실로서도 짐작된다.[165]

　　각 店의 匠人들에게는 반드시 糧料와 役價가 지불되었다. 鐵店의 경우도 屯田의 地稅가 吹鐵費에 충당되었고[166] 硫黃店의 경우도 전술한 각종의 財源에서 黃匠의 糧料와 役價를 염출하였으며,[167] 부역하지

---

161) 宋挺濂,《存養齋集》(上)〈辭獻納兼言事疏〉(丁巳).

162)《顯宗實錄》18, 顯宗 11년 正月 辛卯. "守禦使金佐明啓曰 嶺南左道慶州淸道接境之處 多産硫黃石云 其近處兩邑山店 移屬本廳 許令煮黃 蠲其雜役 輕其納稅 則民相效習 可傳煉藥之法 上許之"

163)《承政院日記》324, 肅宗 13년 9월 13일.
　《備邊司謄錄》41, 肅宗 13년 9월 13일. "盖採銀時 所謂監官者 率二三十人 或率十人 若聞銀脈之産出 則一時雲集 此輩皆是無根着不入籍之徒 故銀脈旣斷 則擧皆散走"

164)《承政院日記》470, 肅宗 38년 8월 3일. "渠所率來嶺南募軍十餘名"

165)《守禦廳謄錄》戊辰. 10월 4일. "晋州硫黃店 因備局查問 自本道減損形止 旣已啓聞 區別啓下 大槪只有募軍百名而黃匠則不許仍存 如或得匠人若干名 則與百名募軍中相換云云 旣無黃匠則將何以煮取 募民百名 旣已不足 而又爲除出換立黃匠 則餘存無多 凡干使役等事 何以成樣"
　《守禦廳謄錄》戊辰 10월 13일. "其所謂黃匠 別爲定給十名"

166)《備邊司謄錄》70, 肅宗 44년 10월 6일. "依訓局鐵峴例 設屯於載寧地 而上年以銀子一千兩 買得明善公主房免稅田畓 以其所出穀物 或買鐵 或吹鐵 以爲補用之地"

167)《守禦廳謄錄》戊辰 10월 4일. "東海商船下碇稅 洛江舡隻 土地折受等事 一併革罷 則黃匠等一年糧料役價 從何處辦出"

못한 募軍의 身布를 징수하여 黃匠에게 지급하기도 하였다.[168] 그리
고 후술하겠지만 鉛·銀店에서도 생산물 중에서 일정량을 급료로 지급
하고 있었다.[169] 그런데 糧料와 役價 중 糧料는 주로 쌀로 지급되어
'料米'로 불리어 왔고, 役價도 지불하는 物種에 따라 價布 또는 工錢
등으로 불렸다. 그러나 각 店所의 匠人들에 대한 糧料와 役價의 지급
액이 밝혀진 자료는 없다. 다만 인조 19년(1641) 현재 訓練都監의 鳥
銃·弓箭·焰硝匠人이 모두 합쳐 140여 명인데 매월 112석의 料米를 지
급하고 있어[170] 평균 한 사람에게 매월 12斗를 지급한 셈이다. 그러나
현종 10년(1669)에 泰安 安民倉의 新設工事에 참여한 匠人들, 곧 木手·
石手·冶匠들에게는 균등하게 매월 1인당 料米 9斗와 價布 2匹이 지급
되었는데[171] 이때의 料米 9斗는 숙종 10년(1684)에 江都·南漢의 弓匠·
冶匠·木手에게 지급한 料米額과 비교해 차이가 없다.[172] 따라서 동 시
대 각 店所의 匠人들에게도 매월 料米 9斗와 價布 2匹 정도가 지급되
었을 것으로 여겨진다.

　각 店所의 광산 노동자에 대한 호칭은 광산의 종별에 따라 달랐을
뿐 아니라 동일한 광산의 노동자들에게도 갖가지 별칭들이 붙여지고
있었다. 이를테면 鐵店인 경우에는 吹鍊軍·吹鐵軍·吹鐵屯軍·吹鐵募
軍·採鐵募軍 또는 納鐵軍으로 불리었고 다만 鐵峴鎭은 鎭軍으로 불렸
다. 硫黃店은 硫黃軍이지만 鉛店도 採鉛軍·採鐵軍·鉛軍 등으로 불리
고 있었다. 그러나 대체로 鐵·硫黃·銀店의 광산노동자를 통칭하여 '募

---

168) 《備邊司謄錄》90, 英祖 7년 12월 10일. "寶連山設店 在於庚辰年間 黃脈極
　　好 故折受火田 補其役粮 且得募軍 以爲採取之地 而不爲赴役者 則收其身
　　布 移給工匠 年年煮納 極甚尠多矣"
169) 《增補文獻備考》160, 財用考 7 附金銀銅. "咸鏡監司閔鼎重狀曰 匠人終歲
　　勤勞 逐日督責 而竟無銖釐之得 以補衣食之資 亦皆逃散"
170) 《備邊司謄錄》6, 仁祖 19년 5월 2일.
171) 《備邊司謄錄》28, 顯宗 10년 2월 10일.
172) 《備邊司謄錄》38, 肅宗 10년 3월 14일, 17일.

軍'이라고 하였다.

募軍의 모집절차는 監官들에 의해서 수행되었고, 거의 강제성을 띤채 진행되었다. 鐵峴屯鐵店의 募軍은 倭亂中에 정부가 屯田을 耕食하도록 모취한 流離民들이 대부분이었지만, 17세기 초 중엽 이후의 募軍들은 대개가 店所 주변에 정착해 있던 농민들이었다. 광산 소재지의 邑民만을 징발하기도 하지만[173] 광산이 郡界에 위치했을 때는 兩邑民을 동원하였다.[174] 광산의 입지적 여건에 관계된 것이긴 하지만 될 수 있는 한 인근의 匠人들 곧 山店民들을 모취하려 하였고, 일반 농민들 중에서도 터전이 잡히고 건장한 사람들을 징발하고 있었다.[175]

軍營門 소관 店所의 募軍에게는 각종의 세역부담이 면제되고 있었다. 募軍들의 稅役 문제에 관한 조치로서 선례가 된 鐵峴鎭鐵店의 募軍 곧 鎭軍들의 경우, 유사시 長壽山城의 수비 임무를 띠고 있는데다 軍門의 鐵店에서 身役을 지고 있다는 이유로 소속 邑의 각종 稅役이 면제되었다. 곧 鎭軍의 戶籍은 그가 입적한 邑에서 관장하였지만 그의 鎭軍에 대한 還上이나 烟戶雜役 등은 부과하지 못하도록 하였으며 만약 이를 어길 경우 심하면 守令을 치죄하고, 가벼우면 色吏 및 面任輩를 訓練都監으로 불러들여 엄벌에 처한다고 규정하고 있었다.[176]

鐵峴鎭鐵店의 鎭軍에 대한 각종의 면역조처들은 이후 각 軍營門 소관 店所의 募軍들에게도 적용되었다. 鐵峴鎭鐵店의 募軍이 訓練都監의 軍兵으로 등록된 것과 마찬가지로 각 軍營門 소관 店所의 募軍들도 모두 소속 軍營門의 軍兵으로 등록되어 있었다. 兩者는 모두 軍役 대신 店所에서 身役을 지고 있었으며 서로 다른 점은 다만 유사시의 군사적 임무가 부여되어 있는가 없는가의 형식상의 문제였을 뿐이다. 따

173) 제3장 註 149) 참조.
174) 제3장 註 162) 참조.
175) 《承政院日記》 465, 肅宗 38년 正月 3일.
176) 《鐵峴鎭事例》 訓練都監編(純祖 8년) ; 《備邊司謄錄》 31, 肅宗 元年 5월 27일 ; 《承政院日記》 703, 英祖 6년 3월 3일.

라서 鉛店의 鉛軍들에게는 軍役과 烟戶雜役이 면제되었으며,[177] 硫黃軍에게도 軍役과 戶役이 면제되고 있었다.[178] 그리고 이들 募軍은 軍役 대신 身役으로서의 店役을 지고 있었지만 또한 동시에 身役價도 규정되어 있었다. 身役의 法定價는 일정하지 않았지만 숙종 30년(1704) 釐整廳에서 재조정하였다.[179] 이에 의하면 鐵店 募軍들의 연간 身役鐵은 50斤이었고,[180] 硫黃店 募軍의 身役 硫黃은 5斤이었다.[181] 鉛店 募軍의 身役鉛額은 밝혀져 있지 않으나, 鉛店軍의 身役銀이 5錢이었던[182] 사실과 더불어 당시의 鐵·硫黃·銀·鉛의 시세를 비교할 때 鉛 5斤 정도였을 것으로 추정된다.[183] 이러한 身役價의 규정은 두가지 목적을 지니고 있었다. 하나는 軍營門이 소관 店所에서 수취할 광물량을 산정하는 기준을 마련한 것이며, 다른 하나는 募軍이 부역할 수 없을 경우 납부하도록 할 할당액을 미리 정한 것이었다. 따라서 軍營門이 매년 店所에서 수취하는 광물량은 店所의 募軍數에 따라 결정되었으며 또 募軍들 중 부역하지 못한 사람이나 광맥이 단절되어 폐광된 店所의 募軍들은 반드시 身役價로 부과된 광물을 구입해 납부하도록 하였다.

　　17세기 軍營門의 각 店所에 종사하던 募軍의 수를 일일이 확인할 수는 없다. 다만 숙종 30년(1704) 현재 釐整廳에서 작성한《各營釐整廳謄錄》을 근거로 그 전후의 사정을 推知할 수 있을 뿐이다. 鐵店의 경우 우선 五軍門의 募軍에 대한 숙종 30년의 釐整定額을 간추려 보면

---

177)《備邊司謄錄》52, 肅宗 28년 2월 13일 ;《承政院日記》529, 景宗 元年 2월 5일 ;《備邊司謄錄》141, 英祖 38년 3월 17일.

178) 제3장 註 108) 참조.

179)《各營釐整廳謄錄》甲申(肅宗 30년).

180)《承政院日記》671, 英祖 4년 9월 28일.

181)《備邊司謄錄》85, 英祖 5년 3월 18일.

182)《備邊司謄錄》52, 肅宗 28년 2월 13일 ;《備邊司謄錄》52, 肅宗 28년 6월 26일 ;《備邊司謄錄》141, 英祖 38년 3월 17일 ; 李恭遇,《換几翁漫錄》10, 暗行御史書啓.

183) 鐵·硫黃·銀의 斤단위와 米價를 비교하여 年 5斤이었을 것으로 추산하였다.

다음 〈표 6〉과 같다.[184]

〈표 6〉 肅宗 30년의 各軍門吹鐵軍 釐整定額

軍門別	吹鐵軍所屬處	從前 吹鐵軍數	肅宗30년 釐整時의 增減數	釐整定數
訓練 都監	載寧吹鐵店募軍	350명 兒弱66명	100명 兒弱 66명 減	250명 載寧216명 平山 34명
	藍浦吹鐵店募軍	84명 兒弱40명	34명 兒弱 40명 減	藍浦 45명 50명 鴻山 3명 定山 2명
御營廳	長淵吹鐵募軍	50명	正軍官保의 餘軍 250명을 充數	300명
禁衛營	載寧葛山屯吹 鐵募軍	250명	50명 增	300명
摠戎廳	黃海道吹鐵牙兵	83명	3명 減	80명
守禦廳	水鐵牙兵	225명	25명 減	200명
	水原禿城山城 吹鐵牙兵	83명	3명 減	80명

숙종 30년에 釐整廳을 설치한 것은 정부가 良役人口를 늘리기 위한 정책의 일환으로 취해졌고, 특히 각 軍營門의 과다한 비정규 군사들을 삭감하려는 데 그 목적이 있었다.

그러나 軍門의 鐵店은 군문 자체 내의 수용무기 및 三南月課鳥銃 등의 무기류 생산과 아울러 釜鼎이나 器皿類를 자체 조달하는 데 절실하였으므로 募軍을 삭감시키기 어려웠다. 따라서 訓練都監과 摠戎廳·守禦廳의 吹鐵軍을 약간 명씩 줄여 당해 邑의 守令에게 넘겼으나 御營廳과 禁衛營은 오히려 상당수를 증원하여 三軍門은 모두 300명을 정원으로 하였고, 守禦廳은 200명, 摠戎廳은 80명을 정원으로 책정하였다. 결국 이때의 五軍門 소속 吹鐵軍의 釐整定額은 1,260명으로 종래의 吹鐵軍 1,125명과 兒弱 106명 보다 29명이 불어난 것이다. 그런데

184)《各營釐整廳謄錄》甲申(肅宗 30년) ;《備邊司謄錄》85, 英祖 5년 4월 20일.

이 시기에는 민간의 야철수공업이 성장하여 〈표 6〉 중 守禦廳의 水鐵
牙兵과 같이 이미 監官制下의 募軍이 아닌 民營鐵店의 水鐵匠들로부
터 현물 또는 匠布를 수취하는 추세가 일반화되고 있었다. 따라서 각
道의 監·兵·水營에서 자체 경영하는 鐵店을 찾아볼 수 없게 되었고
鐵物匠人들로부터 현물 또는 米·布를 수취하고 있었던 것이다.[185]

　硫黃店의 募軍은 三南月課火藥價가 貢人에게 移屬된 시기였던 肅
宗 30년(1704)과 동 39년(1713) 등 양차에 걸쳐 良役査正이 이루어졌으
므로 다음 〈표 7〉에서 볼 수 있듯이 많은 인원 수가 삭감되었다.[186]

〈표 7〉 肅宗 30년·39년의 各軍營門硫黃軍 査正定額

年代 所屬官廳	顯宗2년~ 肅宗 30년	肅宗 30년 釐整定額	肅宗 39년 査正定額	設店地
訓練都監	慶州 265명 求禮 164명 忠州　97명	慶州 159명 求禮　91명 忠州　50명	300명	慶州 求禮 忠州
摠戎廳	389명	300명	300명	慶尚道
御營廳	172명 (京畿柳灰軍 20명 包含)	300명	300명	慶尚道
禁衛營	710명	300명	300명	?
守禦廳	431명	300명	300명	晋州智異山
慶尚監營·統營 ·左右兵營	?	?	각300명	慶尚道
慶尚左水營·金井 ·鳥嶺山城	?	?	각200명	慶尚道
慶尚左水營虞 候所屬硫黃軍	?	?	革罷	慶尚道

185) 《備邊司謄錄》66, 肅宗 39년 7월 18일. "慶尚道監營水鐵匠 幾至三千"
　　《備邊司謄錄》67, 肅宗 40년 2월 7일. 黃海監營. "管餉吹鍊募軍一百名 水
　　鐵匠戶格竝六百七十名 瓮匠戶格竝五百名 生鐵匠戶格竝一百四十名 永爲
　　定額"
186) 《各營釐整廳謄錄》甲申 (肅宗30년), 《備邊司謄錄》66, 肅宗 39년 7월 18일.

五軍門의 경우만 하여도 肅宗 30년 이전의 硫黃軍數가 총 2,228명인데 釐整定額은 1,500명으로 무려 728명이 삭감되었다. 따라서 肅宗 39년 현재 서울과 지방의 각 軍營門에 대한 査正定額인 3,300명도 五軍門과 비슷한 비율로 삭감됐을 것으로 보면 肅宗 30년 이전에는 거의 5,000명을 훨씬 넘었을 것으로 여겨진다.

그러나 鉛店의 募軍은 숙종 30년의 이정 대상으로 되어 있지 않아 인원수를 파악하기가 어렵다. 釐整對象에서 제외된 이유는 밝혀져 있지 않지만, 앞서 숙종 28년(1702)에 鉛銀店에 대한 戶曹의 專管收稅權이 확립되고 軍營門의 모든 鉛店과 募軍들이 戶曹에 移屬된 것이 계기가 된 듯하다. 그것은 정부의 釐整目的이 軍營門의 인원을 삭감하는데 있었던 것이므로 戶曹의 鉛軍이 그 대상이 될 수는 없었기 때문이다.[187] 그런데 戶曹의 專管收稅權이 성립된 이후 각 軍營門에서 鉛丸을 조달할 목적으로 신설한 몇몇 개소의 鉛店은 肅宗 39년의 査定對象이 되었다. 곧 禁衛營 소속 4개 鉛店의 鉛軍을 400명으로 한정하고 나머지 62명을 삭감하였으며 慶尙左水營虞侯 소속 鉛軍을 모두 혁파한 것이다.[188] 여기에서 禁衛營 4개 鉛店의 鉛軍을 400명으로 한정한 것은 각 店에 100명씩을 정원으로 한 조치였다. 물론 이 인원수는 肅宗 30년 이전 각 鉛店의 평균 募軍數에 못 미칠 것이 당연하나, 우선 이를 기준으로 肅宗 26년(1700) 현재 전국 鉛店 68개소에 합산해 보더라도 당시의 募軍數가 6,800여 명에 달하고 있다. 따라서 숙종 30년경의 五軍門 소관 募軍數는 鐵店의 吹鐵軍 1,125명과 兒弱 106명, 硫黃店의 硫黃軍 5,000여 명, 그리고 鉛店의 鉛軍 6,800여 명 등 약 13,000여 명에 달하고 있었다.

187) 《備邊司謄錄》 52, 肅宗 28년 6월 26일.
188) 《備邊司謄錄》 66, 肅宗 39년 7월 18일.

4. 店所의 作業實態

17세기 軍營門의 모든 광산은 軍營門이 각 店所에 사사로이 파견한 監官들에 의해 운영되었다. 監官들은 店所의 운영비를 관장하고 店役을 감독하며 할당된 생산량을 수납하는 업무를 담당하고 있었다. 그리고 이들 監官의 업무수행을 보조하도록 하기 위하여 각 軍營門에서는 書吏·使令·庫直 등을 각각 1명씩 배정하였다. 書吏는 물품의 출납과 匠人·募軍 등에 관한 사무를 처리하고 문서화하는 일을, 使令은 監官의 지시 사항이나 문서를 전달하는 일을, 庫直은 각종 물품의 보관 업무를 담당하게 한 것으로 보인다.[189]

監官의 주관하에 실시된 店役은 대개 採鑛·製鍊·埋炭作業 등으로 구분되는데, 匠人들이 각 부분의 작업 현장에서 募軍들을 거느리고 이를 실시하였다. 鑛石의 굴착·운반·배수작업으로 이루어졌던 採鑛作業은 鑛脈을 식별할 수 있는 匠人과 坑道를 굴착하는 石工들이 주관하였다.[190] 그런데 17세기 초에는 이미 石工들에 의하여 폭약을 사용한 암석의 發破技術이 이용되고 있었다.[191] 이른바 '鑛砲'라고 불리었던 이 발파도구가 언제 어느 광산에서 처음으로 이용되었는지는 알 수 없지만, 아마도 倭亂 중 화약무기가 널리 사용되면서 연구되고 당시의 가장 큰 石鑛이던 端川銀鑛에서 이용된 것으로 여겨진다.[192] 어

---

189) 拙稿,〈朝鮮後期 軍需鑛工業의 發展〉《史學志》3, 1969, 21쪽 및《守禦廳謄錄》己巳 4월 12日條 참조.

190)《端川邑誌》山川條. "匠人捫摩嗅嚼 以辦金土 搜採而出 用功多而得銀小"《備邊司謄錄》52, 肅宗 28년 6월 26일. "別將率若干知銀脈者 採出"

191)《宣祖實錄》203, 宣祖 39년 9월 戊子. "又有一穴 穴之左右 液汁成土 五色斑爛 鐵氣相連於兩頭 必須多用石工 大舉鑛砲然後 可知其正穴之所在 而費力得工之多小 亦可得而較之矣"

192) 李羲準,《溪西野談》. "辛以江界銀店穿壙之徒 穿城下之道 埋火藥而燒之城以是而頹圮"

떻든 鑛砲의 이용은 조선후기 채광기술상 획기적인 발전을 가져온 것임에 틀림없다.

광석의 제련작업은 가장 기술을 요하는 부문이었고, 흔히 冶匠·黃匠·鉛匠(=銀匠)으로 불리던 匠人들에 의하여 이루어졌다. 광석의 제련기술은 鐵·鉛 등의 금속광물과 硫黃 등의 비금속 광물이 서로 달랐다. 鐵·鉛 등 금속광물을 처음 제련하는 과정에서는 모두 冶爐와 風廂을 이용하고 있었다. 鉛은 鉛鑛石을 제련함으로써 생산되었지만[193] 鐵은 生鐵과 熟鐵의 생산과정에 약간의 차이가 있었다. 제련도구는 다 같은 冶爐와 風廂이었지만, 冶爐와 風廂 간에 연결된 風穴 數에 차이가 있었다. 곧 生鐵製鍊用의 風穴은 1개인 데 비하여 熟鐵製鍊用의 風穴은 9개 였다. 이러한 구조상의 차이는 제조 과정에서도 생철제련이 숙철제련보다 수 배의 노동력을 필요케 하였다. 生·熟鐵을 같은 용적의 冶爐로 제련할 때 생산되는 양을 비교해 보면 "生鐵이 100斤 생산된다면 熟鐵은 그보다 다소 적었다"고 하고 "熟鐵의 初出品을 薪鐵로 하여 1斤을 두드려 연마하면 품질이 낮은 正鐵의 劣品 4兩이 생산된다"고 하였다.[194]

한편 비금속광물인 硫黃은 冶爐가 아닌 陶器에 넣어 제련하였고, 一周期만에 取出하였다.[195] 煮黃法에는 이 밖에도 渣滓를 제거하는

---

193) 《端川邑誌》山川條. "銀銀法 探取生銀 掘鑪下爲小坎 築以烈灰 先取鉛片 以生銀鋪置其上 四圍灰火 覆以松木 連抱者煽火 則鉛水先鎔生銀旋旋銷化 新舊鉛水 交沸皮面 中間忽然銀精聚在上面 滓鉛滲入灰中 以水沃之 以侯 銀片堅凝摘出 以其滓滲灰者 再鎔爐火 則灰去成鉛矣"

194) 李圭景, 《五洲衍文長箋散稿》60, 鍊鐵辨證設. "我東 則一爐火出生鐵壹百 斤 則熟鐵不及此數 而熟鐵初出者薪鐵 薪鐵一斤打鍊 正鐵劣者四兩 正鐵 一斤鍛成 雜物劣者四兩 卽假令爲數者也 我東煉熟鐵爐法 就風廂左邊 橫 穿九行風穴 而冶爐製法 必先築四郭 郭內築九行墻 每行當風廂之每風穴 墻上縱橫置剛炭消息之 煉生鐵爐法 就風廂左邊 橫穿一行風穴 而爐製如熟 鐵爐法 煉之不以其法則不成 故煉吹比熟鐵最難云"

195) 李圭景, 《五洲衍文長箋散稿》五州書種博物考辨, 石硫磺類 "先作煉竈 築甕

去滓法과 악취를 제거하는 無臭法 등 일련의 기술적인 방법이 적용되고 있었다.[196] 埋炭作業은 벌목 운반작업과 더불어 많은 인력을 필요로 하였다. 각 작업장과 幕舍 등의 건축공사나 坑內의 동방설비에도 목재가 필요하였지만 특히 제련시 연료용의 木炭을 굽는 데는 엄청난 양이 소요되었기 때문에 店所를 설치할 때는 광맥이 풍부한 곳도 중요했지만 店所 주변에 풍부한 산림이 있는가도 크게 고려되었다.[197]

　이상과 같은 店所의 제반 작업과정에서 기술을 요하는 부문은 匠人들이 담당하였고 기술을 요하지 않는 부문은 募軍들이 담당하게 마련이었다. 일정하지는 않지만 대개 匠人과 募軍의 비율은 1:10인 것으로 추정되었다.

　당시 각 店所의 募軍數는 店의 규모에 따라 엄청난 차이를 보이고 있었다. 鐵店의 募軍은 〈표 6〉에서와 같이 적은 곳은 50명에서 많은 곳은 300여 명이었고, 硫黃店도 〈표 7〉에서와 같이 적은 곳은 150여 명에서 많은 곳은 400여 명이었으며 鉛店의 募軍數는 자세히 알 수 없지만 평균 100여 명에 달하고 있다. 각 店所의 이들 募軍은 匠人들과 더불어 당연히 채굴·제련·埋炭作業場에 분속되었을 것이고 분업에 기초한 협업 형태로 작업이 진행되었을 것이다

坏 穹隆如罴 中穿地 埋空陶缸 其采礦艸石 盛陶缸以松葉塞口 另就空陶缸
埋置上 以盛礦艸陶缸口相合 熾火煉之 待一周碁取出 則艸液流入下缸 侯
凝破缸取出 以色黃如蠟爲上 石艸如未盡化 復煉之"
196) 南九萬,《藥泉集》29 嶺南雜錄.
197) 蔡濟恭,《樊岩集》, 論扶安蝟島銀鑛設店便否啓.

제3절 軍需鑛業의 沒落

1. 鉛店의 戶曹專管收稅權 成立

(1) 端川貢銀店의 官·民竝採制 成立

가. 貢銀制의 成立

17세기에 번창했던 監官制下의 군수광업도 17세기 말에 접어들면서 쇠퇴해 갔고 그 대신 새로운 광산경영형태인 '別將'制下의 민수광업이 성장하기 시작하였다. 監官制에서 別將制로의 이행은 監官制가 지닌 제도적 모순을 극복하려는 광산종사자들의 끈질긴 노력과 정치적 변화에 따른 광업정책의 전환 등을 그 배경으로 하였다. 監官制가 지닌 모순들을 극복하려던 움직임은 鐵店이나 硫黃店보다 먼저 鉛店에서 일어났다. 鉛店은 곧 銀店이었고 銀은 당시 가장 상품가치가 높았던 광물이었다. 監官制下의 부역노동에 기초한 관영광업을 민영광업으로 전환하려던 광산종사자들의 노력은 조선 후기 최초 최대의 관영광업장이던 端川貢銀店에서 官民竝採制를 쟁취하면서 그 단서를 찾게 되었다.

조선 후기에 端川銀鑛이 재개된 것은 倭亂 중인 宣祖 26년(1593) 8월이었다.[198] 이 무렵 明의 遼東都司는 국내의 産銀地를 개발하여 군비에 충당할 목적으로 鑛長과 鑛夫들을 파견하여 전국 각지를 탐사하였다. 端川銀鑛만은 전쟁경비를 정부가 조달하기 위하여 明軍의 눈을 피해 개발하였고, 타지역의 産銀地는 그대로 방치하고 있었다.[199] 그

---

198) 《宣祖實錄》40, 宣祖 26년 8월 甲申. "備邊司啓日 … 方今國用蕩盡 用銀一事 最爲急切 端川所産 素稱品好今當弛禁 許令採取 收其當稅之物 亦爲官採 廣其上納之數 以爲國用 上從之"
199) 《宣祖實錄》41, 宣祖 26년 8월 甲申 ; 《宣祖實錄》48, 宣祖 27년 2월 癸丑.

러나 각처의 농민들은 솔선하여 明의 鑛長·鑛夫들에게 많은 뇌물을
써가면서 産銀地를 감추었기 때문에, 이미 알려져 있던 原州의 酒泉,
義州의 金剛山 등지의 産鉛地만을 재확인하게 하는 데 그쳤다.[200] 농
민들이 銀鑛 탐사를 방해한 이유가 밝혀진 것은 아니지만 우선 국내
의 銀鑛을 명나라에 빼앗기지 않겠다는 생각일 것이며 또한 銀鑛이
개발될 경우 부역노동에 혹사당할 것도 우려했기 때문일 것이다.

　端川銀鑛이 개발되기 직전까지 咸鏡道 일대의 농민들이 입은 전란
의 피해는 막심하였다. 咸鏡道는 加藤淸正의 군사에 의해 宣祖 25년
(1592) 6월 말부터 이듬해 2월까지 8개월 간 유린된 곳이었다. 농민들
의 대다수가 전란에 희생되거나 각처로 흩어져 갔고, 생존한 농민들
도 모두 생활의 터전을 잡지 못한 상태에 놓여 있었다. 따라서 정부는
端川銀鑛을 재개하면서 우선 농민들을 유치하고 국고 수입을 늘리기
위하여, 농민들에게도 私採를 허락하고 일정액을 수세하는 동시에 官
採를 병행하기로 하였다. 정부는 端川銀鑛의 재개를 결정하는 즉시
採銀官을 현지에 파견하여 官·民採를 동시에 관장하도록 하였고, 이
듬해 3월에는 민간인이 채굴한 銀도 국고에 유입하도록 하기 위한 방
안도 강구하였다. 곧 '收贖納官'할 때를 비롯하여 '納贖除官' '無面徵
納' 때에 모두 銀으로 代納하도록 한 것이다.[201]

　그런데 端川銀鑛의 官·民採가 진행되는 과정에서 몇가지 문제점이
생겼다. 첫째, 왜란 중에 端川邑의 民力만으로는 銀鑛의 대대적인 개
발이 불가능 했다는 점이다. 이때 端川邑民의 힘으로 재개된 銀脈은
정부가 전부터 封置하였던 舊鑛들로서 坑道가 너무 깊었다. 따라서
투입한 노동력에 비해 채굴량이 적었고 新鑛을 개발하기에는 인력이
부족하였던 것이다. 둘째, 비록 民採를 허가하였지만 銀의 생산이 부

---

200) 제3장 註 199) 참조.
201) 拙稿, 〈17世紀 端川貢銀考〉《藍史鄭在覺博士古稀記念東洋學論叢》, 1984,
　　 295쪽.

실한 상태여서 端川民은 생계에 위협을 받지 않을 수 없었고, 거기에
다 官採役에 동원될 뿐 아니라 田稅, 貢物, 軍役, 徭役 등 국가의 稅役
도 전혀 減免되지 않았던 것이다. 셋째, 銀鑛의 官·民採役을 총관하던
採銀官이 정부의 정식 관원이 아니었기 때문에 端川民을 통솔 감독할
만한 권위를 지니지 못했다는 점이다. 이상과 같은 이유로 동년 5월에
는 정부가 端川의 銀鑛役에 端川民 뿐만 아니라 吉州民을 투입하였고
兩邑民에게는 貢物 중 긴요한 것만 부담하게 하고 나머지를 減免하였
으며 端川郡守를 '差使員'에 임명하여 採銀官과 함께 작업을 지휘·감
독하도록 조처하였다.[202] 또한 정부는 端川民이 소장한 銀을 흡수할
목적으로 '納銀免役免賤'制를 실시하여 免役과 免賤을 원하는 사람이
備邊司에 訴狀을 올리고 銀 50兩을 납부하면 免役하고 70兩을 납부하
면 免賤하도록 '事目'을 제정하였다.[203] 端川銀鑛은 宣祖 27년(1594) 5
월의 조처로 端川郡守가 差使員이 되어 鑛役을 총관하고 採銀官이 현
장에서 지시·감독하는 가운데 端川民과 吉州民의 官採와 民採가 병행
되었다. 그리고 兩邑民에게는 역시 긴요한 공납물 외의 잡물세공을
減免하였다.

差使員 주관하의 端川銀鑛에서 官採銀과 民採收稅銀이 정부에 수
납되기 시작한 것은 宣祖 27년(1594) 10월부터였다. 이때 採銀官이 수
납한 것을 보면 銀 500餘兩과 鉛 600斤, 鉛丸 20,100箇였다.[204] 이듬해인
宣祖 28년(1595) 10월에도 銀 500兩을 工曹에 바쳤으며[205] 그 이듬해 10

---

202) 제3장 註 36) 참조.
203)《宣祖實錄》51, 宣祖 27년 5월 壬寅. "備邊司啓曰 … 且本邑之人 有願納銀
   子 欲爲免賤者 呈訴本司 納五十兩者免役 納七十兩者免賤 定爲事目事何
   如 答曰依啓 五十兩七十兩 似爲過重"
204)《宣祖實錄》56 宣祖 27년 10월 甲寅. "備邊司啓曰 端川採銀官金繼先 所採
   銀五百餘兩 鉛六百斤 鉛丸二萬一百餘箇 不無其勞 請令該曹除職何如 上
   從之."
205)《宣祖實錄》68 宣祖 28년 10월 丙午. "今聞咸鏡道所採銀子五百兩 來納于
   工曹"

월에도 '端川銀子'가 수납되고 있었다.[206] 곧 '差使員制'下의 端川銀鑛에서는 매년 10월에 500兩의 銀을 정부에 수납했다. 그리고 이 시기에는 端川銀鑛 외에도 靑山 報恩 간의 産銀地도 시굴되었는데 그 성과는 밝혀져 있지 않다.[207]

그러나 差使員制下의 端川銀鑛도 왜란이 종식되면서 폐쇄되었다. 宣祖 31년(1598) 말에 倭軍이 철수하고 동왕 33년(1600) 9월에는 서울에 잔류했던 明軍마저 철수하게 되자, 宣祖는 33년 4월에 '備忘記'로 端川銀鑛을 폐쇄하도록 명령한 것이다. 宣祖가 端川銀鑛을 폐쇄하게 된 이유는 두 가지였다. 하나는 官採制로 인한 폐단들이었다. 정부가 端川銀鑛의 채굴작업을 差使員에게 일임한 결과 銀의 수납이 제대로 이행되지 않았고 또 부역농민을 혹사하여 도망자가 속출하였다. 다른 하나는 民採制에서 발생한 폐단이었다. 서울과 지방의 각 상인들이 銀을 수매하기 위하여 端川으로 몰려들어, 사기와 협잡을 일삼을 뿐 아니라 관리들과 결탁하는 사례가 발생하였기 때문이다. 이 때문에 宣祖는 端川銀鑛을 封置하게 하고 官·民을 막론하고 정부의 허가 없이 채굴할 경우 私採한[208] 본인은 '全家徙邊'하고 당해 邑의 守令은 贓罪로 다스리며 監司는 罷職하도록 명령하였다.[209] 이 禁令으로 말미암아 宣祖 27년 5월부터 6년 간 실시되어 왔던 差使員制下의 官採와 民採가 모두 중지되었다.

---

206) 《宣祖實錄》81 宣祖 29년 10월 辛卯 ; 《宣祖實錄》82 宣祖 29년 11월 乙未.
207) 제3장 註 37) 참조.
208) 이때 戶曹에서는 私採를 民採로 오인하여 民採는 禁하지만 官採는 허가하는 줄 알았었다. (《宣祖實錄》127 宣祖 33년 7월 己巳)
209) 《宣祖實錄》124 宣祖 33년 4월 丁酉. "以備忘記 傳曰 端川銀鑛 自祖宗朝嚴禁 不許開採 其意深遠 亂後義理都喪 惟意是徇 有司乃敢爲聚利之計 令本官採銀 任其所爲 不復官其收採之數 其間之事 已爲區測本郡之民 因此採銀之役 受其侵毒 逃散相繼 中外牟利之徒 恣其姦騙 其弊有不可言 而或至訪及朝臣 尤爲痛憤 今後依前封閉 嚴禁私採 現露則本人全家徙邊 守令以贓罪論斷 監司罷職"

端川銀鑛이 封置됨으로써 官과 民이 다 함께 경제적인 타격을 받
게 되었다. 정부가 매년 정기적으로 수취해 오던 銀 500兩의 출처가
없어졌고 咸鏡監司와 端川郡守도 요긴했던 利源을 잃었으며 民採를
통하여 생계를 도모했던 銀鑛의 부역농민이나 銀을 수매했던 각처의
상인들까지도 타격을 받았다. 이처럼 端川銀鑛은 官民의 이해가 절실
했던 만큼 그 해결책 또한 다각도로 모색되지 않을 수 없었다. 宣祖가
端川銀鑛을 봉쇄하게 된 직접적인 이유는 물론 差使員制下의 官·民採
로 인한 각종의 폐단 때문이지만, 여기에서 유의해 둘 것은 宣祖 자신
이 은광개발을 기피했다는 점이다. 倭亂 중에 明이 鑛長과 鑛夫를 파
견한 사실이나 明將들이 銀鑛을 개발하려고 혈안이 된 모습들을 보면
서 宋代의 故事처럼 銀鑛으로 말미암아 敵國을 불러들일 위험마저 느
꼈던 것이다. 그 때문에 宣祖는 은광개발을 불안하게 여겼고 '立馬吳
山第一峰'[210]의 詩句를 예시하며 銀鑛開發을 규제하였다.[211] 이러한
그의 광업관이 端川銀鑛을 폐쇄한 또 하나의 이유였던 것이다.

따라서 宣祖를 설득하여 禁令을 철회하기 위해서는 우선 銀의 수
용문제가 절박함을 개진해야 하였고 동시에 差使員制의 폐단을 제거
할 수 있는 관리방법을 제시하지 않으면 안되었다. 이 때문에 이듬해
인 동왕 34년(1601) 2월에 咸鏡監司申磼은 사전에 前咸鏡監司이자 현
재 兵曹判書로 있는 尹承勳과 상의한 뒤 국방상의 이유를 내세워 端

---

210) 이 詩句는 金主 亮의 吳山詩 '萬里車書盡會同 江南豈有別疆封 提兵百萬
西湖上 立馬吳山第一峰'에서 引用한 것이다. 南宋의 명승지인 西湖가 金
主 亮의 南侵意慾을 유발시켰다는 점에서 宣祖는 銀鑛과 결부시켜 이를
警句로 여기고 있었다(《史要聚選》 2, 帝王下, 宋高宗條 참조).
211) 《增補文獻備考》160, 財用考 7 附金銀銅 (宣祖 35年條). "戶曹請採銀 上曰
煮海鑄山 欲以裕民足國 意則善矣 但利源一開 弊必影從 三秋桂子等閑詩
句 尙能起金虜立馬吳山之心 況我國處處銀鑛之設 流入敵國 則安知無流涎
投鞭之志乎 卽今中朝太監分據十三省 大開銀穴 利盡錙銖 若今我國銀山之
設 聞於中朝設官開礦如前朝行省之爲 則當此之時 不敢知何以處之乎 大槪
興一利不如除一害 生一事不知減一事 其物舉行"

川銀鑛을 '差官採銀'하도록 요청하였다. 곧 女眞의 위협에 대비할 砲
手의 양성과 더불어 화약을 명나라에서 수입하기 위해서는 端川銀鑛
의 재개가 절실함을 강조하였고 差使員制의 폐단을 막기 위해서는 정
부가 朝官을 差途하여 관장하도록 할 것을 제의하였다.[212] 이에 대해
宣祖는 가부간의 답변을 하지 않았지만 국방상의 문제로 端川銀鑛을
재개해야 할 필요성을 절감했을 것이고 또한 朝官의 파견이 差使員制
下의 폐단을 줄일 수 있는 하나의 관리 방안임도 유념했을 것이다. 그
런데다 이 무렵에는 宣祖 자신이 직접 부담을 느껴야 했던 銀의 수용
문제까지 발생하였다.

정부는 매년 冬至使行에 왕실에서 사용할 물품, 곧 尙方과 內局의
수용물화를 수입해 왔다. 宣祖 34년 7월에 司諫院에서는 尙方·內局의
貿役價 銀 600餘兩이 너무 많다고 지적하고 衣襨와 香藥 등의 수입을
중지하도록 누차에 걸쳐 요구하였으나, 宣祖는 전액 수입을 계속 고
집하였다. 그러나 宣祖는 결국 芙蓉香價 등을 적절히 삭감할 수 밖에
없었으며, 이러한 국가의 재정사정이 그로 하여금 銀鑛의 재개를 절
감케 하였을 것이다.[213] 그리고 이듬해인 宣祖 35년(1602) 2월의 기록

212) 《宣祖實錄》 134, 宣祖 34년 2월 癸巳. "上曰 見前監司乎 礑曰 昨夜往見 …
上曰 使邊將守令 不得泛濫 出去人刷還 藩胡撫恤等 予已言之 制胡非火器
難矣 北道砲手另加敎訓 礑曰 前日用百字筒 則胡馬辟易虜人震恐 威胡之
具 莫如放砲 敎訓之事 所當急先 李元翼於關西 專意敎鍊 一月之內 幾爲成
材 但火藥得之甚難 焰硝煮取 雖有朝廷命令 而其功役倍多 不如貿易於唐
人之便利也 北道有産銀之處 可使貿易 而此路一開 則恐有濫觴之弊 故禁
不爲之矣 尹承勳(前咸監)非不知直貿於上國 而送銀兩于備邊司者 慮有雜
言陋及其身也 備邊司迄不貿送 砲手何由得成材乎 … 自朝廷別樣處置 差官
採銀 自本道焰硝火藥多數貿來 以爲戰用之具 甚爲宜當 …"
213) 《宣祖實錄》 139, 宣祖 34년 7월 乙丑. "司諫院請減赴京貿役價銀 不許 諫院
啓曰 經變以後 國儲蕩竭 凡干經費 所當一切減省 而今次冬至使行次 尙方
內局貿役價銀 多至六百六十餘兩 衣襨香藥 雖係於上供當此財盡之日 正宜
菲薄自奉 以紓物力 請減數磨鍊 務從省約 答曰 尙方貿易 前例參酌磨鍊 不
可減 內局藥材 入於藥用 亦不可減"

에 의하면, 정부가 왜란 후 재정적인 여유를 갖지 못하여 事大와 國用
의 物貨를 市廛에서 차용하였고 그 負債銀이 엄청난 액수에 달하여 결
국 市廛商人들이 국왕에게 陳情書를 제출하였다.[214) 市廛商人들의 '上
言'은 국왕으로서도 그것의 처리를 회피할 수 없는 중대한 민원이었다.
이 문제는 특히 宣祖가 端川銀鑛의 재개를 결심하게 되는 직접적 요인
이 되었다. 결국 宣祖는 市廛商人들이 부담한 貿役價를 해당 관청이
오랫동안 갚지 못했기 때문에 端川銀鑛을 채굴하게 된 것이다.[215)

禁令을 내린 지 만 2년 만인 宣祖 35년 초에 '差官探銀'制下의 端川
銀鑛이 재개되었고 주로 端川에 이주한 他邑民들을 동원하여 그해 10
월까지 작업이 실시되었다. 곧 前代와 같은 '春秋官探'制가 적용된 것
이다. 그러나 10월에 채굴작업이 끝난 뒤 役丁들이 흩어져 버렸기 때
문에 동년 12월에 採銀敬差官으로 파견된 成均典籍金鼎一은 端川邑民
100명을 겨우 동원하여 다시 鑛役에 착수할 수 있었다. 金鼎一은 役丁
들을 "혹은 격려하고 혹은 징치하고 혹은 포상하는" 등 여러 방법으로
단속하고 신칙하였지만 舊穴 중 7개 銀穴은 이미 광맥이 단절된 상태
였다. 나머지도 土石이 쌓여 광맥을 찾을 수 없거나 坑道가 깊어 채굴
하기 어려운 상태여서 새로운 광맥을 찾아야 할 형편이었다.[216) 이 때
문에 金鼎一은 이듬해인 宣祖 36년(1603) 3월 초에 銀脈이 이미 단절된
상태임을 보고한 바 있었다.[217) 이때의 기록에는 나타나 있지 않지만

---

214)《宣祖實錄》146, 宣祖 35년 2월 丙子 ;《宣祖實錄》146, 宣祖 35년 2월 戊寅.
215)《宣祖實錄》166, 宣祖 36년 9월 己卯. "傳于政院日 … 惟市民之弊 革去無路
　　貿易之價 該司積年未償 端川銀子採取 爲因此事而設 厥後轉擬天使之用
　　已非當初設立本意 天使之來 姑無其期 設使出來 自當應之 不可遠待未來
　　之天使 靳而不償 以失怨恣之民心 其已採來銀子 斯遠分給市民 且常時頻
　　數准給其價 俾知國家之意 言于戶曹"
216)《宣祖實錄》160, 宣祖 36년 3월 乙亥. "咸鏡道採銀敬差官成均典籍金鼎一馳
　　啓日 … 舊穴七處 收採已盡 更無餘脈 或土石所積 未得其脈 或壙穴幽深
　　用力極難 土鐵之沙 亦升收斗合"
217)《宣祖實錄》160, 宣祖 36년 3월 丁卯.

당시에 징발된 役丁들에게는 民採가 허용되지 않았다. 오직 부역노동에 혹사될 뿐이어서 농민들은 혹 새 광맥이 발견될까 두려워 하며 목숨을 걸고 감추거나 숨기기까지 할 지경이었다. 이러한 부역 농민들의 불만을 해소하기 위한 金鼎一의 제의를 받은 정부는 즉시 役丁들의 공물을 면제하도록 조처하였으며 동시에 포상 규정도 마련하였다.[218] 곧 새 광맥을 찾은 뒤 3,000兩 이상을 채굴할 경우 발견한 자가 公·私賤일 경우 免賤하고, 軍役은 免役시킨 뒤에 6품 影職을 제수하고, 60세 이상인 자에게는 老職堂上을 제수하며, 5,000兩 이상을 채굴했을 때는 등급을 높여 포상하도록 규정하였다.[219]

이처럼 정부가 부역 농민들의 불만을 해소하기 위하여 貢物을 減免하거나 新鑛脈을 찾기 위하여 포상법을 제정하고 있었지만 '史臣'이 논평하기를 "免賤免役令을 백성들이 믿지 않은 지 오래다. 믿지 않는 일은 商鞅도 하지 못했는데 지금의 朝廷이 監司·守令과 더불어 이를 무릅쓰고 하는데도 나라가 보전되니 다행한 일이다. 대개 조정에서 사태가 다급하면 號令을 발하여 백성들을 유인했다가, 유인한 뒤에는 監司와 守令들이 고을에 員役이 없다는 핑계로 그들을 강제로 끌어다가 일을 시키니 백성들이 조정에 속아 온 것이 적다고 하겠는가"[220]라

218) 《宣祖實錄》160, 宣祖 36년 3月 乙亥. "戶曹啓曰 大抵北來之人 皆言本郡 以探銀之故 當他官所無之役 以此抵死隱諱銀脈也 本曹議諸大臣 凡貢物 勿論多少 率皆蠲免 移定他邑 毫無所侵 使得專力於探銀"

219) 《宣祖實錄》160, 宣祖 36년 3月 乙亥. "戶曹啓曰 … 明立約條 論以厚賞事 移文本道 一指示新穴後 採得三千兩以上者 當初指示人 公私賤則免賤 軍保則免役後 除授六品影職 庶孽則許通兩班(東方稱士族爲兩班)則除授東班 六品職 六十歲以上者 老職堂上 採得五千兩以上 加等論賞 備忘記 允庶孽 許通 金石之典 不可輕毀 且告以銀穴之故 授以東班之職 陞以頂玉之品 尤 不合理勿爲擧行"

220) 《宣祖實錄》160, 宣祖 36년 3月 乙亥. "史臣曰 免賤免役之令 不信於民久矣 失信之事 商鞅之所不爲 而今之朝廷與監司守令忍爲之 國之得保今日亦幸 矣 盖朝廷事急 發號誘民 旣誘之後 監司守令 托以邑無員役 勒令使喚 民之"

고 하였다. 결국 당시의 免賤免役令도 端川民들에게 크게 환영받지 못했을 것이 당연하다. 따라서 이보다는 부역농민 모두에게 실질적인 혜택이 돌아갈 수 있는 특전이 마련되어야 하였다. 이에 부역농민들의 요구를 수렴한 特進官鄭光績은 新鑛脈이 발견되지 않는 이유가 役丁들의 賦役이 번거로워 고통스럽기 때문이라고 하고 貢物과 동시에 烟戶雜役도 면제해야 한다고 주장하였다.[221] 이에 宣祖는 "깊이 생각하고 말이 없었다"고 한다. 하지만《萬機要覽》에 "선조 때 國用이 경갈하여 특별히 御使를 端川에 파견, 銀을 採取하게 되면서 本邑의 土貢과 民役을 면제하고 貢銀制를 적용하여 해마다 1,000兩씩 상납하도록 규정하였다."고 한 것으로 보아 宣祖 36년(1603) 3월에는 端川民의 土貢과 民役을 면제하고 貢銀制를 적용했음을 알 수 있다.[222] 곧 조선후기 17세기 전반기에 걸쳐 실시되었던 端川의 1,000兩 貢銀制는 이때에 제정된 것이다.

그런데 당시의 端川郡守였던 李安訥은 官衙의 한 건물에다 '不易心'이란 堂號를 써서 붙였는데 그 이유를 다음과 같이 서술하였다. "晉나라 吳隱之가 廣州勅使로 있을 때 管內에 있던 '貪泉'의 물을 마신 뒤 賦詩하기를 '古人은 말하기를 이 물을 한번 마시면 貪心이 생긴다 해서 시험 삼아 伯夷 叔齊에게 먹여 보았지만 끝내 마음을 바꾸지 않았다고 한다'고 한다. 저 廣州의 샘물도 능히 사람들로 하여금 마시면 탐심이 생기도록 하는데 항차 端川에는 연못에 구슬이 있고 산에는 玉이 있으며 馬場이 앞에 있고 銀鑛이 뒤에 있으니 이곳의 守令으로서는 청렴할 수 없는 것이 당연하다. 이 때문에 내가 隱之의 詩句중

受罔於國 爲不淺矣 可嘆可嘆"
221)《宣祖實錄》160, 宣祖 36년 3월 戊寅. "特進官鄭光績曰 太監果來 則須得銀三四千兩 方可支吾 而該曹所存 僅三四百兩 措置無術 曹亦束手 大臣亦無長算 因循而止 近見敬差官狀啓 亦只言銀脈已絶之患而已 且必採之者 賦役煩若而然也 須專減田戶雜役 然後方可得銀"
222)《萬機要覽》財用篇 4 金銀銅鉛.

'不易心' 3자를 따내어 衙軒에 붙였노라."[223]

이처럼 李安訥이 뒤에 올 守令들에게 경계심을 일깨우기 위하여 '不易心堂'이란 堂號까지 써 붙여야 할 만큼 端川에는 蔬德山·檢義德山·加先洞 등에 매장량이 풍부한 銀鑛들이 있었고, 그 밖에도 龍淵에서는 明珠가 생산되는 한편 梨洞에서는 靑玉 등 4색의 玉石이 채굴되었으며 豆彦臺坪에는 牧馬場이 있었다. 결국 端川에는 守令들의 貪心을 자아낼 만한 利源들이 많았던 셈이고 그 때문에 그로 인한 守令들의 착취가 계속되어 왔음을 입증하고 있었다.

나. 官·民竝採制의 成立

宣祖 36년(1603) 이후 端川銀鑛에서는 採銀敬差官의 주관하에 土貢과 雜役이 면제된 邑民들에 의하여 매년 1,000兩씩의 貢銀이 채납되고 있었다. 그러나 採銀敬差官 주관하의 貢銀制가 앞서 국왕이 지적한 폐단을 제거하기 위하여 채택된 것이기는 하지만 이 제도 또한 나름대로의 폐단을 지니고 있었다.

우선 종래의 差使員(端川郡守) 주관하의 여건과 비교할 때, 당시의 差使員 주관하에서는 官採와 동시에 民採를 허용함으로써 邑民들이 다소나마 소득을 갖게 되었고 500兩을 매년 채납하는 정도에 지나지 않았으나, 지금은 1,000兩이나 채납해야 하였다. 곧 民採를 금하고 採納量을 증가함으로써 端川民의 채굴 의욕을 저하시킨 것이다. 비록 정부가 端川民의 土貢과 雜役을 면제하여 採銀役에 전력하도록 조처하였지만, 그것이 부민들에게는 유리했겠지만 流寓民이나 貧農에게는

---

223) 《端川邑誌》衙舍條. "不易心堂(在衙舍墻內) 李東岳安訥銘并序 昔吳隱之 爲廣州刺使 有貪泉乃酌而飮之賦詩曰 古人云此水 一歃懷千金 試使夷齊飮 終當不易心 夫廣州之泉 能使人飮而貪 況端之爲郡 淵有珠而山有玉 馬場在前銀鑛在後 倅于玆者 其不能廉也宜矣 余逐拈出隱之詩不易心三字 扁諸衙軒"

어차피 큰 혜택이 될 수 없었다. 부농층은 대개 倭亂 이후 정부가 허다히 발행한 空名帖을 수매하여 면역되었거나 軍官職에 冒屬하여 採銀役을 기피했을 것이므로 採銀役은 역시 하층 농민들이 질 수밖에 없었다.[224]

　이러한 端川의 부역농민들에 관한 사정은 柳夢寅의 '安邊三十二策 贈咸鏡監司韓益之令公序'에서 잘 확인되고 있다. 곧 '端川銀鑛은 개발된 지 오래되어 坑道가 헤아릴 수 없이 깊고 銀工들은 횃불을 들고 험한 갱도를 따라 깊이 들어가는데 흔히 土石이 무너져 매몰되기도 하였고 통로가 험절하여 떨어져 죽기도 하는 등 들어갔다가 살아 나오지 못한 자가 수없이 많았다. 鑛役이 이처럼 고된데도 銀工들은 상응하는 代價를 받지 못하였고 官家에서는 役夫들을 징발하여 강제 사역하는 것이 농사를 방해하는 것보다도 심하여 役夫들이 이를 더욱 괴로워한다. 그리고 정부의 禁令은 가혹하여 私採者에게는 重刑을 내리므로 役夫들은 銀穴을 함정처럼 여겼기 때문에 端川銀鑛의 생산량은 많지만 그만큼 원성이 많아서 비록 端川銀鑛 같은 광산이 있어도 감추기에 급급하다[225]는 것이다. 柳夢寅의 이 글은 韓浚謙이 咸鏡監司로 재직 중이던 光海君 2년(1610) 9월에서 5년(1613) 5월 사이에 작성된 내용 중의 일부이다. 그는 宣祖 30년(1597)에 이미 咸鏡道의 巡撫御使로 나가 도내의 民情을 살핀 바 있어 差使員制下의 官·民採에 대한 실

224)《輿地圖書》咸鏡道, 端川條.
225) 柳夢寅,《默好稿》中, 安邊三十二策贈咸鏡監司韓益之令公序 浚謙 其七 博採銀. "我國多高山大嶽 觸地而産銀 唯北地最多 銀鑛非獨端川而已 往聞 甲山治之榜 惠山城之底 文川西谷 皆有鑛 昔人多見其驗 今則掩匿之 其他 大小鑛亦甚衆 皆悶而不著端川開鑛已千百年 穴深不可測 鑿之者 束火深入 攀絶崖窮幽泉 往往落土石而埋焉 綠絶嶮而墮焉 入而不出者 不可勝紀 其 役若此苦而荷鍤者不得其直 官家發軍勒役 甚於防秋 民尤苦之 又官禁甚峻 私採者有重刑 民視其穴猶穽陷 是以其利雖廣 而其怨亦多 雖有鑛如端川者 唯恐掩之不密"

태도 익히 알고 있었다. 따라서 그는 宣祖 39년(1606)에 楊州 등지의 銀鑛을 戸曹가 설점한 뒤 民採에 맡겼으나 수세가 과중하고 소득이 없게 되자 工匠은 태만하고 役人은 흩어져 버렸다는 사실을 들어 韓浚謙으로 하여금 端川과 더불어 甲山·惠山·文川 등지의 銀鑛을 民採에 맡기고 10년 후에 수세하는 방안을 실현시키도록 건의하였던 것이다.

宣祖 36년(1603)에 採銀敬差官 주관하의 貢銀制가 성립된 이후에 단천의 농민들이 갖게 된 불만은 정부가 民採를 엄금한 것과 貢銀의 채굴작업에 혹사당하는 것이었다. 그런데 採銀敬差官制는 宣祖 말 또는 光海君 초에 폐지된 듯하다. 그것은 光海君 7년(1615)부터 12년 (1620)까지 端川郡守로 재직한 李廷臣의 경우 "청렴하고 신중하여 邑民을 잘 다스릴 뿐 아니라 採銀役도 자세히 안다"[226]는 이유로 戸曹가 啓請하여 5년 동안 연임한 사실을 미루어 볼 때 그간에 이미 採銀敬差官制가 폐지되고 端川郡守의 주관하에 貢銀이 採納된 것이라 여겨지기 때문이다.

그런데 李廷臣은 貢銀役에 충실한 공로로 5년여를 재직하던 중 光海君 12년에 신병으로 사직하게 되고 그 후임 군수로 동년에 洪珹이 부임하고 이듬해 8월 端川邑에 민란이 발생하였다.[227] 민란의 동기로는 수령이 '貪暴', '貪虐'하다는 내용뿐이었고 자세한 전말을 찾아 볼 수 없지만 端川民亂의 간접적인 동기는 이미 貢銀制가 적용된 뒤부터

---

226) 《光海君日記》129, 光海君 10년 6월 己巳. "戸曹啓曰 以吏曹草記 端川郡守 李廷臣 令戸曹議處事下敎矣 李廷臣廉謹善治 又詳知採銀形止 可以便宜辦事 故仍任責成之意 前已啓請 而其病勢實爲深重與否 臣等未能的知 令該曹更爲詳覈處置 傳曰允 方有採銀之事 李廷臣仍任"

227) 《光海君日記》168, 光海君 13년 8월 乙未. "備邊司啓曰 北路去京極遠 軍民愁怨 守令貪殘 勢難容易得聞 今此端川之變 近古所未有之事也 爲其邑宰者 雖極貪暴 豈可肆然成群 隳突衙門至此哉 特未制刃於洪珹之腹耳 首謀兩三人 聚衆梟示 洪珹拿來嚴鞫 以正貪斂之罪 請令該曹極擇廉謹有名望出入臺侍之人差送 傳曰 允 近日士民作亂 非一非再 朝廷全不嚴明處置 故此變又起 今若不爲重治 後患難防 首唱人急急梟示 以正其律"

쌓여왔던 것으로 생각된다. 즉 貢銀制가 실시된 뒤 端川民에게는 民
採가 금지되고 官役이 혹독해지면서 불만이 쌓이기 시작한 데다 宣祖
40년(1607) 12월에는 端川郡守李受訓을 "형벌이 가혹할 뿐 아니라 殘民
을 착취하여 윗사람에게 아첨하는 일만 힘썼다"[228]는 죄목으로 司憲府
가 탄핵하여 파직될 정도였다. 앞의 李廷臣과 같은 경우에도 자신은
청렴하고 신중했을지 모르나 採銀役에 밝다는 이유로 재임되기까지
한 것은 무엇보다도 李廷臣이 그 동안 役民들을 철저히 사역하여 貢銀
을 제때에 충실하게 採納했음을 의미한다. 이처럼 邑民들이 李廷臣에
게 5년여에 걸쳐 혹사당한 직후에 부임하였던 洪珹이 탐폭한 행위를
자행하자 마침내 邑民들이 봉기한 듯하다. 端川民亂에 대한 정부의 처
리는 가혹하였다. 端川民이 관아로 몰려들었으나 守令을 상해한 것도
아니었는데 주모자들을 모두 효시하였고, 洪珹은 잡아다가 엄중히 국
문하기로 조처하였지만[229] 곧 義州의 別將으로 임명하였다.[230]

이처럼 端川의 貢銀制가 안고 있는 폐단은 종래보다 두배로 증가
된 貢銀의 채굴작업에 농민들이 혹사되었다는 사실과 더불어 役民들
에게 民採를 엄금함으로써 생계마저 위협한 데 있었다. 따라서 光海
君 13년(1621)에 민란까지 겪은 정부가 이러한 役民들의 이해를 무시
하고 계속 貢銀制만을 고집할 수는 없었을 것이다. 그런데다 이에 앞
서 光海君 9년(1617)에는 戶曹가 監官制下의 淸風銀鑛을 개발하였
고[231] 또 동왕 11년(1619)에는 衿川銀店을 개설하여 稅銀의 수입을 늘
려가고 있었다.[232] 이러한 여건들하에서 인조 3년(1625) 6월에 咸鏡監
司로 부임한 南以恭은 마침내 端川銀鑛의 부역농민들에게 私採를 허

---

228) 《宣祖實錄》 219, 宣祖 40년 12월 己巳. "端川郡守李受訓 非徒刑罰過酷 侵
責殘民 專務悅人 請命罷職"
229) 제3장 註 226) 참조.
230) 《仁祖實錄》 3, 元年 閏 10월 癸卯.
231) 《光海君日記》 111, 光海君 9년 正月 戊寅.
232) 《光海君日記》 139, 光海君 11년 4월 乙卯.

락하여 그들의 생계를 돕자고 요청하게 되었고, 인조도 이를 허락하
였던 것이다.[233]

이러한 端川銀鑛의 官·民竝採制는 광산 종사자들의 과감한 피역저
항과 정부의 수입 증대를 위한 욕구가 겹쳐 이룩될 수 있었다. 端川民
은 貢物과 雜役이 면제된 대가로 貢銀을 채납하면서 동시에 사적생산
을 도모하게 되어 과외 수입이 보장되었고[234] 戶曹로서는 民採를 허
용함으로써 役民들의 저항을 모면하고 동시에 貢銀 외의 稅收도 늘릴
수 있게 된 것이다. 어떻든 端川銀鑛과 같이 정부가 설치 운영하는 광
산에서 일정액의 稅銀을 납부하면서 사적 생산을 도모할 수 있게 된
것은 이후 軍營門 소관 監官制下의 鉛鑛業을 변질시키는 한 요인으로
되었다.

이리하여 端川銀鑛은 貢銀制와 함께 民採制도 적용되어 役民들은
貢銀을 채납한 뒤에는 私採를 도모할 수 있게 된 것이다. 그런데, 이
보다 앞서 인조 3년(1625) 2월에는 정부가 明使의 接待費에 쓸 銀을 급
히 마련하기 위하여 咸鏡道의 南漢山城 赴役僧軍 중 端川·利城·北靑·
洪原 등 4邑의 僧軍을 여기에 투입하였다.[235] 따라서 동년의 端川銀鑛

---

233) 《仁祖實錄》9, 3년 6월 辛卯. "上引見咸鏡監司南以恭曰 … 仍請端川銀鑛
    許民私採 以紓民力 … 上皆從之"
234) 柳夢寅, 《默好稿》中, 安邊三十二策贈咸鏡監司韓益之令公序 浚謙 其七
    博採銀. "然而端川之民 無不華衣美食 家有蓄儲 非他邑民之比 以其四方之
    貨歸之也 且聞之道路言曰者 朝家許令私採 楊州等地 亦開鑛程工 而官家
    收稅太重 所得不償其所費 故工匠怠而役人散焉 我國之事大抵然也 今若勿
    禁私採 限十年勿責其稅 則民皆樂赴 而開磺甚博 雖有顧劉冉之需索 將何
    憂焉 此孫子所謂 日費千金 十萬之師擧矣者也"
235) 《仁祖實錄》8, 仁祖 3년 2월 丁酉. "戶曹啓曰 銀之爲物 生於地而無窮 苟能
    設法採取 則其爲補用 豈淺淺哉 端川銀鑛産銀甚多 而所患無役軍也 頃者
    南漢山城赴役僧軍 咸鏡監司狀啓請減 備局只減吉州以北僧軍 而南道則不
    減矣 南北僧軍 盡爲赴役於端川 採取銀鑛 則雖未及于今番天使時所用 亦
    可爲貸用還償之資矣 請令備邊司議處 備局覆啓曰 南漢山城之役 停之則已
    如不得停 則猶恐役軍之不多 咸鏡南道恐難移用 但端川移城北靑洪原 距南

은 부역농민의 官·民採와 僧軍들의 부역노동에 의한 관채가 병행되고
있었다. 부역농민에게 私採가 허용됨으로써 채굴작업은 활기를 되찾
았고 종래 숨겨져 왔던 광맥도 개발되기 시작하였다. 새로운 광맥이
발견되고 채굴작업이 활기를 띠게 되자 정부는 보다 유리한 수취방법
을 강구하게 되었다. 곧 동왕 4년(1626) 9월에 戶曹判書金藎國은 '朝官'
을 파견하여 貢銀뿐만 아니라 더 많은 銀을 채납하도록 하는 방안을
건의하였다.[236) 이러한 採銀敬差官制는 모처럼 생기를 되찾게 된 부
역농민을 다시금 혹사하기 위한 제도였다. 따라서 정부는 이듬해 5월
까지 논의하였으나 결국 농민들의 피역저항을 우려하여 端川郡守가
貢銀額보다 많이 채납하도록 노력할 것을 권고하는 데 그치고 말았
다.[237) 이처럼 端川貢銀店의 증산논의가 분분한 때에 金堉은 전국의
産銀地에 民採를 허용하여 稅銀의 수입을 증대하도록 주장하였다.[238)
    이러한 정부의 採銀論議가 丁卯胡亂을 전후하여 심각해졌듯이 丙

　　漢道里遙遠無已則此四邑僧軍除城役用於採銀爲當　且吉州以上僧軍　曾己
　　蒙減於城役 其數雖少 可以補用於採銀之役 請以此事意移文于咸鏡監司 答
　　日依啓 已減僧軍 勿用於採銀之役可矣"

236)《承政院日記》15, 仁祖 4년 9월 20일. "金藎國啓日 國家財蓄虛竭 無以成形
　　前日天使 幸其淸簡 故僅得經過 前頭有應來之天使 而國用之乏 若此極可
　　慮 端川又得銀穴 若可採之 則可用於度支 而歲貢之外 不爲上送 或遣京差
　　採來何如 上日 若送京差 則必有貽弊之事 爲其守者 加採以送 則爲好而不
　　爲之矣 上日我國之人 皆挾而然矣 若非慮民之事 則不須避小嫌 隨便爲之
　　可也 近來世道日非 欲爲國事 而擔當者 則人皆嘲笑 故類如此矣"

237)《仁祖實錄》16, 仁祖 5년 5월 庚午. "戶曹判書金藎國 建請端川採銀事目 生
　　財之道 必以無害於民者爲之乃可矣 採銀一事少無害於民 非若魚鹽與民爭
　　利之比 國內採銀之地 莫如端川 而本郡守令 年例封進之外 雖有餘數 不敢
　　上送者 嫌其或因此蒙賞故也 採銀時 當有差官 而如不得人 則莫若使守土
　　之人 專管責效 無循舊套 無避少嫌 以補國用宜當 上從之"

238) 金堉,《潛谷先生遺稿》3, 疏箚 論兩西事宜疏 丁卯 6월. "我國物産不多 不
　　通諸國之貨 只用米布 更無遊行之貨 公私俱乏者 誠以此也 頃者欲用銅錢
　　而因亂中止 誠可惜也 國中諸山 銀穴甚多 若許民採用 而官收其稅 則不費
　　民力 公用自足矣"

子胡亂 직후에는 淸에 대한 貢銀 1,000兩까지 새로 부과되어 銀의 필
요성은 더욱 절실해졌다.[239] 인조 16년(1638) 5월에 정부는 木綿 5,000
여 匹로 端川의 民採銀을 구입했는가 하면,[240] 10월에는 戶曹로 하여
금 서울 근처 産銀地들의 개발계획을 마련하도록 하고 있었다. 이때
의 은광개발이 얼마만큼 성공을 거두었는지는 확인할 수 없으나, 인
조 27년(1649)에 戶曹가 靑松銀鑛을 채굴하고 있었고,[241] 효종 2년(1651)
7월에는 坡州銀鑛을 試採한 적이 있었다.[242]

(2) 別將制의 成立과 鉛店의 銀店化

戶曹에서는 왜란 후 端川貢銀店 외에도 각처의 産銀地를 개발하고
官採制를 주로 적용해 왔지만 때로는 民採制도 시도해 보았다. 宣祖
28년(1595)의 靑山·報恩 간의 産銀地와 光海君 9년(1617)의 淸風, 光海君
11년의 衿川 그리고 인조 16년(1638)의 서울 근교 産銀地 및 인조 27년
의 靑松과 효종 2년(1651)의 坡州 銀鑛의 개발은 모두 전자에 속한다.
宣祖 29년(1596)의 楊州 등지 産銀地의 民採制 적용과 광해군 초 柳夢
寅의 甲山, 惠山, 文川 등지의 民採案이나 인조 5년(1627) 金堉의 民採
議는 모두 후자에 속한다. 이처럼 戶曹가 실시했거나 시도했던 官採制
나 民採制가 端川 이외에는 그 어느 곳도 크게 성공하지 못하였다. 官
採의 경우는 정부의 재정적인 손실이 큰 데다 농민들에게 稅役 부담이

---

239) 《增補文獻備考》160, 財用考 7 附金銀銅, 孝宗 2年條. "皇曆賫咨官歲貢中
　　天銀一千兩蠲減", 同上條 孝宗 4년. "歲幣中天銀一千兩又令永減"
240) 《仁祖實錄》36, 仁祖 16년 5월 壬午. "戶曹曰 近日銀價翔貴 以木綿五千餘
　　匹 入送于咸鏡道 從市直換貿 則其視京市之貿 所獲倍徙 而木綿流布於北
　　路 則亦爲救荒之一助也 從之"
241) 《仁祖實錄》50, 仁祖 27년 正月 甲子. "戶曹啓曰 慶尙道靑松地有銀穴 請採
　　取以補勅行之用 上從之"
242) 《孝宗實錄》7, 孝宗 2년 7월 乙酉. "坡州居前司評李源 以本州有銀穴 上疏
　　請試探之 朝廷令本州發卒掘取 議者皆言穴犯長陵山脈 …"

가중되었으며[243) 民探制의 경우는 정부의 收税가 과중한 탓도 있었지만[244) 특히 민간 자본이 성숙하지 못한 단계였기 때문이다.[245)

결국 戶曹가 銀鑛 개발에 성공할 수 있는 방법은 정부의 재력과 민간의 기술 및 노동력이 결합되는 형태밖에 없었다. 이러한 형태의 경영방식에 일종의 선례가 되었던 것이 端川貢銀店이라고 할 수 있다. 戶曹가 端川民에게 貢納과 雜役을 모두 면제하고 그 대가로 貢銀을 수취한 제도 자체는 정부의 엄청난 재력을 소모할 수밖에 없었지만 端川民에게 私採를 허용하고 税銀을 수취하면서부터는 재력의 소모 없이 수익을 증대시킬 수가 있었다. 따라서 戶曹에서는 재정의 과다한 소모를 줄이는 한편 '私力'으로 광산 개발이 불가능한 광산 종사자들을 유치하기 위해서는 官設店·民經營의 設店收税制를 지향할 수 밖에 없었다.

'設店收税'란 용어는 사료상에 처음부터 한 개의 단어로 쓰였던 것은 아니지만, 정부가 당시 鉛·銀産地를 '設店'한 뒤 '收税'한 수취제도를 한마디로 표현할 수 있는 포괄적인 용어였기 때문에 점차 관용하게 되었다. 효종 2년(1651)의 設店收税法은 戶曹가 採銀官을 産銀地에 파견하여 설점한 뒤 民採에 맡기고 採銀官으로 하여금 수세하게 한다

---

243) 《宣祖實錄》 55, 宣祖 27년 9월 乙未. "備邊司啓曰 … 今之議者 或以爲採銀貿穀 或以爲出布貿粟云 蓋銀雖我國所産 而産出不多 用力多而所得少 …" 《承政院日記》 120, 孝宗 2년 8월 11일. "我國物力不足 徭役甚重 每以國力採之 則亦多勞費矣"

244) 柳夢寅, 《默好稿》 中, 安邊三十二策贈咸鏡監司韓益之令公序 浚謙 其七 博採銀. "且聞之道路言曰者 朝家許令私採 陽州等地 亦開鑛程工 而官家收税太重 所得不償其所費 故工匠怠而役人散焉"

245) 《備邊司謄錄》 5, 仁祖 16년 10월 27일. "啓曰 我國前頭用銀 將不知其限量 而近日國中所有之銀 盡歸瀋陽 未有轉換出來之事 無他輕貨可以補用 誠極可慮 曾有産銀處 勿禁私採之令 而私力有難採取 自官家所當廣開其路 以補國用 聞近京之地 已得産銀處所 非止一二云 今宜大擧採取 俾有實效着 令該曹 另爲規劃之擧行何如 答曰 依啓"

는 내용이다. 그런데 당시의 기록을 간추려 보면 첫째, 정부의 재정이 궁핍하고 농민들의 부역도 과중한 상황에서 언제나 국력으로 채굴하려 하니 노력과 재력의 소비가 많으며, 둘째, 정부가 재력을 소비하지 않고 세입을 늘리기 위해서는 坡州의 産銀地만 官探하기로 하고 交河·谷山·春山·公山 등지는 民探를 허용하여 收稅하자는 것이며, 셋째, 그렇게 하면 자연 富商大賈들 가운데서 즐겨 참여할 자들이 있을 것이라는 내용이었다. 그러나 효종 2년의 기록에 나타나는 이 設店收稅制는 뒤에 상술하겠지만 숙종 13년(1687) 이후에 관행된 '別將'制下의 設店收稅制와는 성격이 전혀 다르기 때문에 이를 '探銀官制下의 設店收稅制'라고 지칭하겠다.

探銀官制下의 設店收稅制에서 探銀官의 성격과 設店 절차 및 관리 형태를 살펴보면 探銀官은 은광을 시굴할 수 있는 광산기술자로서 戶曹가 은광개발 업무를 맡기기 위하여 임시로 채용한 자들이었고 그의 채광 실적에 따라 '軍職付祿'되는 것이 최상의 특전이었다. 그리고 戶曹에서는 探銀官을 먼저 産銀地에 파견하여 '得穴開鑿' '往察開穴'이라 표현한 시굴작업을 실시하여 銀脈이 풍부하고 銀의 品質이 양호한가를 조사하도록 하였으며 探銀官이 시굴해 본 결과가 좋을 때 비로소 '募民許給'하였다. 募民許給은 곧 광산의 채굴을 원하는 자에게 私採를 허가한다는 뜻이다. 探銀業者들은 前代의 '民採納稅'制와 같이 정액의 稅銀을 바치도록 되었고 세액은 적절히 책정한다고 하였으며 探銀官들은 그들로부터 稅銀을 받아 戶曹에 수납하는 것이었다.

그런데 探銀官制에 의한 設店收稅制의 특징은 戶曹가 探銀官을 파견하여 시굴 작업만 담당할 뿐 店所를 설치하는 등의 제반 설비를 갖추는 데 필요한 자금조달은 富商大賈들의 참여를 기대하고 있었다. 또한 銀匠이나 銀軍들의 稅役을 경감하는 등의 특전도 전혀 고려하지 않고 있었다. 이와 같이 민간자본이 미약한 단계에서 또한 광산 종사자들에 대한 면역의 특전도 주어지지 않는 상태에서 鑛山開發이 성공

하기는 어려웠다. 따라서 효종 2년(1651)부터 別將制下의 設店收稅制
가 성립하는 숙종 13년(1687) 경까지 37년 간 戶曹의 銀鑛 개발에 관한
기사는 거의 찾아보기 힘들다. 오직 전술한 坡州의 官採銀店외에 交
河·春山·公山·谷山만은《萬機要覽》財用篇 戶曹收稅銀店條에 실려 있
었는데 交河 등지가 효종 2년에 반포한 採銀官制下의 設店收稅店으로
개발되었는지는 의문이다. 현종 4년(1663) 3월의 "우리나라는 銀貨가
산출되지 않고 端川에서 매년 1,000兩을 貢納하고 있을 뿐이다"[246]라
는 기록이나 "우리나라는 端川歲貢이 1,000兩에 불과하고 이외에도 비
록 産銀地가 있기는 하나 보잘 것 없다."[247]라는 기록과 동년 9월에 戶
曹가 "本曹의 稅入 중에는 원래 銀貨가 없고 다만 端川·大邱 등의 兩
邑에 약간의 歲貢銀이 있을 뿐이다[248]라는 기록들을 통해서 볼 때 그
간 戶曹에서는 端川 貢銀店 외에도 坡州·交河·春山·公山·谷山의 産銀
地를 개발하고 大邱銀鑛도 개발했던 것으로 여겨진다. 그러나 大邱銀
鑛에 貢銀制를 적용한 사실에 비추어 볼 때 交河 등지에도 設店收稅
制보다는 貢銀制를 적용했을 가능성이 크다고 하겠다. 그러나 전술한
바와 같이 이 기간에도 軍營門의 鉛鑛開發은 활발하게 전개되었다.
그것은 戶曹가 採銀官制에 의한 設店收稅를 도모하였지만 당시만 해
도 민간자본이 전반적으로 미약한 데다가 일부 서울의 富商大賈들은
거래가 확실하고 차익이 컸던 淸·日과의 무역에 더 집착하고 있었기
때문이다. 그리고 設店收稅制下의 광산종사자들에게는 稅役의 특전
이 마련되어 있지 않았지만 軍營門 소관 광산의 종사자들은 軍役과

---

246)《顯宗改修實錄》8, 顯宗 4년 3월 乙亥. "(鄭)致和曰 我國不産銀貨 只端川
　　歲貢千兩 不足爲國中行用 不可使流入於他國 近來紀綱解弛 冒禁者多 請
　　於今後使行 一切嚴禁 從之"

247)《備邊司謄錄》23, 顯宗 4년 3월 8일. "戶曹判書 鄭致和所答 … 我國則端川
　　歲貢 不過千兩 此外雖有所産之處 而亦甚零星"

248)《承政院日記》180, 顯宗 4년 9월 13일. "戶曹判書鄭致和所啓 本曹稅入 元
　　無銀貨 只端川及大邱兩邑 有若干歲貢之銀"

雜役이 면제되었으며, 또 端川貢銀店의 부역농민들이 쟁취한 官·民並
探制의 영향을 받아 점차 鉛鐵을 採納함과 동시에 사사로이 銀을 제
련하여 소득을 얻고 있었기 때문에[249] 戶曹의 銀鑛開發은 부진하고
반대로 軍營門의 鉛鑛開發이 활발해진 것이다.

　이처럼 戶曹의 採銀官制에 의한 設店收稅制가 실패하고 貢納制에
의존하는 동안 전국의 鉛·銀産地는 거의 軍營門에 흡수되고 말았다.
따라서 국가의 재정 특히 외교 무역자금 조달에 부심하였던 戶曹로서
는 銀鑛政策을 근본적으로 재검토하지 않을 수 없었다. 우선 그간에
戶曹에서 취해 왔던 貢納制부터가 부역농민들의 강한 피역저항을 받
게 되었다. 한 例로 端川은 인조 3년(1625)의 官·民並採制의 적용으로
활기를 되찾았지만, 효종3년(1652)에 忠淸道, 효종 8년(1657)에 全羅道
의 연해읍에, 그리고 현종 3년(1662) 全羅道의 山郡에, 숙종 3년(1677)
慶尙道에 각각 大同法이 적용되고 각 읍의 貢物이 大同米로 환산되는
과정에서 端川民들은 自邑의 貢銀額이 과다하게 책정된 사실을 확인
할 수 있었다.[250] 이는 端川民들의 생산 의욕을 떨어뜨리고 태업을 조
장하는 결과를 초래하게 마련이었다. 효종 연간 貢銀의 미납분은 무
려 4,000餘兩에 달하였고, 현종 원년(1660)에는 이를 모두 탕감할 수밖
에 없었다.[251] 端川民에게 貢銀 1,000兩은 가혹한 착취로 인식되었고,

---

249) 南九萬, 《藥泉集》 4, 疏箚, 五十度呈辭後乞免兼論探銀事箚, 肅宗 13년 3월
　　15일. "此其勢又與前日各軍門 專於取鉛 略於取銀者 有不同矣"
　　《承政院日記》 347, 肅宗 18년 3월 5일. "各軍門鉛店 則只納稅鉛 而不爲納
　　銀"
250) 《增補文獻備考》 160, 財用考 7 附金銀銅 (顯宗 5년). "咸鏡監司閔鼎重狀曰
　　… 八路諸邑貢物 或以土産 或以轉貿上納 無有直千金者 端川獨納千兩 在
　　地部經用 元無所賴 在本府能破民家産 輕重自別 採銀易多之時 則多取之
　　不爲虐民 探銀艱少之時 則少取之 未是撓法 量宜減數 以解民冤 似合事理
　　於是命減四百兩 肅宗壬午又減一百兩"
251) 《顯宗改修實錄》 2, 顯宗 元年 正月 壬戌. "內醫都提調李景奭因入診陳達 …
　　又曰 北路貢賦 未蒙大蠲減 但聞端川銀穴已窮 未收之銀 多至四千餘兩 減

상당량을 경감하지 않는 한 貢銀制 자체의 유지가 어렵게 되었다. 그
러나 이후에도 咸鏡監司는 富貴한 品官 9명을 뽑아 '監官'에 差定하고
店役을 감독하게 하였고, 한 사람의 監官이 40일 간씩 監役하여 110兩
을, 年間 總 1,000兩을 貢納하게 하였으며, 만약 監官이 監役日數 내에
정액을 採納하지 못했을 때에는 自費로 채워 바치도록 강요하였다.
따라서 監官들 중에는 파산하는 자가 없지 않았고 부역농민에 대한
혹사도 가중되었다. 따라서 부역농민들의 피역저항이 날로 심각해졌
으므로 현종 5년(1664)에는 咸鏡監司의 요청에 의하여 400兩을 삭감하
였던 것이다.[252] 이처럼 戶曹의 需用銀 조달에 큰 몫을 차지했던 端川
貢銀이 감소된 데 반하여 청나라와의 외교무역에 필요한 銀의 액수는
증가하고 있었다. 淸使接待費는 일정하지 않았으나 대개 한 번의 接
待費가 5,000餘兩이었으며 尙衣院·內醫院 등의 公貿役價도 17세기 후
반기에는 5,000餘兩으로 증가한 실정이었다. 결국 戶曹는 淸使接待費
와 公貿役價만도 해마다 최소한 10,000餘兩을 지출해야 할 형편이었
다.[253] 이러한 사정은 戶曹로 하여금 국내 銀鑛政策의 새로운 변혁을
모색하도록 압박하였는데, 숙종 10년(1685)을 전후한 시기의 국내외 여
건은 戶曹의 광업정책 전환에 유리한 계기를 조성하고 있었다.

첫째, 효종의 북벌 정책과 그것을 실현하기 위한 군사 정책은 계속
국정상의 가장 중요한 위치를 점해 왔다. 그러나 숙종 7년(1681)에 淸
이 三番의 亂을 평정하고 국력이 신장되자 국내의 北伐論은 한갓 政
爭의 名分論으로 전락되었고, 군사력의 증강문제도 설득력을 잃어 갔
다. 이에 따라 정부가 軍營門의 군비를 확충하는 데 치중했던 관심이
淸·日 과의 무역을 장려하거나 화폐를 발행유통하는 등의 경제정책으

者只是一千兩云 三千兩將何以軸出乎 上曰 四千兩盡數蕩滌可也"
252) 제3장 註 150) 및 250) 참조.
253)《宣祖實錄》139 宣祖 34년 7월 己丑 ;《備邊司謄錄》44 肅宗 16년 正月 17
일 ;《備邊司謄錄》101 英祖 13년 2월 28일.

로 전환되고 있었다.[254] 정부의 이러한 정책적인 변화에 따라 軍營門의 비중은 약화되고 戶曹를 비롯한 常平廳·賑恤廳 및 工曹 등 재무아문과 공무아문의 비중이 커지고 있었다.

둘째, 정부의 관심이 군사정책에서 경제정책으로 전환되던 시기에는 軍營門의 鉛店에도 端川貢銀店과 유사한 官民並採制인 일종의 分益制가 적용되고 있었다. 軍營門 소관 鉛店의 鉛軍들이 貢物 대신 貢鉛을 採納한 것은 아니지만 端川貢銀店의 부역농민과 마찬가지로 매년 일정량의 鉛鐵을 채납해 왔다. 그러나 이들 鉛店의 鉛軍들도 정량의 鉛을 채납하는 틈을 타서 銀을 생산했던 것이며, 한편 軍營門도 鉛丸의 조달이 원활한 상태에서 稅銀을 탐내지 않았을 리 없다.[255] 결국 17세기 말경에는 軍營門 소관 鉛店의 鉛·銀生産이 일반화하였고, 鉛店과 銀店의 구분이 모호해졌다.

셋째, 軍營門의 監官制下에 鉛鑛開發이 전국에 확산되고 鉛店의 鉛·銀生産이 활발해지자 특히 서울의 富商大賈들이 여기에 눈독을 들이기 시작하였다. 서울에서 鳥銃·火藥·鉛丸 등의 무기생산산업에 종사하던 富商大賈들은 당시의 貢市人들이 그랬던 것처럼 常平廳과 결탁하여 숙종 11년(1685)에는 三南月課鉛丸契를 조직하고 軍門으로부터 三南月課鉛丸의 防納權을 奪取하였던 것이다.[256] 三南月課鉛丸의 防

254) 拙稿,〈朝鮮後期 鑛業政策論〉《韓國思想大系》2 (社會經濟思想篇), 成均館大學校 大東文化研究院, 1976, 593~594쪽.
255) 南九萬,《藥泉集》4, 疏箚, 五十度呈辭後乞免兼論採銀事箚, 肅宗 13년 3월 15일. "臣則此以爲戶曹之所得 必不副其所望 何以知其然也 端川一邑 盡除其貢物之價 以爲採銀募民之資 而其爲歲貢自一千而減六百 自六百而減四百 反不及於所除貫物之價 今此諸道廣設之銀店 則必不可皆除邑貢如端川 然 然則被募民之處處千百爲群者 凡其父母妻子之所衣食 必先以所採銀鉛爲資私 其爲別將者 升斗稍廩之外 凡所以爲私利者 亦必以所採銀鉛爲資 然則其餘之入戶曹 果將幾何耶 此其勢又與前日各軍門專於取鉛略於取銀者 有不同矣"
256) 拙稿,〈朝鮮後期貢人에 관한 研究 (上)〉《歷史學報》71, 1975, 22~23쪽.

納權을 상실한 軍門들은 鉛丸의 제조에 필요한 鉛鐵의 수요량이 격감
하였고 더 이상 수 개 내지 수십 개소의 鉛店들을 확보할 명분이 없어
졌다. 이제 軍門들은 종래와 같이 많은 양의 鉛을 수취할 필요가 없어
지자 鉛軍들에게 銀의 생산을 늘리도록 하고 더 많은 稅銀을 수취하
려 하였다. 軍門도 銀의 필요성이 절실하였지만 전술한 것처럼 戶曹
는 정부의 외교 무역에 소요되는 銀貨의 조달문제로 곤경에 처해 있
었다.[257] 따라서 이러한 사정들을 익히 아는 서울의 富商大賈들은 鉛
丸契人과 마찬가지로 戶曹와 결탁하여 軍門의 鉛店을 흡수하고 稅銀
의 수세청부권을 도모했을 것이다.[258]

곧 淸使接待費와 公貿役價 등 銀의 수용 문제가 심각했을 때에는
이미 정부의 관심도 재정 문제로 기울어진 시기였으며, 軍營門 소관
鉛店의 내부에서는 官民並採制가 진행되고 있었던 것이다. 내외의 사
정에 밝은 서울의 富商大賈들은 한편으로는 常平廳과 결탁하여 軍門
의 三南月課鉛丸의 防納權을 奪取하는가 하면 한편으로는 戶曹와 결
탁하여 軍營門 소관 鉛店을 戶曹에 이속시키고 銀店의 수세청부권을
획득하려 한 것이다.

그러나 서울의 富商大賈들이 戶曹와 결탁하여 銀店의 別將으로 진
출하기까지는 많은 노력과 시간이 소요되고 있었다. 戶曹에 의한 軍
營門 소관 鉛店의 흡수계획은 두 단계를 거친 뒤에야 실현된다. 그 1

---

257) 《承政院日記》339, 肅宗 16년 正月 15일. "戶曹判書吳始復所啓 外方各邑
產銀之處頗多 而募入人等 率是無賴之輩 採掘吹鍊之際 不無弊端 故本曹
曾不句管者 慮其貽害於民間矣 近來各衙門分送監官於各道列邑收稅銀鉛
已成規例 採銀之擧 旣不得禁抑 則自地部句管收稅 事理當然 而況近以勅
需之難繼 至於貿銀 各處銀店之稅 一如軍門收捧 則一年之內 一勅所用 不
費物力 而可以坐得 自今以後 依盈德例 諸道產銀處 本曹句管收稅何如 上
曰 自戶曹收稅宜矣"
258) 南九萬, 《藥泉集》4, 疏箚, 五十度呈辭後乞免兼論採銀事疏. "臣且聞今此承
差別將者一人 乃是關西之賤隷 曾爲許積家馹僧 罪惡實多 庚申更化之初
自法司刑訊而將殺者也"

차 단계는 숙종 13년(1687) 1월에 戶曹가 盈德鉛店을 흡수대상으로 설
정하면서부터이다. 여기에는 나름대로의 이유가 있었다. 盈德鉛店은
숙종 9년(1683)을 전후한 시기에 개발된 곳으로 당시 그곳에는 서울의
軍門들과 慶尙監營이 각각 監官을 파견하여 鉛·銀을 채굴, 수세하고
있었다. 軍營門의 監官과 鉛軍들이 한 곳에 모여들었기 때문에 鉛軍
數도 엄청났으며 불상사도 빈발하였다. 이러한 盈德鉛店의 사태에 대
해 당시의 慶尙監司였던 徐文重이 그의 재임 중(숙종 9년 9월~10년 7
월)에 狀啓를 올려 시정을 촉구했던 것이다.

   徐文重의 해묵은 狀啓를 빌미로 삼아 盈德鉛店을 戶曹에 移屬하기
위해 추진한 사람은 戶曹判書柳尙運이었다. 柳尙運은 숙종 11년(1685)
에 잠시 戶曹判書를 지낸 바 있는데 다시 이듬해 10월부터 동왕 13년
정월까지 재직하였다. 柳尙運은 동왕 12년(1686) 10월, 戶曹判書에 임
명된 뒤에 이에 대한 계획을 구상한 듯하다. 그가 구상한 대안은 첫
째, 盈德鉛店의 폐단을 줄이기 위해 각 軍門과 慶尙監營 소속監官과
鉛軍들을 모두 혁파하고 戶曹의 監官(=別將)과 銀軍만으로 채굴하게
해야 하며, 둘째, 戶曹의 監官(別將)이 銀과 鉛을 함께 수세하되 銀은
戶曹에서 갖고 鉛은 軍營門에 分送하여 피차간에 손해가 없도록 한다
는 데 초점을 맞춘 듯하다. 柳尙運은 이러한 대안을 가지고 당시의
領·左·右議政이던 金壽恒·南九萬·鄭載嵩과 상의하였는데 金壽恒과 鄭
載嵩은 찬성하였고 南九萬은 반대하는 입장이었다.[259] 그러나 숙종 13
년 정월 2일에 領議政金壽恒이 御前에서 前慶尙監司徐文重의 狀啓에
나타난 盈德鉛店의 폐단을 간추려 보고한 뒤 그 대책으로써 銀의 수

---

259)《承政院日記》320, 肅宗 13년 3월 13일. "李敏敍曰 盈德成川別將啓下之後
　　得見左議政南九萬 則以爲後弊可慮 不可不送 大臣之言如此 雖已啓下之事
　　而更欲稟定於榻前 問于入侍大臣何如 金壽恒曰 南九萬之意 本來如此矣
　　柳尙運 以探銀補用事言之 臣與鄭載嵩 則以爲便宜 九萬則大以爲不然矣
　　小臣所見 則似無大段貽弊之事 而若令本官 專管此事 則不如不爲耳 上曰
　　此事才已定奪 仍爲下送可也 敏敍曰 嚴飭別將 使不得貽弊於民間宜矣"

용이 절실한 戶曹가 監官(別將)을 파견하여 專管收稅하게 하고 銀은 戶曹에, 鉛은 각 軍營門에 분납하도록 할 것을 청하였으며 곧 왕의 허락을 받았다.[260] 柳尙運은 결국 軍營門 소관하의 盈德鉛店을 奪取, 專管收稅하는 이른바 '盈德銀店例'를 창출함으로써 軍營門의 鉛店을 흡수하는 첫 단계의 추진 계획을 완수한 셈이었다.

다음 단계는 전국의 軍營門 소관 鉛店을 戶曹에 이속하여 專管收稅할 계획이었다. 그러나 동년 1월 15일에 李敏敍가 戶曹判書에 임명되고, 柳尙運은 2월 13일 工曹判書로 체직되었으므로 專管收稅權의 문제 또한 李敏敍에 의해 제기될 수밖에 없었다. 李敏敍는 軍營門의 鉛店을 모두 戶曹에 이속하고 또 전국의 産銀地를 모두 개발하여 국내에서 생산된 銀만으로도 戶曹의 需用銀을 충당할 수 있도록 하자고 주장하였으며[261] 동시에 戶曹가 軍營門 소관 鉛店을 흡수한 뒤의 새로운 專管收稅制에 관한 방안도 제시하였다. 곧 戶曹에서 別將 2명을 차출하여 당시 鉛店이 집중 설치된 慶尙道와 平安道에 파견한 뒤, 각 鉛店의 監官들을 모두 혁파하고 그 대신 別將이 이를 총관하도록 하되 銀과 鉛을 戶曹에 수납하면 銀은 戶曹에 남기고 鉛은 軍營門에 분

260) 《備邊司謄錄》41, 肅宗 13년 正月 2일. "領議政(金壽恒)曰 其一 卽盈德縣銀店濫雜之弊也 其所謂銀店 卽採銀之處 而京中各衙門 與本道監營 差遣監官採取鉛鐵 故遊手無賴之輩 避役投入 其數日滋 布滿山谷 至於掠人妻子偸竊財物 當此年年連凶之時 或不無意外之患 故如是言之 此亦不無所慮 而臣意則鉛鐵所在之處 必産銀 卽今戶曹方患銀貨之難繼 今戶曹所管銀店 別擇幹事之人 差送監官採取 銀則納於戶曹 鉛則計其歲取之數 分送於各衙門 則濫雜之弊 必不如各處差官群聚之時 似合事宜 而戶曹判書柳尙運 近因身病 久未供職 待其出仕 商議稟處何如 上曰 令戶曹句管 依此爲之似爲便 待戶判出仕 商議稟處可也"

261) 《備邊司謄錄》52, 肅宗 28년 2월 13일. "知事金構所啓又所啓 … 故判書臣李敏敍以是慨然 欲令國內銀店盡屬戶曹 其他未及設店之處 亦爲尋覓設店 廣加吹鍊 令國內銀貨通行 不復仰賴於他國 此平日素志 故陳達於榻前 必欲施行 非如今日一二銀店 較爭於彼此與奪之間者也 其時相臣南九萬 終以爲重難 旣相於外 又復論稟於榻前 未得歸一 事竟不行"

송하도록 할 것과, 別將에게는 印信을 鑄給하고 각 읍에 關文을 발송
하여 使令·書員·通引·飯婢·奴子 등을 定級하도록 할 것도 요청하였
다. 이 건의안은 곧 왕의 허락을 받았고 別將 2명도 啓下되었다.[262] 왕
의 裁可를 받은 뒤 李敏敍는 左議政南九萬을 만나 이 사실을 알리자
南九萬이 "後弊가 두려우니 別將을 내려 보내서는 안 된다"고 하였다.
이 때문에 李敏敍는 동년 3월 13일에 南九萬의 입장을 밝힌 뒤 "大臣
의 뜻이 이와 같으니 비록 啓下된 일이지만 다시 御前에서 稟議하여
결정하고 싶으니 入侍한 大臣들에게 문의해 달라"고 청하였다. 領議
政金壽恒은 앞서 柳尙運이 銀을 채굴하여 戶曹의 재용에 충당할 것을
요청했을 때도 南九萬이 반대했던 사실을 지적한 뒤 자신의 생각으로
는 폐단이 생길 이유가 없다고 하였고, 후술하겠지만 柳尙運과는 달
리 李敏敍가 제안한 듯한 守令收稅制는 단호히 거절하였다. 이에 숙
종도 "이 일은 앞서 이미 定奪한 것이니 別將을 곧 내려 보내도록 하
라"고 하였고, 李敏敍는 別將을 엄하게 훈계해서 민폐가 없도록 하겠
다고 덧붙였다.[263] 이리하여 慶尙道의 盈德鉛店과 平安道의 成川銀店

262) 南九萬,《藥泉集》4, 疏箚, 五十度呈辭後乞免兼論採銀事箚(肅宗13년3월 15
    일) 및《竹石叢通》5, 財賦 論採銀事箚 丁卯. "臣於頃日 疾病呻吟之中 因
    風得聞輿人之誦 戶曹 以採銀事 差出別將二人 分送於慶尙平安兩道云 臣
    取見戶曹啓下文字 則誠有是事矣 臣更聞此事根因 本以徐文重啓聞而發 文
    重爲慶尙監司時 以道內鉛店 無賴之輩 避役投入 布滿山谷 竊人財掠人妻
    無所不至 恐有意外之患 請有所檢束云 文重之言 誠是矣 若以此爲慮 則所
    宜悉計各軍門及各營諸道所置鉛店酌定仍存之數 而其餘則 盡爲革罷 又於
    其仍存之店 酌定募軍之數而其餘則盡爲罷遣 定爲成籍分送諸道 使道臣守
    令嚴加糾察 俾無加設加募之弊 或有不遵朝命 如前過濫者 不但罪其監官而
    已 先責其軍門及營門 斷不饒貸 則文重所慮之弊 可以一號令而盡除之矣
    今則不然 凡其已置之鉛店 不但不爲之裁革 乃反推而上之 於戶曹幷收銀鉛
    之利 悉罷諸店之監官 使新差別將統領 而摠治之 悉納其銀鉛於戶曹 銀則
    將留本曹 鉛則將分送於各衙門 又慮別將地望之或輕 事權之不重 旣請鑄給
    印信 且許通關郡縣 而使令書員通引飯婢奴子各二名 使之輪番定給"
263) 제3장 註 259) 참조.

을 비롯한 軍營門 소관하의 모든 鉛店이 戶曹에 귀속되어 戶曹에서
파견한 別將이 專管收稅하게 되었으며, 또한 왕의 재가를 받은 別將
의 파견이 재확인되었다.

이때부터 조선 후기의 戶曹 소관 銀店에 대한 관리 수세자의 호칭
이 '監官'에서 '別將'으로 바뀌었다. 그러나 別將의 파견 문제가 공식
화되자, 左議政南九萬은 이틀 뒤인 3월 15일에 長文의 〈五十度呈辭後
乞免兼論採銀使箚〉를 올렸다. 南九萬은 이 箚子에서 別將制의 폐단을
상세히 제시하고 있다. 첫째, 監官制下에서는 각 鉛店마다 監官이 있
어서 鉛軍을 단속하기가 용이하였고 또 監官은 軍營門 자체에서 私差
한 처지이기 때문에 監司나 守令들이 이를 규제하기가 쉬웠다. 그러
나 別將은 한 사람이 道內의 鉛店들을 모두 관장함으로써 銀軍들을
단속하기가 어려우며, 또 別將은 국왕이 임명했기 때문에 奉命使臣(別
星)과 다를 바가 없어 守令들이 간섭할 수 없게 된다는 것이다.[264] 둘
째, 監官制下의 鉛店은 鉛만 수취하고 銀은 거의 수세하지 않아 鉛軍
들의 생계에 보탬을 주었다. 그러나 別將을 파견하여 鉛과 銀을 함께
징수하면서도 端川貢銀店처럼 貢物과 雜役을 면제하지 않는다면 鉛
軍들은 그들이 채굴한 銀·鉛에서 소득을 취하게 될 것이고 別將도 적
은 급료에 만족치 않고 鉛·銀을 수취할 것이므로 戶曹의 세입이 감소
될 것이다.[265] 이상 두 가지의 지적 사항은 당시 王命을 띤 別將의 專

---

264) 南九萬,《藥泉集》4, 疏箚, 五十度呈辭後乞免兼論採銀事疏. " … 此乃儼然
一別星 而其權任之要緊 接待之煩擾 則又非循例使行之所可比 專制一路獨
權重利 縱橫往來 任其作爲 此豈但前日各衙門私送監官之弊而已乎 且文重
啓聞 本出於無賴之檢束 而諸處監官 一併革罷 都付之於別將一人之手 使
之往來兼管者 其於檢束之道 果有愈於前日監官各管一店者耶 且前日監官
雖有弊端 猶不敢大段縱恣者 以其不出朝命 尙有所顧忌也 今此別將則乃是
朝家之所差送 而掌印之官 從今以後 銀店必將日益設 募民必將日益聚 民
之丘墓家舍 必將日益掘 山之材木林藪 必將日益赭無論守令之不敢問 道臣
亦何得以禁制之乎"
265) 제3장 註 255) 참조.

管收稅制가 지닌 폐단이었음에 틀림없다. 그런데 南九萬이 別將의 파견을 가장 못마땅하게 여긴 것은 상기한 이유보다도 平安道에 파견할 別將이 南人 許積의 거간꾼이란 점이었다. 따라서 그의 箚子에서 "그 別將은 關西의 賤隷 出身으로 일찍부터 許積家의 거간꾼이었고, 罪惡이 실로 많아 庚申年(숙종 6년 西人執權)에 刑曹에서 심문하였고 곧 처형하려 했던 자다. 이러한 자가 印信을 지니고 關西의 利權을 좌우할 뿐 아니라 또 그의 관할 지역이 곧 그의 本鄕이므로 營邑에 關文이 도착하면 우선 각 읍의 守令들이 비웃을 것이고 士民이 모두 당혹함을 금치 못할 것이니 작은 문제가 아니다"라고 강조하였다.[266]

南九萬은 戶曹와 결탁하여 平安道의 別將으로 파견되는 富商大賈가 그들의 政敵인 南人 許積의 거간꾼이었던 점을 용납할 수 없었던 것이다. 이 南九萬의 箚子에 대해 국왕은 議政府로 하여금 熟講하게 하였는데 3월 18일에 領議政金壽恒은 결국 平安道와 慶尙道의 別將을 혁파하고 軍營門 소관 鉛店의 監官制를 존속시키도록 요청하였으며, 왕도 別將의 파견을 중지하도록 지시하였다.[267] 이에 柳尙運이 의도

---

266) 南九萬,《藥泉集》4, 疏箚, 五十度呈辭後乞免兼論探銀事疏. " … 臣此聞今此承差別將者一人 乃是關西之賤隷 曾爲許積家驅僧 罪惡實多 庚申更化之初 自法司刑訊 而將殺者也 似此之類 乃借佩印之權 得專一道之利 又其所管者 乃是關關西本鄕也 行文所到 必先爲州郡之笑 士民之驚惑 此非細故也"

267)《備邊司謄錄》41, 肅宗 13년 3월 19일. "領議政金(壽恒)右議政李(端夏)請待入侍時 領議政金所啓 左議政南(九萬) 以嶺南關西探銀別將差送事 上箚極言其非 聖上有令廟堂熟講以處之命矣 此事蓋因嶺南盈德地 各軍門採鉛之處 多聚無賴之徒 恐有意外之患 刑曹判書徐文重爲本道監司時 以此弊啓聞 請加禁束 臣意以爲若使戶曹主管 則其弊或有愈於各軍門廣設之時 亦可收其若干所採之銀 以補經用 故以此陳達 請令戶曹商議稟處矣 戶曹判書李敏敍 因此定奪 竝請關西採銀處 差送別將矣 臣於此等事 見識淺短 不能深思遠計 率爾議定 今關左相箚子辭意嚴正 至擧歷代採銀稅礦之事 以爲覆亡國家之證 極可凜然 兩道採銀別將差送事 極令還寢宜當 至於銀店雜亂之弊 則不可不禁束 或以爲付之本官爲宜 而亦恐有不便依左相箚辭 悉計各衙門及各營諸道所在鉛店及募軍之數 參酌減定 令木道嚴加禁斷似當矣 上曰 此

했던 2단계 계획은 무산되고 말았다.

앞서도 언급한 바 있지만 戶曹判書 李敏敍는 別將制보다 守令收稅
制를 더 원했던 인물이다. 別將制가 혁파되자 그는 産銀地의 각 읍 守
令으로 하여금 銀·鉛을 수납하도록 해서 銀은 戶曹가 갖고 鉛은 각 軍
門에 분송하도록 할 것을 金壽恒과 의논하였다. 그러나 4월 3일의 御
前會議에서 金壽恒은 守令收稅制를 반대하지는 않지만 銀店의 수세
를 守令에게만 일임할 경우 착실히 이행하지 않을 뿐 아니라 당해 읍
의 민폐가 될 가능성이 크다고 우려하였다. 하지만 李敏敍는 다음과
같은 두 가지 사유를 들어 守令收稅制를 적용하도록 요구하였다. 하
나는 守令으로 하여금 의무적으로 관내의 비합법적인 銀鑛開發을 사
찰하게 하고 또 銀·鉛稅를 수납토록 하기 위해서는 守令收稅制가 불
가피하다는 것이고, 다른 하나는 王命으로 別將을 파견하면 민폐가
크겠지만 守令으로 하여금 수납토록 하면 수세 원칙에도 합당할 뿐
아니라 수납처를 일원화하기 때문에 각 軍營門의 監官制보다 민폐도
줄일 수 있다는 주장이었다.[268] 李敏敍의 주장에 대하여 領議政金壽恒
은 탐탁하게 여기지 않았지만 右議政 李端夏가 別將을 파견하지 않을

事初以爲不至大段難行 故如是定奪矣 左相箚辭非泛論之比 兩道別將 則勿
爲下送 鉛店禁束一事 則待左相出仕後講定可也"

268) 《承政院日記》 321, 肅宗 13년 4월 3일. "領議政(金壽恒)所啓 頃因判府事南
九萬箚子 採銀別將勿爲差送事 旣已定奪 而至於銀店難雜之弊 不可不變通
矣 李敏敍則以爲 以事體言之 使本官次知收稅 納於戶曹 而銀則以補經用
鉛則分送於各衙門爲當云 臣意則敏敍之言 事體當然 而此等事 專委本官
多不着實 畢竟或爲本邑民弊 以此爲念 戶曹判書李敏敍曰 大典私採銀者
罪至絞今若知其探銀 而不爲收稅 則是許其私採也 豈不有違於法典本意乎
差遣別將 擧措似重 且爲民弊罷之固當 而令本官句管收稅 則事體當然矣
各衙門旣以採鉛 差送監軍 今若一切罷遣 納稅并歸之一處 則民弊亦可祛矣
臣之所達 只爲國體當然 非以本曹些少收稅而爲利也 右議政李端夏曰 旣不
差送別將 則自本官句管收稅之外 更無他道矣 上曰 令本官句管收稅 銀鉛
并納於戶曹可也"

바에는 守令으로 하여금 맡아서 收稅하도록 함이 옳다고 하였고, 왕
도 守令이 맡아 수세하도록 하고 銀과 鉛을 모두 戶曹에 수납하라고
지시하였다. 결국 別將의 專管收稅制는 守令이 맡아 수세하는 곧 '守
令收稅'制로 바뀌었던 것이다.

　　그러나 軍營門 소관 鉛店의 監官制 존속을 주장해 왔던 南九萬이
동년 9월 領議政으로 入仕하면서 守令收稅制의 문제를 재론하게 되었
다. 이때에도 戶曹判書李敏敍는 앞서 주장했던 것처럼 守令收稅制가
합당함을 되풀이하였는데, 마침 左副承旨朴泰遜이 慶尙監司(숙종 12년
3월~13년 6월)로 있을 때 경험한 사례를 예시하면서 守令收稅制를 반대
하고 나섰다. "대개 軍營門소관 鉛店의 監官은 匠人들과 더불어 광맥
을 발견하면 鉛軍을 모아 채굴하지만 광맥이 단절되면 또 다른 곳의
광맥을 찾아 떠나고 鉛軍은 흩어져 버린다. 이 때문에 海戶로부터 鹽
盆稅를 징수하듯 銀軍을 稅銀帳籍에 올려 매년 收稅한다면 隣徵族徵
하는 폐단이 발생할 것이라"고 우려하였다. 이러한 李敏敍와 朴泰遜의
상반된 주장을 들은 뒤 南九萬은 "당초 盈德鉛店에 대한 慶尙監司徐文
重의 狀啓는 鉛軍數의 증가와 무뢰배들의 불상사를 규제하자는 취지
였다. 만약 戶曹가 銀店에서 銀과 鉛을 함께 수취하려면 鉛軍數를 두
배로 늘려야 할 것이므로 장계의 본의에도 어긋난다"고 하고 軍營門의
監官制를 지지했던 箚子의 주장을 고집, 守令收稅制를 반대하였다. 이
에 숙종도 守令收稅制를 중지하도록 지시했던 것이다.[269]

───────────

269) 《承政院日記》 324, 肅宗 13년 9월 13일. "領議政南(九萬)所啓 銀店收稅事
慶尙監司以難便之意 條列啓聞 而臣意則如前無異而戶判乃是建儲之人 故
欲待戶判入侍 與之共稟於榻前 然後處置矣 戶判方入時 其爲下詢何如 戶
曹判書李敏敍曰 我曹無貢銀天朝事 雖有禁斷探銀之規 大典則有許採之文
似非一切禁斷之事 且近來民人 亦多入山私採者 不可任其盜採 而不爲收稅
矣 左副承旨朴泰遜曰 臣待罪本道時 文書中 有未收銀子五百餘兩 問其曲
折 則以爲探銀之類 朝聚暮散 不定厥店 未得一一收捧 以致未收云 盖探銀
時 所謂監官者 或率二三十人 或率十餘人 若開銀脈之産出 則一時雲集 而

이처럼 숙종 13년(1687)에는 戶曹가 요구하여 왕명을 띤 別將의 專
管收稅制가 채택되기도 하였고 또 守令收稅制가 채택되기도 하였으
나 南九萬의 반대로 끝내 실시되지 못하였고, 동년 12월 6일에는 柳尙
運이 또 다시 戶曹判書에 임명되었다. 그는 앞서 직접 또는 간접으로
富商大賈들과 결탁한 바 있었고, 盈德·成川鉛店을 戶曹에 흡수했으며
나아가 軍營門의 鉛店을 모두 흡수하기 위하여 왕명을 띤 別將制를 계
획한 바도 있었다. 그러나 이때 柳尙運은 戶曹判書가 되었지만 領議政
南九萬을 의식해서인지 왕명을 띤 別將制를 추진하지는 않았다. 그런
데 당시 각 軍門에서는 戶曹에 빼앗긴, 곧 柳尙運이 戶曹에 이속시켰
던 盈德·成川銀店에 여전히 差人을 파견 수세하고 있었다. 이 때문에
그는 盈德 成川銀店을 戶曹에 專屬시킬 것과 각 軍門의 差人들을 축출
할 것을 왕에게 요청하여 戶曹의 專管收稅制를 재확인하였다.[270]

柳尙運이 의도했던 軍營門 소관 鉛店의 흡수문제는 오히려 南人이
집권함으로써 실현되었다. 숙종 15년(1689)에 남인정권이 들어서고 監
官制를 고수하던 南九萬도 실각한 뒤, 이듬해 정월 戶曹判書吳始復은

此輩皆是無根着不入籍之徒 故銀脈旣斷 則擧皆散走 雖欲徵稅 勢無奈何
若自戶曹句管 每年按籍徵稅 一如海戶鹽盆之爲 則侵徵之患 不但及於隣族
亦將爲各邑之巨弊矣 南曰 國典果有私探銀者 處絞之文 祖宗時則無取鉛之
事 故設禁如此 而自有鳥銃以後 鉛丸不可不用 鉛與銀同出於一處 何得獨
探鉛 而不探銀乎 到今則有不可以祖宗法文爲言 且徐文重當初狀啓 本欲禁
銀店募軍無賴者多聚之弊 而今若自戶曹旣稅其銀 又稅其鉛 分送於各軍門
則其募軍之數 必倍蓰於前日然後 可以足用 與當初狀啓之意 豈不大段相左
乎 其他難便難行之意 已見於臣前日箚子中 且在於道臣狀啓中 有難悉擧
而論以大體 稅銀各道之法 決不可自今日創始 臣意則以爲斷不可行也 上曰
聞大臣道臣之言 旣始之後 若有難便之事 不如不爲之爲愈 姑停之可也"
270)《備邊司謄錄》52, 肅宗 28년 2월 13일. "其後 柳(尙運)爲戶判 銀店自當屬戶
曹 而諸軍門 或有間發差人侵冒作弊者 請幷罷諸軍門差人 而專屬戶曹 此
則指成川盈德等本屬戶曹處 諸軍門橫侵者言 非指軍門各自占得於別處者
幷罷之也 其時文移措語 及作爲節目分付者 只擧成川盈德 可考而知也 庚
午年間 因戶曹陳達 果有軍門鉛店幷屬戶曹之擧矣"

"銀店을 설치하고 銀稅를 징수할 권리는 戶曹에만 있고 軍營門은 鉛
店에서 鉛稅만을 수취해야 한다"는 원칙론을 내세워 銀店으로 변모되
고 있던 軍營門 소관 鉛店들을 흡수하려 하였다. 그는 "戶曹가 그 동
안 각 읍의 産銀地를 모두 개발하지 않은 것은 民弊를 고려했기 때문
인데 지금 각 軍營門이 監官들을 각 읍에 파견하여 鉛과 함께 銀도 수
취하고 있다. 銀鑛開發을 금하지 않을 바에는 戶曹에서 맡아 收稅하
는 것이 사리에 합당하고 또 勅需銀을 조달하기 위해서도 각 道의 産
銀地를 '盈德銀店例'에 의거 戶曹에서 맡아 수세할 것"을 요청하였다.
왕은 곧 이를 허락하였고, 그 결과 전국의 軍營門 소관 鉛店은 모두
戶曹가 專管收稅하게 되었던 것이다.[271] 그리고 이때 吳始復이 軍營門
의 鉛店을 흡수하기 위해 제시한 명분과 주장은 이후에도 戶曹가 軍
營門과 '設店' '收稅'權을 다툴 때마다 하나의 준칙으로 관용되었다.
어떻든 숙종 16년(1690)의 조처로 기존의 軍營門 소관 鉛店은 모두 戶
曹의 銀店으로 이속 改稱되었으며, 동시에 軍營門 監官制下의 鉛店시
대는 끝나고 戶曹 別將制下의 銀店時代로 접어들었다.

2. 硫黃店의 沒落

　정부가 軍營門의 軍需鑛山을 흡수하는 방법은 鉛店 뿐 아니라 여
타의 軍需鑛山에 대해서도 다를 것이 없었다. 다만 정부가 軍營門의
鉛店에 대해서는 그곳에서 생산되는 銀이 화폐적 가치를 지녔기 때문
에 흡수할 수 있는 명분이 뚜렷하였다. 그러나 硫黃店과 같이 軍營門
의 필수적인 군수광산은 생산물 자체가 財源으로서의 성격을 지니지
않았기 때문에 奪取할 명분이 없었다. 따라서 정부는 鉛店과는 달리
軍營門이 硫黃店의 운영비를 염출하기 위하여 절수했던 屯土와 그 밖

271) 제3장 註 257) 참조.

의 재원들을 몰수하거나 硫黃軍을 良役으로 전환하는 방법을 모색하
였다. 정부가 軍營門 소관 硫黃店의 재원과 인력을 처음으로 奪取하
려고 시도한 것은 鉛店의 경우와 같은 해인 숙종 13년(1687)이었다. 鉛
店을 奪取하기 위한 구실을 盈德鉛店의 폐단 문제에서 찾았던 것처럼
硫黃店도 守禦廳 소관 智異山硫黃店의 폐단을 구실로 삼아 제기하였
다. 다만, 盈德鉛店의 경우는 鉛軍들의 폐단이 중점적으로 지적되지
만, 智異山硫黃店에 대해서는 그와 반대로 監官의 作弊가 구실로 되
고 있었다.

　문제의 발단은 晋州牧使의 上疏에서 비롯된다. 상소의 내용은 "硫
黃監官이 주변의 民戶를 수탈하고 僧徒와 店所 및 募軍들을 착취하고
있다"는 내용이다. 이 智異山硫黃店의 경우도 盈德鉛店의 경우와 같
이 領議政南九萬이 주관하여 처리하였으며, 그는 물론 晋州牧使의 상
소를 적극 지지하는 입장이었다. 동년 8월 13일에 그는 智異山 硫黃監
官의 폐단을 열거하면서, 전후의 硫黃監官들을 철저히 조사하고 처벌
하여 일후의 폐단을 근절토록 할 것과, 硫黃店에 대한 '減損節目'을 마
련하여 守禦廳과 慶尙監營으로 하여금 준수하게 하도록 건의하였
다.[272] 이때의 '減損節目'은 이미 備邊司의 지시를 받은 경상감영에서
작성해 올린 것을, 동월 17일에 備邊司가 보고하여 왕의 재가를 받은
것이었다. 그 내용의 요지는 첫째, 黃匠을 모두 감하고 募軍 100명을

272)《備邊司謄錄》41, 숙종 13년 8월 13일. "領議政南(九萬)所啓 自十數年前 守
禦廳設硫黃店於晋州智異山下 其爲弊端 固有紀極 故曾因晋州牧使上疏 使
本道査報備局後 更爲稟處之意回答矣 本道査報 今始上來 硫黃監官之侵漁
遠近僧徒黃匠募軍等事 乾沒財物 欺弊本廳等事 査問於各人及監官處 一一
開錄以報 其細鎖之事 誠不敢書爲煩達 而此等奸濫之徒 憑依上司 侵毒窮
民之狀 旣已發覺之後 若不重處則無以徵戢他人 時監官之因禁於本道者 及
前監官之盜財無面者 幷令捉致刑曹 令刑曹更爲明查依法定罪 以爲懲一勵
百之地似可矣 今因此查治監官之時 不可不永革弊端 安保民人 本廳硫黃店
段 雖不能永爲革罷 減損節目 更爲磨鍊啓下 分付本廳及該道 以爲禁斷濫
雜之地 似不可已矣 上曰 依爲之"

정액으로 삼아 다시는 증원하지 못하도록 하며, 둘째, 東海下碇稅와 洛東江賈船 및 折收한 屯土를 정부가 모두 수용하며, 셋째, 硫黃店에서 현물수세해 왔던 鐵物店·瓶缸店의 수세량을 크게 삭감하며, 넷째, 그곳 義僧 4명의 南漢山城 入番을 대신한 僧徒들의 伐木役을 금하고, 다섯째, 監官이 硫黃店에 장기간 머물지 못하도록 조처한 것이었다.[273] 곧 정부는 硫黃店의 운영비를 염출해 왔던 모든 재원을 몰수하고 黃匠과 대부분의 硫黃軍 및 僧徒들을 빼내려 한 조처였다.

이 '減損節目'이 啓下된 후 1년이 지난 숙종 14년(1688) 10월에 이르러 守禦廳에서는 절목의 내용 중 부당한 사실들을 하나하나 지적하면서 그것의 수정을 강경하게 요구하였다.[274] 이리하여 備邊司에서는

---

273)《承政院日記》323, 肅宗 13년 8월 17일. "備邊司啓曰 … 此東海下碇之稅 自今本道監營 備送木同於硫黃監官 私相借貸而取用者 其在事體 亦沙無據 義僧四名之代 本山十寺僧人 沒數使役 小與多取 無非罔民之甚者 募軍以一百名爲限給 使本廳從其人力之所及採用 而監官亦不必使地長留其處 以增募軍等採黃外供饋責應之弊 煮黃時鐵物瓶缸 雖是不可無之物 卽今所捧鐵物 則不限其數 通計一年 瓶則七千餘坐 缸則八千餘坐捧用云者 濫徵之狀 尤極痛駭 鐵物匠一店 瓶缸匠一店 亦爲割給 而名數亦不無限節 自本道量其形勢 定數以給 此外東海下碇稅 洛江船隻 土地折給 僧人使役等事 一併革罷 匠人募軍如有數外加點 則自本道隨卽啓聞 以爲論罪之地 義僧四名 則使之依前立番於山城宜當 以此意分付於本廳本道 而匠軍定數 其餘名目革罷形止 亦令本道定査官 明白區別處置後啓聞 俾無日後更爲踰越之弊 何如 答曰 依啓"

274)《守禦廳謄錄》戊辰 10월 4일 狀啓. "晉州硫黃店 因備局査問 自本道減損形止 旣已啓聞 區別啓下 大槪只有募軍百名 而黃匠則不許仍存 如或得匠人若干名 則與百名募軍中相換云云 旣無黃匠則將何以煮取募軍百名 旣已不足 而又爲除出換立黃匠 則餘存無多 凡干使役等事 亦何以成樣 東海商船下碇稅 洛江船隻 土地折受等事 一併革罷 則黃匠等一年粮料役價 從何處辦出 僧人使役 亦爲革罷 則煮取時伐木等事 其將責之於何人 監官亦不必長留其處云爾 則許多煮取之役 誰果董役 夢同瓶器取用之路 亦爲減罷 則黃石之伐出 煮取之器用 將何以爲 以如此減損節目觀之 則只有仍存之名 而其實則便是永罷 … 臣取見前後文書 則庚戌年監司閔蓍重所定節目 頗似

다시 이를 논의하게 되었고, 동월 13일에는 '減損節目'의 일부를 수정할 수밖에 없었다. 첫째, 黃匠을 모두 삭감할 수는 없으므로 10명을 배정하기로 하였고, 둘째, 僧徒들의 사역 문제에 대해서는 黃店에 인근한 寺刹의 僧徒들을 사역하되 인원수를 정하고 명부를 작성해 올리도록 하였으며, 셋째, 監官은 종전처럼 黃店에서 작업을 감독하게 하되 각별히 뽑아서 파견하도록 한 것이다. 그러나 硫黃店의 운영 재원이었던 東海下碇稅·洛東江賈船 및 折受한 토지의 收稅權 등은 허락지 않았고, 守禦廳이 자체 내의 경비에서 조달하도록 하였다.[275] 이리하여 守禦廳에서는 동년 11월 14일에 다시 狀啓를 올려 上記한 세 곳의 財源 중 절수한 屯土의 수세권을 요구하여 이듬해 2월 9일에 국왕이 허락하였으나[276] 동년 4월 12일 備邊司에서 山腰 이상의 火田開墾은 철저히 금하도록 지시하였다.[277] 이보다 앞서 3월 27일에는 守禦廳이 水鐵蒙同店의 현물수세권을 회복하였다.[278]

그러나 守禦廳의 智異山 硫黃店은 숙종 21년(1695)에 金鎭龜가 嶺南巡撫使로 내려 갔을 때[279] 守令들이 "本店이 智異山의 산맥을 파헤쳐 각 읍의 폐단이 크다"고 해서 이를 정부에 진정하여 혁파되었으며 그 뒤, 숙종 31년(1705)에 다시 舊店에서 멀지 않은 곳에서 黃脈을 발견하고 정부에 건의하여 設店採取하게 되었다.[280] 어떻든 정부의 입장은

詳盡 亦有彼此得宜同濟國事之意 更令本道與本廳相議 就其前後事目 可減者減之 可存者存之 俾得不害於官民 而本廳亦有成就之勢 則誠爲幸甚"
275)《守禦廳謄錄》戊辰 10월 13일.
276)《守禦廳謄錄》戊辰 11월 14일 ;《守禦廳謄錄》己巳 2월 9일.
277)《守禦廳謄錄》己巳 4월 12일.
278)《守禦廳謄錄》己巳 3월 27일 (晋州事)
279)《肅宗實錄》28, 肅宗 21년 正月 癸亥. "以金鎭龜爲嶺南巡撫使"
　　《肅宗實錄》28, 肅宗 21년 5월 辛未. "三南巡撫使宋光淵金鎭龜金構等還朝 條奏民瘼 上下廟堂多所變通"
280)《備邊司謄錄》56 肅宗 31년 2월 21일. "知事閔鎭厚所啓 我國素無硫黃 昔年始得黃脈於晋州 其採得者 朝家別爲論賞 而令守禦廳句管設店矣 故判書金

鉛店의 경우와 마찬가지로 숙종 13년부터 軍營門 소관 硫黃店의 운영 재원도 몰수하고 인력도 흡수하려 하였던 것이다. 이러한 정부의 의도가 집요하게 시도된 것은 18세기 초에 이르러서였다. 그것은 우선 軍營門에 의한 三南月課火藥의 독점적인 防納權이 숙종 30년(1704)부터 민간의 무기제조업자에게 넘어가고 있었기 때문이다. 전술한 바와 같이 민간의 무기제조업자들 중 일부가 常平廳과 결탁하여 三南月課鉛丸契를 조직하고 숙종 11년(1685)에 軍門으로부터 三南月課鉛丸의 防納權을 장악했듯이, 이때에도 이들 무기제조업자의 일부가 賑恤廳과 결탁하여 三南月課火藥契를 조직하고 三軍門에서만 방납하던 三南月課火藥 10,000斤 중 4,000斤을 떼내어 방납하게 된 것이다.[281]

이처럼 軍門의 큰 利權이었고, 火藥製造量의 대부분을 차지했던 三南月課火藥의 防納權을 민간인 제조업자들에게 빼앗기게 되자 硫黃店의 존재 가치도 점차 상실되어 갔다. 그 때문에 동년에 설치된 釐整廳은 전술했듯이 五軍門이 종전에 보유하고 있던 硫黃軍 2,228명 중 728명을 삭감하고 각 軍門에 300명씩 도합 1,500명만 남기게 되었다. 이 硫黃軍의 定額은 賑恤廳 소관의 三南月課火藥契가 間年條의 三南月課火藥을 모두 흡수한 해인 동왕 39년(1713)의 良役査正 때에는 변동이 없었지만, 동년에는 慶尙監營, 統營, 左·右兵營의 硫黃軍을 300명씩, 慶尙左水營, 金井·鳥嶺山城의 硫黃軍을 각 200명씩 정액화하는 한편, 慶尙左水營의 虞候所屬 硫黃軍을 모두 삭감하였다. 이때 정부가 삭감한 이들 硫黃軍은 곧 소속 읍에 되돌려졌고, 도망자가 생기면 충

鎭龜 爲巡撫使時 以智異山脈鑿破 各邑弊端頗多之故 馳啓罷店 而其實則元非智異山脈也 使聞鎭龜頗悔其逼信守令之言云 舊店之下 去智異山尤遠處 黃脈頗多 而人不敢採 硫黃是軍器最緊用者 産於我土 而等棄之 非計之得也 近自釐整廳減除守禦廳店軍 只以三百名定額 若以此三百名 採取硫黃 而勿復增額 則本官亦必無弊端 發遣解事將校 詳番形勢爲設店何如 上曰依爲之"

281) 拙稿, 〈朝鮮後期 貢人에 관한 一硏究 (上)〉《歷史學報》71, 1975, 35~36쪽.

원하도록 조처하였다.[282]

　　그러나 이러한 조처는 사실상 정부가 良役人口를 확대시키기 위한 방편에 불과하였다. 정부가 硫黃軍을 삭감하여 良役에 편속시키려는 움직임은 숙종 42년(1716)과 43년(1717)에 訓練都監이 賑恤廳 소관 三南月課火藥契의 防納權을 몰수하였다가 경종 4년(1724)에 다시 빼앗긴 이후, 그리고 특히 英祖 4년(1729) 3월의 李麟佐亂 이후에 더욱 두드러지게 나타나고 있었다. 鳥銃으로 무장한 亂軍들을 진압하는 과정에서 집권층은 병기의 제조 및 관리 문제에 새로운 조처가 필요한 것을 깨달았기 때문에, 이듬해 5월에는 병기의 부실화를 방지하고, 민간의 사적인 제조 판매를 금하기 위하여 '鳥銃火藥製造節目'을 제정했던 것이다.[283] 硫黃店은 곧 화약의 제조 원료를 생산하던 곳으로 사적인 제조 판매를 가능하게 하는 위험부담이 있었기 때문에 집권층은 硫黃店 자체의 축소가 불가피하다고 여겼을 것이다.

　　英祖 4년(1729)에 慶尙監司 朴文秀는 각 軍門 소속 硫黃軍의 폐단을 지적하면서 硫黃이 생산되고 있는 읍에 한해서만 硫黃軍을 약간 남겨두고 硫黃이 생산되지 않는 읍은 모두 軍額에 충당할 것 등을 건의하였고, 곧 왕의 재가를 받아 諸道에 시달하였다. 이리하여 경상감사는 도내의 각 읍에 지시하여 우선 硫黃店을 보유하고 있지 않았던 摠戎廳 소속 硫黃軍 300명의 良役價를 해당 읍에서 거두어 두게 하고 硫黃軍은 모두 혁파하여 他役으로 移定해 버렸다. 이 때문에 동년 3월에 摠戎廳에서는 硫黃軍 300명으로부터 硫黃 또는 身布를 받아 화약 제조에 사용해 온 사실을 밝히고 복구해 줄 것을 건의하였던 것이며,[284]

---

282)《各營釐整廳謄錄》(甲申).

283) 拙稿,〈朝鮮後期 貢人에 관한 一硏究 (下)〉《歷史學報》79, 1978, 99~100쪽.

284)《備邊司謄錄》85, 英祖 5년 3월 18일. "摠戎廳啓曰 硫黃卽軍器之中最緊之物 而曾在肅廟朝設廳釐整 硫黃軍三百名啓下 定屬於本廳 每名各收硫黃五斤 軍器待變火藥及上番軍兵私習操鍊時所入火藥合劑繼用者 其來已久 而至於焰硝 卽無錢布歲入處 無路煮取之故 每年吐木價餘丁木十同 自兵曹輪

동년 4월 備邊司에서는 절충안을 제기하여 300명 중 절반만 삭감하도
록 결정하였다.[285] 어쨌든 동년 6월 현재 禁衛營·守禦廳·御營廳의 硫
黃軍은 모두 혁파된 상태였다.[286]

　摠戎廳과는 달리 訓練都監의 경우 慶州와 求禮의 硫黃店에서는 硫
黃이 산출되고 있었음에도 불구하고 경상·전라감사가 慶州 159명과
求禮 91명의 硫黃軍을 모두 혁파해 버렸다. 이에 동년 윤7월에 訓練都
監의 提調였던 知事趙文命은 慶州와 求禮의 硫黃店에서 매년 6,700斤
의 火藥을 제조해 온 사실을 들어 환원할 것을 요구하였으며 前訓練
大將이던 特進官張鵬翼도 訓練都監이 필요로 하는 硫黃이 1,000餘斤
이란 사실을 밝혀, 두 곳의 硫黃軍은 모두 복구되었다.[287] 그러나 전라

送矣 以其餘丁之數少廢送此木 已至十餘年 雖有硫黃 若無焰硝 則難以劑
藥 就其三百名硫黃軍中或捧硫黃 或捧代布 移東補西 煮硝造藥 僅僅貌樣
之餘 慶尙監司朴文秀前秋上來時 謂有定奪 知委各邑 戊申條 硫黃軍身役
價 盡數捧置 而軍人等亦將有罷定他役之擧云 臣營硫黃軍 則依釐整廳定額
仍存勿罷事 令廟堂卽速稟處 分付道臣 硫黃軍身役之捧置各邑者 卽令上送
以爲及時取用之地何如 答曰 道臣當初陳達 專爲軍政也 今又更之 必將紛
紜而所達若此 令廟堂稟處"

285) 《英祖實錄》22, 英祖 5년 4월 壬午.
286) 《備邊司謄錄》86, 英祖 5년 6월 20일. "其一 以爲硫黃所産邑外 硫黃軍革罷
　依定奪施行 而各軍門堅執不行 不可不盡數移充闕額 禁衛營守禦廳御營廳
　則卽爲革罷 摠戎廳則折半仍存 訓局則因湖南佰報狀 能知煮法者外 一倂充
　定其代 以私賤充塡事分付 照此施行之意分付"
287) 《備邊司謄錄》86, 英祖 5년 閏7월 29일. "知事趙文命所啓 硫黃卽軍器中最
　要之物 而初非我國所産 始得黃脈於慶州 募軍煮取之後 求禮繼而設店 都
　監一年劑藥之黃 至於六七百斤 而專靠於兩處 殆近百年 故曾於釐整廳時
　兩所募軍 已爲定額 昨年嶺伯入對時 硫黃不産處則革罷 産黃處則仍存事定
　奪 而臣亦有所陳白矣 兩南道臣 不爲區別 因不産處減汰之令 竝與産黃處
　一倂革罷 都監兩店募軍 盡爲罷定 無一餘存 非但軍門之事可慮 亦非當初
　定奪本意 事甚非矣慶州求禮兩處募軍 則勿爲革罷 依前定給 以爲軍需繼用
　之地事 兩南道臣處分付何如 上曰 此因不得已事也 特進官張鵬翼曰 臣曾
　待罪訓局 故知其事實矣 訓局所用硫黃殆近千斤 而難以買用 全賴此兩處所
　出 以爲需用之地 此則決不可廢矣 上曰若於硫黃所産處 竝罷募軍 則便是

감사의 건의에 따라 煮黃法에 익숙한 黃匠 이외의 硫黃軍은 모두 私賤으로 대체하게 되었다.[288]

훈련都監 소관 硫黃店이지만 忠原의 寶連山硫黃店의 경우는 사정이 달랐다. 본점은 숙종 6년(1680)에 설치되었고 硫黃軍이 97명이던 것을 숙종 30년에 釐整廳에서 47명을 삭감하여 50명만 남아 있었다. 그런데 本邑의 守令이 硫黃軍을 빼내어 他役에 이정하기 시작하여, 英祖 7년(1731) 현재 4명 밖에 남지 않았다. 4명으로서는 硫黃의 채굴 및 제련 작업이 불가능하여 硫黃軍들은 稅黃을 구입하여 訓練都監에 바치고 있었기 때문에 동년에 忠原縣監鄭益河는 黃店을 폐쇄하고 硫黃軍을 혁파할 것을 상소하였던 것이다. 이에 訓練都監에서는 將校를 현지에 파견하여 忠原縣의 守令·座首와 함께 조사한 끝에 앞의 사실을 확인함과 동시에 광맥이 풍부한 것도 알게 되었으므로 곧 동년 12월에 정부에 요청하여 숙종 30년의 釐整定額인 50명의 硫黃軍을 복구하였던 것이다.[289] 요컨대 18세기 초에 이르러 정부는 각 道의 監司 및

---

288) 제3장 註 286) 참조.
289) 《備邊司謄錄》 90, 英祖 7년 12월 10일. "訓練都監啓曰 頃因忠原縣監鄭益河
上疏備局覆啓內 寶連山黃石 果爲絕種 掘之無得則徒爲産黃之舊名 廣定良
軍 白徵錢貫 實爲民弊 至於勒令其軍 貿納他送硫黃 尤涉無謂 頃年筵中亦
有硫黃所産處外 軍門黃軍竝罷之敎 令訓局別遣解事將校 詳細摘奸 黃石乏
盡 果是實狀 則所謂黃軍 卽令勒罷 他邑産黃處 更爲披定移宜當事 覆奏允
下矣 硫黃卽軍器中最緊之物也 寶連山設店 在於庚辰年間 黃脈極好 故折受
火田 補其役粮 且得募軍 以爲採取之地 而不爲赴役者 則收其身布 移給工
匠 年年煮納 極其夥多矣 乙酉年釐整廳 以分軍五十名減額之後 本官又多奪
定他役 苦殊弊監官 不能支吾 近年以來 所餘分軍 不過四名 故因其分軍之
數少 無以採取 此非黃石之絕種也 備局覆啓內 辭意如此 故定送解事將校
與本官座首等 眼同摘奸 則寶連山黃脈之豐盛 如前無異云 旣是産黃處 則其
在應緩急重軍物之道 決非革罷之地 依前設店 採黃以納 而朝家以分軍五十
名 旣已定給 則本官之奪定他役 極爲不當 分軍有闕之代 準數充定後 他役
勿侵事 已爲稟議於廟堂 依此擧行之意 分付本道本官何如 答曰允"

守令들과 이해를 같이하면서 軍門의 硫黃店을 폐쇄하고 거기에 따른 토지와 인력을 奪取하는 데 진력하였던 것이다. 따라서 英祖 41년 (1765)에 정부가 간행한 《輿地圖書》에도 慶州를 제외한 忠原·淸道·義州·端川 등지의 硫黃鑛山은 '今無' 또는 '今廢'로 기재되어 있었다.

3. 鐵店의 民營化

17세기 말 이래 軍門의 존재가치가 점차 약화되면서 軍門의 권위도 날로 떨어져, 戶曹는 물론 각 도의 監司나 각 읍의 守令들까지도 軍門을 무시하고 軍門의 광산과 募軍들을 빼앗아 갔다. 전술한 鉛·黃店의 경우에서 나타났듯이 戶曹의 주장이 조정의 지지를 받는 가운데 戶曹는 軍門의 광산들을 흡수하였으며 각 道의 監司와 守令들은 軍門 소관 광산의 募軍들을 침탈해 갔던 것이다. 이러한 추세는 각 軍門 소관하의 鐵店에도 예외일 수 없었다.

그런데 숙종 30년(1704) 이후 軍門 소관 鐵店으로 남아 있었던 것은 訓練都監의 鐵峴屯鐵店과 禁衛營의 葛山屯鐵店 밖에 없었고 다른 軍門들은 대개 소관하의 鐵物匠人들로부터 현물을 수세하고 있었다.[290] 이처럼 軍門이 鐵店을 설치 운영하던 철물의 수취형태는, 소속 匠人들로부터 현물수세하는 형태로 전환되었던 것이다. 당시 철의 생산지는 전국 각지에 분포되어 있었고, 또 鉛鑛이나 硫黃鑛과는 달리 철물장인들은 정부의 규제를 받지 않고 採取할 수 있었다.[291]

---

290) 《備邊司謄錄》 111, 英祖 18년 12년 15일. "御營廳吹鍊軍 甲申定額三百名 散在各邑 而又補以吹鐵屯軍加定於長淵者一百二十七名"
《承政院日記》 1016, 英祖 23년 5월 6일. "經理廳號革罷 摠戎廳移建于蕩春臺 上日 吹鍊牙兵何兵耶 金始炯日 海西亦有之矣 金尙魯日 各雖七千 收米而已 原不實兵也"
291) 《輿地圖書》 各道各邑의 土産·特産條 참조. 徐有榘의 《林園十六志》에는 82개 읍으로 증가되어 있다.

따라서 철물장인들은 軍營門의 鐵店에 官匠으로 복무하기보다는 오히려 소속 관청에 身鐵을 바치고 사적 생산에 종사하기를 선호하였다.

이처럼 장인들의 입장과 요구에 따라 監·兵·水營 등은 이미 관내의 匠人들로부터 현물을 수취하고 있었던 것이다.[292] 18세기 초에 軍門의 鐵店制가 무너져 간 것도 監·兵·水營의 현물수세제가 만연된 것과 깊은 관계가 있다. 또 軍門이 鐵店을 보유하기 위해서는 屯土와 募軍을 확보해야 하는 등 재력과 인력의 동원과정에서부터 戶曹나 監營 및 각 邑의 이해와 대립되었다. 결국 訓練都監이나 禁衛營에 비해 군사상의 비중이 약했던 다른 軍門들로서는 鐵店을 보유하기가 어려웠던 것이다.

訓練都監의 鐵峴屯鐵店과 禁衛營의 葛山屯鐵店도 18세기에 들어서면서 戶曹와 각 道의 營·邑으로부터 침해받기 시작하였다. 戶曹와 營邑에서는 屯田의 收稅權을 확보하기 위하여, 그리고 鐵店의 募軍을 良役으로 확보하기 위하여 끈질기게 訓·禁 兩營과 다투었던 것이다.

軍門屯土에 대한 수세권 분쟁은 이미 肅宗 7년(1681)에 黃海監司가 鐵峴屯의 別將을 혁파하고 守令이 수세 상납하기를 요구하면서 시작되었다. 이때 訓練大將金錫胄는 이를 통박하였을 뿐 아니라 道臣을 推考하고 守令을 파직하게 하였다.[293] 이처럼 鐵峴屯田에 대해서는 戶曹나 營·邑에서 감히 과세대상으로 삼을 수가 없을 만큼 엄한 처벌 규정이 만들어져 있었다. 이 때문에 肅宗 30년 이후 屯田의 收稅權 紛爭은 동왕 44년(1718)에 戶曹가 葛山屯田에 과세하면서 시작되었다. 戶曹의 요청으로 각 軍門이 매수한 田畓에 대한 과세가 실시되었고, 葛山

---

292) 《備邊司謄錄》 36, 肅宗 8년 9월 25일 ; 《承政院日記》 1016, 英祖 23년 5월 6일.

293) 《鐵峴鎭事例》 訓練都監編(純祖 8년). "載寧吹鐵所別將革罷後 自本官收鐵物上納事 道臣爲請 大將金錫胄防啓 鎭軍以三百五十名定額 道臣推考 地方官罷職事蒙允"

屯田은 禁衛營이 銀 1,000兩으로 明善公主宮의 免稅田畓을 사들인 것
이기 때문에 자연히 戶曹의 과세대상에 포함되었다. 동년 10월 6일에
兵曹判書趙道彬은 禁衛營이 戶曹에 屯稅를 납부할 경우 吹鐵費를 조
달할 수 없고, 또 葛山屯이나 鐵峴屯이 다 같은 軍門의 吹鐵地라는 점
을 들어 鐵峴屯과 같이 과세대상에서 제외시켜 줄 것을 요구하였
다.[294] 그러나 동월 16일에 備邊司에서는, 鐵峴屯은 이미 오래 전에 折
受한 屯田으로서, 禁衛營이 구입한 葛山屯田과는 성격이 다르며, 또
軍門들이 돈으로 구입한 토지에 대한 과세 규정이 이미 제정되었으므
로 변경할 수 없다고 하였다. 그러나 葛山屯을 마련한 지가 얼마되지
않았으므로 '募民安接'과 '鐵店成緒'를 위하여 5년 간만 면세하는 것이
좋겠다고 하였다. 하지만 이때 숙종이 鐵峴屯과 마찬가지로 免稅하도
록 허락함으로써 戶曹의 葛山屯에 대한 課稅는 실시되지 못하였다.[295]
그러나 英祖 5년(1729)에 備局의 別單으로 각 衙門屯田에 대한 課稅法
이 제정되면서 또다시 葛山屯田은 과세대상에 오르게 되었다. 이 때
문에 禁衛營에서는 이듬해 8월 10일에 역시 吹鐵費가 부족한 사정과
더불어 鐵峴屯田과 같은 軍門吹鐵地라는 사실을 강조하였고 또 숙종

---

294) 《備邊司謄錄》71, 肅宗 44년 10월 6일. "提調兵曹判書趙道彬所啓 鐵物最爲
軍門之緊用 而本營他無出處 每當月課鳥銃及各樣軍器打造之時 給價貿用
所費不些 故去乙未年間 判府事李爲都提調時 陳達榻前 依訓局鐵峴例 設
屯於載寧地 而上年以銀子一千兩 買得明善公主房免稅田畓 以其所出穀物
或貿換或吹鍊以爲補用之地 則與他衙門閑漫屯田 輕重自別 而頃自地部以
各衙門買得田畓 勿爲免稅事定奪 本營屯田亦在出稅中矣 若干新設之屯 今
若出稅則以其所出 萬無吹鍊繼用之路 殊非當初設屯本意 且訓局鐵峴田畓
則不爲出稅云 同是軍門吹鐵之地 而凡事不宜異同 今此本營屯田 依鐵峴例
一體免稅之意 令廟堂稟處何如 上曰 令廟堂稟處可也"

295) 《承政院日記》511, 肅宗 44년 10월 16일. "司啓辭 … 昨年因戶曹草記 各軍
門賣得田畓 一倂出稅事定奪 而訓局所管鐵峴屯田 則以久遠折受之故 不入
於出稅中矣 … 禁營新買得載寧田畓 限五年姑爲免稅 使募民按接鐵店成緒
後 依他出稅 使爲便當 以此分付何如 答曰 依訓局鐵峴例 免稅可也"

의 免稅特命을 받았던 점을 상기시킴으로써[296] 다음달 10일에 英祖도
鐵峴例에 따라 免稅하도록 조처하였다.[297]

<表 8> 英祖 41년(1765) 現在의 全國產鐵地 內譯表

道邑別	鐵 種	備 考	道邑別	鐵 種	備 考
〈京畿道〉			殷栗縣	石鐵	出金山浦
永平縣	水鐵		〈平安道〉		
〈忠淸道〉			价川郡	水鐵·石鐵	
公州牧	水鐵	出馬峴 古有今無	〈咸鏡道〉		
恩津縣	鐵	出縣南鵲旨·熊田·吐串等地	永興府		
			鏡城府	沙鐵	
沃川郡	水鐵		吉州牧	沙鐵·鐵	
忠原郡	鐵		會寧府	鐵	
淸風府	水鐵	產遠西面	文川郡	鐵	
瑞山郡	鐵		北靑府	正鐵·水鐵	
木川縣	鐵	出山方川 今無	端川府	正鐵·水鐵	
懷仁縣	水鐵		鍾城府	鐵	
報恩縣	水鐵		慶興府	鐵	
連山縣	沙鐵	出縣西漢陽村	富寧府	鐵	
尼山縣	鐵	出縣南今廢	〈慶尙道〉		
定山縣	鐵	今無	慶州府	沙鐵	出府東八助浦
〈江原道〉			陜川郡	鐵	出冶爐縣心妙里
旌善郡	石鐵		醴川郡	鐵	出多仁縣東大谷灘
寧越府	石鐵		盈德縣	鐵	出無芚山今無
三陟郡	鐵		尙州牧		出松羅灘
襄陽府	鐵		彦陽縣		出石南山
金化縣	石鐵		安東府	鐵	

---

296) 《備邊司謄錄》88, 英祖 6년 8월 10일.
297) 《承政院日記》710, 英祖 6년 9월 10일. "(左議政李)壔曰 禁營以載寧吹鐵屯
免稅事草記 有令廟堂稟處之敎 故敢達矣 … 在魯曰 … 今番出稅時 訓局鐵
峴屯 又旣免稅 本屯之獨爲出稅 非先朝特敎之本意 且本營無他吹鍊之屯
只有本屯一處收捧若干鐵物 今若出稅 則實無以成樣矣 壔曰 旣已定式之後
續續變通 雖極重難 而旣先朝成命 今亦依鐵峴屯例 免稅似好矣 上曰 雖異
於續續變通 而旣在定式之後 故令廟堂稟處矣 旣有先朝下敎 依鐵峴屯例
免稅可也"

安峽縣	石鐵		金海府	鐵	出府東 甘物也
平康縣	水鐵		昌原府	鐵	出佛母山 今無
洪川縣	石鐵		禮安縣	鐵	
金城縣	石鐵		龍宮縣	鐵	出修正灘 今無
〈黃海道〉			蔚山郡	水鐵	出達川山
海州牧	鐵·石鐵		永川郡	正鐵	
平山府	鐵		梁山郡	沙鐵	
鳳山郡	鐵	出白邊	三嘉縣	鐵	出黃梅山
載寧郡	石鐵		山淸縣	鐵	出尺旨山 今無
遂安郡	鐵		〈全羅道〉		
新溪縣	鐵		光州牧	鐵	今無
兎山縣	生鐵	古有今無	咸平縣	水鐵·正鐵	
長連縣	石鐵·生鐵·水鐵		昌平縣	鐵	
長淵府	鐵		茂朱府	正鐵	
計 64邑	11개 邑은 廢鑛된 상태임.				

이처럼 禁衛營의 葛山屯은 戶曹의 수세권 주장으로 분쟁을 겪어
왔지만 한편으로는 屯田 자체를 奸民들이 점탈하고 있었다. 奸民들의
점탈행위가 어떠한 방식으로 자행되었는지는 자세히 알 수 없지만 아
마도 인근의 토호들이 경제적 또는 경제외적 수단으로 屯民들의 경작
지를 강점했을 것으로 보인다. 어쨌든 奸民들에 의한 屯田의 점탈행위
로 숙종 43년(1717)에 구입했던 60여 결이 英祖 14년(1738) 현재 절반으
로 줄어든 실정이었다.[298] 이 때문에 禁衛營에서는 載寧郡守에게 지시
하여 종래 明善宮에서 수세했을 당시의 田案에 따라 改量하도록 요구
키도 하였지만 그 후 세월이 갈수록 葛山屯田은 축소되어 갔다.[299]

이처럼 숙종 30년대 이후 戶曹의 葛山屯田에 대한 수세권 요구가
끈질기게 제기되었던 시기에는, 그곳의 監司나 守令들에 의한 募軍의
침탈 문제도 발생하고 있었다. 전술한 바와 같이 訓練都監의 鐵峴鎭

---

298) 《承政院日記》 875, 英祖 14년 7월 28일. "近年以來 募軍則爲本官之寢撓 土
地則爲奸民之圖占 最初買得時六十餘結之土 太半無去處"
299) 《黃海道載寧有等洞所左葛山屯田畓改量冊》(同治 8년 己巳 9월).

에 대해서는 이미 肅宗 원년(1675)과 7년(1681)에 朝令을 내려 吹鍊軍은
물론 吹鍊軍의 子弟 등 兒弱도 守令이 他役에 충정하지 못하도록 하
고 위반시에는 守令 監色을 논죄하도록 규정하였다.[300] 이러한 규정
은 鐵峴屯과 설치목적이 같은 葛山屯에도 예외일 수 없을 것이다. 그
런데도 英祖 5년(1729)에는 良役査正의 대상에도 들어 있지 않은 葛山
屯鐵店의 吹鍊軍들을 본적지의 邑들인 海州·延安邑에서 모두 陸軍에
편입시켜 버렸던 것이다.[301] 이는 禁衛營의 요청으로 모두 葛山屯에
환속되기는 하였지만, 이와 유사한 守令들의 처사는 鐵峴屯에서도 취
해지고 있었다. 鐵峴鎭軍의 대다수가 소속된 載寧邑이 같은 해에 鎭
軍子枝 42명을 모두 他役에 배정하였던 것을 訓練都監이 정부에 요청
하여 이를 환속시켰던 것이다.[302] 이처럼 葛山屯은 물론이고 鐵峴屯
까지도 守令들이 屯軍을 他役에 투입하거나 전술한 바와 같이 奸民들
이 屯田을 침탈하는 등 屯田과 屯軍에 대한 침해가 날로 심각해지자
軍門들은 '別將'의 위치를 강화시키려 하였다.

곧 訓練都監에서는 英祖 16년(1740)에 이르러 종래의 '監官'과 같이
地方民으로 私差했던 '別將'을 혁파하고 都監 내의 '執事'를 別將으로
교체하여 파견하였고 병조에서 '印信'을 만들어 지급하였다.[303] 都監

---

300) 《備邊司謄錄》31, 肅宗 元年 5월 27일 ; 《承政院日記》285, 肅宗 7년 10월
23일.
301) 《承政院日記》683, 英祖 5년 4월 20일. "頃接葛山屯別將所報 則吹鐵募軍
自海州延安等兩邑 盡數罷定於陸軍云"
302) 《承政院日記》702, 英祖 6년 3월 3일. "訓練都監言啓曰 … 年前鎭軍子枝四
十二名 本官盡數罷定於他役 自是之後 鎭軍逃故不得隨闕卽充 卽今未充之
數 殆至四十名 … 若此不已 則元軍逃故 斷無充定之路 而將至於廢鎭之境 故
自都監還給之意 累度發關 … 不可不別樣申飭本郡所罷定四十二名 爲先還給
本鎭俾填闕額 自今以後 鎭軍子枝 依前勿侵事 奉承傳施行何如 傳曰允"
303) 《承政院日記》905, 英祖 16년 正月 20일. "具聖任曰 本局所管鐵峴鎭 在於
載寧地 設屯分軍 平時分收其稅鐵 屯穀補用於軍器打造之需 而處在長水山
城之下 脫有事變 則別將 率其鎭軍屯民 入守本城 其所設置 非比等閑屯所
募軍元數 以二百五十名定額 自本官勿侵他役 隨闕塡充事 前後定奪不啻嚴

의 집사는 知殼官·旗牌官 등이었고 2주년씩 교대로 파견되었으며, 朝命을 받은 別將이 됨으로써 정식 관원의 자격을 갖추었던 것이다.[304] 葛山屯도 항시 鐵峴屯例를 좇았기 때문에 이때 奉命別將制로 바뀌었을 것이나 확인할 수 없다. 그러나 英祖 25년(1749)에 摠戎廳이 德池屯別將을 鐵峴屯別將例에 의거하여 종래 병조에서 私差하던 別將 대신 摠戎廳의 敎鍊官을 교대로 파견하되 병조가 印信을 지급하는 奉命別將으로 바꾼 사실로 미루어 볼 때 葛山屯의 別將도 이 무렵에는 奉命別將으로 바뀌었을 가능성이 크다.[305] 이처럼 軍門들은 奉命別將을 파견하여 守令과 토호들의 침해를 방지하려 하였다. 그러나 이후에도 戶曹 등에 의한 침해는 끊이지 않았으며 심지어 戶曹는 軍門이 절수 또는 매입한 屯土 내에서 새로 개간한 田地를 民田으로 課稅하는 사례마저 있었던 것이다.[306]

明 而第其別將 以方外閑散人差送 不過往來收稅 故惟思肥己 不知事務 外邑之橫侵屯民者 亦不得據例禁斷 鎭內軍民 不能奠居 將至廢棄之境 事極可慮 臣待罪本局後 常欲變通 而未即稟定矣 本鎭別將 若以執事 輪回差送 則其所修擧 必爲勤實 外邑之侵役鎭民者 亦可禁斷 似不失設置之本意 而若不定式施行 則日後恐有因循謬規 差送閑散人之弊 故敢達 上曰 其言最好矣 依爲之"

304) 《萬機要覽》軍政篇 訓練都監 諸鎭條.

305) 《承政院日記》1048, 英祖 25년 9월 20일. "臣營屬德池屯別將 曾以兵曹差送之窠 昨年革罷 以本廳將校 定奪差送 … 依訓局鐵峴別將例 自該曹造給印信 永爲本廳敎鍊官輪回差送之窠"

306) 《承政院日記》1048 英祖 25년 9월 20일 ; 《承政院日記》1147 英祖 33년 8월 5일 ; 《承政院日記》1152 英祖 34년 正月 13일.

제4장

18세기 '別將'制下의 官設民營鑛業實態

제1절 戶曹와 軍門 營·邑 간의 ‘設店·收稅權 紛爭

1. 戶曹의 軍營門 소관 鉛·銀店 흡수

숙종 16년(1690)에 戶曹判書 吳始復의 요청으로 軍營門의 鉛店이 모두 戶曹에 이속되자 禁衛營의 提調職을 겸대한 行兵曹判書閔黯은 禁衛營의 入番 軍士가 사용할 鉛丸의 수용문제를 예시하면서, 지금 戶曹가 전국의 鉛店을 흡수하여 盈德銀店例에 따라 稅銀은 戶曹에, 稅鉛은 각 軍門에 분송한다고 하지만 戶曹는 사무가 번잡한 부서이므로 鉛鐵을 성실히 보내줄 리 없고 또 각 軍門에서도 매번 요구하기가 불편하니 鉛店 몇몇 개소를 각 軍門에 분급해 줄 것을 요청하였다.[1]

閔黯의 요구에 대하여 숙종은 廟堂과 상의하여 처리하라고 지시하였는데 그 결과는 분명하지 않다. 그러나 동왕 20년(1694) ‘甲戌換局’으로 西人政權이 들어선 뒤, 동왕 28년(1702)에 行兵曹判書金構가 “그때에 禁衛營(=行兵曹判書閔黯)의 요청에 따라 鉛店 10개소를 禁衛營에 획급하여 지금까지도 收稅하고 있다. 내가 알고 있는 바는 禁衛營 뿐이고 他軍門의 경우는 잘 알지 못하지만, 他軍門도 지금까지 鉛店을 收稅하고 있는 점으로 미루어 볼 때 그 당시의 軍門 소관 鉛店들이 모두 혁파되지는 않았던 것임을 알 수 있다“[2]고 하였다. 이를 미루어 볼

---

1)《承政院日記》339, 肅宗 16년 正月 15일. “閔黯曰 以禁衛營言之 一朔入番軍士 至於一千三百名之多 而三次習陣十次中日 逐日私習時 鉛丸所費之數甚多 鉛鐵雖日不患 若欲以銀布貿用 則以有限之財供無已之費 其勢難支 鉛店今若自戶曹爲句管收稅 則諸軍門勢將責取於戶曹 戶曹本是多事之地 將不勝其責應 諸軍門之每每責取 亦有甚難便 其中數穴 劃給於諸軍門則似好矣 上曰 與廟堂相議 從便爲之可也”

2)《備邊司謄錄》52, 肅宗 28년 2월 13일. “知事金構所啓又所啓 … 庚午年間 因戶曹陳達 果有諸軍門鉛店竝屬戶曹之擧矣 旋因禁衛營陳達 鉛店十處 有劃

때, 동왕 16년에 戶曹가 軍營門 소관 鉛店을 모두 흡수하려 하였지만 禁衛營 등 鉛丸의 필요성이 절실했던 軍門들의 요구로 성공하지 못하고 상당수의 鉛店이 각 軍門에 획급된 듯하다. 그런데 禁衛營이 10개소의 鉛店을 확보하고 각 軍門에도 몇몇 개소의 鉛店이 허용된 것 같지만, 그 밖의 각 道 監·兵營 소관 鉛店들은 모두 戶曹의 專管收稅制下에 들어갔던 것이다.

이 때문에 숙종 18년(1692) 2월에 左議政 睦來善은 北兵使의 요청을 받고 咸鏡監營과 南·北兵營에 각 1개소의 鉛店을 설치, 鉛丸을 조달할 수 있도록 하였으며[3] 이듬해 3월, 禮曹判書柳命賢도 "三南의 月課鉛丸價는 常平廳이 貢物主人(=三南月課鉛丸契)들에게 지급하여 鉛丸을 제납하도록 해왔는데, 근래 本廳의 비용이 과다하여 月課價를 지불하기가 어려우니, 本廳에서 鉛店 4,5개소를 설치하여 채굴할 수 있도록 허락해 달라"[4]고 요청하여 왕의 허락을 받았다. 이처럼 咸鏡道의 경우나 常平廳의 경우 왕의 재가를 받아 鉛店을 설치하고 있었으며 이 같은 사정은 종래 각 軍營門이 임의로 設店하던 통례와는 비교될 수 없었다. 곧 戶曹를 제외한 모든 관청은 왕의 재가를 받지 않고는 設店할 수 없다는 것을 뜻하며, 동시에 戶曹의 鉛·銀店에 대한 設店收稅權이 보다 강한 기반을 굳혀가고 있었음을 입증하는 것이다. 그러나 각 道의 監·兵營에서는 戶曹에 의한 設店收稅權의 일원화정책에도 불구하

給禁衛營之擧 至今遵行 臣之所知者 禁衛營之事 他軍門事 不能詳知 而他軍門 尙有鉛店收稅之事 則其非盡革於其時 蓋可知矣"

3) 《備邊司謄錄》 46, 肅宗 18년 2월 9일. "左議政睦來善所啓 北兵使以鉛丸難備爲悶 而雖有物力 亦難遠貿於京中 聞北方多有鉛鐵所産之地云 若設鉛店 則可以吹鉛鐵 而第多數設店 則亦似有弊 令監營及南北兵營只設三處何如 上曰 依爲之"

4) 《承政院日記》 400, 肅宗 19년 3월 18일. "禮曹判書柳命賢所啓 三南月課鉛丸之價 例自常平廳 出給貢物主人 使之備納 而近來本廳 費用浩多 價本辦出苟簡 採鉛四五處 自本廳募得以爲採取補用之地 何如 上曰 依爲之"

고, 계속 은광개발에 착수한 듯하며, 특히 平安道의 경우가 더 심했던
것 같다. 그것은 시기가 확실하지는 않으나 李濡가 戶曹判書로 재직
했던 肅宗 23년(1697) 10월부터 24년 6월 사이에 정부가 "平安道에 있는
鉛·銀店들의 鉛軍과 銀軍을 모두 戶曹에 전속시키고 管餉使는 관장하
지 못하도록 재차 朝令으로 신칙하였다."고한 사실로도 이를 짐작할
수 있다. 사실상 平安監營의 은광 개발은 그 뒤에도 계속되었고 심지
어 戶曹에 귀속된 銀店과 銀軍마저 침탈하였다. 이 때문에 肅宗 26년
(1700) 3월에 이르러 戶曹判書金構는 "지금 平安監營이 銀店을 설치하
고 銀軍을 모아 채굴하면서 여전히 戶曹 소속 銀店과 銀軍을 침탈하
고 있다"고 하고 銀店은 모두 戶曹에서 專管하게 되어 있으므로 管餉
使의 銀店과 銀軍들도 戶曹에 이속하도록 요청하였으며, 이를 다시금
朝令으로 신칙하였다.[5]

곧 李濡가 戶曹判書로 재직했던 肅宗 23년경에 이어 또 다시 管餉
使 소관 銀店과 銀軍을 戶曹에 귀속시키도록 강조한 셈이었다. 이처
럼 戶曹가 전국의 鉛·銀店에 대한 專管收稅權을 강화함에 따라 金構
가 戶曹判書로 있었을 때 戶曹에 등록된 銀店은 무려 60,70개소에 달
하였다. 그 가운데는 設店한 지 수년이 되어도 한 푼도 납세하지 않은
銀店도 있을 만큼 부실한 銀店들이 많아서 肅宗 26년(1700)경에 金構
는 "대부분의 銀店들을 혁파해 버리고 盈德·成川銀店 등 産銀量이 풍
부한 곳만 남겼다"[6]고 한다.

5) 《備邊司謄錄》51, 肅宗 26년 3월 22일. "戶曹判書金構 … 又所啓 平安道銀店
銀軍鉛軍 屬於戶曹 頃年至有別將啓下 以重其事之時 李濡爲戶判時 銀店銀
軍鉛軍 專屬本曹 管餉使不得句管事 更爲稟之申飭矣 卽今平安監營設店役
屬 尙循前套 戶曹屬銀店鉛軍 輒加侵奪 主客之形旣異 遠近之勢亦殊 故戶
曹無如之何 探銀之政 本是戶曹句管 設令其間果有利害 必言臣管餉句管者
朝令旣中之後 猶當上陳便否 以竢處分 何可直爲廢閣乎 徒事申飭 雖似無益
而探銀一事 自戶曹專管 管餉銀店鉛軍 一併屬之戶曹事 更爲申飭分付何如
上曰 依爲之"

이상과 같이 肅宗 13년 이래 鉛·銀店에 대한 戶曹의 專管收稅權은
누차에 걸쳐 강조되어 왔다. 그러나 軍營門과 常平廳 등은 鉛丸을 주
조하기 위하여 鉛店을 확보하려 하였고, 平安監營과 일부의 軍門들은
임의로 監官을 파견하여 設店 採取하거나 戶曹에 소속된 銀店과 銀軍
들을 침탈하기도 하였다. 결국 戶曹의 專管收稅權은 확고한 것이 아
니었으며 禁衛營을 비롯한 각 軍門과 常平廳, 咸鏡監·兵營 등이 비록
제한된 범위에서지만 설점 채취하고 있었던 것이다. 따라서 戶曹에
귀속된 鉛店들이 모두 충실한 것일 수는 없었다. 소속 銀店 60,70개소
중 稅銀을 징수할 만한 곳은 盈德·成川銀店 등 불과 몇 개소에 지나지
않았기 때문에 戶曹는 公用銀의 부족함을 여전히 면할 수 없어 銀店
을 확보하는 문제가 절실하였다.

　　肅宗 28년(1702)에 다시 戶曹判書金昌集은 軍門의 鉛店이나 監·兵
營의 鉛銀店을 막론하고 전국의 鉛·銀産地를 모두 戶曹에 귀속시키려
는 계획하에 우선 각 軍門에 소속된 鉛店을 모두 혁파하여 戶曹에 전
속시킬 것을 주장하기에 이르렀다. 그러나 이때 전술한 것처럼 禁衛
營提調職을 겸대한 行兵曹判書金構는 이미 戶曹判書로 재직한 바 있
어 銀店의 관리실태를 명확히 인식하고 있었다. 따라서 그는 戶曹가
軍門의 鉛店을 흡수하려는 데 대해 다음과 같은 반론을 펼 수 있었다.
그는 첫째, 戶曹가 전적으로 銀店을 관리해야 한다고 고집해서는 안
된다는 것이다. 鹽盆·漁箭·船隻 등의 관리 문제를 예시하면서 "만약
法典대로 준수한다면 이를 모두 戶曹가 관장해야 하지만 지금 각 宮
家나 衙門이 각각 이를 관장하고 있는 것은 사무가 번잡한 戶曹의 관
리능력에 한계가 있기 때문"이라고 지적하고, 銀店의 경우도 지금 戶
曹는 端川·盈德·成川銀店 등만 專管收稅하고 있을 뿐 그 밖의 공사간

---

6)《備邊司謄錄》52, 肅宗 28년 2월 13일. "各道銀店無處六七十處 其中設店累
　　年 而不納一錢者亦多 手持帖文 圖免軍役 橫行村間而作弊者 遍滿諸道 臣
　　待罪戶曹時 盡爲革罷 只存成川盈德等稍實者若干處矣"

에 潛設한 銀店들은 알지도 못하는 실정이라면서, 戶曹에서 파악하지 못하고 있는 鉛店들을 軍門이 수습하여 軍需에 충당하는 것이 하등 나쁠 것이 없다는 주장이었다.[7] 둘째, 肅宗 13년 이후의 鉛銀鑛業政策이 戶曹의 專管收稅制를 지향해 왔으나 軍營門의 鉛店을 모두 혁파한 적이 없으며, 또한 戶曹의 專管收稅制 자체가 銀은 戶曹에 남기고 鉛은 각 軍門으로 분송하도록 규정하였지만 그 동안 단 한 푼의 鉛鐵도 軍門에 이송한 적이 없다. 따라서 각 처의 鉛店들 중 軍門에서 직접 개발한 것은 軍門에 소속시켜 군수에 충당하도록 해야 한다는 주장이었다. 셋째, 肅宗 16년에 行兵曹判書閔黯이 주청하여 10개소의 鉛店을 禁衛營에 획급하도록 한 傳旨가 있었음에도 불구하고 지금까지 그 숫자를 다 채우지 못한 상태임을 상기시켜 軍門의 鉛店확보에 대한 정당성도 강조하였다. 그리고 이어 그는 "각 軍門은 대신들이 兼領하는 衙門인데도 戶曹가 銀店問題에 대해서는 한마디의 상의도 없이 마음대로 처리해 버린다"고 통박하였다. 이 金構의 啓本에 대하여 왕은 廟堂으로 하여금 稟處하도록 지시하였다.[8]

---

7) 《備邊司謄錄》 52, 肅宗 28년 2월 13일. "昨者 戶曹判書金昌集 以諸軍門所屬 銀店 皆令革罷 專屬戶曹之意陳達 而此事儘有曲折 敢此仰達 盖銀店雖是戶曹之所當管 而戶曹所屬旣多 其他如鹽盆漁箭船隻工匠間架楮柴材板等 收稅之額甚繁 故不能詳察處遺漏 臣待罪戶曹詳知其弊矣 凡事古今異宜 戶曹之所不能致察管攝者 軍門別爲收拾 以補軍需 亦無不可 諸宮家各衙門鹽盆漁箭船隻等 以法典言之 則孰非戶曹所當管 而今亦不能一遵法典者 良以事勢有不得已之處也 至於銀貨 我國所無 每取資於他國 我國所用 只有端川成川盈德而已 其他雖或小小吹鍊 公私潛設者 間間有之 而戶曹不知也"

8) 《備邊司謄錄》 52, 肅宗 28년 2월 13일. "且戶曹雖稱銀則歸於戶曹 鉛則分送軍門云 而其實則十數年間 元無一分鉛鐵 自戶曹移送諸軍門之事 徒爲無實之空言矣 果令戶曹收鉛分送 則戶曹亦雖爲一名五錢之銀 尙患難收 逋欠相繼 況何暇於五錢銀之外 加賦鉛鐵 連續分送于軍門乎 各處鉛店之諸軍門所自得者 因屬軍門 以補軍需 則事勢便順 以十處割給之承傳論之 未准數者尙多矣 諸軍門皆是大臣兼領衙門 於戶曹亦係上司 則設令事當革罷 亦必往復相議 得其便否之實而開陳之 以俟處分耳也"

　　그러나 4개월이 지난 동년 6월 26일에 領議政徐文重은 "銀店은 마땅히 戶曹에서 관장해야 하고 軍門에 이속하는 것이 부당한데도, 軍門은 鉛鐵을 취용할 목적으로 鉛店을 설치한다"고 지적하면서 "반드시 銀店은 戶曹에서 전관하도록 하고 鉛鐵은 戶曹가 혹 軍門으로 이송하는 것도 무방하다."고 하였다. 이때 金構의 후임으로 兵曹判書가 된 前戶曹判書李濡는 平安監司로 재직했을 때 보고 들은 銀店의 폐단을 예시한 뒤, "앞으로는 平安監司가 지금의 戶曹 소속 別將 銀軍들을 모두 혁파해 버리고, 그가 거느린 軍官 중에서 守令을 거친 자로 하여금 泉流庫를 겸찰하게 하는 동시에 또 本庫의 別將을 엄선하여 銀店을 함께 착실히 관리하도록 해야 한다"고 하면서, 他道도 銀店이 있는 곳은 역시 이와 같이 하되 銀은 戶曹에, 鉛은 軍門에 分送하도록 건의하였다. 그러나 左議政李世白이 "平安道에 있는 銀店이나 그 외 다른 道에 있는 銀店을 막론하고 銀店은 모두 戶曹에 전속시키고, 鉛鐵도 戶曹에서 관장하여 軍門에 이송함이 옳다"고 하자, 국왕도 戶曹에 전속하게 하였고 戶曹로 하여금 '節目'을 마련하여 이를 실행하도록 지시하였다.[9]

---

9) 《備邊司謄錄》52, 肅宗 28년 6월 26일. "領議政徐(文重)所啓 … 又所啓 以前兵曹判書金構所啓 各軍門所屬銀店 專屬於戶曹 事甚不便 令廟堂稟處矣 大凡採銀等事 地部當爲句管 不宜移屬於軍門 而軍門爲其取用 鉛鐵有所設置 至於採銀一款 則使之專管於戶曹 鉛鐵或自戶曹移送軍門似可矣 兵曹判書李濡曰 臣每欲以銀店事 詳達而未果 今當仰陳矣 大抵金銀者 土地所産 其利宜歸國用 不當歸之於私家 而戶曹及各軍門 各設銀店於外方 雖若着實爲之 皆入差人之囊 無一分實入於國家者矣 臣頃添西藩 聞成川多有銀穴 或得銀脈大處 則採得累萬兩 而國家所入 則每徵於元定鉛軍 鉛軍輩一年納銀五錢 而一年五錢銀之價比他役爲歇矣 至於銀穴 則別將率若干知銀脈者採出 而其所採得 雖至累萬兩 別將則取二分 軍人則取一分之外 無一入於國用者 朝廷未能詳知如此曲折 而每以設店採銀 謂之有弊 此則有不然者 他國銀貨亦欲取用 況吾土地所出 而其利不入國用 實爲無據 今宜革罷銀軍及別將 令平安監司所率軍官中 以守令曾經者 兼察泉流庫 又擇差本庫別將 以爲同力着實看檢之地 他道有銀店處 亦依此爲之 而銀則專屬戶曹 鉛則歸之軍門 似

이상과 같이 하여 肅宗 13년(1687) 이래 15년 간 끌어 왔던 戶曹의
鉛·銀店에 대한 專管收稅權의 문제가 동왕 28년(1702) 6월 26일에야 타
결되었다. 따라서 軍營門 소관하의 鉛·銀店이 모두 戶曹에 이속되었
으며 사실상 戶曹만이 設店收稅權을 갖도록 결정되었던 것이다.

2. 軍營門·守令·土豪와 戶曹 간의 設店·收稅權 紛爭

肅宗 28년(1702)의 규정은 軍門의 鉛店을 모두 戶曹에 이속시킬 뿐
아니라 각 道 監·兵營의 鉛·銀店도 모두 戶曹에 귀속시킨 조치였으며
동시에 戶曹만이 전국의 鉛·銀産地에 대한 設店收稅權을 갖는다는 원
칙을 확립한 것이다.

五軍門은 肅宗 28년의 규정에 따라 그 동안 設店採鉛해 왔던 鉛店
들을 모두 戶曹에 빼앗기고 오직 戶曹에서 분송키로 한 鉛鐵만으로
鉛丸을 주조 사용할 수 밖에 없게 되었다. 그러나 戶曹에서는 稅銀을
수취하는 데만 급급할 뿐 稅鉛을 軍門에 분송할 생각이 아예 없었다.
이 때문에 肅宗 33년(1707)에는 訓練都監의 강력한 요구로, 軍門에서도
戶曹 소관 銀店에 別將을 파견하여 鉛鐵을 수취할 수 있도록 결정하
였다. 이에 戶曹는 軍門이 稅鉛을 수취하기 위해 銀店에 別將을 파견
한다면 民弊가 크다는 이유를 들어 반대하면서 앞으로 戶曹가 稅鉛을
수취 分送할 것을 약속함으로써 軍門 소속 別將의 鉛鐵收稅案은 보류
되었다.[10]

當矣 左議政李(世白)日 若令專屬戶曹 則其間節目之可以變通者 有司之臣
自可詳量爲之 勿論平安道與他道所在銀店 盡屬戶曹 鉛鐵亦自戶曹句管 移
送軍門 似可矣 上日 專屬戶曹 使有司定其節目爲之可也"

10) 《承政院日記》905, 英祖 16년 正月 20일. "訓練院都正(具)聖任日 … 在前則本
局有銀店 以其稅鉛補用於鐵丸 壬午年移屬戶曹時鉛鐵則移送軍門事定奪
而其後不爲輸送 故丁亥年將臣 又以鉛鐵 自軍門句管之意 陳達蒙允 則戶曹
亦以各送別將 貽弊不些 鉛鐵隨所捧移送之意草記允下 前後定奪 不啻明白

　　이후 軍門에서는 戶曹와 더불어 設店 또는 收稅權을 두고 다투지
않았고 대신 1,2개소의 鉛店을 請得하는 방법을 강구하였다. 각 軍門
이 鉛店을 請得하기 위해 내세운 명분과 주장은 한결같이 鉛丸의 필
요성과 아울러 戶曹에서 鉛鐵을 分送하지 않는다는 내용이었다. 이러
한 명분과 주장으로 논란을 거듭한 끝에 軍門에서는 각기 1,2개소의
新舊鉛店을 확보할 수 있었다. 곧 肅宗 38년(1712)에는 藥房都提調李頤
命이 요청하여 禁衛營은 黃海道 谷山鉛店의 收稅權을 얻게 되었고,[11]
景宗 2년(1722)에는 守禦使朴弼夢이 요구하여 忠淸道 淸風과 丹陽의
産鉛地를 設店採鉛하게 되었다.[12] 그리고 이듬해에는 咸鏡道 高原鉛
店의 收稅權도 請得하였으며, 동왕 4년(1724)에는 御營廳에서도 全羅
道의 錦山에 鉛店을 설치하였다.[13]

　　이처럼 禁衛營·守禦廳·御營廳은 한두 곳의 鉛店을 請得하였지만
訓練都監과 摠戎廳만은 훨씬 뒤인 英祖 16년(1740)에 이르러서야 戶曹
소관 銀店의 鉛鐵收稅問題를 제기하였다. 訓練都監은 이 해 정월에
訓練大將具聖任의 요청으로 戶曹 소관 谷山銀店의 鉛鐵收稅權을 청
득하였으며,[14] 이어 摠戎廳에서도 동년 6월에 摠戎使朴纘新이 訓練都

　　本曹專以稅銀爲重 鉛鐵則初無收稅之事 數十年來 終不輸送 故軍器所用 因
　　此乏絶 事甚悶慮"
11)《承政院日記》470, 肅宗 38년 8월 3일.
12)《承政院日記》546, 景宗 2년 10월 2일.
13)《備邊司謄錄》75, 景宗 4년 5월 3일.
14)《承政院日記》905, 英祖 16년 正月 20일. "臣曾爲谷山府使時 本府亦有戶曹
　　銀店 銀鉛竝出 鐵脈豊盛 而本曹稅銀 旣有定數 至於鉛鐵 則自歸散失 誠爲
　　可惜 今此銀店移屬都監 其別將則自軍門以根幹可信人爲擇送 稅銀則依定
　　式納於戶曹 鉛鐵則隨其所出 納於都監 則於地部無所損 在本局可以連鑄銃
　　砲之丸 事甚便好故敢達 下詢入侍大臣而處之何如 上曰 此則戶曹非矣 … 俞
　　拓基曰 將臣所達好矣 谷山銀店 依所請移屬都監 而銀則使之依前納於戶曹
　　鉛則納於都監似無妨矣 聖應曰 銀店屢次請設 而朝家謂有弊不許 卽今各軍
　　門鉛鐵極貴 藥多而丸少 訓將所達好矣 上曰 鉛鐵顧重歟 有藥無丸 殆同有
　　弓無箭 將何用哉 訓將所達是矣 依爲之"

監의 例에 따라 戶曹 소관 銀店 중 한 곳을 수세할 수 있도록 요청하였는데[15] 左議政金在魯가 “訓局은 軍事上의 比重이 큰 데다 군사들이 모두 砲手들이라 鉛丸의 수용량이 많지만, 摠戎廳은 三軍門에 비해 역시 차이가 있고 또한 다른 軍門에서도 연이어 제기하면 시끄럽게 될 폐단이 있을 것이니 그만두는 것이 옳다”고 건의하여 뜻을 이루지 못하였다.[16] 요컨대 軍門에서는 肅宗 28년(1702) 6월에 鉛店을 모두 戶曹에 빼앗겼을 뿐 아니라 設店採鉛權마저 剝奪당하였으므로 비록 뒤에 한두 개소를 請得하였다고는 하나 사실상 이 시기부터 軍營門의 鉛鑛業은 침체하였다.

한편, 각 道의 監營에서도 軍門과 마찬가지로 新鑛을 찾아 銀店을 設店收稅하거나 戶曹 소관 銀店에 대한 收稅權을 얻을 수밖에 없었는데 이를 위해서는 반드시 정부의 허가를 받아야만 하였다. 곧 肅宗 28년(1702)의 조처로 각 道의 監營에서는 소관하의 鉛·銀店이 모두 戶曹에 이속되고 設店收稅權마저 剝奪당했으므로 稅銀을 수취할 길이 완전히 봉쇄되었던 것이다. 그런데 이때의 조처로 입은 피해는 監營에만 국한된 것이 아니었다. 監營 소관 銀店의 銀軍들도 일부는 戶曹에 흡수되었겠지만 그 대부분이 戶曹 소관 別將과 銀軍들에 의하여 축출되었다. 따라서 監營이나 監營 소관하의 別將과 銀軍들이 살 길은 監營에서 設店收稅權을 복구하거나 아니면 戶曹에 발각되지 않는 범위

15) 《備邊司謄錄》106, 英祖 16년 6월 15일. “特進官(摠戎使)朴纘新所啓 … 春初筵中訓鍊大將具聖任 以鉛店事有所陳達蒙允後 定送監官 稅捧鉛鐵鑄用鐵丸云矣 軍門雖有輕重 武備宜無彼此 臣營亦依都監例 得戶曹銀店一處 以臣營將校差送監官 稅銀則依數備納於戶曹 鉛鐵則自臣營捧稅 年年鑄成鐵丸則地部元不失其數 臣營武備之道 實有所益 故敢此仰達”

16) 《承政院日記》115, 英祖 16년 閏6월 18일. “(左相 金)在魯 向於講筵 摠戎使朴纘新陳達 依訓局例 劃得戶曹銀店一處 自本廳差送將校 稅銀則納於戶曹 鉛鐵則補軍需事 有所仰請 自上頗示持難之意 而有令廟堂酌量稟處之命矣 訓局則事體自別 且全是砲手 鉛丸需用特多 而摠戎廳 則比三軍門 亦似有間 且有他軍門繼起紛紜之弊 置之勿施何如 上曰 初旣示意 置之可也”

에서 몰래 設店收稅하는 도리밖에 없었다.

각 道의 監營에서는 일차적으로 設店收稅權을 획득하려고 노력하
였다. 監營에서는 관내의 戶曹 소관 銀店과 監營 소관 銀店으로서 戶
曹에 이속된 銀店들을 제외한 産銀地를 새로이 개발하여 設店收稅할
수 있도록 요청한 것이다. 이처럼 각 道의 監營은 제한적인 設店收稅
權을 요구하였지만 정부는 오직 黃海道와 平安道의 監營에만 이를 허
락하였다. 그것은 黃海道와 平安道의 監司가 '管餉使'를 겸대하고 있
다는 이유 때문이었다.

황해·평안 양도의 監司에게 관내의 戶曹 소관 銀店을 제외한 産銀
地에 한해 設店收稅權을 부여하자, 종전의 監營 소속 別將·銀軍들에
의한 銀鑛開發이 활기를 되찾게 되었다. 그러나 정부가 戶曹 소속 別
將·銀軍들로 하여금 기존의 銀店 외에 더 이상 새로운 産銀地를 찾아
設店收稅할 수 없도록 규정한 것은 아니었다. 그 때문에 監營 소속 別
將·鉛軍들에 의한 産銀地의 개발이 재개되면서부터 監營 소속 別將·
銀軍과 戶曹 소속 別將·銀軍 간에는 産銀地의 채굴권을 둘러싼 분쟁
이 치열해 갔고, 그것은 黃·平兩道의 監司와 戶曹判書 간의 관할권 다
툼으로 비화되었다. 분쟁의 원인은 대개 監營 소속 別將·銀軍들이 戶
曹 소관 銀店을 침해하는 데서 비롯되었다. 이를테면 戶曹 소속 別將·
銀軍들이 새로 발견한 産銀地를 監營에서 먼저 발견했다고 주장하고
이를 奪取한 경우거나[17) 監營에서 戶曹 소관 銀店이 설치된 産銀地域
內에 設店한 경우거나[18) 監營의 別將·鉛軍들이 戶曹 소관 銀店에서

17) 《承政院日記》530, 景宗 元年 5월 27일. "戶曹判書閔鎭遠所啓 外方各處銀店
皆屬戶曹 而黃平兩道 則以其例兼管餉之故 自前不禁監司之設店 而近來戶
曹與營門別將 每每相爭 各稱先占 別將輩之言 有難取信 而如是相爭之際
採取尤爲不實 海西則戶曹募軍 至有刑推之擧云"
18) 《承政院日記》529, 景宗 元年 2월 5일. "(閔鎭遠)又所啓 … 且平安黃海兩道
皆兼管餉 故自前道內銀店 有次知之事 本曹及道別將 每有相爭之弊 故小臣
曾爲平安監司時 詳細嫡奸形止後 戶曹及本道銀穴 各各分屬成冊 上送于戶

채굴 중인 銀穴, 곧 동일한 鑛床에 별도로 銀穴을 굴착한 경우였다.[19]

이처럼 항시 監營 所屬 別將·銀軍들의 도발로 戶曹 소속 別將·銀軍
과의 분쟁이 치열해지자, 肅宗 40년(1714)에 平安監司는 銀店 또는 銀
穴을 소관 官廳別로 구분해서 문서를 작성, 戶曹에 보내기도 하였는
데,[20] 그것은 한시적인 미봉책일 뿐이었다. 産銀地의 관할권을 둘러싼
양측 관청 소속 別將·銀軍 간의 다툼은 계속되었다. 黃海道의 경우 監
營의 別將이 戶曹 소속 銀軍들을 잡아다가 혹심한 고문을 가했는가
하면, 平安道의 成川銀店에서는 戶曹 소속 銀軍들이 개발한 銀穴을
監營의 別將이 奪取하므로 戶曹의 銀軍들이 칼을 빼들고 위협하는 사
태도 발생하였다.[21] 이처럼 監營의 別將들이 강압적으로 奪取할 때마
다 양측 別將 및 銀軍 상호간의 다툼은 치열하였으며, 戶曹 소속 別將
은 즉시 사건의 전말을 기록한 '手本'을 戶曹에 올렸고, 戶曹判書는 곧
이어 監司에게 關文을 띄워 이를 시정한 뒤 回報하도록 하였으며, 監
司의 처사가 부당했을 경우에는 이를 국왕에게 진정하였다.[22]

결국 景宗 1년(1721)에 戶曹判書閔鎮遠이 황해·평안 양도 중 平安道
의 管餉庫가 戶曹의 '分戶曹'이며 또 회계문서도 戶曹에서 관여함으로
銀店의 신설을 허락하도록 하되, 黃海道의 管餉은 업무가 전혀 戶曹

曹矣 後各守所管之穴 更無爭端矣 近來本曹所屬處 本曹鉛軍 有新得銀穴
而監營奪取收稅云"

19)《承政院日記》530, 景宗 元年 4월 30일. "戶曹啓日 … 平安道成川銀店 最稱
大店 而監營與本曹 每每相爭 甲午年間 本店銀穴 有各各分屬之事矣 上年
本曹鉛軍 新得銀穴 則監營別將 又爲奪取 鉛軍輩 至有發劍恐喝之變云 事
極驚駭 … 昨見別將手本 則又得新穴 亦爲監營別將之奪取云"

20) 제4장 註 18) 참조.

21) 제4장 註 17) 및 19) 참조.

22)《承政院日記》530, 景宗 元年 4월 30일. "戶曹啓日 … 昨見別將手本 則又得
新穴 亦爲監營別將之奪取云 若此不已 則本曹 將未採取之路 誠可寒心 上
年十月行關之事 尙無回報 雖未知其間事故之如何 而稽緩莫此爲甚 平安監
司權㒛 推考警責 答曰 允"

와 무관함으로 設店收稅를 허락할 이유가 없다고 주장하여 정부는 黃海道의 銀店을 모두 戶曹에 이속하고 監營의 設店收稅權을 剝奪하였다.[23] 이에 黃海監司金有慶은 鉛丸의 주조에 필요한 鉛鐵을 수취할 수 있도록 谷山銀店만은 되돌려 달라고 요구했지만 이 또한 거절당하고 말았다.[24] 곧 黃海監營은 景宗 1년(1721)부터 관내의 銀店을 모두 戶曹에 빼앗겼을 뿐만 아니라 設店收稅權마저 완전히 剝奪당하고 말았던 셈이다.

한편, 같은 해에 戶曹判書閔鎭遠은 平安監營 소속 別將이 戶曹 소관하의 成川銀穴을 침탈하고 칼부림한 사건에 대하여 조사 보고하도록 關文을 띄웠는데도 監司權𢢡이 끝내 회보하지 않았던 점을 들어 權𢢡을 추고하고 成川의 産銀地를 모두 戶曹에 전속시킬 것을 요청하자, 정부가 成川의 産銀地를 戶曹에 이속하도록 결정하였으며[25] 權𢢡을 推考 警責함으로써 權𢢡은 결국 辭職疏를 올렸었다. 그러나 정부가 平安監司의 직책이 중한 점과 成川의 銀産地가 戶曹에 전속된 점을 고려하여 파직시키지는 않았는데, 파직을 면한 權𢢡은 다시 淸使接待費를 구실로 삼아 成川에 別設했던 銀店을 되찾으려고 시도하였으며 정부는 이를 허락하지 않았다.[26] 이리하여 成川邑 일대의 平安監

23)《承政院日記》530, 景宗 元年 5月 27일. "戶曹判書閔鎭遠所啓 大槪關西管餉 則各以分戶曹 會計文書 無不關係於戶曹 許令隨得設店 猶有所設 而海西管 餉 則元不干涉於戶曹 何可許令別設銀店乎 自今定式 黃海道銀店 專屬戶曹 似合於事體 下詢大臣 何如 … 上曰 依爲之"

24)《承政院日記》512, 景宗 元年 7月 6일. "又所啓 此黃海監司金有慶狀啓也 … 本道銀店 專屬戶曹 而其間銀鐵店 在谷山者 本營擔當用之矣 此與關西無異 而一店有無於戶曹 無甚損益 本道則軍器鉛鐵 補用緊重 請仍屬本道云 而凡 銀店 自是地部所管 亦不可獨屬於本道 依前定奪 專屬戶曹事 分付如何 上 曰 依爲之"

25)《承政院日記》530, 景宗 元年 4月 30일.

26)《承政院日記》530, 景宗 元年 4月 30일 ;《承政院日記》530, 景宗 元年 5月 17일 ;《承政院日記》531, 景宗 元年 6月 25일 ;《承政院日記》532, 景宗 元年 7月 6일.

營 소관 銀店을 포함한 모든 産銀地가 戸曹에 이속되었다. 그러나 黃
海監營의 設店收稅權이 剝奪되어 8道 중 平安道의 監營만이 유일하게
設店收稅權을 갖고 있었기 때문에 銀鑛開發은 더욱 활기를 띠었다. 黃
海監營 소관하의 銀店이 戸曹에 이속되면서 그곳의 別將·銀軍들이 平
安道로 이동하고 그 밖의 각 道의 銀店에 종사하던 자들도 平安道로
몰려 들었던 것으로 보인다. 이 때문에 英祖 초에 이르면 이미 平安監
營 소관하의 銀店 數는 수십 개소에 달했으며 생산량 또한 戸曹가 7개
道에 보유한 銀店의 총생산량보다 많았다고 할 정도였다.[27)]

平安監營 소관 銀店이 늘어나고 생산량이 증대되자 戸曹는 淸使接
待費 등을 이유로 내세워 産銀量이 풍부한 大店만을 골라 한시적인
收稅權을 요청하거나 戸曹에 전적으로 이속하기를 요구하고 있었다.
殷山銀店은 銀軍 수만도 720명에 달했던 大店이었다.[28)] 英祖 4년(1728)
12월에 戸曹判書吳光運은 戸曹의 경비가 탕갈했다는 이유로 이듬해
정월부터 戸曹의 銀貨가 豊足할 때까지 收稅할 것을 요구하였고[29)] 이
듬해 2월에 정부는 5년 간의 한시적인 收稅를 허용하였다.[30)] 이를 통
고받은 평안감사는 戸曹에서 別將을 파견하지 말 것을 요구하고 매월
30兩씩 監營에서 직접 수납하겠다는 내용으로 회보하였다. 그러나 정

---

27) 《承政院日記》676, 英祖 4년 12월 17일. “吳光運 以戸曹言啓曰 … 年前八道
　　銀店之京外各營門所屬者 一併革罷 專屬本曹事 楬前定奪 而至於平安道 則
　　以管餉重地 道內數十處銀店 不爲許屬矣 卽今則銀貨出處 尤無其路 本道銀
　　店 比八道最多 本曹屬七道銀店 不能當平安一道 其中一處 雖屬本曹 於本
　　道 別無所損 殷山銀店 限本曹銀貨稍有間 許屬本曹 自明年正月爲始 收稅
　　補用事分付本道 何如 傳曰 廟堂稟處”
28) 殷山銀店의 年總稅銀이 360兩이므로 銀軍每名當 5錢씩으로 換算하면 720
　　名 分이 된다.
　　《備邊司謄錄》52, 肅宗 28년 6월 26일 ;《承政院日記》679, 英祖 5년 2월 21일.
29) 제4장 註 27) 참조.
30) 《承政院日記》678, 英祖 5년 2월 3일. “權益淳 以備邊司言啓曰 … 殷山縣銀
　　店 限五年許屬本曹 俾得收稅補用 恐合事宜 平安監司處 以此分付何如 傳
　　曰 允.”

부는 다시 논의한 끝에 元定稅銀만으로는 경비에 도움이 안된다는 이유로 모든 雜稅까지도 戶曹에서 專管收稅하기로 하는 대신 別將은 파견하지 않기로 하였다.[31] 하지만 평안감사가 계속 元定稅額만을 수납하였기 때문에, 이듬해인 英祖 6년(1730) 5월에 정부는 戶曹에서 元定稅額과 잡세 등을 專管收稅하도록 다시 결정하고 算員을 현장에 파견하여 稅額을 算定하도록 하였다.[32] 이때 평안감사는 算員을 銀店에 근접하지도 못하게 하였고 監營 소속 別將을 파견하여 여전히 元定稅額만을 수납하였다. 그런데, 마침 새로 平安監司에 임명된 金取魯가 戶曹判書 몰래 국왕에게 요청하여 殷山銀店을 계속 監營의 소관하에 두고 매월 50兩씩 戶曹에 납부하기로 허락받고 부임해 버렸던 것이다. 이 때문에 동년 11월에 戶曹判書金東弼은 우선 前監司가 정부의 명령을 이행하지 않았고 또 왕명을 받고 파견된 算員을 물리친 행위를 규탄하여 추고하도록 요구한 다음 殷山銀店은 戶曹에서 주관 收稅하되 路稅 및 雜稅도 監營에서 관여하지 못하도록 요청하였다.[33] 이에 前監司는 從重推考하였고, 殷山銀店은 戶曹가 專管收稅하기로 확정되어 동왕 13년(1737) 11월까지 戶曹에서 관리 收稅하였다.[34] 그리고 동왕 13년 2월에는 戶曹判書金東弼이 왕에게 요청하여 신설한 大店이던 平安監司 소관하의 祥原銀店도 완전히 戶曹에 이속하였다.[35]

---

31) 《承政院日記》679, 英祖 5년 2월 21일. "(徐)宗鎭日 卽今平安道殷山銀店 極爲豊盛 其利甚博 本曹堂上 以地部句管之意上達 備局回啓 許以限五年句管矣 聞本道監司 移關戶曹 勿使本曹送差 自本營捧銀上送 而每朔限以三十兩 … 上日 平監所送之數 果爲零星 限五年 專使戶曹主管 別將則勿送可也"

32) 《承政院日記》706, 英祖 6년 5월 1일. "又以戶曹言啓日 … 依前定奪 自本曹專管收稅 而至於路稅等各樣雜稅 本道更勿干涉自本曹一體收稅 … 發遣算員 摘奸其兩店形止後 所收之稅 知數以來之意 竝爲分付本道何如 傳日 允"

33) 《備邊司謄錄》88, 英祖 6년 11월 25일 ; 《承政院日記》714, 英祖 6년 11월 18일 ; 《承政院日記》714, 英祖 6년 11월 24일 ; 《承政院日記》714, 英祖 6년 11월 27일.

34) 《承政院日記》862, 英祖 13년 11월 15일.

이상과 같이 平安監營이 道內의 産銀地에 대한 設店收稅權을 행사
하고 있었지만, 成川의 産銀地에 別設한 銀店을 戶曹에 빼앗겼고 殷
山銀店의 收稅權도 7년여에 걸쳐 戶曹에 넘겨줄 수밖에 없었으며 신
설한 祥原銀店도 奪取당하고 말았다. 그것은 결국 戶曹가 淸使接待費
와 公貿易價등 淸과의 외교 무역에 필요한 많은 양의 銀貨를 지출해
야 하였으므로 戶曹判書의 요청을 국왕이나 대신들이 적극 수용하였
던데에 기인하였다.

肅宗 28년(1702)의 조처로 戶曹가 專管收稅權과 設店收稅權을 독점
하자 設店收稅權이 뒤에 복구된 황해·평안 양도나 設店收稅權이 剝奪
된 6개 道는 모두 관내의 戶曹 소관 銀店에 대하여 雜稅의 수탈행위를
감행하였다. 기록상 監營이 戶曹 소관 銀店에 잡세를 처음으로 부과
징수한 곳은 黃海道의 遂安銀店이었다. 黃海道의 監營에서는 肅宗 42
년(1716)에 遂安銀店에 差人을 파견하여 風爐稅·幕稅·路稅 등 각종 명
목의 잡세를 부과하였다.[36]

그리고 英祖 13년(1737)에는 咸鏡監營이 高原銀店에 '穴稅'를 부과
하고 있었다.[37] 이들 잡세는 주로 監營에서 裨將을 파견하거나 당해

---

35) 《承政院日記》483, 英祖 13년 2월 25일. "(金)東弼日 … 今聞祥原地銀店 乃是
近來新設處 而店勢頗實云 各道銀店之專屬地部旣是事目 見今本曹形勢 又
如是切急 特令許屬於本曹 以爲收稅補用之地 … 上日 果是已設之店 則使之
專屬地部爲宜 依所請以此分付可也"

36) 《備邊司謄錄》69, 肅宗 42년 11월 22일. "戶曹判書權尙游所啓 銀店專屬戶曹
他衙門不得設店 採銀之處 亦自戶曹徵稅 分給軍門等處事 前後定奪 不啻申
嚴矣 黃海道遂安地 自近年戶曹差定別將 設店採銀 而聞黃海監營 亦送差人
稱以風爐稅幕稅路稅 各樣各色 徵捧多端 以此店所募軍 不能支堪 且多別將
同在一處 事多拘碍 依前後定奪 本道監營收稅等事 一切革罷 自戶曹專爲句
管何如 上日 依爲之"

37) 《承政院日記》483, 英祖 13년 2월 25일 ; 《備邊司謄錄》101, 英祖 13년 2월
28일. "戶曹判書金東弼所啓 … 且高原銀店 自是本曹句管處 而年前因本道設
賑 一時許借 今已還屬本曹 而本道稱以穴稅 差送別將 疊侵其稅 鉛軍輩 兩
處納稅 不能支堪 地部銀店之營門混侵 事體不當 今宜分付本道 所差別將

邑이 監官을 파견하여 수취하였다.[38] 그러나 營·邑이 戶曹 소관 銀店에서 수취하던 잡세는 戶曹와의 분쟁 끝에 대부분이 戶曹의 收稅種目으로 전환되어 갔다. 앞서 黃海道의 遂安銀店을 위시하여 시한부의 收稅權만 획득한 平安道의 殷山銀店과[39] 咸鏡道의 高原[40]·文川銀店,[41] 慶尙道의 密陽銀店[42] 등의 戶曹 소관 銀店에 대한 잡세가 모두 戶曹의 收稅名目으로 전환되고 있었다.

잡세의 징수권마저 剝奪되자 設店收稅權이 없는 각 道의 監營에서는 진휼비의 조달문제를 이유로 戶曹 소관 銀店의 收稅權을 請得하고 있었다. 이를테면 咸鏡道와 慶尙道는 한시적인 收稅權을 請得하였고[43] 咸鏡道는 다시 군사비 조달을 이유로 高原銀店의 수세권을 요구하기도 하였다.[44] 이처럼 각 道의 監營에서는 숙종 28년의 조처로 소관하의 銀店을 戶曹에 빼앗기고 황해·평안 양도를 제외한 각 道가 設店收稅權마저 剝奪되자, 잡세를 수취하거나 또는 한시적인 收稅權을 도모하였지만 끝내는 收稅權이 戶曹에 귀속되고 말았다.

設店收稅權이 없었던 각 道의 營邑에서는 이처럼 戶曹 소관 銀店

即令罷去 俾得專意納稅於本曹爲宜 分付兩道何如 上曰 高原則本道事非矣 使之專屬於本曹"

38)《承政院日記》630, 英祖 3년 正月 5일. "都承旨兪崇日· … 且北路素無明火賊 自設店之後 無賴之漢 成群投入 竊發之患 比比有之 以此監營例送褊裨 一體照管 故謂之分差 而其實則非分差也"
《承政院日記》654, 英祖 4년 正月 30일. "上曰 所謂路稅何也 光佐曰 文川有銀店 萬人會焉 遣人監採 有收稅之錢 一月之捧有數 故雖貪吏 不得加捧焉 路稅則屬于本官 銀店則屬于戶曹 近來俸銀 不得一一 多爲監官輩潤橐云矣"

39) 제4장 註 32) 참조.
40) 제4장 註 37) 참조.
41)《承政院日記》630, 英祖 3년 正月 5일.
42)《承政院日記》654, 英祖 4년 正月 30일. "戶曹判書權以鎭日 文川密陽申飭事 何以爲之 上曰 自本曹 發關申飭 而如不奉行 則更爲草記可也"
43)《備邊司謄錄》87, 英祖 6년 4월 29일 ;《備邊司謄錄》92, 英祖 8년 11월 21일.
44)《承政院日記》845, 英祖 13년 3월 26일.

에서 잡세 등을 수탈하거나 收稅權을 도모하는 한편 戶曹의 감시를
피해 가면서 銀店의 設店收稅도 감행하고 있었다. 英祖 8년(1732)에 前
黃海監司金在魯가 재임시에 "戶曹가 포기한 舊穴이나 戶曹에서 모르
고 있는 新穴이 있으면 別將을 차송하여 設店收稅하다가 戶曹에서 이
를 알고 關文을 발송하면 감히 다투지 않고 내놓았다"[45]고 밝혔듯이
設店收稅權이 剝奪된 각 道의 監營에서는 戶曹 몰래 銀店을 設店收稅
하였고 발각되는 즉시 戶曹에 빼앗기고 있었다. 곧 英祖 3년(1727)에
咸鏡監營이 戶曹에 빼앗겼던 文川銀店은 원래 本道의 別將과 鉛軍들
이 수개월 동안 채굴했던 곳이고,[46] 동왕 7년(1731)의 咸鏡道 定平銀店
도 土豪가 私採하던 중 戶曹에 발각된 곳이며,[47] 동왕 14년(1738)에 빼
앗긴 江原道의 三陟銀店도 수년 전부터 監營에서 設店收稅해 온 곳이
며,[48] 또 동년의 黃海道 文峴銀店도 비슷한 경우였다.[49]

　　그러나 設店收稅權을 갖지 못한 각 道는 戶曹 소관 銀店에 대한 잡
세의 수탈도, 戶曹소관 銀店 외의 設店收稅도 모두 성공할 수 없었으
므로 일찍부터 戶曹의 設店行爲 자체를 防塞해 왔다. 각 道의 營·邑이
戶曹의 銀店 설치를 防塞한 사유는 景宗 1년(1721) 이전과 이후가 상이
하였다. 이전에는 戶曹 소속 別將·銀軍들의 각종 作弊와 아울러 銀軍
들에게 軍役과 烟役을 감해준 사실 때문이었다. 따라서 戶曹에서는
別將과 銀軍들의 행동을 규제하고 각 邑의 良役問題를 해결하여 營·
邑의 防塞行爲를 막으려고 하였다. 곧 景宗 1년 2월에 戶曹判書閔鎭遠
은 別將과 銀軍들의 작폐행위는 守令이 本司에 보고하여 法에 따라
治罪하고 鉛軍은 烟役만 減免하고 身役은 減免하지 않기로 국왕에게

45) 《備邊司謄錄》 92, 英祖 8년 11월 21일. "戶曹所棄之舊穴 及戶曹未及聞之新
　　穴 或暫差送別將 及其自戶曹聞知而發關 則不敢相坑 無辭出給矣"
46) 《承政院日記》 630, 英祖 3년 正月 5일.
47) 《備邊司謄錄》 90, 英祖 7년 10월 12일.
48) 《承政院日記》 866, 英祖 14년 正月 4일.
49) 《承政院日記》 882, 英祖 14년 12월 25일.

요청하였고 국왕의 허락을 받아 시행하도록 되었다.[50]

　이 때문에 景宗 1년(1721) 이후에는 別將과 銀軍들의 작폐나 양역문제가 防塞의 이유로 제시되지 않았다. 따라서 營·邑에서는 새로운 防塞 사유를 찾기에 급급한 모습이었다. 防塞하는 절차는 守令이 監司에게 보고하고 監司가 정부에 탈보하는 것이 통례였지만 守令들이 때로는 御使에게 의뢰하거나 때로는 重臣에게 부탁하여 직접 왕에게 보고되고 있었다. 守令의 防塞 행위를 규제하는 왕명이 내려진 뒤 이듬해 景宗 2년(1722) 2월에 慶尙左道御使徐鐘燮이 義城銀店은 官衙에서 5리가량 떨어진 山城의 主脈에 위치해 있고 盈德銀店도 官衙에서 2,3리 떨어진 社稷壇 근처라는 이유를 들어 이를 모두 폐쇄하도록 하였고[51] 英祖 5년(1729) 7월 江原道의 淮陽銀店은 本府의 府使가 烽臺에 가깝다고 防塞했던 곳인데 纂集廳堂上宋寅明이 烽臺에 가깝다는 이유보다는 산악지대인 그곳에 銀店이 개설되면 무뢰배가 모여들고 도적이 발생하여 후환이 두렵다는 이유를 들어 이를 혁파할 것을 주장하여 폐쇄되었다.[52]

　이처럼 현지의 守令들에 의해 제시되었던 防塞의 이유가 모두 銀店을 개설하지 못할 만큼 절실하지 않았기 때문에, 戶曹에서는 그것을 守令들이 防塞할 목적에서 꾸며낸 것으로 이미 간주하고 있었다. 한편, 守令들의 이러한 防塞 행위가 守令의 독자적인 의사에서 행해진 것만은 아니었다. 英祖 4년(1728) 8월 咸鏡道의 安邊銀店은 府使가

50)《承政院日記》529, 景宗 元年 2月 5일. "閔鎭遠又所啓 今後各邑産銀之處 守令切勿禁斷 別將鉛軍輩 如有作弊之端 則守令報本司 依法治罪 鉛軍之減烟役 勿減身役 則在各邑 別無所害"

51)《度支志》外篇 8, 版籍司 財用部 金銀事實.

52)《承政院日記》668, 英祖 5년 7月 19일. "世稱銀店近處本多盜賊云 以其無賴輩之多聚也 臣謂岩阻之地 不宜多聚無賴 貪小利而貽後患 非計之得 況聖上新有銀店革罷之命 而該曹一邊開店於峽民不願之地 尤極不當 令該曹 卽罷淮陽新店 勿送別將何如 上曰 依爲之"

'앞으로 폐단이 있을 것'이라는, 또는 '邑基의 來脈'이라는 등의 사유
를 들어 防塞하였지만, 戶曹에서는 府使가 "民人들의 訛傳된 말을 듣
고 고의로 말을 꾸민 것이며 실상과는 다르다"고 상주하였다.[53] 곧 守
令이 防塞하는 이면에는 "民意"가 숨어 있었던 것이다. 이러한 民意의
소재를 파악하는 데는 우선 같은 해의 忠淸道 韓山銀店을 예시할 수
있다. 당초 戶曹가 別將을 파견하여 守令과 함께 産銀地를 조사한 뒤
에 守令이 올린 보고서에는 "銀脈이 풍성하다"고 했던 곳인데, 얼마
후 戶曹가 設店하려 하자 한 土豪가 나타나 "자기 집의 養山"이라고
하면서 設店을 防塞하였으며 守令도 土豪를 비호하여 設店을 허락하
지 않았던 것이다.[54] 결국 守令들이 戶曹의 設店을 방해하는 이면에
는 土豪들의 영향력이 크게 작용하였던 것이다. 土豪는 농토뿐만 아
니라 광대한 산지를 점유한 대지주들로서 産銀地 또한 그들의 소유지
내에 속해 있었던 것이다. 土豪들은 鄕內에 많은 親知와 佃戶들이 집
단 거주하여 鄕內의 여론을 좌우하였고 守令과 鄕吏들과도 결탁하고
있었다. 따라서 土豪들은 戶曹의 設店이 이롭지 못하면 즉시 邑民의
여론을 주도하여 守令들로 하여금 監司에게 議送하게 하고 監司는 정
부에 頗報해온 것이다. 이러한 당시의 사정은 英祖 6년(1730)에 吏曹判
書宋寅明이 그가 오래도록 外職에 있으면서 경험한 사실을 왕에게 보
고한 가운데에서도 드러나고 있다. 그는 "産銀地가 반드시 民弊가 될
곳이 아니더라도 土豪의 墳山이거나, 鄕校·書院에서 가까운 곳이면
民弊를 구실 삼아, 무리를 이끌고 訴狀을 올렸으며, 守令은 民情에 따

---

53) 《承政院日記》 669, 英祖 4년 8월 19일 ; 《備邊司謄錄》 84, 英祖 4년 8월 19일 ;
　　《承政院日記》 684, 英祖 5년 5월 2일 ; 《英祖實錄》 22, 英祖 5년 5월 己巳.
54) 《承政院日記》 662, 英祖 4년 5월 28일. "趙德隣以戶曹言啓曰 近來經費蕩竭
　　之中 銀貨一種 尤無出處 專靠於銀店之收稅 而卽聞忠淸道韓山地 銀脈露出
　　極爲豊盛云 故自本曹 差送別將 與本官銀脈盛殘 使之眼同査報 則本官初以
　　銀脈之豊盛 有所報來矣 及其設店採取之際 有一土豪 稱以其家養山處 多般
　　作戱 使不得接跡 本官 亦爲曲護土豪 不許設店"

르기를 힘써 巡營에 보고하게 되고 巡營에서는 진실로 民弊가 있는
줄 알고 한결같이 防塞한다"고 하면서, 정부가 가벼이 浮議에 매료되
어 무진장한 이익을 상실해서는 안된다고 경고하였던 것이다.[55]

그런데 土豪들의 防塞 행위가 모두 이상과 같은 이유에만 근거한
것은 아니었다. 때로는 土豪들 자신이 사사로이 銀店을 경영하기 위
하여 戶曹의 設店을 방해하고 있었다. 咸鏡道 定平府의 産銀地는 英
祖 6년(1730) 12월에 銀軍 2명이 潛採를 도모하다가 定平府의 官員에게
체포되어 刑推당한 곳이었다.[56] 이때 戶曹에서 설점하려 하였으나 監
司가 탈보하여 방치된 채 있었는데, 그 사이에 本邑의 土豪가 生銀數
十駄를 채굴했다가 戶曹의 別將에게 발각되었던 것이다.[57]

곧 定平府에서 潛採者를 刑推하고 戶曹의 設店을 防塞한 것이 토
호의 요청에 따른 것이었고 또 土豪의 私採행위를 비호할 목적으로
취해졌다고 하겠다. 이처럼 토호와 수령이 결탁하여 감사로 하여금
탈보하게 하거나 言官이나 重臣을 통해 방해하였던 것이다. 戶曹가
한편으로는 설점을 방해한 토호들을 처벌하고[58] 또 한편으로는 別將
대신 算員을,[59] 심한 경우에는 郎廳을 현지에 파견하여 설점하려 하였
다.[60] 그러나 앞에 예시한 은점들 중 德山·韓山·定平·三陟·文峙銀店

55) 《備邊司謄錄》90, 英祖 7년 10월 12일. "吏曹判書宋寅明曰 … 産銀之處 空棄
可惜 未必爲民弊 而或近土豪墳山 校院坐地 則民人等 稱以有弊 必相率呈
狀 守令務循民情 報于巡營 巡營則認以爲眞有民弊 而一例防塞 朝家不必輕
賣於浮議 而失其無盡之利也"
56) 《巡歷日錄》8.
57) 《備邊司謄錄》90, 英祖 7년 10월 12일. "咸鏡道定平地 新出銀脈 故頃自本曹
試爲設店 則銀脈之盛大 果如所聞 而因本道頉報 姑爲置之矣 今聞本府土豪
輩 潛採生銀數十駄 現捉於本曹別將處"
58) 《承政院日記》662, 英祖 4년 5월 28일 ;《備邊司謄錄》90, 英祖 7년 10월 12
일.
59) 《承政院日記》684, 英祖 5년 5월 2일 ;《英祖實錄》22, 英祖 5년 5월 己巳.
60) 《承政院日記》664, 英祖 4년 6월 25일 ;《承政院日記》684, 英祖 5년 5월 2일 ;
《英祖實錄》22, 英祖 5년 5월 己巳 ;《備邊司謄錄》90, 英祖 7년 10월 12일.

만 설치하였고 義城·盈德·淮陽·安邊銀鑛등은 특별한 사유 없이 설점
하지 못하였다.

　그런데 설점의 방해가 반드시 토호·수령들에 의해서만 이루어진
것은 아니었다. 당시의 국왕이던 英祖의 鑛業觀 또한 크게 작용하였
다. 英祖는 銀店이 '內憂' '外患'을 초래할 소지가 있는 곳으로 여겨왔
다. 英祖 4년(1728)에 그는 李麟佐亂을 겪은 바 있었고, 淸과는 越境事
件이 자주 일어났었다. 따라서 무뢰배나 도적들이 일시에 운집하는
은점의 신설을 특히 꺼려하여[61] 同王 5년(1729)의 淮陽銀店도 이 때문
에 설점을 허가하지 않았다.[62] 朝·淸 국경에 인접한 곳의 설점도 철저
히 규제하였다. 같은 해에 咸鏡道 安邊銀店의 新設을 禁한 이유가 곧
국경수비가 허술해진다는 데 있었다. 이때 英祖는 安邊銀店 뿐 아니
라 咸鏡道의 銀店을 모두 철폐하라고 명령하였던 것이다.[63] 이처럼 英
祖는 자신의 지배체제에 대한 불안을 느끼고 있었기 때문에 수많은
銀軍들이 운집하는 銀店의 신설과 국경 근처의 設店을 꺼려하였다.
그는 신하들이 아예 設店을 건의하지 못하도록 하기 위하여, 唐 太宗
때 御使權萬紀가 採銀하기를 청하자, 임금을 道義에 합당하게 인도하
지 못했다고 하여 太宗이 "數百萬民을 얻는 것이 한 사람의 賢才를 얻
는 것만 같지 못하다"고 했던 故事를 즐겨 인용하였던 것이다.[64]

---

61)《承政院日記》630, 英祖 3년 正月 5일 ;《承政院日記》483, 英祖 13년 2월 25
　일 ;《備邊司謄錄》101, 英祖 13년 2월 28일.
62) 제4장 註 52) 참조.
63)《英祖實錄》22, 英祖 5년, 4월 戊申. "命承旨書傳敎 停安邊採銀 上日 因文義
　有所悟矣 權萬紀職在御史 以採銀爲請 有非引君當道之義 太宗以爲 與其多
　得數百萬緡 不如得一賢才者 深得帝王之體 大抵採銀於度支雖日有得 於小民
　實爲巨弊 徒爲商賈之罔利 邊禁之不嚴 亦由於此 北關銀店停罷事 分付戶曹"
64)《承政院日記》684, 英祖 5년 5월 4일. "上日 今因文義 有所覺悟於心者矣 唐
　之權萬紀 職在御使 至以採銀爲請 有非引君當道之義 而太宗以爲 與其多得
　數百萬緡 不如得一賢才云 深得帝王之體矣 向者自度支謂以北關有銀脈 而
　請爲設店 有所草記 循例啓下矣 大抵採銀 於度支雖日有得 於小民實爲巨弊

3. 英祖 16년(1740) '經稟設店'法의 제정과 別將制의 쇠퇴

英祖가 內憂와 外患을 두려워 하여 銀店의 신설과 邊境의 설점을 규제하고 아예 設店을 건의하지 못하도록 御使權萬紀의 故事를 들추게 되자 大臣과 重臣 중에도 英祖의 鑛業觀에 영합하는 자들이 늘어났다. 英祖의 광업관을 가장 먼저 간파하고 실천에 옮긴이는 左議政 俞拓基였다. 英祖16년(1740) 1월에 俞拓基는 은점의 폐단문제와 그 규제 방안을 조목조목 간추려서 제기하였다.

銀店의 폐단을 그는 첫째, 銀店이 깊은 산골에 설치되어 산을 모두 벌집처럼 착굴하고 수목을 벌채하여 벌거숭이로 만들기 때문에 火田과 더불어 강물을 메마르게 하는 주원인이 된다는 것이며, 둘째, 銀店의 坑道가 십여 丈 또는 수십 丈에 달하여 銀軍들 가운데 압사자가 속출하지만 屍身마저 찾아내지 못하는 실정이라는 것이며 셋째, 四方의 遊衣遊食하는 무뢰배가 몰려들어 싸우고 살상하고 도적질하는 일들이 끊일 사이가 없으니 明末 流賊의 亂이 鑛稅로 말미암아 일어났던 사실을 고려할 때 매우 걱정된다고 지적하였다. 그리고 그는 이를 규제하기 위해서는 이미 설치된 銀店을 갑자기 혁파할 수 없지만 앞으로 戶曹나 각 軍門 및 각 營, 각 邑을 막론하고 朝令을 받지 않고 임의로 설치한 자가 있으면 각별히 중죄로 다스린다는 규정을 마련하여 엄격히 분부해야 한다고 주장하였다. 이때 英祖는 "宣祖가 항시 '立馬吳山第一峰'의 詩句를 감명 깊게 여겼는데 지금 卿의 말을 들으니 감개함이 그지없다"고 하고 俞拓基의 제안에 적극 찬동하였다.[65] '立馬

徒爲商賈之罔利 兩國邊禁之不嚴 亦由於此 且今判書 雖爲收拾以置 後之爲度支者 亦安知其能繼而遵守耶 北關銀店停罷事 分付戶曹可也 出擧條 侍講官申致雲曰 今因文義 有此銀店革罷之事 臣實欽歎矣 因此而益加勉焉 上曰 當留意焉"
65) 《承政院日記》 905, 英祖 16년 正月 20일. "拓基曰 臣待罪地部時 以銀店事 欲

吳山第一峰'의 시구를 英祖는 明末 流賊의 亂이 鑛稅로 인해 일어나
고 그것이 淸의 침입을 자초한 사실과 연결지어 이를 감명 깊게 받아
들인 것이다. 어떻든 이때 銀店의 新設을 규제한 조치는 처벌규정까
지 덧붙여 하나의 법령으로 명문화되었고 그 내용은《續大典》에 "本
曹와 各軍門 및 外方의 各營 各邑을 막론하고 朝廷에 稟達하지 않고
銀鉛店을 신설한 자는 道臣 이상을 罷職하고 守令 以下는 拿問한다"[66]
고 등재되었다.

　　이 '經稟設店'法은 18세기 후반기 鉛·銀鑛業의 발전을 여러 모로 규
제하였다. 本法의 성립으로 첫째, 戶曹와 平安監營은 기존의 銀店에
대한 收稅權만 인정될 뿐 종래 독자적으로 행사해 왔던 設店收稅權이
剝奪되었다. 숙종 28년의 조처 이후 戶曹는 전국의 산은지에 대하여,
平安監營은 관내의 산은지에 대하여, 임의로 은점을 신설할 수 있는
권한을 지니고 있었다. 戶曹는 다만 營·邑에서 設店을 防塞하거나 銀
店을 침해할 때 그리고 本曹가 他衙門의 銀店을 奪取하거나 收稅權을
한시적으로 획득하기 위해서만 국왕의 허락을 받고 있었다. 그러나
앞으로는 戶曹도 軍門이나 營·邑과 마찬가지로 임의로 設店收稅할 수
없게 되었고, 혹 舊店을 흡수하고 新店을 설치하려 해도 반드시 국왕
에게 稟達하여 허락을 받아야만 하게 된 것이다. 둘째, 숙종 28년의 조

　　一稟達而未及矣 言端旣發 敢此仰陳 盡山澤之利歸於公家 採取銀鉛 豈不誠
好 而但設店之弊 有不可勝言者 此皆設置於深山巨谷之中 而掘鑿全山 殆似
蜂窠 寸草不留 渾成赭 山近來江流之涸淺 半由於火田 半由於設店 況且深
則十餘丈或數十丈 故民人輩採銀入穴 往往多人壓死 屍身亦不得掘出 且四
方遊衣遊食無賴之輩 群萃於此 殺越寇盜之弊鬪閧可駭之事 亦不可盡計 雖
以古事言之 皇明末年 因鑛稅致有流賊之亂 此尤不可不深慮處也 旣設之店
雖不可卒罷 而此後則勿論戶曹各軍門及外方各營各邑 如有不稟朝令 任自
新設銀鉛店者 則各別重罪之意 別爲定式 嚴飭分付何如 上曰 先祖每有感於
立馬吳山第一峯之詩 而今聞卿言 感慨尤切 銀店之弊 果至於人或壓死也"
66)《續大典》戶典, 雜稅條. "勿論本曹各軍門及外方各營各邑 如有不稟朝廷 新
　　設銀店者 道臣以上罷職 守令以下拿問"

처가 戶曹의 專管收稅權과 設店收稅權을 공인한 것에 불과하지만 이
'經㠯設店'法은 엄중한 처벌 규정을 명시한 법조문이었다. 따라서 전
에는 設店收稅權이 배제된 軍門이나 營·邑에서도 국왕의 허락 없이
사사로이 設店收稅하거나 심지어는 私採마저도 비호해 왔다. 그리고
그것이 戶曹에 발각되지 않는 한 계속 채굴될 수 있었고 혹 발각되더
라도 戶曹에 빼앗기기만 하고 私採者만 처벌되었을 뿐 官長이 처벌되
지는 않았다. 그러나 이 이후에는 戶曹는 물론 모든 軍門과 營·邑에서
국왕의 허가 없이 사사로이 설점수세하거나 私採者를 비호했다가 발
각되면 이 禁令에 의하여 처벌받게 된 것이다.

　이처럼 '經㠯設店'法의 취지가 銀店의 신설을 규제하는 데 있었기
때문에, 이후에 戶曹는 우선 舊店을 흡수하는 방안을 모색하였다. '經
㠯設店'法이 제정된 지 10여 개월 뒤인 같은 해 11월에 戶曹判書金始
炯은 황해·경상감영에서 舊店을 復設, 收稅해 왔던 平山銀店과 安東
銀店을 국왕에게 요청하여 모두 戶曹에 귀속시켰고[67] 이듬해 11월에
도 戶曹는 忠原의 産銀地가 禁令 이전에 이미 設店收稅하기로 결정되
었지만 本道의 防塞으로 뜻을 이루지 못한 곳임을 강조하고 郞廳을
파견, 嫡奸한 뒤 設店할 것을 요구하여 허락받았다.[68] 그리고 숙종 28
년(1752)에는 江原監營에서 설점수세해 왔던 三陟銀店도 奪取하였던
것이다.[69] 곧 이상 4개소의 銀店은 監營에서 設店收稅하던 곳이거나
이 禁令이 하달되기 전에 試探한 곳 등, 新設이 아님을 이유로 設店
또는 收稅가 가능하였다. 그러나 英祖가 설점을 꺼려하는 입장에 차
츰 大臣들도 영합하기 시작하였으므로, '經㠯設店'法 이전에 試探한

67)《承政院日記》924, 英祖 16년 11월 20일. "(金)始炯曰 山澤之利 皆屬地部 而
　　銀店新設 因大臣陳達 雖已防塞 似聞平山安東等地 有舊店復設者 自監營收
　　稅云 有違法意 一併屬之戶曹 以補經用何如"
68)《備邊司謄錄》109, 英祖 17년 11월 30일.
69)《備邊司謄錄》109, 英祖 28년 7월 16일.

곳이라고 해도 반드시 설점이 가능했던 것은 아니었다. 앞서 밝혔듯
이 淮陽銀店은 英祖 5년(1729)에 纂集廳堂上宋寅明이 무뢰배의 운집과
도적의 발생을 이유로 설점을 방색한 곳인데,[70] 이 무렵 戶曹에서 사
사로이 설점수세하고 있었다. 이 사실을 탐지한 左議政宋寅明은 英祖
16년(1740) 11월에 이르러 戶曹의 이곳 設店이 왕명을 받지 않았다는
약점을 잡아 폐쇄하기를 요구하였고, 英祖도 '立馬吳山第一峰'을 환기
시키면서 특히 淮陽은 국가의 산맥이라고 하고 이를 혁파하도록 하였
다.[71] 이듬해에는 廟堂에서 다시 이곳 銀店의 설치를 허락하도록 요
청하였는데 英祖는 "銀은 먹을 수도 입을 수도 없는 물건인데 후세의
왕들에게 이것이 侈心을 계발한다면 큰 폐단이 되지 않겠는가"라고
하고, 또한 淮陽이 국가의 산맥에 위치하여 굴착할 수 없다고 묵살하
였다.[72] 그러나 동년 11월에 戶曹에서 다시 요청하여 마침내 設店이
허락되었는데,[73] 이듬해 정월 特進官朴文秀가 '民弊'가 된다고 주장하
여 철폐하고 말았다.[74]

　이처럼 戶曹는 英祖와 俞拓基, 宋寅明, 朴文秀 등의 설점 저지로
'舊店'마저 흡수하기 어려웠지만, 이후에도 李宗白, 洪鳳漢, 洪麟漢 또
한 英祖의 鑛業觀에 철저히 영합하여 新店을 설치하기가 더욱 어려워
졌다. 英祖는 銀店을 내우와 외환의 근원지로 파악하였고, 언제나 '立

---

70) 제4장 註 52) 참조.
71) 《承政院日記》924, 英祖 16년 11월 20일. "(宋)寅明曰 凡有朝令 得失間未改
　　定之前 所當依其令擧行 向來俞判府事 以銀店新設 一切防塞事定奪 無論利
　　害之何如 宜不敢私自設店 而聞淮陽方有設店採銀使 此地許設 或自中間私
　　設 俱未可知 而果如所聞 則不可置之 戶判方入侍 使之査處 何如 上曰 所謂
　　銀穴廣乎 銀脈必深入地中 掘得似難 而其形似石乎 寅明曰 或似石塊 或似
　　沙礫 而鍊成銀云矣 上曰 豈不聞立馬吳山第一峯之句乎 國有此等之物 甚是
　　不佳 且淮陽是山脈 尤不可設店 卽令行査禁之可也"
72) 《增補文獻備考》160, 財用考 7 附金銀銅 (英祖 17년).
73) 《備邊司謄錄》109, 英祖 17년 11월 30일.
74) 《備邊司謄錄》110, 英祖 18년 正月 7일.

馬吳山第一峰'을 되뇌이면서 銀店의 신설을 防塞하고 있었다. 곧 英祖
27년(1751)의 理山·碧潼과[75] 동왕 30년(1754)의 綾州,[76] 동왕 37년(1761)의
永興,[77] 동왕 40년(1764)의 昌城 등지가 모두 '立馬吳山第一峰'을 경계하
여 設店을 防塞한 곳이다.[78] 그 밖의 사유로 防塞된 곳은 토착양반들
이 방색한 英祖 35년(1769)의 南陽과[79] 英祖 39년(1763)의 咸昌銀店[80] 등
이었다.

　이와 같이 舊店의 흡수도 新店의 설치도 어려운 상황이었지만, 英
祖는 내우와 외환을 두려워했던 만큼 지배체제의 무력적 기반이었던
五軍門의 '設店' '收稅' 문제만은 관대히 조처하였다. 곧 英祖 21년
(1745)에는 다시 각 軍門이 鉛丸을 조달할 수 있도록 하기 위하여 각기
한두 개소의 鉛店을 설치하거나 戶曹 소관 銀店에서 세연을 수취할
수 있도록 허가하였던 것이다.[81] 각 軍門의 設店 또는 收稅處를 일일
이 상고할 수는 없으나, 동왕 22년(1746) 11월에 守禦廳이 江界의 木盤
洞에 鉛店을 설치한 것이[82] 전자의 경우이며, 동왕 28년(1752) 7월에 禁

---

75)《備邊司謄錄》122, 英祖 27년 閏 5월 16일 ;《備邊司謄錄》123, 英祖 27년 8월
　　7일.
76)《增補文獻備考》160, 財用考 7 附金銀銅 ;《備邊司謄錄》150, 英祖 43년 5월
　　5일.
77)《英祖實錄》98, 英祖 37년 11월 己未 ;《備邊司謄錄》141, 英祖 38년 3월 17
　　일.
78)《備邊司謄錄》146, 英祖 40년 12월 6일.
79)《承政院日記》1175, 英祖 35년 11월 3일.
80)《英祖實錄》102, 英祖 39년 12월 癸巳.
81)《備邊司謄錄》113, 英祖 21년 4월 6일. "左參贊朴文秀所啓 … 卽今戶曹捧稅
　　銀壙 雖不可請得 舊壙銀盡産鉛處 且傍無人居民田者 隨所聞得數三處 以爲
　　採鉛鑄丸 每年需用之地 何如 … 上曰 然則名雖鉛店 而實則銀店 自今以後
　　銀則屬戶曹 鉛則屬軍門好矣 前後戶判 竝推考 令廟堂 從長稟處 可也"
82)《英祖實錄》64, 英祖 22년 11월 戊戌,《備邊司謄錄》116, 英祖 22년 11월 13
　　일. "戶曹啓曰 … 卽聞平安道木盤洞近處銀脈産出 極其豊盛云 … 今此江界
　　産銀處 卽自守禦廳設店採銀事 草記蒙允 亦自本曹定送差人 採銀收稅 以補
　　經用何如 答曰 允"

衛營이 戶曹 소관 三陟銀店에서 稅鉛을 수취하게 된 것은 후자의 경우이다.[83] 어떻든 英祖 21년의 조처로 戶曹 소관 銀店에 대한 軍門의 稅鉛 수취가 공인됨으로써 당해 店民들은 이중적인 수탈을 당하게 되었다.

　이처럼 軍門이 鉛店의 設店權과 戶曹 소관 銀店에 대한 稅鉛收稅權을 얻게 되면서 두 가지의 새로운 결과를 가져왔다. 첫째, 軍門은 물론 각 衙門과 宮房들까지도 소관하의 屯土에서 産銀地가 발견되면 戶曹의 설점을 방색하고 자체 개발하는 사태를 빚게 되었다. 이 때문에 英祖 27년(1771)에 이르러 戶曹判書蔡濟恭은 왕에게 요구하여 산은지가 비록 軍門이나 衙門 및 宮房의 屯土에 소재하더라도 戶曹에서 설점수세하도록 결정하였다.[84] 둘째는 店民들이 戶曹·軍門의 別將들에 의한 이중적인 착취를 감내하지 못하여 기존의 은점들이 폐쇄되는 사태가 속출하였다. 이는 銀脈의 부실 또는 단절로 표현되었는데, 英祖 38년(1762)에 成川銀店은 銀脈의 단절로 폐쇄되었고[85] 慶尙道의 6,7개소 銀店은 동왕 45년(1769)에 戶曹判書洪麟漢이 “戶曹에서는 한 푼도 收稅하지 못하고 있다”는 이유로 자진 혁파하였던 것이다.[86]

　이상에서 ‘經稟設店’法이 제정된 이후 英祖 末에 이르기까지 戶曹의 은광개발이 침체하게 된 원인과 그 실상을 살펴보았다. 그렇다고

83) 《備邊司謄錄》124, 英祖 28년 7월 16일. “右議政李所達 此江原監司趙明履狀達也 以爲道內三陟地 有鉛脈處 自臣營設店 以爲軍器鉛丸之地矣 頃日禁營收稅次 別將下送 追到付戶曹關文內 三陟産銀處 收稅次 別將亦爲下送 此處雖是臣營所關 禁營戶曹關辭 俱是筵稟之事 故卽爲知委矣”
84) 《英祖實錄》116, 英祖 47년 4월 己丑. “戶曹判書蔡濟恭白 上曰 各道銀店可開之地 盡爲各衙門軍門宮房所折受 設有開鑛 不屬度支 此豈古例也 今後如有新鑿之鑛 并許本曹句管 恐不可己矣 上 許之 仍命著爲式”
85) 《備邊司謄錄》141, 英祖 38년 3월 17일 ;《度支志》外篇 8, 版籍司 財用部 金銀事實.
86) 《英祖實錄》113, 英祖 45년 12월 壬申 ;《度支志》外篇 8, 版籍司 財用部 金銀事實.

하여 이 시기에 은점의 신설이 전혀 이루어지지 않았던 것은 아니다. 戶曹는 전술한 平山·安東·忠原·三陟의 舊店을 흡수하는 한편, 몇몇 곳의 新店도 설치하고 있었다. 앞서 英祖 22년(1746)에 守禦廳이 江界의 木盤洞에 鉛店을 설치하게 된 것을 계기로 戶曹에서도 그곳에 은점을 신설하였다.[87] 그리고 동왕 34년(1758)에는 江陵銀店을,[88] 동왕 38년(1762)에는 端川의 黃土店을, 이듬해에는 定州銀店을 각각 신설한 것이다.[89] 이 시기 은점의 신설은 국왕과 대신들이 設店을 꺼려했기 때문에 別將을 파견하기에 앞서 반드시 郎廳을 보내서 嫡奸한 뒤에 설점하는 것이 관례로 되다시피 하였다.[90]

따라서 '經禀設店'法 제정 이후에 설점한 新舊銀店과 폐쇄된 舊店 및 新店의 설치가 防塞된 곳 등을 간추려 보면, 舊店으로 복설된 곳이 平山·安東·忠原·三陟 등 4개소, 新設된 銀店이 江界·江陵·端川·定州 등 4개소로서 모두 8개소가 개설되었다. 그러나 구점으로 폐쇄된 곳이 成川銀店과 嶺南의 6,7개 읍이고 신설이 방색된 곳이 淮陽·理山·碧潼·綾州·永興·昌城·南陽·咸昌 등 8개소로서 전자에 비해 거의 두 배가 된다. 이러한 사례만으로도 '經禀設店'法 이후의 은광개발이 얼마나 위축되었던가를 충분히 규지할 수 있다. 그런데 이 시기에 개설된 곳도 얼마 후 폐쇄되거나 폐쇄되었다가 복설된 곳도 있으며, 또 '經禀設店'法 이전에 설치된 곳도 있어서 영조 말 현재의 銀店 數를 정확히 파악할 수는 없다. 그러나 《度支志》에 의하면 英祖 51년(1775) 현재의 戶曹

---

87) 제4장 註 82) 참조.
88) 《備邊司謄錄》 134, 英祖 34년 3월 15일.
89) 《備邊司謄錄》 143, 英祖 39년 4월 12일. "戶曹判書徐志修所啓 … 第今本曹銀貨艱乏 不足於經用 故頃年江界江陵及昨年端川 有銀脈處 發遣本曹郎廳嫡奸 設店收稅 頗有實效矣 卽今關西定州 有銀脈頗盛 而不無潛採之弊 依昨年例 發遣本曹郎廳嫡奸 何如 敢此仰禀 上曰 禁開鑛 爲先嫡奸"
90) 《承政院日記》 654, 英祖 4년 正月 30일 ; 《備邊司謄錄》 143, 英祖 39년 4월 12일.

소관 은점은 成川·定州·泰川·寧邊·价川·祥原·高原·文川·咸興·谷山·遂安·瑞興·江陵·三陟·江界 등 15개 읍에 불과하였다.[91] 그리고 동년에 戶曹判書具允鈺은 銀店의 別將을 모두 혁파하고 稅銀을 작정하여 本官으로 하여금 收稅하도록 하되 잘 거행하지 않으면 발각되는 대로 논죄할 것을 요청하여 시행키로 결정하였다.[92] 이리하여 후술하겠지만 銀店에는 戶曹의 別將收稅制가 폐지되고 守令收稅制가 공식적으로 적용되기 시작하였던 것이다.

제2절 別將制下 銀店의 經營形態

1. 別將制下 銀店의 經營實態

숙종 13년(1687) 이후 戶曹에서는 別將制를 채택하고 軍營門의 鉛店을 흡수하기 위한 분쟁을 거듭한 끝에 숙종 28년(1702)에는 전국의 産銀地에 대한 設店收稅權을 독점하는 데 성공하였다. 그러나 황해·평안 양도는 監司가 管餉使를 겸하고 있어 각기 道內의 銀店 신설을 허

---

91) 15개 産銀邑 중 江界府의 銀店은 英祖 40년(1764)에 戶曹가 貿蔘價의 몫으로 稅銀의 收取權을 江界府에 移管시켰으므로 사실상 戶曹 소관 銀店은 14개 邑이었다(《度支志》 8, 版籍司 財用部 金銀事實 및 《增補文獻備考》 160, 財用考 7 附 金銀銅). 그런데 《萬機要覽》 財用篇 4, 金銀銅鉛條에 의하면 英祖 51년 현재의 戶曹 소관 銀店은 成川, 楚山, 渭原, 祥原, 泰川, 定州, 价川, 寧邊, 遂安, 谷山, 瑞興, 鳳山, 新溪, 平山, 高原, 咸興, 文川, 平康, 江陵, 安東, 盈德, 靑松, 新寧 등 23개 邑이었다. 그러나 慶尙道의 銀店은 銀脈이 단절되어 英祖 45년(1769)에 이미 혁파되었는데도 (앞의 《度支志》와 《增補文獻備考》 참조) 실려 있는 점을 미루어 볼 때 英祖 45년 이전의 자료에 근거하여 수록된 듯하다.
92) 《度支志》 外篇 8, 版籍司 財用部 金銀事實. "本曹判書具允鈺啓請 革罷銀店 別將 酌定稅銀 使本官收納 而不善擧行 則隨現論罪何如 上曰 依爲之"

락하였다가, 黃海道는 경종 1년(1721), 平安道는 英祖 16년(1740)에 각각 設店收稅權을 剝奪하였다. 결국 숙종 28년 이후에는 황해·평안 양도가 別將制下의 設店收稅權을 일시적으로 갖게 되는 등 예외적인 경우가 있지만, 사실상 17세기 말 18세기 간에 걸쳐 軍營門의 鉛·銀店은 대부분 戶曹에서 흡수하였고 戶曹의 別將制下에 운영되고 있었다.

戶曹가 銀店에 設店收稅制를 처음으로 적용한 것은 효종 2년(1651)이었지만 그것은 이른바 '探銀官'制下의 設店收稅制로서 전술한 것처럼 실현되지 못하고 말았거니와, 숙종 13년 이후의 別將制下 設店收稅制와는 설점형태부터 상이하였다.

別將制下 銀店의 설점절차와 내용을 간추려 보면 다음과 같다. 첫째, 別將制下 銀店의 設店은 別將으로서의 경력을 갖추었거나 또는 別將이 되고자 하는 자가 새로운 산은지의 채굴허가를 戶曹(또는 監營)에 요청하면서부터 착수되었다.[93] 戶曹에서는 대체로 이들을 別將으로 삼아 현지에 파견하고 공문을 발송하여 해당 邑의 守令과 함께 銀鑛脈의 豊殘과 銀品의 高下 및 民弊의 有無를 조사하도록 하였다. 이러한 사전조사 행위를 흔히 '看色' '看審' '嫡奸'이라 표현하였다. 둘째, 別將과 守令의 현지 조사에서 銀脈이 풍부하고 銀品이 양호하더라도 그곳의 設店이 民弊를 끼칠 우려가 있으면, 수령들은 戶曹의 설점을 거부하였다. 따라서 은점의 설치는 銀脈이 풍부하고 銀品이 양호해야 하지만 특히 民弊가 없는 곳인 경우에 가능하였다. 셋째, 設店에 필요한 모든 경비는 戶曹에서 전담하였다.[94] 店所에는 鑛石을 제련하는 '冶爐'와 숯불을 일구는 '風厢' 등의 생산시설과 別將·店匠·鉛軍들의 幕舍와 그 밖의 부대시설을 구비해야 하였다. 그러나 은점은 생산물 자체가 화폐적 가치를 지녔기 때문에 생산전 단계의 시설비와

---

93) 《承政院日記》875, 英祖 14년 7월 22일. "我國外方 或出銀鑛 則欲爲銀店別將者 來告京師 戶曹喜聞其言 多耗經費 遣往采銀"

94) 제4장 註 93) 및 《備邊司謄錄》52, 肅宗 28년 2월 13일. "設爲店所 差官吹鍊"

운영비가 필요했을 뿐이었다. 넷째, 設店의 선결과제는 무엇보다도 인력을 조달하는 문제였다. 당시 良·賤을 막론하고 身役을 지고 있던 사회현실에서 戶曹는 別將으로 하여금 필요한 人夫를 모취하여 鑛軍을 삼을 수 있도록 조처하였다. 또한 건축설비에 필요한 재목이나 제련용의 연료인 炭木을 조달하도록 禁松이 아닌 이상 주변의 산야에서 자유로이 수목을 採取, 이용할 수 있도록 조처하였다.[95] 곧 別將制下 銀店의 '設店'은 店所만을 설치하는 일이 아니라 이상과 같은 제반 절차와 조처를 포함하고 있었다.

銀店의 명목상 관리자는 別將이었다. 別將은 戶曹에서 파견하였고, 戶曹를 대신하여 銀店을 관리수세하였다. 이들 別將은 戶曹가 銀店을 관리하도록 임시로 파견한 자들이었고 국왕이 재가한 정식 관리가 아니었다. 이 때문에 이들을 흔히 '差人'[96] 또는 '私差'[97]로 표현하였고, 서울에서 차송되었다 하여 '京差'로도 표시하였으며 이들 別將을 軍營門의 監官과 혼동하여 '監官'[98]으로 誤稱하는 경우도 없지 않았다. 당시 戶曹 소관 은점의 別將들은 軍營門의 監官과는 달리 대부분이 서울에 거주하던 자들이었으며,[99] 監營에서 차송한 別將 곧 '營差'들까지도 서울에 거주하던 자들이 많았다.[100] 軍營門의 監官들은 광산에 대한 기술과 식견을 갖추고 또 광산이 개발된 인근의 地方民들이었지만 銀店의 別將들 중에는 종래 軍需用의 鑛物을 납품하여 포상을 받

---

95) 蔡濟恭,《樊岩集》論扶安蝟島銀鑛設店便否啓.

96)《備邊司謄錄》52, 肅宗 28년 6월 26일 ;《備邊司謄錄》75, 景宗 4년 5월 3일 ;《承政院日記》630, 英祖 3년 正月 5일 ;《備邊司謄錄》88, 英祖 6년 11월 25일 ;《承政院日記》905, 英祖 16년 正月 20일.《備邊司謄錄》124, 英祖 28년 7월 16일.

97)《英祖實錄》104, 英祖 40년 10월 丁酉 ;《備邊司謄錄》122, 英祖 27년 閏 5월 16일.

98)《承政院日記》324, 肅宗 13년 9월 13일.

99)《備邊司謄錄》75, 景宗 4년 5월 3일 ;《承政院日記》630, 英祖 3년 正月 5일.

100)《承政院日記》654, 英祖 4년 1월 30일.

았던 서울의 상인들이 가담하고 있었다.[101] 別將들은 서울에 거주하는 富商大賈들이었으며 大臣·重臣들의 '私人'[102]들로서 그들의 청탁에 힘입어 파견된 자들이었다.[103] 別將들은 서울에 거주하는 富商大賈였기 때문에 영리에 밝고 要路와 결탁할 수 있어 戶曹의 '別將帖'을 따내기가 쉬웠지만,[104] 반면 戶曹로서도 그들이 서울에 거주하는 富商大賈들이자 大臣·重臣이 보증하는 자들이며 재력과 신원이 확실하고 영리에 밝았으므로 이른바 '勤幹可信人'[105] 으로 선택했던 것이다.

別將은 戶曹를 대신하여 '設店'을 주관하였지만 그들은 상업 또는 무역에 종사하던 자들이었기 때문에 設店이 끝나면 店所에 머물지 않았고, 서울에 거주하면서[106] 收稅時에만 현지에 내려갔다. 곧 別將이 戶曹에 지는 임무는 '設店'과 '收稅'였다. 그러나 別將이 그 대가로서 銀店에서 수취하는 이득은 엄청났다. 別將의 몫은 해당 銀店의 생산량에 따라 차이가 크겠지만, 대체로 別將들은 당해 銀店의 매월 또는 매년의 총생산액 중 2/3 가량을 수취하였다고 한다.[107] 따라서 銀脈이 풍부한 곳의 別將이면 가히 일확천금을 실현했던 셈이다. 이 때문에

---

101) 제3장 2절 註 102) 및 제4장 註 115) 참조.
102) 南九萬,《藥泉集》4, 疏箚, 五十度呈辭後乞免兼論採銀事箚, 肅宗 13년 3월 15일 ;《肅宗實錄》38, 肅宗 29년 7월 乙卯.
103)《備邊司謄錄》75, 景宗 4년 5월 3일.
104)《備邊司謄錄》52, 肅宗 28년 2월 13일.
105)《承政院日記》905, 英祖 16년 正月 20일.
106)《承政院日記》630, 英祖 3년 正月 5일. "承旨兪崇日 今秋聞文川地 新出銀店 本道聞卽發送別將 使之句管數朔收稅矣 又自地部行關 定送別將 … 地部所送差人 長在京中 元無着實收稅事 而所得銀貨 太半歸之私槖 稅納則極其零星 誠可寒心"
107)《備邊司謄錄》52, 肅宗 28년 6월 26일. "兵曹判書李濡日 … 臣頃添西藩 聞成川多有銀穴 或得銀脈大處 則採得累萬兩 而國家所入 則每徵於元定鉛軍 鉛軍輩一年納銀五錢 而一年五錢銀之價 比他役爲歇矣 至於銀穴 則別將率若干知銀脈者採出 而其所採得 雖至累萬兩 別將則取二分 軍人則取一分之外 無一入於國用者"

조선 후기의 위정자들도 "銀의 대부분이 別將의 돈주머니로 들어 간다"[108] "銀店의 差人輩는 오로지 자기의 돈주머니를 채우기에 급급하다"[109] "別將의 돈주머니를 채우는 재물에 불과하다"[110] 銀店은 '도리어 私差들의 舞弄거리가 되었다."[111] "別將들이 모두 偸食한다"[112]고하여 銀店의 생산물이 거의 別將의 돈주머니로 들어감을 지적하였고, 그러한 別將들의 모리행위를 경멸하여 흔히 '別將輩'[113] '差人輩'[114]라 지칭하기 일쑤였다. 別將의 모리행위는 銀店의 생산물에 대한 공식적인 분배 몫에만 국한되지 않았다. 이를테면 전술한 李旭의 경우 軍營門에 軍需物貨를 구입해 바친 공로로 影職의 褒賞을 받기도 하였고 趙泰采의 私人이기도 한 富商大賈였다. 그는 趙泰采가 平安監司로 있을 때 成川銀店의 別將이 되어 營庫錢 42,500兩을 빌어 私利를 도모하였고 銀店의 鉛軍들에게도 교묘한 명목을 붙여 正銀 1,672兩과 錢文 7,685兩을 수탈하였기 때문에 숙종 28년(1702)에 고발되어 숙종 30년 4월 平壤에서 誅殺되었다.[115] 이처럼 別將들은 銀店의 분배 몫 뿐만 아니라 때로는 관료와 결탁한 영리행위나 鉛軍을 착취하면서까지 私利를 도모하였다. 그러나 그들이 銀店에 자본을 투입한 것은 아니기 때문에 戶曹는 언제든지 別將職을 剝奪할 수 있었다.[116] 그리고 때로는

---

108) 《承政院日記》 529, 景宗 元年 2月 5일.
109) 《承政院日記》 630, 英祖 3년 正月 5일.
110) 《備邊司謄錄》 88, 英祖 6년 11월 25일.
111) 《英祖實錄》 104, 英祖 40년 10월 丁酉.
112) 蔡濟恭, 《樊岩集》, 論江界銀店屬之戶曹事宜啓, 英祖 47년.
113) 《承政院日記》 347, 肅宗 18년 3월 4일 ; 《備邊司謄錄》 46, 肅宗 18년 3월 5일.
114) 《承政院日記》 630, 英祖 3년 正月 5일.
115) 《肅宗實錄》 37, 肅宗 28년 7월 庚申 ; 《肅宗實錄》 38, 肅宗 29년 7월 己酉 ; 《肅宗實錄》 38, 肅宗 29년 7월 乙卯 ; 《肅宗實錄》 38, 肅宗 29년 8월 己卯 ; 《肅宗實錄》 38, 肅宗 29년 12월 壬辰 ; 《肅宗實錄》 39, 肅宗 30년 4월 甲子.
116) 南九萬, 《藥泉集》 4, 疏箚, 五十度呈辭後乞免兼論採銀事箚, 肅宗 13년 3월 15일.

한 別將에게 한 곳의 銀店만이 아니라 두세 곳의 銀店收稅를 맡기기
도 하였다.[117] 別將은 결국 物主制가 성립되지 않고 수취제도 또한 미
비했던 당시에 戶曹 소관 銀店의 收稅請負業者로 기생한 셈이다. 別
將은 이처럼 '設店'과 '收稅'만을 관장하는 일종의 收稅請負業者들이
었다.

한편, 銀店을 현장에서 실질적으로 운영한 것은 店匠들이었다. 店
匠들은 당초 각종의 수공업에 종사하던 소생산자들로서 銀石을 감별
할 수 있는 식견을 지녔거나[118] 채광과 제련기술을 갖춘 자들이었다.
이제 그들은 전업적인 광산기술자들이었으며, 그들에 의하여 광산이
개발되었다. 그들은 광맥을 발견하면 設店의 허가를 따낼만한 능력과
재력을 갖춘 자를 찾아 別將을 삼았으며, 기존 銀店의 광맥이 단절되
면 다시 신광맥을 찾아 나섰던 것이다. 이들 店匠의 수는 일정하지 않
지만 적게는 10여 명에서 많게는 20, 30명에 달하였다.[119] 그러나 이들
10여명 내지 20, 30명에 달하는 店匠들이 모두 銀店을 총관한 것은 아
니었다. 그들 중에는 한 사람의 '頭目'이 있어 사실상 店役을 총괄하였
다. 別將이 서울에 머무는 기간 실질적인 銀店의 관리자이며, 別將이
현지에 머문다 해도 店役은 사실상 頭目의 감독하에 운영되었다. 頭
目은 銀店의 채굴 제련작업을 지휘감독하고 銀을 관장 분배하는 일을
전담하고 있었다. 곧 頭目이 실질적인 銀店의 관리 경영자이며 別將
은 戶曹에 바치는 稅銀과 자기 몫으로 분배된 銀을 받아가는 자에 불

《承政院日記》324, 肅宗 13년 9월 13일 ;《備邊司謄錄》41, 肅宗 13년 9월
20일 ;《承政院日記》347, 肅宗 18년 3월 4일 ;《備邊司謄錄》46, 肅宗 18년
3월 5일 ;《備邊司謄錄》52, 肅宗 28년 6월 26일 ;《度支志》外篇 8, 版籍司
財用部 金銀事實, 英祖 51년 ;《增補文獻備考》160, 財用考 7, 附金銀銅.
117)《承政院日記》882, 英祖 14년 12월 25일.
118) 제4장 註 107) 참조.
119)《承政院日記》324, 肅宗 13년 9월 13일 ;《備邊司謄錄》41, 肅宗 13년 9월
20일 ;《備邊司謄錄》52, 肅宗 28년 6월 26일 ;《承政院日記》470, 肅宗 38년
8월 3일.

과하였다.[120] 頭目이 店役을 총관하지만, 각기 분화된 공정에 따라 鉛軍들을 거느리고 채굴 제련작업을 주도한 사람은 店匠들이었다. 이처럼 店匠들의 역할이 컸기 때문에 戶曹는 店匠들을 과세 대상 인원에서 제외하여 鉛軍들과 엄격히 구분하였고,[121] 그 대신 이들에게는 생산한 銀塊에 반드시 店名과 匠手名을 새기도록 하여 품질을 보장할 책임을 지우고 있었다.[122]

　店匠들에 의하여 銀脈이 발견되고 店匠들이 선정한 別將이 戶曹의 공문을 받아 設店에 착수하면 인근의 빈민이나 농촌에서 유리되어 "생활의 터전도 없고 호적에도 들어 있지 않은 무리"[123]가 일시에 운집하였다. 이들이 이른바 '鉛軍'들이었다. 鉛軍의 칭호는 軍營門의 鉛店에 종사하던 '募軍'들에게 붙여졌던 명칭으로서 銀店에 전용된 셈이다. 그것은 鉛店이 곧 銀店이었기 때문에 잘못된 칭호는 아니었으나 鉛軍도 초기에는 흔히 募軍[124]이라고 불리었고, 뒤에는 '役夫'[125] '店

120)《承政院日記》679, 英祖 5년 2월 21일 ;《備邊司謄錄》85, 英祖 5년 2월 21일. "戶曹正郎徐宗鎭曰 卽今平安道殷山銀店 極爲豊盛 其利甚博 本曹堂上 以地部句管之意上達 備局回啓 許以限五年句管矣 聞本道監司 移關戶曹 勿使本曹送差 自本營捧銀上送 而每朔限以三十兩 苟如是則五年所得 不過 一千八百兩矣 本店之一年採取 其數無窮 而本曹之五年所得 如是零些 殊 非請得之本意 差送別將 或慮有弊 則使本店頭目 直爲上送 而自本曹酌定 一朔所捧之數 限五年專使主管 則庶可爲萬一補用之資矣 上曰 銀貨一款 大臣及戶判 亦有所言矣 前頭若有勑行 則難以需用 而平監所送之數 果爲 零星 限五年專使戶曹主管 別將則勿送可也"
121)《備邊司謄錄》52, 肅宗 28년 2월 13일. "戶曹收稅之規 本來虛疎 壙中吹鍊 者 無一錢之納 而只於軍人每一名 每年納稅銀五錢而已"
122)《備邊司謄錄》95, 英祖 10년 6월 21일. "右議政金興慶所啓 平安監司朴師洙 狀啓 以銀匠輩雜以鉛鐵之弊 轉甚銀品斷下 決難行用於彼我國通貨之際 本 營所屬銀店 則造銀之時 刻畵店名與匠手姓名事 已爲申飭令廟堂 國內銀店 皆依其店名人名刻畵之例 定制頒布事陳請矣"
123)《承政院日記》324, 肅宗 13년 9월 13일.
124) 南九萬《藥泉集》4, 疏箚, 五十度呈辭後乞免兼論採銀事箚, 肅宗 13년 3월 15일.

民'126)·'軍人'127)이라고도 불렸지만, 고유한 명칭은 아니었고 '銀軍'128) 또는 '鉛軍'이라 부르던 것이 통례였다. 그러나 대개 戶曹가 軍營門의 鉛·銀店을 흡수하고 設店收稅權을 장악한 숙종 28년(1702) 이후부터는 鉛軍이란 칭호를 상용하고 있었다.129) 그러나 필자는 '監官'制下 鉛店의 鉛軍과 '別將'制下 銀店의 銀軍을 편의상 구분하기 위하여 銀店에 관해서는 銀軍으로 표시하기로 하였다. 銀軍에는 元定銀軍과 加募銀軍의 구분이 있었다. 元定銀軍은 設店할 때에 定員으로 등록된 銀軍이며, 加募銀軍은 銀脈이 풍부하여 추가로 모집 등록한 銀軍이다. 어떻든 당시 別將制下의 銀店에 종사하던 銀軍들의 성격은 대체로 다음과 같은 네 가지 사실로 요약될 수 있다.

첫째, 銀軍은 稅銀의 수취대상으로써 銀軍數는 곧 稅銀額을 산정하는 기준이 되었다. 戶曹에서는 元定銀軍과 加募銀軍의 장부를 작성하여 해마다 한 사람당 銀 5錢씩을 기준으로 한 稅銀을 수취해 왔다.130) 둘째, 銀軍들에게는 軍役과 雜役을 면제하였다. 戶曹는 소관 銀

《備邊司謄錄》41, 肅宗 13년 3월 19일 ;《承政院日記》470, 肅宗 38년 8월 3일 ;《備邊司謄錄》69, 肅宗 42년 11월 22일 ;《承政院日記》530, 景宗 1년 5월 27일 ;《承政院日記》688, 英祖 5년 7월 19일 ;《承政院日記》875, 英祖 15년 7월 22일.

125) 《承政院日記》875, 英祖 15년 7월 22일.
126) 《肅宗實錄》38, 肅宗 29년 8월 己卯 ;《肅宗實錄》38, 肅宗 29년 12월 壬辰 癸巳 ;《肅宗實錄》39, 肅宗 30년 4월 甲子 ;《備邊司謄錄》113, 英祖 21년 4월 6일 ;《備邊司謄錄》124, 英祖 28년 7월 16일.
127) 《備邊司謄錄》52, 肅宗 28년 2월 13일.
128) 《備邊司謄錄》51, 肅宗 26년 3월 22일 ;《備邊司謄錄》52, 肅宗 28년 2월 13일.
129) 《備邊司謄錄》51, 肅宗 26년 3월 22일 ;《備邊司謄錄》52, 肅宗 28년 2월 13일 ;《備邊司謄錄》52, 肅宗 28년 6월 26일 ;《肅宗實錄》37, 肅宗 28년 7월 庚申 ;《承政院日記》529, 景宗 1년 2월 5일 ;《承政院日記》530, 景宗 1년 4월 30일 ;《承政院日記》630, 英祖 3년 正月 5일 ;《承政院日記》843, 英祖 13년 2월 25일 ;《備邊司謄錄》101, 英祖 13년 2월 29일 ;《備邊司謄錄》141, 英祖 38년 3월 17일.

店의 銀軍들에게 '帖文'을 발급하여 軍役과 雜役을 면제하는 표징으로
삼게 한 것이다. 그렇지만 경종 1년(1721) 이후부터는 원칙상 烟役만
면제하고 身役은 지도록 규정하였다.[131] 셋째, 銀軍에게는 매월 또는
매년 일정액의 노임이 지급되고 있었다. 銀軍은 軍營門의 軍需鑛山에
징발된 부역농민과는 달리 생업을 찾아 투신한 노동자들이었다.[132] 銀
軍에게 지불한 노임의 형태가 구체적으로 밝혀져 있지는 않지만 대개
銀店의 총생산량 중에서 1/3 가량이 이들의 몫으로 분배되었다[133]고
한다. 넷째, 銀軍들은 농촌에서 유리된 빈민들이었고 稅役을 도피한
농민들이 대부분이었다. 따라서 위정자들은 이들을 흔히 "생활할 터
전도 없고 호적에도 들어 있지 않은 무리"[134] "의지할 곳 없는 부류들
로 稅役을 피해 투입된 자들"[135] "무뢰배"[136]라고 하였고, 또는 "士農工
商에도 속해 있지 않아 의지할 곳도 없고, 매인 곳도 없는 무리들"[137]
이라고 하였다. 그리고 銀軍數도 확실히 밝혀져 있지는 않지만 몇몇
자료를 통해서 볼 때 전술한 軍營門 소관 鉛店의 鉛軍 數보다는 훨씬
많았던 것 같다. 이를테면 "곳곳에 千百名씩 무리지어 있는 募軍들"[138]
"각 도에 널리 가득차 있다"[139] "文川銀店에는 萬人이 모여 있다"[140] "金

---

130) 제4장 註 107), 121) 및 《備邊司謄錄》141, 英祖 38년 3월 17일. 李恭遇,《換
　　凡翁漫錄》10, 暗行御史書啓 참조.
131) 《備邊司謄錄》52, 肅宗 28년 2월 13일 ; 《承政院日記》529, 景宗 元年 2월5
　　일 ; 《備邊司謄錄》141, 英祖 38년 3월 17일 참조.
132) 《備邊司謄錄》81, 英祖 3년 6월 4일. "左議政洪致中日 各處銀店收稅之外
　　渠輩私相買賣爲生之道"
133) 제4장 註 107) 참조.
134) 《承政院日記》324, 肅宗 13년 9월 13일.
135) 《承政院日記》470, 肅宗 5년 8월 3일.
136) 《承政院日記》688, 英祖 5년 7월 19일.
137) 《承政院日記》英祖 14년 7월 22일.
138) 南九萬,《藥泉集》4, 疏箚 五十度呈辭後乞免兼論採銀事箚 참조.
139) 《備邊司謄錄》52, 肅宗 28년 2월 13일.
140) 《承政院日記》654, 英祖 4년 1월 3일.

城銀店의 銀軍이 몇 백 명인지 알 수 없다"[141]고 할 정도였다. 물론 이러한 표현이 銀鑛開發을 반대하던 위정자들의 과장된 수식어이기도 하지만 반드시 그런 것만은 아니었다. 平安道의 殷山銀店에는 전술했듯이 英祖 4년(1728) 현재 銀軍數가 720명에 달하였다. 곧 광맥의 부존 상태에 따라 한 곳에 수백 수천명의 銀軍들이 운집하였던 것이다.

이처럼 銀軍들이 빈민들로 구성되었고 인원 수도 엄청났기 때문에 사회적인 물의와 정치적인 문제 또한 심각하였다. 銀店의 銀軍들이 남의 재물을 훔치거나 부녀자를 약취하는 등의 불상사도 없지 않았지만 銀軍들은 살 길을 찾아 銀店에 투신하였기 때문에 그들이 소속한 銀店을 다른 관청의 銀軍들이 침해할 때에는 칼부림도 서슴지 않았고,[142] 사사로이 끌어다가 고문하고 처벌하는[143] 등 피나는 싸움도 일어났다. 이 때문에 위정자들은 이들에 대한 단속과 규제를 게을리할 수 없었으며 특히 李麟佐亂이 일어난 뒤에는 더욱 이들을 경계하고 있었다. 위정자들은 銀軍들 중에 도적들이 있어 절도행위가 잦음을 걱정했을 뿐 아니라, 더욱이 흉년에는 이들이 곧 도적떼로 변모하여 불의의 사태를 유발하지 않을까도 두려워하였다.[144] 그리고 심지어는 취직 못한 武科 出身들 및 李麟佐亂의 殘黨들이 銀軍들과 결합하여 明 末의 流賊처럼 반란을 일으키지 않을까 고민할 정도였다.[145]

---

141) 李恭遇,《換凡翁漫錄》10, 暗行御史書啓別單 (江原道).

142) 제4장 註 19) 참조.

143) 제4장 註 17) 참조.

144) 제4장 註 52) 및 《承政院日記》875, 英祖 14년 7월 22일. "募軍之屯聚者 不屬四民 無賴之人 不逞之徒 聞風來投 以爲窟穴 至有嘯聚之輩 隱於其中 故外方有銀店 則多盜患"

145)《承政院日記》968, 英祖 16년 8월 5일. "右相宋寅明曰 都下根本之地 舉皆赤立 將無以支活 而前日則年來雖歉 東峽及兩西稍豊 故猶無深慮矣 今則皆爲慘凶 無一可恃處 銀店流民 及無恒產之類 安知其不投入於賊黨乎 目今科舉頻數 出身甚多 而皆不得付職 常懷怨心 恐或有大明流賊之患 不無隱憂 不能放心矣"

2. 銀店의 收稅와 店銀의 販路

軍營門의 軍需鑛山과는 달리 銀店은 銀의 사회적 수요가 높고 銀貨가 생산분배되던 곳이어서 店役이 이루어지는 즉시 店所 주변에는 場市가 형성되고 있었다. 店匠과 銀軍들에게 생필품을 팔기 위하여 각처의 상인들이 몰려들었고 의류나 미곡뿐 아니라 술과 고기 등을 파는 각종의 상점들이 店村에 개설되었다. 店銀이 생산 분배될 무렵에는 銀 또는 鉛을 구입하려는 商人과 吏屬들도 이곳으로 몰려들었다. 곧 銀店이 설치된 산골짜기는 場市를 방불하게 하는 鑛山村으로 변모하였다.[146]

당초 銀店에서는 銀과 鉛을 동시에 收稅하기로 되어 있었다. 숙종 13년(1687) 이래 戶曹에 의한 銀店의 收稅 규정은 "銀은 戶曹에, 鉛은 軍門에 분송한다"는 약속이었다.[147] 그러나 鉛은 대개 別將이 차지하였고, 戶曹에서는 이를 收稅하지 않고 있었다.[148] 결국 戶曹에서는 銀軍 1명 당 5錢씩을 銀軍의 數에 맞추어 收稅할 뿐이었다.

銀店의 수탈을 강화시킨 것은 戶曹가 아닌 監營들이었다. 숙종 28년(1702)에 각 道의 監營은 소관하의 鉛店을 戶曹에 빼앗기면서부터 戶曹 소관 銀店을 수탈할 구실을 찾고 있었다. 곧 監營에서는 戶曹 소관 銀店에 갖가지의 稅目을 붙여 銀을 수탈하기 시작하였다. 이를테

---

146) 《承政院日記》630, 英祖 3년 正月 5일 ; 《承政院日記》654, 英祖 4년 正月 30일 ; 《承政院日記》684, 英祖 5년 5월 4일 ; 《備邊司謄錄》110, 英祖 17년 11월 30일.

147) 《備邊司謄錄》41, 肅宗 13년 1월 2일 ; 《承政院日記》321, 肅宗 13년 3월 18일.

148) 《承政院日記》905, 英祖 16년 正月 20일. "(右相兪)拓基曰 戶曹初無鉛鐵次知之事 臣待罪地部時見之 則所謂鉛鐵多爲差人糊口之資 而戶曹則無一斤捧鉛之事矣 上曰 鉛則差人用之乎 (兵判金)聖應曰 聞鉛代爲銀矣 上曰 似不必專給差人矣"

면 전술한 것처럼 黃海監營에서는 遂安銀店에 差人을 파견하여 風爐
稅와 幕稅·路稅 등을 징수하였다.[149] 風爐稅는 제련장의 風廂과 冶爐
에 부과한 稅目으로 頭目과 店匠들로부터 수취한 듯하며, 幕稅는 頭
目·店匠·銀軍의 幕舍에 부과한 稅目인지, 店村에 개설된 점사들에 붙
인 稅目인지 알 수 없으나 전자에 이중으로 부과할 수는 없었을 것이
므로 商人들의 店舍에 부과한 稅目일 것이다. 路稅는 店村에 출입하
는 상인들에게 부과한 일종의 통행세였다.[150] 路稅의 收稅權 문제는
수차에 걸쳐 戶曹와 각 道 監營 간의 분쟁거리로 되어 왔다. 특히 咸
鏡道의 文川銀店과 高原銀店 및 平安道의 殷山銀店 등은 英祖 초에
戶曹와 兩道의 監營 간에 수세권을 둘러싼 분쟁이 계속되다가 끝내는
戶曹가 收稅키로 결정된 곳들이다.[151] 이 밖에도 英祖 13년(1737)에 咸
鏡監營에서는 高原銀店에 穴稅란 稅目을 부과하여 이를 銀軍들로부
터 징수하였으며[152] 英祖 28년(1752)에는 江原監營이 三陟銀店에 地稅
를 징수하고 있었다.[153]

　이상의 각종 稅目들은 각 道의 監營이 관내의 戶曹소관 銀店에서
銀을 수탈할 목적으로 창출해 낸 것들이지만 뒤에는 모두 戶曹의 稅
金種目으로 전환되었다. 따라서 戶曹가 銀店으로부터 징수하는 잡세
수입은 오히려 銀軍數에 따라 책정한 定額의 稅銀보다 훨씬 많았다.

149) 제4장 註 36) 참조.
150)《承政院日記》630, 英祖 3년 正月 5일 ;《承政院日記》654, 英祖 4년 正月
　　30일.
151) 拙稿,〈朝鮮後期 鑛業政策論〉《韓國思想大系》2, 成均館大學校 大東文化
　　研究院 1976, 625~639쪽.
152) 제4장 註 37) 참조.
153) 제4장 註 83) 및《備邊司謄錄》124, 英祖 28년 7월 16일. "臣待罪禁營時 與
　　戶曹判書金向星往復 本店專屬於戶曹 自戶曹差送別將一人 兼收兩稅 以爲
　　分納之地 則別無貽弊之慮 今此道臣狀達 似未及知此變通 而兩處收稅 皆
　　是筵中定奪之事 則不可許 令本道勿管 道臣狀請 則置之 本店旣屬於兩處
　　則本道地稅 申禁勿捧 何如 令日 依爲之"

전술한 바 있는 平安監營 소관하의 殷山銀店은 泉流庫에 매월 30兩씩 정액납부해 온 곳이었다. 이 殷山銀店에 대하여 英祖 5년(1729) 2월에 정부는 戶曹로 하여금 향후 5년 간 銀店의 專管收稅權을 갖도록 하였는데 平安監營에서는 관내의 泉流庫에 납세해 온 30兩씩만 매월 戶曹에 납부하려 하였으므로, 이듬해 5월과 11월에 戶曹는 다시 왕에게 요청하여 路稅 등의 각종 잡세까지 專管收稅하게 되었다. 이때 戶曹가 專管收稅하게 되면서부터 戶曹는 매월 100餘兩씩을 수취하였다.[154] 곧 매월 30兩씩이면 年總 360兩으로써 銀軍 720명분의 元定稅銀이었고, 나머지의 매월 70兩씩 곧 年總 840兩은 路稅 등의 雜稅收入銀이었다. 이처럼 元定稅銀과 雜稅入銀은 3:7의 비율로 잡세액이 두 배도 더 되었다.

결국 숙종 42년(1716)경부터 각 道의 監營들이 창출한 雜稅種目을 戶曹가 이제 합법적인 稅目으로 바꾸어 수취함으로써 戶曹의 稅收銀은 두 배 이상 증가된 셈이다. 그러나 戶曹가 전국의 銀店에서 매년 수취해 온 稅收銀의 총량이 얼마나 되었는지 그리고 매년의 總稅收銀이 그해 그해의 총생산액에서 차지하는 비율이 얼마나 되었는지에 관해서는 정확한 자료가 없다. 그런데 雜稅種目이 창출되기 직전인 숙종 28년(1702)의 기록에 "銀店에서 비록 累萬兩을 채굴하더라도 別將이 2/3을, 銀軍이 1/3을 차지해 버리고 국용으로는 한푼도 들어오지 않는다."[155]고 한 말을 고려하면 元定稅銀이 銀店의 생산량에서 차지하는 비율은 무시해도 좋을 정도임을 시사해 준다. 따라서 雜稅種目이 합법적인 稅目으로 전환된 후일지라도 戶曹의 稅收銀은 銀店의 총생산액에 비하면 수십분의 일에도 못 미쳤을 것임에 틀림없다. 그렇다면 당시에 戶曹가 전국의 銀店에서 매년 수취한 稅銀을 단편적인 자료들에서나마 살펴봄으로써 전국 銀店의 총생산량도 불확실하게나마 추

154) 拙稿, 앞의 논문, 625~630쪽.
155) 제4장 註 107) 참조.

정해 볼 수 있을 것 같다.

숙종 16년(1690)에 戶曹判書吳始復은 "전국의 鉛·銀店에서 軍門처럼 收稅한다면 淸使接待費 4,000~5,000兩을 民力을 소모하지 않고도 앉아서 얻을 수 있다"고 한 것을 볼 때 端川貢銀 600兩과 더불어 戶曹 소관 盈德 成川銀店과 軍營門 소관 鉛店에서 매년 총 4,000~5,000兩의 元定稅銀을 수취할 수 있다는 뜻이다. 그러나 이때만 하여도 戶曹는 端川·盈德·成川銀店의 稅收만 확보한 상태였고 다른 軍營門의 鉛店에 대해서는 稅銀의 수입액을 추정한 데 불과하다. 그러나 당시에 戶曹는 전국의 鉛·銀店에서 매년 4,000~5,000兩을 收稅할 수 있다고 본 것이다. 그런데 숙종 42년(1716)에 監營에서 雜種稅目을 창출하고 경종 1년(1721) 이후에는 平安監營 소관 銀店을 제외한 전국의 銀店을 戶曹가 專管收稅하였지만, 英祖 8년(1732)에는 오히려 각 銀店의 年間 稅收가 모두 합쳐 千數百兩에 불과하다고 하였다.[156] 하지만 이때 戶曹에서는 숙종 28년(1702)에 감액된 액수인 端川貢銀 500兩과 殷山銀店의 1,200餘兩만 합쳐도 1,700餘兩이니 전국 銀店의 年總稅入이 數千百兩밖에 안되었을 리 없다. 그리고 英祖 14년(1738)에 戶曹判書宋寅明이 戶曹의 保有銀은 "銀店에서 收稅하는 數三千兩밖에 없다"[157]고 한 것역시 정확한 보고인 것 같지 않다. 그것은 당시의 戶曹判書들이 銀店의 신설을 반대하는 정부의 정책에 대항하여 설점을 강행할 명분으로戶曹의 需用銀이 부족함을 설명할 때마다 핑계를 댄 것이기 때문에銀店의 정확한 收稅額일 수 없었다. 일례로 江界의 雲坡銀店만 하여도 英祖 22년(1746) 이후 연간 總稅入銀이 7,500兩에 달한 사실을 고려

---

156) 《備邊司謄錄》 92, 英祖 8년 8월 1일.

157) 《承政院日記》 871, 英祖 14년 5월 7일. "戶曹判書宋眞明曰 地部雖不可量入爲出 臣於居官 每先料量於捧入與用下之數 而有所區處 故略爲算出 則昨年應下米爲十二萬石 而今年稅入半減爲六萬七千石 錢用爲十六萬兩 而應捧者三千兩 銀則所入不過店稅數三千兩 而今年用銀殆近二萬兩 此皆無出處 獨米布可以新舊支繼 而今年災減之故 亦頗不足 茫然不知爲許矣"

한다면[158] 18세기 간에 平安監營 소관 銀店을 제외한 戶曹의 매년 총 세입은도 평균 10,000餘兩이 되었을 것으로 짐작된다. 따라서 戶曹 소관 은점과 아울러 平安監營 소관하의 銀店에서 생산된 銀까지 합친다면 年間 數十萬兩이 생산되었을 것으로 여겨진다.

이처럼 戶曹의 年總稅銀이 4,000~5,000兩 내지 10,000餘兩에 달했지만 戶曹의 需用銀을 충족시키지는 못하였고, 오히려 淸·日과의 중계무역으로 수입되던 日本銀의 倭館收稅銀에 더 의존해 왔다. 그러나 英祖 초에 이르면 淸·日 양국간의 직접적인 무역활동이 활발해지면서 우리의 중계무역이 쇠퇴하여 倭館의 稅收가 격감하였으므로[159] 戶曹의 保有銀 또한 해마다 감축되고 있었다. 戶曹에서는 비상용에 대비하기 위하여 항시 '封不動銀'을 준비해 두었고, 수시로 지출하는 '行用銀'과 구분하여 보관하고 있었다. 封不動銀은 '鑿木櫃而灌置'하거나,[160] '縛鐵牢藏'[161]하여 비상시가 아니면 헐어 쓰지 않았다.[162] 行用銀은 倭銀·店銀 등의 各色銀과[163] 각종의 銀器皿까지 포함하였고[164] 戶曹가 그때 그때의 필요에 따라 사용하였다. 戶曹의 銀保有量을 연대별로 정리한 자료는 없지만 몇몇 단편적인 기록들을 찾아볼 수는 있다. 숙종 말년경 戶曹의 保有銀은 30~40萬兩에 달하였고, 경종 연간에도 15萬兩은 되었다고 한다.[165] 그러나 英祖 연간에는 급격히 감소되어 英

158)《備邊司謄錄》92, 英祖 8년 8월 1일 ; 蔡濟恭,《樊岩集》30, 論江界銀店屬之 戶曹事宜啓 참조.
159) 拙稿,〈朝鮮後期 對淸貿易의 展開過程〉《白山學報》8, 1970, 378쪽 및《韓國史論文選集》(朝鮮後期篇)所收, 一潮閣, 1978 및 柳承宙,〈朝鮮後期鑛業의 經營形態에 관한 一研究〉,《歷史敎育》28, 1980, 98쪽.
160)《備邊司謄錄》101, 英祖 13년 2월 28일.
161)《備邊司謄錄》92, 英祖 8년 11월 21일.
162)《備邊司謄錄》92, 英祖 8년 8월 1일 ;《備邊司謄錄》871, 英祖 14년 5월 7일.
163)《承政院日記》666, 英祖 4년 7월 29일.
164)《備邊司謄錄》92, 英祖 9년 2월 2일.
165)《備邊司謄錄》92, 英祖 8년 8월 1일.

祖 7년(1731)에는 이미 '封不動銀'을 헐어 쓰기 시작하였고, 行用銀은 40,000兩이었는데[166] 동왕 8년에는 30,000兩,[167] 동왕 9년에는 20,000兩으로[168] 줄어들었다.

이처럼 戶曹의 保有銀이 줄어들게 된 직접적인 원인은 倭館의 稅收銀이 격감한 데 있었지만 동시에 淸과 외교 무역상에 필요한 銀의 지출량이 훨씬 증가한 데도 그 원인이 있었다. 숙종 16년(1690) 현재 淸의 사절을 접대하는 데 드는 銀이 4,000~5,000兩에, 公貿易價銀이 5,000餘兩이었는데,[169] 英祖 8년(1732)에는 淸使接待費가 萬餘兩에, 公貿易價銀도 數千餘兩 내지[170] 1萬餘兩에 달하였으므로[171] 40여 년간에 무려 두 배로 증가된 셈이었다.

이처럼 倭館의 稅收가 격감하여 戶曹의 保有銀이 줄어들었는데도 불구하고 외교·무역상의 需用銀이 날로 증가되자, 戶曹에서는 銀店의 稅收에만 의존할 수 없게 되었다. 따라서 英祖초부터 戶曹에서는 정부가 銀店의 신설을 억제하는 정책에 맞서 銀店을 확대, 설치하려 노력하였고 동시에 정부의 稅收米布로써 店銀을 매입할 것도 강력히 요청하고 나섰다.

戶曹에 의한 店銀의 구입은 주로 平安道의 監營 소관 銀店에서 이루어졌다. 그 이유는 첫째, 平安道에는 각 道 중에서 銀店이 가장 많았고 産銀量도 풍부하였다는 점이다. 경종 1년(1721)에 戶曹가 黃海道의 銀店을 모두 흡수하면서 平安道 내의 수십 개 銀店만은 監營의 소관하에 남겨 놓았다. 그리고 당시 平安道의 銀店은 생산량에 있어

---

166) 《備邊司謄錄》 90, 英祖 7년 10월 12일.
167) 《備邊司謄錄》 92, 英祖 8년 8월 1일.
168) 《備邊司謄錄》 92, 英祖 9년 2월 2일.
169) 《備邊司謄錄》 44, 肅宗 16년 正月 17일.
170) 《備邊司謄錄》 92, 英祖 8년 8월 1일.
171) 《備邊司謄錄》 92, 英祖 8년 11월 21일 ; 《備邊司謄錄》 101, 英祖 13년 2월 28일.

서도 나머지 7개 道의 銀店을 능가했다.[172] 둘째, 平安道의 모든 稅收
가 국방 외교상의 비상용 재원으로 자체 내에 소장되어 戶曹의 경상
수입과는 무관했던 점이다. 管餉使를 겸대한 평안감사의 소관하에는
管餉庫·樓上庫·泉流庫 등이 설치되어 있었다. 管餉庫는 糧穀을,[173] 樓
上庫는 布木을,[174] 泉流庫는 銀·錢을[175] 각각 소장, 관리하였다. 平安
道내 銀店의 관리업무는 泉流庫에서 관장하고 있었다. 이들 각 庫는
平安監營에서 파견한 관원들이 관장하였고 수입과 지출 역시 管餉使
가 총관하였다. 다만 戶曹에서는 2년마다 算員을 교대로 파견하여
《銀貨成冊》[176] 등 각종의 회계문서를 작성하게 하고 年末에 이를 戶
曹에 가져오도록 하여 문서를 점검할 뿐이었다. 이처럼 平安監營이
관내의 稅收를 독점, 관리하고 또 재정적인 여유를 갖고 있었기 때문
에 戶曹는 재정형편이 어려울 때마다 平安監營의 稅收를 전용하려 하
였다. 戶曹는 平安監營의 稅收를 전용하기 위하여 關西管餉이 戶曹의
'分戶曹'[177] 라는, 또는 泉流庫가 戶曹의 '外藏'이라는 명분을 강조하였
고, 戶曹의 경비가 부족함을 역설하였다.[178] 그러나 평안감사는 監營
의 재정적 손실을 입지 않으려고 戶曹의 요청을 항시 거부했기 때문
에 戶曹·監營 간에는 재정문제를 둘러싼 분쟁이 잦았던 것이다. 이상
과 같이 平安道에는 銀店이 많고 생산량이 풍부한 데다 監營의 稅收
가 戶曹의 경상수입에 포함되지 않았기 때문에 戶曹는 평안감영의 재

---

172) 《肅宗實錄》13, 肅宗 8년 3월 庚戌 ;《備邊司謄錄》44, 肅宗 16년 正月 17일 ;
　　《備邊司謄錄》101, 英祖 13년 2월 28일.
173) 《備邊司謄錄》92, 英祖 8년 11월 21일.
174) 《備邊司謄錄》52, 肅宗 28년 6월 26일 ;《備邊司謄錄》85, 英祖 5년 2월 2일 ;
　　《承政院日記》678, 英祖 5년 2월 3일 ;《備邊司謄錄》88, 英祖 6년 11월 25
　　일 ;《承政院日記》862, 英祖 13년 11월 13일.
175) 《承政院日記》862, 英祖 13년 11월 13일.
176) 《興地圖書》上, 平安道條 참조.
177) 제4장 註 175) 및《承政院日記》530, 景宗 1년 5월 27일.
178) 제4장 註 177) 및《英祖實錄》36, 英祖 9년 10일 壬戌.

정으로 평안감영 소관 銀店의 店銀을 매입하려 했던 것이다.

　戶曹가 平安道에서 店銀을 처음으로 매입한 것은 숙종 16년(1690)이었다. 淸使接待費와 公貿易價를 마련하기 위하여 平安道 내의 각 邑에 수취해 둔 米穀 10,000餘石으로 店民들로부터 銀을 수매하였던 것이다.[179] 이때 戶曹가 店銀을 수매한 이후 英祖 4년(1728)까지 38년 간에는 平安道의 米穀으로 銀을 수매한 사례는 없었다. 그것은 전술한 바와 같이 戶曹의 保有銀이 풍부했던 사실과도 일치한다. 英祖 4년에는 戶曹의 保有銀이 격감된 시기였다. '封不動銀'도 500餘兩에 불과한 데다[180] 天·地·黃銀을 합쳐도 10,000餘兩도 못 되었다.[181] 이에 戶曹에서는 公貿易價銀을 마련하기 위해 平安道의 田稅穀으로 店銀을 수매할 것을 요구한 것이다.[182] 그러나 때로는 평안감영의 保有銀을 무상으로 요구하기도 하였다. 동왕 8년(1732)에 戶曹는 銀 10,000兩을 요구했는데 平安監營은 '封不動銀'을 헐어 쓸 수 없다는 이유로 결국 行用銀 중에서 鍮鑯價 2,000兩, 謝恩使行費 4,000兩, 龍袍價 1,000兩 등 7,000兩만 올려보내고 말았다.[183] 이처럼 戶曹가 평안감영의 保有銀을 무상으로 요구한 사례는 드물었으며, 戶曹는 역시 平安道의 稅收米로 店銀을 수매하려 하였다. 곧 이듬해 2월에 戶曹判書金在魯가 평안감사로 부임하는 前戶曹判書權以鎭에게 平安道의 稅木 數百同으로 店

---

179) 《備邊司謄錄》44, 肅宗 16년 正月 17일. "戶曹判書吳始復所啓 … 近年以來 關西近峽列邑 産銀處頗多 採取民人等 皆以粮資之 難繼爲悶云 以此收米 從便轉換 則必無難繼之慮 且前本曹 因經費之不足 關西米萬餘石 作本取用 非止一再 今亦以此買銀 似爲便當矣 上日 依爲之"

180) 《備邊司謄錄》82, 英祖 3년 11월 17일.

181) 《承政院日記》666, 英祖 4년 7월 29일.

182) 《備邊司謄錄》92, 英祖 8년 8월 1일.

183) 《備邊司謄錄》92, 英祖 8년 11월 21일. "戶曹判書金在魯所啓 臣頃以關西銀木事陳達 自上有道臣從重推考 罔夜上送之命矣 今見關西狀啓以爲 前定一萬兩內 二千兩鍮鑯價出給 四千兩謝恩使行出給 一千兩龍袍價出給 所餘只三千兩 而縛鐵封不動外 無可推移 末由上送云"

銀을 수매하도록 요청한 데[184] 이어 동년 10월에 戸曹判書宋寅明이 다시 요청하여 마침내 정부는 泉流庫로 하여금 해마다 秋捧穀으로 店銀 10,000兩씩을 收買 會錄하여 戸曹에 보고하도록 규정하였던 것이다.[185] 당시 店銀 10,000兩을 수매하는데 소요된 米穀量은 平安道의 稅穀 중 1/3에 해당하는 액수였으며 店銀의 수매가는 市價에 준하였다.[186] 戸曹에 의한 店銀의 정기적인 수매로 店民들에게는 銀을 판매할 수 있는 중요한 기회가 되기도 하였다.

이처럼 戸曹나 泉流庫 등 官廳에 의한 공식적인 수매형태도 있었지만 때로는 守令들이 사적인 필요에 의하여 店銀을 매입하기도 하였다. 이를테면 숙종 9년(1681)에 新寧縣監이 店銀을 구입한 경우나[187] 또는 숙종 말년경에 全羅道의 碧沙察訪이 海南銀店에서 銀을 구입한 사례들이[188] 그것이다. 그리고 銀店의 鉛도 軍門에서 직접 현지에 내려가 수매하거나 場市에서 私商들로부터 구입하였고,[189] 三南月課鉛

---

184) 《備邊司謄錄》92, 英祖 9년 2월 2일. "戸曹判書金在魯所啓 … 關西木儲置最多 若以數百同入送山邑産銀處 換銀以置 則可爲日後緊急國用 而道臣嫌於轉動 不欲爲之 宜自朝家分付 此外亦不無與本道相議變通之道 新監司權以鎭 曾經戸判備諳國計 辭朝時 同入稟定以送何如 上曰 依爲之"

185) 《英祖實錄》36, 英祖 9년 10월 壬戌. "戸曹判書宋寅明曰 又言 地部銀貨已罄 或有勅行及意外大事 將不知爲計 關西泉流庫卽地部外藏也 令於每年秋捧 作銀限萬兩 會錄報地部 以待不時之需何如 上詢大臣皆言其便 從之"

186) 《備邊司謄錄》101, 英祖 13년 2월 28일. "戸曹判書金東弼所啓 地部銀貨 一自萊府稅銀失勢之後 殆無所收 而一年應下 如尚方內局年例貿易 及種種以銀上下之數 小不下萬兩 而每每犯用於流來遺在 如干記簿漸致耗竭 誠甚悶慮矣 關西稅穀 每年三分一作銀取用事 前前判書時 筵稟判下 丙辰條稅穀 今當依定奪發賣 使各該邑從市直貿送之意 已爲發關該道 而但上年發賣之穀 亦因市直之相左 尙未了當 勢將遷就 事甚狼狽矣 今年則將有應到兩勅 而前頭又有奏請之事 聚銀之道 不容少緩"

187) 《承政院日記》282, 肅宗 7년 3월 30일.

188) 《繡衣錄》全羅右道御使趙榮福書啓.

189) 《備邊司謄錄》75, 景宗 4년 5월 3일 ; 《備邊司謄錄》86, 英祖 5년 10월 10일 ; 《備邊司謄錄》113, 英祖 21년 4월 6일 참조.

丸契도 店鉛을 구매하고 있었다.[190] 그러나 銀店의 銀이나 鉛은 대부분 사상들에게 판매되고 있었다. 戶曹에 의한 店銀의 수매가 주로 平安道 내의 銀店에서 이루어졌지만 私商들은 平安道의 銀店뿐 아니라 전국 각지의 銀店에서 銀이나 鉛을 구입하였다.[191] 그리고 銀店을 찾는 상인들은 주로 米穀 등 店民들에게 필요한 상품들을 싣고 가 鉛·銀과 교환하고 있었다. 상인들은 생필품을 비싼 값에 팔 수 있었고 鉛·銀을 싼값으로 구입할 수 있었기 때문에 자연히 銀店으로 몰려들었다.[192] 따라서 銀店이 개설된 지역의 인근 邑民들은 때로는 생필품을 구입할 길이 두절되기도 하였다. 英祖 17년(1741) 가을에 설치된 江原道의 淮陽銀店으로 야기된 폐단을 特進官 朴文秀는 다음과 같이 지적하고 있었다. 곧 "咸鏡道의 安邊·德源·文川邑과 江原道의 歙谷·通川邑 등 5개 邑은 그곳의 상인들이 元山의 魚物을 가득 싣고 서울과 高陽·安城 등지로 가서 쌀을 구입해 와서 팔기 때문에 극심한 흉년에도 걱정이 없었는데, 淮陽銀店이 들어서면서 이들 상인이 비싸게 팔 욕심으로 쌀을 銀店으로 싣고 가버리기 때문에 각 邑民이 쌀을 구입할 수 없게 되었다"는 것이다.[193] 이처럼 각 처의 생필품을 거래하는 상인들

---

190) 제4장 註 4) 참조.

191) 《承政院日記》630, 英祖 3년 1월 5일 ; 《備邊司謄錄》92, 英祖 8년 8월 1일 ;
《備邊司謄錄》95, 英祖 10년 6월 21일 ; 蔡濟恭《樊岩集》30, 論江界銀店屬
之戶曹事宜啓.

192) 李恭遇,《換凡翁漫錄》10, 暗行御史書啓別單(江原道). "峽中諸邑 旣不通船
路 則少値凶歉米價踊高 只以商賈往來 得以依賴矣 今此金城銀店之復設
各處無賴之類 聚屯山上無數百 隣近富戶之穀 商賈貿來之米 利其貴售 盡
歸其處 民間之不得粒米 未必不由於此"

193) 《備邊司謄錄》110, 英祖 18년 正月 7일. "特進官朴文秀所啓 安邊德源文川
之民 以雇馬多載元山魚物 發賣於京城及高陽安城等地 仍爲覓米下去 故數
邑民 當此慘凶 大有所賴矣 自秋淮陽設銀店之後 數邑貿米之商 不賣於其
邑 爲其多利 輻輳於銀店 故數邑之民 由此飢困特甚 北伯及御使 以此大以
爲悶 連報小臣 請罷銀店 而至於關東之通歙兩邑 亦有魚商貿米之利 而因
此銀店 同有此弊云 且聞關東伯 以銀店有弊 曾有所禁 而淮陽卽報戶曹設

이 銀店으로 몰려감에 따라 곳에 따라서는 종래의 상품유통 관계가
혼란에 빠지기도 하였다.

店云 未知設店利害之如何 而卽今五六邑之民 因此銀店 未免有見飢之患矣
此銀店限畢賑間 禁斷何如 領事趙曰 事勢如此 似當禁止矣 上曰 依爲之"

제5장

18세기 말 19세기 전반기
'物主'制下의 資本制的 民營鑛業實態

제1절 銀·銅店의 物主制와 守令收稅制의 成立

1. 銀店의 物主制와 守令收稅制의 成立

守令收稅制는 物主의 資金에 의존한 '銀店頭目' 곧 '穴主'의 銀店經營을 기반으로 성립되었다. 物主制의 발생과 守令收稅制의 성립은 같은 시기에 상호불가분의 관계를 갖고 진행된 것이다. 物主와 守令은 서로 처지가 달랐지만 物主의 利權獲得과 守令의 雜稅收奪이란 물질적 욕구를 같이하면서 物主制의 성립과 守令收稅制의 적용을 모색해 왔으며, 그것은 마침내 英祖 51년(1775)에 이르러 銀店의 物主制에 기초한 守令收稅制를 정부가 공인하도록 만들었던 것이다.[1] 곧 物主制下의 守令收稅制는 이미 일찍부터 비합법적으로 실시되어 왔고 그것이 보편화됨으로써 정부가 현실을 인정한 데 불과한 조처였던 셈이다. 그런데 銀店에서의 物主制가 언제부터 그리고 어떤 동기로 적용되기 시작했는지는 정확히 설명된 자료가 없다. 다만 그것의 실현을 불가피하게 만든 현실적 상황이 언제 어떻게 조성되었는가를 살펴 볼 수 있을 뿐이다. 물론 18세기 후반기에는 상품화폐경제가 더욱 발전하여 광산에 투자할 만큼 財力을 갖춘 富商大賈들이 출현한 점이나, 倭銀의 收入이 두절되어 국내의 銀鑛開發이 불가피해진 점을 주목해야 할 것이다. 하지만 富商大賈들의 자금규모와 투자의욕만으로 物主制下의 銀鑛經營이 실현될 수 있는 것은 아니며, 동시에 銀鑛開發이 절실하다고 해서 物主制下의 銀鑛開發이 보장되는 것도 아니다. 거기에

---

[1] 《度支志》外篇 8, 版籍司 財用部 金銀事實. "本曹判書具允鈺 啓請革罷銀店別將 酌定稅銀 使本官收納 而不善擧行 則隨現論罪何如 上曰 依爲之"
《萬機要覽》財用編 4, 金銀銅鉛. "英宗乙未 戶曹啓稟 以其餘存店 付之本官 定稅上納矣"

는 반드시 富商大賈들의 투자를 실현시킬 수 있는 경영주체가 존재해
야 하고 동시에 銀鑛開發을 법적으로 보장할 官府의 협조가 선행되어
야 하는 것이다. 이러한 문제들에 접근하기 위해서는 우선 英祖 16년
(1740)의 '經稟設店'法에 유의할 필요가 있다.

經稟設店法은 戶曹는 물론 각 軍門과 각 道의 監營 및 각 邑이 設
店收稅하기 위해서는 반드시 國王의 사전 허락을 받도록 규정한 것이
다.[2] 그러나 本法을 制定한 근본 의도는 당시 광범위하게 진행되던
京·外官衙들의 設店收稅 행위를 완전히 근절시키는 데 있었다. 따라
서 本法이 반포된 이후에는 前章에서 살펴보았듯이 戶曹에 의한 몇
개소의 '經稟設店'이 이루어졌을 뿐 각 道의 營·邑에서 종래와 같이
임의로 設店收稅하는 행위는 물론 '經稟設店'을 시도하거나 '經稟設店'
에 성공한 사례가 전혀 드러나지 않았다. 그것은 營·邑이 '罷職'과 '拿
問'의 중벌을 무릅쓰고 設店收稅를 감행할 수 없었고, 또 銀店의 신설
요구가 王의 허락을 받지 못할 것이 명백하였기 때문이다.

이러한 정부의 禁鑛政策에도 불구하고 이에 대항하여 銀鑛開發을
추진한 주체는 역시 '別將'制下의 銀店에 종사했던 頭目·店匠·鉛軍 등
의 店民들이었다. 이들은 채굴하던 銀店의 광맥이 단절되거나 探算이
맞지 않으면 즉시 新鑛을 찾게 마련이었다. 前章에서 언급하였듯이
經稟設店法이 제정된 이후 守令收稅制가 공인되기까지 이들이 발굴
한 産銀地는 英祖 22년(1748)의 江界를 위시하여 英祖 27년(1751)의 理
山·碧潼, 30년(1754)의 綾州, 34년(1758)의 江陵, 35년(1759)의 南陽, 37년
(1761)의 永興, 38년(1762)의 端川(黃土店), 39년(1763)의 定州·咸昌, 40년
(1764)의 高城·昌城 등 12개 邑에 달하였다. 이들은 일차적으로 戶曹에
신고하여 '經稟設店'을 요구하였지만,[3] 戶曹에 의한 설점수세가 실현

---

2)《續大典》戶典, 雜稅條. "勿論本曹各軍門外方各營各邑 如有不稟朝廷 新設
　　銀店者 道臣以上罷職 守令以下拿問"

3)《備邊司謄錄》122, 英祖 27년 閏 5월 16일. "兵曹判書洪啓禧所啓 臣頃以理山

되지 않을 때는 즉시 潛採를 감행하였다. 곧 '經桌設店'法이 제정된 이후 戶曹에서 신설한 江界·江陵·端川(黃土店)·定州銀店 중 守禦廳의 鉛店 설치를 계기로 신설이 가능했던 江界銀店을 제외한[4] 그 밖의 江陵·端川·定州銀店등은 모두 정부가 潛採를 두려워 한 나머지 신설을 허가했던 곳들이다. 江陵銀店이 英祖 34년(1758)에,[5] 端川銀店이 동왕 38년(1762)에,[6] 定州銀店이 동왕 39년(1763)에[7] 각각 신설되었다는 사실은, 이 시기 곧 18세기 후반기에 광산종사자들에 의한 銀鑛의 潛採가 광범하게 전개되고 있었음을 반증하는 것이다.

　潛採는 정부의 허가를 받지 않고 광산종사자들이 비합법적으로 광산을 경영하는 행위를 지칭한다. 그러나 이러한 비합법적인 광산경영은 민간자본 곧 物主의 자본을 필요로 함은 물론 반드시 官과 결탁해야만 가능한 것이었다. 광산종사자들이 産銀地를 발견하고 또 채굴제련기술을 갖추고 있었다 하더라도 장기간의 潛採는 불가능하였다. 왜냐하면 당시의 守令들이 관할하던 邑은 규모가 협소하여 邑의 관속들과 面任·里尊들의 감시를 피하여 潛採할 수 없었으며 심지어 銀軍 한 두명의 潛採마저도 발각되는 실정이었기 때문이다.[8]

碧潼採銀事 有所陳達 請遣郎廳嫡奸矣 備郎李聖師才已復命 … 江邊饑饉 無異六鎭 民人爭願設店 相率呼訴云 … 且聞碧潼郡守柳顯章 以爲設店於郡境 親董吹銀 而無京差下來 則可以無弊 … 上曰 必也正名 屬之戶曹 勿送京差 使道臣本官句管擧行可也"

4)《英祖實錄》64, 英祖 22년 11월 戊戌 ;《備邊司謄錄》116, 英祖 22년 閏 11월 13일.

5)《備邊司謄錄》134, 英祖 34년 3월 15일. "本曹雖不設店 奸民偸採之弊 狼藉難禁 … 今此江陵銀脈 自該曹發遣郎官看番後開店何如 上曰 依爲之"

6)《備邊司謄錄》141, 英祖 38년 3월 17일. "端川府銀店設施經年者外 黃土店及其他追開者 一切禁塞 而此後如有私自掘開者 則勿論京鄕人 今道臣嚴刑定配事也 上曰 雜類易聚 亦可慮矣 依爲之"

7)《備邊司謄錄》143, 英祖 39년 4월 12일. "今關西定州 有銀脈頗盛 而不無潛採之弊 依昨年例 發遣本曹郎廳嫡奸何如 敢此仰禀 上曰 禁開鑛 爲先嫡奸"

8)《巡歷日錄》8,《日省錄》652, 正祖 23년 12월 8일.

이 때문에 潛採를 실현하기 위해서는 누군가가 먼저 당해 邑의 守令을 매수해야 했고 동시에 銀店의 經理에 필요한 자금을 투입할 수 있어야 했다. 곧 守令을 설득하고 銀店을 설치할 수 있는, 이를테면 土豪나 富商大賈 등 나름대로 능력과 재력을 구비한 物主가 있어야 하였다. 이런 조건을 갖춘 物主가 나타나야 장기간의 비합법적인 銀店經營도 이뤄질 수 있는 것이다. 物主의 자금에 의존한 '穴主'의 銀店經營이 실현되면서 別將制는 무의미해져 갔다. 戶曹의 재력에 의한 '設店'이 아닌 이상 그것을 대행할 別將들이 필요할 리 없었고, 경제력을 갖춘 物主로부터 稅銀을 징수하게 된 이상 서울의 富商大賈를 別將으로 파견하여 '收稅'해야 할 이유가 없었던 것이다. 그 동안 銀店의 생산물 중 2/3를 착복하고 또 店民들을 가혹하게 수탈해 왔던 別將制가 더 이상 필요하지 않았다.[9]

店民들은 守令收稅制를 지향하였다. 守令收稅制는 銀店의 戶曹納稅銀을 守令이 수납할 뿐이므로 우선 別將들이 店銀의 2/3를 착복하는 폐단을 없앨 수 있으며, 또한 牧民官으로서의 직분에 규제받기 마련인 守令들은 別將들처럼 店民을 가혹하게 착취할 수는 없었기 때문이다. 따라서 物主와 店民들은 당해 守令들에게 別將制를 폐지하고 수령이 직접 관장 수세할 것을 요구하였고, 수령들은 이를 '民願'으로 받아들여 監司를 통하여 정부에 요청하였던 것이다. 이리하여 物主制에 기초한 守令收稅制는 오랫동안 독자적으로 設店收稅權을 행사해 왔던 平安監營 관내의 銀店에서부터 적용되기 시작하였다. 英祖 27년(1751)에는 理山·碧潼銀店에 적용하기로 결정한 바 있었고,[10] 동왕 40년(1764)에는 비로소 江界銀店에 정식으로 守令收稅制가 적용되었다.[11] 이처럼 物主制를 기반으로 한 守令收稅制는 物主·店民과 수령

9) 제5장 註 3) 참조.
10) 제5장 註 3) 참조.
11) 蔡濟恭,《樊岩集》30,〈論江界銀店屬之戶曹事宜啓〉.

들에 의해 戶曹가 설점수세하던 은점에도 적용되기 시작하여, 마침내 英祖 51년(1775)에는 戶曹 소관 15개 邑의 모든 銀店에까지 확대 적용되었다.[12] 이때부터 은점에는 '別將'制가 완전히 소멸되었고, '物主'制에 기초한 '守令收稅'制만이 합법적인 제도로 공인된 것이다.

2. 銅店의 物主제와 守令收稅制의 성립

銀店에 대한 英祖 16년(1740)의 '經禀設店'法 제정은 銀店의 신설을 위축시킨 반면에 銅鑛의 개발을 자극하는 계기가 되었다. 조선 후기의 銅鑛은 18세기 중엽에 이르기까지도 거의 개발되지 못한 채 있었다. 그것은 壬辰倭亂 직후 朝·日간의 무역이 재개되면서 정기적으로 수입하던 倭銅만으로도 火砲나 銅錢을 주조하는 데 부족함이 없었기 때문이다. 그러나 18세기 중엽에 이르러 倭銅의 수입량이 감소하면서 火砲나 銅錢의 鑄造事業에 소요되는 銅을 조달하기가 어렵게 되었다.

이러한 상황하에서 정부가 經禀設店法을 제정하여 銀店의 신설을 탄압하게 되자 광산종사자들 중에는 銀鑛보다 경제성은 낮지만 禁令이 내리지 않았던 銅鑛의 開發에 관심을 기울이는 자들이 나타날 수밖에 없었다. 그들의 노력에 의하여 英祖 16년(1740)에는 寧越과 遂安의 銅鑛이 개발되었고,[13] 10년 뒤인 동왕 26년(1750)에는 忠州·寧海銅鑛이 각각 발굴되었다.[14] 광산종사자들은 經禀設店을 실현키 위하여 鑄錢事業의 主務官署이자 設店의 허가를 받기가 유리한 戶曹를 택하기도 하였지만 鑄錢과 동시에 鑄砲事業을 담당했던 각 軍門들에 신고하기도 하였다.

---

12) 제5장 註 1) 참조.
13)《英祖實錄》52, 英祖 16년 12월 乙巳 ;《備邊司謄錄》107, 英祖 16년 12월 10일 ;《備邊司謄錄》108, 英祖 17년 2월 16일.
14)《增補文獻備考》160, 財用考 7, 英祖 26년조.

英祖 16년에 광산종사자들은 寧越銅鑛을 戶曹에, 遂安銅鑛을 訓練都監에 각각 신고하여 經稟設店을 기도하였다. 그러나 英祖는 즉석에서 郎廳을 두 곳에 파견하여 銅鑛을 封置하게 하고 '私採者는 一律에 처한다'는 가혹한 禁令을 내리는 한편 戶曹와 軍門에서 銅이 필요할 때는 '草記稟處'한 뒤 郎廳을 파견하여 수요량만 採取하도록 규정하였다.[15] 이러한 조처는 英祖가 동년에 經稟設店法으로 銀店의 신설을 엄금한 이상 銅鑛 역시 신설을 금할 수 밖에 없었던 입장에서 취해진 것으로도 이해할 수 있겠지만, 그보다는 오히려 銅鑛을 設店收稅할 경우 생산품의 대부분이 상인에게 판매될 것이기 때문에 광산종사자들을 배제하고 정부가 銅鑛을 독점하여 火砲·銅錢을 주조할 때만 採取할 목적에서 취해졌다고 여겨진다.

따라서 이듬해 英祖 17년(1741) 2월에는 軍器寺가 무기제조를 위해 郎廳을 파견하여 遂安銅鑛을 채굴하였고,[16] 동왕 18년(1742) 6월에는 摠戎廳이 또한 같은 이유로 監官을 파견하여 遂安銅鑛을 채굴하였다.[17] 그리고 이어 동년 7월에는 銅錢을 주조하기 위해 靈城君 朴文秀의 주관하에 戶曹와 賑恤廳 및 訓·御·禁의 三軍門이 동시에 寧越과 遂安銅鑛을 함께 채굴하였으며,[18] 동왕23년(1747)에는 宣惠廳이 채굴하여 그 중 15,000斤을 三軍門에 武器製造用으로 대여하기도 했다.[19]

이처럼 民間의 광산종사자들이 經稟設店을 요구했던 銅鑛을 정부가 모두 독점한 가운데 간헐적인 官採를 실시하고 있었다. 그럼에도

---

15)《英祖實錄》52, 英祖 16년 12월 乙巳;《備邊司謄錄》107, 英祖 16년 12월 10일;《備邊司謄錄》108, 英祖 17년 2월 16일.

16)《備邊司謄錄》108, 英祖 17년 2월 27일.

17)《備邊司謄錄》110, 英祖 18년 6월 30일.

18)《英祖實錄》55, 英祖 18년 6월 丁巳;《備邊司謄錄》110, 英祖 18년 6월 30일;《備邊司謄錄》110, 英祖 18년 7월 4일;《英祖實錄》56, 英祖 18년 9월 庚午;《備邊司謄錄》111, 英祖 18년 10월 3일;《備邊司謄錄》111, 英祖 18년 12월 10일.

19)《備邊司謄錄》117, 英祖 23년 4월 27일.

불구하고 광산종사자들은 英祖 26년(1750)에 다시금 忠州銅鑛을 御營廳에 신고하고, 寧海銅鑛을 訓練都監에 신고하여 經稟設店을 요청하였다.[20] 10년 전의 寧越·遂安의 사례가 있는데도 이때 또 다시 신고한 것은 전술한 4년 전의 동왕 22년(1746)에 守禦廳이 江界鉛店을 經稟設店한 前例에 기대를 걸었던 것 같다. 그러나 이 두 곳의 銅鑛 역시 封置되었고, 訓·御 兩軍門이 將校를 파견하여 採取하였으며,[21] 한편 鑄錢用의 鉛을 확보하기 위해서 정부는 定州鉛鑛을 封置하고 필요할 때에만 軍門에서 採取하고 있었다.[22] 하지만 광산종사자들의 銅鑛開發은 계속되었던지 동왕 41년(1765)에 간행한 《輿地圖書》의 物産·土産條에는 銅鑛地로서 遂安·平昌을, 自然銅産地로 連山·三登·靈光·興陽·淳昌·康津을, 그리고 폐광지대로서의 公州·寧海·昌原邑을 수록하고 있었다.

이상과 같이 英祖 16년(1740) 이래 광산종사자들이 戶曹 또는 軍門들에 신고하여 經稟設店을 요구한 銅鑛들은 모두 王命에 의하여 封置되었고, 戶曹나 軍門들이 火砲 또는 銅錢을 鑄造할 때에만 자체의 경비와 인력으로 採取하고 있었다.[23] 그러나 戶曹나 軍門들로서는 자체경비와 인력을 동원한 간헐적 採取 형태보다는 '設店收稅'制를 적용하여 일정한 稅銅을 수취하는 동시에, 많은 양이 필요할 때는 소관 銅店에서 수매하는 것이 유리하였다. 이런 점에서 광산종사자와 戶曹·軍門 들의 設店收稅制에 대한 요구와 기대는 동일하였지만, 英祖의 비현실적인 鑛業觀으로 실현되지 못했던 것이다. 그러나 동왕 51년에 戶曹 소관 銀店에까지 '物主'制下의 '守令收稅'制를 적용하지 않을 수 없었던 시대상황하에서 銅鑛 또한 예외가 될 수는 없었다.

---

20) 《增補文獻備考》 160, 財用考 7, 英祖 26년조.
21) 《增補文獻備考》 160, 財用考 7, 英祖 26년조.
22) 《備邊司謄錄》 144, 英祖 39년 12월 12일.
23) 《備邊司謄錄》 117, 英祖 23년 4월 27일.

正祖 4년(1780)에는 일부의 광산종사자들이 개발한 安邊銅鑛이 訓
練都監에 신고되고 經稟設店이 시도되었다. 訓練大將은 領相金尙喆
에게 이를 요청하였고 領相은 江原監司李命植에게 '設店便否'를 狀聞
하도록 지시하였다. 江原監司는 鑛脈이 풍성하여 설점하기에 합당하
므로 戶曹에서 '應行節目'을 마련해서 보낼 것, 그리고 收稅 등의 제반
절차는 '銀店例'에 따라 시행할 것이므로 官·民 모두에게 폐가 되는
計士나 將校를 파견하지 말 것과 稅銅의 수납문제는 稅額을 결정한
뒤 監營에 맡겨 수납하도록 할 것 등을 狀聞하였다. 이때 領相金尙喆
은 監司가 주장한 '銀店例'에 동의하면서 그때까지 物主가 확정되지
않았던지 銀店처럼 稅銅을 책임질 物主가 반드시 있어야 한다고 하고
특히 物主로 하여금 생산한 銅을 서울로 운송하여 三軍門과 戶曹·賑
恤廳에 판매하도록 할 것을 강조하였으며, 軍·衙門에 의한 銅의 수매
문제는 당해 將臣 및 堂上들 간에 상의하여 결정하도록 왕과 합의하
였다.[24]

이리하여 安邊銅鑛에는 '銀店例', 곧 物主의 資金에 의존한 '穴主'의
銅店經營에 '守令收稅'制가 적용되었으며,[25] 經稟設店을 주관한 訓練
都監에 소속되어 매월 定額의 稅銅이 訓練都監에 납부되었다.[26] 그리

---

24) 《日省錄》87, 正祖 4년 5월 29일. "命安邊産銅處設店 從長擧行 領議政金尙
喆啓言 頃因將臣所奏 安邊産銅處設店便否 令道臣狀聞之意 筵稟行會矣 卽
見本道監司李命植啓本 則以爲銅脈豊盛 可合設店 應行節目 自該曹下送 則
收稅等節 依銀店例施行 而計士將校 來留收稅之際 不無官民之弊 勿爲下送
則稅額配定後 使臣營收捧上送事 令廟堂稟旨分付爲辭矣 國內銅脈 若是豊
盛決非等棄之地 設店採取 在所不已 而此與銀店有異 旣無物主 則自本道雖
欲收稅上納 則財不虛消 事不煩撓 而積峙幾萬斤銅鐵 庶爲日後實用 以此分
付於三軍門將臣及戶賑廳堂上 使之往復相議 請從長擧行 從之"
25) 《日省錄》217, 正祖 10년 8월 21일 ; 《備邊司謄錄》169, 正祖 10년 8월 23일 ; 《日
省錄》218, 正祖 10년 11월 11일.
26) 《日省錄》217, 正祖 10년 8월 21일 ; 《備邊司謄錄》169, 正祖 10년 8월 23일.
"安邊銅店 年前訓局 筵稟設置 每朔收稅 以爲軍物補用矣"

고 物主는 생산한 銅을 서울로 운송하여 三軍門과 戶曹·賑恤廳에 판매하고 있었다.[27] 이 安邊銅店을 효시로 守令收稅制下의 物主資金에 의존한 穴主들의 銅鑛開發이 활발해졌던 것이다.[28]

제2절 '計士'制下의 沙金鑛開發과 '守令收稅'制下의 '物主'制 成立

1. '計士'制下의 沙金鑛開發과 禁令의 強化

銀·銅鑛山에 物主의 資金이 투입되기 시작한 18세기 70년대에는 金鑛도 개발되기 시작하였다. 금광개발을 자극하고 금의 수요를 유발시킨 것은 당시 對淸貿易을 주도했던 '燕商'과 '譯官'들이었다. 18세기 중엽부터 倭銀의 수입이 격감하고 국내의 銀鑛開發이 저조하게 되자, 그 중 일부는 직접 자금을 은광에 투입하여 物主로 등장하였으며[29] 동시에 금광개발도 자극하여 對淸貿易의 결제수단으로 金도 이용하려 하였다.

따라서 금광도 淸나라와 인접하고 商·譯의 왕래가 빈번했던, 그리고 銀鑛의 物主制가 최초로 발생했던 平安道 慈山과 成川金鑛부터 개발되기 시작하였다. 그러나 慈山과 成川의 金鑛이 개발되기 시작한

---

27) 제5장 註 24) 및 《日省錄》 218, 正祖 10년 11월 11일.
28) 《正祖實錄》 17, 正祖 8년 2월 辛巳 ; 《日省錄》 192, 正祖 10년 正月 22일 ; 《備邊司謄錄》 170, 正祖 11년 3월 21일 ; 《正祖實錄》 26, 正祖 12년 10월 丁巳 ; 《備邊司謄錄》 173, 正祖 12년 11월 20일.
29) 《英祖實錄》 125, 英祖 51년 9월 癸酉. "正言崔夢嵒上疏略曰 … 遂安郡守李彦培 郡有銀店 而松都富商 爲其物主 只給半價 使之換錢 銀商據例不納 則重加刑訊 卽地致斃 臣謂遂安郡守李彦培 爲先罷職 其罪狀 令攸司拿問嚴處 … 令該府處之"

연도는 정확히 알 수 없지만, 아마도 王權의 교체로 인하여 정부의 통제력이 약화되고, 銀·銅店에 物主制가 적용되었던 英祖末·正祖初의 4~5년 사이로 짐작된다. 이 무렵 慈山[30)]과 成川의 금광에 잠채꾼들이 모여들기 시작하였고 金의 생산량도 급증하였다. 따라서 정부는 産金地를 '奸民들의 潛探에 맡겨둘 수 없다'는 이유로 正祖 4년(1780) 10월에 '設店收稅'하게 되었다. 곧 정부는 平安監司로 하여금 戶曹에서 파견한 '計士'가 [31)] '設店'할 수 있도록 허락할 것과, 현지 사정을 고려하여 戶曹納稅額을 算定할 것, 그리고 産金地의 각 邑 守令에게 철저히 이를 단속하도록 지시할 것 등을 명령했던 것이다.[32)]

그리하여 慈山과 成川의 금광에는 戶曹 '金銀色'의 官員인 計士[33)]가 파견되어 金店을 설치하고 戶曹에 세금을 수납하는 '設店收稅'制가 적용되었다. 慈山과 成川의 金鑛은 沙金鑛이었다. 慈山은 大同江의 본류에 접해 있고, 成川은 大同江의 지류인 비류강변에 위치한 곳이었다. 慈山·成川의 金鑛은 沙金鑛이라는 특수성 때문에 당시의 '設店收稅'制 또한 別將制와도, 物主制와도 다른 특성을 지니고 있었다.

別將制下의 設店은 戶曹의 경비로, 物主制下의 設店은 物主의 자금으로 이루어졌지만 이때 沙金鑛의 설점에는 戶曹나 物主의 자금이

---

30) 《萬機要覽》財用篇 4, 金銀銅鉛에는 '正宗 庚子(4년) 採成川金 甲寅(18년) 採遂安金 而乍設旋停'이라고만 記載되고 慈山金店이 누락되어 있다.

31) 《備邊司謄錄》170, 正祖 11년 3월 21일 ;《書啓輯錄》9-6, 庚戌 3월 24일 ;《日省錄》325, 正祖 14년 3월 24일 ;《備邊司謄錄》188, 正祖 22년 7월 27일.

32) 《增補文獻備考》160, 財用考 7 附金銀銅 ;《備邊司謄錄》161, 正祖 4년 10월 9일. "領議政金(尙喆) 所啓 頃因右相所奏 關西産金處 方有道臣之論報備局者矣 從前所聞旣非浪傳 則其在國體 何可一任奸民輩潛採乎 分付道臣 許令開店 若其稅納地部者 令道臣査實酌定 嚴飭各其地方官 着意句檢 擧行形止 使之狀聞何如 上曰 依爲之"

33) 《度支志》1, 官制部. "金銀色(郎官二員兼) 掌採金銀 計士二員 掌本色會計 銀色執吏書吏一人(兼料祿色雜物色) 銀色庫直二名(他色庫直中兼) 計士(從八品) 朔廩米十二斗 黃豆五斗"

전혀 투입되지 않았다. 결국 戶曹의 計士가 '設店'한 것은 金軍을 감독 수세하기 위한 일종의 金鑛管理所를 설치한 데 불과했다.[34] 이처럼 정부가 자금을 전혀 투입하지 않고도 設店收稅가 가능했던 것은 나름 대로의 이유가 있었다. 우선 淸商들이 熟金보다 生金을 원했기 때문 이다.[35] 沙金의 대부분은 燕商과 譯官들에 의하여 淸나라로 수출되었 는데[36] 淸商들이 生金을 원했기 때문에 冶爐나 風廂 등의 제련시설과 연료용의 木炭 등을 구비할 필요가 없었다.[37] 그리고 사금은 採取하 기가 간편하고 용이하였다. 이 시기 沙金鑛의 채굴작업은 청·장년층 의 노동력만으로 이루어진 것이 아니고, 8~9세의 소년소녀까지 포함 한 가족 단위의 노동에 기초하고 있었다. 이들 각자가 小鑿·布袋·木瓢 등의 간단한 소도구를 이용하여 河床의 沙金土를 採取, 淘沙하는 작 업이었다.[38] 이 때문에 戶曹는 '設店'시에 자금을 투입할 필요가 없었

---

34)《日省錄》192, 正祖 10년 正月 22일. " … 採金者 若設爐鼓冶 則禁之非難 而 相其土色 掘以淘取 雖無所得 旣無所費 而若或有得 爲利大矣 利之所在 法 有所難行 故前後道臣邑宰 非無遠慮 終莫能禁者此也"
　　《日省錄》504, 正祖 19년 8월 4일. "國內金穴 無處不有 而最多於黃平兩道及 北路 故民間之潛採 其來久矣 昨年秋間 自華城筵稟行關 設店採取 以補財 用 此於公家 元無一文之費 而將有許多之益矣"
35)《增補與猶堂全書》5,〈經世遺表〉7, 地方修制 田制 9, 井田議 1. "臣嘗於西 邑 見京司上納之錢 雖至屢兩 皆於笏洞 販生金以去 詢其故日 象譯求之也 何不熟金 日燕人貴生金 不願乎熟也"
36)《日省錄》93, 正祖 4년 11월 18일. "子日 厥金歸於何處乎 柳義養日 潛自流入 於彼國 而彼國知其生金 後有索納事 計無所出矣 子日 勢固然矣"
　　《日省錄》193, 正祖 10년 正月 22일. "工曹佐郎鄭厚祚所懷 … 近年以來 西關 諸郡産金之地 民多採掘 流入燕市云 … 若能嚴禁則固爲大善 如其不能 則一 任商譯之冒禁行貨"
37) 제5장 註 34) 참조.
38)《燕巖集》12,〈熱河日記〉太學留館錄, 慶熙出版社刊, 212쪽. "余未渡江時 至 博川郡 下馬路傍 納凉柳樹下 男負女戴而行者 所在成群 皆携八九歲男女 如饑歲流離 怪而問之 則日往越成川金穴云 視其器械 一木瓢一布俗一小鑿 而已 鑿所以掘也 俗所以盛也 瓢所以淘也"

으며, 다만 計士가 거처할 店所만 설치하고 金軍들로부터 1인당 일정액의 沙金을 '收稅'할 뿐이었다.[39] 따라서 이 당시에 정부가 沙金鑛에 적용한 設店收稅制는 別將制나 物主制下의 設店收稅制와 성격을 달리했기 때문에 편의상 '計士'制라 부르기로 하였다.

'計士'制下의 사금광에 종사한 金軍들은 상당한 이득을 취하고 있었다. 그것은 우선 正祖 4년에 燕巖朴趾源이 赴燕使行의 副使였던 三從兄인 錦城尉 朴明源을 수행하여 淸나라로 가던 도중 博川에서 成川의 사금광으로 채금하러 가던 사람들을 만나 대화한 가운데서도 잘 알 수 있다. 沙金地의 金軍들은 稷穀과 유사하게 생긴 金粒을 採取하고 있었는데 "하루에 한 사람이 최하 3·4粒에서, 많게는 10餘粒을 採取하며 간혹 운이 좋은 사람은 갑자기 부자가 되는 수도 있다"고 하였다. 곧 金軍들이 하루에 採取한 金粒은 6~7分이 되어 그것을 팔면 銅錢 2·3兩을 받는다는 것이다.[40] 이와 같은 沙金의 현지 市價는 당시 정부가 沙金地에서 金을 수매할 때의 公正價, 곧 金 1兩=錢 40兩과 거의 일치한다.[41] 金 6~7分, 곧 銅錢 2~3兩이면 米穀 半石에 해당하였다.[42]

이처럼 사금채취업이 金軍들에게 엄청난 소득을 보장했기 때문에 당시 "農戶의 太半이 壟畝에서 떠났을 뿐만 아니라 사방에서 모여든 無賴遊手들로 촌락을 이루었고, 그 수는 무려 10여만명에 달하였으며 米穀과 百物이 폭주하고 술과 밥과 떡과 엿 등을 사고 파는데, 그것이

---

39) 제5장 註 34) 참조.
40) 《燕巖集》12, 〈熱河日記〉 太學留館錄. "余問竟日所得金幾何 日此係福祿 或一日得十餘粒 有福則片時爲富者 粒形如何 日大約類稷穀 勝於農利 一人一日所得金雖微 猶不下六七分 則售錢二三兩 非但農戶太半離壟畝 四方無賴遊手 自成村落 無慮十餘萬 米穀百物 湊集沽賣 酒食餅飴 彌滿山谷云 …"
41) 《備邊司謄錄》162, 正祖 5년 3월 15일. "戶曹判書鄭尙淳所啓 臣對罪關西時 因大臣陳達 成川慈山兩邑産金處 設店採取 而收其入摠之稅 以貿所採之金 則稅錢合爲一千一百兩零 貿金爲二百五十兩零 每兩價錢四十式 都合爲一萬三十八兩內 計除入摠稅一千一百兩 則不足之數 爲八千九百餘兩矣"
42) 《萬機要覽》財用篇 3, 大同作貢, 作米布錢條에 의하면 1石=4兩 5錢이었다.

산골짜기에 가득할 정도라"[43]고 하였다. 10만명이란 숫자가 과장된 것이기는 하겠지만 金軍의 수가 엄청났을 것임에 틀림없다는 사실은 다시 成川府使로 재직했던 柳義養의 보고에서 "成川 사금지의 생산량만도 20,000餘兩에 달한다."고 한 점에서도 알 수 있다.[44] 成川金鑛 한 곳의 연간 생산량인 金 20,000兩을 정부의 公定收買價로 환산해 보면 銅錢 800,000兩에 상당하는 액수였다. 거기에다 慈山金鑛의 생산량을 합친다면 당시 정부의 1년 예산과도 거의 맞먹는 수치일 것이다.[45]

正祖 4년(1780)경부터 대동강 유역의 慈山과 成川의 사금지가 개발되고 金軍들의 소득이 날로 증대되자, 그로부터 3,4년 내에 淸川江 南北의 각 邑에도 沙金鑛이 개발되었고[46] 동왕 10년(1786)경에는 咸鏡道에까지 확대되었다.[47] 이처럼 沙金鑛의 개발이 平安道 전역과 咸鏡道에까지 확대되자 정부는 그곳에서 야기되는 크고 작은 문제들을 우려하기 시작하였다. 그 중의 하나가 농민들의 '離農'현상에 관한 문제였고, 다른 하나가 사금의 '流出'에 관한 문제였다.

전자의 경우는 慈山·成川의 사금지가 개발되었을 때 "農戶의 태반이 농토에서 떠났다"[48]고 하였고, 淸川江 南北의 각 邑에 沙金鑛이 개발되었을 때도 "食力之民의 태반이 金穴에 투입되어 해마다 수확이

---

43) 제5장 註 40) 참조.
44)《日省錄》93, 正祖 4년 11월 18일. "子曰 成川有金産云然否 (柳)義養曰 果有鑄金之事 而以臣在官時言之 將至二萬兩云 而前頭之慮非淺矣"
45)《度支志》內篇, 總要, 版籍司 一年捧下總要, 一年應捧. "各道稅米 隨歲豊歉多寡不同 故錄中年所捧數爻 大米一萬六千二百十石 田米三千七百四十三石 黃豆四萬一千六百八十一石 銀子五百八十二兩 錢文二十萬一千一百六十四兩 綿紬二同四十四疋 綿布一千七百二十四同十七疋 麻布二百三十八同四十疋"
46)《正祖實錄》17, 正祖 8년 2월 辛巳. "淸南北各邑 處處採金 甚至侵入山地 壞人田疇 食力之民 太半歸於金穴 西農之比歲不登 未必不由於此 …"
47)《正祖實錄》26, 正祖 12년 10월 丁未 ;《日省錄》294, 正祖 13년 3월 26일
48) 제5장 註 40) 참조.

줄어든다"[49]고 한 데에서 잘 드러나고 있다. 이러한 離農의 현상은 우선 농촌 내부의 계층분화가 심화된 사회 현실에도 원인이 있겠지만, 離農의 직접적인 계기는 농민에게 많은 소득을 올릴 수 있는 沙金鑛이 개발된 데 있었다. 沙金鑛의 金軍들은 서로가 다 같은 처지의 빈민들이었지만, 사금광은 그들의 노력과 기술의 정도에 따라 소득이 보장되는 생산현장이었다. 따라서 사금광산에 이웃한 自作農民들이 農閑期를 틈타 사금을 採取하기도 하였지만 대부분은 봉건적 착취와 신분적 속박에서 벗어나기 위한 각처의 빈농들이 이곳에서 활로를 찾았던 것이다. 빈농들의 대대적인 離農으로 직접적인 타격을 받게 되는 계층은 地主들이었다. 그들은 雇農이나 小作人을 구하기가 어렵게 되었고 田畓의 상당수가 황폐해질 수밖에 없었다.[50] 그러나 平安道나 咸鏡道는 관료들의 지주적 기반이 약했기 때문인지 정부는 미온적인 태도로 임하였고 이를 심각하게 받아들이지 않았다.[51]

중앙 정부는 국내의 離農 현상보다 金이 淸나라로 유출되는 것을 우려하였다. 金軍이 採取한 사금의 대부분이 商·譯들에 의하여 淸나라로 유출되었기 때문에 淸나라가 貢金을 요구할 것을 가장 두려워하였고,[52] 심지어는 淸이 국내의 금광을 직접 개발하려 들 것도 걱정하

---

49) 제5장 註 46) 참조.
50) 《增補與猶堂全書》5, 〈牧民心書〉, 工典六 山林條. "吾東八路 皆産黃金 其所以禁之不採者 爲有二弊 一曰妨農 一曰召亂 其謂之妨農者何也 採金者必臨水而淘之 此非寒月之所能 故必於春夏爲之 愚民重利 舍本趨末 耕耘失時 此一弊也 其謂之召亂者何也 採金之法 本計人額 故額多則稅多 額少則稅少 以此之故 監採之人 方其募採之日 不問來歷 貪多務得 蟻聚烏合 亂雜無統 藏亡匿奸 慮無不到 此一弊也"
51) 《正祖實錄》17, 正祖 8년 2월 辛巳. "批日 不動力農 遊手滋多 不但爲當禁之大者 外此難言之弊 不一而足 依卿所奏 更加嚴飭 雖以採銅採銀事言之 朝家則每以爲宜禁不可許 近聞諸道 或多圖得京關設施店鑛云 亦不可不一體禁戢 令廟堂申飭"
52) 제5장 註 36) 참조.

였다.[53] 따라서 정부는 금의 유출을 방지할 방책의 하나로 직접 金軍들로부터 금을 수매하는 방안을 시도하였다. 正祖 4년 慈山·成川金店을 개설할 당시 평안감사였던 鄭尙淳은 慈山·成川邑의 入摠稅錢으로 매년 沙金을 수매하도록 건의하여 정부의 허락을 받았고 이때 金 250兩을 구입하여 戶曹에 납부하였다. 그러나 金價가 1兩 당 銅錢 40兩으로 환산하여 10,000餘兩이었으나 兩邑의 入摠稅錢은 불과 1,100兩밖에 되지 않아 戶曹가 부족액 8,900餘兩을 平壤監營에 갚아야 하였다.[54] 그런데 이듬해에 戶曹判書가 된 鄭尙淳이 부족액을 戶曹에서 염출할 수가 없다고 하자 정부는 前監司(鄭尙淳)의 別備錢을 이급토록 조치하고 戶曹의 沙金收買案을 폐기하고 말았다.[55] 당시 慈山사금광은 차치하고 成川金鑛의 생산량만도 20,000餘兩에 달했는데 정부가 매년 250兩씩을 수매한다고 하더라도 그것이 商·譯들의 금유출량을 감축시키는 데 효과가 있었을 리 없으며 그나마도 정부는 수매할 재정적 여유가 없어 결국 商·譯들에 의한 금의 유출을 방치하였던 것이다. 그럼에도 불구하고 위정자들은 淸의 貢金 요구가 재현될 위험을 떨쳐버릴 수가 없었기 때문에, 正祖 10년(1786)에도 이 문제가 다시 제기되었다.

'丙午所懷' 중의 하나로 工曹佐郎鄭厚祚는 정부가 사금을 모두 수매할 것을 건의하였다. 곧 사금을 전량 수매하여 일부는 戶曹의 경비에 충당하고 일부는 倭館에서 倭銀과 교환한다면 商·譯들이 금을 수

53) 《燕巖集》 12, 〈熱河日記〉. 太學留館錄. "淸初歲幣 首蠲黃金 爲非土産也 若有奸商冒法潛賣 或爲大國朝廷所覺 則非特生事可慮 皇帝旣以黃金塗屋 安知不設鑛於我國乎"
54) 제5장 註 41) 참조.
55) 《備邊司謄錄》 162, 正祖 5년 3월 15일. "戶曹判書鄭尙淳所啓 … 事當趁今區劃 而自本曹無他推移之道 故敢此仰達 下詢大臣處之何如 上曰 大臣之意何如 領議政徐命善曰 前道臣之意 則不欲使所採之金 散在民間有此給價貿取之擧 而旣是行不得之政 且其辦出價錢 實爲難繼之道 此後則只捧其稅 更勿貿取 而已貿之價 他無區劃處 以前道臣別備錢 依此數推移以給事 分付何如 上曰 依爲之"

매할 길이 없어 자연히 금 유출은 중단될 것이며, 왜은과 교환함으로써 國用의 은이 풍족해질 것이라는 주장이었다.[56] 또 別軍職李晢은 禁令을 내려서 "潛商의 교역로를 철저히 차단하는 동시에 沙金의 採取를 근절시켜야 한다"[57]고 주장하였다. 그러나 이때 정부는 이들의 주장을 다만 '所懷'로 받아 들였을 뿐 논의에 부치지는 않았다.

이처럼 정부가 농민의 離農과 사금의 유출문제를 해결하지 못하고 고심하던 시기에 사금광은 平安道 전역으로 확대되어 갔고 銀·銅 광산의 개발 또한 활기를 띠고 있었다.[58] 그런데 정부가 이때 金·銀·銅鑛의 개발을 엄금한 사실이 없다고 해서 곧 정부가 設店의 법적 규제를 포기한 것은 아니다. 金·銀·銅鑛의 설점을 허가할 때는 영조 16년(1740)에 제정한 '經廛設店'法을 철저히 준수해야 하였다. 그럼에도 불구하고 金·銀·銅鑛의 개발이 꾸준히 추진되었던 것은 나름대로의 이유가 있었다. 그것은 물론 생산자인 광산종사자와 상인간의 이해가 일치되었기 때문이기도 하지만 동시에 經廛設店法을 준수해야 할 官衙들이 오히려 적극 가담했기 때문이다. 당초 '經廛設店'法은 사실상 銀店은 戶曹에, 鉛店은 軍門에만 적용되어 왔던 것이지만 銅鑛이 개

---

56)《日省錄》193, 正祖 10년 正月 22일. "若能嚴禁 則固爲大善 如其不能 則一任商譯之冒禁行貨 無寧自官貿取 輸之度支 或助經費 或換銀倭館 庶絕燕市之潛入 亦裕國中之銀弊矣 此旣官民交易 則與征榷有異 利自在於小民 財寶皇於公家矣 銀則年年燕行 以我之銀 換彼之貨 未嘗以我之貨 換彼之銀 故國中之所需用者 只是域內之所鎔鑄者也 一年之所鎔 不足以當一年之費 實有垂乏之慮 此乃臣所以欲以金換銀者也"

57)《日省錄》193, 正祖 10년 正月 22일. "別軍職李晢所懷 … 至若金貨 雖有如干土産 而初不與大國通行者 意有在焉 故設爲法禁 邦憲至嚴 而近年以來 燕商潛賣之弊 月增歲加 使彼人認之爲金産之國 法禁之解弛姑捨 是將來無窮之憂 容有旣乎 臣之賤見 則更加申嚴 痛絕潛商交易之路 並杜諸道採金之弊 斷不可已也"

58) 제5장 註 51) 및《日省錄》11, 正祖 10년 11월 11일 ;《備邊司謄錄》169, 正祖 10년 11월 12일. "伊川方設銀店 本官營門 至於收稅云 不聞朝家 擅許開店 殊極驚怪 自本司査問處之 從之"

발되면서부터 軍門에도 銅店의 經稟設店이 허용되었던 것이다. 따라
서 이 시기에는 戶曹에 의한 金·銀·銅店의 설점과 軍門들에 의한 鉛·
銅店의 설점이 경쟁적으로 이루어지고 있었다.

그러나 正祖도 英祖와 다름없이 鑛山開發을 억제했기 때문에[59] 戶
曹나 軍門들은 經稟設店을 기피하였다. 이리하여 대부분의 광산들을
'經稟設店'法을 통해서가 아니라 비합법적으로 設店하였고, 그 때문에
설점에 관한 기록이 관찬사료에 실리지 않았다. 곧 戶曹나 軍門들은
經稟設店하지 않고 '看色'을 핑계로 비합법적인 設店收稅를 감행하고
있었던 것이다.[60] '看色'이란 經稟設店에 앞서 戶曹는 計士를, 軍門은
將校를 현지에 파견하여 해당 監營의 裨將과 함께 광물의 품질과 광
맥의 豊殘을 조사, 실험하는 시굴과정이었다. 戶曹와 軍門에서는 광맥
발굴자의 신고를 받으면 당해 營·邑에 關文을 발송함과 동시에 計士
나 將校를 파견하여 '看色'한 뒤 經稟設店하도록 되어 있었다. 하지만
이무렵의 戶曹나 軍門들은 '看色'한 뒤 經稟設店치 않고 '看色'하는 기
간을 연장하여 실질적인 채굴행위를 감행하였다. 戶曹나 軍門들이 '看
色'을 이유로 비합법적인 設店收稅를 실행할 수 있었던 것은 營·邑의
監司나 守令들이 이를 묵인했거나 비호했기 때문이지만, 이때는 오히
려 營·邑에서 戶曹나 軍門의 關文을 자청하여 設店하는 사례가 많았
다.[61] 그것은 監司와 守令이 物主의 청탁을 받았을 경우도 있지만, 그
것이 아니더라도 관내에 店所가 개설되면 각종의 雜稅를 수취할 수
있었기 때문이다. 결국 戶曹나 軍門들이 왕에게 알리지 않고 營·邑과

---

59) 제5장 註 51) 참조.
60) 《正祖實錄》26, 正祖 12년 10월 丁巳. "自今嚴立科條 無朝令之經稟頒示 而
京而有司 外而營邑 甘聽牟利之設 假稱看色發送 差使者 有司之臣 及該道
臣 直施制書有違律 不禁自犯之守令 拿致營門 從重決杖 禁錮三年 該差人
嚴刑一次定配 計士營裨同律 無賴輩之無論因官令無官令逗留於此等處者
令各該討捕營 直施治盜之刑 首唱人充軍事 定式施行"
61) 제5장 註 51) 참조.

결탁하여 '看色' 또는 '嫡奸'을 한다는 구실로써 金·銀·銅鑛을 設店收稅하고 있었던 것이다.[62]

그러나 戶曹나 軍門들이 營·邑과 결탁하여 '經稟設店'法을 무시하고 설점수세하는 행위가 언제까지 지속될 수는 없었다. 金·銀·銅鑛의 設店으로 收稅上의 이익이 있는 官衙들만이 設店을 원했을 뿐, 言官을 비롯한 대부분의 관료들은 設店을 달갑게 여기지 않았다. 따라서 후자의 비판적인 견해와 주장으로 正祖도 京·外衙門들에 의한 비합법적인 설점수세 행위를 이미 알고 있었으며, 정조는 鑛軍들을 "농사짓기 싫어하고 놀고 먹으려는 자들로서,[63] 광산은 곧 이들이 稅役을 기피하는 곳이며 공사간 큰 이익도 없으면서 주민들만 괴롭히므로[64] 治盜律로 다스려 농촌으로 돌아가게 해야 한다"는[65] 생각을 굳히고 있었다. 그러던 차에 正祖 10년(1786)에 江原道 伊川銀店의 문제가 제기되었다. "伊川銀店은 국왕의 허락을 받지 않고 개설하였으며 지금 營·邑에서 수세하고 있다"[66]는 것이었다. 설점한 과정이 명확하지 않지만, 결국 戶曹가 '看色'한 뒤 왕의 허락없이 설점한 곳으로서 '守令收稅'制에 따라 營·邑이 戶曹納稅銀과 각종의 雜稅를 수취하고 있던 것임에 틀림없다. 이에 따라 정부는 해당 監司에게 關文을 발송하여 조

---

62) 《備邊司謄錄》173, 正祖 12년 11월 20일. "日前批旨 卿如何看得乎 不但以經稟有無爲區別而已 分明産出之地 一番經稟 則自在勿禁中矣 如無經稟 不得開店 自前飭敎 不啻丁寧 則欲避開店之名 別創看色之例 如延豊等處之徑先下送 卿等之不番之失 不可付之令前 朝家之所欲禁者 政在於此一款 非店而稱店 不多而日多 名以嫡奸或看色之行 頻遣差使 畢竟無大益於公私 使居民受困 無賴長惡 此爲最可駭最可禁之端 而爲有司之臣 不念對揚之道 看作初聞之敎者 事體道理固如是乎 遂事姑無論 此後另加惕念 期有遵行之實效 卿雖以難度泉脈之豊薄虛實 無不得經稟云 而此則卿未免見誑矣"

63) 제5장 註 51) 참조.

64) 제5장 註 62) 참조.

65) 제5장 註 60) 참조.

66) 제5장 註 58) 참조.

사한 뒤, 즉시 伊川銀店을 폐쇄하였으며 이와 동시에 銀店의 신설을 엄금하는 왕명을 하달했던 것이다.[67]

伊川銀店의 문제를 계기로 銀店의 新設禁止令을 내렸던 正祖는 京·外衙門들의 비합법적인 설점행위를 규제할 방책도 모색하고 있었던 것 같다. 그것은 이듬해인 正祖 11년(1787) 3월에 戶曹判書 李在簡이 鑄錢用의 銅이 부족하다는 이유로 延豊銅店의 신설을 요구하자 正祖는 計士를 파견하여 嫡奸한 후에 다시 '草記'하도록 하였고, 이어 "광산이 놀고 먹는 자들의 범죄소굴로 되고 있으니 특별히 법을 제정해야 牟利輩들의 고의적인 범법행위를 근절시킬 수가 있다"고 말한 뒤 다음과 같은 3개 조항의 禁令을 하달한 점에서 알 수 있다. 첫째, '度支出擧條行會關文'이 아닌데도 設店 募民하는 것을 묵인한 監司는 制書有違律로 다스리고, 守令은 徒配함과 동시에 3년 禁錮刑에 처한다. 둘째, '看色'의 명목으로 '公事'를 청탁하고 私採하는 데도 금하지 아니한 監司와 守令은 또한 前律과 동일하게 다스린다. 셋째, 京司의 分付를 監司가 즉시 그 내용을 사실대로 정부에 보고하면 당해 軍門의 大將이나 당해 衙門의 堂上을 制書有違律로 다스릴 것이며 감추고 정부에 보고하지 않을 경우에는 監司를 同律로 다스린다는 것이다. 그리고 正祖는 상기한 내용을 입법화하여 시행토록 《法典》에 기재하고 義禁府와 刑曹에 통보하도록 하였으며, 廟堂으로 하여금 각 道의 監司에게 行會하여 다시는 犯法하는 일이 없도록 하라고 지시하였다.[68]

---

67) 禹禎圭, 《經濟野言》 銀店勿禁之議 ; 《備邊司謄錄》 173, 正祖 12년 11월 20일 ; 《日省錄》 294, 正祖 13년 3월 26일.

68) 《大典會通》 戶典 雜稅條 ; 《增補文獻備考》 160, 財用考 7, 附金銀銅 ; 《正祖實錄》 22, 正祖 11년 3월 己巳.
《備邊司謄錄》 170, 正祖 11년 3월 21일. "此後非度支出擧條行會關文 則營邑之任其開店聚集雜類者 隨現道臣 施以制書有違之律 地方官徒配又禁銅三年 稱以看品等事 托公私採 則不禁之道伯地方官 準右律勘斷 仍自本道枚擧京司分付事實狀聞 勿論該營門大將該衙門堂上 亦以制書有違律論 匿不以

本法의 근본취지는 '度支出擧條行會關文'이 아닌데 '設店'하는 행위와 '看色'등의 명목으로 '私探'하는 행위를 근절하기 위한 것이며 이를 방지하기 위하여 현지의 감사와 수령에게 그 책임을 지우고 있는 것이다. 그리고 여기서 유의해 둘 것은 '度支出擧條行會關文'에 의해서만 설점이 가능하다는 점과 犯法한 官員에게 적용하는 처벌규정이 가혹해지고 있다는 점이다.

英祖 16년의 '經稟設店'法에서는 전술한 바와 같이 "戶曹와 각 軍門 및 각 營·邑을 막론하고 朝廷에 품달하지 않고 銀·鉛店을 신설할 경우 道臣 이상은 罷職하고 守令 이하는 拿問한다"고 규정하였다. 이 이후 銀店은 戶曹에서, 鉛店은 軍門에서 각각 經稟設店해 왔는데, 이 무렵에 金店과 銅店이 개발됨으로써 金·銀·銅·鉛店의 經稟設店權을 모두 戶曹에 귀속시켰고 '度支出擧條行會關文'이 아니면 설점할 수 없도록 규정한 것이다. 모든 광산의 設店收稅權을 戶曹에 귀속시킨 것은 당시 국가 재정상 큰 비중을 차지하게 된 광산물의 관리권을 일원화하여 국가재정을 충실히 하려는 의도였으며 동시에 광산의 設店權을 일원화함으로써 정부가 鑛山開發을 손쉽게 통제할 수 있었기 때문이었다.

다음 '經稟設店'法에서는 조정에 품고하지 않고 銀·鉛店을 신설할 경우 "道臣 이상은 罷職하고 守令 이하는 拿問한다"고 규정하였다. '罷職'은 現職에서 물러나는 데 불과한 것이었지만 正祖 11년(1787)의 禁令에서는 '制書有違律'로 다스린다고 하였다. 制書有違律은 體刑으로, 《大明律》에 의하면 制書有違律은 '杖一百'에 해당하는 重刑에 가까웠다.[69] 또 '經稟設店'法에서 守令 이하의 '拿問'은 義禁府에 잡아다가 신

聞 自京現發 則道伯同罪 以此定式施行事 載之典律 通補禁府刑曹謄錄 仍以此意 令廟堂行會諸道 俾各知悉 期於無犯可也"

[69] 《大明律直解》(全) 3, 吏律. 公式 制書有違條. "凡奉制書有所施行而違者 杖一百"

문하는 정도지만 正祖 11년의 禁令에서 규정한 ‘徒配’와 ‘禁錮三年’은 徒刑에 처한 뒤 유배함과 동시에 3년간 벼슬에 오르지 못하게 하는 매우 무거운 형벌이었다.

正祖 11년의 이 禁令은 ‘經橐設店’法 이후에 만연되어 왔던 비합법적인 設店收稅의 관행을 근절시키기 위해 마련된 첫 번째의 법령이었다. 이 법령에 따라 당해 道의 監司와 守令들은 ‘度支出擧條行會關文’인가를 확인한 연후에 設店을 허락해야 하고 ‘看色’ 등을 구실로 한 私探를 엄금해야 하였으며, 만약 이를 이행치 않을 때는 중벌을 면치 못하게 되었다. 이 禁令은 즉시 각 道의 營·邑에 반포되었으며 御史도 파견하여 이를 감찰하게 하였다.[70] 이처럼 正祖가 첫 번째 禁令을 반포했을 때는 戶曹의 經橐設店만을 허가하고 비합법적인 鑛山開發을 억제하겠다는 입장이었다.

그러나 비합법적인 鑛山開發은 ‘看色’ 등을 이유로 이루어졌기 때문에 비합법적인 鑛山開發을 억제하기 위해서는 ‘看色’ 등을 보다 철저하게 규제해야 할 필요가 있었다. 그런데 이듬해인 正祖 12년(1788) 10월 前大靜縣監朴尙春이 咸鏡道의 고질적 폐단의 하나로 “銀鑛·金穴의 敗徒가 떼를 지어 약탈하기 때문에 閭巷이 삭막하다”[71]는 상소를 올렸던 것이다. 이에 正祖는 이러한 기회를 이용하여 新鑛開發을 도모하는 광산종사자들을 모두 구축하고 鑛山開發 자체를 봉쇄하려는 의도로 즉석에서 다음과 같은 2개 조의 禁令을 하달하였다. 첫째 ‘看色’ 등을 규제하기 위한 조항으로, “王에게 품고한 뒤 하달된 ‘朝令’없이 서울의 有司(=戶曹)나 지방의 營·邑에서 모리배의 말만 믿고 ’看色‘을 핑계로 差使를 파견할 경우 有司之臣(=戶曹判書)과 당해 監司에게

70) 《正祖實錄》26, 正祖 12년 10월 丁巳 ; 《書啓輯錄》9-6, 庚戌 3월 24일 ; 《日省錄》15, 正祖 14년 3월 24일.
71) 《正祖實錄》26, 正祖 12년 10월 丁未. “前大靜縣監朴尙春上疏 … 銀鑛金穴之敗徒 成群攘奪 閭巷蕭然”

制書有違律을 直示하고, 이를 금하지 않고 스스로 범법한 守令은 營
門에 잡아다가 徒重決杖하는 동시에 禁錮三年刑에 처하며, 당해 差人
은 嚴刑一次 定配하고 計士와 營裨도 同律에 처한다"고 하였다. 둘째,
新鑛開發을 위해 헤매던 광산종사자들을 구축하기 위한 조항으로서 "
無賴輩는 官令의 유무에 관계없이 광산지에 체류할 경우 당해 討捕營
으로 하여금 治盜刑으로 다스리게 하고 首唱人은 充軍하도록 한다"는
것이다.[72] 이어 正祖는 이를 입법 시행하도록 하였고 義禁府·戶曹·刑
曹·巡營·討捕營으로 하여금 이 法令을 게시하여 주지시킨 다음 관원
들을 풀어 수색하게 하였으며, 廟堂에서도 각 道 監司를 엄하게 훈계
하도록 지시하였다. 그리고 이때 正祖는 동왕 10년(1786)에 銀鑛의 新
設店을 폐쇄한 것과 같이 銅·鉛鑛의 新設店을 모두 폐쇄하도록 명령
하였다.[73]

　　正祖의 첫 번째 禁令은 京·外 衙門의 비합법적인 設店을 막기 위하
여 현지의 감사와 수령들을 규제하는 데 초점을 맞추었지만, 두 번째
의 禁令은 私採를 유발하고 新鑛을 발굴하는 實務官員과 광산종사자
들을 규제하는 데 역점을 둔 것이다. 두 번째의 禁令으로 鑛山開發은
더욱 어렵게 되었다. 이제는 '看色'마저도 사전에 왕의 허락을 받도록
하는 '經稟看色'制가 강요되었고, 또 광산종사자들이 새로운 광산지를
개발할 수 없도록 규제했기 때문이다. 당시의 광산기술 수준으로서는
장기간의 시굴과정을 거치지 않는 한 광맥의 豐殘과 品質의 高下를

---

72) 제5장 註 60) 참조.
73) 《備邊司謄錄》173, 正祖 12년 11월 20일. "右議政蔡(濟恭)所啓 向日 以諸道
銀銅鉛各店新設者 一併嚴禁 驅遣店漢之意 有所下敎 故聞各店結幕屯居者
竝皆見逐而所掘之土 未及鑄成 銅鉛擧不免空棄云 外邑擧行 無怪其如此 而
第念此輩 雖是遊食無賴之類 亦民也 旣費許多財力 掘取合鑄之土 棄之爲無
用之物 在朝家政令 恐宜有商量之道 臣意 則定給期限 使渠輩趂限前某條區
處 限後則不敢開店之意 更飭各店所在諸邑 則民業之無失 朝令之奉行 庶可
兩得其宜 故敢此仰達矣"

측정할 수 없었다.[74] 그리고 채굴하던 광맥이 단절되거나 경제성이 없어 새로운 광맥을 찾아 헤매는 광산종사자들을 도둑으로 몰아 처벌하고 首唱人을 充軍하도록 한다면 新鑛의 개발이나 광맥의 시굴작업이 이루어질 수 없다. 새로운 광산을 발굴하지 않는 한 陳告할자가 있을 수 없고 陳告할 자가 없는 한 '經稟看色'할 대상도 없을 것이다. 그런데도 동년 11월에는 다시 "陳告한 내용이 看色한 결과 사실과 다를 때"에는 田畓誤告罪로 처벌하도록 규정하였던 것이다. 田畓誤告律은 刑配였다.[75] 正祖는 사실상 鑛山開發을 불가능하게 만들었던 것이다.

이상과 같이 正祖 10년 11월에 伊川銀店의 사건으로 經稟設店하지 않은 銀店들이 폐쇄되고 신설이 중단되었으며, 이어 동왕 11년(1787) 3월 戶曹가 延豊銅店의 設店을 요청한 자리에서 첫 번째의 禁令이 하달되었고, 동왕 12년(1788) 10월 前大靜縣監 朴尙春이 咸鏡道 金·銀軍의 폐단을 상소했을 때 두 번째의 禁令이 반포되었다. 이처럼 正祖가 가혹한 처벌규정을 마련하여 鑛山開發을 탄압하기 시작하자 重刑을 두려워 한 광산소재지의 監司와 守令들은 經稟設店하지 아니한 광산들을 다투어 폐쇄하였고 신설을 엄격히 금지하였다. 이같은 정부의 禁令으로 銀·銅·鉛店의 物主와 광산종사자들은 엄청난 타격을 받게 되었다. 이때 폐쇄당한 광산은 모두가 이들이 개발한 곳이며, 陳告를 접수한 戶曹나 軍門들이 營·邑과 결탁하여 사사로이 設店收稅하던 곳이다. 物主나 광산종사자들은 戶曹·軍門 및 營·邑 등 官府의 허락을 이미 받고 광산을 채굴하고 있었다. 그런데 정부가 감사와 수령을 시켜 '物主'制下의 銀銅鑛山이거나 '計士'制下의 沙金鑛山들을 모두 '私

---

74) 제5장 註 62) 참조.
75) 《日省錄》 15, 正祖 14년 3월 24일. "自今申令之後 并與看色嫡奸等事 痛加嚴輯 犯者并與陳告人 用田畓誤告之律 依受敎勘以刑配 設有計士營裨之見在於各邑者 一并逐送 若此則潛採之嚴禁 在於道伯 卿與諸道道臣 知悉惕念 俾有實效 自政院亦爲嚴飭"

'採'라는 죄목을 씌워 폐쇄하고 있는 것이다.

　이러한 상황을 物主나 광산종사자들이 자체적으로 해결할 능력은 아직 없었다. 실정을 올바로 인식하고 대처할 수 있는 양반 관료들에 의해서만 타결될 수 밖에 없다. 앞서 正祖 10년(1786) 11월의 伊川銀店 사건으로 정부가 私採銀店을 폐쇄하고 신설을 금지했지만 이듬해 3월에는 鑄錢을 이유로 延豊銅鑛의 '看色'을 허가하자, 그 이듬해 8월 右通禮禹禎圭는 銀鑛의 設店도 허가하라고 주장하였다. 곧 "근래 정부가 은점은 민폐가 크다는 이유로 설점을 금하고 銅店은 鑄錢키 위해 허가하였는데, 만약 은점이 폐가 된다면 銅店도 마찬가지이다. 銀店이나 銅店이 모두 폐가 될 것이 없다고 생각한다. 정부가 産銀地의 설점을 허가하면 富商大賈들이 자금을 투입하고 傭人을 모취할 것이며 無土不農之民은 店民이 되려고 그곳에 모여들 것이다. 은광을 채굴, 제련하여 戶曹와 營·邑에 납세하고 남은 銀을 物主가 갖되 無土之民 또한 勞賃을 받아 잘살게 되는 것이니, 官·民이 모두 이로울 뿐 민폐가 될 수는 없다."고 하고, 자신이 "草野에 살아 銀店은 폐단이 없다는 것을 확실히 안다"고 하면서 銀店의 廣設을 특허하도록 주장했던 것이다.[76] 결국 그는 物主의 자금으로 운영되던 銀店이 국가의 銀 수요를 충족시키고 無土不農之民을 구제하는 길임을 확신했기 때문에 이처럼 銀店의 廣設을 적극 주장한 것이다. 이때 大臣들은 正祖의 비위를 거스르지 않기 위해 廣設을 주장하지는 못하였고 다만 정부에 銀이

---

76) 禹禎圭, 《經濟野言》銀店勿禁之議. "近來廟堂之議 謂以銀店大爲民弊 至於筵稟設禁 而爲其鑄錢 只許銅店 若以銀店爲弊 則銅店亦豈無弊乎 臣則謂勿論銀銅 俱無其弊 何者 若自朝家 行會於各道 使其銀産之邑 鑄銀上納 則地方官 不得不調發役丁 俾之鑄銀 廢其農業 則誠爲民弊 而朝家許有銀處設店 則富商大賈 各出物力 募得庸人 而無土不農之民 願爲店民 聚居其地 掘土鑄銀納稅於地部與營邑 隨其所餘 歸於物主 而無土之民 亦賴而資生 則可謂兩利 何爲民弊乎 臣居在草野 洞知其銀店之無弊 故玆敢仰陳 伏望殿下 特許廣設銀店 俾盡生財之道 得以利用而厚生焉"

부족함을 이유로 銀脈이 풍부한 곳만 戶曹로 하여금 經稟設店토록 할 것을 요청하여 왕의 허락을 받았다.[77]

　禹禎圭의 상소로 銀鑛은 제한적인 설점이 허용되었지만 그로부터 2개월만인 동왕 12년 10월에 前大靜縣監朴尙春의 상소로 두 번째의 禁 令이 하달되었으며, 이때 經稟設店치 않은 銀·銅·鉛鑛의 新設店이 모 두 폐쇄되었던 것이다. 安邊銅店 등 기존의 광산을 제외한 延豊銅鑛 과 金城·遂安·順川 등지의 銅·鉛鑛들, 곧 經稟設店치 않았던 新設店들 이 당해 道의 監司들에 의하여 모두 폐쇄되고 말았다.[78] 이들 銅·鉛店 은 戶曹가 鑄錢키 위해 비합법적으로 개설한 店所들로서 物主의 자금 으로 운영되고 있었다. 정부의 갑작스런 폐쇄조처로 鑛石을 쌓아둔 채 鑛軍들은 광산에서 축출되었다. 거액을 투입한 物主나 生業을 잃 은 鑛軍들의 불만은 클 수밖에 없었다. 이 때문에 다음 달인 동년 11 월에 右議政蔡濟恭이 제의하여 이미 채굴해 놓은 鑛石만은 연말까지 시한부로 제련하게 하였고, 銀鑛에서처럼 銅·鉛鑛山도 鑄錢할 수 있 도록 鑛脈이 풍부한 곳만은 經稟設店을 허가하게 되었다.[79]

77)《備邊司謄錄》173, 正祖 12년 8월 18일. "司啓 … 近來銀貨之漸貴 誠非細憂 隨其産銀之地 設鑛採取 固爲生財之道 而第念前後設店 適足爲無賴輩連逃 之淵藪 未見其利 徒貽民弊 朝家所以嚴禁私採 不許開店者 盖由於此 … 苟 有産銀豊盛大關國計處 則有司之臣 臨時稟旨 自當擧行 … 答曰允"

78) 제5장 註 73) 및《日省錄》294, 正祖 13년 3월 26일. "端川銀店安邊銅店 其設 已久 而鑛穴素稱連逃之藪 關飭該邑 呈加搜察 旣鑛弊之如此 則已設之處 雖不可論 未設之處 尤宜另禁 如有牟利之輩 陳設銅鉛之事 無賴之人逗留 鑛穴之類 這這捉送 照律嚴繩"

79) 제5장 註 73) 및《備邊司謄錄》173, 正祖 12년 11월 20일. "上曰 左相之意何 如 左議政 李(性源)曰 有用之爲無用 不但可惜 朝家禁令 宜有定限右相所奏 誠然矣 上曰 戶判亦陳所見可也 戶曹判書徐有隣曰 前此 果因鑄役所需 延 豊金城遂安順川等地 有發送計士 嫡奸銅鉛脈之事 而向來下敎之後 卽爲發 關 使之驅逐鉛軍矣 旣以有用之歸於無用爲慮 言其期限 則使令限以歲前 許 其鑄成 依例看色 可合設店 則筵稟擧行 不然則仍爲撤去 恐合事宜矣 上曰 依爲之"

正祖가 두 차례에 걸쳐 치밀하고 가혹한 처벌규정을 마련하여 鑛山開發을 禁制해보려 하였지만 우선 국가의 재정 형편이 이를 용납하지 않았던 것이다. 대외적으로는 淸과의 外交·貿易에 銀의 수용이 절실하였고 대내적으로는 銅錢을 주조하기 위한 銅·鉛의 조달이 불가피하였다. 결국 광맥이 풍부한 銀·銅·鉛鑛山의 設店을 허락한 것은 바로 이 때문이었다. 그러나 그의 鑛業觀은 기본적으로 鑛山開發을 억제하는 입장이기 때문에 이상의 銀·銅·鉛鑛뿐만 아니라 金鑛에 대해서도 규제를 강화하고 있었다.

正祖 14년(1790) 3월에 關西暗行御史李冕膺이 平安道 내 금광의 폐단을 일일이 들고 이를 모두 폐쇄하도록 요청하자, 正祖는 鑛山開發은 計士·營裨가 官長을 종용하는 데서 비롯된다고 하고 그들에 의한 '看色' '嫡奸'활동을 통제할 생각이었다. 그는 각 邑에 파견된 計士나 營裨를 모두 축출하도록 하였고, 앞으로 看色과 嫡奸의 행위를 철저히 단속하게 하였으며 이를 범할 경우 '計士·營裨를 陳告人과 더불어 田畓誤告律을 적용하여 刑配하도록'[80]하였다.

전술한 두 번째 禁令에서, 陳告人에게만 적용키로 했던 田畓誤告律을 計士와 營裨에게도 적용한다는 뜻이다. 이 법령은 金鑛의 폐단으로 말미암아 제정된 것이지만 銀·銅·鉛鑛에도 역시 적용되었다.[81]

이상과 같이 正祖가 金·銀·銅·鉛鑛의 개발을 엄격히 규제하게 되자 감사나 수령들 또한 관내의 鑛山開發을 탄압하였다. 따라서 鑛山開發 은 침체되어 갔고 광산종사자들 중에는 '擊錚原情'하는 사태까지 발생 하고 있었다.[82] 정부는 '擊錚原情'한 자의 요구를 받아들이지 않았을 뿐만 아니라 오히려 그를 重罪로 다스리고 있었다. 이처럼 당시 정부 의 鑛山開發에 대한 억제정책은 엄격하고 단호하였던 것이다.

2. 華城工役과 '計士'制下 金鑛區의 擴大

광산종사자들이 금령을 무릅쓰고 新鑛을 개발하려 노력해 왔고 戶 曹가 新鑛의 設店許可를 강구하고 있던 것과는 달리, 正祖 17년(1793) 에 이르러서는 正祖 자신이 鑛山開發을 필요로 하는 상황에 직면하게 되었다. 正祖는 동왕 13년(1789)에 思悼世子의 묘를 楊州拜峯山에서 水 原府의 華山으로 옮기고 官衙도 八達山 밑으로 이전하였으며, 姜族의 상소로 城池築造를 계획하였다. 正祖17년(1793) 1월 水原府를 華城府 로 改號하고 府使를 留守로 승격시켰으며, 서울에 壯勇營을 설치하고 內·外營으로 분리하여 華城에 外營을 두었다. 華城留守는 正二品 이 상으로 擇差하기로 하고 壯勇外使·行宮整理使를 겸대토록 규정하였 으며 判中樞府事蔡濟恭을 華城留守에 임명하였다. 華城의 工役費는 막대한 액수여서[83] 우선 華城府와 安山倉의 還餉穀을 築城穀으로 삼

的 朝令若嚴防於金店 則奸弊移託於銀銅 其弊不一其端 今關本道狀辭 只斷 斷於金一字 太欠別白 道伯推考 狀啓還下送 使之改修正上送 仍以此意更爲 下諭于諸道伯處"

82) 一例를 들면《日省錄》388, 正祖 16년 2월 26일조에 "刑曹 以擊錚人原情回 啓 該曹啓言 … 殷栗閑良印興源以爲 瑞興鳳山等地 鉛脈自露 乞開銀店云矣 外邑設店 爲弊不少 朝家已有嚴飭 則肆然鳴金 極爲無嚴 請勿施 自臣曹重 勘 … 教以殷栗印興源事 依施"라고 한 기록을 보아도 正祖 16년 현재 店의 新設이 철저하게 규제되고 있다는 사실을 알 수 있다.

아 그 耗穀으로 築城費의 일부를 조달하게 하였고[84] 또 동년 5월에는 儲置銀의 명목으로 平安道에서 銀을 구입하기 시작하였다.[85] 그리고 이듬해 5월에는 火藥의 원료를 조달하기 위하여 金城硫黃店의 수세권도 확보하였다.[86]

華城工役은 正祖에 의한 慕先事業의 일환으로 추진되었으므로 工役費의 조달문제 또한 그가 해결해야 할 과제였다. 당시 농민들의 稅役에만 의존하던 정부의 재무구조상 이 엄청난 工役의 비용을 마련하기 위해서는 金·銀鑛山을 開發하는 길보다 손쉬운 방책은 없었을 것이다. 이 때문에 正祖의 입장과 그것의 타개책을 감안한 戶曹判書沈頤之가 그해 6월에 金·銀·銅店의 신설을 요구하였으며 正祖도 "분명히 採取하기에 합당한 곳은 王에게 품고한 뒤 計士를 파견하고, 신고한 사실과 다르면 陳告人을 田畓誤告律로 다스린다"는 법령에 의거, 실행하도록 하였다.[87] 비록 正祖가 經稟設店이나 陳告人에 대한 田畓誤告律의 적용을 강조하기는 했지만 사실상 鑛山開發을 장려한 조처로서 광업발전을 조장하는 계기가 되었던 것이다. 뒤에 다시 설명하겠지만 이 이후 금광개발은 활기를 띠었던 반면에 은광개발은 부진하였다. 그러나 戶曹로서는 경제적인 측면에서야 금광개발을 권장하는 편이 유리했지만, 淸과의 외교 무역에는 銀이 필수적인 거래수단이었기 때문에 은광개발 또한 절실하였다.

당시 倭銀의 유입이 두절된 상태였고 戶曹가 국내의 기존 銀店에

---

83) 1794년 2월에 착공하여 1796년 9월에 완공되었으며, 全體經費 중 錢 873,520 兩과 糧穀 1,500石이 소요되었다 ;《華城城役儀軌》13, 254쪽 참조.
84)《正祖實錄》37, 正祖 17년 正月 丙午 및 己未條 참조.
85)《備邊司謄錄》181, 正祖 17년 5월 16일.
86)《日省錄》455, 正祖 18년 5월 10일.
87)《增補文獻備考》160, 財用考 7 附金銀銅 ;《正祖實錄》37, 正祖 17년 6월 壬午 ;《日省錄》19, 正祖 17년 6월 21일 ;《備邊司謄錄》181, 正祖 17년 6월 21일. "此後則勿論金銀銅鐵 如聞其脈豊處 則自臣曹 先爲關問該道 仍又發遣可信人 驗其豊殘後 開店與否 關由廟堂 始爲筵奏設店"

서 매년 수취하는 稅銀도 600餘兩에 불과하였다. 정부가 淸에서 연간 수입하는 公貿易額은 銅錢으로 환산할 때 4·5萬兩에 달하였다.[88] 戶曹가 公貿易價를 銅錢으로 지출하면 譯·商들은 은점에서 이를 換銀하여 가져갔는데, 銀店의 신설이 부진하자 銀價의 등귀는 물론 店銀을 구입하기조차 어려워져 갔다.[89] 正祖가 광맥이 풍부한 銀鑛의 신설은 허가하였지만, 戶曹가 陳告人의 신고를 받고 당해 道에 關文을 띄워 設店의 可否를 물을 때면 監司나 守令들은 이를 기피하거나 民弊를 이유로 設店을 방해하였다. 이 때문에 이듬해인 正祖 18년(1794) 3월에 戶曹判書 沈頤之는 왕에게 감사와 수령들에 대한 조치를 요청하게 되었고, 正祖 또한 정부의 經用銀은 물론 使行費를 우려한 나머지 "道臣에게 分付하여 성심껏 채굴하도록 하였고 民弊를 끼치지 않는 범위 내에서 조금이라도 經費에 충당될 수 있게 하라"고 지시하였다.[90]

이처럼 戶曹의 銀鑛開發에 道臣들이 협조하도록 王命이 하달되었지만 여전히 營·邑의 협조는 없었기 때문에 동년 10월에 다시 沈頤之

---

88) 《日省錄》454, 正祖 18년 3월 20일 ; 《正祖實錄》39, 正祖 18년 3월 丁未. "戶曹判書沈頤之啓曰 丁銀絶種 鑛銀罕出 地部一年稅捧 僅爲六百兩 故諸般燕貿 竝皆以錢支計者 每年少不下四五萬兩 此亦經費難支之端 而雖以回還使行事情言之 數年之間 彼我國使星來往 將不知爲幾次 銀貨拮据之道 豫爲講究 實合事宜矣 臣於昨年以是爲憂 以銀貨産出處 的知其豊盛 則筵稟開店之意 陳達蒙允之後 或有銀脈之入聞者 則輒關問該道 而道臣守令 看作閑漫事 謂之民弊 一例防塞 其有無虛實 無以覈得 宜有別般施設之道 故敢達矣 敎曰 經用之外 來頭使行所用 不可不念 付之道臣 誠心探探 無貽一分民弊 俾益一分經費"

89) 《日省錄》472, 正祖 18년 10월 15일. "戶曹判書沈頤之啓言 銀路漸至耗竭 論以國計誠爲竭悶 臣於春間屢陳筵席 至有付之道臣誠心探採之敎 行會於諸道 而尙無一處開鑛之報 其所擧行 誠極稽忽 雖以今番使行時事情言之 持價本而不得貿銀云 可知國內銀貨之不得流行 前頭交隣重事 尤極罔措 到今事勢 雖有些少弊端 不可曲循邑宰之稱托 更加誠心搜訪 期於廣設之意 請嚴飭各該道臣 從之"

90) 제5장 註 88) 참조.

는 "현재의 재정 형편상 비록 사소한 폐단이 있다고 하더라도 守令들의 평계를 모두 들어 주어서는 안된다"고 주장하고, "당해 道臣들로 하여금 성실히 탐색하여 銀店을 많이 설치할 수 있도록 엄명을 내릴 것"을 청하여 허락을 받았다.[91] 이 명령은 監司와 守令들의 民弊를 구실로 한 방색행위를 엄금하는 동시에 이들로 하여금 戶曹의 銀鑛開發을 적극 지원하도록 한 조처였다. 따라서 戶曹는 감사와 수령들에게 關文을 띄워 設店의 가부를 물을 필요도 없이 陳告人의 신고를 받는 즉시 計士를 현장에 파견하여 광산지를 탐사하기 시작하였다.

그 결과 동왕 19년(1795) 7월에는 端川에서 기존 銀店외의 새로운 銀脈을 찾아 설점하였고,[92] 동년 9월에는 豊德銀店을 신설하였다.[93] 그리고 地名은 일일이 밝혀져 있지 않지만 平安道 내의 路上에도 銀店들이 개설되었고, 동왕 20년(1796)에는 長淵銀店의 新設이 추진되었다.[94] 그러나 동왕 21년(1797) 12월에는 신설된 黃海道 金川의 春明山 銀店이 尹弼商墓의 근처란 이유로 폐쇄되었고,[95] 이듬해 3월에는 義

---

91) 제5장 註 89) 참조.
92) 《日省錄》501, 正祖 19년 7월 2일. "近來公私銀貨 漸至匱乏 若有不時客使應 接 則事勢誠爲罔措 前此以各道設店採取事 自廟堂措辭行會 而今至經年 終 無實效 諸道諸邑 豈眞無一處可以設店之理 此專由於道臣守令 俱不實心探 探之致 雖以端川言之 臣纔聞定送計士歸報之言 不但舊店而已 銀脈豊盛可 探之處 不止一二 臣意則先自端川爲始 依例設店 嚴飭該道 眼同着意照檢 俾無有名無實之弊 實合事宜矣 從之"
93) 《增補文獻備考》160, 財用考 7 附金銀銅 ; 《日省錄》508, 正祖 19년 9월 12일. "戶曹判書李時秀啓言 近來公私銀貨 日漸匱乏 誠非細慮 各道産銀處陳告者 牽多虛疎有難一一取信 而至於豊德 則自本曹別定計士 與該道營裨 眼同嫡 奸 則銀脈果是的實云 請依例設店採取似好 故仰達矣 從之"
94) 《日省錄》544, 正祖 20년 10월 22일. "召見有司堂上李時秀金載瓚于誠正閣 子曰 銀鑛事 近有所聞否 時秀曰 以關西言之 路上則稍稍有之 路下則全無 大抵零星 而亦緣物主之不肯擔當 無財可繼 乍始旋止 近聞長淵 亦有新設之 鑛 故遣計士 探其虛實 而故未聞回報矣"
95) 《日省錄》589, 正祖 22년 2월 6일 ; 《日省錄》591, 正祖 22년 2월 19일 ; 《日省 錄》597, 正祖 22년 4월 21일.

州의 玉江鎭에 신설되었던 銀店이 淸과의 국경에 인접한 이유로 철파
되는[96] 등 正祖 말경에는 銀店의 신설이 억제되고 있었다.[97]

　正祖 17년(1793) 1월에 華城府가 설치된 뒤, 그해 6월 戶曹判書 沈頤
之의 요청으로 金·銀·銅鑛의 개발이 허가되었고 營·邑의 기피와 방해
에도 불구하고 여러 곳에 銀店들이 신설되었다. 그러나 신설된 銀店
의 광맥이 풍부하지 못한 탓인지 戶曹는 은광개발이 부진한 것으로
여겼고 그것이 부진한 이유를 監司와 守令들의 탓으로 돌렸다. 하지만
은광개발이 부진한 데는 營·邑이 방해한 탓도 있었지만 한편으로는 은
광이 오랜 세월 동안 채굴되어 왔기 때문에 新脈을 찾기가 어려웠던
탓도 있었을 것이다. 그런데다 이 무렵에는 금광개발이 성행하여 혹자
는 "금과 은은 서로 투기해서 한쪽이 성하면 한쪽은 쇠하게 마련이라
근래 금의 생산이 성해지자 銀脈이 점차 위축된다"[98]고 할 정도였다.
그것은 결국 광산종사자들의 대부분이 이 무렵에 銀·銅鑛山보다는 금
광을 선호하여 金店에 투입되고 있었음을 반영하는 것이다.[99]

　그런데 금광개발이 활기를 띠게 된 동기가 광산종사자들이 금광을
선호했기 때문만은 아니며 정부 또한 華城工役費를 조달하기 위하여
금광개발을 묵인했기 때문이다. 華城府가 正祖 18년(1794) 2월부터 工
役에 착수하면서, 財源을 확보하기 위하여 金店의 收稅權을 請得하고
있었다. 正祖 18·19년에는 이미 平安道의 慈山·寧邊金店,[100] 咸鏡道의

96)《備邊司謄錄》187, 正祖 22년 3월 16일 ;《日省錄》593, 正祖 22년 3월 16일.
97)《增補與猶堂全書》5,〈牧民心書〉, 工典 山林條. "余在西邑 有奸民三四人
　　議設銀店 受戶曹關文 隨計士下來 余嚴治其民 遂不奉行"
98)《日省錄》544, 正祖 20년 10월 22일. "子曰 銀鑛事 近有所聞否 時秀曰 … 且
　　或以爲 金銀相妬 彼盛則此衰 近來産金甚盛 銀脈漸縮云 未必物理之眞固
　　如此 而採金者 旣若是之多 則亦不可一切禁斷"
99) 제5장 註 81) 참조.
100)《正祖實錄》43, 正祖 19년 8월 壬午 ;《日省錄》504, 正祖 19년 8월 4일.
　　"至於西關之慈山寧邊等邑 則旣無所重 又無毫絲爲弊之端 而方其設店之初
　　歉歲貧民實多賴活者矣"

永興金店,[101] 黃海道의 遂安金店 등의 收稅權을 확보하였다. 그러나 이들 金店은 여전히 戶曹의 소관하에 있었고 戶曹가 파견한 計士가 관장 수세하였으며, 華城府는 다만 裨將을 파견하여 종래의 戶曹 몫의 稅銀을 수납하게 한 것이다.[102]

金店을 華城工役費의 조달을 위한 중요한 財源으로 인정함에 따라 정부가 금광개발을 규제할 명분은 약화되었다. 전술한 바와 같이 正祖 18년(1794) 10월에 호조판서 沈頤之가 戶曹 소관 銀店의 설치에 監司가 적극 협조하도록 하였고 다소 民弊가 있더라도 守令의 주장에 구애됨이 없이 설점할 수 있게 하였다. 마침내 戶曹는 왕의 허락을 받지 않은 채 計士를 각지에 파견하여 광산을 탐문 조사하고 있었던 것이다. 이러한 戶曹의 銀店에 대한 처사는 金店인 경우에도 예외가 될 수 없었다. 戶曹는 陳告人의 신고만 받으면 王命을 받지 않은 채 당해 道의 監司에게 즉시 關文을 띄워 設店의 便否를 조회하고 있었다.[103]

이처럼 정부의 규제가 약화되고 戶曹가 적극적으로 금광 개발에 착수하게 되자 광산종사자들 또한 金脈의 탐사와 金店에의 투입이 활발해졌다.[104] 正祖 말경에는 전술한 平安道의 成川·慈山과 寧邊[105] 등

---

101)《正祖實錄》40, 正祖 19년 4월 壬午 ;《日省錄》492, 正祖 19년 4월 2일 ;
《日省錄》504, 正祖 19년 8월 4일.

102)《備邊司謄錄》188, 正祖 22년 7월 27일 ;《日省錄》605, 正祖 22년 7월 27일.
"右議政李秉模啓言 頃以諸道金銀設店處狀聞稟處之意 筵稟行會矣 卽見黃海監司 李義駿狀啓則以爲 遂安郡金穴 甲寅自戶曹嫡奸後 華城府移關設店 而金店五處中兩庫金脈旣盡 幾至鐵店 三庫金脈豊盛 今夏新鑿之穴爲三十九 値雨停役之穴爲九十九 目下鉛軍爲五百五十餘名 非但道內無賴之輩 廢農投入 四方逐利之類 聞風遝至 値今夏潦 太半零散 而見在幕數猶爲七百餘 人口亦以一千五百零 人摠多寡無常 收稅之數 亦隨以贏縮 而設店最盛時 一朔捧稅數千餘兩內 七百兩華城府上納 五十餘兩店中所任等料價 除下一千餘兩 差人次知 外此幕稅士稅塵稅等名色 非止一二 或屬差人 或屬本官"

103)《正祖實錄》40, 正祖 19년 4월 壬午 ;《日省錄》492, 正祖 19년 4월 2일 ;
《備邊司謄錄》187, 正祖 22년 5월 22일 ;《日省錄》600, 正祖 22년 5월 22일 ;
《正祖實錄》48, 正祖 22년 5월 乙酉 ;《日省錄》602, 正祖 22년 6월 11일.

淸川江 南北에, 이어서 咸鏡道의 永興[106]·端川,[107] 그리고 黃海道의 遂安과[108] 京畿道의 내륙지방,[109] 江原道의 旌善 및 江陵·橫城·狼川·春川·伊川·平康,[110] 全羅道의 茂朱·順天[111] 등지에서 합법적 또는 비합법적인 설점 수세가 이루어지고 있었다.

3. '計士'制의 廢止와 '物主'制의 成立

正祖 4년(1780)부터 成川과 慈山金店에 '計士'制가 적용된 이래 正祖 말년까지 20여 년 간에 걸쳐 금광이 전국적으로 확대 개발되면서 그 자체의 관리경영상에 많은 문제점이 노출되었다. 그것은 금광개발의 초기에도 지적된 바이지만, 첫째는 금이 청나라로 유출되는데 대한 문제이며, 둘째는 '計士'에 의한 광산관리의 한계성이며, 셋째는 농민들의 離農에 관한 문제였다. 첫째의 경우 금의 유출문제가 正祖 초기에는 淸에 의한 貢金의 요구 내지는 淸나라가 직접 개발할 우려마

---

104)《正祖實錄》48, 正祖 22년 5월 乙酉 ;《備邊司謄錄》187, 正祖 22년 5월 22
　　일 ;《日省錄》600, 正祖 22년 5월 22일. "右議政李兼模啓言 諸道金銀店可
　　設處 必經筵稟然後發關 自是定式 又於年前 因北關採金事 飭敎截嚴 而近
　　聞自該曹 金銀可採處發關 至於數十邑之多 故招問曹吏 則未經筵稟云 違
　　越定式 萬萬未安"
105)《正祖實錄》40, 正祖 19년 4월 壬午 ;《日省錄》504, 正祖 19년 8월 4일.
106)《正祖實錄》40, 正祖 19년 4월 壬午 ;《日省錄》492, 正祖 19년 4월 2일 ;
　　《日省錄》504, 正祖 19년 8월 4일.
107)《與猶堂全書》5,〈牧民心書〉11, 工典 山林條 ;《日省錄》651, 正祖 23년 11
　　월 29일 ;《備邊司謄錄》189, 正祖 23년 12월 1일.
108)《備邊司謄錄》188, 正祖 22년 7월 27일 ;《日省錄》605, 正祖 22년 7월 27일.
109)《日省錄》543, 正祖 20년 10월 14일 ;《日省錄》551, 正祖 21년 正月 22일.
110)《日省錄》602, 正祖 22년 6월 11일.
111)《正祖實錄》50, 正祖 22년 11월 己丑. "其一 茂朱順天之間 淘金者絡繹 農
　　夫益鮮 一切禁斷 則遊食之徒 自然歸農事也 採金之禁 法典本嚴 害農之事
　　亦莫甚於此 各別痛禁之意 嚴飭道臣 允之"

저 지니고 있었지만, 이때에는 그러한 두려움에서 벗어나 오히려 금의 국내외 유통을 허가할 방안을 모색하는 상황으로 바뀌었다. 금이 청나라로 유출되는 문제는 국내에 금이 생산되는 한 금할 수 없었고 또 금하기도 어려운 일이었다. 金이 은화나 동전처럼 화폐로서의 국내 유용이 공인되지 않았기 때문에 금의 유출은 불가피하였으며, 한편 금이란 "매우 가벼우면서도 매우 보배롭고 팔면 利가 많으며 숨기기에 아주 쉬운 물건"이었기 때문에 금의 유출을 금하기도 어려웠다.[112] 따라서 정부가 금의 유출에 대한 禁法을 개정치는 않았지만 正祖 20년(1796)경에는 이미 그것의 통제조치를 사실상 포기하게 되었고,[113] 正祖 22년(1798)에는 正祖가 먼저 금의 유출을 공인하고 세금을 부과하는 방안을 제시하게 되었던 것이다.

곧 正祖는 국내의 金鑛開發을 금하지 못하는 한 금의 유출을 방지할 수 없었기 때문에 차라리 商·譯들의 輸出金에 세금을 부과하여 재정에 충당하고자 했던 것이다. 그러나 이때 戶曹判書 趙鎭寬이 "商·譯들도 금의 유출을 공인하고 수세할 것을 원하고 있지만 전례가 없는 일이기 때문에 감히 엄두를 못내고 있다"고 말하자 正祖는 다른 방안을 강구토록 하였다.[114] 그러나 正祖의 의도를 파악한 戶曹判書는 이

---

112)《備邊司謄錄》189, 正祖 23년 8월 27일. "義州府尹李基讓曰 邊門之最嚴禁者 潛商也 而潛商之最難禁者 卽金也 金之爲物 至輕而至寶 售之甚利 而潛之甚易 故固已難禁其犯法 況又近日産金漸豊 而國中無用金之法 故一國所産之金 不得不盡歸於潛商 而邊禁之漸弛也 職由此矣"

113)《日省錄》551, 正祖 21년 正月 22일. "(右相尹)耆東曰 臣於向日 以採金勿禁事 有所筵奏矣 商賈之潛越禁物 未能盡禁 則土産之採取 無所不可"

114)《日省錄》602, 正祖 22년 6월 3일. "子敎戶曹判書趙鎭寬曰 金貨事 而亦有言端 而見今一年潛入之數 極爲夥然云 旣不能 一切禁斷 則曷若薄其稅而通其路 使利權有所歸屬乎 古有貨泉之喩 盖利權之歸上 猶百泉之赴海 而非海之有意於收納百泉也 故與民爭利 誠不可爲 而古人亦曰 譏而不征 征則爭利之事也 至於山林泉澤 固當與民共之 而若漫不照管 任其去來 竝與譏之一字而不爲 則亦豈有如許政令乎 鎭寬曰 象譯輩 亦多願之 而以其前

사실을 義州府尹에게 알렸고 이에 따라 이듬해 8월 義州府尹李基讓은 "금의 유출을 공인하고 세금을 부가할 것"을 요청하게 되었다. 그의 주장은 당시 은의 생산이 격감하여 역관들이 八包를 충당하기가 어렵게 되었고, 한편 燕商들도 은화가 부족하여 수입량이 줄어짐에 따라 義州府의 商稅收入 또한 감소하였기 때문에 銀包와 같이 金包制를 공인하고 금의 유출을 허가해야 한다는 것이며, 또 金包制를 허가하고 금의 수출을 공인한다면 자연히 潛商도 없어지고 정부의 稅收도 증가되며 동시에 商·譯들의 犯禁問題도 사라진다는 주장이었다.[115] 이 제안은 正祖의 의견과도 일치했기 때문에 대신들로 하여금 상의하여 보고토록 지시하였지만 동년 12월에 전국의 金店을 폐쇄하는 사태가 발생하였으므로 논의에 그치고 말았다.[116] 그러나 여기서 주목할 것은 정부가 금의 유출로 인한 淸의 歲貢金制 부활을 두려워하지 않고 오히려 금 유출을 공인하고 세금을 부과하려 했다는 사실이다. 이것은 곧 금의 유출 문제가 정부에서 그동안 누차 금광개발을 탄압해야 했던, 또 탄압하기 위하여 내세웠던 명분으로서의 의미를 상실했음을 뜻하는 것이다.

　둘째, 戶曹가 파견한 計士들의 金店管理도 시간이 흐름에 따라 많은 문제를 야기시켰다. 計士는 戶曹의 官員으로 戶曹 몫의 세금을 金銀色에 收納하고 金軍을 통제할 임무를 지니고 있었다. 計士는 그 임

所未爲之事 故多有持難之論矣 予日 代播"
115) 제5장 註 112) 및《備邊司謄錄》189, 正祖 23년 8월 27일. "義州府尹李基讓日 … 目今銀貨漸縮 譯包商稅 每患不裕 若令灣府許開金包 使有金者 得以經官充包 公共賣買 如前之銀包 則譯商包稅 不患其不裕 而旣許充包 則潛商自息 國有增貨之利 民無犯禁之弊矣 臣在灣府 博採物議 略有料量 而近與戶判適論 此事 則戶判之見 亦與臣同 若使處之有方 則似宜有便益 下詢廟堂而處之恐好 故敢 此仰達矣 上日 令廟堂稟處可也"
116)《萬機要覽》財用篇 4, 金銀銅鉛 ;《正祖實錄》52, 正祖 23년 12월 丙申 ;《備邊司謄錄》189, 正祖 23년 12월 13일 ;《日省錄》653, 正祖 23년 12월 13일.

무를 수행하는 대가로 戶曹 몫의 세금보다 훨씬 더 많은 액수의 금을 수취하고 있었다. 그들은 前代의 別將과 같은 收稅請負業者적 성격을 띠고 있었다.[117] 計士들은 金店에서 수취하는 소득이 컸으므로 감영의 裨將들과 짜고 官長을 종용하여 設店을 서둘렀다. 따라서 정부가 金店을 탄압할 때면 언제나 당해 道의 監司나 御史들을 시켜 축출하도록 하는 대상이 되었고, 더욱이 비합법적인 設店을 도모했을 때는 이들에게 가혹한 형벌을 내리도록 규정하고 있었다.[118] 計士에 의한 金店의 관리는 銀·銅店의 物主制와 달리 沙金地가 私有地인 경우에도 買收하지 않은 채 강제로 채굴하였고 농민들의 田畓은 물론 墳墓까지도 파괴하는 사례가 속출하였다. 이것이 金鑛開發로 인한 民怨의 첫째가는 대상이었지만 計士나 幕裨들은 오히려 上司나 上營의 關文으로 官隸를 威喝하고 村民을 脅制하는 실정이었다.[119]

셋째는 農民들의 離農과 農事에 끼친 폐단문제였다. 이 당시의 금광은 沙金鑛으로서 앞서 지적했듯이 銀·銅店과는 달리 채굴하기가 용이하고 제련할 필요가 없었다. 沙金土만 식별할 수 있으면 누구나 採取할 수 있었고 채굴·제련상의 시설비를 투입한 것이 아니기 때문에 비록 소득이 없더라도 손해 볼 것이 없었다. 그러므로 沙金을 採取하는 한 그 이익은 컸기 때문에 시일이 흐를수록 金軍은 증가되고 金鑛區는 확대되었다. 金軍 중에는 사금지의 주민들도 있었지만[120] 대부

---

117) 제5장 註 102) 참조.

118) 《書啓輯錄》9-6, 庚戌 3월 24일 ;《日省錄》15, 正祖 14년 3월 24일 ;《日省錄》602, 正祖 22년 6월 11일.

119) 《正祖實錄》40, 正祖 19년 4월 壬午 ;《日省錄》492, 正祖 19년 4월 2일. "臣於歸路 定平民人等 遮路控訴者 處處皆然 故探其委折 則河臺洞採金 已過數十年 至於近年以來 金有盡而採無已 不擇田圃墳墓 審脈掘鑛 殆無餘地 或自本府禁飭 則差人輩 持上司上營之關 威喝官隸 脅制村民 故該洞原籍近百戶 擧將散而之他 且採金之人 皆是募得無産流落之輩 輒過數百 其所寄食寄宿 不出於近村民舍 其爲貽害不特河臺一洞云矣"

120) 《正祖實錄》43, 正祖 19년 8월 壬午 ;《日省錄》504, 正祖 19년 8월 4일. "至

분은 사방에서 모여든 '無産流落輩'[121]나 '破落無依之類'[122]등 파산한 무일푼의 농민들이었다. 金軍의 증가는 금광개발을 촉진시켰지만 반대로 그들의 離農으로 농업생산은 위축되어 갔다. 따라서 정부는 금광개발을 탄압할 때마다 金軍들이 채굴과정에서 田畓을 파괴하는 문제와 더불어 離農民의 증가로 인한 경작지의 황폐화를 가장 큰 이유로 내세웠던 것이다.[123] 이처럼 이농민이 증가하고 전답이 황폐해가던 현실이 무엇보다도 정부로 하여금 금광개발을 금하지 않을 수 없게 한 이유였던 것이다.

　이상과 같은 폐단들을 정부가 완전히 제거하려면 廢鑛시키는 길밖에 없었다. 따라서 正祖 19년(1795)에는 北關奉命史官尹致永이 永興河臺洞金店의 差人과 金軍들의 폐단을 書啓하자, 正祖가 咸鏡道와 동시에 平安道의 금점마저 폐쇄하도록 명령하였던 것이다.[124] 그러나 곧 副摠官權愰가 "永興金店은 '本宮'이 있는 重地이므로 폐쇄해야 마땅하지만 平安道의 금점은 폐단도 없을 뿐 아니라 華城의 城役費를 조달해야 한다"는 이유를 내세워 平安道의 金店들은 혁파되지 않았다.[125]

於採金 則不過居民輩掘土淘沙 足可採取者也"

121) 제5장 註 119) 참조.

122) 《箕牒》 5 (正祖 19년).

123) 제5장 註 119) 및 《書啓輯錄》 9-6, 庚戌 3월 24일 ; 《日省錄》 15, 正祖 14년 3월 24일. "金店之設 於國計不足爲萬一之補 於生民有無窮之弊斲傷田畝一也 農民皆歸於此至廢耕作二也 多聚無賴 易於作奸三也 邊門不遠之地 禁物肆行四也"

124) 제5장 註 119) 및 《箕牒》 5, (正祖 19년). "春間因北關奉命史官書啓 特敎截嚴 道內金店 一併革罷 度支居留之臣 幷以問備 京監京差輩 使本道嚴治逐送"

125) 《正祖實錄》 43, 正祖 19년 8월 壬午 ; 《日省錄》 504, 正祖 19년 8월 4일. "因北路設店之有弊 自朝家更令禁採 蓋北路金穴 專在永興 而永興卽本宮所在重地也 其於掘土採取之際 恐不無斲傷地脈之慮 其所禁斷 實合重事體之道 而至於西關之慈山寧邊等邑 則旣無所重 又無毫絲爲弊之端 而方其設店之初 歉歲貧民實多賴活者矣 道臣因北關金店之令 無故撤罷 北路之永興外

그리고 동왕 20년(1796)에는 司諫李羽達가 金鑛區의 확대와 離農民의 증가로 耕農의 피해가 크다고 지적하고 금광개발을 엄금하도록 요청하였다.[126] 이에 대한 결과는 자세히 알 수 없지만 당시 正祖가 "金店의 소득이 큰 것은 알지만 예부터 내려온 禁令을 갑자기 풀기가 어려워 고민해 온 지 오래 되었다. 근래에는 곳곳에 金이 나고 사람마다 採取하기 때문에 엄격히 금하지도 못하고 있다. 그러나 농민들이 本業을 버리고 金店으로 몰려가니 그 폐단 또한 적지 않기 때문에 어떻게 해야 좋을지 모르겠다"[127]고 말한 데서 정부의 시책이 강력할 수 없었던 일면을 엿볼 수 있다.

이처럼 정부가 金店의 폐쇄를 시도하였지만 성공할 수 없었던 것은 첫째, 華城工役費를 조달하기 위하여 강력한 제재 조치를 강구할 수 없었던 점과, 둘째, 金軍의 생활을 보장할 대책이 마련되어 있지 않았던 점이다. 전자는 이 시기의 특수한 사정에 불과했지만, 후자는 이시기 이후에도 정부가 鑛山開發을 금할 수 없었던 주된 사유였다. 金軍들은 농촌의 빈민들로서 생계를 도모하기 위해 금점으로 몰려들었다. 금점의 입지적 여건에 따라 인근의 民家에서 宿食하거나[128] 假家를 지어 촌락을 이루고 있었다. 그곳에는 자연히 생필품을 팔기 위한 점포도 설치되었고, 금을 수매하려는 富商들도 출입하는 등 大店

如西路諸邑之有金處 宜更許採"

126) 《日省錄》543, 正祖 20년 10월 14일. "羽達所懷以爲 我東本非産金之地 而近年以來 無處不産 起自西北 延及畿內 鋤擾之民 棄業趨利 遊食之徒 聚黨覓貨 千百爲群 村里暄擾 不但耕農之貽害 已是可悶 亦恐竊發之爲患 終非細憂 臣謂另飭諸道道臣 嚴加禁斷好矣"

127) 《日省錄》544, 正祖 20년 10월 22일. "子曰 採金之利 子非不知 而自古邦禁 遽難弛張 難慎者久矣 近日以來 在在皆産 人人得採 故姑不得嚴加禁斷 而服田之民 舍本趨末 弊亦不少 姑未知何以則爲宜耳"

128) 《正祖實錄》40, 正祖 19년 4월 壬午;《日省錄》492, 正祖 19년 4월 2일. "且採金之人 皆是募得無産流落之輩 輒過數百 其所寄食寄宿 不出於近村民舍 其爲貽害不特河臺一洞云矣"

의 店村들은 하나의 큰 都會들을 이루고 있었다.[129]

　이러한 생활 터전에서 삶을 영위하던 金軍들을 정부가 아무런 사후 대책도 마련하지 않고 축출할 때 소요사태는 불가피했다. 금점에서 쫓겨난 金軍들의 일부는 銀·銅·鉛鑛山에 투입되기도 했지만 대부분의 金軍들은 他邑으로 숨어들어 金鑛을 潛採할 수 밖에 없었다. 그들이 潛採할 곳을 찾기까지는 무리를 지어 촌락에 출몰하여 강제로라도 음식을 구해 먹어야 하였고 도적질과 약탈도 불가피하였다. 이에 따라 정부는 監司에게, 監司는 守令에게 지시하여 校卒을 풀어서 이들을 체포하게 하였으며 죄가 가벼운 자일지라도 죽지 않을 만큼 엄벌하도록 하였고, 무거운 자는 討捕營에 이송하여 治盜律로 다스리게 했다. 하지만 생활 대책이 없던 金軍들은 죽음을 무릅쓰고 潛採를 기도하였기 때문에 營·邑에서도 이를 통제할 수가 없었던 것이다.[130]

　그러나 華城의 城役이 끝난 뒤 정부는 전국적으로 확대된 금광개발을 강력히 규제하기 시작하였다. 正祖 22년(1798) 11월에는 全羅道

---

129)《備邊司謄錄》188, 正祖 22년 7월 27일 ;《日省錄》605, 正祖 22년 7월 27일.
　　"右議政李秉模啓言 頃以諸道金銀設店處 狀聞稟處之意 筵稟行會矣 卽見
　　黃海監司李義駿狀啓 則以爲 遂安郡金穴 … 非但道內無賴之輩 廢農投入
　　四方逐利之類 聞風還至… 而深山絶峽 成一逋逃之藪 致使常民動於聲利 非
　　但有將來之深慮 而爲目下之巨弊 爲今之策 莫如一切防禁 而設店已多年所
　　村落櫛比 商賈通貨 便成一大都會 今若 猝遽無漸 一朝渙散 則失利失所之
　　輩 旣無尊接之方 反爲騷擾之端 猝地撤罷 亦難率爾議到"
130)《箕牒》5 (正祖 19년). "春間因北關奉命史官書啓 特敎截嚴 道內金店 一幷
　　革罷 度支居留之臣 并以問備 京監京差輩 使本道嚴治逐送 卽聞京差散去
　　之後 各處無賴潛採之類 復入各邑境內 處處潛聚 殆甚於設店廣採之時 在
　　在成黨 出沒村間 討食作弊 已無可言 而間或有劫奪偸竊之患云 事之驚駭
　　莫此爲甚 金銀潛採 本是法禁 而況自朝令特敎之後 各邑防禁 尤當自別 初
　　不留意禁飭 使此破落無衣之類 惟意冒禁 不畏公法 依舊設店之時者 非但
　　民習之萬萬痛駭 不察之失 自有所歸 固當一一摘發 啓聞論勘 而姑姑安徐
　　先爲發關 到卽時 多發校卒 一一嫡奸 如有此等冒採之類 小則自官限死
　　嚴治 大則拉捉送討捕營 以治盜律勘斷之意 文移施行宜當 江邊各邑"

茂朱·順天의 沙金鑛을 폐쇄한 데 이어[131] 이듬해 11월에는 정부가 咸
鏡道 端川金店의 비합법적인 설점행위에 대하여 그 道의 監司와 守令
을 철저히 추궁하고 또 이를 본보기로 他道의 금광개발을 규제하기도
하였다.[132] 그런데 그로부터 불과 일주일 만에 咸鏡道 咸興府에서는
朴宗禎·朴昌白 등이 금광의 潛採를 고발하려 했던 里尊을 살해한 사
건이 발생하였다. 朴宗禎·朴昌白 등은 銀鑛에 종사하던 자들로서 銀
店에서 실패한 뒤 金鑛의 潛採를 도모하고 있었다. 우선 面에서 고발
하지 않도록 이들은 風憲을 찾아가 청탁했는데, 그 자리에서 里尊이
반드시 고발할 것이라는 말을 듣고 里尊에게 가서 애걸했지만 뿌리쳐
버리자 분함을 참지 못해 里尊을 살해하게 되었다는 것이다.[133] 咸興
府의 살인사건을 보고 받은 正祖는 "探金하는 폐단은 농사만 방해할
뿐 아니라 살인까지 저지르니 이러고도 農本策을 실시하지 않으면 더
이상 구차할 수가 없다"고 하고 각 道의 探金을 엄금하는 문제를 備邊

---

131) 제5장 註 111) 참조.
132) 《與猶堂全書》5,〈牧民心書〉11, 工典 山林條 ;《日省錄》651, 正祖 23년 11
　　월 29일.
　　《備邊司謄錄》189, 正祖 23년 12월 1일. "左議政沈煥之所啓 民趨末利 王政
　　之所必禁 故金銀開鑛 苟非關由於公家納稅於司膽者 不敢潛採 乃是國典也
　　近年以來 無賴小民 以採金爲業者 無處無之 而始自西北旋及畿峽 惟其用
　　力也省而得利也贏 故遊食之類 競騖如市 種種爲弊 更僕難數 而雖以北關
　　言之 端川金店之私自設始 已有年所 前後奉使之臣 行過此地者 皆言其弊
　　而邇來傳設 尤爲狼籍 則利逕之潛開 良民之受害 慨可想知 而營邑不惟不
　　察 反或有私人下屬之往來句檢 而莫之禁焉者云 其爲乖法網 而駭聽聞甚矣
　　先從此等 大加警勵然後 諸道之弊 方以次第禁斷 嚴飭諸道 詳查其設店本
　　末 及前後營邑關涉之委折 一一條例 雖時道臣 如有襲謬之事 竝爲首實狀
　　聞 以竢勘處之意 分付何如 上曰 依爲之"
133) 《日省錄》652, 正祖 23년 12월 8일. "刑曹啓言 咸興府殺獄罪人朴宗禎獄事
　　嚴訊得情 依法償命 無容更議 盖宗禎昌白 方其狼狽於銀店 覬覦於金鑛 逗
　　留旅店 其謀潛採也 所慮者 面告也 故欲見風憲 暗自圖囑之際 始知里尊必
　　欲發告之事 冀幸挽止 而及其哀乞而拂袖則 乃發狼毒之怒 要於路而必欲甘
　　心 首犯者宗禎也 助勢者昌白也"

司會議에 부쳤다.[134] 備邊司는 이를 논의한 끝에 "潛採를 엄금치 못한 守令은 획일적으로 논죄하고 숨기고 알리지 아니한 道臣은 '懲一之典'을 철저히 시행한다"는 벌칙을 마련하였으며, 또 正祖는 備邊司로 하여금 "四都八道에 지시하여 관하의 守令들로 하여금 境內의 채금행위를 엄금하게 하되 이 禁令 이전에 設店한 곳도 모두 혁파하고 그곳의 金軍들을 농촌으로 돌려 보내라"고 명령했던 것이다.[135] 이 禁採令은 동왕 23년(1799) 12월에 하달된 것이다.

그러나 겨울철에 金軍들을 대책없이 축출하려는 정부의 시책은 金軍들의 강한 저항을 받았을 것임에 틀림없다. 일례로 黃海道 遂安金

134) 《日省錄》652, 正祖 23년 12월 8일. "敎以咸興囚朴宗禎 則採金之弊 不惟妨農 又出殺變 此而不爲端本之政 其餘皆苟也 日前左相筵奏 可謂知所先務 近來民俗 逐末是競 殊不知農不出則乏其食之義 寧不痛歎 … 見此案 益信前科之不錯 須從松都貿金之式 而嚴禁然後 申禁於諸路採金 似合事宜 後日籌坐 使之爛商稟處事 令曹郎持此案 傳諭時原任大臣"

135) 《萬機要覽》財用篇 4, 金銀銅鉛 ; 《正祖實錄》52, 正祖 23년 12월 丙申 ; 《備邊司謄錄》189, 正祖 23년 12월 13일 ; 《日省錄》653, 正祖 23년 12월 13일. "左議政沈煥之所啓 咸慶道獄案判付中 有諸路採金申禁事 後日籌坐爛商稟處之命矣 探金之禁 法意本嚴 而近來捨本趨末之弊 誠如判付中聖敎 抑末之政 實爲當今之先務而抑末之中 探金尤當爲先務 蓋其情不事農 遊食爲計之類 成群作伴 百計潛探 大而良田傷破 小而穿窬肆行 而此擧銅銀等店之開鑛有異 朝聚於此 暮聚於彼 去來惟意 合散無常 故營邑每以痛禁爲難 而此有不然者 一境之內 産金之處 要不過數三處 爲守宰者 若不能各禁其境內 則官令將何所行乎 本律則自有法典所載 而使之初不犯罪 惟在營邑其所糾察 亦異於諸般奸僞之猝難摘發 嚴飭諸道 不能禁戢 任他潛探之守令 劃卽論勘匿不以聞之道臣 自廟堂隨所及聞 另行懲一之典 則庶有補於朝家重農抑末之政 以此出擧條知會何如 上曰 日前刑曹判付 略言之矣 此事不待兩言 而決在於許與不許 許採則賦其稅而通其貨 不許採則申禁而已 設令許採 有萬萬顚撲不破之長策 顧今逐末之習務本爲恥 欲行反本抑末之政 一邊須示農政綸音 一邊任他遊食射利 可謂當句不成設卿於今筵 旣因詢問 力言禁之之當然 正合予意 自廟堂申論四都八道 俾卽嚴飭管下守宰 各從境內禁斷 雖或有營邑之令 前設店處 一切革罷 以其淘採之類 歸之南畝 而此後卿等 亦必考其效之如何 時加提飭 俾有申禁之實效可也"

店의 경우지만 金軍의 철수 기한을 이듬해 3월말까지 연기하고 있었던 것이다.[136] 그리고 備邊司의 關文에서도 "형편을 살펴 기한을 늦추라"는 지시가 있었으며, 이 같은 정부의 조처는 결국 金軍들로 하여금 金店에서 겨울을 보내게 하고 이듬해 4월부터 시작되는 농번기에 농촌으로 돌아가 고용살이를 하도록 하려는 의도였을 것이다. 그런데 전국의 新·舊金店에서 종사하던 金軍들이 과연 이듬해 4월부터 歸農했는지는 확인할 수 없었다. 그러나 정부가 강제로 축출했을지라도 자기의 田畓도 없고 또 금광에서와 같은 소득도 보장되지 않는 歸農에 순순히 응했을 리가 없었을 것이다. 정부로서는 4월부터 각 邑의 校卒들을 풀어 金軍을 축출하기 시작했을 것이고 생활을 보장받지 못하는 金軍들은 오히려 官令을 피해 潛採를 도모했을 것이다. 그런데 正祖 24년(1800) 6월에는 禁採令을 주도했던 正祖가 갑자기 죽고, 11세의 순조가 즉위하였으며 김대비가 垂簾聽政하게 되었다.

순조가 즉위하면서 時·僻派의 알력과 天主敎徒의 박해 등 政局은 극히 불안해졌다. 정국의 불안은 政令의 이완을 초래하기 마련이었고 新·舊金鑛의 閉鎖令도 아울러 유명무실해졌다. 金軍들의 潛採는 재연되었으며, 오히려 禁令 이전보다 금광개발이 활기를 띠게 되었다. "金軍들이 兩西·東北·畿湖 등 6道의 곳곳에서 潛採를 감행하였고 守令들이 校卒을 풀어 징치하고 금압했지만 金軍들이 흩어졌다가는 다시 모여들어 도저히 단속할 수가 없다. 대개 백성들이 利를 추구함이 물이

---

136) 《日省錄》658, 正祖 24년 2월 5일. "黃海監司朴其正以遂安郡金店撤罷馳啓狀啓以爲 各道金店一切革罷事命下矣 道內各邑別無産金之處 奸民潛採之弊 亦無及聞者 而惟遂安一郡 有外營屬金店一處 開採已久 根植稍完 許多鉛軍之一時逐出 或不無當寒失所之慮 而備局關文中 有察其事勢寬其期限之辭 外營關內 又有限明年三月寬限之知委 故遂安郡金店 稍寬三朔之限 願去者使之先去 不願去者使之姑留 四月初一日爲始 永爲撤罷 竝令歸農之意 分付該郡 此後則遂安郡及各邑 另加廉採 如有潛採之類 不卽禁斷之事當者 以律文嚴刑島配 該地方官狀聞重勘事 永爲定式 一一知委"

아래로 흐르는 것과 같아 大利가 있는 한 비록 매일 같이 매를 쳐서 금하더라도 그 형세를 걷잡을 수 없다"고 할 만큼 이미 官權의 통제를 벗어난 상태에 있었던 것이다. 이처럼 관권의 통제를 벗어난 潛探는 정부의 수세권 행사마저 불가능하게 만들었다. "채굴한 金은 官에서 모르게 매매되었으므로 결국 국가에 필요한 지하자원이 閑雜人들의 謀利의 대상으로 되고 말았다"는 것이다. 정부로서는 金軍들의 潛探를 도저히 금할 수 없다는 사실을 확인한 이상 곳곳마다 떼지어 있는 金軍들을 통제하고 관장하며, 또 이들로부터 적절한 세금을 수취할 수 있는 방안을 강구해야만 하였다.[137]

　政府는 당시의 銀·銅店과 같이 物主制에 기초한 守令收稅制를 이상적인 경영형태로 생각하고 있었다. 그것은 첫째, 鑛軍들이 임금노동자로 고용되어 일정한 곳에 정착하기 때문에 통제하기가 용이하였고,[138] 둘째, 資力있는 物主가 稅收를 책임지기 때문에 수세상의 번거로움이나 收稅額의 손실이 있을 수 없었기 때문이다.[139] 그러나 정부가 '物主'制下의 '守令收稅'制를 선호한다고 해서 物主制가 이루어질 수 있는 것은 아니었다. 금광에 物主가 자금을 투입할 만한 가치가 있

137)《萬機要覽》財用篇 4, 金銀銅鉛;《增補文獻備考》160, 財用考 7, 附金銀銅;
　　《純祖實錄》9, 純祖 6년 12월 癸未;《備邊司謄錄》197, 純祖 6년 12월 10일.
　　"(戶曹判書徐榮輔)又所啓 金店之禁 盖緣採之無實 而徒妨於民故耳 近聞畿
　　湖兩西東北等六道 金脈漸盛 潛探之類 殆乎無處無之 守令雖嚴加懲禁 而
　　乍散旋聚 莫之可遏云 大抵民之趨利 如水就下 大利所在 雖日撻而禁之 其
　　勢末由 況其所採之金 暗地潛賣 使有用之寶藏 歸於閑雜人牟利之資 事之
　　可痛 莫甚於此 烏合之徒 到處成群 無不統領 則其所爲弊 不言可知 今若嚴
　　禁而永杜 則固爲大善 明知其必不能禁 則不如自官勾檢 俾有統紀之爲善
　　如是則寶藏爲公家之用 奸民有斂戢之道 實爲俱便 …"
138) 제5장 註 135) 참조.
139)《日省錄》87, 正祖 4년 5월 29일. "國內銅脈 若是豊盛 決非等棄之地 設店
　　採取 在所不已 而此與銀店有異 旣無物主則自本道雖欲收稅上納 勢將行不
　　得矣"

고 또 그것을 실현할 수 있는 경영자가 있을 때에만 가능한 것이다.
正祖년 간에 걸쳐 실시된 '計士'制下의 사금광도 초기에는 甘土, 곧 沙
金土가 河床의 表土에 분포되어 있어 누구나 採取할 수 있었고, 또 개
개인의 採取量에 따라 소득액도 결정되었다.[140] 그러나 表土層의 사
금이 모두 採取된 뒤에는 地下層이나 江岸의 沙金土를 탐지할 수 있
는 기술자가 金脈을 발굴하고 또 金軍들의 작업을 지도하지 않는 한
沙金의 채취작업이 불가능했다. 따라서 正祖末 경의 '計士'制 역시 計
士들이 직접 金脈을 찾고 金軍들의 작업을 지시, 감독하거나 金軍들
로부터 일일이 세금을 거두었던 것이 아니다. 곧 금맥을 잘 알고 또
그 지방의 습속을 익히 아는 자가 金軍들의 採取작업을 관장하였으며,
金軍들의 세금도 이들이 거두어 計士에게 납부하고 있었던 것이다.[141]

금맥을 탐지할 수 있는 능력을 갖추려면 오랫동안 금광에 종사했
어야 할 것이고, 土俗을 익히 알려면 그 지방 出身이어야 할 것이다.
곧 그들은 그 지방 출신으로 금광에 오랫동안 종사하여 金軍들을 통
솔할 능력과 작업을 지시·감독할 수 있는 기술을 지닌 자들이었던 것
이다. 이처럼 '計士'制下의 沙金店에서 이들의 역할은 중차대하였지만
나름대로의 고유한 칭호를 사료상에서는 찾아볼 수 없었다. 그러나
이들의 역할이 '別將'制下의 '銀店頭目'과 유사한 면이 있기 때문에 필
자는 편의상 이들을 '沙金店頭目'으로 부르려 한다. '沙金店頭目'들은
金軍들의 작업을 지시·감독하고 세금을 수납할 뿐 아니라 金軍 몫의
金을 매매하는 과정에서도 金軍들을 대표하여 항시 商人들과 접촉했

140) 제5장 註 38) 참조.
141) 《正祖實錄》43, 正祖 19년 8월 壬午 ; 《日省錄》504, 正祖 19년 8월 4일. "北
路之永興外 如西路諸邑之有金處 宜更許採 而謂以設店 故不無閑雜無賴坌
集之弊 蓋銀銅則掘坎 穿崗 人力旣多 設爐吹鍊 輸用亦多 故自不無遠近坌
集之端 而至於採金則不過居民輩掘土淘沙 足可採取者也 勿爲設店 而只令
熟知金脈備知土俗者 俾管採取 隨採隨稅 上以補公家之經用 下以免民人之
犯科 實合公私兩便之道"

을 것이므로 '燕商' 등 富商大賈들과도 밀접한 관계를 가졌을 것이다. 한 마디로 '沙金店頭目'들은 物主의 금광투자를 유인하고 또 그것을 실현할 수 있는 인물들이었다.

그러나 正祖 23년(1799) 12월에 내려진 新·舊金鑛의 禁採令은 금광 개발 자체를 완전히 금지시킨 조처였으며, 순조 6년(1806) 12월까지 만 7년 동안 禁採令은 해제되지 않았던 것이다. 하지만 앞서 지적했듯이 이 시기에 金鑛開發은 더욱 활기를 띠었고, 그것은 戶曹가 '經稟設店' 한 金店이 아니라 '私自設店'한 곧 비합법적으로 설치한 금점들이었 다. '經稟設店'한 금점 이외의 채금행위를 潛採 또는 私採라고 불렀다. 潛採 또는 私採도 그것을 허락한 官權의 强弱에 따라 광산의 규모를 달리 하였다. 물론 官의 눈을 피한 몇몇 金軍들의 潛採도 이루어졌지 만 전술한 咸興府의 朴宗禎·朴昌白처럼 그 마을의 里尊과 그 面의 風 憲을 매수한 극히 소규모의 潛採도 이루어지고 있었다. 이 정도의 潛 採는 官長들이 수취의 대상으로 여기지 않았기 때문에 金店으로 불려 지지 않았다. '私自設店'한 金店으로 불려질 정도라면 王命은 받지 않 았지만 당해 邑의 守令이나 監司와 결탁하거나, 서울의 戶曹 또는 각 官衙와 결탁하여 비합법적인 '設店'·'收稅'가 이루어졌던 곳들이다. 어 쨌든 正祖 末·純祖 初에는 政令이 해이해진 틈을 타서 엄격한 禁採令 에도 불구하고 兩西·東北·畿湖 등 각 道에 潛採·私採가 만연되었으며, 그것들 대부분이 京·外의 官衙가 守令과 결탁하여 '私自設店'한 金店 들이었다.[142]

---

[142] 《純祖實錄》 11, 純祖 8년 2월 辛未 ; 《日省錄》 200, 純祖 8년 2월 5일. "近則 各自京外衙門 互相設店 爭執其利 凡係土地所出 而地部所不知之稅 卽私 也 潛也 名以衙門 己自犯法 則小民尤何所顧忌乎 臣於年前 待罪西藩 狀聞 請禁 則特下嚴敎 使之逐逐京差 塡鑛永罷 而今則官民同犯 爲弊尤大 此不 可一日仍置 該曹已設之邑亟令撤店 各處私探之流 竝卽搜逐 使之各歸本業 至於京外官潛探之習 尤極驚駭 罪關藏汚 後若不痛革此弊 當該道臣守令 及各該司堂郞 直施竄配之典 請姑以先嚴之意 關飭兩司及諸道道臣 而小爲

물론 私探를 주도한 것은 '沙金店頭目'들과 金軍들이었다. 그러나 '沙金店頭目'과 金軍들이 禁令을 무릅쓰고 금광을 개발할지라도 당해 邑의 수령과 결탁하거나 당해 道의 감사 또는 京司의 官長들이 '私自設店'토록 하는 것은 그들의 힘만으로는 불가능하였다. 전술한 銀店의 '物主'制와 마찬가지로 官長들을 매수할 만한 자금력과 또 官長들이 믿고 허락할 만한 신용도를 갖춘 富商大賈들이 주선하지 않는 한 禁令下에서 官長들이 '私自設店'할 리가 없었다. 金店에의 투자 소득을 익히 아는 富商大賈들은 金店의 物主가 되기 위하여 수령을 매수하고 京·外衙門과 결탁하여 '私自設店'토록 하였고, '沙金店頭目'들은 物主의 자금을 융통하여 金軍들을 고용한 것이다. 이처럼 '私自設店'한 物主制下의 금점이 각 道에 확대, 개설되자 정부로서는 앞서 지적했듯이 이를 공인하여 흡수할 경우, 金軍의 단속이 용이하고 세금의 수납이 확실해질 수 있었다. 이 때문에 순조 6년(1806) 12월에 戶曹判書 徐榮輔는 각 道의 산금지 중 金脈이 풍부한 곳의 設店을 허락하고 戶曹가 '銀店例'에 따라 管掌收稅할 것을 요청하였던 것이며, 또 왕의 허락을 받았던 것이다.[143] 이처럼 金店의 '物主'制는 정조 말·순조 초의 혼란기에 성립되었고 이를 바탕으로 京·外衙門들은 '私自設店'하였던 것이며, 이때 戶曹가 다시 '私自設店'한 금점들을 흡수하여 '經裏設店'한 셈이었다.

　　一體捧甘於京司各衙門 從之"
143)　제5장 註 137) 및《備邊司謄錄》197, 純祖 6년 12월 12일. "且目今金脈漸出 與向時多少懸殊 所以處之之方 亦不可不隨而不同 諸道産金處 許其設店 自度支依銀店例句管收稅 許多之處 一時竝設 則亦不無騷擾之慮 先從其最豊盛 而傳聞狼籍處施行 恐合事宜 下詢大臣處之何如 上曰 大臣之意何如 左議政李時秀曰 山澤之藏 本爲利用之資 潛探旣難永杜 則反不如自官勾檢 戶判所奏誠然矣 上曰 依爲之"

제3절 19世紀 前半의 鑛山開發과 鑛業政策

1. 純祖 이후의 '私自設店'과 開港 후의 '私自開採'

純祖 6년(1806)에 戶曹가 '經稟設店'한 金店은 평안·황해도의 2·3개소에 불과하였고, 나머지는 여전히 京·外衙門에서 '私自設店'한 金店들로서 戶曹에는 한푼의 세금도 수납되지 않았다. 따라서 동왕 8년(1808) 2월에는 右議政金載瓚이 "정부의 재정에는 보탬이 되지 않고 농사만 해친다"는 이유로 전국의 금점을 폐쇄케하고, 이를 지키지 않는 道臣과 守令 및 각 司의 堂上과 郎廳을 유배하도록 요청하여 왕이 허락하였다.[144] 이 禁令으로 다시금 전국의 金店이 폐쇄되는 위기를 맞게 되었지만 사실상 京·外의 衙門들 스스로가 '私自設店'한 금점들이었고, 또 금점의 物主나 종사자들도 이미 京·外衙門과 결탁한 상태였기 때문에 쉽게 포기할 리 없었다. 이듬해의 기록에 의하면 平安道에는 監營에서 '私自設店'한 금점이 10여개 소에 달하였고 또한 凝膠徐能輔는 오히려 監司의 중과세 행위를 규탄하고 있었으며,[145] 三水府의 別害鎭金店도 禁令 직후부터 潛採가 시작되었고 함경감영이 '私自設店'하였다가 순조 10년(1810) 4월 戶曹에서 經稟設店하였던 것이다.[146]

---

144) 제5장 註 142) 참조.

145) 《公車文藂》47, 純祖 己巳 9월 5일. "應敎徐能輔上疏 … 金店事 除去他設 苟有一分恤民之心 一路設店 何至過十 況設店牟利之輩 惟恐店壞之或廢 若非責稅之甚酷 何至乍設施廢"

146) 《純祖實錄》13, 純祖 10년 4월 庚子;《備邊司謄錄》200, 純祖 10년 4월 18일. "(前咸鏡監司曹允大)又所啓 三水府別害鎭有産金處 三甲長津之民 冒禁投入 暗地掘取云 故臣於到任之後 密遣廉探 隨現捕捉 嚴刑遠配 首尾相續 而利之所在 不計生死 死者在前 犯者踵後 眞所謂誅之則不可勝誅也 臣聞度支所儲之金 數甚不敷 而以其有出無入 逐年漸縮 亦因說法禁探 貿取極難云 國家初不用金則已 旣已不得不需用 而防其採取之路 則其將從何處得之乎 … 臣愚淺見以爲 莫若自朝家特許設店 使民入採 而收其稅納 略補

마침내 王權이 약화되고 臣權이 강화될수록 政令은 더욱 해이해져서 戶曹에서 '經稟設店'한 金店보다 京·外의 他衙門에서 '私自設店'한 금점이 더 많았으며 銀·銅店의 경우도 마찬가지였다. 이 때문에 순조 11년(1811) 윤 3월에는 戶曹判書 沈象奎가 正祖 11년과 12년에 반포한 법령을 내세워 戶曹만이 金·銀·銅鑛山의 經稟設店權을 독점하도록 요청하여 허락되었다. 따라서 金·銀·銅鑛山에 대한 戶曹의 배타적인 設店收稅權이 재확인되었고, 왕의 허락을 받은 戶曹의 關文이 아니면 어떤 官廳도 設店하지 못한다는 王旨가 각 道의 營·邑에 하달되었던 것이다.[147]

그러나 京·外衙門들에 의한 私自設店의 행위를 금할 수는 없었다. 동년 12월의 洪景來軍에 가담한 金軍들도 戶曹가 '經稟設店'한 금점의 金軍들이 아니었다.[148] 후술하겠지만 동년 10월에 禹君則이 雲山의 燭臺峰에 金店을 개설한다는 구실로 金軍을 모집하였고 불과 2개월만인 동년 12월 多福洞에서 봉기하였다. 이때 禹君則이 雲山金店을 개설하기 위해 수령과 교섭한 일이 있었는지는 불분명하지만, 정부는 採金行爲를 엄금하지 못한 책임을 물어 雲山郡守韓尙默을 파직시켰던 것이다.[149] 하지만 이때 金軍들이 洪景來군의 주력부대로서 반란에 가

度支之用下 以其贏餘 俾資窮民之生涯 實爲公私兩便之道矣 令廟堂稟處何如 上曰採金設禁 其意攸在 而近來外邑 專不着意 未能摘發潛採之弊 揆以國網固極寒心 而卿言又如此 政合經用民利之便宜 令戶曹着意擧行 俾有實效之地可也"

147)《純祖實錄》14, 純祖 11년 閏 3월 庚寅 ;《備邊司謄錄》201, 純祖 11년 閏 3월 12일. "(兼戶曹判書沈象奎)又所啓 金銀銅設店之弊 朝家飭禁 不啻屢次 而至若丁未春戊申冬定式 尤極截嚴 … 至有京外衙門揭板之命 凡在有司之臣 孰敢一毫違越 況土之所産皆地部所管 非他司之所可侵管 自今以後 無論金銀銅鉛 設店一事 各衙門各營門無得干與 各道亦勿施行 擧實狀聞 一遵丁未戊申受敎施行之意 出擧條 更爲申明嚴飭何如 上曰 依爲之"

148)《純祖實錄》15, 純祖 12년 正月 丁巳. "平安兵使啓言 … 當初造謀養兵 出於多福洞 李禧蓍倡設採金 募集流民 …"

149)《備邊司謄錄》201, 純祖 11년 12월 23일. "司啓曰 觀此關西道帥臣前後密啓

담한 사실은 당시의 위정자들에게 충격적인 사건이었다.

그러나 이로 말미암아 鑛山開發이 중단되지는 않았다. 순조를 위시하여 이후의 헌종이나 철종 등은 正祖와는 달리 광업사정에 어두웠고 또 확고한 鑛業觀이 서 있지 않았기 때문에 鑛業政策을 주도하지 못하였다. 사료상에 나타난 왕들의 '批答'도 大臣이나 戶曹判書들의 찬반론에 '從之' 또는 '依爲之'로 답했을 뿐 자신의 견해를 피력한 적이 거의 없었다. 鑛山을 개발하거나 폐쇄하는 문제는 大臣들에 의해 결정되고 있었다. 그리고 정치적 실권을 장악한 安東金氏나 豊壤趙氏들은 京·外의 要職에 그들의 친·인척이나 추종자들을 포진해 놓고 있었기 때문에 그들의 이해와 상반되는 政令은 실현될 수도 없었다. 당시의 집권세력들은 국가의 재정보다도 자신들의 財利에 급급하여 戶曹의 '經稟設店'法을 준수하기보다는 오히려 '私自設店'을 비호했던 것이다. 따라서 그들의 利權이 개재된 金·銀·銅店에 관한 시비는 筵席에까지 오르지도 못했으며, 그 때문에 이 시기의 金·銀·銅店에 관한 기록도 관찬사료에서 찾아보기가 어렵다.

이러한 당시의 실정을 통감하였던 茶山 丁若鏞은 나름대로의 개선안을 기술하고 있었다. 그는 일찍부터 鑛山開發을 농업사회의 저해적인 요소로 간주하여, 谷山府使 때에는 戶曹가 관내의 銀鑛에 經稟設店하려던 것을 방해하기도 하였다.[150] 그리고 洪景來軍이 봉기했을 때는 유배지 康津에서 全羅道의 士林을 모아 亂을 討平하기 위해 '全羅道倡義通文'을 지었고,[151] 이 亂을 통하여 鑛軍들의 세력이 국가의

則嘉山土賊 初以採金之徒 至有搆亂之變 其本 則專出於金禁不嚴之故也 當該地方官雲山郡守韓尙默 爲先罷黜 答曰允"

150) 제5장 註 97) 및《增補與猶堂全書》1, 詩文集 狀條. "府使莅任之後 嚴禁鑿 丱之民 皆令歸農 故習於鉛軍 不肯耕作者 皆已轉徙他方 雖一名二名 無以括出"

151)《增補與猶堂全書》1, 詩文集 雜文. "全羅道倡義通文 嘉慶壬申春 浿西土賊 洪景來李禧著等 據定州以叛 官軍圍之三月不克時 余在茶山 欲使一道土林

안위에까지 영향을 미칠 수 있음을 절감했다. 이러한 경험들을 토대로 그는 鑛山開發의 폐단을 '妨農'과 '召亂'으로 인식하고 정부가 鑛山開發을 엄금해야 한다고 여겼지만, 私採가 만연된 현실과 그것이 정부의 재정에 도움되지 못하고 있음을 우려하였다.[152) 이 때문에 그는 그것을 개선할 방안으로 金·銀·銅鑛의 官營論을 제시하기도 하였고,[153) 때로는 戶曹 소관 舊店 외에 新設을 엄금해야 한다고 주장하기도 하였다.[154) 茶山의 제안과 주장이 당시 정부의 광업정책에 반영된 것은 아니겠지만 茶山과 유사한 견해를 가진 일부 관료들에 의하여 戶曹가 '經裏設店'한 金·銀·銅店 외의 京·外衙門들에 의한 私自設店 행위를 엄금할 것을 주장하고 있었다.

순조 32년(1832) 12월에 영의정 南公轍도 역시 鑛山開發로 인한 '妨農'과 '召亂'의 폐단을 지적하고 戶曹의 元定收稅處 이외의 京外衙門들에 의한 私自設店을 엄금토록 요청하였으며,[155) 이에 따라 왕명에

倡義討賊 試爲此文 旋聞捷已之 …"
152) 제5장 註 50) 및 《增補與猶堂全書》5, 〈牧民心書〉, 工典六 山林條. "吾東八路 皆産黃金 其所以禁之不採者 爲有二弊 一曰妨農 一曰召亂 其謂之妨農者何也 採金者必臨水而淘之 此非寒月之所能 故必於春夏爲之 愚民重利 舍本趨末 耕耘失時 此一弊也 其謂之召亂者何也 採金之法 本計人額 故額多則稅多 額少則稅少 以此之故 監採之人 方其募採之日 不問來歷 貪多務得 蟻聚烏合 亂雜無統 藏亡匿奸 慮無不到 此一弊也 朝家之說法厲禁 不得已也 然奸民盜採 終亦不息 有禁之名 上下補公用 下不正民習 揆以王政 不宜然也"
153) 《增補與猶堂全書》5, 〈經世遺表〉, 地官 戶曹 司鑛署. "臣竊伏念 我邦山獄雄鉅 金銀銅鐵 處處皆産 江界之銀坡洞 遂安之笏谷店 特其偶顯者耳 公家設禁以自防 奸民盜採以犯法 皆非宜也 臣謂凡産金銀銅之穴 皆官出財以採之 其或私採者 與盜鑄錢同律 雖鐵冶許民私採 抑所宜也"
154) 《增補與猶堂全書》5, 〈牧民心書〉, 工典 山林條. "爲令之計 莫如嚴禁 其舊有之店察其奸惡 以備不虞(嘉山賊洪景來亦本以金店聚黨) 其新出之鑛 緝其首謀 以折亂萌 不可已也"
155) 《純祖實錄》32, 純祖 32년 12월 辛酉.
    《備邊司謄錄》220, 純祖 32년 12월 19일. "(領議政南公轍)又所啓 金銀鑛之

의한 禁令이 각 道의 감사와 수령들에게 하달되었다.[156] 그러나 私採
는 여전히 계속되었기 때문에, 헌종 2년(1836) 4월에도 左議政洪奭周가
'妨農'과 '爲盜'를 이유로 각 道의 監司에게 지시하여 私採를 엄금토록
요청하였다.[157] 이처럼 정부가 禁令을 하달할 때면 수령들은 각자의
성행에 따라 龜城과 義州의 경우처럼[158] 관내의 潛採軍을 처벌하기도
하였지만, 이들은 한 두 명의 영세한 金軍들에 불과하였다.[159] 따라서
이 시기에는 오히려 지배층의 墳墓나 田土를 훼손하여 처벌되는 鑛軍
數가 더 많았다.[160]

　　그러나 세도정치하의 집권자들은 철종 4년(1853)의 朔州金店에서
볼 수 있듯이 京·外官衙에 의한 합법적 또는 비합법적인 설점으로 民
弊가 큰 곳일지라도, 그들의 이해와 부합될 때에는 民意를 무시한 채
設店을 감행하였다.[161] 결국 세도정치하에서는 官紀가 문란해졌기 때

設 禁法意 自來甚嚴 而今則其利不歸於公家 畢竟爲浮浪無賴之徒 相聚爲
亂 平民之徒而受弊 卽必至之勢也 近聞何許牟利輩 圖得京司關文 往囑營
邑 到處設探 殆無防閑 場市之穀價騰踊 閭里之竊發相續 廢農功而趨末利
者 來頭虞憂 良非細故 設鑛旣無朝令 則京司何以擅自發關 營邑何以任意
許探 … 自今以後 度支元定收稅處外 地部及各營門 無敢以採鑛設店 發關
外道 一切立法禁之 亦爲分付於各道道臣處 使之曉諭 一一逐送 無敢接跡
而如是申禁之後 無論某處 若或依舊潛設 則該地方守令 當隨現重勘 道臣
亦難免違越邦禁之罪 目下安民生定民志之急務 無過於是 故敢此仰達矣 上
曰 依爲之"

156)《黃海監營啓錄》22-1, 道光 12년 壬辰 (純祖 32년) 12월 25일.
157)《憲宗實錄》3, 憲宗 2년 4월 丁未. "左議政洪奭周曰 金銀開鑛之禁 不但爲
　　農務之妨奪而已 驅無賴之民於爭利之地 其勢必至於相聚爲盜 故國朝成憲
　　自來至嚴 而私設鑛冶恣意採取者 往往入聞 爲先關飭於各道道臣 使之痛禁
　　大王大妃 從之"
158)《黃海監營啓錄》道光 29년 戊申(憲宗 15년) 11월 30일.
159)《哲宗實錄》10, 哲宗 9년 2월 己酉;《山泉日錄》3, 上之九年 戊午 2월 5일.
160)《箕牒》2 (正祖 19年前);《純祖實錄》21, 純祖 18년 3월 庚申;《左捕廳謄
　　錄》9, 嘉慶戊寅 3월 23일·4월 刑曹啓目拔辭.
161)《關西關牒報》癸丑 9월 19일. 拙稿,〈李朝開港前後의 鑛業政策硏究〉《亞

문에 物主와 광산종사자들은 京·外衙門과 결탁하여 때로는 '私自設店'을, 때로는 '經稟設店'을 도모하였다. 그것은 곧 철종 9년(1858) 2월 현재 平安道와 咸鏡道의 암행어사들이 올린 書啓의 '別單'에서도 충분히 짐작할 수 있다. 평안북도의 暗行御史李建弼은 "각 邑의 곳곳에서 광산을 設店收稅하기 때문에 농민들이 農期를 놓치는 실정이라"[162]고 호소하였으며, 咸鏡道의 암행어사 洪承裕도 "道內에는 金·銀·銅·鉛의 각 産地가 있는데 한 店이 개설될 때마다 八方에서 운집하여 每鑛에 모여든 鑛軍들은 幾千名이 훨씬 넘는다"고 하고, 戶曹에서 수세하고 있는 '原店' 이외에는 모든 광산의 設店을 금하고 잠채자를 엄히 다스리도록 요청하였다.[163] 이처럼 戶曹에 의한 '經稟設店'보다 경·외아문들의 '私自設店'이 鑛山開發을 주도하던 상황은 고종 17년(1880) 12월에 總理機務衙門이 설치되고, 그 소관부서인 理用司가 鑛務를 담당하면서[164] '私自開採'制, 곧 개인에게 광업을 허가하는 제도가 성립되기까지 지속되어 갔던 것이다.[165]

細亞研究》55, 1976, 46쪽.

162) 《日省錄》143, 哲宗 9년 2월 24일. "平安北道暗行御史李建弼進書啓別單 … 自多切骨 爛開鑛爐 權取色金 列邑俱失其作農 …"

163) 《備邊司謄錄》245, 哲宗 9년 2월 6일 ;《日省錄》141, 哲宗 9년 2월 3일. "咸鏡道暗行御史洪承裕進書啓別單 … 本道設鑛之弊 則民生難支之一端也 金銀銅鉛各有産處 而一店纔開 八方坌集 每鑛所聚 殆過於幾千人之多矣 … 從今以後 度支收稅原店之外 一切諸鑛 申明另禁 勿許復開 潛採之徒 亦爲嚴詞 無使接踵 則庶爲北民安保之方 令廟堂行會嚴飭 期有實效 恐合事宜"

164) 《高宗實錄》18, 高宗 18년 2월 27일 ;《日省錄》242, 高宗 18년 2월 27일. "命外道金銀採鑛參酌勾檢 經理事金炳德啓言 外道金銀採鑛 雖是朝禁 苟或許採之時 旣有度支收稅之例 關西數邑 嶺南數邑 有産出處云 付之本衙門 以爲參酌勾檢恐好 故敢達矣 從之"

165) 《朝鮮通商三關貿易冊》 光緖 13년(1887), 通商口岸貿易情形(出洋生金仁川港條).

2. 鑛産地의 增減과 稅收

鑛山에 物主制가 적용된 뒤 광산종사자들은 정부의 탄압에도 불구하고 鑛山開發을 지속하였다. 그러나 物主制가 가장 먼저 적용되었던 銀鑛의 경우는 金鑛開發로 말미암아 오히려 침체 국면을 맞고 있었다. 앞서 지적했듯이 英祖 51년(1775) 현재, 端川貢銀店을 제외하고도 戶曹 소관 收稅銀店의 소재 邑은 平安道의 成川, 祥原, 江界, 定州, 泰州, 寧邊, 价川, 咸鏡道의 高原, 文川, 咸興, 黃海道의 遂安, 谷山, 瑞興, 江原道의 三陟, 江陵 등 15개 邑이었다.

그러나 英祖 51년 이후 正祖 12년 (1788) 간에는 銀店의 숫자나 稅額의 액수가 크게 줄어들고 있었다. 그것은 다음 〈표 1〉에서도 나타나 있지만 正祖 12년에 편찬한 《度支志》에서 더욱 구체적인 사실을 접할 수 있다.

《度支志》에는 英祖 末 正祖 初 어느 해의 貢銀과 稅銀收入額數를 '事例'로 예시하고 있었는데 그 내용인즉 貢銀의 경우, 端川貢銀 500兩이 6월과 12월에 분납되고 渭原寺奴貢銀 26兩과 江界寺奴貢銀 62兩이 歲納되었다. 그리고 稅銀은 成川稅銀 260兩을 위시하여 渭原稅銀 500兩, 遂安稅銀 60兩, 谷山稅銀 96兩, 瑞興稅銀 96兩, 平山稅銀 48兩, 三陟稅銀 14兩 등 稅銀만도 總 1,054兩이 春·秋에 分納되고 있었다. 하지만 正祖 12년 현재에는 '成川·祥原·渭原·高原·遂安·谷山·瑞興·平山·三陟·平海 등지의 銀店에서 매년 약간의 稅銀을 납부하지만 연간의 收稅銀이 700餘兩에 불과하다'는 것이다. 따라서 收稅銀 700兩으로 明禮宮에 天銀 300兩을, 使臣盤纏으로 地銀 200兩을, 그리고 單冬至使에게 玄銀 200兩을 지급한다는 것이며 나머지의 부족한 지출비는 白木廛人에게 銀價를 지급하여 구입 사용한다는 것이다.[166]

---

166) 《度支志》內篇 各房式例 版籍司 金銀色事例, 그런데 이때 銀店의 收稅錢으로 '錢未滿千數'라 하여 1,000餘兩을 수취하고 있었다. 그것은 英祖 40년

〈표 1〉 戶曹一年銀貨出入數

年　度	戶曹 一年所入	戶曹 一年用下	典　　據
英祖52년(1776)		27,927兩	《增補文獻備考》155, 財用考 2 戶曹一年經費出入數
正祖 1년(1777)		19,578兩	《萬機要覽》財用篇 4 戶曹一年經費
正祖 4년(1780)	716兩		《增補文獻備考》同上條
正祖 6년(1782)		2,125兩	《增補文獻備考》및《萬機要覽》同上條
正祖 7년(1783)	808兩		《萬機要覽》同上條
正祖 8년(1784)	684兩		《增補文獻備考》同上條
正祖 9년(1785)	620兩		《萬機要覽》同上條
正祖 14년(1790)	2,197兩		《萬機要覽》同上條
正祖 16년(1792)		983兩	《萬機要覽》同上條
純祖 7년(1807)	10,512兩	856兩	《萬機要覽》同上條

　　이처럼 英祖 51년 현재의 戶曹 소관 稅收銀店은 15個所였지만 正祖 12년 현재 10個所로 줄어들었고 貢銀額數도 앞의 ‘事例’에는 7個所의 收稅銀店에서만도 總 1,054兩이었는데 正祖 12년에는 10개소였지만 700餘兩밖에 되지 않았다. 그러나 正祖 12년 이후에는 舊鑛이 再開되거나 新鑛들이 새로 개발되었다.[167] 정조 연간에는 端川·瑞興·鳳山·豊德·長湍·金川·義州玉江鎭·江陵·橫城·狼川·春川·伊川·平康·谷山 등지의 銀鑛이 개발되었다. 하지만 정조 말 순조 초부터 만연된 京·外衙門들의 ‘私自設店’으로 戶曹의 收稅銀店은 보잘것이 없었다. 순조 9년

　　(1764)에 江界雲坡銀店의 戶曹·營·邑納稅錢 15,000兩을 江界府에 모두 이관하여 貿易價를 지불토록 했던 것인데 이때는 戶曹가 매년 1,000餘兩을 수취하고 있었던 것이며 순조 9년(1809)경에는 그나마도 130~140兩에 불과하였다(《萬機要覽》財用篇 4, 金銀銅鉛).

167) 《日省錄》294, 正祖 13년 3월 26일 ;《日省錄》388, 正祖 16년 2월 26일 ;《日省錄》508, 正祖 19년 9월 12일 ;《日省錄》544, 正祖 20년 10월 22일 ;《日省錄》589, 正祖 22년 2월 6일 ;《日省錄》593, 正祖 22년 3월 16일 ;《日省錄》602, 正祖 22년 6월 11일 ;《增補與猶堂全書》5, 詩文集 狀條.

(1809)에 편찬한 《萬機要覽》에 의하면 戶曹의 稅銀으로 成川店稅銀 240兩과 安東店稅銀 8兩이 매년 春·秋에 분납되었을 뿐이며 江界雲坡 店稅錢도 130~140兩에 불과하였다.[168]

그러나 이후 '私自設店'을 통한 銀鑛開發은 계속되어 江界의 雲坡銀 店은 大店으로 알려져 있었으며[169] 祥原·長津·牛邱峙·延曙·丹陽 등[170] 官纂史料에 드러난 것 외에도 徐有榘(1764~1845)는 그의 저술인 《林園十 六志》에 鉛産地로서 端川·永興·瑞興·淮陽·金城·寧海·昌原을, 銀産地로 서 成川·祥原·平壤·端川·遂安·三嘉·光陽 등지를 수록하고 있었다.[171]

한편 銅鑛의 경우는 銀鑛과 달리 物主制가 적용된 뒤 鑛山開發이 활기를 띠었으며 특히 銅의 제련기술이 발달하여 正祖 9년(1785)부터 국내산의 銅을 정부가 鑄錢原料로 사용하게 되면서 더욱 銅鑛開發이 확대되었다.[172] 따라서 正祖가 鑛山開發을 규제했던 시기에도 安邊·延 豊·遂安의 銅鑛들이 채굴되고 있었으며[173] 京外衙門들의 私自設店이 만연되던 시기에는 銅鑛開發이 전국으로 확대되어 徐有榘(1764~1845)의 《林園十六志》[174]와 李圭景(1788~1854)의 《五洲衍文長箋散稿》[175]에는 다

---

168) 《萬機要覽》財用篇 4, 金銀銅鉛.

169) 《增補與猶堂全書》5, 經世遺表 地官 戶曹 司鑛署.

170) 《純祖實錄》10, 純祖 7년 7월 甲子;《日省錄》143, 哲宗 9년 2월 24일;《純 祖實錄》14, 純祖 11년 3월 戊寅;《左捕廳謄錄》純祖 17~18년;《韓山世稿》 純祖 18년.

171) 徐有榘,《林園十六志》111, 倪圭志 3 貨殖, 八域物産.

172) 《萬機要覽》財用篇 4, 金銀銅鉛. "英宗辛酉始探遂安寧越洞 其後又採報恩 安邊銅 而其所吹鍊 終不如倭銅 不得行用 正宗乙巳 戶曹鑄錢時 參用安邊 之水豊洞 自是以後連用於鑄錢"

173) 《日省錄》87, 正祖 4년 5월 29일;《日省錄》294, 正祖 13년 3월 26일;《備邊 司謄錄》170, 正祖 11년 3월 21일;《備邊司謄錄》173, 正祖 12년 11월 20일. 이때 遂安과 더불어 延豊·金城·順川을 銅·鉛産地로 거명하였는데 延豊 과 遂安은 銅鑛이 개발된 곳으로 판명되지만 金城은 産銀地였고 順川은 상고할 수 없었다.

174) 徐有榘,《林園十六志》111, 倪圭志 3, 貨殖 八域物産.

175) 李圭景,《五洲衍文長箋散稿》(下) 雜考.

음 〈표 2〉와 같이 많은 産銅地가 수록되어 있었다.

〈표 2〉 19세기 전반기의 産銅地

	京畿	忠清	全羅	慶尚	江原	黃海	平安	咸鏡	計
林園十六志	永平	公州鎭岑	淳昌, 昌平, 興陽, 珍山, 靈光, 康津 海南	寧海 昌原 巨濟	平昌 金城	遂安 長淵	龜城 三登		19個邑
五洲衍文長箋散稿	永平	永春 延豊 鎭岑 報恩 公州 連山	淳昌, 昌平, 興陽, 珍山, 靈光, 康津 海南	寧海 昌原 巨濟	平昌 金城 寧越	遂安 長淵	龜城 三登 長淵	甲山 安邊 永豊	28個邑

한편 金鑛은 正祖 4년(1780)부터 '計士'制下에 개발되기 시작하였지만 정부의 탄압에도 불구하고 正祖 연간에 成川·慈山·寧邊·永興·凞川·旌善·遂安·茂朱·順天·咸興 등지의 沙金鑛山이 개발되었다.[176] 그리고 物主制가 적용된 뒤의 '私自設店'이 자행된 시기에도 三水·雲山·龜城·義州·朔州[177] 등 官纂史料에 나타난 곳들뿐 아니라 茶山 丁若鏞은 遂安金店을 大店으로 기록하였고[178] 《林園十六志》에는 成川·慈山·雲山·遂安[179]을, 《五洲衍文長箋散稿》에는 慈山·遂安·旌善·洪川·星州·任實[180]을, 《山泉日錄》에는 甲山[181]을 각각 産金地로 명시하고 있다. 그

---

176) 《備邊司謄錄》162, 正祖 5년 3월 15일 ; 《日省錄》492, 正祖 19년 4월 2일 ; 《箕牒》2, 正祖 19년 4월2일 ; 《日省錄》602, 正祖 22년 6월 11일 ; 《日省錄》605, 正祖 22년 7월 27일 ; 《正祖實錄》50, 正祖 22년 11월 己丑 ; 《日省錄》652, 正祖 23년 12월 8일.
177) 《備邊司謄錄》200, 純祖 10년 4월 18일 ; 《備邊司謄錄》201, 純祖 11년 12월 23일 ; 《黃海監營啓錄》憲宗 25년 11월 30일 ; 《關西關牒報》哲宗 4년 9월 5일.
178) 《增補與猶堂全書》5, 經世遺表, 地官, 戶曹 司鑛署.
179) 《林園十六志》111, 倪奎志 3, 貨殖. 八域物産.

리고 日本人이 조사한 《韓國鑛業調查報告》에 의하면 正祖 4년에서 철
종 14년(1864)간에 개발된 産金地로 厚昌·宣川·殷山·順川·順安·富寧·端
川·北靑·長津·定平·長淵·伊川·原州·忠州·安東·義城 등지가 있었다.[182]

　이 시기에는 金銀銅鑛山 외에도 鐵鑛과 硫黃鑛도 많이 개발되었
다. 鐵鑛의 경우 전술한 英祖 41년의 《輿地圖書》에는 産鐵地가 53개
邑이었으나 《林園十六志》에는 82개 邑에 달하였다.[183] 그리고 硫黃鑛
山도 《輿地圖書》에는 慶州를 제외하고 義州·端川·忠原·淸道는 '今無'
또는 '今廢'한 硫黃産地로 분류하였다.[184] 그러나 硫黃鑛業도 정조 연
간에는 物主制가 적용되어 華城府는 동왕 18년(1794)에 金城硫黃店의
收稅權을 請得하고 있었으며,[185] 《林園十六志》에도 端川·求禮·珍山·
長城·高敞·慶州·淸道 등지가 硫黃産地로 기재되어 있다.[186]

　결국 鑛山 개발을 탄압했던 正祖 연간이나 私自設店이 강행된 순
조 이후에도 각종의 鑛山開發은 꾸준히 지속되었고 또 전국적으로 확
대되고 있었다. 그 중에서도 金銀銅鉛鑛山은 특히 국가의 중요한 재
원으로 인식되어 국왕이 수시로 親覽하는 法典이나 典故類에 관련자
료를 수록하고 있었다.[187] 金銀銅鉛은 제도상 戶曹의 소관부서인 銀
色[188] 곧 뒤의 金銀色에서 관장하게 되어 있었고 計士 2名의 주관 하

180) 《五洲衍文長箋散稿》(上) 山童産金辨證設.
181) 《山泉日錄》 3, 哲宗 9년 2월 5일.
182) 拙稿, 〈李朝開港前後의 鑛業政策研究〉 《亞細亞研究》 55, 1976, 54쪽 및 《韓
　　國鑛業調查報告》 참조
183) 《林園十六志》 111, 倪圭志 3, 貨殖 八域物産.
184) 《輿地圖書》 各道各邑의 土産·物産條 참조.
185) 《日省錄》 455, 正祖 18년 5월 10일.
186) 《林園十六志》 111, 倪圭志 3, 貨殖 八域物産.
187) 그 예로는 《續大典》과 《大典通編》의 戶曹 雜稅條를 비롯하여 《增補文獻
　　備考》 160 財用考 7 附金銀銅條와 《度支志》 內篇 各房式例版籍司 金銀色
　　및 《萬機要覽》 財用篇 4, 金銀銅鉛條 등이다.
188) 《大典通編》 吏典 正二品衙門 戶曹 "掌金銀" 《萬機要覽》 財用篇 4, 戶曹各
　　掌事例 "曰銀色 金銀銅鉛 另有編"

에 書吏, 庫直, 使令, 監考 등이 그 임무를 수행하였다.[189]

金은 純度에 따라 최상품을 十品金이라 하였고 그것의 생김새가 잎사귀 같아서 葉子金으로도 불렸다. 純度가 낮은 금을 塊金이라 하였고 제련하지 않은 金을 碎生金으로 지칭하였다.[190]

銀도 역시 純度에 따라 명칭을 달리하였다. 純銀은 天銀, 十成銀, 十品銀이라 하였고 제련할 때 手巾에 녹여 부어 만들기 때문에 手巾銀이라고 불렸다. 銀과 鉛의 비율이 9:1인 銀은 地銀, 九成銀, 九品銀으로, 그것의 비율이 8:2인 銀은 玄銀, 八成銀, 八品銀으로, 7:3의 銀은 黃銀, 七成銀, 七品銀으로, 6:4의 銀은 六成銀, 六品銀으로 지칭하였다. 당시 天銀은 御用器皿에 사용하였고 地銀은 支勅禮單에, 玄銀과 黃銀은 제반의 經用에 사용되었다. '吹鍊式'에 따르면 天銀 100兩이 地銀 115兩, 玄銀 120兩, 黃銀 125兩에 준하였고, 地銀 100兩은 玄銀 115兩, 黃銀 120兩에, 玄銀 100兩은 黃銀 115兩에 준하였다. 그 당시 일본에서 수입되던 倭銀은 十成銀 곧 丁銀이었고 모양이 바둑돌 같다고 해서 碁子銀으로, 또는 개의 혀와 같다고 해서 介西銀으로도 불렸다고 한다.[191]

제4절 物主制下 金·銀·銅店의 經營實態

1. 穴主·德大와 物主·鑛軍의 性格

'物主'制下에서 金·銀·銅 광산의 개발을 주도한 자는 '穴主'와 '德大'였으며, 동시에 金·銀·銅店을 경영한 사람도 穴主나 德大였다. 따라서

---

189) 《度支志》內篇, 各房式例金銀色條 및 《萬機要覽》財用篇 4, 戶曹各掌事例
    "金銀色 計士二員(各色計士中 六朔兼差)掌本色會計及金銀吹鍊"
190) 《萬機要覽》財用篇 4, 金銀銅鉛.
191) 《萬機要覽》財用篇 4, 金銀銅鉛.

穴主나 德大라는 명칭이 문서상에 기재되기 시작한 것도 物主制가 발생한 뒤부터였다. 穴主는 18세기말 物主制下 銀店의 관계기록에서 처음으로 나타나며,[192) 德大는 19세기초에 物主制가 적용된 金店의 관계기록에서 찾아볼 수 있다.[193) 이같은 사실들을 감안할 때 穴主는 銀·銅·鉛鑛 등 石鑛의 경영주였고, 德大는 사금광의 경영주였다고 생각된다. 그리고 穴主나 德大는 '守令收稅'制下의 銀·銅·鉛鑛山과 沙金鑛山의 物主制와 동시에 출현하여 나름대로의 고유한 역사적 성격을 지니고 있었지만, 그것이 발생한 연원은 각각 別將制下의 '銀店頭目'이나 計士制下의 '沙金店頭目'과 무관하지 않았던 것 같다.

'銀店頭目'이나 '穴主'들은 다 같이 당해 광산의 실질적인 경영주들이었다. 다만 '銀店頭目'은 官廳의 경비로 설점한 광산의 경영주었고, '穴主'는 物主의 자금으로 설점한 광산의 경영주였던 점이 서로 다를 뿐이다. 따라서 別將制가 物主制로 전환하던 시기에는 '銀店頭目'들의 상당수가 '穴主'로 변신했을 가능성이 크며, 동시에 '銀店頭目'들의 광산 경영방식은 '穴主'의 광산 경영방식에 적지 않은 영향을 끼쳤을 것이다. 그것은 物主制下의 '穴主'들도 '銀店頭目'과 店匠들과의 관계와 마찬가지로, 처음 광산을 발굴하고 설점할 때 동참했던 이른바 '同情設店'한 자들과 협력하여 광산을 경영하고 있다는 사실에서도 찾아볼 수있다.

---

192) 《日省錄》589, 正祖 22년 2월 6일. "京醫官李行訥作物主 黃鐘源爲穴主"
《日省錄》591, 正祖 22년 2월 19일. "該曹啓言 罪人李行訥 … 與其本土人黃鐘源兄弟及趙明彦金時弘 谷山人金再尙 松都人吳時中朴景禧 名不知狼川人南哥 同情設店 而募得鉛軍 合力採銀"

193) 《關西平亂錄》15 壬申 2월 11일. "寧邊府使爲牒報事 博川津頭所居姜得璜 以魁賊禹君則之妻作叔 自初參謀 方方在定州賊陣 尙未捕捉 其父允宅 本府捕校等 譏詗捉納 故發問目嚴覆取招次 壬申二月初五日 博川姜允宅 年六十四白等 汝矣子得璜 以魁禹君則之妻作叔 … 昨年十月 禹君則稱云 雲山燭臺蜂金店設始 而店將自京下來 倡出其設招集採軍之際 矣子得璜 以德大邊手 亦入其中 矣身只知採金之募人矣"

　　正祖 21년(1797) 黃海道 金川銀店의 경우, 物主는 서울의 太醫 李行
訥이며 穴主는 本土人인 黃鐘源이었다. 黃鐘源은 그의 동생과, 그리고
같은 本土人인 趙明彦·金時弘 및 谷山人 金再尚, 松都人 吳時中·朴景
禧, 이름이 밝혀지지 않은 狼川人 南哥 등 7명과 함께 銀脈을 발굴, 시
채하였으며 物主 李行訥을 통해 戶曹의 關文을 얻어낸 뒤 은점을 설
치하고 鑛軍을 모아 채굴하고 있었다.[194] 이때 穴主 黃鐘源은 뜻을 같
이하고 은광의 설점을 도모했던 곧 '同情設店'한 위의 7명과 협력하여
은점을 경영했던 것이다. 그런데 黃鐘源이 穴主가 될 수 있었던 자격
요건이 무엇이었던지는 분명하지 않다. 은점의 설치를 선동한 '首唱
者'는 本土人 趙明彦이었고 역시 本土人 金時弘과 타지방 出身인 金
再尚·吳時中·朴景禧·南哥 등은 채굴·재련기술을 지닌 자들이었다.[195]
黃鐘源이 穴主가 되어 본 경험이 있었는지, 物主와 친분을 갖고 있었
는지는 알 수 없고, 다만 本土人이면서 '同情設店'한 자로만 밝혀져 있
다. 그러나 黃鐘源이 穴主가 된 데는 나름대로의 이유가 있었을 것 같
다. 그것은 '同情設店'한 자들 중 本土人으로는 黃鐘源 형제와 趙明彦·
金時弘 등이 있었으나 金時弘은 채굴·제련기술자였으므로 黃鐘源 형
제와 趙明彦 중에서 담당해야 했을 것이다. 그런데 확실하지는 않지
만 黃鐘源은 형제가 참여하였고 또 本土에서의 기반이 趙明彦보다 나
은 듯하며, 나이 또한 많았을 것으로 생각된다. 본토에 기반이 확고한
사람으로 나이가 많은 자가 穴主가 되면 本土人들의 협조를 얻기가

---

194) 제5장 註 192) 참조.
195)《日省錄》597, 正祖 22년 4월 21일. "刑曹啓言 金川郡尹成履山地作變處顚
　　末 該道查啓頗悉 … 彼明彦 卽虛妄者耳 習聞流來之浮談 以爲此一杯者 乃
　　尹氏所以禁銀而假設者也 動於虛慾 看作奇貨 又與行訥鐘源輩 類類相從
　　甘心立證 而行訥則多係太醫 身作物主 利之所在 狂奔四走 已非常性之所
　　爲 而一聽明彦之風傳 自爲鉛軍之渠率 而究其情則都坐錯認 語其跡則明彦
　　固作俑 而結果實在於行訥 斷以元犯 勘以當律 在所不已 … 如時弘再尚等
　　不過打治掘銀 之類非不手犯 實則隨從"

용이할 것이고, 또한 다른 지방에서 몰려들 鑛軍을 수용하고 통솔하기도 쉬웠을 것이다. 곧 이러한 자격과 여건으로 黃鐘源이 穴主로 되었을 것이다.

한편 '德大'는 '덕대' 또는 '덕때'라고 하는 방언의 取音이었다.[196] 德大는 정조 말·순조 초에 사금광의 '計士'制가 物主制에 기초한 '守令收稅'制로 전환하는 시기에 출현했던 것 같다. 그것은 '計士'制下에서 沙金店을 실질적으로 운영해 왔던 '沙金店頭目'들이 이때 物主와 결탁하여 '德大'로 부상하고 '守令收稅'制를 실현시켰을 것이기 때문이다. 따라서 당시의 '沙金店頭目'들이 그 지방출신으로 금맥을 탐지할 능력을 갖추고 金軍의 작업을 지시·감독하여 세금을 計士에게 수납해 온 사실을 감안할 때 그 이후의 '德大'들도 또한 대개가 그 지방 출신으로 금광에 관한 지식과 金軍을 통솔 관장할 만한 능력을 갖춘 자들이었을 것으로 여겨진다.

---

196) 開港 이후의 德大는 鑛山主와 계약을 맺고 그 광산의 일부를 맡아 채광하던 사람을 지칭하였다. 그러나 '덕대' 또는 '덕때'의 語原이 무엇인지 모르지만 '덕대' 또는 '덕때'의 語義가 開港後의 德大制를 내포하고 있는 것 같지 않다. '덕'은 平安道의 방언에 '언덕'을 뜻하기도 하고 '더기'의 준말로서 '高原의 평평한 땅'을 뜻하였다. 또 '덕(德)'은 조선후기에 용광로(冶爐)를 지칭하여 쇠부리 용광로를 鐵德, 용광로의 주인을 德主라고 불렀다. '대' 또는 '때'는 大 또는 隊로 取音하였는데, 이 대(大)와 때(隊)에 한자의 뜻이 담겼다면 大는 '높다' '낮다'는 뜻이며, 隊는 '떼' '무리'의 뜻을 지니고 있다. 그렇다면 견강부회가 될지 모르지만 첫째 沙金鑛山일 경우에는 江·河의 언덕에서 도금하는 '무리' 또는 그 중 '높은 사람'을 지칭한 것으로 볼 수 있으며, 둘째 石金鑛山일 경우에는 鑛石을 제련하는 '용광로' 곧 제련장에 모여 있는 '무리' 또는 '높은 사람'을 지칭한 것으로 볼 수 있다. 상기한 語義들 중 德大制의 개념에 부합되는 것은 沙金軍의 長이나 石金軍의 長일 것이다. 그러나 德大란 명칭이 沙金地로 유명한 平安道 지방에서 발생했던 점을 감안할 때 처음에는 沙金鑛軍의 長으로 지칭했다가 뒤에 그곳에서 역시 石金鑛이 개발되면서부터 石金鑛軍의 長을 지칭하게 되었던 것으로 여겨진다. 하지만 德大의 語義와 語源에 관한 올바른 해석은 뒷날 관계 기록을 찾아야만 가능할 것이다.

'德大'라는 명칭은《關西平亂錄》에서 처음으로 찾아 볼 수 있다. 洪景來의 謀士이면서 서울의 物主(店將)가 출자한 累千兩으로 金軍을 모취한 禹君則은 기록상 雲山金店의 德大였던 것이다. 禹君則은 嘉山의 多福洞 사람으로 紅蔘商에 실패한 처지며 捕盜廳의 체포대상 인물로 지목받고 있었다.[197] 그리고 德大 禹君則은 우선 博川에 사는 妻作叔인 姜得黃을 '德大邊手'[198] 곧 德大 禹君則의 邊手로 삼아 金軍의 모집에 앞세우고 있었다.[199] 이상과 같은 禹君則의 활동이 金店을 경영하기 위한 것이었든지, 洪景來軍을 모취하기 위한 것이었든지 간에 이 당시 德大의 성격을 이해하는 데는 큰 도움이 된다.

결국 物主制下의 穴主나 德大는 나름대로의 공통적인 성격을 지니고 있었다. 이들은 광산의 개발과 설점을 주도한 그 지방 출신들이었고, 친족이나 이웃 등 親分을 가진 자 약간 명과 함께 設店에 착수하였으며, 직접 鑛軍들을 모집하여 수용하고 통솔할 능력을 갖춘 자들이었다. 그러나 穴主나 德大는 설점의 허가를 주선할 능력과 광산을 경영할 자금이 없었기 때문에 物主를 필요로 하였다.

그렇다면 穴主나 德大에게 設店의 허가를 주선하고 경영에 필요한 자금을 조달했던 物主들은 과연 어떤 자들이었을까. 物主制가 성립된 뒤의 金·銀·銅店 관계자료에는 物主를 '物主'로 기록한 것이 대부분이다.[200] 그러나 위정자들은 物主의 모리행위를 지탄하여 '牟利輩'[201] '奸

---

197)《關西平亂錄》13 壬申 2월 8일. "罪人金汝正 年四十一白等 … 矣身居在博川津頭場里 以養船漢 賣飮食而資生 去年十二月初九日 本里人姜得黃 來言矣身曰 嘉山多福洞居禹君則 年前以紅蔘事見敗 至於京捕廳推捉之狀 汝所知也 見今君則之物主京居之人 送錢累千兩於雲山郡 使君則募人採金 此乃貧民之生路也 汝若欲往 則我當需應錢兩矣"

198) 林炳勳,〈朝鮮後期 鑛業經營의 發展〉《韓國史研究》32, 1981, 138쪽, 林炳勳은 이 논문에서 조선후기 德大의 존재를 처음으로 시사하였다.

199) 제5장 註 193) 참조.

200)《英祖實錄》125, 英祖 51년 9월 癸酉 ;《日省錄》87, 正祖 4년 5월 29일 ;《備邊司謄錄》173, 正祖 12년 8월 18일 ;《日省錄》544, 正祖 20년 10월 22일 ;

民'[202]으로도 지칭하였고, 또 설점하기 이전과 이후의 호칭도 달랐다. 物主가 광산지를 戶曹에 보고했을 때는 '陳告人',[203] '入聞者'[204] 또는 '聽聞者'[205]로, 物主가 戶曹의 관문을 얻어낸 뒤에는 '圖得京關',[206] '圖出戶曹關文',[207] '圖得公文',[208] '圖得京司關文'[209]한 자로 지칭되었다. 그 밖에도 '店將'[210]이라고 한다든가, 店所의 종사자들과 합쳐서 '店人'[211] '店民'[212] 또는 '店漢輩'[213]라 부르기도 하였다.

이때 광산의 物主들은 국내외의 상업에 종사하던 상인들이었고, 富商大賈들이 대부분이어서 '私商',[214] '銀商', '松都富商'[215]으로 지칭되고 있었다. 그리고 앞 시대의 別將들이 서울의 富商大賈들이었던 점과는 달리, 이 당시의 物主들 중에는 '太醫'[216] 등을 비롯한 서울의 富商大賈[217]도 있었지만 '松商'등 지방의 私商들과 '土豪',[218] 그리고 '富

《日省錄》589, 正祖 22년 2월 6일 ; 《日省錄》597, 正祖 22년 4월 21일 ; 《關西平亂錄》13, 壬申 2월 8일 ; 《左捕廳謄錄》9, 嘉慶 戊寅 3월 21일. 23일.

201) 《日省錄》294, 正祖 13년 3월 26일 ; 《公車文叢》47, 純祖 9년 9월 5일 ; 《備邊司謄錄》220, 純祖 32년 12월 19일.

202) 《增補與猶堂全書》5, 牧民心書 工典 山林.

203) 《正祖實錄》37, 正祖 17년 6월 壬午 ; 《日省錄》508, 正祖 19년 9월 12일.

204) 《日省錄》454, 正祖 18년 3월 20일.

205) 《日省錄》602, 正祖 22년 6월 11일.

206) 《正祖實錄》17, 正祖 8년 2월 辛巳.

207) 《日省錄》591, 正祖 22년 2월 19일.

208) 《左捕廳謄錄》9, 戊寅 3월 30일.

209) 《備邊司謄錄》220, 純祖 32년 12월 19일.

210) 《關西平亂錄》15, 壬申 2월 11일.

211) 《英祖實錄》125, 英祖 51년 11월 辛巳.

212) 《日省錄》213, 正祖 10년 閏7월 17일 ; 《日省錄》217, 正祖 10년 8월 21일 ; 《備邊司謄錄》173, 正祖 12년 11월 20일.

213) 《日省錄》87, 正祖 4년 5월 29일.

214) 《日省錄》192, 正祖 10년 正月 22일 ; 《備邊司謄錄》206, 純祖 17년 4월 5일 ; 《備邊司謄錄》206, 純祖 17년 9월 14일.

215) 《英祖實錄》125, 英祖 51년 9월 癸酉.

216) 《日省錄》597, 正祖 22년 4월 21일.

217) 《關西平亂錄》13, 工申 2월 8일.

民子弟'[219]·'閑良'[220]들도 끼어 있었다. 곧 金·銀·銅店의 物主는 대부분
이 서울과 지방의 富商大賈들이었고 극소수의 地主들도 참여하였다.

이들 物主가 物主로 되는 요건은 두 가지였다. 하나는 광산의 채굴
허가를 받아내는 일이었고, 또 하나는 광산의 운영자금을 조달하는
일이었다. 전자의 경우 앞에서 누차 지적했듯이 金·銀·銅鑛山의 設店
은 戶曹가 國王의 허가를 받아 발급하는 關文에 의해서만 합법적으로
이루어질 수 있었다.[221] 곧 物主로서는 일종의 探鑛許可書에 준하는
이 戶曹의 關文을 받아내는 일이 선결문제였던 것이다. 戶曹의 關文
은 우선 陳告한 내용이 設店에 합당할 때 발급될 수 있었다.[222] 그 때
문에 物主는 穴主나 德大가 자신을 物主로 선정하고 設店의 허가를
의뢰할 때면 반드시 광맥의 豊殘과 폐단의 유무를 직접 확인한 뒤 戶
曹에 陳告하게 마련이었다.[223] 이때 戶曹는 物主 곧 陳告人이 재력이
있고[224] 또 陳告한 내용의 신빙성이 인정될 때 비로소 국왕의 허락을
받아 關文을 발급하였다. 그러나 陳告人은 關文을 갖고 내려가 營·邑
의 官屬과 다시 看色·嫡奸해야 하였으며, 그 결과 합당한 곳으로 인정
을 받아야 設店할 수가 있었다.[225]

---

218) 《增補與猶堂全書》5, 〈經世遺表〉7, 地官修制 田制 19 井田議 1.
219) 《增補與猶堂全書》5, 詩文集 9, 應旨論農政疏
220) 《日省錄》388, 正祖 16년 2월 26일.
221) 《備邊司謄錄》173, 正祖 12년 11월 20일.
222) 《備邊司謄錄》173, 正祖 12년 11월 20일. "以土地陳告之法言之 實則受四一
之賞 虛則有刑配之律 此事亦無異焉 苟於虛處誤告者 輒施當律"
223) 《左捕廳謄錄》9 嘉慶戊寅 3월 30일. "初則公文圖得次 紹介曹碩仁於金命赫
以一片銀石 試鍊於命赫家 命赫疑其有奸計 使安家喆 往見其地"
224) 《日省錄》87, 正祖 4년 5월 29일. "既無物主 則自本道 雖欲收税上納 勢將
行不得矣
禹禎圭, 《經濟野言》, 〈銀店勿禁之議〉. "朝家許有銀處設店 則富商大賈 各
出物力 募得備人"
225) 《純祖實錄》32, 純祖 32년 12월 辛酉 ; 《備邊司謄錄》220, 純祖 32년 12월
19일. "(議政府南公轍)又所啓 … 近聞何許牟利之輩 圖得京司關文 往囑營

다음, 후자의 경우 物主는 穴主나 德大가 요구하는 자금을 조달해
야 하였다. 物主制下의 金·銀·銅店은 많은 자금을 필요로 하였다. 그
것은 우선 '別將'制나 '計士'制下에서 無償收用했던 土地나 山林을 이
제는 有償收用할 수 밖에 없었기 때문이다. 사금이 매장된 곳이 田土
일 경우 이를 收買해야 하였고,[226] 店所나 店幕의 건립과 갱내의 동발
은 물론 채굴·제련시에 필요한 목재와 목탄 등을 모두 구입해야 하였
다.[227] 그리고 설점을 시작한 뒤 鑛物의 생산·판매가 이루어질 때까지
鑛軍의 생활비도 지급해야 하였다.[228] 따라서 穴主나 德大는 이처럼
設店에 소요되는 경비를 추산해서 物主를 물색하였고[229] 그것을 부담
할 능력이 있는 자가 物主로 선정되었다.[230]

이와 같이 戶曹에서 '經稟設店'한 광산의 物主가 되기 위해서는 戶
曹의 關文을 따내야 하고 또 광산의 운영비를 조달해야 했기 때문에
우선 중앙의 관료들에게 청탁하기가 용이한 서울의 富商大賈들이 많
았던 것 같다.[231] 따라서 세도정치기에 지방관아의 '私自設店'이 확산
된 것도 그 지방의 富商大賈나 토호들이 關文을 받아내기가 까다로운
戶曹의 '經稟設店'보다는 監司나 守令들과 결탁하는 것이 용이했던 것
과도 무관하지 않았을 것이다.[232]

邑 到處設採 殆無防閑 … 設鑛旣無朝令 則京司何以擅自發關 營邑何以任
意許採"
226) 《增補與猶堂全書》 5, 〈牧民心書〉 11, 工典六 山林條. "金店買田以淘金"
227) 《左捕廳謄錄》 9, 嘉慶 戊寅 3월 30일. "罪人景光旻 … 矣身依其言 貿木買炭
竝與銀石 輸送于始興東面矣身農舍 使之起火埋鐵"
228) 《關西平亂錄》 13, 壬申 2월 8일. "汝若欲往 則我當需應錢兩矣"
229) 《左捕廳謄錄》 9, 嘉慶 戊寅 3월 30일. "勸出錢三百兩爲物主 … 汝若出三百
兩錢爲物主 則其利甚多"
230) 《千一錄》 採銀便否設. "大抵設店之規 非自京司措給物力也 故不有物主 則
無以經紀 物主旣費許多財力"
231) 《日省錄》 589, 正祖 22년 2월 6일. "京醫官李行訥作物主 黃鐘源爲穴主"
《關西平亂錄》 13, 壬申 2월 8일. "君則之物主 京居之人 送錢累千兩於雲山
郡 使君則募人採金"

그러나 物主가 채굴허가를 받아내고 채광자금을 조달했지만, 당시의 物主들이 穴主나 德大의 광산경영을 간섭한 사실은 찾아볼 수 없다. 그것은 물론 穴主나 德大가 직접 또는 간접으로 친분이 있는 자를 物主로 삼았고, 동시에 物主도 신뢰할 수 있는 穴主나 德大와 계약한 처지이기 때문일 것이다.[233] 그리고 物主들은 모두 확고한 직업을 가지고 있었으며, 또한 대부분의 鑛山이 物主의 거주지로부터 멀리 떨어져 있어 현장에 상주할 수도 없었다. 이를테면 遂安銀店의 物主는 松都의 富商이었고,[234] 金川銀店의 物主는 서울의 太醫였으며[235] 雲山金店의 物主는 京居人이었던 것이다.[236] 결국 物主는 직접 경영에 참여하지 않았지만, 채굴 허가를 따내고 자본을 투자한 만큼 그것에 상당하는 이익을 얻었으며[237] 동시에 광산의 생산물을 보다 싼값으로 수매하고 보다 비싼 값에 팔아서 많은 차익을 취할 수도 있었다.[238]

穴主나 德大는 설점허가가 나면 物主의 자금으로 設店에 착수하는 동시에 鑛軍을 모취하였다.[239] 鑛軍에 대한 칭호는 다양하게 표현되고 있었다. 店所의 인원을 통틀어 '店民'[240]이라고도 하였고, 나쁜 뜻

232) 제5장 註 142) 참조.
233) 《左捕廳謄錄》9, 嘉慶 戊寅 3월 30일. "勸出錢三百兩爲物主 … 汝若出三百兩錢爲物主 則其利甚多"
234) 《英祖實錄》125, 英祖 51년 9월 癸酉. "遂安郡守李彦培 郡有銀店 而松都富商 爲其物主"
235) 《日省錄》597, 正祖 22년 4월 21일. "行訊則多係太醫 身作物主"
236) 《關西平亂錄》13, 壬申 2월 8일. "君則之物主 京居之人 送錢累千兩於雲山郡 使君則募人採金"
237) 《左捕廳謄錄》9, 嘉慶 戊寅 3월 30일. "勸出錢三百兩爲物主 … 汝若出三百兩錢爲物主 則其利甚多"
     《千一錄》, 探銀便店設. "物主旣費許多財力 則稅納姑舍 先推其所入財力之數 實是事勢之固"
238) 《英祖實錄》125, 英祖 51년 9월 癸酉. "遂安郡守李彦培 郡有銀店 而松都富商 爲其物主 只給半價 使之換錢 銀商據例不納 則重加刑訊 卽地致斃"
239) 《關西平亂錄》13, 壬申 2월 8일. "君則之物主 京居之人 送錢累千兩於雲山郡 使君則募人採金 此乃貧民之生路也"

으로 '店漢輩'[241]라고도 하였다. 그러나 대개 銀·鉛·銅店의 鑛軍을 '鉛軍'[242]이라 하였고, 金店의 鑛軍은 '採金之人',[243] '採金之徒',[244] '採金爲業者',[245] '淘金之類',[246] 또는 '鉛軍'[247]으로 표현되기도 하였고, '金軍'[248]이라고도 하였다. 또한 金·銀·鉛·銅店의 鑛軍을 통칭할 때는 '鑛軍'[249]으로 표현하였다.

이들 鑛軍은 모두가 빈민들로서 생계를 유지하기 위해 穴主나 德大가 경영하던 金·銀·鉛·銅鑛山에 몰려든 것이지만, 사실상 농본사회에 기초한 지배질서를 파괴하고 있었다.[250] 이 때문에 위정자들은 鑛軍을 "本業을 포기하고 末利를 추구하는 자들"[251]이며, "힘 안들이고

---

240) 《日省錄》213, 正祖 10년 閏7월 17일 ; 《日省錄》217, 正祖 10년 8월 21일 ; 《備邊司謄錄》173, 正祖 12년 8월 18일 ; 《備邊司謄錄》188, 正祖 22년 7월 27일 ; 《承政院日記》1930, 純祖 7년 7월 25일 ; 《承政院日記》1995, 純祖 11년 3월 19일.

241) 《日省錄》87, 正祖 4년 5월 29일.

242) 《備邊司謄錄》169, 正祖 10년 8월 23일 ; 《備邊司謄錄》173, 正祖 12년 11월 20일 ; 《日省錄》591, 正祖 22년 2월 19일 ; 《日省錄》597, 正祖 22년 4월 21일 ; 《備邊司謄錄》188, 正祖 22년 7월 27일 ; 《日省錄》658, 正祖 24년 2월 5일.

243) 《書啓輯錄》9-6, 正祖 14년 3월 24일 ; 《日省錄》492, 正祖 19년 4월 2일.

244) 《備邊司謄錄》201, 純祖 11년 12월 23일.

245) 《備邊司謄錄》189, 正祖 23년 12월 1일.

246) 《日省錄》653, 正祖 23년 12월 13일.

247) 《備邊司謄錄》188, 正祖 22년 7월 27일 ; 《日省錄》658, 正祖 24년 2월 5일.

248) 《箕牒》2(正祖 19년경).

249) 《哲宗實錄》10, 哲宗 9년 2월 己酉 ; 《山泉日錄》3, 上之九年 戊午 2월 5일.

250) 《備邊司謄錄》173, 正祖 12년 8월 18일 ; 《日省錄》543, 正祖 20년 10월 14일 ; 《承政院日記》1940, 純祖 8년 2월 5일 ; 《日省錄》543, 正祖 20년 10월 14일 ; 《日省錄》605, 正祖 22년 7월 27일 ; 《備邊司謄錄》220, 純祖 32년 12월 28일 ; 《日省錄》141, 哲宗 9년 2월 3일.

251) 《備邊司謄錄》170, 正祖 11년 3월 21일 ; 《日省錄》543, 正祖 20년 10월 14일 ; 《正祖實錄》50, 正祖 22년 11월 己丑 ; 《備邊司謄錄》189, 正祖 23년 12월 1일 ; 《備邊司謄錄》173, 正祖 12년 11월 20일 ; 《日省錄》653, 正祖 23년 12월 13일 ; 《韓山世稿》24, 溪墅稿 紀行 戊寅 4월 5일.

놀고 먹으려는 자들"[252]이라고 규정하였다. 또한 鑛軍은 "租稅를 포탈하고 身役을 기피한 자들"이라고 하여, 광산은 곧 稅役을 포탈, 기피하는 장소로 지목되었다.[253] 그리고 위정자들은 鑛軍들이 生路를 찾아 헤매다녔기 때문에 '流民'[254]이라 지칭하였는데, 인근의 각 邑뿐 아니라[255] 전국 각지에서 몰려든[256] 鑛軍들의 모습이 그들에게는 '烏合之徒'[257]로 보였던 것이다.

그러나 鑛軍들은 누차 지적한대로 '貧寒之民'[258], '貧窮無依之民'[259]이었고, '無産流落之輩'[260], '破落無依之類'[261]였던 '無土不農之民'[262]들이었다. 이들은 경작할 토지도 없었기 때문에 稅役을 기피하였고 살길을 찾기 위하여 광산에 투신하여 남품팔이꾼이나 달품팔이꾼으로 생계를 유지할 수밖에 없는 사람들이었다.[263]

---

252)《世祖實錄》26, 正祖 12년 10월 丁巳;《正祖實錄》26, 正祖 12년 10월 丁巳.
253)《備邊司謄錄》170, 正祖 11년 3월 21일;《備邊司謄錄》173, 正祖 12년 8월 18일;《日省錄》294, 正祖 13년 3월 26일.
254)《純祖實錄》15, 純祖 12년 正月 丁巳;《備邊司謄錄》220, 純祖 32년 12월 19일;《日省錄》141, 哲宗 9년 2월 3일.
255)《日省錄》504, 正祖 19년 8월 4일;《日省錄》591, 正祖 22년 2월 19일;《左捕廳謄錄》9, 嘉慶 戊寅 3월 30일;《日省錄》591, 正祖 22년 2월 19일;《備邊司謄錄》200, 純祖 10년 4월 18일.
256)《書啓輯錄》9-6, 正祖 14년 3월 24일;《燕岩集》12,〈熱河日記〉太學留館錄;《備邊司謄錄》188, 正祖 22년 7월 27일;《日省錄》504, 正祖 19년 8월 4일;《日省錄》141, 哲宗 9년 2월 3일.
257)《備邊司謄錄》170, 正祖 11년 3월 21일;《備邊司謄錄》197, 純祖 6년 12월 10일;《日省錄》141, 哲宗 9년 2월 3일.
258)《平安監營啓錄》37-23, 正祖 16년 11월 4일.《日省錄》504 正祖 19년 8월 4일.
259)《備邊司謄錄》200, 純祖 10년 4월 18일.
260)《日省錄》492, 正祖 19년 4월 2일.
261)《箕牒》5 (正祖 19年頃).
262)《備邊司謄錄》173, 正祖 12년 8월 18일.
263)《公車文叢》40, 純祖 8년 3월 22일. "行吏曹判書南公轍上疏 … 臣來自西路 民情所關 有所仰達者矣 薪島設鎭 來頭之效害便否 有難預度其如何 … 且 以民戶募入事言之 募入之民 實戶少而破落戶多 諸處流寓之民 與金店罷後

2. 金·銀·銅店의 運營實態

穴主나 德大가 경영하는 金·銀·銅店에 物主가 투입한 자금은 대개
富商大賈들의 상업자본이었지만, 일부는 장쾌들이 관청에서 융자한 고
리대자금도 들어 있었다.[264] 당시 金·銀·銅店의 설점시에 투입된 자금
액수가 일일이 밝혀져 있지는 않다. 그러나 순조 11년 (1811)에 서울의
物主가 禹君則에게 '錢累千兩'을 보냈다고 한 사실은 정확한 액수는 아
니지만 그 당시 금광의 設店에 필요했던 자금의 규모를 예시한 사례이
며,[265] 동왕 18년(1818)에 서울 근교 延曙驛村의 銀鑛은 戸曹의 關文을
받기 전 단계인데도 物主에게 錢 300兩을 요구하고 있었다.[266]

그러나 物主가 투입하는 자금 액수는 당해 광산의 규모에 따라서
달랐을 것이며, 특히 사금광보다 石鑛인 金·銀·銅鑛山은 자금 액수에
차이가 컸을 것이다. 사금광은 甘土層이 매장된 곳이 田土일 경우 이
를 매입할 뿐이지만,[267] 石鑛은 산지를 매입하거나 시설과 도구를 조
달해야 하였고, 더욱이 엄청나게 소요되는 제련용의 연료 때문에 보
다 많은 자금을 필요로 했을 것이다.[268]

이때 穴主나 德大는 物主의 자금으로 設店하고, 鑛軍을 모취하여
광산을 채굴, 제련하고 있었다. 店所의 모든 店役은 穴主나 德大가 총

狼狽失所之類 擧皆願入 而稍實者 如避死地 如此則不但無益 日後兩界之
生事 豈可保其如前而已也"

264) 《日省錄》141, 哲宗 9년 2월 3일. "營邑間駆僧之徒 投入店役 恣用公錢 畢
　　竟使其父兄 蕩析家貨 侵及族親 備受苦楚至於經歲而不已"

265) 《關西平亂錄》13, 壬申 2월 8일. "君則之物主 京居之人 送錢累千兩於雲山
　　郡 使君則募人採金"

266) 《左捕廳謄錄》9, 嘉慶 戊寅 3월 30일. "勸出錢三百兩爲物主 … 汝若出三百
　　兩錢爲物主 則其利甚多"

267) 제5장 註 226) 참조.

268) 眞鉛生, 〈咸鏡南道長津鑛山に關する舊記及沿革〉《朝鮮鑛業會誌》2-3, 1913,
　　316~319쪽.

관하지만, '同情設店'했던 자들, 또는 邊手들로 하여금 각 부문의 작업을 지시, 감독케 했을 것이다. 하지만 당시의 각 金·銀·銅鑛山에 얼마만한 숫자의 鑛軍들이 채굴·제련작업에 종사하였으며, 또 어떠한 조직과 형태로 작업이 진행되었는지는 자세히 알 수 없다. 그런데 '計士'制下 사금광의 경우이긴 하지만 正祖 4년(1780)의 成川 沙金鑛에 10여만명의 '無賴遊手'가 운집해 있다고 하였고,[269] 동왕 8년(1784)에 平安監司는 '食力之民'의 太半이 金店에 투입되었다고 하였다.[270] 물론 正祖 初만 하여도 地表의 사금을 採取하던 단계로서, 소년소녀 등 가족 단위의 채취작업이 이루어졌기 때문에 그 숫자 또한 엄청났을 것이다.

그러나 正祖 말경에 '沙金店頭目'이 금맥을 찾아야 했고 청·장년의 鑛軍들만 모취했을 시기에도 그 인원수는 적지 않았다. 동왕 19년(1795)의 熙川과 定平의 사금지에는 각각 수백명의 金軍이 취업하고 있었으며,[271] 동왕 20년(1796) 司諫李羽逹는 西北과 畿內의 각 産金地에 '千百'명의 金軍들이 몰려 있다고 했다.[272] 이러한 위정자나 피해자들의 표현에는 이면에 沙金店의 폐단을 규탄하기 위하여 과장하는 경우가 많지만, 數百名 또는 數千名이라고 하는 숫자는 결코 과장된 표현만은 아니었을 것이다. 그것은 뒤에 상술하겠지만 正祖 22년(1798)에 黃海監司李義駿이 보고한 '計士'制下의 遂安 沙金地만 하여도 雨期에 접어들어 半數 이상의 金軍이 흩어져 버렸으나 550여명이 남아 사금을 採取

---

269)《燕岩集》12,〈熱河日記〉太學留館錄. "非但農戶太半離壟畝 四方無賴遊手 自成村落 無慮十餘萬 米穀百物奏集 沽賣酒食餠飴 彌滿山谷云"

270)《正祖實錄》17, 正祖 8년 2월 辛巳. "前平安道觀察使李性源啓言 淸南北各邑 處處採金 甚至侵入山地 壞人田疇 食力之民 太半歸於金穴 西農之比歲 不登 未必不由於此"

271)《箕牒》2(正祖 19년頃). "熙川居梁濟萬呈內 矣身先墓 在於本郡長洞 而金軍數百名 突入採金"
《日省錄》492, 正祖 19년 4월 2일. "採金之人 皆是募得無産流落之輩 輒過數百"

272) 제5장 註 126) 참조.

하고 있을 정도였다.[273] 따라서 '沙金店頭目' 주관하의 沙金地에 투입된 金軍의 수는 '物主'制下의 沙金地에서도 비슷했을 것이며, 銀·銅鑛山의 경우에도 예외는 아니었을 것이다. 그것은 전술한 철종 9년(1858), 咸鏡道 암행어사 洪承裕의 書啓에서 금광뿐 아니라 銀·銅·鉛鑛을 막론하고 한 鑛山이 개발되면 그곳에 투입되는 鑛軍의 수가 '幾千名'이 넘는다고 한 기록에서도 알 수 있다.[274]

그런데 이상과 같이 수백명 또는 수천명이라고 하는 鑛軍의 숫자는 각 店所 단위의 鑛軍數일 경우도 있지만, 각 邑의 鑛區內에 설치된 모든 店所들의 鑛軍數를 합친 숫자일 경우도 있었다. 앞서 正祖 22년에 黃海監司李義駿이 보고한 遂安 沙金地의 경우 당초 다섯 곳에 金店이 설치되었는데 그 중 두 개의 金店은 금맥이 다 되어 폐쇄될 단계에 있었고, 세 곳의 金店은 金脈이 풍부하여 99개 金穴을 갖고 있었다. 그러나 이때 장마로 99개 金穴의 작업이 중지되어 金軍의 太半이 흩어져 버렸으며, 남은 金軍 550여명이 39개의 金穴을 새로 개착하여 사금을 探取하고 있었다. 이처럼 金軍의 수가 줄었음에도 불구하고 그곳에 남아 있는 幕數는 700여 채였고, 인구 또한 1,500여명에 달했다는 것이다.[275] 곧 당시에는 세 곳의 金店이 39개의 金穴을 새로 개착하여 550여명의 金軍이 작업하고 있었던 셈이다.

그렇다면 각 금점의 평균 金穴數는 13개이며, 金軍數는 183명이었다. 이러한 비율로 99개 金穴이 채굴되고 있었던 시기의 金軍數를 환산해 본다면 1,386명에 달할 것이다. 이 때문에 앞서 '數百名'이라고 지칭한 것은 각 店所 단위의 金軍數, 곧 전자의 183명에 해당하고, '수천명'이라고 한 것은 읍 단위 각 店所의 金軍을 모두 합친 것으로 후자의 1,386명에 해당될 것이다. 그리고 金軍뿐 아니라 店村에 몰려든 인

---

273) 제5장 註 102) 참조.
274) 제5장 註 163) 참조.
275) 제5장 註 102) 참조.

구까지 합쳐서 '수백' '수천'으로 표현했다면 과장된 숫자일 수 없었다.

그런데 중요한 것은 무엇보다도 각 금점의 金軍들이 어떠한 생산 구조하에서 작업하고 있었는가를 살펴보는 문제이다. 遂安 사금지의 각 금점은 평균 金穴數가 13개였고, 金軍이 183명으로 각 金穴 당 金軍 數는 14명이었다. 이처럼 金穴 당 14명의 金軍을 배정한 것은 각 金穴 단위의 채취작업을 효율적으로 진행할 수 있는 적정 인원이었을 것이다. 그것은 茶山 丁若鏞의 '火淘法'을 적용한 사금광의 官營案에서도 찾아 볼 수 있다. 官營案의 내용은 대개 金·銀·銅店의 점과 같은 규모의 '務'를 단위로 하여 작성한 것이었다. 곧 "평안·함경·전라·경상도에는 각각 2개씩의 '務'를, 경기·황해·강원·충청도에는 1개씩의 '務'를 설치하고 戶曹가 국왕의 재가를 받은 '監務官'을 파견, 매년 立冬日부터 春分 전날까지 採金하게 한다. 그리고 立冬日이 다가오면 戶曹는 각 道와 해당 邑에 關文을 발송하여 당해 수령으로 하여금 일을 맡길 만한 자를 선정하게 하여 '監官'으로 삼는다. 또 각 '務'는 鉛軍을 고용하되 인원 수를 확정하여 掘土軍 100명, 負土軍 50명 및 樵軍 10여명(火淘法에 한함)으로 하여 15명마다 감독 1명과 사환 1명을 두도록 한다"[276]는 내용이다.

茶山은 당시 水淘法에 의한 사금의 採取작업이 주로 봄과 여름에 실시되어 농사에 폐단이 컸기 때문에 겨울에도 작업할 수 있는 火淘法을 택했으며,[277] 주로 종래의 '計士'制와 당시의 '物主'制를 참작하여 마련한 것 같다. '務'는 곧 店이며 '監務官'은 計士에 해당하였고, 당해 邑에서 선정한 '監官'은 '沙金店頭目' 및 穴主나 德大와 비교된다. 그리고 金軍 15명마다 한사람씩인 '監官'은 物主制下의 '同情設店'한 자들이나 邊手의 역할과 유사하며, 金軍은 物主制下의 金軍들과 같이

---

276) 高承濟, 《近世韓國産業史研究》, 1959, 301~302쪽 ; 《牧民心書》 34, 工典六 山林條.
277) 제5장 註 152) 참조.

雇用할 계획이었다. 결국 茶山丁若鏞의 官營案은 '計士'制와 '物主'制 下 沙金店의 실태를 익히 파악한 연후에 작성된 것이다. 따라서 金店 의 생산구조도 掘土軍·負土軍과 火淘法에만 필요한 樵軍을 합쳐 160 여명으로 제한한 점이나, 金穴 단위일 것이 분명한 15명씩의 작업조을 편성한 점 등이 遂安의 개별 金店에서와 별로 다를 것이 없다. 다만 遂安의 金店들이나 당시의 沙金鑛들은 모두 水淘法을 사용했기 때문 에 樵軍은 필요하지 않았으며, 그 대신 水淘를 담당할 淘沙軍이 필요 하였던 것이다.

이상에서 볼 때 당시 '物主'制下의 각 沙金店에도 대개 150명 내지 200여명의 金軍들이 고용되었을 것이고, 각 金穴에는 14,5명의 金軍들 로 작업조가 편성되었을 것이다. 그리고 德大의 총관하에 邊手들이 분담·감독했을 각 金穴의 金軍들은 각자의 기능과 작업의 분량에 따 라 작업 부서와 종사인원이 결정되고, 掘土·負土·淘沙作業을 分業的 協業下에 진행시켜 갔을 것이다. 그런데 '計士'制 초기의 沙金採取는 表土의 沙金을 採取하기 때문에 개별노동이나 가족단위의 노동이 가 능하였고, 채취도구도 掘土用의 小鑿, 負土用의 布袋, 淘沙用의 木瓢 등 간편한 소도구들에 불과하였다. 그러나 計士制 후기 이래 '物主'制 下의 沙金採取는 河岸의 丘陵이나 田畓, 또는 모래 밑 깊숙한 곳에서 採取하기 때문에 채취방법도 달라져 갔고 채취도구도 다양해져 갔던 것이다. 채취방법에는 沙金層의 매장상태에 따라 流掘·岡掘(일명:換 掘)· 橫掘法 등이 적절히 적용되었고 채취도구도 掘土用의 鋤子, 排水 用의 籠桶·宋朴, 運搬用의 筐, 淘沙用의 荒目苔·細目苔·合朴 등이 이 용되고 있었다.[278]

한편 石鑛으로서의 金·銀·銅·鉛鑛山도 채굴도구로는 주로 斧子·鐵 椎·鐵釘·長道理[279]등을 사용하였지만, 爆發藥도 이용하였으며[280] 제

---

278) 《韓國鑛業調査報告》, 平安道, 69~71쪽.
279) 純祖 18년에 潛採한 서울近郊 延曙驛村香峴銀鑛의 경우에 사용된 採鑛道

련도구는 전대와 같이 冶爐와 風廂을 사용하였다. 곧 穴主의 총관하에 '同情設店'한 자들이 부문별로 작업을 지시·감독하는 가운데 채굴·제련작업은 분업적 협업하에 이루어졌던 것이지만, 開港을 전후한 시기부터는 일부의 石鑛에서 채굴업과 제련업의 경영이 분화되기 시작하였다.[281]

　이상과 같이 穴主나 德大가 경영하는 金·銀·銅店에서는 정기적으로 物主와 鑛軍에게 계약된 대가나 보수를 지급하고 있었다. 物主가 투입한 자금에 대한 이윤의 지불방법이 밝혀져 있지는 않다. 그러나 穴主나 德大는 物主의 자금으로 설점했을 뿐 아니라 계속 物主가 자금을 융통해주지 않는 한 광산을 경영하기가 어려웠기 때문에, 항상 穴主나 德大는 직접, 또는 物主의 손을 거쳐 생산물을 시장에 판매한 뒤 物主의 자금에 대한 대가를 우선적으로 지불하였다.[282]

　다음이 鑛軍들의 보수를 지불하는 문제였다. 당시 穴主나 德大가 鑛軍들에게 지급한 보수의 內譯에 대해서는 자세히 드러난 자료가 없기 때문에 몇몇 단편적인 기록을 통해서 이를 추정해 볼 수밖에 없다. 茶山 丁若鏞이 제안한 사금광산의 官營論에서는 "金軍에게 매일 雇價로 얼마만큼의 銅錢을 지불하도록 한다"고 하면서도 "지방마다 풍속이 다르기 때문에 일률적으로 정해서는 안된다"고 부언하고,[283] 그 한 사례로서 "金軍이 비록 雇價를 받지만 작업이 끝나 돌려 보낼 때는 사금광의 일부를 떼 주어 3일간 採取토록"[284] 하는 방법도 제시하였다.

　　具는 斧子·鐵椎·鐵釘·長道理 등이었다. (《左捕廳謄錄》9, 嘉慶 戊寅 3월 30일).

280) 李羲準, 《溪西野談》. "幸以江界銀店 穿壙之徒 穿城下地道 埋火藥而燒之 城以易而頹圮."

281)《韓國鑛業調査報告》, 咸鏡道, 54쪽.

282)《英祖實錄》125, 英祖 51년 9월 癸酉 ;《左捕廳謄錄》9, 嘉慶 戊寅 3월 21일 23 ;《千一錄》卷 4, 採銀便否設 및《韓國鑛業調査報告》, 咸鏡道, 34~37쪽 참조.

283)《增補與猶堂全書》5,〈牧民心書〉11, 工典六條 山林.

이러한 茶山의 雇價에 대한 의견을 간추려 볼 때 金軍에게는 매일 일정액의 雇價를 지급하는 것이 통례였지만, 지방에 따라서는 雇價 외에도 賞與金條로 사금지의 일부를 시한부로 採取케 하는 관례가 있었던 것을 알 수 있다.

그런데 당시 鑛軍에게 매일 지급한 雇價는 茶山도 지적했듯이 지방에 따라 달랐을 것이나, 순조 12년(1812)의 한 기록에 의하면 慈山金店의 金軍들이 매일 받는 雇價는 3錢씩이었다.[285] 이것이 당시 각 金店의 金軍들에게 일률적으로 적용된 雇價는 아니겠지만, 이 액수에서 크게 벗어나지는 않았을 것이다. 결국 沙金店의 金軍들은 每月 銅錢 9兩 정도의 임금을 받고 있었던 셈이다. 그런데 沙金店에 비하여 石鑛의 金·銀·銅店은 숙련과 노역이 요구되는 곳이므로 雇價 또한 沙金店의 金軍과는 다소 차이가 있었을 것이다. 그러나 동시기에 이들의 雇價를 밝힌 자료는 찾기 어렵고 다만 고종 20년(1883)경에 작성된 長津府의 烏漫洞鉛店에 관한 기록에 의하면, 鉛·銀鑛石을 晝夜로 제련하는 상황에서 役軍에게 지급하는 주야간 몫의 1일 工錢은 2兩이었고, 주야간의 식비조로 1兩 2錢 5分씩 별도로 지급하고 있었다.[286] 이 제련장의 役軍은 晝夜로 작업하는 한 한 달간을 계속할 수 없으므로 보름간 작업한 것으로 볼 때, 役軍의 每月 雇價는 銅錢 30兩이며 그 밖에 식비가 18兩 7錢 5分으로 모두 합치면 48兩 7錢 5分이었다. 이는 沙金軍에 비해 다섯 배에 달하는 雇價로 물론 개항 이후 동전가의 하락세도 고려해야겠지만 어쨌든 石鑛에 종사한 鑛軍의 雇價가 훨씬 높았던 것을 짐작하게 한다.

이러한 사례들을 종합해 볼 때 당시 物主들의 자금이 전술한 것처

284)《牧民心書》34, 工典六條 山林.
285)《辛未西賊日記》, 大陳班師之日條(京都大學河合文庫本).
286) 眞鉛生,〈咸鏡南道長津鑛山に關する舊記及沿革〉《朝鮮鑛業會誌》2-3, 1913, 316~319쪽 ;《韓國鑛業調査報告》咸鏡道, 61~62쪽.

럼 300兩 또는 누천량의 동전이었듯이 鑛軍의 雇價도 동전으로 지불되었던 것이며, 지급방법은 沙鑛이나 石鑛에서 모두 매일매일 정액의 雇價를 지급하는 일종의 日給制가 적용되고 있었다. 그리고 기본급 이외에도 지방에 따라 달랐겠지만 沙金地의 일부를 採取하도록 허가하거나 주야간의 식비를 제공하는 등 주로 광물의 종류나 작업의 성격에 따라 수당에 해당하는 과외의 보수가 고려되고 있었다.

穴主나 德大는 생산된 광물을 팔아 物主의 몫과 '同情設店'한 자나 邊手들도 포함한 鑛軍의 임금을 지불하고 또 세금을 공제한 뒤 나머지를 자기 몫으로 가졌던 것인데, 이 시기 穴主나 德大가 광산 경영을 통해서 얼마만큼 자본을 축적하였는지를 밝힌 자료는 찾아 볼 수 없다. 그러나 개항 후의 기록에 의하면 영세한 자들도 많았지만[287] 큰 규모의 광산업을 영위하는 鑛主들이 등장한 사실로[288] 미루어 볼 때 이 시기에도 穴主나 德大들 중에는 物主의 자금을 이용하여 건실한 기업가로 성장해간 자들이 있었을 것이다.

한편 金·銀·銅·鉛店에서 생산된 金·銀·銅·鉛 등은 각기 상품으로서의 가치와 용도를 달리했기 때문에 판로도 또한 상이하였다. 金은 종래 사치품의 재료로만 이용되었으나, 이때는 이미 화폐적 가치와 기능을 지니게 되었고[289] 국가의 재정상 중요한 몫을 점하여 정부는 官費로 이를 수매하고 있었다.[290] 그러나 금은 淸과의 公·私貿易에서 상품적 가치가 높았기 때문에 주로 赴燕譯官과 燕商들이 매입하고 있었다.[291] 銀 또한 이 시기에도 국내외의 公私去來에 화폐로서, 결제통

287)《韓國鑛業調査報告》, 咸鏡道. 65쪽.
288) 眞鉛生, 〈咸鏡南道長津鑛山に關する舊記及沿革〉《朝鮮鑛業會誌》2-3, 1913, 316~319쪽 ;《韓國鑛業調査報告》咸鏡道, 61~62쪽.
289)《萬機要覽》財用篇 4, 金銀銅鉛 및《六典條例》3, 戶曹 銀色.
290)《日省錄》652, 正祖 23년 12월 8일 ;《純祖實錄》13, 純祖 10년 4월 庚子 ;《備邊司謄錄》200, 純祖 10년 4월 18일.
291)《日省錄》193, 正祖 10년 正月 22일 ;《日省錄》551, 正祖 21년 正月 22일 ;

화로서 널리 사용되었으므로 각 관청은 물론 赴燕譯官과 燕商들이 주
로 수매하였다.[292] 銅은 鉛과 함께 銅錢과 軍器를 제조하기 위하여 戶
曹·宣惠廳·賑恤廳 및 軍·營門에서 매입하거나 각종 器皿의 제조원료
로 이용하기 위하여 商賈들이 구입하였다.[293]

　　따라서 金·銀·銅·鉛鑛山의 店村에는 京·外官衙에서 파견한 差人輩
들과 국내외의 상업에 종사하는 譯·商들이 金·銀·銅·鉛을 구입하기
위해 몰려들었고, 수백·수천명의 鑛軍과 그 가족들, 그리고 생활필수
품과 酒食을 팔기 위한 坐賈와 行商들이 운집하여 茅幕과 土室이 즐
비하고 상거래가 성행하여 하나의 큰 都會를 이루었다. 그리고 店村
은 갑자기 형성되고 또 수많은 인구가 일시에 몰려들었기 때문에 金·
銀·銅·鉛店이 설치되는 고을은 물론 인근의 여러 邑에서까지도 米布
를 비롯한 각종 생필품의 가격이 급격히 폭등하는 사태를 빚기도 하
였다.[294] 따라서 監司와 守令들은 각종의 세금을 수탈하기 위해서 그
리고 店村의 治安을 유지하기 위해서 營裨와 縣校를 항상 파견하고
있었다.[295]

　　이처럼 金·銀·銅·鉛店이 자리한 店村에 坐賈와 行商들이 운집하게
되자 京·外의 官衙에서는 일찍부터 이들을 또한 課稅의 대상으로 파

　　《日省錄》602, 正祖 22년 6월 3일 ;《增補與猶堂全書》5, 〈經世遺表〉7, 地
　　官修制 田制 9 井田議 1.

292) 제5장 註 89) 참조.

293)《日省錄》87, 正祖 4년 5월 29일 ;《日省錄》192, 正祖 10년 正月 22일 ;《日
　　省錄》217, 正祖 10년 8월 21일 ;《備邊司謄錄》169, 正祖 10년 8월 23일 ;
　　《日省錄》219, 正祖 10년 11월 11일 ;《備邊司謄錄》211, 純祖 23년 4월 3일 ;
　　《備邊司謄錄》216, 純祖 28년 9월 3일.

294)《書啓輯錄》9-6, 正祖 14년 3월 24일 ;《備邊司謄錄》188, 正祖 22년 7월 27
　　일 ;《承政院日記》1930, 純祖 7년 7월 25일 ;《日省錄》141, 哲宗 9년 2월
　　3일.

295)《增補與猶堂全書》5, 〈經世遺表〉7, 地官修制 田制 9, 井田議 1. "乃使土豪
　　巨猾 自爲鑛主 或使營裨縣校 往而監之"

악해 왔다. 당시 京·外의 官衙가 金·銀·銅·鉛店 또는 店村에서 수취한
稅目이 몇 가지나 되며, 또 그 稅目들의 收稅規定이 어떤 것인지는 확
인할 수 없다. 그런데 앞서 설명했듯이 別將制下의 銀店에서 원래 戶
曹가 수취하도록 규정된 稅目은 常稅로서의 店稅, 곧 元定稅銀뿐이었
다. 그러나 營·邑에서 風爐稅·穴稅·地稅·幕稅·路稅 등 잡세 명목을 창
출했던 것이고, 그 잡세 명목의 대부분은 戶曹의 收稅名目으로 전환
되고 있었다.

그러나 이상의 각 세목들의 대부분은 왕명을 받지 않고 비합법적
으로 적용된 것들이기 때문에, 別將制에서 物主制로 이행하는 과정에
서 어떤 세목들이 존속되었으며 또 戶曹와 營·邑에서 각각 관장한 세
목들은 어떤 것들이었는지를 일일이 밝혀 놓은 자료는 없다. 그 중 物
主制下의 金·銀·銅·鉛店에서도 변동이 없는 稅目은 역시 戶曹에 납부
하는 常稅 곧 店稅였다. 店稅는 종래와 마찬가지로 鑛軍數에 따라 책
정되었고,[296] 物主가 이를 담보하였으며 수령은 監官 또는 吏屬을 시
켜 이를 戶曹의 銀色으로 수납하였다.[297]

그리고 別將制下의 銀店에 적용되었던 風爐稅와 穴稅는 物主制下
의 銀鑛 뿐만 아니라 銅鑛에도 적용되었을 것이며, 그것은 개항 후에
穴主의 채굴업과 成鍊主의 제련업이 분화되면서 각각 常稅化했을 것
이다.[298] 그 밖의 地稅·幕稅·路稅는 計士制下의 遂安沙金鑛에 적용된
土稅·幕稅·塵稅[299]와도 유사한 稅目이다. 그 중 銀店의 地稅와 沙金店
의 土稅는 전자가 山地, 후자가 河土를 과세 대상으로 삼았기 때문에

---

296)《日省錄》217, 正祖 10년 8월 21일 ;《備邊司謄錄》169, 正祖 10년 8월 23일 ;
《增補與猶堂全書》5,〈牧民心書〉11, 工典六 山林條.
297)《秋曹決獄錄》14, 戊午 4월. "端川良人朴辰洙等 本邑店銀上納時 監官吏屬
輩 從中濫捧"
298)《韓國鑛業調査報告》咸鏡道, 65쪽.
299)《備邊司謄錄》188, 正祖 22년 7월 27일. "外此幕稅土稅塵稅等名色 非止一
二 或屬差人 或屬於本官"

명목을 달리한 것 같다. 그것은 海邊에 설치된 鹽場도 均役廳에 납부하는 鹽稅 외에 土稅·路稅·柴稅가 부과되었는데[300] 土稅는 역시 海土에 부과한 세목이기 때문이다. 幕稅는 양자가 동일하고 路稅와 廛稅의 경우에도 路稅는 店村에 출입하던 행상에게 부과한 세목으로 앞서 鹽場에도 부과되고 있었으며 廛稅는 店村의 坐賈에게 부과된 듯하다. 따라서 路稅가 店民이 정착되지 않은 단계에서 행상에게 부과되기 시작한 稅目이라면, 廛稅는 店民이 정착된 단계에서 坐賈에게 부과된 稅目일 가능성이 크다. 이상의 각 세목들 중 店稅와 地稅 또는 土稅는 店所에 부과된 세목이었고, 幕稅와 路稅 또는 廛稅는 店村民에 부과된 세목이었다고 하겠다. 그리고 店稅는 戶曹에서 수취하지만, 地稅 또는 土稅와 幕稅 및 路稅와 廛稅는 모두 營·邑에서 수취했던 것으로 여겨진다.[301]

---

300) 《正祖實錄》 26, 正祖 12년 10월 丁未. "均廳鹽稅之外 又有土稅路稅柴稅"
301) 제5장 註 299), 300) 참조.

結 論

조선시대의 鑛産業은 각 시기마다 국가적 또는 사회적 요구에 따라 광물의 종류와 광산의 경영형태를 달리하면서 발달하였다.

첫째의 15세기는 왕조정부가 현지의 鐵場官·鐵場都會官이나 별도로 파견한 採訪使를 통해 농민들을 징발 사역한 賦役制下의 國營鑛業이 강행된 시기였고 동시에 농민들의 강한 피역저항으로 부역제도가 무너져간 시기였다.

동세기에는 국가적 수용에 충당하기 위한 鐵鑛과 金銀鑛山이 정부의 주관하에 개발되었고 농민을 징발하여 채굴하였다. 농민에게 貢物로 부과하여 採取하던 鐵鑛이나 농민의 강제노동으로 채굴했던 金銀鑛山이나 노동 조건상에 다소간 차이는 있었지만 다 같이 농민들의 부역노동에 기초하고 있었고 부역농민들의 강한 피역저항을 받았다. 이 때문에 15세기간에 걸쳐 정부는 부역농민들의 저항과 요구에 따라 광물의 수취제도를 수시로 변개하거나 개선할 수 밖에 없었다.

鑛物의 수취제도가 초기의 斂鐵法과 鐵場制에서 鐵場都會制로 바뀌었고 한때 代納制가 실시되다가 鐵場都會制를 복구하였으며 또 다시 곧바로 各邑採納制가 채택되었다. 이에 따라 鐵鑛의 경영방식에도 변화가 일어났다. 우선 鐵場의 관리자가 鐵場制下에서는 중앙에서 임명한 鐵場官이었다가 鐵場都會制하에서는 鐵場都會官으로 바뀌었고 各邑採納制下에서는 守令으로 바뀌었다. 이처럼 鐵場의 관리자가 중앙의 官員이나 都會邑의 守令에서 당해 邑의 牧民官으로 바뀌었다는 사실은 농민들의 요구가 반영된 조치이며 부역노동의 강제성이 약화되고 있음을 반증하는 것이다. 그리고 鐵場制下의 吹鍊軍은 상시 복무하였지만 鐵場都會制下의 부역농민들은 春·秋의 농한기에만 부역하였으며 各邑採納制下의 농민에게는 부과된 貢鐵을 납부할 의무가 강조되었을 뿐 채납할 의무가 강요되지는 않았던 것 같다. 그리고 더욱 중요한 사실은 貢鐵額이 삭감되어 갔다는 점이다. 斂鐵法에 따라 전국의 농민에게 부과했던 貢鐵額이 世祖 10년(1464)에 절반으로 삭감되었고 各邑採納制下에서는 産鐵邑에만 일정하게 부과되었던 것이다. 이와 같이 貢鐵額이 삭감될 수 있었던 이유는 국가의 철물수요량이 줄어든 데도 원인이 있지만 결국은 부역농민들의 피역저항으로 노동조건이 개선되었고, 또 철물의 사적 생산이 증대됨에 따라 정부는 사적생산자들로부터 현물로 收稅하거나 그것에 상당한 대가를 수취하여 철을 구입, 충당할 수 있었기 때문이었다.

한편 金銀鑛山의 경우는 철광과 달리 守令과 鄕吏들을 重賞으로 회유하고 重罰로 협박하여 鑛脈을 찾았을 뿐 아니라 농민들의 피역저항도 鐵鑛에서 보다 더 심각하였다. 그것은 鐵場役처럼 貢賦를 대신한 부역도 아니었고 또 요역도 아닌, 稅役規定에 어긋난 강제노동이었으며, 樹功에 급급한 採訪使들의 혹사를 감내할 수 없었기 때문이다. 정부는 부역농민들을 무마하기 위하여 雜役 또는 잡역과 요역 및 잡물세공을 減免하기도 하였고 농민들 대신 軍卒들을 투입해 보기도 하였지만 採訪使制를 지속시킬 수가 없었다. 따라서 정부는 世宗 11년(1429)에 明나라에 대한 歲貢金銀을 土産物로 대체할 수 있게 되면서 銀鑛開發을 포기하였으며, 金鑛에 한해서도 採訪使制를 폐기하고 守令 책임하의 各邑採納制로 바꾸었던 것이다. 그리고 採訪使制下에서 대량생산이 강요되었던 것과는 달리 各邑採納制下에서는 産金地에만 극소량의 貢金을 부과했던 것이며, 그나마도 成宗 初부터 倭金이 수입되자 즉시 폐지하고 말았다. 결국 15세기 간에는 정부가 국가적 수요에 충당할 목적으로 전국의 鐵鑛과 金銀鑛山을 개발하고 직접 농민들을 징발하여 채굴하였지만 부역농민들의 끈질긴 피역저항으로 광산 소재 邑에 한해서만 극소량을 貢物로 부과하거나 그것마저도 포기할 수 밖에 없었던 것이다.

　둘째의 16세기에도 왕조정부가 敬差官을 파견하여 賦役制下의 國
營鑛業만을 강행하려 하였지만, 광산종사자들의 끈질긴 潛採와 富商
大賈들의 적극적인 참여로 민영광업 또한 간헐적으로 실현된 시기였
다. 동 세기에는 銀의 사회적 수요가 증대됨에 따라 정부와 광산종사
자들간에는 銀鑛開發을 둘러싼 대립이 반복되었다. 정부는 明나라로
銀을 유출하는 자와 마찬가지로 銀鑛을 사사로이 채굴하는 자 또한
死刑에 처하도록 규정하였다. 그러나 私採는 계속되었고 정부 또한
公用銀의 필요성이 증대하였기 때문에 공권력으로 銀鑛을 감시하는
한편 臨時官採制나 春秋官採制를 적용하였다. 臨時官採制는 中宗 4년
과 15년 및 28년에 각각 실시되었고 春秋官採制는 燕山君 10년 7월부
터 中宗 2년 4월까지와 동왕 16년 8월부터 37년 6월까지 실시되었다.
이때 정부의 광산경영도 전 시대와 같이 부역농민들의 강한 피역저항
을 받고 있었기 때문에 전국적으로 확대되지 못하였고 장기간에 걸쳐
실시될 수도 없었다.

　이처럼 정부가 銀의 유출과 私採를 엄금하고 國營만을 고집하였지
만 당시의 富商大賈들은 通事들과 결탁하고 私採者들과 연계하여 銀
鑛을 潛採하고 銀의 유출을 감행하였다. 그리고 富商大賈들은 정부의
要路와 결탁하거나 軍糧米나 賑恤米의 납품을 요구받았을 때를 이용
하여 民採納稅制나 民採納穀制를 실현하였다. 民採納稅制는 燕山君 9
년 11월부터 이듬해 7월까지 정부가 咸鏡道 驛站의 경비를 마련키 위
해 허가하였고, 中宗 28년에는 三政丞이 賑恤米를 조달하기 위한 대책
으로 건의한 바 있다. 또 明宗 즉위년에는 大臣들이 公用銀을 마련할
대책으로 건의한 바 있었는데, 동왕 16년에 이르러서야 賑恤米를 마련
할 목적으로 동왕 22년까지 실시되었다. 그리고 民採納穀制는 中宗 6
년에 軍糧米를 조달하기 위해 大臣이 건의한 뒤 동왕 10년 2월부터 이
듬해 9월까지 실시되었고, 동왕 15년에는 軍糧米를, 동왕 28년에는 賑

恤米를 마련할 대책으로 발의된 바 있었다. 이밖에도 國營이긴 하지만 富商大賈들의 요구가 반영된 官採貿穀制가 中宗 3년에 논의된 바 있었는데 이것이 실시된 것은 宣祖 16년부터였다.

이와 같이 정부가 國營制를 고집하였지만 재정적인 약점과 民營制를 주장하는 세력들의 요구 또한 강했기 때문에 때로는 國營制가, 때로는 民營制가 실시될 수밖에 없었다. 그 대신 國營이든 民營이든 鑛山의 채굴여부와 관리규정을 결정하는 데는 신중한 절차를 밟아야 했다. 議政府와 六曹의 二品이상 官員과 府院君들의 논의를 거쳐 '節目'이나 '事目'이 작성되고 다시 大臣會議에 붙여진 다음 국왕의 재가를 받아야 했다. 그리고 守令들의 작폐를 막을 수 있도록 강직한 朝官을 敬差官으로 파견하여 이를 관리토록 하였다. 國營鑛山인 경우 敬差官은 그가 거느리고 간 吏卒과 官匠들이 부역농민들을 사역하여 광산을 채굴하였고, 民營鑛山인 경우 敬差官은 稅銀이나 穀物의 수납업무만 관장할 뿐 富商大賈가 私匠과 人夫를 고용하여 채굴하였다.

셋째의 17세기에는 각 軍營門들이 독자적으로 監官을 파견하여 군역의무자를 징발사역한 賦役制下의 官營軍需鑛業이 강행된 시기이며, 한편으로는 부역농민들이 官役에 복무하면서도 私採를 도모하여 官民竝採制를 쟁취함으로써 이를 기반으로 富商大賈들이 官과 결탁하여 관청선대제적인 官設民營鑛業을 출현시킨 시기이기도 하였다.

동세기에는 軍·營門들의 軍需鑛工業이 발달하고 있었다. 그것은 倭亂 중에 束伍三手制가 채택됨으로써 우선 軍營門은 소속 砲手들에게 지급할 鳥銃과 火藥·鉛丸 등을 제조해야 하였고, 각 읍의 砲手에게 지급할 銃·藥·丸도 정부가 購入費를 농민에게 부과하고 軍營門으로 하여금 납품토록 허가하였기 때문이다. 따라서 軍營門에서는 자체내에 필요한 銃·藥·丸과 각 邑에 납품할 銃·藥·丸을 제조하기 위하여 대규모의 생산시설을 갖추었고 또 원료를 공급하기 위하여 鐵鑛과 硫黃鑛 및 鉛鑛을 개발하였던 것이다.

軍營門은 褒賞制를 활용하여 新鑛을 개발하거나 舊鑛을 흡수하였
고 운영비를 염출하기 위하여 광산 주변의 토지를 折受하였으며 인근
山野의 수목을 벌채하여 연료를 조달할 수 있었다. 軍營門은 '監官'을
파견하여 광산을 경영하였고 각종 匠人들을 官匠으로 흡수하는 동시
에 농민들을 징발하여 '募軍'으로 편입시켰다. 監官은 대개가 鑛脈을
발굴한 자들로서 營利보다는 신분상승에 필요했던 重賞에 더 큰 관심
을 가지고 있었다. 匠人들은 매월 일정액의 料米와 役價를 받았으며
募軍은 軍役 대신 鑛役에 투입되어 軍役이 면제되고 烟戶雜役도 減免
되었다. 匠人과 募軍들에 의한 採掘·製鍊·運搬 및 埋炭作業 등은 분업
적 협업 하에 이루어졌으며 石鑛일 경우에는 '鑛砲'를 사용하는 등 채
광 기술도 발달하고 있었다.

軍營門의 軍需鑛業도 17세기 말 경에는 그 자체의 제도적인 모순
과 국내외 사정의 변화 및 광산종사자들의 民營化를 쟁취하려는 강한
의지로 몰락해 가고 있었다. 軍需鑛山 중에서 가장 먼저 몰락한 것은
鉛·銀이 생산되던 鉛店이었다. 軍營門의 鉛店이 변질된 계기는 銀의
사회적 수요가 증대된 사회 현실에도 영향을 받았지만, 직접적인 동
기는 당시의 戶曹 소관 端川貢銀店의 부역농민들이 分益制와 유사한
官·民竝採制를 쟁취했기 때문이다. 端川貢銀店의 부역농민들은 土貢
과 戶役을 면제 받는 대신 매년 銀 1,000兩을 공납해 왔다. 그러나 부
역 농민들에게 부과한 貢銀役은 당시의 각 邑에 비하여 가장 무거운
부담이었기 때문에 농민들의 피역저항이 극심해져 仁祖 3년(1625)에
정부는 부역농민들에게 貢銀의 채납과 동시에 私採를 허용하는 官民
竝採制를 채택할 수밖에 없었다.

이러한 端川貢銀店의 官民竝採制가 軍營門의 鉛店에 적용되기 시
작한 것은 肅宗 10년(1684) 경에 이르러서였다. 이 무렵은 淸·日과의
군사적 긴장이 해소된 반면 淸·日과의 중계무역이 번창했던 시기며
정부의 관심 또한 군사상의 문제보다 재정상의 문제로 기울어 軍營門

의 권위도 약화되고 있었다. 이에 서울의 富商大賈들은 재무관청과 결탁하여 軍營門이 장악했던 利權들을 奪取해 가기 시작했다. 肅宗 11년에는 常平廳과 결탁하여 三南月課鉛丸契를 조직하고 軍門들이 三南의 각 邑에 防納해 왔던 三南月課鉛丸의 防納權을 차지함으로써 軍門으로 하여금 여러 곳의 鉛店을 보유하고 있어야 할 명분을 잃게 하였다. 곧 軍營門은 鉛店에 官民竝採制가 적용되어 銀店化한 데다 三南月課鉛丸의 防納權까지 빼앗겼기 때문에 많은 鉛店을 보유해야 할 명분이 없었던 것이다. 따라서 서울의 富商大賈들은 다시 戶曹와 결탁하여 숙종 13년(1687)부터는 각 軍營門의 鉛店들을 戶曹에 이속시켜 갔고 동왕 16년에는 戶曹가 전국의 軍營門 소관 鉛店에 대한 專管收稅權을 확보하였으며 富商大賈들이 別將으로 등장하였다.

한편 숙종 13년부터 정부는 軍營門 소관 硫黃店에 대해서도 광산의 운영재원으로 折受한 토지를 몰수하거나 募軍을 감축시켜갔다. 또한 서울의 富商大賈들이 숙종 30년(1704)에 賑恤廳과 결탁하여 三南月課火藥契를 조직하고 軍門들이 三南의 각 邑에 방납해 왔던 三南月課火藥 중 거의 절반을 차지하였다. 따라서 軍門들은 銀店의 경우처럼 여러 곳의 硫黃店을 보유하고 또 많은 數의 募軍을 확보해야 할 명분이 없어졌다. 때문에 숙종 30년과 39년의 良役査定 때에 정부는 募軍數를 대폭 삭감하였으며, 李麟佐亂이 일어난 뒤에는 訓練都監 등 일부의 軍門을 제외하고는 모두 삭감하였던 것이다. 그리고 軍營門 소관 鐵店들도 점차 鐵匠들의 사적 생산장으로 변모하여 軍營門은 이들로부터 鐵物이나 米布를 수취하여 原料鐵을 조달하였으며 숙종 30년 이후까지 남아 있었던 軍營門의 鐵店은 訓練都監의 鐵峴屯鐵店과 禁衛營의 葛山屯鐵店 뿐이었다. 그러나 이들 鐵店에 대해서도 監司와 守令들이 屯田에 과세하거나 募軍을 良役으로 흡수하는 등의 침탈 행위가 자주 있었고 土豪들이 屯田을 잠식하여 屯土가 축소되어 갔던 것이다.

넷째의 18세기에는 戶曹와 監營들이 富商大賈를 別將으로 파견, 설점수세업무만을 代行케 하고 광산의 운영권을 광산종사자들에게 허가했던 賃金制下의 官設民營鑛業이 발달한 시기며 동시에 戶曹와 軍門·營·邑 사이에 鉛銀店의 '設店', '收稅'權을 둘러싸고 분쟁이 잦았던 시기였다.

肅宗 13년에 戶曹가 稅銀만을 수취하고 稅鉛은 각 軍門에 分送하겠다는 조건으로 軍營門 소관하의 盈德·成川鉛店을 흡수한 데 이어 동왕 16년에는 전국의 軍營門 소관 鉛店에 대해서도 專管收稅權을 차지하였다. 그러나 鉛丸이 필요한 禁衛營과 咸鏡道의 南·北兵營 및 常平廳에서는 15~16개소의 鉛店을 請得하였고 平安監營에서는 관내의 銀鑛을 자체적으로 개발할 뿐 아니라 戶曹에 빼앗긴 銀店을 침탈하고 있었다. 이에 戶曹는 다시 동왕 28년(1702)에 국왕에게 요청하여 각 道의 軍營門 소관 鉛·銀店에 대한 專管收稅權을 확보하였고 동시에 設店收稅權도 독점하였다.

그러나 숙종 30년대에 각 軍門들은 戶曹가 稅鉛을 분송하지 않는다는 이유를 들어 戶曹 소관 銀店의 稅鉛收稅權을 차지하거나 새로운 鉛鑛을 개발하였으며, 黃海·平安監司는 管餉使를 겸대함을 이유로 관내의 戶曹 소관 銀店을 제외한 産銀地의 設店收稅權을 청득하였다. 따라서 戶曹 소속 別將·銀軍 간은 물론 戶曹判書와 監司들 간에도 銀鑛開發을 둘러싼 분쟁이 치열해졌다. 심지어 監營의 別將이 戶曹 소속 銀軍들을 잡아다가 혹심한 고문을 가했는가 하면 銀穴을 빼앗긴 戶曹 소속 銀軍들이 칼부림을 자행하는 사태도 발생하였다. 그때마다 戶曹判書는 監司를 파직토록 국왕에게 요청하였으며, 마침내 경종 1년(1721)에는 黃海監營 소관 銀店들을 몰수하고 設店收稅權도 剝奪하였다. 그리고 戶曹는 平安監營 소관 銀店에 대해서도 그 중 大店이었던 殷山銀店의 收稅權을 7년간 확보하였고 祥原銀店은 奪取하였다. 한편 設店收稅權이 剝奪된 각 道의 監營들은 관내의 戶曹 소관 銀店

에 각종 명목의 雜稅를 부과하거나 賑恤費 마련을 구실로 한시적인 收稅權을 요구하였으며 동시에 戶曹의 設店을 방해하였다. 곧 産銀地가 山城의 主脈이라거나 社稷壇·鄕校·書院의 근처라고 해서 防塞하였고 土豪의 墳山이나 養山이란 이유로도 設店을 거부하였던 것이다.

각 道의 營·邑에 의한 戶曹 소관 銀店의 침해나 設店의 방해 등 각종의 폐단이 발생하고 있었고 李麟佐亂 이후에는 英祖 자신 또한 銀店이 내우 외환을 초래할 소지가 있다고 믿었기 때문에 동왕16년(1740)에는 經櫜設店法을 제정하였다. 곧 '戶曹와 각 軍門 및 각 營, 각 邑을 막론하고 국왕의 허락을 받지 않은 채 銀·鉛店을 新設한 자는 道臣 이상은 罷職하고 守令 이하는 拿問한다'는 내용이었다. 따라서 軍門이나 營·邑에서는 銀店의 신설이 어렵게 되었으며 戶曹만은 재정상의 이유를 내세워 銀鑛開發을 요구하고 있었다. 그러나 英祖 51년(1775)에 銀店의 別將制를 혁파하고 守令收稅制를 채택하기까지 戶曹는 불과 10여개 소에도 미치지 못하는 新·舊銀店을 설치했을 뿐이다.

이러한 戶曹 또는 監營 소관하의 銀店들은 別將이 '設店'과 '收稅'業務를 代行하였지만 別將이 경영주는 아니었다. 別將은 대개가 서울에 거주하는 富商大賈들이었고 高官들의 私人들이었으며 戶曹나 監營의 設店과 收稅의 업무를 代行한 대가로 생산량의 2/3를 착복하였던 일종의 收稅請負業者들이었다. 戶曹나 監營이 店所의 설치, 燃料의 조달 및 人力의 수급 등 광산경영에 필요한 제반조처를 강구해준 銀店에서 경영을 책임진 자는 頭目이었다. 頭目은 처음부터 銀脈을 함께 발굴했던 店匠들과 더불어 銀軍을 고용하여 광산을 운영하였다. 銀軍의 數는 은점의 규모에 따라 달랐지만 수백명에 달하는 곳도 있었다. 당초 銀軍들에게는 軍役과 雜役을 면제하였지만 景宗 1년(1721)부터는 雜役만 면제하였다. 頭目은 銀店의 생산품 중 戶曹에 元定稅銀과 각종의 雜稅를 납부하고 別將 몫과 銀軍의 노임을 지불한 뒤 나머지를 店匠들과 분배하였다. 곧 別將制下의 銀店은 일종의 관청선대제적 민영광산이었다.

다섯째의 18세기말 19세기 전반기는 광산업에 物主制가 적용되어 穴主나 德大가 物主의 자본으로 광산을 경영한 자본제적 민영광업이 발달한 시기였다. 광산의 物主制는 '經稟設店'法이 반포된 뒤 銀店에서 처음으로 발생하였다. '經稟設店'法에 따라 정부의 재무관서였던 戶曹만은 그때그때 국왕의 허락을 받아 銀店을 설치할 수 있었을 뿐 각 道의 營·邑에서는 銀店을 개설할 엄두도 내지 못하였다. 그러나 이 시기에 이르면 銀의 사회적 수요가 급증한 반면 淸·日 간의 直交易으로 倭銀의 국내 수입은 두절되다시피 하였다. 정부는 淸과의 외교무역에 절실한 銀을 조달할 수 없게 되었고, 동시에 淸·日과의 중계무역에 직접 또는 간접으로 가담해 왔던 營·邑들은 물론 무역상인으로 재부를 축적해 왔던 富商大賈들 또한 貿易銀을 마련할 길이 없었다.

이러한 사회적 여건하에서 銀店의 頭目이나 店匠·銀軍으로 활동해 왔던 광산종사자들이 禁令을 무릅쓰고 潛採를 감행하였던 것이다. 그러나 광산종사자들이 그들의 潛採鑛業을 지속하고 확장하기 위해서는 한편으로는 관청의 규제를 벗어날 수 있어야 하고 또 한편으로는 광산경영에 필요한 자금을 조달할 수 있어야 하였다. 따라서 광산종사자들은 守令이나 監司와 결탁할 수 있는 능력과 광산에 자금을 조달할 수 있는 재력을 지닌 자를 물색하여 物主로 삼았던 것이다. 物主가 設店에 필요한 자금을 투입하고 또 각종의 稅銀을 담보하는 한 관청에서 別將을 파견하여 設店·收稅할 필요가 없어졌다. 이 때문에 物主와 광산종사자들은 守令이 稅銀을 수납토록 요청하였던 것이며 마침내 英祖 51년(1775)에는 정부가 기존의 戶曹 소관 銀店들에까지도 別將制를 혁파하고 守令收稅制를 채택하였던 것이다. 이처럼 銀店에서부터 物主制에 기초한 守令收稅制가 적용되면서 正祖 4년(1780)에는 銅鑛에도, 순조 6년(1806)에는 沙金鑛에도 적용되었다.

그러나 物主制下 金銀銅鑛의 실질적인 경영자는 穴主나 德大였다.

穴主는 銀銅鑛山 등 石鑛의, 그리고 德大는 沙金鑛山의 경영주들이었
다. 이들은 대개 광산이 소재한 지방의 出身들로서 광산에 대한 지식
과 기술을 지녔고, 鑛軍들을 통솔하고 작업을 지시 감독할 능력을 갖
춘 자들이었다. 이들은 이웃이나 관련 匠人들과 함께 鑛脈을 발굴, 시
채하였지만 戶曹나 監營으로부터 設店의 허가를 따낼 만한 능력과 광
산에 운영자금을 투입할만한 재력을 갖추고 있지 못하였다. 따라서
穴主나 德大는 設店의 허가와 운영자금을 해결할 수 있는 자를 물색
하여 物主로 삼은 것이다.

物主는 곧 設店의 허가를 따내고 광산의 운영자금을 조달할 만한
능력과 재력을 구비한 자들이었다. 物主는 서울이나 지방의 富商大賈
들이었고 지주나 거간꾼들도 끼여 있었다. 따라서 物主의 자금은 상
업 자본이 대부분이었지만 일부의 고리대자본도 투입되고 있었다. 穴
主나 德大는 物主가 設店의 허가를 받는 즉시 鑛軍들을 모집하여 設
店에 착수하였으며 物主가 투입하는 자금의 액수는 광산의 규모에 따
라 적게는 數百兩, 많게는 數千兩에 달했다.

광산에 투입된 鑛軍들은 대부분이 농촌에서 유입된 빈민들이며 광
산에서 생계를 유지하기 위해 몰려든 자들이었다. 각 店 단위의 鑛軍
數는 수백명이었고 수개의 店이 몰려 있던 邑은 수천명을 헤아렸다.
穴主가 경영하던 銀銅鑛山이나 德大가 경영하던 沙金鑛山을 막론하
고 광산의 채굴제련작업은 분업적 협업으로 이루어졌으며 광맥을 발
굴, 시채 할 때부터 참여했던 자들이 부문별 작업을 지시 감독하였다.

穴主나 德大는 광산의 생산물 중에서 戶曹나 營·邑에 바치는 각종
의 稅銀과 物主 몫을 제하고는 銅錢을 換買하여 匠人과 鑛軍들의 임
금을 지불하였다. 金銀銅店에서 생산된 鑛産物은 店所로 몰려드는
商·譯들과 각 관청에서 수매하였다. 鑛山村에는 생활필수품을 파는
坐價와 行商들이 들끓었고 土幕과 茅屋이 즐비하여 하나의 큰 都會를
이루었으며 營·邑에서는 이들로부터 塵稅·路稅 등을 부과 징수하였

다. 이처럼 18세기 말 19세기 전반기에 걸쳐 物主制가 적용된 광산에 서는 穴主나 德大가 상인자본을 유치하여 자본제적 경영방식으로 광 산업을 영위하고 있었던 것이다.

後　記

　　앞서 1993년 3월에 본서를 고려대학교출판부에서 출간하면서 서문에 "1966년 광업사 연구에 착수한지 27년이 흘렀다."고 했는데 또다시 27년이 지나 수정판의 후기를 쓰게 된 것이 우연찮은 일 같다. 그렇다고 앞의 저술에 논지나 고증상의 문제가 제기된 것은 아니다. 변명 같지만 당시 활판인쇄에 쫓겨서인지 오탈자가 많다고 후학들의 지적을 많이 받았다. 필자도 흔히 경험한 일이지만 책을 읽다가 오탈자가 나오면 밥에 든 돌을 씹는 기분이어서 독자들을 위해 이 수정판을 내게 되었다.

　　그러나 회고컨대 본서를 집필하면서 논지에서 벗어나 거론하지 않았지만 가장 아쉬워했던 점은 현명한 군주로 여겨왔던 영·정조의 편협한 국량이었다. 조선초기부터 광산에 징발되어 부역노동에 혹사당하던 농민들이 오랜 세월 인내하며 살길을 모색한 결과 18세기 영·정조대에 이르러 임노동제를 쟁취했을 뿐 아니라 전국 방방곳곳의 금·은·동·철·유황 등의 광맥을 발굴해 놓았다. 이때가 조선정부로서는 이를 적극 수용하여 농본사회의 궁핍한 국가재정으로는 불가능한 부국강병을 추진하고 동시에 백성의 생활을 안정시킬 수 있는 절호의 기회였다. 그러나 왜·호양란을 겪은 나라의 국왕답지 않게 왕권의 안위에만 급급하여 광산종사자들을 역도로 여기고 광산개발을 철저히 방색하려 하였다. 결국 순조·헌종·철종대의 세도정치 하에 삼정이 문란하자 도탄에 빠진 백성들은 광군을 모취한 홍경래난에 이어 진주민란을 일으키기에 이르렀다. 이처럼 국가 재정이 파탄되고 군사력이 세약해지자 고종 대에 들어 일본을 비롯한 외세가 침투하기 시작한 것이니 소탐대실한 영·정조가 원망스러워 몇자 적어두는 것이다.

이 후기를 빌어 언급해서 무엇하지만 본서가 나오기까지는 나의 역량만으로는 어려웠음을 회고하지 않을 수 없다. 내가 광공업사 연구에 착수하던 60년대에 특히 조선시대를 연구하기에는 어려움이 많았다. 『조선왕조실록』, 『비변사등록』, 『승정원일기』 등등 관찬사료만도 엄청난 분량인데다 손쉽게 열람할 수 있는 환경도 아니었다. 그런데다 복사가 상용화된 시기도 아니어서 부득이 연구할 사료를 찾은 뒤 분류하기 편하도록 만든 카드에 옮겨 적을 수밖에 없었다. 이 카드 작성에는 아내(손광자)의 도움이 컸다. 성품이 순고하고 근실한데다 다행히 고려대학교 국문과를 졸업하고 민족문화연구소에 근무하여 한자의 자획도 익숙하고 필재도 유달라 나보다는 몇배 빨리 작성해 주곤 했다. 늦게나마 여기에 고마웠다는 말을 담아둔다.

한편 《조선시대 광업사 연구》를 고려대 출판부에서 출간할 때는 원고만 넘겨주어 편했는데 이제는 컴퓨터 작업으로 바뀌어 일이 많아졌다. 내가 컴퓨터를 쓰기 시작한 것은 정년 직전부터라 논저의 대부분이 수기원고로 파일 작업이 되어있지 않았다. 결국 다른 책도 그랬지만 이 수정판도 다시 입력할 수밖에 없었다. 여태까지 이 어려운 작업을 도맡아 해준 이는 내가 홍익대 역사교육과 재직 중 연구실 조교였던 윤희찬이다. 내 연구실에 있기도 했지만 자격이 충분했다. 윤희찬은 서울여상을 졸업하고 직장생활을 하다가 늦게 입학했는데 두뇌가 명석하고 학구열이 높아 졸업할 때는 전교 일등으로 총장상을 받기도 했다. 이처럼 명민하고 성실한 그는 거의 오타가 없을 만큼 착실하게 입력해 주어 고맙기 그지없었다.

그리고 내가 늦었지만 이 후기에서 고마움을 전해야 할 분은 한겨레신문사의 권영숙 기자다. 27년전 고려대학교 출판부에서 책이 나온지 얼마되지 않아 자본주의 맹아에 대한 이론과 지식이 돋보이는 권 기자가 《한겨레》에 간략하지만 선명하게 평가해 주었기 때문이다. 이 글은 독자가 미리 읽어두는 것이 본서를 이해하는데 큰 도움이 되리라 여겨 책의 뒷 표지에 옮겨놓았다.

　한편 본 수정판을 발간하는데는 고려대학교 출판부의 양해를 받아
야했다. 그것은 초간본인 《조선시대 광업사 연구》가 고려대학교 교수
들의 논저를 선택하여 연구비를 지불하고 출간하던 '학술연구총서'로
고려대 출판부가 판권을 가지고 있기 때문이다. 이 문제는 고려대학
교 한국사학과 송양섭 교수가 애써서 수정판 출간 허가를 받을 수 있
었다. 지면을 통해 고마움을 전한다. 마지막으로 내 책을 늘 정성들여
편집 출판해 주는 도서출판 온샘의 신학태 사장에게도 거듭 감사하는
바이다

2020년 11월 1일
저자 유 승 주 씀

■ 유승주

· 1937년 경남 산청 출생. 진주중고등학교 졸업. 고려대학교 사학과 및 대학원 석사·박사과정 졸업(문학박사, 한국사전공). 육군사관학교 사학과, 홍익대학교 역사교육과 부교수를 거쳐 고려대학교 역사교육과 교수로 정년퇴임 명예교수. 중재김황선생기념사업회 회장. 한국사연구회 회장. 고려사학회 회장. 역사학연구회 회장. (사)한국인물사연구회 이사장 역임.
· 저서로는 『조선시대 광업사연구』(고려대출판부: 치암학술상 수상), 『병자호란 전후 류림장군의 장략과 김화대첩』(도서출판 온샘), 『조선후기 중국과의 무역사』(공저, 경인문화사), 『조선후기 사회경제사 연구 입문』(공저, 민족문화사). 역서로는 홍대용의 『담헌서』(공역, 대양출판사), 류혁연의 『야당유고』(대명기획)이 있으며, 논문 다수가 있다.

(修訂版)
朝鮮時代 鑛業史研究

초판 인쇄 2020년 11월 23일
초판 발행 2020년 11월 30일

지은이 유승주
펴낸이 신학태
펴낸곳 도서출판 온샘

등 록 제2018-000042호
주 소 서울시 용산구 한강대로 208-6 1층
전 화 (02) 6338-1608 팩스 (02) 6455-1601
이메일 book1608@naver.com

ISBN 979-11-971705-1-5 93910
값 30,000원